suhrkamp taschenbuch
wissenschaft 1079

Der erste thematische Schritt dieser Studie über die Entwicklungsdynamik der modernen Kultur arbeitet die Eigenart der okzidentalen Kultur im Vergleich zum Orient heraus. Der zweite Schritt untersucht die Entwicklung des Spannungsverhältnisses zwischen religiöser Ethik und Welt vom antiken Judentum bis zum asketischen Protestantismus und mündet dann in eine Diskussion der Folgen, die sich aus der Säkularisierung für die behandelte Thematik ergeben. Im Verlauf dieser Betrachtung wird nachgezeichnet, wie sich der kulturelle Code der Moderne aus der Interpenetration von Kultur (Sinn, Ethik) und Gesellschaft (Welt) herausgebildet hat. Der dritte Schritt wendet sich der Entwicklung und Aktualisierung, d.h. der Institutionalisierung dieses Codes in denjenigen Gesellschaften zu, aus denen die folgenreichsten Anstöße für die moderne Kultur hervorgegangen sind: in England, den Vereinigten Staaten von Amerika, Frankreich und Deutschland.

Die Untersuchung der genannten Länder konzentriert sich auf die entscheidenden Epochen der Gestaltung der Kultur, um dann die weitere Entwicklung nur noch in groben Zügen zu skizzieren. In England interessiert vor allem das 17. Jahrhundert und das hier gestaltete Verhältnis von Aristokratie und Bürgertum, Anglikanismus und Protestantismus, aber auch die Inklusion der Arbeiterklasse im 19. und 20. Jahrhundert. In den Vereinigten Staaten kommt es nach der Gründung der Kolonien im 17. Jahrhundert vor allem auf die Zeit des Unabhängigkeitskrieges und der Unionsgründung im letzten Drittel des 18. Jahrhunderts an, aber auch auf wesentliche Entwicklungen seit der Wende zum 20. Jahrhundert. In Frankreich ist die Zeit der Aufklärung im 18. Jahrhundert, die der Kultur und ihrer weiteren Entwicklung ihren Stempel aufdrückt. In Deutschland fallen ein Jahrhundert später die wichtigsten Entscheidungen für die Gestaltung der Kultur. Die Untersuchung schließt mit dem theoretischen Modell einer voluntaristischen Ordnung, die als Potential in der Kultur der Moderne enthalten ist, aber von jeder Gesellschaft auf ihre eigene Art und notwendigerweise unvollständig konkretisiert wird.

Von Richard Münch, Professor für Sozialwissenschaft an der Heinrich-Heine-Universität Düsseldorf, sind im Suhrkamp Verlag außerdem erschienen: *Theorie des Handelns. Zur Rekonstruktion der Beiträge von Talcott Parsons, Emile Durkheim und Max Weber*, 1982 und 1988 (stw 704); *Die Struktur der Moderne. Grundmuster und differentielle Gestaltung des institutionellen Aufbaus der modernen Gesellschaften*, 1984 und 1992 (stw 978); *Dialektik der Kommunikationsgesellschaft*, 1990 (stw 880).

Richard Münch
Die Kultur der Moderne

Band 2
Ihre Entwicklung in Frankreich und Deutschland

Suhrkamp

Die Deutsche Bibliothek – CIP-Einheitsaufnahme
Münch, Richard:
Die Kultur der Moderne / Richard Münch. –
Frankfurt am Main :
Suhrkamp.
Bd. 2. Ihre Entwicklung in Frankreich
und Deutschland. –
1. Aufl. – 1993
(Suhrkamp-Taschenbuch Wissenschaft ; 1079)
ISBN 3-518-28679-X

suhrkamp taschenbuch wissenschaft 1079
Erste Auflage 1993

Satz und Druck: Wagner GmbH, Nördlingen
Printed in Germany
Umschlag nach Entwürfen von
Willy Fleckhaus und Rolf Staudt

1 2 3 4 5 6 – 98 97 96 95 94 93

Inhalt

Die Kultur der Moderne

Band 2
Ihre Entwicklung in Frankreich und Deutschland

Die Kultur der Moderne

Band 1
Ihre Grundlagen und ihre Entwicklung
in England und Amerika

Vorwort

Die Untersuchung der Kultur der Moderne, die ich mit einer Betrachtung ihrer historischen Grundlagen und ihrer Entwicklung in England und Amerika begonnen habe, setze ich hier mit einer Analyse ihrer Entwicklung in Frankreich und Deutschland fort.

Die gesamte Studie spannt einen weiten Bogen: von den allgemeinen Grundlagen des kulturellen Codes der Moderne und seiner ersten Konkretisierung im antiken Judentum bis zu dessen Entwicklung und Institutionalisierung in höchst verschiedenen Varianten in England, den Vereinigten Staaten von Amerika, Frankreich und Deutschland. Dabei kommt es darauf an, die Tiefenstrukturen, die Evolution und institutionelle Aktualisierung der Kultur der Moderne in der Interpenetration von Entwicklungslogik und Entwicklungsdynamik herauszuarbeiten. Die vergleichende Betrachtung soll vor der vorschnellen Verallgemeinerung individueller Erfahrungen schützen, die generelle Perspektive einer soziologischen Evolutions- und Institutionalisierungstheorie vor dem Untertauchen in der historischen Erzählung. Diese Balance zwischen Soziologie und Geschichte ist gewiß niemals leicht zu halten. Auch die hier durchgeführte Untersuchung gleitet sicherlich immer wieder zu weit in die eine oder andere Richtung ab. Solche Abweichungen von der Ideallinie sind nie ganz vermeidbar, aber auch nicht ganz fehl am Platze. Sie erzeugen Spannungen, die nach weiterer Bearbeitung verlangen. Die Generalisierung ruft den Historiker auf den Plan, der stets nachweisen kann, daß sich in jeder Gesellschaft Elemente finden lassen, die einer vorgeschlagenen generellen Charakterisierung widersprechen. Der Soziologe muß dann ermitteln, ob es sich dabei um gewichtige Elemente handelt, die eine herrschende Kultur verbindlich bestimmen, oder um heterodoxe Elemente, die von der herrschenden Kultur abweichen. Im Falle der Abweichung muß die Art des Verhältnisses der heterodoxen zu den orthodoxen Elementen geklärt werden. Die Darstellung historischer Details langweilt den Soziologen und läßt ihn stets nach dem Zusammenhang mit einer generellen Linie der Entwicklung fragen, nach der Bedeutung eines Details für die allgemeine Prägung einer Kultur und nach einer theoretischen Erklärung der dargestellten Details. Diese Frage kann man nur befriedigend beantworten, wenn man über einen genügend generellen und zugleich beliebig spezifizierbaren theoretischen Bezugsrahmen verfügt. Die durchgeführte Studie hat ihren Zweck erfüllt, wenn fruchtbar an sie angeknüpft und, von ihr ausgehend, in allen genannten Richtungen über die hier begangenen Fehler hinausgeschritten werden kann und weitere Fortschritte erzielt werden können: in den Richtungen der soziologischen Generalisierung, der historischen Spezifikation und der Ideallinie zwischen Soziologie und Geschichte.

Kollegen, Mitarbeiter, Studenten, Freunde, vor allem aber meine Frau Sigrun, haben mich durch Fragen, Kritik, Anregungen und Ermutigungen in vielfältiger Weise unterstützt. Jürgen Aretz, Heike Becker, Jürgen Eiben, Elisabeth Krekel und Karin Rhau haben an der Erstellung des Manuskripts, an bibliographischen Arbeiten und der Anfertigung der Register mitgearbeitet. Ihnen allen möchte ich dafür herzlich danken.

Düsseldorf im Mai 1986 Richard Münch

Einleitung: Eine soziologische Entwicklungsgeschichte der Moderne

Die Kultur der Moderne, wie sie uns in der Gegenwart begegnet, ist das Ergebnis einer weit in die Geschichte zurückreichenden Entwicklung.[1] Hier wird der Versuch unternommen, diese Entwicklungsgeschichte in Frankreich und in Deutschland in soziologischer Perspektive zu untersuchen. Ich betrachte dabei hauptsächlich die für das jeweilige Land entscheidenden Epochen, um dann die weitere Entwicklung zu skizzieren.

In Frankreich muß man sich zunächst mit der Rolle der Kirche im alten Staat im 17. und 18. Jahrhundert beschäftigen, dann muß man sich der schon mit Descartes' Denken im 17. Jahrhundert einsetzenden Formung des säkularen Bewußtseins zuwenden, mit der Aufklärung und der Revolution Mitte bis Ende des 18. Jahrhunderts, um dann die Entwicklungslinien im 19. Jahrhundert aufzuzeigen, die durch Industrialisierung und politische Instabilität geprägt sind. In Deutschland steht eine Analyse des Lutherischen Denkens im 16. Jahrhundert am Anfang, das in der Aufklärung im Kantschen Denken und im deutschen Idealismus eine säkularisierte Fortsetzung zu Ende des 18. und zu Beginn des 19. Jahrhunderts erfährt. Dann muß man die Reichsgründung und die Industrialisierung in der zweiten Hälfte des 19. Jahrhunderts einbeziehen sowie den Niedergang der deutschen Kultur von Weimar zum Nationalsozialismus und ihre Erneuerung in der Bundesrepublik skizzieren. Auf diesen Entwicklungsepochen liegt das Augenmerk dieser Untersuchung, schwerpunktmäßig auf den entscheidenden Phasen in der Aufklärungszeit, da es sich hier um eine Studie zur Entwicklung der *Kultur* der Moderne handelt. Die vorausgehenden und nachfolgenden Entwicklungen werden so weit skizziert, wie es zu einem Verständnis des Gesamtzusammenhangs erforderlich ist.

Ich gehe hier soweit wie möglich exemplarisch vor, um an Beispielen die Eigenart besonderer Formen des Aktivismus, des Rationa-

1 R. Münch, *Die Kultur der Moderne*. Bd. 1 *Ihre Grundlagen und ihre Entwicklung in England und Amerika*, Frankfurt: Suhrkamp, 1986.

lismus, des Individualismus und des Universalismus herauszuarbeiten. Ich greife dabei Exemplare der einzelnen Kulturen heraus, die nach meiner Ansicht einen nachhaltigen Einfluß auf ihre Gestaltung ausgeübt haben. In Frankreich sind es René Descartes, Jean Jacques Rousseau, Denis Diderot, Claude Henri Saint Simon, Henri Bergson und Jean Paul Sartre, die herausgehoben werden. In Deutschland ragen Martin Luther, Immanuel Kant, Gottfried Wilhelm Friedrich Hegel, Karl Marx und Max Weber heraus. Neben diesen intellektuellen Wortführern werden noch viele andere gestreift, soweit dies erforderlich ist.

Ich erzähle hier keine Geschichte einzelner Gesellschaften. Meine Absicht ist eine andere: ein zusammenhängendes und nach einzelnen Gesellschaften differenziertes Verständnis der Kultur der Moderne zu gewinnen. Das Kriterium, an dem die Verwirklichung dieser Absicht zu bemessen ist, findet man weder im Heranschaffen neuer historischer Fakten und Erklärungen, noch in der durchgängigen empirischen Absicherung einzelner Aussagen. Zu jedem speziellen Aspekt, der hier behandelt wird, existieren gewiß viel detailliertere Analysen und Interpretationen. Hume, Madison, Descartes und Kant, an deren Denkweise ich hier z. B. unterschiedliche Formen der Rationalität demonstriere, sind in zahllosen Monographien hin- und hergewendet worden. Es wäre widersinnig, die hier einfließenden Deutungen dieser Autoren mit der Detailliertheit solcher Monographien zu vergleichen. Was Hunderte dieser Monographien nicht leisten, ist die Herstellung eines Sinnzusammenhangs zu anderen Teilen der Kultur, die Herausarbeitung einer über die Autoren hinausreichenden allgemeinen Struktur der Rationalität und ihre unterschiedliche Konkretisierung in besonderen institutionellen Kontexten. Wie der Kantsche Begriff der inneren Freiheit z. B. mit dem deutschen Verwaltungsgerichtsverfahren und der rechtlichen Kontrolle der Verwaltung sinnhaft zusammenhängt, ist in einer Monographie zu Kant kaum zu entdecken. Ebensowenig erfährt man in der Regel aus solchen Monographien über den Unterschied der Kantschen Rationalität zu anderen Formen der Rationalität, die sich in anderen gesellschaftlichen Kontexten entwickelt haben. Was für solche Monographien über einzelne Autoren gilt, das läßt sich auch über historische Darstellungen zu besonderen institutionellen Bereichen der einzelnen Gesellschaften sagen. Mit der Präzision und empirischen Absicherung solcher Untersuchungen konkurrieren zu wollen wäre ein völlig vergebliches Bemühen. Ihnen fehlt jedoch die Perspektive, in der ihre Ergebnisse in einen sinnhaften Zusammenhang eingeordnet werden können. Was aber von einer umfassenden Studie zur Entwicklung der Kultur der Moderne erbracht werden kann, das setzt genau an der Stelle ein, wo die Monographien und historisch-empirischen Darstellungen schweigen. Ihr Ziel ist die Vermittlung einer allgemeinen Perspektive und die Herstellung eines Sinnzusammenhangs in der Mannigfaltigkeit des historischen Materials.

Das Kriterium einer Studie über die Entwicklung der Moderne muß sein, wie weit es gelingt, in die Vielfalt historischer Besonderheiten und spezieller Aspekte der modernen Kultur eine sinnhafte interpretatorische Einheit zu bringen, zunächst auf der Ebene der modernen westlichen Kultur als einer Ganzheit, dann auf der Ebene der Kultur der einzelnen betrachteten Gesellschaften. Es kommt zunächst darauf an, die Kultur der einzelnen Gesellschaften auf ein abstrakteres, sie umgreifendes Kulturmuster zurückzubeziehen, nicht im Sinne der nahtlosen Reduktion, sondern im Sinne der Interaktion des allgemeinen Kulturmusters mit den besonderen Selektionsfaktoren der einzelnen Gesellschaften.[2] Bei der Betrachtung der einzelnen Gesellschaften geht es darum, der Mannigfaltigkeit ihrer historischen und institutionellen Erscheinungen durch ein tieferliegendes gesellschaftliches Kulturmuster eine identifizierbare Einheit zu geben, wieder nicht im Sinne der einfachen Reduktion, sondern im Sinne der Interaktion des Kulturmusters mit den selektiven Faktoren der gesellschaftlichen Institutionen. Hier wird also keine historische Erklärung der Entwicklung der Gesellschaften Englands, Amerikas, Frankreichs und Deutschlands gesucht, sondern ein Verständnis ihrer gemeinsamen und ihrer je besonderen kulturellen Identität. Die gemeinsamen Wurzeln und die unterschiedliche Gestaltung dieser kulturellen Identität sind Gegenstand dieser Studie. In diesem Sinne setzt sie sich ein Ziel, das zwischen den leider allzu unreflektiert verkrusteten Linien der Arbeitsteilung von Soziologie, Politologie, Geschichte, Sprachwissenschaften und Philosophie liegt. Den eingefahrenen Maßstäben dieser Disziplinen kann sie nur höchst

2 R. Münch, *Die Struktur der Moderne. Grundmuster und differentielle Gestaltung des institutionellen Aufbaus moderner Gesellschaften*, Frankfurt: Suhrkamp, 1984, S. 11-27, 96-100, 10-79.

selektiv und verkürzt folgen, wenn sie das gesetzte Ziel nicht aus den Augen verlieren will.
Leider wird heute die Thematik unserer wissenschaftlichen Arbeit allzusehr in die engen Grenzen der einzelnen Disziplinen eingebannt. Man wagt sich kaum noch an Themen heran, die über Disziplingrenzen hinausreichen. Das Ergebnis ist eine kulturelle Verarmung, die uns bei aller Mannigfaltigkeit der Einzelerkenntnisse, unsere kulturelle Identität kaum noch erkennen läßt. Die hier vorliegende Studie will einen Beitrag zur Verständigung über unsere kulturelle Identität beisteuern.
Es kann also hier nicht darum gehen, die historische Frage zu beantworten, wie es eigentlich gewesen ist. Wenn ich in den einzelnen Ländern ein jeweils besonderes Kulturmuster des Aktivismus, des Rationalismus, des Individualismus und des Universalismus herausarbeite, dann interessiere ich mich vor allem für diejenigen Aspekte, die das Kulturmuster eines Landes von denjenigen der anderen Länder besonders prägnant unterscheiden, um die kulturelle Identität des Landes durch Abgrenzung zu den anderen herauszuheben. Dabei müssen immer diejenigen Aspekte untergehen, die in dem jeweiligen Land ebenfalls auftauchen, aber nicht die Besonderheit der Kultur ausmachen und in anderen Ländern eben in prägnanterer Form vorzufinden sind.
Es geht schließlich um die Konstruktion von Idealtypen. Das heißt, es werden diejenigen Konstellationen von kulturellen und gesellschaftlichen Faktoren gesucht, die zur Ausprägung bestimmter Aspekte eines Kulturmusters führen. Dazu kann man die einzelnen Länder als Experimentierfelder für allgemeine soziologische Hypothesen benutzen. So haben beispielsweise in England gewiß auch andere Medien der Wissensformulierung als die wissenschaftliche Untersuchung eine Rolle gespielt und auch andere soziale Milieus als die wissenschaftlichen Gemeinschaften, aber sie haben in diesem Land eine herausragendere Stellung eingenommen als in den anderen Ländern. Deshalb kann man in England am besten die Wirkung dieser Faktoren auf die Eigenschaften des Wissens und den Typus der Rationalität untersuchen. Das Wissen erscheint hier als normativ verbindliches, praktisch verwertbares Wissen, Erfahrung als Common sense, Theorie als systematisierte Erfahrung, Rationalität als Reason im Sinne von gemeinverständlichen Gründen. In Frankreich haben auch andere Medien als der Essay und andere Milieus als der Salon und das

Café das Denken beeinflußt, aber beide haben eben hier eine wie nirgendwo sonst herausragende Bedeutung erlangt. So kann man am besten in Frankreich untersuchen, in welche Richtung diese Faktoren das Wissen und den Charakter der Rationalität drängen. Es ist die Expressivität, die Aktualität, der Esprit und der Stil, die hier besonders zum Tragen kommen. In Deutschland haben gewiß viele Faktoren gewirkt, aber das Werk als Medium und die Studierstube sowie das Universitätsseminar als soziale Milieus ragen hier heraus; also kann man hier besonders die Konsequenzen dieser Faktorenkonstellation erkennen: die Abstraktion, die Tiefe und die Kontinuität des Wissens sowie die Zentrierung um eine allgemeine Idee werden hier besonders ausgeprägt. In Amerika findet man mehr den Aufsatz als Medium und den Markt als soziales Milieu, sie treten dort mehr hervor als anderswo. Deshalb kann man dort auch besser als anderswo beobachten, wie dadurch der Wandel des Wissens ungeheuer beschleunigt wird, das Wissen an das Publikum angepaßt wird, praktisch relevant sein muß und Theorie nicht mehr als eine Generalisierung der Erfahrung ist.

Man trifft also in den genannten Ländern ganz besondere kulturelle Ideen, Medien der Wissensformulierung und soziale Milieus an, in denen eine je spezifische Auswahl von Faktoren wirksam wird; diese Faktoren können wir als Anwendungsfälle für allgemeine Hypothesen benutzen, die uns über die Wirkung der Faktoren auf die Eigenschaften des Wissens und auf den Charakter der Rationalität aufklären. Die allgemeinen Hypothesen ergeben sich aus der Anwendung des generellen handlungstheoretischen Bezugsrahmens auf den jeweils vorliegenden Gegenstand.[3] Die Verschiedenheit der Faktorenkonstellationen zwischen den Ländern dient gewissermaßen als Variation der experimentellen Bedingungen für die Herausarbeitung und Prüfung allgemeiner soziologischer Hypothesen.

Für die Untersuchung von Mustern des Aktivismus, Individualismus und Universalismus gilt dasselbe wie für die Untersuchung von Rationalitätsmustern. Auch in diesen Fällen kommt es darauf an, zu ermitteln, wie in den einzelnen Ländern besondere Faktorenkonstellationen ganz bestimmte Ausprägungen von Aktivis-

3 R. Münch, *Theorie des Handeln. Zur Rekonstruktion der Beiträge von Talcott Parsons, Emile Durkheim und Max Weber*, Frankfurt: Suhrkamp, 1982.

mus, Individualismus und Universalismus hervorbringen. Auch dabei geht es nicht darum zu behaupten, man treffe in England nur einen traditionalistisch begrenzten Aktivismus, Freiheit nur als gesellschaftlich konforme und Gleichheit nur im Sinne des fairen Anteils aller an der Gesellschaft an, in Frankreich nur einen funktionalen Aktivismus der technischen Elite, eine radikale kreative Freiheit der Literaten und eine staatlich administrierte Gleichheit, in Deutschland nur einen staatlich bestimmten Aktivismus, eine innere Freiheit und Gleichheit als universale Rechtsgleichheit, in Amerika nur einen individualistischen Aktivismus, angepaßte äußere Freiheit und Gleichheit als Chancengleichheit. Man begegnet jedoch in den jeweiligen Ländern ganz besonders denjenigen Faktorenkonstellationen, aus denen sich nach allgemeinen soziologischen Hypothesen die genannten Ausprägungen von Ideen des Aktivismus, Individualismus und Universalismus erklären. Und darauf kommt es an. Die Untersuchung schreitet von solchen Hauptidentifikationen eines Kulturmusters weiter voran und arbeitet die feineren Verzweigungen der jeweiligen Muster von Aktivismus, Rationalismus, Individualismus und Universalismus mit derselben geschilderten Methode heraus. Auf diese Weise gelangen wir durch die Anwendung soziologischer Hypothesen in einem allgemeinen theoretischen Bezugsrahmen zur Konstruktion von idealtypischen Varianten unserer modernen westlichen Kultur, innerhalb derer und zwischen denen wir uns in unserem alltäglichen Handeln bewegen. Über die Möglichkeiten und Grenzen des Handelns, die sich dabei auftun, aufzuklären ist schließlich das allgemeinste Anliegen dieser Untersuchung.

Es ist die Erweiterung des *verallgemeinerbaren* Wissens über Kultur und Gesellschaft, die vom Soziologen zu erwarten ist. Über die historischen Besonderheiten unterrichten uns die Historiker.

I. Frankreich
Routine und Revolution

Einführung

In Frankreich hat die katholische Kirche in den Religionskämpfen den Sieg davongetragen. Der Protestantismus konnte hier keine tiefgreifende Bedeutung für die kulturelle Entwicklung erlangen. Um so schärfer prallte der säkulare Rationalismus der Aufklärung auf die Glaubenslehren und die Vormundschaft der Kirche. Das ist der eine von zwei grundlegenden Gegensätzen, die den modernen kulturellen Code in seiner Entfaltung in Frankreich bestimmt haben. Der andere Gegensatz herrscht zwischen der Revolution und der Ordnung des alten Staates.

Der Kampf zwischen den Mächten des Wandels und den Mächten der Beharrung wurde nicht ein für allemal im 18. Jahrhundert ausgefochten. Er ist durch das ganze 19. Jahrhundert hindurch und bis in unsere Zeit des 20. Jahrhunderts hinein in unterschiedlicher Gestalt immer wieder neu entbrannt. Bei der Betrachtung der Entwicklung und Institutionalisierung des modernen kulturellen Codes werden wir ihn in den verschiedensten Varianten zu Gesicht bekommen. Die Weichen der Kämpfe wurden im 18. Jahrhundert gestellt, aber wesentliche kulturelle Neuerungen wurden schon im 17. Jahrhundert geschaffen, vor allem durch Descartes' Philosophie. Ich werde hier in der Regel von den Strukturen ausgehen, die einerseits von der Lehre der katholischen Kirche, andererseits von Descartes' Philosophie geformt wurden, ebenso vom Verhältnis zwischen dem alten Staat und den Ideen der Revolution von 1789. Nach der Herausarbeitung der Strukturen der modernen Kultur Frankreichs in dieser formativen Epoche soll die weitere Entwicklung in groben Zügen angedeutet werden. Das Hauptaugenmerk liegt dabei auf dem Nachweis von Kontinuitäten und Diskontinuitäten in der Entfaltung der französischen Kultur.

1. Aktivismus: Kirchlicher Traditionalismus, administrative Herrschaft, intellektuelle Radikalität und gesellschaftliche Krise

Vorbemerkungen

Die grundlegenden Kräfte, die in Frankreich bestimmt haben, wie weit und in welcher Form sich eine aktive Gestaltung der Welt, insbesondere der gesellschaftlichen Entwicklung, herausbilden konnte, sind der kirchliche Traditionalismus, die funktionale Herrschaft der staatlichen Administration, der Radikalismus der kritischen Intellektuellen und die außeralltägliche Situation der tiefgehenden gesellschaftlichen Krise. Die Gestaltung der Welt wird zerrissen zwischen den Kräften der Beharrung, dem funktionalen Aktivismus der administrativen Elite und der erbarmungslosen Kritik der Intellektuellen. Zwischen ihnen ergibt sich kaum ein Zusammenspiel in der alltäglichen Fortentwicklung der Gesellschaft. Nur die große gesellschaftliche Krise führt sie zusammen, dann aber um so heftiger und unversöhnlicher und mit ungewissen Aussichten für einen allgemein akzeptierten Wandel der Gesellschaft.

1.1 Die Kirche

Von der katholischen Welt- und Lebensanschauung ging in Frankreich kein Impuls zu einer aktiven Gestaltung der Welt aus. Der Katholizismus bildete stets ein Zentrum der Beharrung. In den Jahrhunderten vor der Revolution von 1789 war er ein Teil der bestehenden Ordnung und zugleich die Legitimationsgrundlage dieser Ordnung. Wo immer in Frankreich der Traditionalismus, das Festhalten an der alten Ordnung, lebendig geblieben ist – und das ist noch heute vielfach der Fall – steht die Kirche dahinter. Eine bewußte Veränderung der Gesellschaft, gar ihre permanente Fortentwicklung, wie dies der modernen bürgerlichen Einstellung zur Welt zugrunde liegt, besitzt in der katholischen Lehre keinen legitimen Platz. Jede Umgestaltung bringt nach ihrer Theorie die von Gott eingerichtete Ordnung der Welt durcheinander und gefährdet in der Praxis auch die angestammte Stellung der Kirche in dieser Welt.

Die Kirche lehrt die organische Ordnung der ständischen Gesellschaft. Jeder hat hier seinen richtigen, von Gott so gewollten Platz.[1] Reiche und Arme gehören zu dieser Ordnung. Und diese Zweiteilung der Gesellschaft hat ihre Richtigkeit, keinesfalls gibt sie Anlaß zu Veränderungen. Vor allem aber ist sie nicht das Ergebnis von menschlichem Handeln und Verdienst, sondern von Gott eingerichtet.[2]

Der Reiche hat seinen Reichtum nicht aufgrund von Arbeit und persönlichem Verdienst, sondern aufgrund von Gottes Bestimmung. Er hat seinen Reichtum nicht selbst erworben, er ist reich geboren worden. Und reich geboren zu sein, ist kein persönlicher Verdienst, sondern eine Gabe Gottes. Dafür ist er Gott zu Dank verpflichtet, den er vor allem darin zum Ausdruck bringen muß, daß er die Armen mildtätig unterstützt. Er ist in seinem Stand immer der Versuchung zur Sünde ausgesetzt. Macht und Geld im diesseitigen Leben lenken seinen Blick von seiner wirklichen Bestimmung für das Jenseits ab. Das ist schon sündhaftes Leben. Dafür muß er Buße tun. Und die für ihn angemessene Buße ist das Almosen für den Armen. So hat Gott dem Reichen den Armen geschenkt, durch den er die Sündhaftigkeit seines Lebens ausgleichen und die Seligkeit erlangen kann.[3]

Auch der Arme nimmt einen von Gott zugewiesenen Platz in der gesellschaftlichen Ordnung ein. Er hat seine Armut nicht selbst verschuldet. Er ist arm auf die Welt gekommen. So ist seine Armut nicht Ausdruck für unsoliden Lebenswandel, sondern ein Schicksal, das zu tragen ihm von Gott aufgegeben ist. Ebenso ist ihm geboten, dem Reichen unterwürfig und für seine Wohltätigkeit dankbar zu sein. Aus seiner Armut herauszustreben, wäre ein Verstoß gegen die gottgewollte Ordnung. Reich und arm leben in einer Welt, in der niemand aufgrund persönlicher Leistungen seinen Platz innehat, sondern aufgrund Gottes Vorherbestimmung. Deshalb findet sich auch kein Grund, an der Verteilung der gesellschaftlichen Positionen oder an der Ordnung überhaupt etwas zu

1 B. Groethuysen, *Die Entstehung der bürgerlichen Welt- und Lebensanschauung in Frankreich*, 2 Bde., Frankfurt: Suhrkamp, (1927) 1978, Bd. 2, S. 195-204; vgl. auch J. Quéniart, *Les hommes, l'église et Dieu dans la France du XVIIIe siècle*, Paris: Hachette, 1978, S. 154-200.

2 B. Groethuysen, *Die Entstehung der bürgerlichen Welt- und Lebensanschauung in Frankreich*, S. 29-47.

3 Ebd., S. 29-36.

verändern. Jedes Streben nach einem anderen Platz in der Gesellschaft, jede Veränderung der Ordnung selbst widersetzte sich Gottes Plan und wäre eine schwere Verfehlung gegen Gott.[4]

Eine Auffassung, daß jeder durch eigene Arbeit zu Wohlstand gelangen und sich selbst ohne fremde Hilfe versorgen kann, ist dem Denken der Kirche fremd. Der Reiche hat seine Untergebenen, die für ihn arbeiten, der Arme lebt von der Mildtätigkeit der Reichen. Arbeit hat hier keine positive Bestimmung. Sie ist eine Folge der Sündhaftigkeit des Menschen. Sie ist eine Strafe. Der Mensch muß arbeiten, um damit Buße für seine Sünden zu tun.[5]

Arbeit ist ein Leiden für Sünden, wie Krankheit und Not. Sie muß ertragen werden. An ihr zählt die Anstrengung, nicht der Erfolg, der sich aus ihr ergibt. Jeder Wohlstand, der aus ihr hervorgeht, ist verdächtig. Nicht der ererbte Reichtum, sondern der erworbene ist illegitim. Der ererbte Reichtum ist von Gott gewährt. Jeder neu erworbene Reichtum bricht offensichtlich aus Gottes Ordnung aus. Hinter ihm werden stets unrechte Praktiken vermutet. Er beruht schon auf einer gottlosen Hingabe an die Verführungen des diesseitigen Lebens. Erfolgsstreben ist Sünde. Außerdem kann es nicht mit rechten Dingen zugegangen sein, wenn jemand zu neuem Reichtum gekommen ist. Es ist ja gegen Gottes Vorherbestimmung geschehen. Es können also nur Übervorteilung und Wucher gewesen sein, die zu neuem Wohlstand verholfen haben.[6]

In der ständischen Ordnung ist der Neureiche an sich schon einer, der die bestehende Ordnung verletzt. Sein Reichtum zieht demgemäß natürlicherweise den Verdacht der Unrechtmäßigkeit auf sich. Auch die neuen Berufe, die offensichtlich als Quelle eines neuen Wohlstands dienen können – Händler, Kaufmann und Geldverleiher – sind an sich schon eine Gefahr für die bestehende Ordnung. Sie leben davon, daß sie anderen Geld aus der Tasche ziehen, ohne selbst etwas zu produzieren. Händler und Kaufmann geben dem Handwerker weniger für ihre Produkte, als sie selbst beim Verkauf einnehmen.[7] Noch schlimmer ist der Kredit gegen Zinsen. Er wird generell als schamlose Ausnutzung der Notlage

4 Ebd., S. 36-47.
5 Ebd., S. 84-99.
6 Ebd., S. 112-24.
7 Ebd., S. 125-57.

anderer gedeutet.[8] Jeder hat aber die Pflicht, anderen in einer Notlage zu helfen. Kreditvergabe gegen Zinsen ist ein Verstoß gegen dieses Gebot und an sich schon Wucher, also eine Sünde. Auf die Idee, daß jemand mit Krediten Unternehmen aufbaut, die Gewinne abwerfen und auch den Angestellten des Unternehmens zu Wohlstand verhelfen, kommt man im Bezugsrahmen dieses Denkens nicht. Deshalb stellt sich auch nicht die Frage, ob es nicht ungerecht sei, wenn ein Unternehmer und seine Angestellten mit dem geliehenen Geld anderer Leute zu Wohlstand gelangen und der Geldgeber daran keinen Anteil hat. Ganz abwegig wäre es, danach zu fragen, ob denn überhaupt jemand bereit wäre, solche Unternehmungen finanziell zu unterstützen, wenn er selbst keinen Anreiz durch eine zu erwartende Vermehrung seines Geldes darin finden kann. Eine solche ökonomische Frage ist gar nicht denkbar, weil Geld nach der Lehre nicht in der Absicht der Vermehrung, sondern aus der Pflicht zur Hilfe ausgeliehen wird. Schon die Absicht, Wohlstand zu vermehren, ist sündhaft. Auch die Tatsache, daß bei dem ganzen Geschäft alle profitieren, der Wohlstand der ganzen Gesellschaft gesteigert wird, schlägt nicht positiv zu Buche. Im Gegenteil, auch darin wird nur eine Veränderung der von Gott eingerichteten Ordnung gesehen. Vor allem ist die allgemeine Steigerung des gesellschaftlichen Wohlstands verführerisch. Sie lenkt den Blick von der eigentlichen Bestimmung des Menschen für das Jenseits ab und läßt nicht nur die Reichen, sondern auch die vormals Armen, statt in Demut auf Gottes Gnade hoffen, sich den Vergnügungen des diesseitigen Lebens hingeben. Die Armen aus ihrem Stand herauszuführen und selbständig werden zu lassen ist in dieser Sichtweise keine gute Tat.[9]

Es sind durchaus Aspekte der katholischen Lehre – insbesondere bei den Jansenisten und den Jesuiten – anzutreffen, die einer methodischen Lebensführung im Sinne des Puritanismus nicht völlig fern stehen. Die Jansenisten verlangen vom Menschen eine einheitliche Gestaltung des ganzen Lebens vor allem auch in Beruf und Familie nach christlichen Grundsätzen.[10] In jedem Handeln soll die christliche Haltung zum Ausdruck gelangen. Ernsthaftig-

8 Ebd., S. 157-68.

9 Ebd., S. 184-8.

10 Ebd., S. 48-59; vgl. auch P. Honigsheim, *Die Staats- und Soziallehren der französischen Jansenisten im 17. Jahrhundert*, Darmstadt: Wissenschaftliche Buchgesellschaft, 1969; N. O. Keohane, *Philosophy and the State in France*,

keit und das Bewußtsein seiner grundsätzlichen Schuld und Sündhaftigkeit sollen das Handeln des Menschen regieren. Die Hingabe an die Vergnügungen des Lebens ist streng verpönt. Die Prädestinationslehre bringt den Jansenismus in die Nähe des Calvinismus. Auch ihr Gott ist allmächtig, und der Mensch ist allein auf seine Gnade angewiesen, die er sich persönlich eigentlich mit nichts verdienen kann. Was ihm übrigbleibt, ist allein, Buße für seine Sünden zu tun. Wenn die Erwählten erkannt werden können, dann sind es sicherlich die Bußfertigen, Arbeitsamen, Trauernden und Fastenden. Die Verworfenen sind die Trägen und nach Sinnlichkeit und Vergnügen Suchenden. Diese Bestimmung der Erwählten ist nicht völlig verschieden von derjenigen, die man bei Calvins Nachfolgern findet. Die Arbeitsamkeit und die Rechtschaffenheit des bürgerlichen Lebens hat hier ihren angemessenen Platz.[11] Dennoch gibt es einen grundsätzlichen Unterschied zum puritanischen Arbeitsethos. Arbeit ist nicht als Grundlage der Selbständigkeit und des Erfolgs geheiligt, auch der Erfolg selbst zählt nicht, sondern nur die Arbeit als Buße. Ein dynamischer und individualistischer Aktivismus, der auf eine fortwährende Veränderung der Gesellschaft hinwirkt, konnte aus dem Arbeitsethos der Jansenisten nicht entstehen. Veränderung an sich war verwerflich.

Hinter allen Bestimmungen einer religiösen Lebensführung steht aber die grundsätzliche Ablehnung der Welt als Reich der Sünde. Durch den Sündenfall ist der Mensch und mit ihm die Welt verdorben. Jeder Mensch ist ein Sünder. Letztendlich ist es nur die unverdiente Gnade Gottes, die ihn errettet. Die Bußfertigkeit ist die einzige Haltung, die dem sündhaften Menschen offensteht. Das Konzept der Sündhaftigkeit der Welt wird zu einer Radikalität gesteigert, die eine positive Beziehung zwischen religiöser Haltung und gesellschaftlicher Ordnung kaum noch zuläßt. Jeder muß sich selbst mißtrauen, wenn man Nicole folgt.[12] Können wir dann den anderen noch trauen? Offensichtlich ist aber ohne ein gewisses wechselseitiges Vertrauen ein geordnetes soziales

Princeton, N. J.: Princeton University Press, 1980, S. 125, 183-4, 192-4, 262-311.

11 B. Groethuysen, *Die Entstehung der bürgerlichen Welt- und Lebensanschauung in Frankreich*, op. cit., Bd. 2, S. 72-4.

12 P. Nicole, »De la faiblesse de l'homme«, in: *Œuvres philosophiques et morales*, Hildesheim: Olms, 1970, S. 70-101.

Leben nicht möglich; also bietet die religiöse Lehre keine Gewähr mehr für eine Ordnung des sozialen Verkehrs, schon gar nicht des mit allen Lastern behafteten Marktverkehrs. Folgen wir einer Interpretation Niklas Luhmanns, dann können wir diesen Sachverhalt als ein Indiz dafür nehmen, daß nun eine in ihrer Radikalität gesteigerte Religion aus dem sozialen Verkehr gezogen, von der alltäglichen sozialen Interaktion differenziert werden mußte, um überhaupt noch einen reibungslosen sozialen Verkehr zu gewährleisten.[13] War die Religion zuvor die Legitimationsgrundlage der sozialen Ordnung, ist sie nun zu einem Störfaktor geworden. Allerdings macht Luhmann aus diesem besonderen Verhältnis zwischen Religion und Welt bei den Jansenisten Frankreichs einen Modellfall für die soziale Differenzierung von Religion und sozialer Alltagsinteraktion in der Moderne. Diese Verallgemeinerung übersieht jedoch die Tatsache, daß es sich hier nur um eine unter mehreren Varianten des Verhältnisses zwischen Religion und Welt handelt, und zwar um eine Variante, die das Entstehen von grundlegenden Eigenheiten der Moderne behindert hat. Der Katholizismus hat sich ja in Frankreich nicht von selbst auf rein religiöse Fragen zurückgezogen. Von ihm sind vielmehr entscheidende Hemmnisse für die Entwicklung eines allgemeinen bürgerlichen und individualistischen Aktivismus ausgegangen. Soweit die Welt an sich das Reich der Sünde war, konnte ohnehin nichts an ihr verändert werden. Hat sich die Lehre Gedanken über die irdische Ordnung gemacht, dann konnte sie nur Bußfertigkeit, aber kein aktives Handeln empfehlen.

Hielten die Jansenisten an der radikalen Vorstellung der Verderbtheit der Welt fest, so versuchten sich die Jesuiten mehr an die Gegebenheiten der Welt anzupassen.[14] Sie betonen die Ordnung der Gesellschaft, die von Gott errichtet wurde. In der Geordnetheit des Lebens äußert sich die gottgefällige Lebensweise. Jeder leistet einen Beitrag zu dieser irdischen Ordnung Gottes, wenn er die ihm von Gott zugeteilten Pflichten und Funktionen seines Standes erfüllt. Auch seinem Stand ist der einzelne von Gott zugewiesen. Und die ständische Schichtung der Gesellschaft ist Gottes Prinzip der Erhaltung der gesellschaftlichen Ordnung. Wenn es

13 N. Luhmann, *Gesellschaftsstruktur und Semantik*, Bd. 1, Frankfurt: Suhrkamp, 1980, S. 109-19.

14 B. Groethuysen, *Die Entstehung der bürgerlichen Welt- und Lebensanschauung in Frankreich*, op. cit., Bd. 2, S. 59-74.

keine klare ständische Differenzierung von Befehlenden und Befehlsempfängern, glanzvoll Lebenden und bescheiden ein Dasein Fristenden gibt, dann bricht die gesellschaftliche Ordnung überhaupt zusammen. Hier ist dem einzelnen die Erfüllung seiner Standespflichten zum Zwecke der Erhaltung der von Gott bestimmten gesellschaftlichen Ordnung aufgetragen. Die Jesuiten passen sich den neuen Gegebenheiten an und teilen dem arbeitenden Bürger seinen Platz in der ständischen Ordnung zu. Zwischen die Reichen und die Armen tritt nun der bürgerliche Mittelstand.[15] Strebsamkeit und Rechtschaffenheit in der Erhaltung eines gemäßigten Wohlstands sind seine Prinzipien. Sein Handeln muß aber auf die Erfüllung seiner Standespflichten und die Erhaltung seines standesgemäßen bescheidenen Wohlstands beschränkt bleiben. Strebt er über diese hinaus, dann bringt er die von Gott vorgesehene Ordnung durcheinander und begeht eine Sünde. Diese Lehre konnte die Lebensweise eines sich selbst bescheidenden Kleinbürgertums legitimieren, aber sie schnürte jedes Motiv zu einem erfolgsuchenden individualistischen Aktivismus ab. Die Einfügung eines bescheidenen Kleinbürgertums in die ständische Ordnung verhinderte darüber hinaus die Herausbildung einer allgemeinen bürgerlichen Gemeinschaft. Auf diese Weise wurde der mittelständische Traditionalismus zur typischen Haltung des Kleinbürgertums, soweit es trotz aller antiklerikalen Aufklärung in den Armen der Kirche geblieben oder in diese nach der Revolution von 1789 wieder zurückgekehrt ist.

Mittelständischer Traditionalismus charakterisiert das Leben im kleinen Familienbetrieb, der in Frankreich sehr lange als verbreitete Wirtschaftsform erhalten geblieben ist.[16] Auch kleine Beam-

15 Ebd., S. 74-83.

16 Das ökonomische Handeln wird in Frankreich sowohl von aristokratischen als auch von mittelständischen traditionalistischen und patronalistischen Werten beherrscht. Siehe dazu J. R. Pitts, »Continuity and Change in Bourgeois France«, in: S. Hoffmann (Hg.), *In Search of France*, New York: Harper, 1963, S. 235-304; M. Crozier, *The Bureaucratic Phenomenon*, Chicago: University of Chicago Press, 1964, S. 274-82; J. B. Christopher, »The Desiccation of the Bourgeois Spirit«, in: E. M. Earle (Hg.), *Modern France. Problems of the Third and Fourth Republics*, New York: Russel & Russel, 1951, S. 44-57; D. S. Landes, »French Business and the Businessman: A Social and Cultural Analysis«, in: E. M. Earle (Hg.), *Modern France. Problems of the Third and Fourth Republics*, op. cit., S. 334-53.

tenstellungen in der staatlichen Administration gehören dazu. Man ist nicht arm und nicht reich und will alles so erhalten, wie es ist. Man strebt nach bescheidenen Zielen. Wenn die verehrte Kundschaft dem Betrieb treu bleibt, dann ist man schon zufrieden. Sicherheit geht allemal vor Risiko. Nichts verändern, was sich bewährt hat, ist die Devise. Eine neue Ladeneinrichtung wird nicht als Investition betrachtet, um neue Kundschaft anzuziehen. Es wird mehr befürchtet, daß sie die alte Kundschaft verschreckt. Das wirtschaftliche Leben läuft in festen Beziehungen zu langjährigen Kunden und Lieferanten ab, nicht auf einem anonymen Markt. Treue gegenüber der Klientel und Rücksichtnahme auf den Kundenkreis der Kollegen, nicht harter Wettbewerb und Erfolgsstreben regieren hier.

Im Betrieb herrscht der Patron der Familie. Das Verhältnis zwischen ihm und den Mitarbeitern des Betriebes, die nicht zur Familie gehören, richtet sich nach denselben Regeln, wie dasjenige zu den ihm untergebenen Familienmitgliedern. Im Betrieb begegnet man im kleinen derselben ständischen Ordnung wie in der Gesellschaft. Der Patron übt eine unumschränkte Autorität aus.[17] Er befiehlt, die anderen haben zu gehorchen. Innerhalb der Hierarchie spielen Ancienität und Familienzugehörigkeit eine größere Rolle als Leistungsfähigkeit. Die Positionen sind von Gott vorgegeben und nicht durch Leistung zu erwerben. Eine moderne Betriebsführung und ein offenes Verhältnis zur gewerkschaftlichen Organisation der Arbeiter konnten hier beide nicht entstehen. Die Betriebsführung orientiert sich an der Tradition und nicht an der Entwicklung von Marktchancen. Die Haltung zu den Betriebsmitgliedern ist diejenige des Befehls und der Fürsorge für die Untergebenen. Eine selbständige Vertretung der Betriebsmitglieder, eine prinzipielle Gleichrangigkeit in der Gestaltung von Tarifverträgen zwischen Betriebsleitung und Mitarbeitern sind

17 Vgl. R. Priouret, *Origines du patronat français*, Paris: Grasset, 1963; B. Brizay, *Le patronat. Histoire, structure, stratégie du CNPF*, Paris: du Seuil, 1975; G. Lefranc, *Les organisations patronales en France, du passé au présent*, Paris: Payot, 1976; P. Bourdieu und M. de SaintMartin, »Le patronat«, in: *Actes de la recherche en sciences sociales* 20/21, 1978, S. 3-82; A. Harris und A. de Sédouy, *Les patrons*, Paris: du Seuil, 1977; J. Bunel und J. Saglio, *L'action patronale du C. N. P. F. au petit patron*, Paris: Presses Universitaires de France, 1979. H. W. Ehrmann, *Organized Business in France*, Princeton, N. J.: Princeton University Press, 1957.

mit dem System des Patronalismus nicht vereinbar. Es ist deshalb kein Zufall, daß in Frankreich einerseits so ungewöhnlich viele Betriebe vollkommen veraltet sind und andererseits die Arbeiterbewegung besonders radikale Strömungen hervorgebracht hat. Die mangelnde internationale Konkurrenzfähigkeit der mittelständischen Wirtschaft Frankreichs wird seit eh und je beklagt.[18] Die radikalen Strömungen der französischen Arbeiterbewegung, allen voran die kommunistische CGT, stellen das Wirtschaftssystem insgesamt in Frage.[19]

Die katholische Kirche Frankreichs ist bis heute eine tiefreichende Wurzel des Traditionalismus und des Patronalismus geblieben. Die Modernisierung Frankreichs hat gegen die Kirche stattgefunden. Das ergab sich schon aus ihrer engen Verflechtung mit der politischen Herrschaft. Dabei ist sie im Zuge der Entwicklung des Absolutismus von einer übergeordneten Instanz mehr und mehr zu einer untergeordneten Institution der Herrschaftsausübung geworden. Die Ernennung der Bischöfe und die Kontrolle des Kirchenvermögens lag in der Hand des Königs. Die Kirche legitimierte die Herrschaft des Absolutismus; sie selbst konnte sich wiederum in der Durchsetzung des Glaubens auf die politische Herrschaft des Königs stützen.[20] Diese Stellung der Kirche in der Herrschaftsordnung des Absolutismus machte sie zum ersten Angriffspunkt der Aufklärung. Die Kirche war ausführendes Organ der politisch verordneten Zensur, gegen die sich die Aufklärer zur Wehr setzen mußten. Sie legitimierte die Tradition und festigte selbst ihre Herrschaft durch den Traditionsglauben. Zugleich war sie in ihrer Herrschaftsausübung vom König abhängig. Sie bildete ein schwächeres Glied in der Herrschaftsordnung des Absolutismus. So zog sie die ersten und aggressivsten Angriffe der Aufklärer auf sich.[21] Das gebildete Bürgertum wandte sich von

18 Vgl. D. Granick, *Managerial Comparisons of Four Developed Countries: France, Britain, United States, and Russia*, Cambridge, Mass.: MIT Press, 1972, S. 121-64, 199-204, 251-7.

19 J.-T. Nordmann, *La France radicale*, Paris: Gallimard, 1977, insbesondere S. 127-40; C. Willard, *Geschichte der französischen Arbeiterbewegung*, Frankfurt: Campus, 1981.

20 Vgl. A. Dansette, *Histoire religieuse de la France contemporaine*, Paris: Flammarion, 1965, S. 11-51; J. Quéniart, *Les hommes, l'église et Dieu dans la France du XVIIIe siècle*, op. cit., S. 15-34.

21 A. de Tocqueville, *Der alte Staat und die Revolution*, Reinbek bei Ham-

der Kirche ab. Sie konnte sich nur noch auf den naiven Glauben des einfachen Volkes, der kleinen Bauern und des Kleinbürgertums, auf die Herrschaft des Königs und auf das Wissen des Adels um ihre Nützlichkeit als Legitimationsinstrument der ständischen Ordnung verlassen. Die Revolution von 1789 stürzte demgemäß mit dem Absolutismus zugleich die intellektuelle Herrschaft der Kirche.[22]

Allerdings ist der vollkommene Niedergang der Kirche nach 1815 von der Restauration wieder aufgefangen worden. Kirche und Staat gehen wieder ein enges Bündnis ein.[23] Der Traditionalismus von Autoren wie Chateaubriand, Lamenais, de Bonald und de Maistres schließt an die katholische Orthodoxie des 18. Jahrhunderts an und versucht, die alte Ordnung wieder herzustellen. Der Spiritualismus der eklektizistischen Schule, zu der u. a. Cousin, Royer-Collard, de Biran, Jouffroy, Damiron, Saisset, Simon, Caro und Janet gehören, will den alten Glauben wieder beleben, indem er die inneren religiösen Gefühle und die Gültigkeit der religiösen Wahrheiten zu erneuern trachtet.[24] So wird die Kirche im 19. Jahrhundert zu einem Grundpfeiler der Restauration der alten Ordnung und der konservativen Kräfte. Sie spielt wieder ihre alte Rolle: vom einfachen Volk der Bauern und des Kleinbürgertums in naivem Glauben als Hoffnung für ein besseres Leben im Jenseits angenommen, von den Privilegierten – Adel und Groß-

burg: Rowohlt, (1856) 1969, S. 131-8; D. Mornet, *Les origines intellectuelles de la révolution française*, Paris: Armand Colin, 1938, insbesondere S. 52-8, 105-9, 137-41, 240-3, 270-81.

22 B. Groethuysen, *Die Entstehung der bürgerlichen Welt- und Lebensanschauung in Frankreich*, op. cit., Bd. 1, S. 19-77; A. Dansette, *Histoire religieuse de la France contemporaine*, op. cit., S. 55-124; J. McManners, *The French Revolution and the Church*, London: S. P. C. K. for the Church Historical Society, 1969.

23 A. Dansette, *Histoire religieuse de la France contemporaine*, op. cit., S. 183-220.

24 Vgl. E. Callot, *Von Montaigne zu Sartre. Die Entwicklung der französischen Philosophie vom 16. Jahrhundert bis zur Gegenwart*, Meisenheim: Anton Hain, 1952, S. 123-40; H. Gouhier, *Études d'histoire de la philosophie française*, Hildesheim, New York: Olms Verlag, 1976; P. F. Maine de Biran, *Œuvres philosophiques de Maine de Biran*, 4 Bde., hg. von V. Cousin, Paris: Ladrange, 1841; J. M. de Maistre, *Œuvres complètes*, 14 Bde., Lyon: Vitte & Persussel, 1884-93; L. G. A. de Bonald, *Œuvres complètes*, 16 Bde., Paris: Adrien LeClerc, 1817-1843.

bürgertum – zur Stabilisierung ihrer gesellschaftlichen Stellung benutzt. Die Kirche ist die Kraft der Ordnung, des Traditionalismus. Daran hat dann die Trennung der Kirche vom Staat mit der Gründung der dritten Republik 1870 nur insoweit etwas geändert, als die Kirche ihre konservative Funktion seitdem nicht mehr im Bündnis mit dem Staat ausüben kann. Ihre Stellung ist dadurch weit weniger politisch abgesichert als zuvor. Sie repräsentiert nicht mehr die offizielle Staatsdoktrin. Ihre Verbindung mit politischen Kräften muß sich nun auf konservative Parteien beschränken. In ihrer Lehre ist sie auch bis heute konservativ geblieben. Etwas anderes als eine traditionalistische Einstellung zur Welt, als ein Eintreten für die Beharrung findet sich auch kaum in ihrer Geschichte. Andere Haltungen zur Welt können nur als Abweichungen von der herrschenden Orthodoxie auftreten.[25]

1.2 Die Administration

Der Traditionalismus der Kirche hat eine in der Konsequenz ähnlich beharrend wirkende Ergänzung in der säkularen Routine der zentralisierten Verwaltung des Staates. Dem Traditionalismus der bäuerlichen und kleinbürgerlichen Schichten entspricht der Ritualismus der kleinen und mittleren Beamten. Ihr Handeln ist von den generellen Regeln der Verwaltungspraxis geleitet. Sie halten sich an diese Regeln, weil sie Sicherheit gewährleisten, und sie ziehen diese Sicherheit jeder offenen Situation des Ringens um die Lösung von Problemen in unmittelbarer Auseinandersetzung mit Vorgesetzten, Gleichgeordneten, Untergeordneten und betroffenen Bürgern vor.[26] Sie sind in keiner Weise auf Kompromißbildung vorbereitet. Jedes Aushandeln von Kompromissen wird

25 Vgl. A. Coutrot et F. Dreyfus, *Les forces religieuse dans la société française*, Paris: Armand Colin, 1965; R. Mehl, *Le Catholicisme française dans la société actuelle*, Paris: Le Centurion, 1977; A. Freiherr v. Campenhausen, *Staat und Kirche in Frankreich*, Göttingen: Verlag Otto Schwarz & Co, 1962; A. Dansette, *Histoire religieuse de la France contemporaine*, op. cit.; R. Rémond, *L'Anticléricalisme en France de 1815 à nos jours*, Paris: Fayard, 1976; A. Dauphin-Meunier, *Kirche und Kapitalismus*, Aschaffenburg: Paul Pattlock Verlag, 1958, Kap. 4 und 5.

26 R. Catherine, *Le style administratif*, Paris: Albin Michel, 1979; M. Crozier, *La société bloquée*, Paris: du Seuil, 1970, S. 93-126.

gemieden. Der in offenen Auseinandersetzungen ungeübte Verwaltungsbeamte sucht ängstlich Zuflucht hinter den Richtlinien der Verwaltungspraxis, sobald er von aufmüpfigen Bürgern in Bedrängnis gebracht wird. Das Funktionieren der Verwaltung und die Erhaltung der bestehenden Ordnung bilden sein Lebensprinzip, nicht weil er noch an die von Gott geschaffene traditionale Ordnung glaubt, sondern aus rein rationalen Gründen. Eine funktionierende Verwaltung dient dem Bürger, und sie bietet Sicherheit. Sie löst Probleme durch die Anwendung unpersönlicher Regeln. Niemand braucht sich der Entscheidungsmacht von konkreten Personen zu fügen. Jeder wird gleich behandelt. Persönlichen Auseinandersetzungen kann aus dem Wege gegangen werden. Niemand kann sich gegenüber anderen hervortun und Einfluß ausüben, ohne dafür formal nach allgemeinen Verfahrensregeln berechtigt zu sein. Damit kommt das Funktionieren der Verwaltung sowohl dem Interesse des Bürgers als auch demjenigen des Beamten entgegen. Beide sind nicht gewohnt, offene Auseinandersetzungen zu führen, beide achten auf die formelle Gleichheit unter den Mitgliedern ihrer Schicht, beide mißtrauen persönlichen Führungsansprüchen, die sich aus offenen Situationen ergeben, beide bevorzugen Sicherheit und formale Gleichheit gegenüber dem Risiko des unmittelbaren Engagements in Entscheidungsprozessen. Routine ist alles.[27]

Die traditionalistische Welt- und Lebensanschauung der Kirche und der Ritualismus des mittleren und kleinen Beamtentums haben in Frankreich eine aktive Haltung zur Welt in breiten Schichten nicht Wurzeln schlagen lassen. Die aktive Gestaltung der Welt ist deshalb den darauf spezialisierten elitären Kräften überlassen geblieben. Das ist einerseits der planende Aktivismus der Führungselite der zentralisierten staatlichen Administration, andererseits der radikale Intellektualismus. Der planende Aktivismus der staatlichen Administration hat seinen Ursprung im absolutistischen Zentralismus, der radikale Intellektualismus in der Aufklärung.

Die Verbindung von Aktivismus und staatlichem Zentralismus beginnt mit der Herausbildung der absoluten Herrschaft des Königs von Frankreich, die bei Ludwig XIV. im 17. Jahrhundert den bekannten glanzvollen Höhepunkt erlangt, aber auch von sei-

27 Vgl. M. Crozier, *The Bureaucratic Phenomenon*, op. cit., S. 175-212.

nen Nachfolgern im 18. Jahrhundert weiter ausgebaut wird.[28] Hier setzt sich eine einzige Macht in einem unablässigen Aktivismus gegen die konkurrierenden Mächte von Fürsten, Ständen und Kirche durch. Die Kirche wird zur Dienerin des Staates degradiert. Der Adel wird entmachtet. Von relativ unabhängigen Trägern der Herrschaftsordnung werden die Adligen zu einer von der Gunst des Königs abhängigen Schicht von Höflingen, die nur noch zum glanzvollen Hofleben in Versailles beizutragen hatten. Ihre Herrschaftsrechte wurden mehr und mehr eingeschränkt. Die Herrschaft auf dem Lande wurde statt dessen von den Intendanten des Königs ausgeübt. Die ständischen Versammlungen wurden in ihren Funktionen mehr und mehr beschnitten, bis hin zur Auflösung der Parlamente im Jahre 1771. Der Adel erbrachte keinerlei Leistung für die Gesellschaft. Er war nicht mehr als ein privilegierter und parasitärer Stand. Diese Stellung enfernte die Aristokratie in Frankreich auch weit mehr vom Bürgertum, als dies in England der Fall war. Für eine Öffnung der Aristokratie für den unternehmerischen Aktivismus des größeren und mittleren Bürgertums gab es demgemäß keine Chancen.[29]

Der absolutistische Aktivismus hat jedoch nicht nur die Herrschaftsrechte des Adels und der ständischen Versammlungen beseitigt, sondern auch die lokale Autonomie der Provinzen und Gemeinden.[30] Durch die Einrichtung des Systems der Intendanten und seiner Subdelegaten wurden die Rechte von lokalen Körperschaften auf ein Minimum reduziert. Die Provinzen und Gemeinden wurden zu ausführenden Organen der zentralen Verwaltung. Alle wesentlichen Entscheidungsbefugnisse konzentrierten sich auf Paris. Die Provinzen und Gemeinden verfielen in eine vollkommene Lethargie. Paris wurde zum Zentrum des staatlichen Aktivismus und des gesellschaftlichen Lebens insgesamt. Jede Veränderung mußte und konnte von hier ausgehen. Nicht zufällig

28 Siehe dazu allgemein R. Mousnier, *Les institutions de la France sous la monarchie absolute, 1598-1789*, Paris: Presses Universitaires de France, 1974; G. Richard, *Les institutions politiques de la France*, Paris: Flammarion, 1979, S. 5-122.

29 A. de Tocqueville, *Der alte Staat und die Revolution*, op. cit., S. 77-89; B. Moore, *Soziale Ursprünge von Diktatur und Demokratie*, Frankfurt: Suhrkamp, 1969, S. 67-95; N. Elias, *Die höfische Gesellschaft*, Neuwied und Berlin: Luchterhand, 1969, S. 222-319, 416-30.

30 A. de Tocqueville, *Der alte Staat und die Revolution*, op. cit., S. 39-73.

genügte es deshalb 1789, dem Absolutismus allein in Paris den Todesstoß zu versetzen. Die Provinzen spielten nahezu keine Rolle. Die einzige Ausnahme bildete die Vendée in ihrem Widerstand gegen die Revolution; ausgerechnet hier hatten sich die alten ständischen, provinziellen und lokalen Rechte noch mehr als anderswo gegen den Absolutismus erhalten können.

Die Revolution von 1789 hat dem Verwaltungszentralismus des alten Staates nur ein neues politisches Regime übergestülpt.[31] Darüber hinaus hat sie ihn noch weiter ausgebaut und funktionalisiert. Mit einem Schlag wurden die alten Provinzen aufgelöst. Das Land wurde nach rein funktionalen Gesichtspunkten der Administration völlig neu in Departments eingeteilt, die ohne jede Rücksicht auf traditionelle regionale Zusammengehörigkeiten eingerichtet wurden. Der leitende Gesichtspunkt soll das Kriterium gewesen sein, daß es jedem Präfekten möglich sein sollte, die Departmentsgrenze in einem Tagesritt zu erreichen.[32] An dieser herrschenden Stellung der zentralen Verwaltung in Paris haben alle Änderungen der politischen Regimes und Regierungen bis heute nichts geändert. Die chronische Schwäche der Regimes, Kabinette und Parteien durch das 19. und 20. Jahrhundert hindurch hat ihre Dominanz in der Gesellschaft noch weiter verstärkt.[33] Angesichts der Herrschaft der zentralen Verwaltung in Paris sind die Depart-

31 Ebd., S. 29-30, 39-54.

32 Vgl. U. Kempf, *Das politische System Frankreichs*, Opladen: Westdeutscher Verlag, 2. Auflg. 1980, S. 124-34; G. Haensch und A. Lory, *Frankreich*, Bd. 1: *Staat und Verwaltung*, München: Beckmann, 1976, S. 154-80. Die rein technische Einteilung der Departmentsgrenzen schwächen zugunsten einer Verbindung zu gewachsenen Einheiten ein wenig ab, ohne allerdings den Frankreich eben doch stärker auszeichnenden Verwaltungsfunktionalismus in der Formung von Gebietskörperschaften völlig leugnen zu können: A. Grosser und E. Goguel, *Politik in Frankreich*, Paderborn: Schöningh, 1980, S. 59-80.

33 Zur Struktur der französischen Administration vgl. W. R. Sharp, *The French Civil Service. Bureaucracy in Transition*, New York: AMS Press, (1931) 1971; H. Detton, *L'administration régionale et locale de la France*, Paris: Presses Universitaires de France, 4. Auflg., 1964; A. Fritsch, *Planifikation und Regionalpolitik in Frankreich*, Stuttgart: Kohlhammer, 1973; F. de Baecque, *L'administration centrale de la France*, Paris: Armand Colin, 1973; F. de Baecque und J. L. Quermonne (Hg.), *Administration et politique sous la cinquième république*, Paris: Presses de la Fondation Nationale des Sciences Politiques, 1982.

ments, Bezirke und Gemeinden zur Abhängigkeit von Paris verurteilt. Gemeinderäte haben nur geringe Rechte. Der Bürgermeister ist zugleich Repräsentant der Gemeinde und des Staates. Über beiden steht die Oberaufsicht des Präfekten als Organ der zentralen Staatsverwaltung. Die Bezirke und die Departments werden von den staatlich verantwortlichen Präfekten verwaltet.[34] Das ganze politische, gesellschaftliche und kulturelle Leben konzentriert sich auf Paris. In der Provinz herrscht der Traditionalismus, das Festhalten am Bestehenden, das Sichbescheiden mit dem Gegebenen. Paris ist das Zentrum der aktiven Gestaltung der Welt.[35]

An der Spitze des Aktivismus der staatlichen Verwaltung steht die an den Grandes écoles geschulte administrative und technische Elite.[36] Die ersten Eliteschulen wurden schon vom alten Staat ins Leben gerufen, um hochqualifizierte Ingenieure für Verwaltung und Militär auszubilden: die Ecole nationale des ponts et chausseés, die Ecole des mines de Paris und die Ecole de Mézières. Nach der Revolution wurde das System der Spezialhochschulen weiter ausgebaut, insbesondere von Napoleon. Die Ecole normale supérieure ist seitdem die Schule für die geistige Elite, die Ecole politechnique für die technische Elite. In der Anfangszeit der dritten Republik wurde die Ecole libre des sciences politiques für die Ausbildung der politisch-administrativen Elite gegründet. 1945 wurde sie durch die Ecole nationale d'administration ersetzt. Daneben gibt es noch zahlreiche Hochschulen für speziellere Ausbildungsgänge. Allein das erfolgreiche Bestehen der harten Vorprüfungen, der concours, entscheidet über die Aufnahme in diese Schulen. Ihre Absolventen bilden eine Elite mit einem einheitlichen Bewußtsein und einem ausgeprägten Gefühl der Verbundenheit, wie

34 Zur Rolle des Präfekten im französischen Verwaltungssystem vgl. J. P. Worms, »Le Préfet et ses notables«, in: *Sociologie du travail* 8, 3, 1966, S. 249-75; M. Savreux, *Le Préfet, homme à tout faire de la République*, Paris: Alain Lefeuvre, 1977.

35 So formuliert schon: A. de Tocqueville, *Der alte Staat und die Revolution*, op. cit., S. 70-3.

36 Vgl. E. N. Suleiman, *Politics, Power and Bureaucracy in France*, Princeton: Princeton University Press, 1974; *Elites in French Society: The Politics of Survival*, Princeton: Princeton University Press, 1978: P. Birnbaum, C. Barucq, M. Bellaiche und A. Marie, *La classe dirigeante française*, Paris: Presses Universitaires de France, 1978.

es weder in einem anderen westeuropäischen Land noch in den Vereinigten Staaten anzutreffen ist.
Der Aktivismus der Verwaltungselite äußert sich in der rationalen Durchgestaltung der Gesellschaft nach einem umfassenden Plan von oben. In keiner anderen westlichen Demokratie hat die administrative Planung eine so große Bedeutung wie in Frankreich. Bildung, Kultur und Wirtschaft werden nach einer möglichst einheitlichen Planung gestaltet. Das 1946 geschaffene System der Planification mit seinem Generalkommissariat und den entsprechenden Kommissionen mit ca. 3000 Mitgliedern ist ein riesiges Unternehmen, das die wirtschaftliche Entwicklung einer einheitlichen Gestaltung unterwerfen soll.[37] Der Staat ist selbst vor allem seit der Nationalisierung wesentlicher Produktionszweige nach der Befreiung im Jahre 1944 und der Überführung von privaten Unternehmen in staatliche und halbstaatliche in großem Umfang an der wirtschaftlichen Aktivität beteiligt. So erzielten die staatlichen Unternehmen beispielsweise im Jahre 1973 12 % des Inlandsproduktes, und sie nahmen 32 % aller Investitionen vor. Der staatliche und halbstaatliche Sektor der Wirtschaft umfaßt heute ca. 15 % der Erwerbstätigen. Die öffentlichen Unternehmen erhalten den weitaus größten Teil staatlicher Subventionen. Von 23.1 Milliarden Francs an Subventionen verschlangen sie im Jahre 1973 allein 18 Milliarden. Wie sehr unternehmerischer Aktivismus dem Staat überlassen bleibt, zeigt auch die geringe Rate der Gründung neuer Unternehmen im Vergleich zu den sterbenden Unternehmen. Zwischen 1963 und 1973 wurden pro Jahr etwa 18000 Betriebe neu gegründet, 27000 mußten geschlossen werden. Die Geburtenrate beträgt 0.9 %, in den Vereinigten Staaten dagegen 9.8 %.[38]
Dem Aktivismus der administrativen Führungselite hat sich erst nach dem zweiten Weltkrieg in wachsendem Maße eine ebenso an den entsprechenden Grandes écoles ausgebildete wirtschaftliche Elite der großen Unternehmen hinzugesellt. Die Produktionsaus-

37 K. Albrecht, *Planifikateure beim Werk*, Düsseldorf: Econ, 1964; G. Hedtkamp, *Planification in Frankreich*, Köln: Heymanns, 1966; L. Müller-Ohlsen, *Wirtschaftsplanung und Wirtschaftswachstum in Frankreich*, Tübingen: Mohr Siebeck, 1967; U. Kempf, *Das politische System Frankreichs*, op. cit., S. 291-6; C. Gruson, *Origine et espoirs de la planification française*, Paris: Dunod, 1968.
38 Die genannten Zahlen berichtet U. Kempf, *Das politische System Frankreichs*, op. cit., S. 240-1.

weitung konzentriert sich in den einzelnen Branchen der privaten Industrie immer mehr auf nur eine Handvoll oder weniger große Unternehmen. So erstellten schon 1962 in 21 erfaßten Branchen allein vier Unternehmen mehr als die Hälfte der Produkte. Aktive Unternehmensführung bleibt auf wenige Riesen beschränkt, während die Masse der Zwerge dem Patronalismus und einer traditionalistischen Haltung verhaftet ist.[39]
Der Aktivismus der zentralen Administration und der großen Unternehmen ist die Sache einer Elite, die auf Planungen am Reißbrett beruht und dann aufgrund der schwachen politischen Position der Peripherie, d. h. der betroffenen Departments, Gemeinden und Bürger, in der Regel bruchlos in die Tat umgesetzt wird. Von dieser Elite ist in Frankreich vor allem seit Gründung der fünften Republik in den sechziger und siebziger Jahren die Industrialisierung wie in keinem anderen westeuropäischen Land vorangetrieben worden. So ist das Land in einer Zeit, in der in der Bundesrepublik um jedes neue Kernkraftwerk jahrelang gestritten wurde, fast reibungslos von einem engmaschigen Netz neuer Kernkraftwerke überzogen worden. Ein eklatantes Beispiel des funktionalen Aktivismus sind auch die großen, vom Reißbrett geplanten Skistationen in den Savoyer Alpen. Sie funktionieren hervorragend, aber nicht jeder fühlt sich in ihnen wohl. Der Umsetzung von administrativen Planungen in konkrete Maßnahmen sind in Frankreich weit weniger Grenzen gesetzt als in jedem anderen westeuropäischen Land, von den Vereinigten Staaten ganz zu schweigen. Es herrscht ein vollkommen funktionaler Aktivismus vor, der allein auf technisch beste Lösungen abzielt. Die öffentliche Diskussion von Projekten und ihre Entwicklung in Prozessen der Kompromißbildung ist diesem elitären Aktivismus fremd. Der Absolvent der Ecole nationale d'administration wird mit viel technischem Wissen, mit Methoden der Verwaltungsführung und mit einem elitären Führungsbewußtsein vollgestopft, aber er lernt nicht die Teilnahme an öffentlichen Auseinandersetzungen.[40] Seine elitäre Ausbildung trennt ihn von vornherein von den gewöhnlichen Schichten der Gesellschaft. Mit dem Durch-

39 Ebd., S. 235.
40 M.-C. Kessler und J.-L. Bodiguel, *L'école nationale d'administration*, 2 Bde., Paris: Presses de la Fondation Nationale des Sciences Politiques, 1978.

schnittsbürger um die richtige Lösung eines öffentlichen Problems zu streiten kann ihm niemals in den Sinn kommen.[41]

1.3 Die Intellektuellen

Dem funktionalen Aktivismus der administrativen Elite steht der radikale Aktivismus der Intellektuellen gegenüber.[42] Den Radikalismus der Intellektuellen muß man im Lichte ihrer Trennung von der politischen Machtausübung sehen, die nur für eine kurze Periode von den Jakobinern während der Revolutionszeit unterbrochen wurde. Diese Konstellation hat sich schon im alten Staat ergeben, und in gewisser Weise ist sie bis heute konstitutiv für die Rolle des Intellektuellen in Frankreich geblieben. Zumindest haben die Aufklärer im alten Staat die Rolle des Intellektuellen in einer Weise definiert, die für die weitere Entwicklung vorbildlich wurde. Die Aufklärer haben dem Glauben und dem Traditionalismus der Kirche und der Herrschaft des alten Staates die individuelle Vernunft und die Veränderbarkeit der Gesellschaft nach rationalen Prinzipien entgegengesetzt. Niemals zuvor sind allein auf der Basis von Vernunftprinzipien kühnere Entwürfe einer von Grund auf neuen Gesellschaft hervorgebracht worden. Der erste Gegner, der sich dem radikalen Intellektualismus der Aufklärer in den Weg stellte, war die Kirche. Sie war für die Aufklärer die intellektuelle Repräsentantin der Ordnung des alten Staates und deshalb erstes Ziel ihrer Angriffe. In keinem anderen Land hat sich mit der Aufklärung ein ähnlich radikaler Antiklerikalismus bis hin

41 M. Crozier, *Strategies for Change*, Cambridge, Mass.: MIT Press, 1982, S. 103-25.

42 Siehe dazu L. Coser, *Men of Ideas*, New York: Free Press, (1965) 1970, S. 11-8, 145-57, 189-97, 215-26; R. Aron, *The Opium of the Intellectuals*, New York: Norton, 1962; G. Suffert, *Les intellectuels en chaise longue*, Paris: Plon, 1974; D. Bering, *Die Intellektuellen. Geschichte eines Schimpfwortes*, Stuttgart: Klett-Cotta, 1978, S. 32-67; F. Bourricaud, *Le bricolage idéologique*, Paris: Presses Universitaires de France, 1980; J.-M. Domenach, »Le monde des intellectuels«, in: G. Santoni (Hg.), *Société et culture de la France contemporaine*, Albany: State University of New York Press, 1981, S. 321-72; R. Debray, *»Voltaire verhaftet man nicht.« Die Intellektuellen und die Macht in Frankreich*, Köln-Lövenich: Hohenheim, 1981.

zum Atheismus entwickelt und bis heute erhalten.[43] Das hat den intellektuellen Aktivismus in seiner Wirkung auf die intellektuellen Schichten beschränkt, während die nicht gebildeten Schichten von ihm unbeeinflußt im Schoße der Kirche blieben.

Voltaire (1694-1778) macht die Kirche lächerlich. Er zeigt schonungslos die Diskrepanz zwischen den Lehren Christi und der Praxis der Kirche auf. Die christliche Tradition selbst beruht auf Annahmen, die keiner kritischen Prüfung standhalten. Daraus schließt Voltaire jedoch nicht auf einen unausweichlichen Atheismus. Nach ihm läßt sich allein mit Vernunft die Existenz Gottes beweisen: Die Welt muß einen Grund haben. Außerdem braucht man den Glauben an Gott aus pragmatischen Gründen, um die Einhaltung der gesellschaftlichen Normen sicherzustellen.[44] Für Rousseau (1712-1778) ist es das innere Gefühl, das ihn zur Überzeugung führt, daß ein allmächtiger und vernünftiger Wille die Welt regiert.[45] Beide, Voltaire und Rousseau, wollen die neue Gesellschaft gegen die Kirche auf eine *natürliche* Religion, auf einen allgemeinen Theismus und eine damit verbundene natürliche Moralordnung gründen. Den Schritt zum Atheismus vollzieht d'Holbach. Die Attribute, die man Gott zuschreibt – die Welt in Ordnung zu halten – sind für ihn nichts anderes als inhärente Eigenschaften der Natur. »Gott« ist ein leeres Wort, weil es dafür keine empirisch faßbaren Korrelate gibt. Die Religion bewirkt oft Intoleranz. Deshalb hält d'Holbach eine moralische Ordnung ohne Religion für viel eher möglich.[46] Die Revolution von 1789 hat dann kurzfristig den kirchlichen Glauben durch den neuen Glauben an die Vernunft ersetzt. Die Jakobiner wollen die indivi-

43 A. de Tocqueville, *Der alte Staat und die Revolution*, op. cit., S. 131-8; P. Hazard, *Die Herrschaft der Vernunft*, Hamburg: Hoffmann und Campe, 1949, S. 83-169, 542-59; D. Mornet, *Les origines intellectuelles de la révolution française*, op. cit., S. 52-8, 71-127, 137-41, 240-3, 270-81.

44 Voltaire, »Athée, athéisme,« »Dieu«, »Theiste«, alle in: *Dictionnaire philosophique*, Paris: Garnier, (1764) 1967, S. 36-44, 167-71, 399-400.

45 J. J. Rousseau, *Emile ou de l'éducation*, (1762), in: *Œuvres complètes*, hg. von B. Gagnebin und M. Raymond, Paris: Gallimard, 1969, Bd. IV, S. 239-877, ebd., S. 551-635 (*Emile oder über die Erziehung*, Paderborn: Schöningh, 1971, S. 264-334).

46 P. H. T. d'Holbach, *System der Natur*, Frankfurt: Suhrkamp, (1770) 1978, inbesondere 2. Teil, Kap. 9, S. 495-517; *La morale universelle: ou les devoirs de l'homme fondés sur sa nature* (1776), Stuttgart – Bad Cannstatt: Frommen, 1979, Teil II, S. 145-6; Teil III, S. 230-2.

duelle Vernunft auf den absoluten Thron setzen und die Gesellschaft vollkommen nach ihren Prinzipien umgestalten und regieren. Im Namen der Vernunft werden die grausamsten Terrorakte gegen Andersdenkende ausgeübt.[47]

Beide Strömungen des antiklerikalen Intellektualismus sind in Frankreich auch nach der Revolution und über die Restauration hinaus bis heute erhalten geblieben: das Bestreben, eine neue natürliche Religion zu begründen, und der radikale Atheismus.[48] Saint-Simon und seine Anhänger wollen in ihrer späten Lehre einen neuen kollektiven Glauben stiften, der dem einzelnen seinen Platz in der Gesellschaft zuschreibt und sein Handeln bestimmt. Die Gesellschaft soll eine umfassende Theokratie bilden, in der die Priester herrschen und alle Gesellschaftsmitglieder nach einem gesellschaftlichen Plan in der Richtung der gesellschaftlichen Bedürfnisse unterweisen.[49] Saint-Simons Schüler Auguste Comte sieht die Gesellschaft vom theologischen über das metaphysische zum positiven Stadium fortschreiten, in dem die Gesellschaft nach einer vollkommenen Kenntnis ihrer Gesetzmäßigkeiten regiert wird. Die positive Wissenschaft soll schließlich selbst eine neue Religion darstellen, die in Comtes *Cours de philosophie positive* ihre heilige Schrift hat und in einem eigenen Kultus mit Zeremonien und Feiertagen fundiert sowie von Priestern getragen werden soll.[50] Auch Emile Durkheim – von Saint Simon und von Comte beeinflußt – suchte in seiner Soziologie nach den Möglichkeiten einer neuen Religion für die moderne Gesellschaft. Der Kult des

47 L. Coser, *Men of Ideas*, op. cit., S. 145-57; A. Cochin, *L'esprit du jacobinisme*, Paris: Presses Universitaires de France, 1979; C. C. Brinton, *The Jacobins*, New York: Russel & Russel, 1961.

48 R. Rémond, *L'anticléricalisme en France*, op. cit.

49 C.-H. de Saint-Simon, *Nouveau christianisme*, (1825), in: *Œuvres de Claude-Henri de Saint-Simon*, Paris: Anthropos, 1966, S. 99-192; *Doctrine de Saint-Simon. Exposition. Première année*, hg. von C. Bouglé, E. Halévy, Paris: Mr. Rivière, 1924; *Doctrine de Saint-Simon. Deuxième année*, in: *Œuvres de Saint-Simon et d'Enfantin*, 47 Bde., Paris: E. Dentu, 1865-78, Bd. 42; vgl. dazu R. P. Fehlbaum, *Saint-Simon und die Saint-Simonisten. Vom Laissez-Faire zur Wirtschaftsplanung*, Tübingen: Mohr Siebeck, 1979, S. 136-47.

50 A. Comte, *Cours de philosophie positive*, 6 Bde., Paris: Baillière, (1830-42), in: *Œuvres d'Auguste Comte*, Bd. 16, Paris: Anthropos, 1968 ff.; *Catéchisme positiviste ou sommaire exposition de la religion universelle, en onze entretiens systématiques, entre une femme et un prêtre de l'humanité*, Paris: L'Auteur, (1852), in: *Œuvres d'Auguste Comte*, Bd. 11, Paris: Anthropos, 1970.

Individuums, wie er in dem sakralen Charakter der Bürgerrechte und der Menschenrechte zum Ausdruck kommt, ist für ihn ein solcher Ansatzpunkt. Zugleich ist seine Soziologie auf die Herausarbeitung der Grundlagen einer laizistischen Moral ausgerichtet. In derselben praktischen Konsequenz wie seine Vorläufer bemüht er sich, seine Lehre in die offizielle Pädagogik der Schulen umzusetzen. Die dritte Republik sollte so auf eine neue zivile Religion und eine einheitlich gelehrte laizistische Moral gegründet werden.[51]

Einen radikalen Atheismus impliziert schließlich der Existentialismus Jean Paul Sartres, der selbst zu einer Religion der intellektuellen Nachkriegsgeneration nach 1945 geworden ist. Sartres Existentialismus basiert auf der nur dem Menschen eigenen Unterscheidung zwischen dem Sein und dem Nichts. Damit soll gesagt werden, daß der Mensch nicht nur ein Wesen ist, das »An sich« existiert, sondern auch ein Wesen, das über seine gegebene Existenz hinausdenken kann. In diesem Sinne kann sich der Mensch an einem »Für sich« orientieren, an einer Zukunft, die anders aussieht als das Gegebene. Das Sein ist das gegenwärtig Existierende; das Nichts ist das gegenwärtig nicht Existierende, zukünftig aber Mögliche. Alles könnte auch anders sein als gerade gegeben. Der Mensch kann zu allem Gegebenen Nein sagen. Von dieser fundamentalen Tatsache ist das menschliche Handeln bestimmt. Der Mensch ist zur Freiheit verurteilt. Er muß sich seine Zukunft wählen. Sein Handeln ist deshalb ein Entwurf auf die Zukunft. Die Spannung zwischen dem An sich und dem Für sich, dem Sein und dem Nichts stellt die Grundlage für die menschliche Existenz dar. Darin ist die unaufhörliche Aufgabe für den Menschen enthalten, nicht einfach etwas zu sein, sondern sich zu etwas zu machen. In der Tätigkeit, die sich an der Verneinung des Gegebenen und an dem nicht Gegebenen orientiert, verwirklicht sich der Mensch. Das heißt aber, sich auf Ideale auszurichten, die über das Gegebene hinausweisen. In einem grundlegenden Entwurf bestimmt jedes Individuum für sich, was es sein möchte. Dieser Entwurf wird von unzähligen partiellen Entwürfen begleitet, in denen das Individuum sein Leben gestaltet. Daraus folgt eine absolute Ver-

51 E. Durkheim, *Leçons de sociologie. Physique des mœurs et du droit*, Paris: Presses Universitaires de France, (1950) 1969; *L'éducation morale*, Paris: Presses Universitaires de France, (1925) 1974; *Sociologie et philosophie*, Paris: Presses Universitaires de France, (1924) 1974.

antwortung des Menschen für sich selbst. Was der Mensch aus sich macht, liegt allein bei ihm. Niemand kann ihm diese Verantwortung abnehmen, kein Gott, keine Kirche, kein Staat, keine Familie. Jede Abtretung dieser Selbstverantwortung an übergeordnete Instanzen könnte selbst wiederum nur aus der Wahl des Individuums hervorgehen, die Verantwortung für sein Handeln von anderen ausüben zu lassen. Es ist diese Freiheit, die den Menschen zwingt, sich selbst zu machen, zu entwerfen, das Gegebene zu verneinen, tätig zu sein in der Ausrichtung auf ein Ideal.[52]

Nirgendwo anders findet man eine ähnlich radikale Philosophie des individuellen Aktivismus formuliert wie bei Sartre. Hier wird eine Variante des Aktivismus in Frankreich in aller Konsequenz auf den Begriff gebracht. Es ist ein vollkommen individualistischer und intellektualistischer Aktivismus. Jeder Mensch ist zur aktiven Gestaltung seines Lebens verdammt. Jeder muß sich dabei seine eigene Moral bilden und dafür auch selbst geradestehen. Auch wenn er sich in dieser Frage anderen anvertraut, dann muß er dieses Sichanvertrauen als freien Entwurf selbst verantworten. Niemand kann ihm diese Verantwortung abnehmen. Es ist ganz klar, daß dies ein Aktivismus für Intellektuelle ist, kein Aktivismus für den Durchschnittsbürger. In der Tat kann man ja auch nicht sagen, daß Sartres Existentialismus über Intellektuellenzirkel hinaus irgendeine Bedeutsamkeit erlangt hätte. Die bäuerlichen und kleinbürgerlichen Schichten leben weiterhin nach der traditionalistischen Lehre der Kirche. Sich einfügen und sich bescheiden mit dem was man hat, derjenige bleiben, der man ist, keineswegs etwas anderes werden zu wollen, das ist ihr Lebensprinzip; es steht in vollkommenem Gegensatz zu Sartres individualistischem Aktivismus. Auch die Lebenseinstellung der Arbeiterschichten ist niemals von Sartres Existentialismus erfaßt worden. Daran hat auch Sartres Bindung an den Marxismus nichts geändert.[53] In den Arbeiterschichten herrscht das Sicheinfinden in ein kollektives Schicksal vor. Wenn am Leben des Arbeiters etwas verbessert werden soll, dann soll das nicht aufgrund dessen geschehen, daß der Arbeiter sein eigenes Leben in die Hand nimmt, sondern

52 J. P. Sartre, *L'être et le néant*, Paris: Gallimard, 1943, S. 508-642. (*Das Sein und das Nichts*, Reinbek bei Hamburg: Rowohlt, 1962, S. 552-700); *Drei Essays*, Frankfurt: Ullstein, 1960.

53 Siehe u. a. J. P. Sartre, *Marxismus und Existentialismus. Versuch einer Methodik*, Reinbek bei Hamburg: Rowohlt, 1964.

durch eine kollektive Anhebung des Lebensstandards durch die Aktivität seiner Vertreter, durch die Gewerkschaften und durch den Staat. Die Arbeitskämpfe werden in Frankreich selten auf lokaler Ebene von den unmittelbar Betroffenen untereinander ausgetragen. Sie zielen stets auf das Zentrum der kollektiven Entscheidung: auf den Staat. Deshalb haben die intellektuellen Führer der Gewerkschaften eine größere Bedeutung als in anderen Ländern. Die ideologische Ausrichtung der einzelnen Gewerkschaften ist nirgendwo so ausgeprägt wie in Frankreich. Der Aktivismus der Arbeiterschichten ist demgemäß kaum ein solcher der Arbeiter selbst, als vielmehr ein intellektueller Aktivismus ihrer Führer.[54]

1.4 Die Krise

Der Intellektualismus ist in Frankreich seit der Aufklärung nie wie in Deutschland der rein kontemplativen Abstraktion verhaftet geblieben. Er hat immer zur Aktion gedrängt. Aber er ist auch nie ein pragmatischer Aktivismus gewesen, der sich mit der Haltung der angelsächsischen, vor allem der amerikanischen Intellektuellen vergleichen ließe. Das hängt natürlich mit der gesellschaftlichen Stellung der Intellektuellen zusammen, vor allem mit der Stellung der Aufklärer, die für die weitere Entwicklung das Vorbild abgaben. Die Aufklärer nahmen weder eine privilegierte Beamtenposition wie die deutschen Intellektuellen ein, noch waren sie unmittelbar in die aktive Gestaltung der Politik wie ihre angelsächsischen Kollegen involviert. Ihre Position war unsicher, sie mußten sich der Zensur des Absolutismus erwehren und sich gegen die intellektuelle Herrschaft der Kirche durchsetzen. Die bestehende Ordnung und die herrschenden gesellschaftlichen Kräfte waren ihre Gegner, die sie angreifen mußten, wenn ihre Ideen allgemeine Anerkennung erlangen sollten. Vernunft stand gegen Tradition, und das in einer Radikalität von beiden Seiten wie in keinem anderen Land. Wenn das Denken der Aufklärer nicht

54 U. Kempf, *Das politische System Frankreichs*, op. cit., S. 227-41; A. Casanova, C. Prevost und J. Metzger, *Les intellectuels et les luttes de classes*, Paris: Editions sociales, 1970; R. Biard, *Dictionnaire de l'extrême-gauche de 1945 à nos jours*, Paris: Belfond, 1978; Y. Bourdet, *Qu'est-ce qui fait courir les militants?*, Paris: Stock, 1976.

bloßes Hirngespinst in einer völlig anderen Realität bleiben sollte, gab es nur die vollkommene Umgestaltung der Gesellschaft als Weg der Verwirklichung des Denkens, entweder als kalte Revolution von oben oder als heiße Revolution von unten. Dieser revolutionäre Aktivismus ist seitdem eine Grundeigenschaft des französischen Intellektualismus geblieben.[55] Die kontinuierliche Teilnahme an der schrittweisen Veränderung der Gesellschaft ist dem französischen Intellektuellen fremd. Die bestehende Gesellschaft ist in allen ihren Eigenschaften sein Trauma, der Entwurf einer ganz neuen Gesellschaft sein Traum.

Nirgendwo sonst begegnet man ähnlich radikalen Ablehnungen der bestehenden Ordnung und ähnlich kühnen und detaillierten Entwürfen der idealen Gesellschaft. Im 18. und 19. Jahrhundert findet man neben der Kritik immer auch die großen Pläne für die neue Gesellschaft. Von den Physiokraten reicht die Kette der intellektuellen Gesellschaftsplaner über Saint-Simon, Fourier und Proudhon bis zu Comte. Im 20. Jahrhundert haben die Intellektuellen den Optimismus ihrer Vorgänger verloren, sie sind skeptischer, aber nicht weniger revolutionär. Sartres Existentialismus drückt den Widerstand des Individuums gegen jede gesellschaftliche Fremdbestimmung aus. Die Strukturalisten, unter ihnen vor allem Foucault, haben mit Akribie die zunehmende Sublimierung des gesellschaftlichen Zwangs im Prozesse der Rationalisierung aufgedeckt. Aktivismus kann sich hier nicht in der Teilnahme an der alltäglichen Gestaltung des gesellschaftlichen Lebens äußern, weil diese Teilnahme immer nur kompromittieren würde. Die Stunde des intellektuellen Aktivismus ist die außeralltägliche Situation. Er braucht die Krise und kann sich nur in der Revolution verwirklichen. Damit ist nicht ausgeschlossen, daß es in Frankreich keine konservativen Intellektuellen gäbe. Sie müssen jedoch ihre Rolle gegen das Vorbild des kritischen Intellektuellen definieren und haben damit innerhalb der Intellektuellengemeinschaft ihre Schwierigkeiten. Der konservative, auch der »bloß«

55 A. de Tocqueville, *Der alte Staat und die Revolution*, op. cit., S. 123-31; B. Groethuysen, *Philosophie der französischen Revolution*, Frankfurt: Ullstein, 1975; R. Aron, *The Opium of the Intellectuals*, op. cit.; F. Bourricaud, *La bricolage idéologique*, op. cit.; J.-M. Domenach, »Le monde des intellectuels,« op. cit.; J. Thomas, »Der Unterschied: Intellektuelle in Deutschland und Frankreich,« in: W. Bergsdorf (Hg.), *Die Intellektuellen*, Pfullingen: Neske, 1982, S. 151-72; R. Debray, *»Voltaire verhaftet man nicht«*, op. cit.

liberale Intellektuelle ist in dieser Gemeinschaft ungeliebt, wie dies beispielsweise Raymond Aron immer wieder erfahren mußte.[56] Die Gesellschaft braucht die große Krise, um sich wandeln zu können. Der Traditionalismus der Kirche und die Routine der Verwaltung wirken im Alltag als die fundamentalen Kräfte der Beharrung. Der administrative Zentralismus ist unsensibel in bezug auf die Probleme in der Peripherie. So müssen sich diese Probleme zum Überdruß aufstauen, um überhaupt ernstgenommen zu werden. Hier kann der intellektuelle Radikalismus mit seinen großen, die Gesellschaft transzendierenden Ideen einsetzen, ebenso der funktionale Aktivismus der administrativen Elite, der aufgrund seiner zentralen Position an den Schaltstellen der Gesellschaft in der Regel die Oberhand behält, wenn wieder Ruhe eingekehrt ist. Die Intellektuellen müssen auf die nächste Krise warten.[57]

Schlußbemerkungen

Frankreich wird zunächst einmal von Kräften beherrscht, die dem modernen Aktivismus diametral entgegenstehen: vom Traditionalismus der Kirche und von der Routine der staatlichen Administration. Ihre Träger sind die bäuerlichen und kleinbürgerlichen Schichten einerseits und das kleine und mittlere Beamtentum andererseits. In dieser Welt der Beharrung wird der Aktivismus nur von spezialisierten Eliten getragen: von der Führungselite der staatlichen Administration, neuerdings auch ansatzweise von der Führungselite der Großunternehmen, sowie von der intellektuellen Elite. Die administrative und die wirtschaftliche Elite sind Träger eines funktionalen Aktivismus, der die Gesellschaft von oben nach Plänen am Reißbrett und nach rein technischen Gesichts-

56 Vgl. R. Dahrendorf, »Der Intellektuelle und die Politik,« in: *Die Zeit*, Nr. 44, 28.10.1983.

57 Zum Zusammenspiel von Traditionalismus, Routine, administrativem Zentralismus, intellektuellem Radikalismus und Krise vgl. M. Crozier, *The Bureaucratic Phenomenon*, op. cit., S. 175-314; *La société bloquée*, op. cit.; F. Bourricaud, »Penury and Deficit, or the Problems of Political Underutilization,« in: J. J. Loubser, R. C. Baum, A. Effrat und V. M. Lidz (Hg.), *Explorations in General Theory in Social Science*, New York: Free Press, 1976, S. 557-78; W. R. Schonfeld, *Obedience and Revolt: French Behavior Toward Authority*, Beverly Hills: Sage, 1976.

punkten gestaltet. Nicht zufällig hat mit Jacques Ellul ein französischer Intellektueller die vielleicht eingehendste Anatomie der neuen technologischen Gesellschaft vorgelegt. Die intellektuelle Elite ist Träger eines revolutionären Aktivismus, wie er außerhalb Frankreichs nicht anzutreffen ist. Das Zusammenwirken von klerikalem Traditionalismus und Patronalismus, adminstrativem Ritualismus, funktionalem und revolutionärem Aktivismus hat die für Frankreich eigentümliche Abfolge von Routine und Krise zur Folge. Die Routine der zentralisierten Verwaltung ist unfähig, auf situative Veränderungen in der Peripherie kurzfristig zu reagieren. Der Traditionalismus und Patronalismus der Kirche und der bäuerlichen und kleinbürgerlichen Schichten stemmt sich gegen jede Veränderung. So müssen sich Probleme zur tiefreichenden Krise anhäufen, um zu einer Lösung zu zwingen. In dieser außeralltäglichen Situation können die revolutionären Ideen des Intellektualismus eingreifen. Sie schießen weit über das Ziel hinaus, formulieren eher die großen Lösungen auf dem Papier, wo die kleinen Lösungen in der Praxis gefordert sind. Durchgesetzt werden in der Regel die Lösungen der administrativen Elite. Sie sitzt am Hebel der Macht und verfügt allein über das technische Wissen, um zu praktikablen Lösungen zu gelangen. Es sind stets technisch durchgestaltete Lösungen nach rein funktionalen Gesichtspunkten, die dabei zustande kommen. Immer drängt die Krise ins Zentrum, in dem dann Lösungen von oben und von nationaler Reichweite von den Eliten gesucht werden. Der Alltag des Bürgers ist dagegen von Traditionalismus und Routine geprägt. Aktivismus und Veränderung sind eine außeralltägliche Sache und eine Angelegenheit der Eliten. Sie finden sich nicht in alltäglichen Auseinandersetzungen der betroffenen Bürger. Zwischen Routine und Revolution gibt es kaum Zwischenstufen der aktiven Gestaltung der Gesellschaft (Diagramm 1).

2. *Rationalismus: Esprit und deduktive Konsequenz*

Vorbemerkungen

Die messerscharfe Rationalität eines René Descartes, der Positivismus kühner Gesellschaftsplaner, der Funktionalismus der an den Grandes écoles ausgebildeten professionellen Elite, die geist-

Diagramm 1: Der Aktivismus in Frankreich

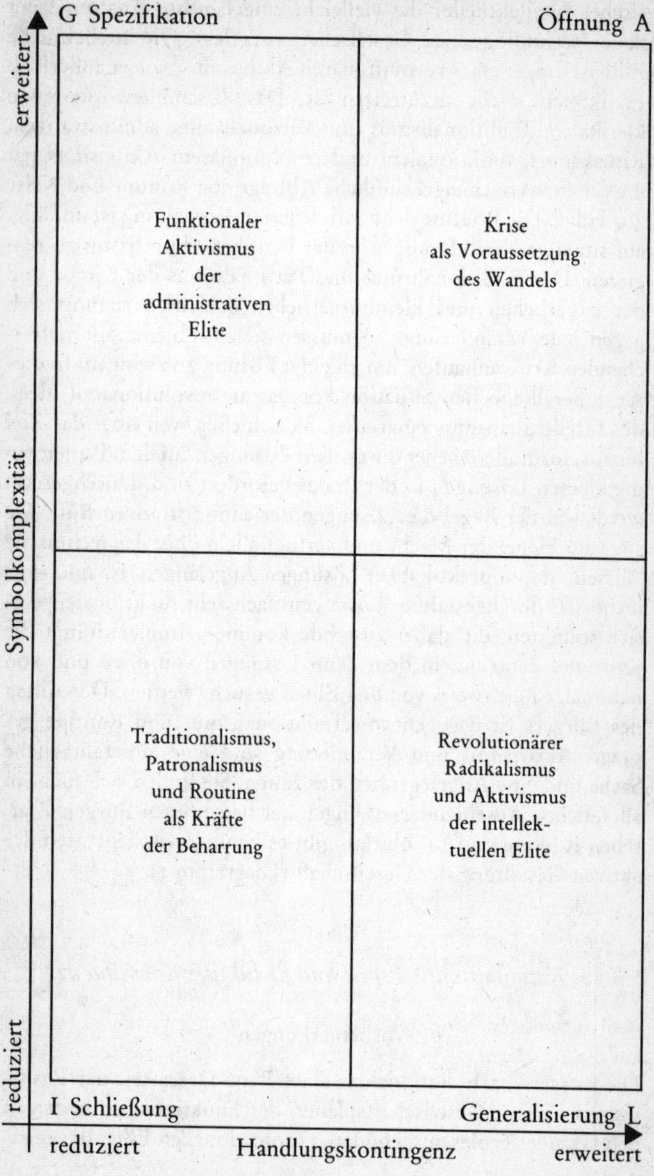

reiche Konversation im Salon, die literarische und schöpferische Kultur, die zentralisierte administrative Kontrolle der Universitäten und der wissenschaftlichen Arbeit, die intellektuellen Moden, die moralische Aufklärung, die Ideologisierung von Konflikten durch die Intellektuellen, dies alles sind Erscheinungsformen eines Begriffs der Rationalität, der uns in Frankreich in besonders vielgestaltiger Form begegnet. Diese Schattierungen des französischen Rationalitätsbegriffs bilden den Gegenstand der folgenden Betrachtungen.

2.1 Die Formulierung des Wissens: Der literarische Essay

In keinem anderen Land hat sich der Begriff der Rationalität in einem ähnlich radikalen Gegensatz zum religiösen Glauben entwickelt wie in Frankreich. Dieser Konflikt hat in der Aufklärung einen ersten Höhepunkt, er geht aber zurück bis in das 16. Jahrhundert und ist bis heute ein Grundzug des französischen Denkens geblieben.

Die mittelalterliche Scholastik erfährt im 16. Jahrhundert ihre ersten großen Erschütterungen.[58] Hier ist es vor allem Montaigne (1533-1592), der in Frankreich die Anfänge der modernen Philosophie setzt. Er vertritt in der Erkenntnistheorie einen Skeptizismus, in der Moralphilosophie einen pragmatischen Konservatismus. Montaigne gefällt es, die weit überzogenen Wahrheitsansprüche des menschlichen Denkens lächerlich zu machen. Was wissen wir schon? Wenn man unser angebliches Wissen auf seine Beweisbarkeit prüft, stellt es sich oft als nicht mehr denn Einbildung heraus. Unterzieht man unsere Erkenntnismittel einer genauen Prüfung, dann erweisen sie sich als höchst trügerisch. Das gilt für die sinnliche Wahrnehmung ebenso wie für die Vernunft. Dieser erkenntnistheoretische Skeptizismus läßt Montaigne in der Moraltheorie und in der Gesellschaftsgestaltung vor dem Neuen warnen. Man weiß nicht, ob es sich bewähren wird. Deshalb ist es besser, an dem Bewährten, an der bestehenden Ordnung festzuhalten und auf die Offenbarung Gottes zu vertrauen. Montaigne benutzt also

58 E. Callot, *Von Montaigne zu Sartre*, op. cit., S. 16-34.

die Vernunft nur negativ, um die Brüchigkeit unserer Erkenntnis nachzuweisen.[59]

Bei diesem erkenntnistheoretischen Skeptizismus ist jedoch das Denken des 17. Jahrhunderts nicht stehengeblieben. Die Naturwissenschaften streben weiter aufwärts. Das Vertrauen in die menschliche Erkenntniskraft wächst. Während in England die empirische Wissenschaft Triumphe feiert, ist es in Frankreich das logische Denken. In England arbeiten die Gelehrten mit Handwerkern, Ingenieuren und Technikern zusammen. Hier will man mit experimentellen Beweisen die Wahrheit finden. In Frankreich fehlt diese Assoziation der Denker mit den Empirikern. Die Gelehrten wollen durch logische Beweisverfahren die Wahrheit aufspüren. Sie wollen ihre Erkenntnis aber auch an ein interessiertes Laienpublikum vermitteln. Das angemessene Medium dafür ist der literarische Essay. Diese Ausgangskonstellation prägt für die gesamte nachfolgende Entwicklung den Unterschied des französischen zum angelsächsischen Begriff der Rationalität. Dem angelsächsischen Erfahrungswissen steht die französische Scharfsinnigkeit gegenüber. Der erste Repräsentant dieser Grundeigenschaft des französischen Begriffs der Rationalität ist René Descartes (1596-1650). Sein *Discours de la méthode* ist das Hauptwerk des 17. Jahrhunderts in Frankreich. Mit ihm wird der philosophische Rationalismus zum grundlegenden Code des französischen Denkens. Wahrheit ist für dieses Denken eine Sache methodischer Anstrengung, nichts unmittelbar Gegebenes. Die Methode der Wahrheitsgewinnung steht im Zentrum der Descartesschen Philosophie.

Die Methode, um die es Descartes geht, ist nicht ein Instrumentarium der Beobachtung, sondern eine Logik des Vernunftgebrauchs.[60] Der menschliche Geist, nicht die Sinneserfahrung ist der Ausgangspunkt und das sichere Fundament der Erkenntnis. Diese Methode beginnt mit dem Zweifel, den Descartes von Mon-

59 M. de Montaigne, *Les essais* (1580-88), 2 Bde., Paris: Garnier, 1962.

60 R. Descartes, *Discours de la méthode*, (1637), in: *Œuvres philosophiques*, Bd. 1, hg. von F. Alquié, Paris: Garnier, 1963, S. 567-650 (*Von der Methode*, Hamburg: Meiner, 1960); vgl. auch R. Descartes, *Règles pour la direction de l'esprit*, in: *Œuvres philosophiques*, Bd. 1, op. cit., S. 67-204 (*Regeln zur Ausrichtung der Erkenntniskraft*, Hamburg: Meiner, 1972); *Méditations*, in: *Œuvres philosophiques*, Bd. 2, hg. von F. Alquié, Paris: Garnier, 1967, S. 404-505 (*Méditationen*, Hamburg: Meiner, 1960).

taigne übernimmt, aber auf die Vorbereitung der Wahrheitserkenntnis begrenzt. Der methodische Zweifel dient der kritischen Prüfung, er ist jedoch keine sichere Basis des Wissens.[61] Wenn wir eine solche Grundlage suchen, müssen wir den Zweifel überschreiten. Ein solcher Schritt über den bloßen Zweifel hinaus ergibt sich schon aus der Erkenntnis, daß man den Zweifel selbst nicht in Zweifel ziehen kann. Er existiert und mit ihm unser Denken, letztlich unser Sein und die ganze Realität der Welt. Hier liegt der Kern von Descartes' Rationalismus, der zugleich ein Realismus ist. Die Gewißheit des Denkenden über sich selbst impliziert die reale Existenz der Welt.[62]

Es ist also nicht der Zweifel, der letztlich das Fundament der Erkenntnis darstellt, sondern die Rückführung aller speziellen Erkenntnisse auf unbestreitbare und allgemeingültige Prinzipien der Vernunft. Die dafür adäquate Methode ist die Intuition, Descartes' erste Regel.[63] Sie hat sich an den Kriterien der Klarheit und der analytischen Schärfe zu orientieren:

> Die erste (Regel, d. V.) besagte, niemals eine Sache als wahr anzuerkennen, von der ich nicht evidentermaßen erkenne, daß sie wahr ist: d. h. Übereilung und Vorurteile sorgfältig zu vermeiden und über nichts zu urteilen, was sich meinem Denken nicht so klar und deutlich darstellte, daß ich keinen Anlaß hätte, daran zu zweifeln.[64]

Ein Gedanke, eine Aussage haben klar zu sein, d. h., sie müssen unmittelbar einleuchten. Außerdem müssen sie möglichst scharf voneinander abgegrenzt sein, um Trübungen der Erkenntnis durch sich überschneidende Begriffe und Verwechslungen zu vermeiden. In diesem Sinne sind die durch Intuition gewonnenen Prinzipien als Fundament der Erkenntnis reine Produkte des Geistes ohne jede Beimengung von trügerischer innerer oder äußerer Erfahrung. Ausgangspunkt aller Erkenntnis sind unmittelbar einleuchtende Prinzipien. Dazu zählen Aussagen wie »Ich existiere«, »Ich denke«, »Jedes Dreieck hat drei Seiten« und »Jede Kugel hat nur eine Oberfläche«. Ganz offensichtlich handelt es sich bei diesen Prinzipien um Aussagen, die definitorisch wahr sind.

61 R. Descartes, *Discours de la méthode*, op. cit., S. 578-91 (9-18).
62 Ebd., S. 601-13 (25-33); vgl. auch *Méditations*, op. cit., S. 404-13 (15-20).
63 R. Descartes, *Discours de la méthode*, op. cit., S. 601-13 (25-33); vgl. auch *Règles*, op. cit., S. 85-90 (9-12); *Méditations*, op. cit., S. 414-29 (20-30).
64 R. Descartes, *Discours de la méthode*, op. cit., S. 586 (15).

Die zweite Regel verlangt die Aufgliederung der Gedankenführung in möglichst scharf voneinander abgegrenzte kleine Einheiten:

Die zweite (Regel besagte, d. V.), jedes Problem, das ich untersuchen würde, in so viele Teile zu teilen, wie es angeht und wie es nötig ist, um es leichter zu lösen.[65]

Die Vielfalt der konkreten Realität muß in ihre einfachsten Bestandteile zerlegt werden, um zu klaren Erkenntnissen über ihre Beschaffenheit und ihre Beziehungen untereinander zu gelangen. Nur durch diese analytische Schärfe gelingt es, die Reinheit der Erkenntnis gegen alle Trübungen und Verwirrungen der konkreten Erfahrung zu schützen.
Die dritte Regel bezieht sich auf die Ordnung des Denkens und auf die Erschließung speziellerer Erkenntnisse aus den intuitiv gewonnenen Vernunftprinzipien. Die dafür erforderliche Methode ist die logische Deduktion. Mit dieser Methode wird es möglich, die gesamte Erkenntnis in eine in sich geschlossene Ordnung zu bringen und die Vernunft an jeden speziellen Gegenstandsbereich heranzuführen:

Die dritte (Regel besagte, d. V.), in der gehörigen Ordnung zu denken, d. h. mit den einfachsten und am leichtesten zu durchschauenden Dingen zu beginnen, um so nach und nach, gleichsam über Stufen, bis zur Erkenntnis der zusammengesetztesten aufzusteigen, ja selbst in Dinge Ordnung zu bringen, die natürlicherweise nicht aufeinander folgen.[66]

Die vierte Regel gebietet die Vollständigkeit in der Aufzählung der Gegenstände der Erkenntnis:

Die letzte (Regel besagte, d. V.), überall so vollständige Aufzählungen und so allgemeine Übersichten aufzustellen, daß ich versichert wäre, nichts zu vergessen.[67]

Alle möglichen Objekte müssen in die geschlossene Ordnung der Vernunfterkenntnis eingefügt werden. Auf diese Weise können alle Erkenntnisse der speziellen Wissenschaften auf die allgemeingültigen Vernunftprinzipien zurückgeführt werden. Sie haben

65 Ebd., S. 586 (15); vgl. auch *Règles*, op. cit., S. 101-8 (17-21).
66 R. Descartes, *Discours de la méthode*, op. cit., S. 586-7 (15); vgl. auch *Règles*, op. cit., S. 100-1 (16).
67 R. Descartes, *Discours de la méthode*, op. cit., S. 587 (16); vgl. auch *Règles*, op. cit., S. 108-14 (22-5).

selbst keinen unabhängigen, sondern nur einen abgeleiteten Status. Die Erfahrung ist keine unabhängige Quelle der Erkenntnis. Sie ist keine selbständige Überprüfungsinstanz des Wissens, vielmehr dient sie allein der Verifikation und empirischen Auffüllung der Vernunfterkenntnis. Wo die Erfahrung der Vernunfterkenntnis widerspricht, gibt sie keinen Anlaß für Zweifel an dieser Erkenntnis, ganz im Gegenteil ist das allenfalls ein Zeichen dafür, daß die Erfahrung trügen kann und deshalb im Lichte der Vernunft revidiert werden muß. Die gemeinsame Wurzel in den unmittelbar einsichtigen Prinzipien der Vernunft und die von allen geteilten Methoden der Intuition, der analytischen Zergliederung, der logischen Deduktion und der empirischen Verifikation verleihen den Wissenschaften eine Einheit und eine hierarchische Gliederung.[68]

Die Verfahrensweise der Mathematik ist für Descartes der Königsweg der menschlichen Erkenntnis. Erkenntnis heißt, die mathematische Struktur der Welt zu erkennen und in Analogie zur Mathematik von einfachen Grundprinzipien durch Deduktion zu spezielleren Theoremen fortzuschreiten.[69] Es ist aber nicht allein die Abstraktion, auf die Descartes' Rationalismus abzielt. Descartes will – ausgehend von den unmittelbar einsichtigen und universell gültigen Vernunftprinzipien – alle Wissenschaften bis in ihre empirischen Gesetzmäßigkeiten erfassen. Aufbauend auf dem Begriff der Ausdehnung, versucht er die Substanz der Welt und die Gesetzmäßigkeiten der Natur zu deduzieren. Die Prämisse, daß alles entweder Figur oder Bewegung sei, führt ihn zu der Annahme, daß alles meßbar sei und deshalb mathematischen Operationen unterworfen werden könne. Die Physik ist angewandte Mathematik. Auf diese Weise entwickelt Descartes eine analytische Geometrie und eine mechanistische Physik. Das Denken strebt von der Vernunfterkenntnis zur Erfassung der empirischen Gesetze der Natur. Es bleibt nicht kontemplativ. Der Weg zur positiven Wissenschaft ist durchaus praktisch motiviert. Die Wissenschaft ist das Instrument, das dem Menschen in bisher ungeahntem Ausmaß die Beherrschung der Natur erlaubt. Ganz konkret sieht Descartes auch die Kontrolle von Krankheiten und die Verlängerung des menschlichen Lebens ermöglicht. Die philoso-

68 R. Descartes, *Règles*, op. cit., S. 77-80 (3-4).
69 Ebd., S. 80-4 (5-8).

phische Vernunft drängt über die positive Wissenschaft zu einem funktionalen Rationalismus der Weltbeherrschung.[70] Diese Erweiterung des philosophischen zu einem funktionalen Rationalismus ist seit Descartes zu einem Grundzug des französischen Begriffs der Rationalität geworden, der in der weiteren Entwicklung des Denkens in den verschiedensten Varianten konkretisiert wurde. Darin unterscheidet sich der französische Rationalismus grundsätzlich vom deutschen Idealismus, der nach Kants Ansatz der Integration des Rationalismus mit dem Empirismus stets bestrebt war, die Distanz zu den Leistungen der positiven Wissenschaft und zur instrumentellen Weltbeherrschung zu wahren.
Auch nach anderen Seiten ist der philosophische Rationalismus in Frankreich nicht auf sich selbst zurückgezogen geblieben. Er wendet sich an ein anderes Publikum als der deutsche Idealismus, nicht in erster Linie an Gelehrte, sondern an die gebildeten Schichten insgesamt. Er hat ein wesentlich breiteres Publikum. Descartes veröffentlicht den *Discours* in französischer Sprache, um ein größeres Publikum zu erreichen. Der Stil hat erzählerische, ja literarische Qualität. Der *Discours* hat den Charakter einer Autobiographie, in welcher der Erzähler in der Ich-Form über seine intellektuelle Entwicklung und über die Methoden der Wahrheitsgewinnung berichtet, die sich für ihn persönlich als fruchtbar erwiesen haben.[71] Es ist ein Essay, kein abgeschlossenes Werk.[72] Der Autor diskutiert nicht nur mit den Größen der Philosophiegeschichte, sondern auch mit dem gebildeten Publikum. Er will andere überzeugen, die nicht in gleicher Tiefe mit der philosophischen Tradition vertraut sind, und er tut dies im Wettstreit mit anderen. Der

70 R. Descartes, *Discours de la méthode*, op. cit., S. 613-32 (33-49); *Règles*, op. cit., S. 158-204 (55-85); *Méditations*, op. cit., S. 469-505 (57-80).

71 R. Descartes, *Discours de la méthode*, op. cit., S. 632-50 (49-63).

72 Einen Anfang in der Verwendung des Essays als literarische Form der verständlichen Darstellung philosophischer Überlegungen hatte schon Montaigne gemacht: M. Montaigne, *Les essais*, op. cit.; vgl. E. von Jan, *Französische Literaturgeschichte in Grundzügen*, Heidelberg: Quelle & Meyer, 6. Auflg. 1967, S. 101: »Die *Essais* sind in der Tat nichts anderes als ›Versuche‹ des Verfassers seinen Mitmenschen Lebensweisheit zu vermitteln (...) Die Sprache ist stark persönlich und eindringlich und bleibt auch bei der Darstellung abstrakter Dinge leicht verständlich. In der Analyse der menschlichen Natur und der Aufstellung von Lebensregeln, die sich daraus ableiten lassen, ist Montaigne richtungsgebend für die Folgezeit.« Siehe auch F. Schalk, *Studien zur französischen Aufklärung*, Frankfurt: Klostermann, 2. Auflg. 1977, S. 28-41.

Essay hat auch in der weiteren Entwicklung des französischen Denkens eine Hauptrolle gespielt. In ihm konkretisiert sich die Erweiterung des philosophischen Rationalismus zu einer literarischen Vernunft, in der die Vermittlung universeller Ideen mit der Alltagserfahrung des gebildeten Publikums gesucht wird. Auch zwischen dieser erzählerischen Darbietung des französischen Rationalismus und der dem Laien unzugänglichen Fachsprache der deutschen Philosophie liegen Welten.[73]

Die Lebenswelt seines Publikums ist dem französischen Rationalisten nicht fremd. Er ist sich nicht dafür zu schade, konkrete Lebenshilfe zu geben. In Descartes' Gesellschaft sind vor allem die Hofdamen die Interessenten an philosophischer Lebenshilfe. Descartes gibt sie den Damen freimütig in der alltäglichen philosophischen Unterrichtung und in ausführlichen Briefen. In Briefen an Prinzessin Elisabeth, die Tochter des in Holland lebenden abgesetzten Königs von Böhmen, und an Königin Christine von Schweden gibt er Ratschläge über die richtige Lebensführung im Lichte grundsätzlicher Ausführungen über das Problem der Willensfreiheit.[74] Im *Discours* entwickelt er eine provisorische Moral.[75] Es ist eine Moral, die von der Entscheidungsfreiheit des Individuums ausgeht und neben der Entschiedenheit im Handeln die Anpassung an die herrschenden Gesetze sowie Mäßigung im individuellen Streben lehrt. Was Descartes hier darlegt, ist weder ein abstrakter moralischer Universalismus noch eine bloße Artikulation des traditionell Gegebenen. Im Gegensatz zum moralischen Universalismus macht er die Moral zu einer Sache der persönlichen Entscheidung; seine Empfehlungen sind dementsprechend persönlich gehalten, Ratschläge, keine absoluten Gesetze. Von der Wiedergabe des Selbstverständlichen unterscheidet sich seine Moral ebenfalls durch die Betonung der persönlichen Entscheidungsfreiheit. Konformität und Mäßigung empfiehlt er nicht wegen der selbstverständlichen Geltung der herrschenden Normen, sondern aus Gründen der individuellen Klugheit. Es ist besser, sich die persönliche Freiheit für andere Dinge zu erhalten, als für eine neue Ordnung zu kämpfen und die Gefahr der Unter-

73 Vgl. W. von Einsiedel, »Der Literaturbegriff«, in: J. P. Sartre, *Was ist Literatur?*, Reinbek bei Hamburg: Rowohlt, 1958, S. 176-81.

74 R. Descartes, *Lettres* (1643-50), in: *Œuvres philosophiques*, Bd. 3, hg. von F. Alquié, Paris: Garnier, 1973.

75 R. Descartes, *Discours de la méthode*, op. cit., S. 591-601 (18-25).

drückung heraufzubeschwören. Die Sprengkraft des philosophischen Rationalismus kaschiert Descartes mit gemäßigten moralischen Empfehlungen. Damit konnte er sich vor den gröbsten Angriffen der Jesuiten und auch der protestantischen Theologen in Holland gegen seinen Rationalismus schützen. Dennoch hatte er sich in Holland mehrerer Anklagen zu erwehren. 1663 wurden seine Werke von der katholischen Kirche auf den Index gesetzt. Die Jesuiten bemerkten die Revolution des Denkens, die in Descartes' Rationalismus steckte.

Descartes hatte zwar noch die Idee eines allmächtigen Gottes als lebensnotwendig aufgefaßt,[76] aber der rationale Gottesbeweis gefährdete die vormundschaftliche Stellung der Kirche. Die Aufklärung hat dann auch Descartes' Rationalismus zu einem revolutionären Instrument gemacht und gegen die Kirche eingesetzt. Auch die Aufklärer drängten von der universellen Idee zur Lebenswelt und zur Formulierung moralischer Grundsätze. Nur taten sie dies nicht in Übereinstimmung mit den herrschenden Selbstverständlichkeiten, sondern gegen die bestehenden Institutionen. Die Apologie des Bestehenden ist der katholischen Lehre überlassen geblieben. Der philosophische Rationalismus suchte die radikale Kritik der bestehenden Institutionen im Lichte der universellen Ideen der Vernunft, bis hin zum Bündnis mit den jeweils unterprivilegierten Klassen und zur Formulierung von revolutionären Ideologien für die unterdrückten Klassen.[77] Hier unterscheidet sich der französische Rationalismus ebenso vom deutschen Idealismus, für den die radikale Kritik am Bestehenden eine Ausnahme angesichts der Vorherrschaft von Konformität und allenfalls zurückweichender Entfremdung darstellte.

Auf Descartes folgte in Frankreich aber Pascal (1623-1662), und darin kommt ein Verhältnis des philosophischen Rationalismus zum religiösen Glauben zum Ausdruck, das die ganze Entwicklung des Denkens beherrscht hat.[78] Dem säkularen Rationalismus ist immer die Reaktion der christlichen Lehre entgegengetreten. Pascal ist zwar bereit, Descartes' Methode für die Mathematik ihre Richtigkeit zuzugestehen, aber er stellt Descartes Anspruch der methodischen Einheit aller Erkenntnis eine Differenzierung der

76 Ebd., S. 610-3 (30-3); *Méditations*, op. cit., S. 430-54 (30-48).

77 Siehe dazu J. P. Sartre, *Was ist Literatur?*, op. cit.

78 B. Pascal, *Pensées*, Paris: Luxembourg, (1670/1842) 1951 (*Gedanken*, Stuttgart: Reclam, 1956).

Methoden entgegen: die Deduktion für die Mathematik, Bacons Induktion für die Physik, allerdings nicht ohne die ordnende Funktion eines theoretischen Bezugsrahmens, vor allem aber der von der Gnade Gottes erfüllte Glaube für das Heil und die Moral des Menschen. Auch die Autorität der Kirche hat ihren Platz. Die Kirche ist die Sachwalterin Gottes auf Erden und die Autorität in Fragen der geschichtlichen Tradition und der Moral. So rettet er die kirchliche Autorität vor Descartes' Plädoyer für die Selbstaufklärung und die Befreiung des Menschen vom Bücherwissen. Pascal selbst steht in seinem Denken unter dem alles beherrschenden Einfluß Descartes', aber er will den religiösen Glauben und die kirchliche Autorität erhalten. Andere führende Jansenisten des 17. Jahrhunderts, Arnauld, Nicole, Fénélon, vor allem aber Malebranche, haben Glauben und Kirche weniger radikal Descartes' Rationalismus entgegengesetzt.[79] Sie haben beide miteinander in Einklang zu bringen versucht. Diese Reaktion der christlichen Lehre auf die säkulare Vernunft ist zu Beginn des 19. Jahrhunderts vom Spiritualismus als Gegenbewegung gegen die Aufklärung wiederholt worden.[80] Bis heute strukturiert der Gegensatz zwischen säkularer Vernunft und kirchlich beherrschtem Glauben das Denken in Frankreich.

Wir können in Descartes' Philosophie die wesentlichen Elemente des Begriffs der Rationalität angelegt sehen, die den Bezugsrahmen für die weitere Entwicklung des französischen Denkens abgesteckt haben und dabei immer wieder neu konkretisiert und gestaltet wurden. Der Kern dieses Rationalitätsbegriffs ist der philosophische Rationalismus des *Discours de la méthode*, die deduktive Verfahrensweise, die von den großen Ideen ausgeht und diese bis zu den konkreten Gegenständen der Realität führt. Scharfsinn, analytische Zergliederung der Realität in ihre einfachsten Bestandteile und die möglichst vollständige Erfassung der Gegenstände der Realität durch die Idee gehören ebenso zu dieser Methodik. Das Denken bleibt jedoch bei diesem philosophischen Rationalismus nicht stehen. Es strebt darüber hinaus zu einem funktionalen Rationalismus der Weltbeherrschung, zu einem literarischen Rationalismus des Essays und zur Formulierung moralischer Grundsätze aus der philosophischen Idee heraus.

79 E. Callot, *Von Montaigne zu Sartre*, op. cit., S. 59-78.
80 Ebd., S. 123-40.

Die große Idee, in aller Klarheit und Schärfe formuliert, ist der Ausgangspunkt des französischen Denkens. Von dieser Idee ausgehend, wird im deduktiven Verfahren der Zugang zur realen Welt erschlossen. Das französische Denken beginnt nicht mit der Erfahrung, sondern mit der Idee. Darin unterscheidet es sich vom angelsächsischen Denken. Es sucht aber dennoch den Weg zur Realität über die positive Wissenschaft. Darin liegt der Unterschied zum deutschen Idealismus. Nach Descartes zeigt sich diese Eigenart bei den großen Aufklärern. Für Rousseau ist der Gesellschaftsvertrag keine zwangsläufige Folge der natürlichen gesellschaftlichen Entwicklung, wie für die angelsächsischen Utilitaristen. Er ergibt sich nicht aus den spontanen Nutzenerwägungen der einzelnen Individuen. Die Angelsachsen gewinnen die Theorie des Gesellschaftsvertrages aus der Generalisierung der empirischen Gegebenheiten ihrer Gesellschaft. Für Rousseau ist der Gesellschaftsvertrag dagegen eine *Denknotwendigkeit*, wenn das Menschengeschlecht nicht zugrunde gehen soll. Er ist keine Ableitung aus der Realität, sondern eine *theoretische* Lösung für das Problem der Erhaltung von Freiheit und sozialer Ordnung unter bestimmten empirischen Bedingungen, nämlich der Zunahme von Konflikten im Gefolge der materiellen Entwicklung. Rousseau sieht die Lösung darin, daß alle in einem Vertrag übereinkommen, sich einem allgemeinen Willen unterzuordnen, an dessen Bildung alle als Mitglieder der Gemeinschaft beteiligt sind:

> Jeder von uns stellt gemeinschaftlich seine Person und seine ganze Kraft unter die oberste Leitung des allgemeinen Willens, und wir nehmen jedes Mitglied als untrennbaren Teil des Ganzen auf.[81]

Der allgemeine Wille wird durch den Konsens aller Gemeinschaftsmitglieder bestimmt. Da jeder an diesem Konsens beteiligt ist, unterwirft sich auch jeder nur den von ihm selbst mit den anderen zusammen erlassenen Gesetzen:

> Das Staatsoberhaupt nun, das nur aus den einzelnen, aus denen es besteht, gebildet wird, hat und kann kein dem ihrigen zuwiderlaufendes Interesse haben.[82]

81 J. J. Rousseau, *Du contrat social ou principes du droit politique* (1762), in: *Œuvres complètes*, hg. von B. Gagnebin und M. Raymond, Paris: Gallimard, 1964, S. 347-470, ebd., S. 361 (*Der Gesellschaftsvertrag oder Die Grundsätze des Staatsrechtes*, Stuttgart: Reclam, 1971, S. 18-9).
82 Ebd., S. 363 (21).

Der einzelne tritt seine Freiheit an die Gemeinschaft ab, von der er selbst ein Teil ist. Er verliert seine Freiheit also nicht, sie ist nur im Konsens der Gemeinschaft aufgehoben. So findet Rousseau eine theoretisch elegante Lösung des Problems der Verknüpfung von individueller Freiheit und sozialer Ordnung. Die Eleganz wird allerdings mit einer Tautologie erkauft. Der Begriff der Freiheit fällt zusammen mit dem Begriff der sozialen Ordnung. Der Konsens aller definiert die soziale Ordnung; und dem Konsensus aller zu folgen wird Freiheit genannt, weil in diesen Konsens ja die Stimme jedes einzelnen eingegangen ist, jeder also nur »eigenen« Gesetzen gehorcht. Freiheit geht hier vollkommen im Konsens auf. Der einzelne ist nicht mehr Individuum, sondern nur noch Gemeinschaftsmitglied, also kann er auch keinen Widerspruch zwischen dem Konsens und den eigenen Bedürfnissen empfinden. Das ist natürlich nur eine definitorische Lösung des Problems, die nicht der Tatsache gerecht wird, daß die Individuen in ihrer Mitgliedsrolle wohl einem Gesetz zustimmen können, aber im konkreten Fall dennoch verspüren, wie ihre persönlichen Bedürfnisse gegen die Befolgung des Gesetzes Widerstand leisten. Hier werden die Individuen gezwungen, ihre Bedürfnisse zurückzustellen, obwohl sie selbst als Gemeinschaftsmitglieder dem Gesetz zugestimmt haben. Nehmen wir an, eine Diskussionsrunde kommt überein, die Redezeit gleich zu verteilen. In der konkreten Situation meint aber ein Individuum, dennoch etwas zu einer Sache sagen zu müssen, obwohl es seine Redezeit verbraucht hat. Nicht reden zu können, ist hier ganz gewiß ein Zwang, trotz der vorherigen Zustimmung zu der Verteilung der Redezeit. Rousseau muß deshalb ergänzen,

> daß jeder, der dem allgemeinen Willen den Gehorsam verweigert, von dem ganzen Körper dazu gezwungen werden soll.[83]

Rousseaus theoretische Lösung des Problems der Vermittlung von individueller Freiheit und sozialer Ordnung ist außerdem an Bedingungen geknüpft, die nur ganz selten zu erfüllen sind. Wo kein Konsens zustande kommt, gibt es auch keine Freiheit. Im allgemeinen wird man aber kaum einen Konsens über konkrete Einzelfragen finden.

Rousseaus theoretische Eleganz kann offensichtlich ihre Ver-

83 Ebd., S. 364 (22).

wandtschaft mit Descartes' Rationalismus nicht leugnen. Sie setzt ein ziemlich inhaltsleeres Prinzip als universelle Idee an den Anfang der Argumentation, das seine Allgemeingültigkeit aus der definitorischen Wahrheit gewinnt. Rousseau trifft sich hier mit Kant, der von Rousseau die allgemeine Idee in seine Vertragstheorie übernimmt.[84] Der französische Rationalismus kommt mit der deutschen Abstraktion zusammen. Allerdings geht Kant in der Abstraktion noch einen Schritt weiter. Rousseau beginnt mit der empirischen Feststellung zunehmender Konflikte im Zuge der materiellen gesellschaftlichen Entwicklung und ist an der tatsächlichen Bildung des Allgemeinwillens in einer Versammlung aller Gesellschaftsmitglieder interessiert.[85] Kant genügt die hypothetische Möglichkeit von Konflikten, wo immer Menschen auf begrenztem Raum leben;[86] und er macht die Allgemeingültigkeit von Gesetzen ebenfalls nur zu einer hypothetischen Idee. Nur solche Gesetze sind allgemeingültig, denen jeder zustimmen *müßte*, sofern er von der universellen Vernunft geleitet ist, ganz unabhängig davon, ob der einzelne faktisch beipflichtet oder nicht.[87] Für eine solche Abstraktion drängt der französische Rationalismus viel zu sehr zur Realität. Das gilt auch für Rousseau, der sich eingehend um die empirische Konkretisierung seiner theoretischen Lösung bemüht. Vom Prinzip schreitet er durch Deduktion zu den Einzelbestimmungen, d. h. zu den Bedingungen, die das Prinzip erfüllen. Er gibt deshalb genau an, welche Eigenschaften die Gesellschaft und die Gesetzgebung haben müssen, um die theoretische Lösung empirisch zu realisieren. Die Gesellschaft darf nicht zu groß sein, weil sonst die meisten Menschen keinen Zugang zur Bildung des Allgemeinwillens haben, sie darf nicht zu klein sein, weil sie sonst von außen beherrscht werden kann; es darf keine Spaltungen in Klassen, Schichten und Gruppen geben, weil sie Konsens nicht aufkommen lassen. Parteien und Interessengruppen müssen ausgeschlossen werden, ebenso Gewaltenteilung und repräsentative Gesetzgebung. Sie alle zerstören den Allgemeinwil-

84 I. Kant, »Über den Gemeinspruch: Das mag in der Theorie richtig sein, taugt aber nicht für die Praxis«, in: *Werke in sechs Bänden*, Bd. VI, hg. von W. Weischedel, Frankfurt: Insel- Verlag, 1964, S. 125-72 (201-84).

85 J. J. Rousseau, *Du contrat social*, op. cit., S. 351-62 (5-20).

86 I. Kant, »Über den Gemeinspruch: Das mag in der Theorie richtig sein, taugt aber nicht für die Praxis«, op. cit., S. 144 (233-4).

87 Ebd., S. 152-4.

len durch partikularistische Interessen. Am besten paßt das Modell auf einen Stadtstaat wie Rousseaus Heimatstadt Genf.[88] Man sieht, im Unterschied zu Kant ist Rousseau bestrebt, im einzelnen und im deduktiven Verfahren die theoretische Problemlösung zu einem konkreten Gesellschaftsmodell fortzuentwickeln. Die philosophische Vernunft geht über in den funktionalen Rationalismus. Es ist aber kein Empirismus im angelsächsischen Sinne, der daraus entsteht, sondern ein rationaler Positivismus. Nicht Generalisierungen aus der gewöhnlichen Erfahrung stehen hier im Mittelpunkt, sondern empirische Bedingungen, die im deduktiven Verfahren als notwendig für die Realisierung einer allgemeinen Idee postuliert werden. Wir können also in Rousseaus Vertragstheorie die grundlegenden Elemente des französischen Rationalismus erkennen, wie sie in Descartes' *Discours de la méthode* niedergelegt wurden. Rousseau bietet eine unter zahllosen Konkretisierungen des kulturellen Codes des französischen Rationalismus. Ihnen allen gemeinsam ist das Räsonieren mit dem Ausgangspunkt allgemeiner Prinzipien, die dann im deduktiven Verfahren empirisch konkretisiert werden. Man kann diese Verfahrensweise in etwas komplexerer Gestalt als bei Rousseau auch bei Montesquieu (1689-1755) studieren. Von den allgemeinen gesellschaftlichen Gesetzen schreitet Montesquieu zu den unterschiedlichen empirischen Bedingungen ihrer Anwendung.[89] Die Enzyklopädisten wollen von der Philosophie ausgehend die gesamte wissenschaftliche Erkenntnis ihrer Zeit zusammenfassen.[90] Der Positivismus des 19. Jahrhunderts, allen voran Auguste Comte, will die Gesellschaft durch Kenntnis ihrer allgemeinen Gesetze und durch ihre technologische Anwendung auf gegebene Bedingungen unter eine einheitliche Kontrolle bringen.[91] Dies ist ein deduktiver und kein induktiver Positivismus. Er geht von allgemeinen, vom menschlichen Geist erfaßten Gesetzen aus und wendet diese auf empirische

88 J. J. Rousseau, *Du contrat social*, op. cit., S. 384-91 (50-8).

89 Montesquieu, *De l'esprit des lois*, (1748), 2 Bde., Paris: Garnier, o. J. (*Vom Geist der Gesetze*, Stuttgart: Reclam, 1965).

90 D. Diderot und J. L. d'Alembert (Hg.), *L'encyclopédie, ou dictionnaire raisonné des sciences, des arts et des métiers, par une société de gens de lettres*, (1. Auflg., Paris: Briasson, 1751-80), Lausanne und Bern: Sociétés Typographiques, 1781 ff. Vgl. F. Schalk, *Einleitung in die Encyclopädie der französischen Aufklärung*, München: Hueber, 1936.

91 A. Comte, *Cours de philosophie positive*, op. cit.

Bedingungen an. Auch an Durkheims Soziologie ist dieser rationalistische Positivismus unverkennbar. Ob es die Studien zur Arbeitsteilung, zum Selbstmord, zur Erziehung und Moral oder zur Religion sind, immer hat Durkheim ein allgemeines theoretisches Konzept, das er mit empirischem Material zu beweisen versucht.[92]

Den radikalen Gegenpol gegen den Positivismus des 19. Jahrhunderts setzt Bergsons (1859-1941) Philosophie des Bewußtseins. So kritisch sie sich vom bis dahin herrschenden Positivismus absetzt, so sehr bleibt sie in der Logik des französischen Rationalismus. Auch Bergson sucht zuallererst allgemeine Prinzipien, die ihm erlauben, die Welt deduktiv zu erschließen. Den Anfang macht die Erforschung des Bewußtseins; von ihm ausgehend will Bergson die Welt der Dinge, das organische Leben und die Moral begreifbar machen.[93] Die reine Dauer im Strome der dahinfließenden Ereignisse und Bewußtseinszustände gibt dem Bewußtsein und mit ihm dem Ich seine Einheit. Sie ist zugleich der Grund für die Freiheit des Ichs von aller Determiniertheit. In der reinen Dauer ist alle Bewegung unzerlegbar und deshalb auch nicht in Ursache und Wirkung aufteilbar. Die reine Dauer bildet die innerste Schicht, die Tiefenstruktur des Ichs. Erst die intellektualisierbare und räumlich übersetzbare Oberfläche der Bewußtseinsströme läßt die Abgrenzung von Zuständen und damit die Abfolge von Ursache und Wirkung zu. Diese Oberfläche muß man abtragen, um zur Freiheit im Inneren des Ichs vorzustoßen. Für Bergson bedeutet das aber keinen Rückzug von der Welt, sondern einen Vorstoß zur Freiheit, die dann wieder in aktives Handeln umzusetzen ist. Die Freiheit ist reine Tat an sich. In diese Konzeption fügt sich auch Bergsons spätere Moralphilosophie ein.[94] Für die gewöhnlichen Menschen und für gewöhnliche Situationen gilt die geschlossene Moral. Hier bewegt sich alles nach Regeln an der

92 E. Durkheim, *De la division du travail social*, Paris: Presses Universitaires de France, (1893) 1973; *Les règles de la méthode sociologique*, Paris: Presses Universitaires de France, (1895) 1973; *Le suicide*, Paris: Presses Universitaires de France, (1897) 1973; *Les formes élémentaires de la vie religieuse*, Paris: Presses Universitaires de France, (1912) 1968.

93 H. Bergson, *Essai sur les données immédiates de la conscience*, (1889), in: *Œuvres*, Paris: Presses Universitaires de France, 1959, Bd. 2, S. 1-156.

94 H. Bergson, *Les deux sources de la morale et de la religion*, in: *Œuvres*, Paris: Presses Universitaires de France, (1932) 1959, Bd. 2, S. 980-1247.

Oberfläche. Außergewöhnlichen Menschen bleibt es überlassen, aus ihrem tieferen Ich heraus die Kraft für das Neue zu schöpfen.
Von der auf Kant zurückgehenden deutschen Tradition unterscheidet sich Bergsons Konzept der Freiheit des Ichs in der Überschreitung des kontemplativen Universalismus zu einem schöpferischen Aktivismus. In der deutschen Tradition erscheint die Welt als ein Gegenstand der Verwirklichung universeller Prinzipien, für Bergson – und darin bringt er einen wesentlichen Unterschied des französischen Denkens zum Ausdruck – entwickelt sich die Welt im Widerstreit zwischen herrschender Ordnung, Vernunftprinzipien und künstlerischer Schöpferkraft des Individuums. Diese Eigenschaft des kulturellen Codes ist in Frankreich von den philosophischen und soziologischen Strömungen nach Bergson noch schärfer herausgearbeitet worden. Auch diesen Denkansätzen ist die Methode Descartes' eigen.
Sartres Existentialismus gründet auf einem einfachen und allgemeinen Grundprinzip, auf der Einsicht, daß das Sein des Menschen durch das Nichts bestimmt ist, d. h. das menschliche Handeln ist auf zukünftige, noch nicht realisierte Ziele bezogen. Der Mensch macht sich selbst durch einen Grundentwurf und viele spezielle Entwürfe. Aus diesem einfachen Prinzip entwickelt Sartre sein ganzes Denken und führt es im deduktiven Verfahren bis zu konkreten empirischen Problemstellungen.[95]
Nach Sartre ist es der Strukturalismus mit seiner Entwicklung zum Poststrukturalismus, der die Logik des französischen Rationalismus repräsentiert. Eine fundamentale Idee wird in immer wieder neuen Varianten bis ins empirische Detail deduktiv durchgeführt: Hinter allem alltäglichen Handeln an der Oberfläche stehen Strukturen, die eine dem Menschen meist unbewußte Macht ausüben. Diese Macht ist einem stets fortschreitenden Prozeß der Verfeinerung unterworfen. Michel Foucault zeigt an der Geschichte der Behandlung von Kriminalität und geistiger Abnormalität die Verfeinerung der Methoden der Überwachung und Bestrafung. Die Gesellschaft kontrolliert den Diskurs. In der herrschenden Sprache steckt die gesellschaftliche Macht. Foucault spürt die Macht im kulturellen Diskurs, in der Sprache selbst auf.[96] Heute sind es

95 J. P. Sartre, *L'être et le néant*, op. cit.; *Drei Essays*, op. cit.
96 M. Foucault, *Wahnsinn und Gesellschaft*, Frankfurt: Suhrkamp, 1969;

die »neuen Philosophen«, die dieses Thema fortsetzen und auch nicht vor den bis Anfang der siebziger Jahre ausgesparten Zwängen des marxistischen Denkens haltmachen. Sie sehen jetzt die Macht im Diskurs der Intellektuellen selbst sitzen und erhoffen von einer Kulturrevolution die Befreiung.[97]

All diese Studien zeichnen sich durch eine Liebe für das empirische Detail aus, aber nicht im Sinne des Empirismus. Sie steigen nicht durch Induktion von empirischen Tatsachen zu generellen Hypothesen auf, und sie verwenden die Tatsachen auch nicht als Prüfungsinstanz für Hypothesen. Sie verfahren nach der Methode Descartes'. Ausgangspunkt ist ein allgemeines und einfaches Prinzip, das unmittelbar einleuchtet, weil es nahezu eine Tautologie darstellt. Daß Strukturen den Handlungsspielraum des Menschen begrenzen, liegt schon im Begriff der Struktur selbst. Der Begriff der Macht fällt in der strukturalistischen Perspektive mit dem Begriff der Struktur zusammen; so kann man selbst dort nur Macht sehen, wo Emanzipation intendiert ist. Alle Maßnahmen der Resozialisierung sind keine Erweiterung der Freiheit von Straffälligen, sondern nur feinere Methoden ihrer Kontrolle. Machtausübung ist identisch mit der Existenz von sozialer Ordnung überhaupt, unabhängig von deren spezifischem Charakter. Empirische Gegenstände dienen nicht zur Kontrolle der Theorie, sie werden nach Descartes' Methode unter die Theorie subsumiert, um die Realität mit ihr möglichst vollständig zu erfassen. Anscheinend widersprechende Fakten können leicht in Bestätigungen der Theorie umgedeutet werden. Jeder Befreiungsschritt wird einfach als eine Verfeinerung der Machtausübung interpretiert.

Mikrophysik der Macht. Über Strafjustiz, Psychiatrie und Medizin, Berlin: Merve, 1976; *Von der Subversion des Wissens*, München: Hanser, 1974.

97 J. M. Benoist, *Tyrannie du logos*, Paris: Minuit, 1975; M. Clavel, *Dieu est Dieu, nom de Dieu*, Paris: Grasset, 1975; A. Glucksmann, *Les maîtres penseurs*, Paris: Grasset, 1977; M. Guérin, *Nietzsche. Socrate héroique*, Paris: Grasset, 1975; B.-H. Lévy, *La barbarie à visage humain*, Paris: Grasset, 1977. Vgl. G. Schiwy, *Kulturrevolution und »Neue Philosophen«*, Reinbek bei Hamburg: Rowohlt, 1978.

2.2 Die Anwendung des Wissens

Die geistreiche Rede, der funktionale Rationalismus und die spezialisierte Profession gestalten in Frankreich die Anwendung des Wissens. Sie geben auf ihre Weise dem französischen Begriff der Rationalität ein besonderes Gepräge.

2.2.1 Die geistreiche Rede und der funktionale Rationalismus

Der französische Rationalismus strebt nach Relevanz für aktuelle Probleme. Er läßt sich nicht in die Stille von Studierzimmern und in die Trockenheit von Seminarräumen einsperren. Er drängt an die Öffentlichkeit. Die öffentliche Rede dient hierbei als Medium der Umsetzung der großen Ideen in aktuelle Problemlösungen. Der Größe und der Abstraktheit der Idee entspricht dabei oft die Vehemenz des revolutionären Pathos, mit dem die Rede vorgetragen wird. Die Philosophen und Schriftsteller haben sich seit der Aufklärung nie mit der Rolle des Fachmanns für rein philosophische Fragen beschieden. Sie wollen mehr; sie wollen auch die Gesellschaft nach den Prinzipien der Vernunft umgestalten.[98] Sie müssen also vor die Öffentlichkeit treten und für ihre Ideen eintreten. Die flammenden Reden der Intellektuellen gegen die Ordnung des alten Staates und für eine auf Vernunft gegründete Gesellschaft sind zu einem elementaren Bestandteil der vorrevolutionären und der revolutionären Zeit geworden. Damit ist die Rolle des Intellektuellen in Frankreich definiert worden.[99] Es ist eine Rolle, zu der das Eingreifen in die aktuellen Angelegenheiten in öffentlicher Rede gehört. Die Dreyfus-Affaire ist im 19. Jahrhundert eine Zeit, in der diese Rolle des Intellektuellen erneuert wird.[100] Der Mai 1968 ist das

98 Der gepflegten, jedoch politisch temperierten Sprache des 17. Jahrhunderts setzen die Aufklärer aggressivere Töne entgegen, die von den Jakobinern in demagogisch-revolutionäre Rede umgesetzt werden: A. de Tocqueville, *Der alte Staat und die Revolution*, op. cit., S. 123-31; A. Cochin, *L'esprit du jacobinisme*, op. cit.; L. Coser, *Men of Ideas*, op. cit., S. 145-57.

99 F. Bourricaud, *Le bricolage idéologique*, op. cit., S. 40-51.

100 Ebd., S. 119-25; L. Coser, *Men of Ideas*, op. cit., S. 215-26; D. Bering, *Die Intellektuellen*, op. cit., S. 32-67.

jüngste Beispiel für das öffentliche Auftreten der Intellektuellen.[101] Stets sind es aber die großen Ideen, von denen der öffentliche Auftritt geleitet ist. Radikalität der Sprache und Pathos gesellen sich hinzu. Was dieser öffentlichen Darbietung der Vernunft zu aktuellen Problemen fehlt, ist die Differenziertheit und Ausgewogenheit des Urteils und die technische Detailkenntnis. Die realen Probleme werden oft einfach unter die große Idee subsumiert; die Konkretisierung der Idee ist dagegen wenig durch die Kompliziertheit der Problematik informiert. Auf die Unvermeidlichkeit von Kompromissen sind die Intellektuellen schlecht vorbereitet. Wer – wie Raymond Aron – solche Unvermeidlichkeiten öffentlich predigt, ist ein ungeliebter Außenseiter unter den Intellektuellen.[102]

Die öffentliche Rede hat einen festen Platz in der Spezifikation des Rationalismus auf aktuelle Probleme. Sie wird auch besonders gepflegt. Die Rhetorik ist ein festes Fach in der schulischen Ausbildung. Dementsprechend besteht eine hohe Kultur der öffentlichen Rede in Frankreich.[103] Öffentliche Vorlesungen, Antrittsvorlesungen und andere Vorträge von Professoren stoßen oft auf eine für uns erstaunliche Resonanz in der gebildeten Öffentlichkeit. Nicht selten findet man solche Vorlesungen in der Tagespresse, zum Beispiel in der führenden *Le Monde*, abgedruckt. Die Relevanz der intellektuellen Rede zeigt sich jedoch weniger in praktischen Vorschlägen zur Lösung von Problemen als in der beißenden Kritik an den bestehenden Verhältnissen. Man bewundert nicht Fachwissen und Kompetenz in dessen Umsetzung zu konkreten Problemlösungen, sondern das geistreiche Spiel mit küh-

101 Siehe z.B. J. P. Sartre, *Mai 68 und die Folgen. Reden, Interviews, Aufsätze*, Reinbek bei Hamburg: Rowohlt, 1974; J. P. Sartre, P. Gavi und P. Victor, *Der Intellektuelle als Revolutionär*, Reinbek bei Hamburg: Rowohlt, 1976.

102 R. Dahrendorf, »Der Intellektuelle und die Politik«, op. cit.

103 Ihr Ursprung liegt im 17. Jahrhundert: H. M. Davidson, *Audience, Words and Art: Studies in the 17th Century French Rhetoric*, Columbus: Ohio State University Press, 1965; P. France, *Rhethoric and Truth in France. Descartes to Diderot*, London, Oxford: Oxford University Press, 1972; D. A. Sellstrom, »Rhetoric and Poetics of French Classicisme«, in: *The French Review* 34, 1961, S. 425-31; G. Snyders, »Rhétorique et culture«, in: *XVIIe siècle* 80/81, 1968, S. 79-87; C. Strosetzki, *Konversation. Ein Kapitel gesellschaftlicher und literarischer Pragmatik im Frankreich des 17. Jahrhunderts*, Frankfurt: Peter Lang, 1978, insbesondere S. 58-81.

nen Gedanken sowie rhetorische Eleganz und Geschick. Die Rede ist ein Fest geistreicher Darbietungen oder eine flammende Verurteilung des Bestehenden, aber sie ist keine konkrete Übersetzung von Wissen und Sachkompetenz in aktuelle Problemlösungen.[104]

Die Lösung praktischer Probleme wird in Frankreich von einer anderen Spezifikation der philosophischen Vernunft übernommen als von der intellektuellen Rede, vom funktionalen Rationalismus. Aber auch hier muß man den utopischen Funktionalismus der Intellektuellen vom realistisch-praktischen Funktionalismus der Technokraten unterscheiden, wobei es gewiß Verbindungen zwischen diesen beiden Formen der instrumentellen Weltbeherrschung gibt. Die planmäßige Gestaltung der Gesellschaft ist nicht nur die Realität des administrativen Zentralismus gewesen, sondern auch der Traum vieler Gesellschaftstheoretiker. Die Physiokraten im 18. Jahrhundert sind die ersten, die diese Idee der planmäßigen Durchgestaltung der Gesellschaft in die Tat umsetzen wollen. Wo die angelsächsischen Sozialtheoretiker alles den spontanen Kräften einer freien Gesellschaft überlassen, wollen sie die Gesellschaft mit ihrem neuen Wissen erstmals nach den Gesetzen der Vernunft und der Natur neu ordnen.[105] Die Revolution von 1789 und nach ihr Napoleon setzen die Idee eines funktionalen Aufbaus der Gesellschaft auf die Prinzipien der Vernunft in die

104 Ein Beispiel: Michel Foucaults Inauguralvorlesung am Collège de France am 2. Dezember 1970. In dieser Rede wird in meisterhafter Form dargeboten, wie in Diskursen Kontrolle ausgeübt wird und Ausschließung des Abweichenden stattfindet. Eine abstrakte Idee (Kontrolle des Diskurses) wird in verschiedenen Varianten veranschaulicht und in glänzender Rhetorik und Sprache vorgetragen: M. Foucault, *L'ordre du discours*, Paris: Gallimard, 1972 (*Die Ordnung des Diskurses*, München: Hanser, 1974).

105 N. Dupont, *De l'origine et du progrès d'une science nouvelle*, in: E. Daire (Hg.), *Collection des principaux économistes*, Teil 2: *Physiocrates*, Osnabrück: Zeller, 1966; V. R. de Mirabeau, *Philosophie rurale ou économie générale et politique de l'agriculture, reduite à l'ordre immuable des lois physiques et morales qui assurent la prospérité des empires*, (1764), Aalen: Scientia, 1972; F. Quesnay, *Œuvres économiques et philosophiques*, hg. von A. Oncken, Aalen: Scientia, 1965; A. R. J. Turgot, *Œuvres de Turgot et documents le concernant*, 5 Bde., hg. von G. Schelle, (Paris 1913-23), Glashütten/Taunus: Auvermann, 1972. Vgl. E. FoxGenovese, *The Origins of Physiocracy*, Ithaca und London: Cornell University Press, 1976; F. Heusmann, *Staat und Absolutismus im Denken der Physiokraten*, Frankfurt: Haag und Herchen, 1976.

Tat um, nicht ohne dazu den administrativen Zentralismus kräftig zu Hilfe zu nehmen und zu verstärken.[106]

Das 19. Jahrhundert ist geprägt von den großen Gesellschaftsplänen der utopischen Sozialisten und vom Glauben an die Allmacht der positiven Wissenschaft. Saint-Simon, Fourier und Proudhon, sie alle haben ein unerschütterliches Vertrauen in die Gestaltbarkeit der Gesellschaft durch positives Wissen bis in das kleinste Detail.[107] Selbst Proudhon, der angesichts des herrschenden administrativen Zentralismus in Frankreich mit seinem Plädoyer für den Föderalismus auch unter den Gesellschaftstheoretikern eine Randposition einnimmt, will den Föderalismus um alles in der Welt nicht bloß als ein System zersplitterter Macht sehen. Die Machtverteilung muß funktional geordnet sein, so daß aus dem Zusammenwirken der Machtteile eine gesteigerte Macht des Ganzen hervorgeht.[108] Den Höhepunkt dieser Entwicklung der Wissenschaft zu einem Instrument der funktionalen Weltbeherrschung stellt Comtes Positivismus dar.[109] In keinem anderen Land hat man eine ähnlich große Begeisterung für die technische Umsetzung der Wissenschaft zur Gesellschaftsgestaltung entwickelt. Nirgendwo sonst hatte sich aber auch schon im Absolutismus ein ähnlich perfekter administrativer Zentralismus herausgebildet, der in der Revolution und dann von Napoleon in seiner Konsequenz noch wesentlich gesteigert wurde und bis heute die Kerninstitution der Herrschaftsausübung formt. Dieser administrative Zentralismus ist das Instrument der Umsetzung des funktionalen Rationalismus zu einer wirklichen Beherrschung der Welt durch politisches Gesetz, Wissenschaft und Technik.[110] Alle Versuche,

106 A. de Tocqueville, *Der alte Staat und die Revolution*, op. cit., S. 39-54; R. von Thadden, *Restauration und napoleonisches Erbe. Der Verwaltungszentralismus als politisches Problem in Frankreich (1814-1830)*, Wiesbaden: Steiner, 1972; U. Kempf, *Das politische System Frankreichs*, op. cit., S. 124-34.

107 C.-H. de Saint-Simon, *Œuvres*, op. cit.; C. Fourier, *Œuvres complètes*, Paris: Anthropos, 1960-68; P. J. Proudhon, *Ausgewählte Texte*, hg. von T. Ramm, Stuttgart: Köhler, 1963.

108 P. J. Proudhon, »Über das föderative Prinzip und die Notwendigkeit, die Partei der Revolution wiederherzustellen«, in: *Ausgewählte Texte*, op. cit., S. 193-264; vgl. K. Hahn, *Föderalismus. Die demokratische Alternative*, München: Vögel, 1975, insbesondere S. 256-75.

109 A. Comte, *Cours de philosophie positive*, op. cit.

110 Nicht zufällig ist die reifste Theorie der Technokratie in Frankreich formuliert worden: J. Ellul, *The Technological Society*, New York: Vintage, 1964.

den funktionalen Rationalismus von der Utopie zur Wirklichkeit werden zu lassen, sind von dieser Administration aufgesogen worden und haben ihre Macht noch erweitert. Das ist schon die Erfahrung der Revolution von 1789 gewesen und bis heute Wirklichkeit geblieben.[111]
Nachdem der Wissenschaftsglaube des 19. Jahrhunderts verflogen war, hat sich die Trägerschaft des funktionalen Rationalismus fast ausschließlich auf die Administration verlagert. Die Philosophen haben sich auf den Rationalismus der großen Ideen und der grundsätzlichen Gesellschaftskritik zurückgezogen. Der funktionale Rationalismus verliert so seine philosophische Fundierung und wird mehr und mehr zu einer administrativen Technik, zu einem rein zweckmäßigen theoretischen Überbau der administrativen Durchgestaltung der Gesellschaft. Er wird nahezu identisch mit dem funktionalen Aktivismus der Administration. Was hier noch als theoretische Komponente vorhanden ist, wird an den technischen Grandes écoles gelehrt, die eine rein praktisch und technisch ausgerichtete Ausbildung bieten.[112]

2.2.2 Die autorisierte Profession

Die Spezifikation der Rationalität in den Professionen wird durch die Grandes écoles beherrscht.[113] Sie alle sind vom Staat zur Erfüllung konkreter Zwecke errichtet worden. Der gesellschaftliche Bedarf an speziellen Problemlösungen war stets das entscheidende Motiv ihrer Einrichtung. Er bestimmt auch ihr Lehrprogramm. Nicht Theorie und zweckfreie Forschung bestimmen das Studium, sondern die Vermittlung praktischen Wissens. Je spezifischer das berufliche Tätigkeitsfeld definiert ist, um so mehr wird

111 M. Crozier, *The Bureaucratic Phenomenon*, op. cit.,; *La société bloquée*, op. cit., S. 93-126; *Strategies for Change*, op. cit., S. 56-78, 126-47.

112 J. A. Kosciusko-Morizet, *La »Mafia« polytechnicienne*, Paris: du Seuil, 1973; T. Shin, *Savoir scientifique et pouvoir sociale: L'école polytechnique et les polytechniciens*, Paris: Presse de la Fondation Nationale des Sciences Politiques, 1978; J.-C. Thoenig, *L'ère des technocrates: le cas des ponts et chaussées*, Paris: Editions d'Organisation, 1973.

113 M. d'Ocagne, *Les Grandes écoles de France*, Paris: J. Hetzel, 1887; E. N. Suleiman, *Elites in French Society*, op. cit., S. 31-92; J. Schriewer, *Die französischen Universitäten, 1945-1968*, Bad Heilbrunn: Klinkhardt, 1972, S. 34-41.

eine eindeutige Ausbildung zum Spezialisten vermittelt. Eine geringere Spezialisierung findet man nur an den Hochschulen, die mehr allgemeine Führungskräfte ausbilden, wie die Ecole polytechnique und die Ecole nationale d'administration. Der Student der Ecole polytechnique absolviert vor aller Spezialisierung ein Studium der Mathematik, Physik und Chemie. An der Ecole nationale d'administration erfolgt im ersten Jahr eine praktische Ausbildung in einer Präfektur oder in einem Konsulat. Daran schließen sich eineinhalb Jahre Kurse in Verwaltungs-, Rechts-, Wirtschafts-, Politik- und Sozialwissenschaften an. Die Studenten dieser Hochschule lernen, Führungsaufgaben in der Verwaltung zu übernehmen. Auch sie erhalten eine speziell auf ihre späteren Aufgaben zugeschnittene Ausbildung.[114] Die einzige Grande école ohne diese Spezialisierung ihrer Ausbildung ist die Ecole normale supérieure, obwohl auch sie für einen bestimmten Zweck gegründet worden war. Sie hatte den Staat mit Lehrern zu versorgen, die ihre Schüler zu staatstreuen Bürgern erziehen sollten. Als einzige Grande école beheimatet sie Geistes- und Naturwissenschaften unter ihrem Dach, allerdings ist ihr Image doch mehr durch die Geisteswissenschaften (lettres) bestimmt worden. Sie ist noch vor der Sorbonne der Sitz der geistigen Elite und ihres philosophischen Rationalismus.[115] Dagegen sind die technisch ausgerichteten Hochschulen die Träger des funktionalen Rationalismus.

Natürlich werden auch an den Universitätsfakultäten für Recht, Medizin und Naturwissenschaft praktische Ausbildungsgänge angeboten, aber sie nehmen nach den Grandes écoles nur einen zweitrangigen Status ein. Auch sie sind stark spezialisiert und ohne Bindung an die anderen Fakultäten. Die geringe Verbindung zwischen den Universitätsfakultäten hat ihren Ursprung in der Auflösung der Universitäten als Organisationseinheiten nach der Revolution von 1789. Napoleon machte die Fakultäten zu Unterabteilungen eines zentralisierten Bildungssystems. Auch nach der Reorganisation der Universitäten in der dritten Republik durch die Reform von 1896 haben die Universitäten nie eine etwa mit Deutschland vergleichbare Autonomie und Einheit erlangt. Die

114 *Rapport de la commission d'étude des problèmes de l'école nationale d'administration*, Paris: La Documentation Française, 1968.

115 A. Peyrefitte (Hg.), *La rue d'Ulm: chroniques de la vie normalienne*, Paris: Flammarion, 2. Auflg. 1964.

neuerlichen Reformen von 1968 haben daran auch nur wenig geändert. Die Fakultäten waren und sind immer noch mehr der staatlichen Administration unterstellt als der selbständigen Verwaltung der Universität.[116]

Die durch das dargestellte System bedingte Spezialisierung der Grandes écoles auf konkrete Zwecke und die geringe Verbindung der Universitätsfakultäten untereinander haben die Entwicklung eines funktional-technischen Rationalismus der Professionen begünstigt. Der funktional-technische Rationalismus der Professionen ist im Zuge der technisch-industriellen Entwicklung und des Ausbaus der Vormachtstellung der technisch-administrativen Elite zum herrschenden Paradigma des Rationalismus geworden, dem die geistige Elite oft nur ohnmächtigen Zorn entgegensetzen kann. Der funktional-technische Rationalismus entfaltet sich ohne philosophische Kontrolle, die philosophische Vernunft verliert sich in Pauschalkritik ohne jede technische Kenntnis.[117] Beide Versionen des Rationalismus haben ihre eigenen Zentren, zwischen denen kaum Kommunikation besteht: die technischen Spezialhochschulen auf der einen Seite, die Ecole normale und die Sorbonne auf der anderen.

Der elitäre Charakter der Grandes écoles bringt noch eine andere Seite des französischen Begriffs der Rationalität zum Ausdruck: die Art, in der Rationalität in der Gesellschaft auftritt, und die Art der verbindlichen Institutionalisierung des Wissens. Der Zugang zur Vernunft im vollen Umfang ist eine Sache von Eliten. Selbst Voltaire sprach zwar jedem die Freiheit zu selbständigem Denken zu, meinte aber, daß die Gesellschaft dennoch eine Geistesaristokratie von etwa vierzigtausend Weisen benötige, um das Volk zu führen.[118] Die Heraushebung der Grandes écoles und der Pariser

116 J. Schriewer, *Die französischen Universitäten, 1945-1968*, op. cit.; J. N. Moody, *French Education Since Napoleon*, Syracuse, N. Y.: Syracuse University Press, 1978; G. Weisz, *The Emergence of Modern Universities in France, 1863-1914*, Princeton, N. J.: Princeton University Press, 1983; H. S. Cohen, *Elusive Reform: The French Universities*, 1968-1978, Boulder, Col.: Westview Press, 1978.

117 H. Lefèbvre, *Position: contre les technocrates*, Paris: Gonthier, 1967.

118 Voltaire, *Lettres à Damilaville, 19-III-1766, I-IV-1766, 13-IV-1766*, in: *Œuvres complètes*, hg. von L. Moland, Paris: Garnier, 1881, S. 247-8, 256-7, 264-6. Vgl. B. Groethuysen, *Philosophie der Französischen Revolution*, op. cit., S. 79.

Sorbonne aus der Masse der Universitäten verleiht dem von ihnen vermittelten Wissen einen elitären Charakter und eine besondere Autorität. Wer in den Besitz dieses autoritären Wissens gelangen will, muß sich zwar im harten Wettbewerb durchsetzen, für den er sich allerdings durch eine spezielle Schulung vorbereiten kann. Wer aber das Examen einer Grande école absolviert hat, ist für immer im Besitz einer besonderen Autorität, die er fortan kaum noch gegen schon von vornherein unterlegene Absolventen der Universitäten, schon gar nicht der Provinzuniversitäten, verteidigen muß. Erworbene Kompetenz wird auf diese Weise in zugeschriebene Autorität umgeformt. Dem Absolventen einer Grande école öffnen sich Türen, die anderen immer verschlossen bleiben, er kann sich Gehör verschaffen, ohne sich immer wieder durch Leistungen beweisen zu müssen.[119] Die Suche nach der Wahrheit geschieht demgemäß nicht in einem unablässigen Wettbewerb, sondern im Vertrauen auf eine dafür ausgebildete Elite, die sich zwar aus dem Examenswettbewerb rekrutiert, aber nach Durchlaufen dieses Initiationsritus um so weiter von jeder Konkurrenz abgehoben ist.

Wettbewerb innerhalb der Profession spielt auch deshalb eine relativ geringe Rolle, weil die Mehrzahl der Expertenpositionen entweder unmittelbar der staatlichen Administration eingegliedert ist oder mittelbar unter ihrer Kontrolle steht. Dementsprechend gering ist auch der Wettbewerb um Klienten und damit die Orientierung an den Interessen des Klienten. Der Experte fühlt sich weit mehr als Repräsentant eines überlegenen Wissens, einer verantwortungsvollen Profession und einer gesamtgesellschaftlichen Sichtweise, denn als Beauftragter seiner Klienten. Er dient der Gesellschaft und dem Allgemeinwohl, nicht den partikularen Interessen von Klienten.[120]

Die professionelle Ethik setzt die gesamtgesellschaftliche Verpflichtung klar an die erste Stelle. Dafür sorgt schon die staatliche Organisation des Systems der Grandes écoles. Die gemeinsame

119 P. Escoube, *Les grands corps de l'état*, Paris: Presses Universitaires de France, 1971; E. Suleiman, *Elites in French Society*, op. cit., insbesondere S. 95-125.

120 Die Notablen nehmen eine gesellschaftlich legitimierte Autoritätsstellung ein: A. Jardin und A. J. Tudesq, *La France des notables*, 2Bde., Paris: du Seuil, 1973.

Ausbildung an einer prestigevollen Spezialhochschule schafft ein gemeinsames Verantwortungsbewußtsein und ein Gefühl der Verbundenheit. Die Absolventen der Grandes écoles bilden auch innerhalb der Professionen die Führungselite. Zwischen ihnen und den Absolventen der Universitäten besteht ein klares Prestigegefälle. So sind die Professionen viel deutlicher nach Prestige geschichtet als z. B. in Deutschland. Die Professionen haben ihr Führungszentrum natürlich in Paris und dort wiederum in der jeweiligen Grande école. Ihre Kohäsion wird durch Zentralisierung und eine klare Prestigeschichtung gewährleistet.
Die Sachautorität des Experten, die durch die Ausbildung an einer Eliteschule unterstrichen wird, steigert sich durch die Einbindung in die Administration des Staates zu einer sehr weit reichenden Amtsautorität. Diese enge Verbindung der professionellen Elite mit der zentralen Administration hat in Frankreich die Entwicklung der politischen Herrschaft zur Technokratie wie in keinem anderen Land Wirklichkeit werden lassen.[121]

2.3 Die Erweiterung des Wissens

Der Salon, die Literatur und die verwaltete Wissenschaft sind die Komponenten, die in Frankreich der Erweiterung des Wissens eine besondere Gestalt vermitteln.

2.3.1 Der Salon und die Literatur

Der Ort, an dem der französische Begriff der Rationalität zur Zeit der Aufklärung ein ganz besonderes Gepräge erhalten hat, ist der Salon. Er ist im 17. und 18. Jahrhundert an die Stelle der Patronage der Philosophen und Schriftsteller durch feste Anstellungen am Hofe des Königs oder im Hause eines adeligen Herrn getreten. Hatten die Philosophen und Schriftsteller am Hofe die Rolle des Beraters, Lehrers und Unterhalters zu spielen, wurden sie im Salon vor allem als geistreiche Gesprächspartner in einer Konversationsrunde gesucht. Der Salon ist der Ort, an dem der Esprit als

121 J.-C. Thoenig, *L'ère des technocrates*, op. cit.; R. Gilpin, *France in the Age of the Scientific State*, Princeton, N. J.: Princeton University Press, 1968.

Merkmal des französischen Rationalitätsbegriffs geboren wurde.[122] Er bedeutet etwas völlig anderes als der deutsche Begriff des Geistes.
In der deutschen Tradition denkt man bei dem Begriff des Geistes an Hegel, an die geschichtliche Entfaltung des objektiven Geistes, die sich im subjektiven Geist konkretisiert. Die Entwicklung des Geistes strebt zum Universellen, zum Allgemeingültigen. Ganz anders dagegen der französische Esprit. Er ist Ausdruck von Individualität, Originalität, Kreativität, geistreichem Argumentieren, Gewandtheit der Sprache, Witz und Scharfsinnigkeit. Deutschland hat eine Denkkultur, Frankreich eine Gesprächskultur. Dieser Unterschied hat schon mit den gegensätzlichen Orten zu tun, an denen deutscher Geist und französischer Esprit gepflegt werden. Der deutsche Geist ist das Produkt der einsamen Studierstube, der Bibliothek und des Seminars. Wo die Diskussion persönlich wird, findet sie privatissime im Kolloquium des Professors statt, wo alle zum überlegenen Wissen des Professors aufschauen und ihm nacheifern. Der Fachgelehrte hat die Diskussion fest in der Hand und führt sie immer tiefer in eine Sache hinein. Der französische Esprit blüht im Salon unter ganz anderen Bedingungen auf. Hier treffen sich Gelehrte, Schriftsteller, Männer von Welt, im Salon einer großen Dame. Zuerst, im 17. Jahrhundert sind es ausschließlich, in der ersten Hälfte des 18. Jahrhunderts noch überwiegend adlige Damen, die diese Form der geistreichen Geselligkeit organisieren. Ein berühmter Salon war derjenige der Marquise de Rambouillet, die im blauen Raum des Hôtel de Rambouillet eine auserlesene literarische Gesellschaft um sich versammelte und, auf ihrem Sofa sitzend, die allseits anerkannte Schiedsrichterin über den klassischen guten Geschmack spielte.[123] Im 18. Jahrhundert gewannen mehr und mehr die Damen des großen Bürgertums Einfluß. Nur noch wenige Damen der Aristokratie, wie die Marquise de Lambert, Mme. de Tencin und Marquise de Duffand, konnten weiterhin eine führende Rolle spielen. Die

122 R. Picard, *Les salons littéraires et la société française 1610-1789*, New York: Brentano's, 1943; L. Coser, *Men of Ideas*, op. cit., S. 11-8; J. von Falke, *Der französische Salon*, Bonn: Keil, 1977; F. Bourricaud, »France,« in: A. Rose (Hg.), *The Institutions of Advanced Societies*, Minneapolis: University of Minnesota Press, 1958, S. 444-524, ebd., S. 501-2.

123 R. Picard, *Les salons littéraires et la société française, 1610-1789*, op. cit., S. 26-72; J. von Falke, *Der französische Salon*, op. cit., S. 19-52.

begehrtesten Salons wurden nun von bürgerlichen Damen wie Mme. Geoffrin und Mme. Necker geführt.[124]

Der Salon war das Königreich einer Frau. Ein von einem Mann organisierter Gesprächskreis, wie derjenige des Barons d'Holbach, war eine Ausnahme. Die Frau war im allgemeinen die absolute Herrscherin über den Salon. Sie bestimmte durch ihre Einladungen die Zusammensetzung der Gesellschaft; sie gab als Dirigentin das Zeichen für den Einsatz der Stimmen und der Themen; sie beendete ein Gesprächsthema, wenn es zu Streit oder reiner Fachsimpelei auszuarten drohte, und brachte ein neues Thema in die Runde, wenn es zur Belebung des Gesprächs angebracht erschien. Die Diskussion philosophischer Themen bekam dadurch den Charakter einer Konversation.[125] Niemand sollte Langeweile verspüren, das war das oberste Prinzip der Gesprächsführung. Es durfte nie zu lange in einer Sache gebohrt werden, weil sich sonst die weniger Interessierten hätten langweilen können. Die leitende Dame des Salons bemühte sich stets um Themenwechsel und um die Zuspielung neuer Themen an bislang wenig zur Sprache gekommene Gäste. Sie sagte »Jetzt ist es genug!« und wandte sich mit einer Frage an einen bisher weniger am Gespräch beteiligten Gast, um das Gespräch mit einem neuen Thema fortzusetzen.

Die Diskussion in der Form einer Konversation verlangte von ihren Teilnehmern in erster Linie geistige Gewandtheit. Man mußte schnell etwas zu einem neu aufgegriffenen Thema sagen können, bevor es wieder vom Tisch war.[126] Grübelnde Denker mit einem Hang zur Tiefe konnten sich in dieser Gesellschaft nicht leicht zurechtfinden. Bis sie den Kern einer Sache erfaßt hatten, war das Thema schon wieder abgelegt worden.[127] Bis zum Kern

124 R. Picard, *Les salons littéraires et la société française, 1610-1789*, op. cit., S. 135-351.

125 Vgl. J. P. Dens, »L'art de la conversation au dix-septième siècle,« in: *Les lettres romanes* 27, 1973, S. 215-24; C. Strosetzki, *Konversation*, op. cit.

126 Der Aphorismus als besondere literarische Gattung hat hier einen fruchtbaren Nährboden. Vgl. F. Schalk, »Das Wesen des französischen Aphorismus«, in: G. Neumann (Hg.), *Der Aphorismus. Zur Geschichte, zu den Formen und Möglichkeiten einer literarischen Gattung*, Darmstadt: Wissenschaftliche Buchgesellschaft, 1976, S. 75-111.

127 Ein langsamer Grübler wie Rousseau konnte sich in einer solchen Gesellschaft nicht wohlfühlen: B. Groethuysen, *Philosophie der Französischen Revolution*, op. cit., S. 82-8.

einer Sache konnte man deshalb aber auch kaum vorstoßen. Der Gesprächsteilnehmer mußte auch rhetorische Fähigkeiten entwickeln, um die Aufmerksamkeit der Runde auf sich ziehen zu können. Nüchterne Analyse und Tatsachenermittlungen waren allein zu blaß. Man mußte mit neuen Gedanken überraschen, einer bekannten Sache etwas Ungewöhnliches abgewinnen, durch geschickte Herstellung von Beziehungen zwischen der Literatur und aktuellen Themen beeindrucken können. Wohlgesetzte kurze Zitate aus der Literatur und kurze prägnante Bemerkungen, nicht lange, breitangelegte und ermüdende Ausführungen – wie es der deutsche Professor von seiner Vorlesung gewohnt ist und im Privatissimum fortsetzt – können Beifall erheischen. Ein neuer unreifer Gedanke, und sollte er sich als noch so unhaltbar herausstellen – was bei dem geringen Stellenwert der methodischen Prüfung kaum nachzuweisen war –, wurde tausendmal mehr geschätzt als jeder genaue Beweis der Richtigkeit des bekannten Wissens. Originalität und Kreativität, nicht methodische Strenge wurden belohnt. Von der Methodik waren es am ehesten das deduktive Descartessche Voranschreiten von der großen Idee zu einer aktuellen Thematik und die Scharfsinnigkeit im Unterscheiden, die hier gepflegt wurden. Bei allem fand hier kein Gespräch zwischen abstrakten Positionen statt. Die Dame des Salons lud ihre Gäste nach persönlicher Neigung ein, und sie achtete auch auf das Zusammenspiel der Personen, wenn sie die Teilnehmer zusammenstellte und wenn sie die Konversation leitete. Der einzelne Teilnehmer brachte mit seinen Beiträgen vor allem seine Persönlichkeit in das Gespräch ein. Seine Selbstdarstellung und der expressive Charakter seiner Aussagen standen oft mehr im Vordergrund als ihr sachlicher Gehalt. »Schön hat er das gesagt!«, »Wie umwerfend er das gesagt hat!«, »Was für eine herrliche Formulierung!«, »Wie wunderbar gesprochen!«, sind die Reaktionen, die von den glänzenden Gesprächsbeiträgen hervorgerufen werden. »Das ist richtig«, »Das entspricht den Tatsachen« sind Urteile, die Langeweile ob der Wiederholung des allseits Bekannten anzeigen.[128]

128 Im aristokratischen Salon der zweiten Hälfte des 17. Jahrhunderts degenerierte diese Betonung der Sprachkunst zum Preziösentum, das Molière in *Les précieuses ridicules* (1659) lächerlich machte. Vgl. E. von Jan, *Französische Literaturgeschichte in Grundzügen*, op. cit., S. 106-10; J. Theisen, *Geschichte der französischen Literatur*, Stuttgart: Kohlhammer, 4. Auflg. 1974, S. 80-3; J. von Falke, *Der französische Salon*, op. cit., S. 77-98.

Die Disputation im Salon hat also die Form einer Konversation. Der Wettstreit wird weniger um die empirische Bewährung von Hypothesen geführt, als um den Beifall für geistreiche und schöne Formulierungen. Die Juroren in diesem Wettstreit sind nicht Fachgelehrte, sondern vornehme und gebildete Damen; als Überprüfungsinstanz von Aussagen dient nicht das methodische Verfahren der Tatsachenfeststellung, sondern der Beifall eines Publikums gebildeter Dilettanten. Gewiß haben alle Disputationen des Salons auch einen sachlichen Gehalt, über den sich nach rein sachlichen Kriterien entscheiden läßt; sie werden aber stets mit einem Blick auf das Publikum geführt, das die Beiträge in ihrem expressiven Charakter beurteilt, als Selbstdarstellung des Sprechers.[129] Überraschende Gedanken, Gewandtheit der Sprache und Schönheit der Präsentation sind aber die Eigenschaften, auf die das von der Dame des Salons geleitete Publikum achtet.[130]
In den expressiven Stil der Diskussion mischen sich stets erotische Beziehungen. Die Männer diskutieren nicht nur einer Sache wegen, sondern vor allem auch, um der Dame des Salons oder einer der anderen anwesenden Damen zu gefallen. Der Diskutierende will den Blick der auserwählten Dame auf sich ziehen, ihr Bewunderung für seine Formulierungen entlocken. Er will an ihren Reaktionen erkennen, ob sie sein erotisches Empfinden erwidert, ob sie den vorsichtig gestrickten Faden einer erotischen Beziehung aufnimmt und fortzuführen geneigt ist. Dieses Geflecht erotischer Beziehungen ist als latente Struktur der Diskussion stets unausgesprochen präsent. In dem Augenblick, in

129 Das kann Oberflächkichkeit und Anpassungsfähigkeit prämieren. Über Vincent Voiture (1598-1648), einen bevorzugten Salongast im Hôtel Rambouillet, schreibt E. von Jan, *Französische Literaturgeschichte in Grundzügen*, op. cit., S. 106: »...daß er die Oberflächkeit und Anpassungsfähigkeit zu einer gewissen Kunst gesteigert hat.« Es ist besonders wichtig, den anderen zu gefallen (plaire). Vgl. C. Strosetzki, *Konversation*, op. cit., S. 103-7.

130 Die geschmacksbildende Funktion des Gesprächs mit den Damen hat auch Voltaire geschätzt. Vgl. F. Schalk, *Studien zur französischen Aufklärung*, op. cit., S. 191: »Die tragenden Säulen des Ideals, das er oft bereichert und modifiziert hat, das aber in seinem Kern sehr früh feststand für ihn, waren élégance, contrôle, équilibre und die Gesellschaft. Erst in der Geselligkeit, im Umgang mit den Frauen bildet sich, wie Voltaire einen Boileauschen Vers variierend sagt, der gute Geschmack: Etudiez leur goût, vous trouvez chez elles de l'esprit sans effort, des grâces naturelles, de l'art de conserver les naives douceurs.«

dem eine Beziehung manifest wird, verliert sie ihre Spannung und damit die Diskussion ein Element ihrer latenten Dynamik. Eine neue Spannung tritt dann wieder auf, sobald die Frage der Stabilität einer bestehenden Beziehung virulent wird, sobald Konkurrenten und Konkurrentinnen auftauchen. Dann kann das Spiel von neuem beginnen. Die Paradoxie der erotischen Beziehung, die mit ihrer Erfüllung die Spannung und damit ihre Eigenart verliert, sorgt dafür, daß dieses Spiel immer wieder neu aufgenommen wird und damit die Disputation mit der entsprechenden Dynamik versehen wird.[131]

Die Rolle des Salons für die Formung des französischen Begriffs der Rationalität hat sich nicht allein auf die Organisation von Gesprächsrunden beschränkt. Die Dame des Salons übte auch die Funktion eines Mäzens aus. Schriftsteller, denen sie zuneigte, konnten sich materielle und finanzielle Unterstützung und vor allem Promotion erhoffen. Manche durften im Hause einer Dame wohnen, wurden von ihr an einen Verleger vermittelt, mit einem Druckkostenzuschuß versehen, als Kandidat für die Académie française empfohlen. Die führenden Damen, wie Mme. de Tencin, Mme. de Lambert, Mme. du Deffand, Mme. Geoffrin und Mlle. de Lespinasse waren auch die erfolgreichsten in der Plazierung der Philosophen in der Académie.[132]

Der Salon hat nach der großen Zeit der Aufklärung seine zentrale Stellung als Ort des Räsonierens verloren. Andere Orte haben an Bedeutung gewonnen. Die Beziehung zwischen dem gelehrten Schriftsteller und seinem Publikum hat sich mit der Auflage der Bücher gelockert. Es ist nun mehr eine vorgestellte Konversation, die der Autor mit seinen Lesern führt, aber er orientiert sich nach wie vor an den Grundnormen der Konversation, die in den Salons entwickelt und von den Aufklärern in ihren Werken demonstriert wurden.[133]

In anderer Form hat die gesellige Gesprächsrunde in Frankreich auch bis heute ihren Einfluß auf die Gestaltung des Rationalitätsbegriffs bewahrt. Schon im 18. Jahrhundert spielen Clubs und Cafés eine Rolle als Orte der Diskussion. In London sind sie

131 J. von Falke, *Der französische Salon*, op. cit., S. 53-75; C. Strosetzki, *Konversation*, op. cit., S. 100-3.

132 L. Coser, *Men of Ideas*, op. cit., S. 14.

133 Vgl. F. Schalk, *Studien zur französischen Aufklärung*, op. cit., S. 41-61; J. P. Sartre, *Was ist Literatur*, op. cit., insbesondere S. 61-3.

neben den im 17. Jahrhundert gegründeten wissenschaftlichen Gemeinschaften die Zentren der intellektuellen Auseinandersetzung. Ihre Besonderheit liegt darin, daß sie nicht nur Philosophen mit Schriftstellern zusammenbringen, sondern auch mit Politikern, Kaufleuten und Intellektuellen. Es sind Clubs von Gentlemen.[134] In den anderen Metropolen findet man diese Vermischung der Intellektuellen mit den Praktikern nicht. So auch nicht in den Cafés von Saint Germain des Prés, im Quartier Latin in Paris.[135] Das trennt das Café auch vom Salon, obwohl man den Salon in dieser Hinsicht keinesfalls mit dem Londoner Kaffeehaus gleichsetzen kann. Im Londoner Kaffeehaus findet eine unmittelbare Integration der Vernunft mit der politischen und ökonomischen Praxis statt, im Pariser Salon wird abgehoben von den Anforderungen der Praxis eine feingeistige Konversation praktiziert.[136] Im Café von Saint Germain des Prés sind Philosophen, Literaten, Künstler und Journalisten unter sich. Was das Pariser Café aber auch auszeichnet, ist die Tatsache, daß hier immerhin Repräsentanten verschiedener Genres der Kultur miteinander kommunizieren, also weiterhin abstraktes Philosophieren, Gesellschaftstheorie, expressive Darstellung und aktuelle Stellungnahme in eine intensive Beziehung zueinander bringen. Das unterscheidet diese intellektuelle Szene von den anderen Metropolen, wo die verschiedenen Wissenschaften und Künste ihre eigenen Orte hatten und sich mehr voneinander abgrenzten. Deshalb geht von dieser Szene auch eine breitere kulturelle Wirkung in der Gesellschaft aus, natürlich auch deshalb, weil die Kultur von Paris die Kultur von Frankreich ist. Was anderswo eine Sache kleiner Zirkel war, wurde in Frankreich zur Norm für das gebildete Laienpublikum. Was dort Kunst blieb, erfaßte hier auch die Philosophie und Gesellschaftstheorie und damit das Verständnis von Rationalität im allgemeinen.

134 L. Coser, *Men of Ideas*, op. cit., S. 19-25.

135 Vgl. F. Schalk, *Studien zur französischen Aufklärung*, op. cit., S. 43; W. Krauss, *Die Literatur der französischen Frühaufklärung*, Frankfurt: Athenäum, 1971, S. 208-9; H. Cunow, *Politische Kaffeehäuser. Pariser Silhouetten aus der großen französischen Revolution*, Berlin: J. H. W. Dietz Nachf., 1925.

136 Eine klassische Darstellung der Konversation im Pariser Café bietet Diderots posthum erschienener Dialogroman *Le neveu de Rameau* (1821), Paris: Plon, 1891, (*Rameaus Neffe*, Köln, Berlin: Kiepenheuer & Witsch, 1963).

Im Café wurde die Tradition des Salons unter veränderten Bedingungen fortgesetzt. Hier ist nicht mehr eine feine Gesellschaft bei einer vornehmen Dame versammelt, sondern eine Gruppe von Intellektuellen und Künstlern, die ihr Leben selbst als Kunstwerk gestalten, einen der bürgerlichen Konvention entgegengesetzten Lebensstil pflegen wollen. Sie lehnen sich auf gegen die lähmende, geisttötende bürgerliche Ordnung. Sie wollen Bohème und Avantgarde sein, Individualität gegen die gesellschaftliche Gleichförmigkeit stellen.[137] Sie haben die sterile Atmosphäre des Elternhauses verlassen, um ihre persönliche Identität zu finden. Expressive Bedürfnisse spielen also auch in diesem Kreis eine große Rolle. Wer hier Anerkennung gewinnen will, muß unter veränderten Bedingungen ähnliche Qualitäten entfalten wie die Vorväter im Salon. Witz, Originalität, Kreativität, Gewandtheit der Sprache, Formulierungskunst, geistreiche Einfälle und Scharfsinnigkeit werden hier ähnlich prämiert wie im Salon. Was fehlt, ist die Leitung der Dame des Salons, damit gibt es aber auch keine unmittelbare Beziehung zur Gesellschaft, zu den Männern von Welt und zu den gebildeten Laien. Das Publikum im Café schrumpft auf die gleichgesinnten Intellektuellen zusammen. Das verändert natürlich die Situation und durch sie das Denken und die Sprache. Die Entfernung vom Durchschnittsbürger vergrößert sich. Das Denken des Intellektuellen kann sich leichter verselbständigen und radikaler werden, noch mehr die abstrakte Idee verfolgen und diese ohne Gegenwehr von fragenden Laien deduktiv konkretisieren. Die Sprache entfernt sich von derjenigen der Laien; sie kann exzentrisch werden; eine unmittelbare Verständigung mit dem Laien ist nicht mehr unbedingt gefordert, um Anerkennung zu erlangen. Man versteht sich mit den Gleichgesinnten im begrenzten Kreise. Während die Aufklärer in der Gesellschaft eine neue Kultur durchsetzten, ist die intellektuelle Szene von Saint Germain des Prés eine oppositionelle Subkultur, die dem herrschenden funktionalen Rationalismus der staatlichen Administration und der Großindustrie nur ohnmächtigen Protest, aber keine wirksame Neugestaltung der Gesellschaft entgegensetzen

137 Vgl. dazu H. Kreuzer, *Die Bohème. Analyse und Dokumentation der intellektuellen Subkultur vom 19. Jahrhundert bis zur Gegenwart*, Stuttgart: J. B. Metzgersche Verlagsbuchhandlung, 1971, insbesondere S. 102-16; C. Grana, *Bohemian versus Bourgeois. French Society and the French Man of Letters in the Nineteenth Century*, New York: Basic Books, 1964.

kann.[138] Ohne Verbindung zu dieser herrschenden Kultur fehlt die Kenntnis der Komplexität der Sachprobleme und die Kontrolle des Denkens durch die Realität. Die intellektuelle Szene führt das Dasein einer ewigen Opposition, die von den Progressiven geliebt wird, weil sie unablässig ihre Hoffnungen in sie setzen, von den Konservativen wohlwollend geduldet wird, weil sie um ihre praktische Wirkungslosigkeit wissen.[139]

Die Wirkungen des Salons und später des Cafés blieben nicht auf die Konversation selbst beschränkt. Die Konversation formte den Stil der Literatur in die im Salon vorgegebene Richtung. Das wurde auch von den Schriftstellern selbst bemerkt. Marmontel und Diderot meinten, daß sie von den Damen gelehrt würden, trockene Dinge charmant und klar darzustellen, flexibel, leicht verständlich und witzig zu formulieren, um keine Ermüdung und Langeweile aufkommen zu lassen.[140] Sie pflegen einen leicht lesbaren literarischen Stil. Auch dort, wo sie philosophische Fragen erörtern, bleiben sie diesem Stil treu. Sie wenden sich auch in ihren Schriften an ein gebildetes Dilettantenpublikum, nicht an eine Fachöffentlichkeit. Philosophische Erzählungen und Essays sind das adäquate Medium für diese »leichte« Form des Philosophierens. Überhaupt mischt sich Philosophisches und Literarisches so weit, daß viele Schriftsteller sowohl philosophische und gesellschaftstheoretische als auch rein literarische Werke – Erzählungen, Romane, Dramen und Komödien – veröffentlichen.[141] Auch für eine journalistische Tätigkeit sind sich die Literatenphilosophen nicht zu schade. Sie schreiben für die sich in der Aufklärungszeit enorm ausbreitenden Journale; sie müssen es oft, um

138 Vgl. H. Kreuzer, *Die Bohême*, op. cit., S. 253-69.

139 Einen hervorragenden Einblick in die Szene bietet Simon de Beauvoirs literarische Darstellung: S. de Beauvoir, *Les Mandarins*, Paris: Gallimard, 1954.

140 J. F. Marmontel, *Mémoires* I, Paris: Firmin-Didot, 1891, S. 312; Denis Diderot zit. in K. Martin, *French Liberal Thought in the Eighteenth Century. A Study of Political Ideas from Boyle to Condorcet*, New York: New York University Press, 1954, S. 105. Ebenso: L. Coser, *Men of Ideas*, op. cit., S. 14.

141 Siehe hierzu F. Schalk, *Studien zur französischen Aufklärung*, op. cit.; W. Krauss, *Die Literatur der französischen Frühaufklärung*, op. cit.: J. von Stakkelberg, *Themen der Aufklärung*, München: Fink, 1979, insbesondere S. 30-52; D. T. Pottinger, *The French Book Trade in the Ancient Regime, 1500-1791*, Cambridge, Mass.: Harvard University Press, 1958.

sich zumindest ein bescheidenes Zubrot zu anderen Einkünften und Unterstützungen zu verdienen. Zwischen 1670 und 1770 steigt die Zahl der Zeitschriftentitel eines Jahres von 20 auf 148. Der Beruf des Journalisten gewinnt in diesem Zeitraum erheblich an Ansehen, nicht zuletzt durch die journalistische Betätigung von Schriftstellern, die aufgrund ihres literarischen Werkes Anerkennung gefunden haben. Wie sich nach der Seite der Abstraktion die Literatur mit der Philosophie vermischt, geht die Literatur auch nach der Seite der Konkretion und Aktualität vielfältige Bindungen mit dem Journalismus ein.[142]

Ein weiteres Feld der Ausbreitung der Philosophie und der Wissenschaften in breite gebildete Kreise hinein wurde durch das ehrgeizige Projekt der von Diderot und d'Alembert herausgegebenen großen Enzyklopädie erschlossen.[143] Dieses Projekt zeigt die ganze Energie, mit der die französischen Aufklärer das Licht der Erkenntnis unter die Leute bringen wollten. Man kann annehmen, daß in Frankreich vor der Revolution von 1789 von den verschiedenen Auflagen der Enzyklopädie bis zu 15000 Exemplaren existierten. In keinem anderen Land sind Philosophie, Gesellschaftstheorie, Literatur, Journalismus und Volksbildung eine ähnlich enge Verbindung eingegangen. Philosophie und Gesellschaftstheorie sind deshalb nie rein akademische Disziplinen gewesen, sondern stets ein Teil der in gebildeten Dilettantenkreisen populären Literatur. Die Aufklärer haben dafür die Maßstäbe gesetzt. Sie haben philosophische, gesellschaftstheoretische und literarische Werke produziert und zur Enzyklopädie sowie zu den Journalen beigetragen. Montesquieu hat nicht nur den *Esprit des lois* verfaßt, sondern auch die *Lettres persanes* und *Lysimachos*. Zur Enzyklopädie steuerte er einen *Versuch über den Geschmack* bei. Voltaire ist nicht nur der Verfasser des *Candide* und anderer literarischer Werke, er hat auch geschichtliche Studien und unzählige philoso-

142 Vgl. J. Sgard, »Journale und Journalisten im Zeitalter der Aufklärung«, in: H. U. Gumbrecht, R. Reichardt, T. Schleich (Hg.), *Sozialgeschichte der Aufklärung in Frankreich Teil II: Medien, Wirkungen*, München: R. Oldenbourg Verlag, 1981, S. 3-35.

143 D. Diderot und J. L. d'Alembert (Hg.), *L'encyclopédie*, op. cit. Vgl. J. Rocafort, *Les doctrines littéraires de l'encyclopédie ou le romantisme des encyclopédistes*, (1890), Genf: Slatkine Reprints, 1970; L. Ducros, *Les encyclopédistes*, Genf: Slatkine Reprints, 1967; F. Schalk, *Einleitung in die Encyclopädie der französischen Aufklärung*, op. cit.

phische Erzählungen und Briefe zu Papier gebracht.[144] Rousseau hat neben seinen sozialtheoretischen Werken zur Ungleichheit und zum Gesellschaftsvertrag mit dem *Emile* einen Erziehungsroman und mit *Julie ou la nouvelle Héloïse* einen Briefroman geschrieben.[145] Diderot ist einer der Herausgeber der großen Enzyklopädie und Autor von philosophisch-gesellschaftstheoretischen Werken wie die *Pensée philosophique* sowie von Dramen und Romanen. Den *Neffen von Rameau* hat Goethe übersetzt und bewundert.[146] Wenn auch diese Vielseitigkeit von philosophischer, sozialtheoretischer und literarischer Produktion nach den Aufklärern nur noch selten erreicht wurde, hat doch die enge Bindung von Philosophie, Gesellschaftstheorie und Literatur bis heute in Frankreich ihren Vorbildcharakter bewahrt. Philosophie und Gesellschaftstheorie haben sich nie der Nüchternheit akademischer Seminardiskussionen unterwerfen lassen. Sie sind zu einem ganz wesentlichen Teil weiterhin von Schriftstellern geprägt worden, die versucht haben, ein breiteres gebildetes Publikum zu erreichen. Manche von ihnen waren nur Schriftsteller, manche zugleich Professoren, die sich in ihrer Tätigkeit an der in Frankreich geltenden Norm des Räsonierens orientierten.

Das 19. Jahrhundert ist die Epoche des großen Gesellschaftsromans. Stendhal, Balzac, Flaubert sind nicht nur feinsinnige Erzähler, sondern zugleich akribisch analysierende Soziologen ihrer Gesellschaft.[147] Proust führt diese Tradition in unserem Jahrhun-

144 Voltaire, *Candide ou l'optimisme*, Paris: Didier, (1759) 1957; *Lettres philosophique*, (1734), 2Bde., Paris: Nizet, 1964; »Histoire de l'empire de Russie sous Pierre le Grand«, in: *Œuvres historiques*, hg. von R. Pomeau, Paris: Gallimard (1763) 1957, S. 339-605.

145 J. J. Rousseau, *Discours sur l'origine et les fondements de l'inégalité* (1755), in: *Œuvres complètes*, Bd. III, hg. von B. Gagnebin und M. Raymond, Paris: Gallimard, 1964, S. 109-237 (*Diskurs über die Ungleichheit*, Paderborn: Schöningh, 1984); *Du contrat social*, op. cit.; *Emile*, op. cit.; *Julie ou la nouvelle Héloise*, in: *Œuvres complètes*, op. cit., Bd. II, S. 1-793.

146 D. Diderot und J. L. d'Alembert (Hg.), *L'encyclopédie*, op. cit.; D. Diderot, *Pensése philosophique*, Genf: Dioz, 1965; *Le Neveu de Rameau*, op. cit.

147 Siehe z.B. M. H. B. Stendhal, *Le rouge et le noir, chronique du XIXe siècle*, in: *Romans*, Paris: Gallimard, 1952; H. de Balzac, *Le père Goriot*, Paris: Garnier, 1974; G. Flaubert, *Madame Bovary*, Paris: Carpentier, 1884. Vgl. hierzu H. Friedrich, *Drei Klassiker des französischen Romans. Stendhal, Balzac, Flaubert*, Frankfurt: Klostermann, 1961.

dert fort.[148] Gegen Ende des 19. Jahrhunderts gewinnt die Malerei in der kulturellen Szene zunehmend an Bedeutung. Im Impressionismus des 19. Jahrhunderts, im Expressionismus, Dadaismus und Surrealismus in diesem Jahrhundert wird die Kunst auch mit einer neuen Literatur und Philosophie verbunden.[149]

Die enge Beziehung des philosophischen und literarischen Denkens zum Journalismus erfährt zu Ende des 19. Jahrhunderts in der Dreyfus-Affaire einen Höhepunkt.[150] Hier engagieren sich Intellektuelle im Namen einer universellen Moralität gegen die Interessen des Staates und für eine Revision der Verurteilung des jüdischen Offiziers Alfred Dreyfus wegen Spionage für Deutschland. Nachdem Dreyfus Ende 1894 zu lebenslanger Haft verurteilt worden war, kamen bald Zweifel an seiner Schuld auf. Das als Verurteilungsgrund benutzte Dokument soll nicht von Dreyfus, sondern von einem Major Esterhazy geschrieben worden sein. Das Militär und die Justiz versuchten jedoch eine Revision zu verhindern, um sich keine Blöße geben zu müssen. Ende 1897 setzt dann eine Kampagne für eine Rehabilitierung von Dreyfus ein, an der sich zahlreiche Schriftsteller beteiligen. Am 13. Januar 1898 veröffentlicht Emile Zola sein berühmtes »J'accuse« in *L'Aurore*. 1899 wird das Urteil gegen Dreyfus aufgehoben. In einem neuen Verfahren wird er zu zehn Jahren Haft verurteilt, bald darauf aber vom Präsidenten der Republik begnadigt. Erst im Jahre 1906 wird Dreyfus voll rehabilitiert. Gegen die »Dreyfusards« formieren sich in dieser öffentlichen Auseinandersetzung die Konservativen, die meinen, den Staat gegen die gefährlichen Angriffe schützen zu müssen. Sie nennen die Dreyfusards »Intellektuelle«, die an den Staat abstrakte Ideen herantragen, ohne sich über die Schwierigkeiten ihrer Verwirklichung Gedanken zu machen. Dem Gesetz der Vernunft stellen sie die Staatsräson entgegen. Der Begriff des Intellektuellen ist seitdem ein fester Bestandteil der französischen

148 M. Proust, *A la recherche du temps perdu*, Paris: Gallimard, 1972.

149 R. H. Wilenski, *Moderne französische Maler. Vom Impressionismus bis zur Neuzeit*, Berlin: Safari-Verlag, 1964; B. Dorival, *Die französischen Maler des 20. Jahrhunderts*, 2 Bde., München: Bruckmann, 1959; A. Boime, *The Academy and French Painting in the 19th Century*, London: Phaidon, 1971.

150 L. Coser, *Men of Ideas*, op. cit., S. 215-26; S. Thalheimer, *Die Affaire Dreyfus*, München: Deutscher Taschenbuchverlag, 1963; *Macht und Gerechtigkeit. Ein Beitrag zur Geschichte des Falls Dreyfus*, München: Beck, 1958.

Sprache, wie sonst in keinem anderen Land.[151] Während die Repräsentanten der Vernunft und Wissenschaft in Deutschland lieber als Professoren und Beamte auftreten, in England als Gentlemen und in Amerika als wissenschaftliche Experten und Journalisten, verstehen sie sich in Frankreich durchaus selbst als Intellektuelle und lassen sich auch als solche definieren. Sie sind Aktivisten der Vernunft, die ihre Ideen in die alltäglichen Auseinandersetzungen hineintragen.

Nach dem zweiten Weltkrieg haben vor allem Camus und Sartre die Tradition der Verbindung von Philosophie, Gesellschaftstheorie, Literatur und Journalismus fortgesetzt. Camus entwickelt seine Philosophie des Absurden in seinen philosophischen Essays *Der Mythos von Sysiphos* und *Der Mensch in der Revolte*, in seinen Romanen, z. B. *Der Fremde*, *Die Pest*, *Der Fall*, und in seinen Bühnenstücken.[152] Sartre formuliert seine Philosophie des Existentialismus in dem großen Versuch *Das Sein und das Nichts*, in kleineren Essays sowie in Romanen, z. B. *Der Ekel*, in Dramen, z. B. *Die Fliegen*, *Bei geschlossenen Türen* und *Tote ohne Begräbnis*.[153] Beide haben sich außerordentlich intensiv und ausführlich journalistisch betätigt. Camus war Chefredakteur des *Combat*, Sartre gründete mit Merleau-Ponty *Les temps modernes*. Camus und Sartre haben sich zeitlebens in zahllosen Artikeln zu aktuellen Problemen geäußert.

Nach Camus und Sartre sind es die Strukturalisten[154] und Poststrukturalisten,[155] heute die »neuen Philosophen«,[156] die nicht nur

151 D. Bering, *Die Intellektuellen*, op. cit., S. 215-26.

152 A. Camus, *Le mythe de Sisyphe*, Paris: Gallimard, 1959; *L'homme révolté*, Paris: Gallimard, 1952; *L'étranger*, Paris: Gallimard, 1969; *La peste*, Paris: Gallimard, 1947; *La chute*, Paris: Gallimard, 1956.

153 J. P. Sartre, *La nausée*, Paris: Gallimard, 1938; *Les mouches*, Paris: Gallimard, 1947; *Huis clos*, Paris: Gallimard, 1947; *Morts sans sépulture*, Paris: Gallimard, 1947. (*Dramen*, Reinbek bei Hamburg: Rowohlt, 1961).

154 Beispielhaft: L. Althusser, *Lire le capital*, 2 Bde., Paris: Maspero, 1965; R. Barthes, *Mythologies*, Paris: du Seuil, 1957; J. Lacan, *Ecrits*, Paris: du Seuil, 1966; C. Lévi-Strauss, *Anthropologie structurale*, Paris: Plon, 1958.

155 Beispielhaft: M. Foucault, *Naissance de la clinique: une archéologie du regard médical*, Paris: Presses Universitaires de France, 1971.

156 Beispielhaft: J. M. Benoist, *Tyrannie du logos*, op. cit.; M. Clavel, *Dieu est Dieu, nom de Dieu*, op. cit.; A. Glucksmann, *Les maîtres penseurs*, op. cit.; M. Guérin, *Nietzsche. Socrate héroique*, op. cit.; B.-H. Lévy, *La barbarie a visage humain*, op. cit.

eine neue Gesellschaftstheorie entwerfen, sondern auch auflagenstark dem gebildeten Dilettantenpublikum darbieten.[157] Sie produzieren zwar in der Regel keine Romane, Dramen und Erzählungen, aber gesellschaftstheoretische Literatur. Die akademische Erörterung schwieriger soziologischer und philosophischer Probleme vermischt sich mit der literarischen Unterhaltung eines interessierten Publikums. Das adäquate Medium dieser literarischen Philosophie und Gesellschaftstheorie ist der Essay. In ihm wird der hier diskutierte Aspekt des französischen Begriffs der Rationalität auf den Punkt gebracht.

Der Essay ist ein Medium, das zwischen den Ansprüchen des tiefen Werkes und den Anforderungen des Zeitschriften- und Zeitungsartikels vermittelt.[158] Er ist weder so tief und universell wie das Werk, noch so flach und aktuell wie der Artikel. Aber er hat von beiden etwas. Die Kühnheit neuer Gedanken wird hier prämiert. Sie können auch in einem noch nicht völlig ausgereiften Stadium vorgetragen werden, ja sie sollen unfertig zur Diskussion gestellt werden, um darauf reagieren und ihre Weiterentwicklung befruchten zu können. Vor allem sind die Gedanken so zu formulieren, daß sie von einem gebildeten Laienpublikum nachvollzogen und diskutiert werden können. Der Essay bezieht das Publikum in die Produktion des Wissens mit ein. Immer befindet sich das Nachdenken über die Welt und die Gesellschaft in einem Wettstreit der Ideen. Der Autor des Essays versucht an aktuellen Diskussionen teilzunehmen, zu aktuellen Auseinandersetzungen Stellung zu nehmen. Er orientiert sich also an einem Markt der Ideen, konkurriert mit anderen Autoren. Dabei geht es aber weniger um die Bewährung empirischer Hypothesen als um die Originalität einer Idee und um die Fähigkeit, mit dieser Idee das gesamte menschliche Leben, die ganze Gesellschaft erklären zu können, vor allem aber um die Radikalität einer Idee. Camus ist erfolgreich, weil er die Absurdität des menschlichen Lebens in allen

157 Vgl. G. Schiwy, *Der französische Strukturalismus*, Reinbek bei Hamburg: Rowohlt, 1969; *Kulturrevolution und »Neue Philosophen«*, op. cit.; E. Kurzweil, *The Age of Structuralism. Lévi-Strauss to Foucault*, New York: Columbia University Press, 1980.

158 Zur Charakterisierung des Essays vgl. T. W. Adorno, »Der Essay als Form«, in: *Gesammelte Schriften*, Bd. II: *Noten zur Literatur*, Frankfurt: Suhrkamp, 1974, S. 9-33.

Schattierungen aufzeigen kann,[159] Sartre, weil er die Verantwortlichkeit des Menschen für sich selbst in allen Lebenslagen deutlich macht.[160] Die Poststrukturalisten wetteifern um den Nachweis der subtilsten Formen der Herrschaft der Strukturen über die menschliche Individualität,[161] die neuen Philosophen um die radikalste Kritik der Herrschaft der großen Denktraditionen.[162] Das ist der Markt der Ideen, an den sich der ökonomische Markt der Literatur anschließt. Die Öffentlichkeit der Diskussion, das Überschreiten der reinen Fachgrenzen lassen die Intellektuellen natürlich auch um die Gunst des Publikums konkurrieren. Maßstab des Erfolgs ist hier die Auflagenzahl der verkauften Bücher.

Die marktförmige Strukturierung der intellektuellen Szene hat natürlich auch ihre Wirkung auf den Charakter des produzierten Wissens. Märkte beschleunigen den sozialen Wandel. Es ist deshalb nicht überraschend, daß die Entwicklung des Denkens in Frankreich in auffallender Weise wie nirgendwo sonst von der Abfolge intellektueller Moden beherrscht wird. Die Schöpfer dieser Moden sind die Intellektuellen in den Cafés des Quartier Latin. Zwischen den verschiedenen sich ablösenden philosophisch-gesellschaftstheoretischen Strömungen läßt sich natürlich auch eine Kontinuität von Denkweisen ermitteln. Nimmt man die Entwicklung nach dem zweiten Weltkrieg, dann zeigt sich in allen aufeinanderfolgenden Ansätzen die Variation eines Themas: der Gegensatz zwischen der freien Individualität und der Herrschaft der Strukturen. Wenn dem Publikum eine Version dieses Themas zu langweilig geworden ist, dann haben neue Formulierungen ihre Chance, die natürlich das völlig Neue an ihnen herausstellen müssen, um auf dem Markt aufzufallen. Sobald sich ein neuer Trend abzeichnet, versuchen viele auf den abfahrenden Zug aufzuspringen, um am Erfolg der neuen Welle teilzuhaben. Junge Autoren haben dabei Vorteile, weil sie noch nicht so sehr durch frühere Veröffentlichungen gebunden sind. Am Anfang einer solchen

159 A. Camus, *Le mythe de Sisyphe*, op. cit.

160 J. P. Sartre, *L'être et le néant*, op. cit., S. 508-642 (552-700).

161 R. Barthes, *L'empire des signes*, Paris: A. Skira, 1970; M. Foucault, *Naissance de la clinique*, op. cit.; J. Lacan, *Ecrits*, op. cit.

162 J. Benoist, *Tyrannie du logos*, op. cit.; M. Clavel, *Dieu est Dieu, nom de Dieu*, op. cit.; A. Glucksmann, *Les maîtres penseurs*, op. cit.; M. Guérin, *Nietzsche. Socrate héroique*, op. cit.; B.-H. Lévy, *La barbarie à visage humain*, op. cit.

Mode steht ein großer Schub schnell aufeinanderfolgender Veröffentlichungen, die von den Autoren selbst und/oder von den Kritikern der neuen Strömung zugeordnet werden.[163]
Nachdem die Nachkriegszeit zuerst durch den Existentialismus und den mit ihm teilweise – vor allem in der Person Sartres – verbundenen Marxismus beherrscht wurde,[164] hat der Strukturalismus von Lévi-Strauss Mitte der sechziger Jahre binnen kurzer Zeit die intellektuellen Hitlisten erobert.[165] Ebenso schnell hat Michel Foucault die Phase des Poststrukturalismus eingeleitet, dem außerdem Barthes, Derrida und Lacan entscheidende Impulse gegeben haben.[166] An der atemberaubenden Folge der Buchveröffentlichungen Foucaults kann man die Gesetze dieses philosophischen Literaturmarktes gut erkennen. Es muß möglichst zu jeder Saison etwas Neues herauskommen, um neuen Gesprächsstoff für die Diskussionsrunden in den Cafés des Quartier Latin zu liefern. Etwa zur gleichen Zeit verliert der an der Sowjetunion orientierte Marxismus an Kredit; er muß den intellektuellen Markt mehr und mehr dem Maoismus überlassen. Aber auch der Maoismus ist schon bald nach dem Mai 68 aus der Diskussion. Die »neuen Philosophen«, André Glucksman, Bernard-Henri Lévy, Jean-Marie Benoist und andere, ziehen im Sommer 1977 schlagartig die Aufmerksamkeit des Publikums auf sich.[167] Sie rechnen mit dem »Diskurs der Meister« ab und wollen eine Kulturrevolution einleiten. Glucksmans *Les maîtres penseurs* und Lévys *La barbarie â visage humain* sowie Maurice Clavels *La lumière du lac* – ein Roman, der die Tradition der literarischen Philosophie neuerlich bestätigt – nehmen im Sommer 1977 beste Plätze auf der Bestsellerliste ein.[168] Die Bücher anderer, bislang völlig unbekannter Autoren, die der neuen Welle zugerechnet werden, sind über Nacht vergriffen. An ihrem atemberaubenden Aufstieg kann man sehen, wie nun auch gezielte Promotion und Werbekampagnen eingesetzt werden, um

163 Vgl. R. Debray, *»Voltaire verhaftet man nicht«*, op. cit., S. 126-45.
164 Vgl. R. Aron, *The Opium of the Intellectuals*, op. cit.; F. Bourricaud, *Le bricolage idéologique*, op. cit., S. 127-84.
165 Vgl. G. Schiwy, *Der französische Strukturalismus*, op. cit., S. 13-35.
166 G. Schiwy, *Kulturrevolution und »Neue Philosophen«*, op. cit., S. 19-34.
167 Ebd., S. 35-90.
168 A. Glucksmann, *Les maîtres penseurs*, op. cit.; B.-H. Lévy, *La barbarie à visage humain*, op. cit.; B. Clavel, *La lumière du lac*, Paris: G. P. Rouge et Or, 1981.

Markterfolg zu erreichen. Bernard-Henri Lévy hat es in äußerst geschickter Weise verstanden, als Herausgeber einer neu gegründeten Buchreihe, die im Verlag Grasset erscheint, mit dem Titel *Neue Philosophen* und entsprechenden Werbemaßnahmen eine neue intellektuelle Mode zu kreieren. Der deutsche Beobachter, der die Definition von Rationalität fest in der Hand akademischer Disziplinen weiß, kann angesichts dieser Bedeutung von Moden für die Entwicklung des Wissens nur staunen. Das französische Denken zeichnet deshalb sicherlich mehr Kreativität und Innovationsfreude aus, aber auch weniger Entwicklungslogik und rationale Begründung von Fortschritten, mehr Brüche als kontinuierliche Annäherung an die Wahrheit.

Diese marktförmige Strukturierung des französischen Denkens ist allerdings nicht dieselbe, die wir von der Situation in Amerika kennen. Die Gründer der amerikanischen Demokratie, die in ihrem Land ähnliche Maßstäbe gesetzt haben wie die Aufklärer in Frankreich, waren Intellektuelle und Männer der Praxis in einer Person, und sie stritten für praktische Konkretisierungen ihrer Ideen. Empirisch prüfbare Hypothesen stehen hier im Wettstreit. Heute sind die Intellektuellen in der Regel Experten oder Journalisten, die unmittelbar in die Praxis komplizierter Problemlösungen Einblick haben. In Frankreich geht es mehr um die abstrakten Ideen, die in den Markt hineingetragen werden. Die Aufklärer hatten selbst keine praktische Erfahrung. Heute leben die Intellektuellen noch mehr als die Aufklärer in einer abgeschlossenen Subkultur. Ihr Markt ist ein reiner Markt der intellektuellen Szene ohne Beziehung zur Praxis konkreter Entscheidungen. Nicht Fachwissen ist hier gefragt, sondern Kreativität und Expressivität in der Darstellung aufregender Themen.[169]

Das Ausmaß, in dem sich die kulturelle Produktion am gebildeten Laienpublikum orientiert, hat zur Folge, daß in Frankreich – ähnlich wie in Amerika, aber dennoch wieder anders – die Grenzen zwischen hoher Kultur und Massenkultur ineinander verfließen, auf jeden Fall weit mehr als in Deutschland. Das wird schon durch die Auflagenzahlen philosophischer und gesellschaftstheoretischer Werke aufgezeigt, noch mehr durch ihr Hineinwirken in andere kulturelle Genres, in die Belletristik, in das Theater und in

169 Vgl. J.-M. Domenach, *Le monde des intellectuels*, op. cit., insbesondere S. 321-50; R. Boudon, »The French University Since 1968«, in: *Comparative Politics* 10, 1977, S. 89-119, ebd., S. 106-14.

das Kino. Das französische Theater ist schon in der klassischen Zeit eines Racine, Corneille und Molière im 17. Jahrhundert ein herausragender Mittler zwischen Kultur und Gesellschaft;[170] im 18. Jahrhundert ist es ein zentraler Platz der Aufklärung.[171] Betrachtet man die jüngere Geschichte, so sieht man in der Verbreitung von Sartres Existentialismus, wie er in seinen vielgespielten Dramen zum Ausdruck kommt, durch das Theater und selbst durch das Kino die Lebendigkeit dieser Tradition nach dem zweiten Weltkrieg bestätigt. Selbst kulturelle Exzentrik, wie Ionescos und Genets absurdes Theater, hat gute Chancen, in gebildeten Kreisen populär zu werden.[172] Die kulturelle Qualität des französischen Films eines Claude Chabrol, Charles Reigner oder Jean Luc Godard ist ebenso unbestritten wie seine Popularität.[173] Das französische Chanson ist ein weiteres Beweisstück dieses Hineinragens hoher Kunst in die Produktion kultureller Massengüter.[174] Bei aller Publikumsorientiertheit dieser kulturellen Produktionen bleibt allerdings die Eigenlogik der kulturellen Schöpfung erhalten. Wo die Kultur in Amerika von der industriellen Massenpro-

170 Vgl. J. P. Sartre, *Was ist Literatur?*, op. cit., S. 54-60; J. von Stackelberg (Hg.), *Das französische Theater. Vom Barock bis zur Gegenwart*, 2 Bde., Düsseldorf: Bagel, 1968, Bd. I.

171 Vgl. J. von Stackelberg (Hg.), *Das französische Theater*, op. cit., Bd. II, S. 9-99; J. von Stackelberg, *Themen der Aufklärung*, op. cit., S. 53-74.

172 Vgl. J. von Stackelberg (Hg.), *Das französische Theater*, op. cit., Bd. II, S. 280-357.

173 R. Abel, *French Cinema. The First Wave, 1915-1928*, Princeton, N. J.: Princeton University Press, 1984; C. Clouzot, *Le cinéma français depuis la nouvelle vague*, Paris: Nathan – Alliance Française, 1972; F. Courtade, *Les malédictions du cinéma français. Une histoire du cinéma français parlant (1928-1978)*, Paris: Moreau, 1978; C. Ford, *Histoire du cinéma français contemporain (1945-1977)*, Paris: France-Empire, 1977; J.-P. Jeancolas, *Le cinéma des français. La Ve République 1958-1978*, Paris: Stock, 1979; R. Regent, *Cinéma de France. De »La fille du Puisatier« aux »Enfants du paradis«*, Paris: Editions d'Aujourd'hui, (1948) 1975; G. Sadoul, *Chroniques du cinéma français*, Paris: Union Générale d'éditions, 1979.

174 L.-J. Calvet, *Chanson et société*, Paris: Payot, 1981; E. Marc, *La chanson française*, Paris: Hatier, 1972; M. Naudin, *Evolution parallèle de la poésie et de la musique en France: rôle unificateur de la chanson*, Paris: Nizet, 1968; F. Schmidt, *Das Chanson. Herkunft, Entwicklung, Interpretation*, Ahrensburg: Damokles, 1968; F. Vernillat und J. Charpentreau, *La chanson française*, Paris: Presses Universitaires de France, 1977.

duktion aufgesogen zu werden droht, bewahrt die französische Kunst ihre Distinktion gegenüber dem gewöhnlichen Geschmack. Milieustudien und die Darstellung komplizierter persönlicher Beziehungen beherrschen den Film, nicht Sensationsdarstellungen, Science fiction und Action. Es ist deshalb eigentlich keine Massenkultur, die hier produziert wird, sondern hohe Kultur für ein gebildetes Laienpublikum, also eine in Grenzen popularisierte Kunst.

Eine Nivellierung des Geschmacks in einem Ausmaß, wie es in Amerika erreicht wurde, findet man in Frankreich nicht. Im Gegenteil, sobald man die Grenzen des gebildeten Publikums überschreitet, wird unmittelbar sichtbar, wie klar die Unterschiede des kulturellen Konsums zwischen den gebildeten und den weniger gebildeten Schichten gezeichnet sind.[175] Die Popularität der französischen Kunst drängt sich dem Beobachter aufgrund der unbestrittenen Führungsrolle der Pariser intellektuellen Szene für das gebildete Publikum auf. Allerdings zeichnen sich hier durch die wachsende Ausbreitung der Bildung Einbußen ab. Der kulturelle Konsum des gebildeten Publikums differenziert sich zunehmend nach der Art der Bildung und der Art des gewählten Berufs.

2.3.2 Die verwaltete Wissenschaft

Die Spezifikation des Descartesschen Begriffs der Rationalität in der *Wissenschaft* hat in Frankreich eine Struktur hervorgebracht, in der die Idee und die Anwendung dominieren, aber voneinander getrennt bleiben, Kooperation und Konkurrenz dagegen wie kaum in einem anderen westeuropäischen Land oder gar in Amerika fehlen. Nachdem Frankreich von der Mitte des 18. bis zur Mitte des 19. Jahrhunderts die Führung in der wissenschaftlichen Entwicklung innegehabt hatte, mußte die französische Wissenschaft seitdem im internationalen Vergleich einen kontinuierlichen Niedergang erleiden.[176] Konnten französische Wissenschaftler zwischen 1901 und 1935 immerhin noch 6 Nobelpreise für Physik und 4 für Chemie erringen, so waren es seitdem nur noch 2

175 Dazu: P. Bourdieu, *Die feinen Unterschiede*, Frankfurt: Suhrkamp, 1982.

176 J. Ben-David, *The Scientist's Role in Society*, Englewood Cliffs, N. Y.: Prentice Hall, 1971, S. 88-107.

in Physik und überhaupt keiner in Chemie.[177] Die Gründe für die einstige Hochblüte der Wissenschaft und ihren darauffolgenden Abstieg sind vielfältig, haben aber sicher mit dem Begriff der Rationalität und seiner Spezifikation in den wissenschaftlichen Institutionen zu tun. Auffallend ist zunächst einmal, daß sich der wissenschaftliche Aufstieg Frankreichs außerhalb, ja sogar gegen die Universitäten vollzog.[178] Die Universitäten bildeten im 17. und 18. Jahrhundert die Bastionen der Scholastik, zuerst gegen den philosophischen Rationalismus Descartes', dann gegen den Vernunftradikalismus der Aufklärer.[179] Die Jesuiten verteidigten bis zu ihrer Vertreibung im Jahre 1762 in den Universitäten die Scholastik und die Ordnung des alten Staates gegen die Aufklärer. Die Universitäten dienten der Kirche und dem alten Staat als Institutionen der Beharrung, die scholastische Disputation geriet zum Instrument der Legitimation der bestehenden Ordnung.

Die Universität von Paris war die erste, die in Europa gegründet worden war, und sie war das erste Zentrum des aufstrebenden wissenschaftlichen Geistes. Die Reaktion auf die Reformation brachte sie jedoch im 16. Jahrhundert in die feste Hand der Scholastik. Was sich in Frankreich als freie Wissenschaft entfalten wollte, konnte nur außerhalb der Universität aufblühen. Die erste Institution, die außerhalb der Universität den neuen Wissenschaften einen fruchtbaren Nährboden gab, war das Collège de France.[180] Es wurde von Franz I. im Jahre 1530 unter dem Einfluß des Humanismus als Lehranstalt für das Studium der drei alten Sprachen Hebräisch, Griechisch und Latein gegründet und öffnete sich bald für Mathematik und Naturwissenschaften. Seitdem hat sich

177 Quelle: W. Martin, *Verzeichnis der Nobelpreisträger 1901-1984*, München: Saur, 1985.

178 Vgl. C. C. Gillispie, *Science and Polity in France at the End of the Old Regime*, Princeton, N. J.: Princeton University Press, 1980.

179 Vgl. E. Durkheim, *L'évolution pédagogique en France*, Paris: Presses Universitaires de France, (1938) 1969. M. Chartier, M. M. Compère und D. Julia, *L'éducation en France du XVIe au XVIIIe siècle*, Paris: Société d'édition d'enseignement supérieur, 1976; A. Léon, *Histoire de l'enseignement en France*, Paris: Presses Universitaires de France, 1967, S. 28-46.

180 C. C. Gillispie, *Science and Polity in France at the End of the Old Regime*, op. cit., S. 130-43; M. Bataillon, »Le Collège de France«, in: *Revue de l'enseignement supérieur* 2, 1962, S. 5-50; M. Grosland, *The Society of Arcueil: A View of French Science at the Time of Napoleon*, London: Heinemann, 1967; R. Gilpin, *France in the Age of the Scientific State*, op. cit.

das Collège de France zur alles andere überragenden Institution der freien wissenschaftlichen Forschung herausgebildet, die es bis heute geblieben ist. Die großen französischen Wissenschaftler haben am Collège de France geforscht und gelehrt. Noch heute ist das Collège nach dem ursprünglichen Prinzip organisiert. Forschung und Lehre sind völlig frei. Man findet weder feste Forschungsabteilungen noch geregelte Studiengänge vor. Das Collège ist eine Stätte, an der die berühmtesten Wissenschaftler vollkommen frei Vorlesungen anbieten und ihren Forschungsinteressen nachgehen. Es gibt keine Studenten, die einen Abschluß erwerben können, sondern nur Hörer. Was geforscht oder gelehrt wird, ist allein den gerade am Collège tätigen Wissenschaftlern überlassen. Verläßt ein Mitglied die Institution, dann scheidet mit ihm auch sein Lehr- und Forschungsprogramm aus. Wissenschaftliche Forschung und Lehre ist so eine Sache der Persönlichkeiten, die dementsprechend auch ein außergewöhnlich hohes Ansehen genießen. Das Wissen ist Produkt persönlicher Kreativität und nicht die logische Folge kontinuierlicher Entwicklung über Generationen von Forschern hinweg. Was aus diesem System hervorgehen kann, sind großartige individuelle Schöpfungen, was dagegen fehlt, ist ihre konsequente Umsetzung in Forschungsprogramme, an der eine Vielzahl von Wissenschaftlern zusammen, aber auch unabhängig voneinander über längere Zeiträume hinweg arbeiten. Das Wissen erfährt nicht die dazu notwendige Generalisierung in einem allgemeinen, von mehreren Forschern verwendbaren Bezugsrahmen, es wird nicht auf breiter Front getestet und es wird nicht in Paradigmen institutionalisiert. Die ausschließliche Stützung auf einzelne Persönlichkeiten, die Abtrennung von der Ausbildung des wissenschaftlichen Nachwuchses verhindert den systematischen Aufbau der Wissenschaft. Der Erfolg ist oft Ergebnis des Zufalls und läßt sich – wenn er einmal erreicht wird – kaum auf Dauer stabilisieren.

In genau dieselbe Richtung wie das Collège wirkt die zweite wissenschaftliche Institution, die den Aufstieg der Wissenschaft in Frankreich im 18. Jahrhundert maßgeblich beeinflußt hat, die Académie des sciences.[181] Sie wurde im Jahre 1666, ausgehend von

181 C. C. Gillispie, *Science and Polity in France at the End of the Old Regime*, op. cit., S. 81-99; R. Hahn, *The Anatomy of a Scientific Institution: The Paris Academy of Sciences, 1666-1803*, Berkeley: University of California Press, 1971.

informellen Versammlungen berühmter Wissenschaftler, nach dem Vorbild der Londoner Royal Society gegründet. In ihr findet man die wissenschaftliche Elite der Zeit wie nirgendwo sonst konzentriert. Sie ist eine Vereinigung von Wissenschaftlern, ein Diskussionszentrum, aber keine Institution systematischer Forschung und Lehre. Auch hier ist das oberste Prinzip die persönliche Mitgliedschaft des einzelnen Wissenschaftlers und seine persönliche Freiheit in der Forschung. Die Académie ist kein Ort der Lehre und auch kein Ort, an dem Forschungsprogramme für längere Zeit institutionalisiert werden können. Wissenschaftliche Erfolge sind den Persönlichkeiten zu verdanken und können nicht in voller Breite durch Einbeziehung anderer Forscher in weiterführende Forschungen umgesetzt werden. Mit dem Ausscheiden des Wissenschaftlers aus der Académie stirbt auch seine Forschung. Er hat keine Möglichkeit, durch Heranziehen von Nachwuchs und Kooperation mit anderen für eine Fortsetzung und Verbreitung seiner Forschung zu sorgen.

Was das Collège und die Académie zu den führenden Zentren der Wissenschaft im 18. Jahrhundert gemacht und den Erfolg der französischen Wissenschaft bis in die Mitte des 19. Jahrhunderts ermöglicht hatte, war ihre Freiheit von den Fesseln der in der Scholastik erstarrten Universitäten, ihre Gegnerschaft gegen die Universitäten und die einmalige Konzentration großer Forscherpersönlichkeiten an einem Ort. Sie zogen alles an, was der Wissenschaft neue Impulse geben konnte. In den Bedingungen ihres Erfolgs lagen allerdings auch schon die Ursachen für den späteren Rückgang der französischen Wissenschaft. Das Collège und die Académie konnten wissenschaftliche Erfolge einzelner Persönlichkeiten wie keine andere Institution fördern, aber sie konnten diese Erfolge nicht über Generationen hinweg stabilisieren, weil sie allein auf dem Prinzip der persönlichen Kreativität aufgebaut waren und ihnen Voraussetzungen für die langfristige und breitangelegte Institutionalisierung von Forschungsprogrammen fehlten. Mit der individuellen Schöpferkraft einzelner Persönlichkeiten konnte man in einer Zeit Erfolg erzielen, in der noch auf vielen Gebieten von einzelnen Forschern allein große Entdeckungen gemacht werden konnten, ohne diese in allen Einzelheiten auszutesten und auszuschöpfen. Das war sicherlich nicht mehr möglich, sobald es mehr darauf ankam, die vielen schon vorhandenen Entdeckungen systematisch weiterzuführen, Forschungsprogramme auf lange Zeit anzulegen, allgemeine, unterschiedlich spezifizierbare und anwendbare Paradigmen zu institutionalisieren, überhaupt eine Kontinuität von Theorien und Forschungsansätzen auf bestimmten Gebieten zu sichern. Die einzige Institution, die in dieser Richtung wirken konnte, war das hier wie sonst in der französischen Gesellschaft geltende Prinzip des Patronalismus. Einzelne Forscher konnten als Patrone einen Kreis von Mitarbeitern um sich gruppieren. Dieser Einfluß blieb aber auf wenige persönlich Vertraute beschränkt. Die Personalisierung der Ideen und das Fehlen einer systematischen Ausbildung des Nachwuchses im Universitätsstudium ließen eine breitere Wirkung von wissenschaftlichem Einfluß nicht zu.

Die Aufgabe der Kontinuitätssicherung haben in der zweiten Hälfte des 19. Jahrhunderts die Forschungslaboratorien an den deutschen Universitäten auf eine neue Weise gelöst. Man braucht sich nur anzusehen, wie viele hervorragende Wissenschaftler der späteren Generation ihre ersten Erfahrungen in den Laboratorien berühmter Forscher an den deutschen Universitäten gesammelt haben. Dazu zählten vor allem viele junge amerikanische Wissenschaftler. In Frankreich haben weder das Collège noch die Académie diese Aufgabe übernommen; die Universitäten aber erst recht nicht. Im 18. Jahrhundert bildeten sie den beharrenden Gegenpol zur Kreativität von Collège und Académie. Die Revolution von 1789 hat sie in kurzer Zeit beseitigt. Fürsprecher für eine neue, umfassende Universität – wie Condorcet – waren auf verlorenem Posten. Es wurden nur noch auf bestimmte Ausbildungszwecke bezogene spezialisierte Hochschulen gegründet.[182] Napoleon hat dieses Programm der Grandes écoles fortgesetzt und außerdem eine vollkommen zentralisierte Université impériale geschaffen, ein streng nach den Departments gegliedertes System von Akademien als Verwaltungseinheiten mit einem vom Staat ernannten Grand-maître de l'université an der Spitze.[183] Die »Akademien« waren wieder in voneinander völlig getrennte »Fakultäten« als Schulen mit speziellen Ausbildungs- und Prüfungsaufgaben unterteilt. Die Fakultäten für Theologie, Jura und Medizin waren

182 A. Léon, *Histoire de l'enseignement en France*, op. cit., S. 47-68; J. Schriewer, *Die französischen Universitäten, 1945-1968*, op. cit., S. 20-41; J. N. Moody, *French Education Since Napoleon*, op. cit., S. 1-15.

183 J. Schriewer, *Die französischen Universitäten, 1945-1968*, op. cit., S. 41-52.

berufsbildende Schulen. Den Fakultäten für Naturwissenschaft und für Literatur oblag es vor allem, die Prüfungen des Baccalauréats als Abschlußprüfungen der Sekundarstufe der Gymnasien zu organisieren, deren Bestehen zum Weiterstudium berechtigte. Außerdem führten sie die Prüfungen der licence und des Doctorats dès sciences bzw. lettres durch. Die letzteren Prüfungen beruhten vor allem in den Geisteswissenschaften auf keinem umfassenden Studiengang. Grundsätzlich wurden nur Staatsprüfungen abgenommen. Eigene Universitätsprüfungen gab es nicht. Dieses von Napoleon geschaffene System bestimmt noch bis heute die Grundstrukturen der französischen Universitäten, auch nach ihrer Reorganisation von 1896 und nach der Reform von 1968. Durch das ganze 19. Jahrhundert hindurch waren die Universitäten keine Forschungsstätten. Soweit Forschung überhaupt gefördert wurde, geschah dies außer im Collège und in der teilweise in veränderter Form weitergeführten Académie in eigenen Forschungsinstituten, die zu bestimmten Zwecken eingerichtet wurden und einem entsprechenden Ministerium unterstellt waren.[184] Die Universitäten hatten einen staatlichen Bildungsauftrag zu erfüllen und bildeten wichtige Institutionen der Restauration. Wieder waren sie Wahrer der Ordnung, während sich die Wissenschaft nur außerhalb entwickeln konnte. Die Wissenschaft war nur im Collège und in der Académie frei; die von einzelnen Ministerien eingerichteten Forschungsinstitute waren zweckgebunden. Die Universitäten gewannen erst nach der Reorganisation von 1896 nach und nach als Forschungsstätten an Bedeutung.[185] Es konnten Forschungsinstitute an den Universitäten gebildet werden. Dennoch haben die Universitäten nie die Forschung in einem Maße an sich ziehen können, wie z. B. die deutschen oder die amerikanischen Universitäten. Die Gründung von zweckgebundenen, an ein spezielles Ministerium angegliederten Forschungsinstituten ist weitergeführt worden.[186] Im Jahre 1939 wurde aus der Zusammenfassung vorher bestehender Institutionen eine zentrale Organisation der Forschungsförderung errichtet: das Centre national de la recherche scientifique (CNRS). Diese Forschungs-

184 Ebd., S. 53-64.

185 Ebd., S. 65-84; G. Weisz, *The Emergence of Modern Universities in France, 1863-1914*, op. cit.

186 J. Schriewer, *Die französischen Universitäten, 1945 1968*, op. cit., S. 84-95.

institution verteilt Mittel an Universitäten, unterhält aber zu einem wesentlichen Teil eigene, von den Universitäten unabhängige Forschungsanstalten.[187]

Die Universitäten selbst ersticken vor allem am System der Staatsprüfungen. Während das Lehrdeputat der Professoren eigentlich relativ niedrig liegt, ist ihre Beanspruchung durch die Abnahme der uniform gestalteten und zentral regulierten Prüfungen um so größer. Vor allem aber ist der Charakter dieser Prüfungen alles andere als förderlich für die Entfaltung wissenschaftlicher Fähigkeiten. Ihre staatliche Regulierung und Kontrolle erlaubt kaum Freiheiten in der Gestaltung von Lehre und Studium. Das Studium wird zur sturen Paukerei für minutiös festgesetzte Prüfungsgebiete und -themen degradiert. Die Prüfung selbst besteht in der reinen Rekapitulation von angelerntem Wissen. Fähigkeiten der selbständigen wissenschaftlichen Arbeit kommen hier überhaupt nicht zum Zuge.[188] Die Dynamik der Wissensentwicklung hat bei dieser Uniformität und zentralen Organisiertheit der Prüfungen überhaupt keine Chance. In diesem die Universitäten beherrschenden Prüfungssystem bleibt nach wie vor die alte Funktion der Universitäten erhalten. Das System zwingt sie in ein Ordnungsgefüge ein, in dem sie selbst eine wesentliche Rolle der Beharrung spielen müssen. Das traditionelle, das staatlich abgesegnete Wissen beherrscht die Prüfungen; die Studenten lernen die gedankenlose Reproduktion des Wissens, aber nicht den selbständigen Umgang mit ihm. Die Prüfungen werden stufenweise am Ende eines jeden Studienjahres, von etwa Mitte Mai bis Mitte Juli abgehalten. Die Zeit davor, das Winterhalbjahr und die wenigen Wochen des Frühjahrs vor den Prüfungen, werden von der Vorbereitung auf diese Prüfungen beherrscht. Ein wesentlicher Teil des Studienjahres, nämlich zwei Monate, wird von den Prüfungen selbst verbraucht, der andere Teil wird von der Hinführung auf diese Prüfungen gefangengenommen. An eine Verbindung der wissenschaftlichen Forschung mit der Lehre und an eine Hinführung der Studenten zur wissenschaftlichen Arbeit ist hier überhaupt nicht zu denken. Die Dynamik der wissenschaftlichen Entwicklung bleibt der privaten Arbeit des Professors außerhalb des

187 G. Druesne, *Le centre national de la recherche scientifique*, Paris: Masson, 1975.

188 J. Schriewer, *Die französischen Universitäten, 1945 1968*, op. cit., S. 226-51.

Ausbildungsbetriebs und den eigens dafür eingerichteten unabhängigen Forschungsinstituten überlassen. Die Kreativität einzelner Forscherpersönlichkeiten ist der Starrheit des Ausbildungs- und Prüfungssystems heute noch ebenso diametral entgegengesetzt wie das Collège und die Académie der Universitätsscholastik im 18. Jahrhundert.

Die Reform von 1968 und die ihr folgenden weiteren Reformen haben den Universitäten mehr Autonomie gegeben; aber weiterhin dominieren die Studiengänge, die zu einem staatlich anerkannten und damit auch durch entsprechende Genehmigungsverfahren kontrollierten Diplom führen.[189] Die Einführung von freien Universitätsabschlüssen hat bei der traditionellen Begehrtheit der Staatsdiplome kaum Anklang gefunden. Die freien Universitätsdiplome gelten nach den Abschlüssen der Grandes écoles und nach den staatlichen Universitätszertifikaten als drittklassig. Nachdem ursprünglich die staatliche Licence der Hauptabschluß des Universitätsstudiums war, hat man seit Ende der fünfziger Jahre bis zu den Reformen der siebziger Jahre mehr und mehr Abstufungen der Abschlüsse eingeführt. Das allgemeine Grundstudium wird nach zwei Jahren mit dem Diplôme d'études universitaires generales abgeschlossen, nach einem weiteren Jahr im spezialisierten Hauptstudium folgt die Licence, die bis 1976 nach vier Jahren den Hauptabschluß bildete. Nach vier Jahren wird seit 1976 die Maîtrise verliehen. An der Spitze des uniformen und zentralisierten Prüfungssystems steht die Aggregation. Sie ist eine über das ganze Land einheitlich organisierte Wettbewerbsprüfung, die in den Natur- und Geisteswissenschaften zur Übernahme in die Position des Gymnasiallehrers in den höheren Klassen der Lycées und in den Vorbereitungsklassen der Grandes écoles, in Jura, Pharmazie und Medizin zur Hochschuldozentur führt. Die Gleichheit der Chancen im Wettbewerb um diese Stellen soll durch die landesweit einheitliche und genaue Festlegung der Prüfungsthemen sichergestellt werden. Dementsprechend müssen die Lehrveranstaltungen der Fächer an den Universitäten, die der Vorbereitung auf die Aggregation dienen, im ganzen Land völlig gleich gestaltet werden. Selbst auf dem Niveau des Postgraduiertenstudiums herrscht Uniformität und Zentralismus vor.[190]

189 Ebd., S. 468-515; H. S. Cohen, *Elusive Reform: The French Universities, 1968-1978*, op. cit.

190 J. Schriewer, *Die französischen Universitäten, 1945-1968*, op. cit., S. 230-

Die wissenschaftliche Rationalität wird in Frankreich zerrissen in die Kreativität einzelner Forscherpersönlichkeiten und den autoritativen Zwang eines zentralisierten und staatlich vor allem über die Prüfungen beherrschten Universitätssystems. Auch die wissenschaftliche Autorität hat zwei völlig verschiedene Gesichter: zum einen die Autorität der überragenden Persönlichkeit, die sich auf besondere Kreativität stützt, zum anderen die Autorität des mit Prüfungsmacht ausgestatteten Professors der Universität, die vom Staat abgeleitet ist. Im ersten Fall ist Autorität eine rein persönliche Qualität, im zweiten Fall ein Element der staatlichen Herrschaftsordnung.[191] Der überragende Forscher kann persönlich überzeugen. Diese Überzeugungskraft läßt sich aber in keiner Weise generalisieren. Sie resultiert nicht aus einem allgemeinen wissenschaftlichen System, und sie kann auch nicht auf andere Teilhaber an einem solchen System übertragen werden. Die Überzeugungskraft einer Einsicht hängt ganz allein von der Persönlichkeit des Forschers ab. Sie kann auch kaum nach allgemeinen Regeln auf ihre Haltbarkeit überprüft werden. Nicht nachprüfbare Argumente entscheiden, sondern persönliche Ausstrahlung. Der Professor übt dagegen delegierte Macht aus. Diese ist im Gegensatz zur persönlichen Überzeugungskraft allerdings in ihrem rechtmäßigen Gebrauch überprüfbar. Der Professor kann seine Macht der Entscheidung über Bestehen oder Nichtbestehen einer Prüfung nur auf der Basis des zentral festgelegten Prüfungsstoffes und der Regeln des Prüfungsverfahrens ausüben. Auch hier stehen sich völlige Ungebundenheit der Überzeugungskraft und staatliche Reguliertheit der Machtausübung unvermittelt gegenüber. Die Professoren sind einerseits in das staatliche Herrschaftssystem eingebunden, andererseits völlig freie Schöpfer eigener Ideen. Im Regelfall bleiben sie allerdings in der Rolle des Meisters im Prüfungssystem gefangen. Die Übertragung des Potentials der individuellen Kreativität in öffentliche Anerkennung bleibt den wenigen überlassen, denen dies durch die Berufung nach Paris, gar an das Collège de France bestätigt wird. Zwischen der wissenschaftlichen Kreativität und der universitären Ausbildung besteht

51; H. S. Cohen, *Elusive Reform: The French Universities, 1968-1978*, op. cit., S. 63-74.

191 Siehe dazu am Beispiel des Entstehens der Sozialwissenschaften: T. N. Clark, *Prophets and Patrons. The French University and the Emergence of the Social Sciences*, Cambridge, Mass.: Harvard University Press, 1973.

keine systematische Verbindung, weil dazu die autonome wissenschaftliche Organisation des Studiums durch die Universitäten fehlt.[192]

Das einzige Element des universitären Studiums, das diesen Charakter trägt, ist das Staatsdoktorat, das jedoch völlig unorganisiert und eine Sache des allein auf sich gestellten jungen Wissenschaftlers ist, neben seiner Tätigkeit in der Lehre, in Prüfungen und in der Verwaltung eine Dissertation zu schreiben, ein Unterfangen, das nicht selten zehn Jahre in Anspruch nimmt.[193] Die völlige Unbestimmtheit dieses Heranreifens und die Isoliertheit des Nachwuchswissenschaftlers, der allein auf sich gestellt ist, arbeitet in die Richtung der Bildung einer einzelnen Persönlichkeit, aber nicht in die Richtung der langfristigen Institutionalisierung von wissenschaftlichen Forschungsprogrammen mit einer entsprechenden Heranbildung von wissenschaftlichem Nachwuchs. Wenn der Staatsdoktorand die zehn Jahre hinter sich und eine Arbeit von ca. 500 Seiten geschrieben hat, dann hat er sich seine persönliche Wissenschaft geschaffen, aber kaum andere und kleinere Beiträge zu einem von vielen geteilten Forschungsunternehmen geleistet. Die Produktion wissenschaftlicher Aufsätze hält auch bezogen auf die Zahl aktiver Wissenschaftler keinen Vergleich mit den Vereinigten Staaten aus. Die Zerissenheit von Kreativität und Starrheit wird so auf Dauer gestellt. Die Kreativität wird gefördert, aber in sicherer Abgrenzung von der routinisierten Universitätsausbildung, ohne auf diese einwirken zu können; und ohne eine systematische wissenschaftliche Ausbildung kann sie nicht in die Bahnen kontinuierlicher Forschungsprogramme gelenkt werden.

Eine Institutionalisierung der wissenschaftlichen Ausbildung in Studiengängen hat sich erst in der Entwicklung nach dem zweiten Weltkrieg in Ansätzen abgezeichnet. 1954 wurde in den naturwissenschaftlichen Fakultäten nach den zwei Studienzyklen des

192 Haupthindernis ist das starre Prüfungssystem: J. Schriewer, *Die französischen Universitäten, 1945-1968*, op. cit., S. 226-51; R. Aron, *Quelques problèmes de l'université française*, in: *Preuves* Nr. 159, Mai 1964, S. 10-22; G. Gusdorf, *Pourquoi des professeurs?*, Paris: Payot, 1963.

193 J. Schriewer, *Die französischen Universitäten, 1945-1968*, op. cit., S. 235-9; H. S. Cohen, *Elusive Reform: The French Universities, 1968-1978*, op. cit., S. 69-70; G. Amestoy, *Les Universités Françaises*, Paris: Education et Gestion, 1968, S. 171-3, 190-3, 203-5.

Grund- und Hauptstudiums ein dritter wissenschaftlicher Zyklus eingerichtet, der mit dem Doktorat des dritten Zyklus abgeschlossen wird. In den geisteswissenschaftlichen Fakultäten wurde dieses Postgraduiertenstudium erst 1958 eingeführt, in den rechts- und wirtschaftswissenschaftlichen Fakultäten 1963. Seit der Reorganisation im Jahre 1974 gibt es im dritten Zyklus drei aufeinander aufbauende Abschlüsse; das Diplôme d'études supérieure specialisées, das doctorat 3ème cycle und das doctorat d'état.[194] Natürlich können von diesen Verbesserungen der wissenschaftlichen Ausbildung nicht sofort Wirkungen für die Kontinuität wissenschaftlicher Forschungsprogramme und für die Qualität des wissenschaftlichen Nachwuchses erwartet werden. Auf jeden Fall vergrößern sie das Potential der wissenschaftlichen Entwicklung. Allerdings ist die Starrheit des davorliegenden Studiums nach wie vor beherrschend für den Universitätsbetrieb, in dem das Postgraduiertenstudium nicht selten schon wegen der geringen Quantität unterzugehen droht. Die Aufgaben der Universitäten konzentrieren sich keinesfalls in einem Maße auf dieses Studium, wie das für die amerikanischen Universitäten gilt. Vergleichsweise könnte man sagen, daß die Einrichtung des Postgraduiertenstudiums oft nicht viel mehr bedeutet als wenn ein amerikanisches College die Berechtigung für das Angebot von Postgraduiertenstudien erhielte. Es fehlt die zentrale Rolle einer eigenen Graduate faculty. Obwohl die Einrichtung des Postgraduiertenstudiums den Universitäten der Provinz erstmals die Möglichkeit der wissenschaftlichen Ausbildung gab, ist auch heute noch diese Aufgabe wie früher im informellen Studium fast ausschließlich eine Sache der Pariser Universität bzw. seit 1968 der geteilten Pariser Universitäten.

Wie Kreativität der Forschung und die Starrheit der Ausbildung voneinander getrennt sind, besteht auch keine enge Verbindung zwischen theoretischer und angewandter Wissenschaft. Sie sind auf unterschiedliche Institutionen verteilt, die Theorie – oft notgedrungen mangels Ausstattung mit Forschungsmitteln – wird an

194 J. Schriewer, *Die französischen Universitäten, 1945-1968*, op. cit., S. 240-4; M. Duffour, D. Monteux, Y. Schwartz, *L'université. De la crise au changement*, Paris: Es, 1978; C. Baudelot, R. Benonid, H. Cukrowicz, R. Establet, *Les étudiants, l'emploi, la crise*, Paris: Maspero, 1981; L. Schwartz (Hg.), *La France en mai 1981. L'enseignement et le développement scientifique*, Paris: La DF, 1981.

den Universitäten in Privatregie neben der Ausbildung betrieben, die angewandte Forschung in speziellen Forschungsinstituten. Ein eklatantes Beispiel für die Trennung von Theorie und Praxis war bis Ende der fünfziger Jahre die Organisation des Medizinstudiums. Zwischen den medizinischen Fakultäten als Orten der theoretischen Lehre und den Kliniken als Orten der praktischen Ausbildung bestand keinerlei Verbindung. Eine solche Integration wurde erst durch die Reform von 1958 in Angriff genommen.[195] Völlig abgesondert von der Forschung ist die praktische Ausbildung an den Spezialhochschulen, wenn man von der Ecole normale absieht. Ihre ausschließliche Funktion der Heranbildung einer administrativen und technischen Führungselite grenzt sie von der Offenheit wissenschaftlicher Forschung ab. Ihr unvergleichlich hartes Auswahlverfahren und ihr einsam herausragendes Prestige als Eliteschulen hat außerdem die Konzentration der größten Begabungen auf diese Schulen zur Folge. Frankreich leistet sich den Luxus, die Begabtesten eines Jahrgangs von einer wissenschaftlichen Karriere abzulenken und der praktischen Ausbildung zur Führungselite zuzuleiten. Der Weg zur Führungsposition ist für jeden, der die strengen Auswahlverfahren übersteht, vorgezeichnet, während der Weg zum erfolgreichen Wissenschaftler höchst unsicher ist. Der aus diesem System resultierende Begabungsverlust für die Wissenschaft ist ziemlich hoch zu veranschlagen.[196]

Die Trennung von Theorie und Empirie, Wissenschaft und Praxis führt zu einer Theorie, die sich ohne eine breitangelegte Anbindung an die empirische Forschung oft auf Ideengeschichte oder auf die Darbietung neuer Ideen beschränken muß. Dagegen fehlt eine Theorie als System von empirisch prüfbaren Hypothesen. Wenn der Bezug zu Gegenständen der Erfahrung hergestellt wird, dann geschieht dies im Sinne von Descartes' Methode der konfirmatorischen Subsumtion möglichst vieler Aspekte der Realität unter eine theoretische Idee. Von der empirischen Prüfung einer Theorie kann dabei natürlich keine Rede sein. Im Bereich der Sozialwissenschaften haben die Strukturalisten und Poststruk-

195 J. Schriewer, *Die französischen Universitäten, 1945-1968*, op. cit. S. 244-51.

196 Ebd., S. 34-41; E. N. Suleiman, *Elites in French Society*, op. cit., S. 31-92; J. Frenkel, »Enseignement de culture et enseignement technique«, in: *Esprit* Nr. 328, Mai-Juni 1964, S. 987-993.

turalisten die Ergiebigkeit dieser Methode für die breite Veranschaulichung einer Theorie mit besonderer Virtuosität demonstriert.[197] Gewiß findet man auch Beispiele für eine empirische, hypothesentestende Sozialwissenschaft amerikanischen Stils, wie etwa bei Raymond Boudon;[198] dabei handelt es sich jedoch um Abweichungen von der Norm, die es deshalb schwer haben, überhaupt anerkannt zu werden.

International am erfolgreichsten ist Frankreich bis heute bezeichnenderweise auf einem Gebiet, das per definitionem als Theorie ohne Empirie betrieben wird: in der Mathematik. So gewannen französische Mathematiker nach dem zweiten Weltkrieg mehrfach die begehrte Fields Medaille, die sich mit dem Nobelpreis der anderen Wissenschaften vergleichen läßt.[199] Die zweite Domäne Frankreichs ist die Wissenschaftssprache, die gewiß die höchsten literarischen Standards erfüllt und alles andere überragt. Darin zeigt sich die Dominanz der großen Erzähler in der französischen Kultur. Auch die Naturwissenschaftler haben sich an dieser Kultur orientiert und selbst nach erzählerischem Ansehen gestrebt. Louis Pasteur und Claude Bernard waren nicht nur stolz auf ihre Mitgliedschaft in der wissenschaftlichen Sektion des Institut de France, in der Académie des sciences, sondern auch auf ihre Zugehörigkeit zur literarischen Abteilung. Bernards Einführung in das Studium der experimentellen Medizin war ebenso ein literarischer wie ein wissenschaftlicher Markstein.[200] Ein anderes Beispiel der literarischen Qualität der französischen Wissenschaft ist die Jurisprudenz. Sie hat nie eine ähnlich unverdauliche Fachsprache entwickelt wie die deutsche Rechtswissenschaft. Schon die Sprache des Code civile besticht durch ihre Schönheit; sie unterscheidet

197 Beispielhaft: L. Althusser, *Lire le capital*, op. cit.; R. Barthes, *L'empire des signes*, op. cit.; C. Lévi-Strauss, *Anthropologie structurale*, op. cit.; J. Lacan, *Ecrits*, op. cit.; M. Foucault, *Naissance de la clinique*, op. cit.

198 R. Boudon, *Strukturalismus – Methode und Kritik. Zur Theorie und Semantik eines aktuellen Themas*, Düsseldorf: Bertelsmann Universitätsverlag, 1973 (Paris: Gallimard, 1968); *Die Logik des gesellschaftlichen Handelns. Eine Einführung in die soziologische Denk- und Arbeitsweise*, Neuwied und Darmstadt: Luchterhand, 1980 (Paris: Librairie Hachette, 1978)

199 Vgl. J. Ben-David, *The Scientist's Role in Society*, op. cit., S. 88-107.

200 L. Pasteur, *Œuvres de Pasteur réunies par Vallery-Radot*, 7 Bde., Bd. 7, Mélanges scientifiques et littéraires, Paris: Masson, 1939; C. Bernard, *Œuvres*, 19 Bde., Paris: Bailliére, 1855-81.

sich hierin wohltuend vom Allgemeinen Preußischen Landrecht, das in derselben Zeit entstanden war, und vom späteren deutschen Bürgerlichen Gesetzbuch. Stendhal soll regelmäßig im Code gelesen haben, um seinen Stil zu schulen.[201]

Was die Entfaltung der französischen Wissenschaft neben der Trennung von Kreativität und starrer Ausbildung sowie von Theorie und Empirie, Wissenschaft und Praxis behindert, ist die geringe Ausprägung von Kooperation und Konkurrenz. Diese beiden Komponenten der Wissenschaft werden von der persönlichen Kreativität und der staatlichen Zentralisierung erdrückt. Die freie Kooperation wird in der Organisation der französischen Wissenschaft durch Zentralisation ersetzt. Das hat in all den Fällen negative Konsequenzen, wo der wissenschaftliche Fortschritt auf den spontanen Zusammenschluß interessierter Forscher angewiesen ist. Interdisziplinäre Forschung hat sich in Frankreich kaum entwickeln können. Ebenso schwer hat es die Entwicklung neuer Disziplinen zwischen den etablierten Fächern und Fakultäten gehabt. Auf diesen Gebieten ist Frankreich stets hinter dem Fortschritt vergleichbarer Länder zurückgeblieben. Eine erste Ursache für die Unterbindung der spontanen Zusammenarbeit verschiedener Wissenschaftler war die von Napoleon ererbte Trennung der Fakultäten und die Organisation der Forschung in spezialisierten Instituten.[202] Ein weiteres erschwerendes Hindernis für Kooperation ist das Verständnis von Forschung als persönliche Schöpfung eines einzelnen Individuums, das im Konzept der völlig freien Lehre und Forschung am Collège de France zum Ausdruck kommt. Die individuelle Meisterung einer Wissenschaft in Verbindung mit ihrer literarischen Präsentation ist das Ideal, nicht die gemeinsame Arbeit im Forschungsteam. Schon die lange Jahre dauernde Arbeit am Staatsdoktorat führt zur Isolierung des jungen Wissenschaftlers. Gemeinschaftspublikationen findet man viel seltener als in Amerika. Wenn es eine wissenschaftliche Gemeinschaft gibt, dann ist dies eine Vereinigung von großen Forscherpersönlichkeiten, die in der Akademiemitgliedschaft symbolisiert wird. Es ist eine Festtagsgemeinschaft der großen Ehrungen, aber

201 K. Zweigert, »Der Jurist in Frankreich und Deutschland. Versuch einer vergleichenden Typologie«, in: M. Ferid (Hg.), *Festschrift für Hans G. Ficker*, Frankfurt und Berlin: Metzner, 1967, S. 498-507, ebd., S. 506.

202 J. Schriewer, *Die französischen Universitäten, 1945-1968*, op. cit., S. 96-152.

keine Vergemeinschaftung, die sich in der alltäglichen Kooperation von Wissenschaftlern auswirkt.[203]

Das Ideal der persönlichen Kreativität und die damit verbundene Autorität erlaubt jedoch einzelnen großen Forscherpersönlichkeiten, als Patrone eine Reihe von Mitarbeitern an sich zu binden und Forschungsprogramme in größerem Umfang durchzuführen. Auch hier findet sich der Patronalismus als eine traditionelle Institution der Autoritätsausübung in der französischen Gesellschaft.[204] Für eine breitere Institutionalisierung von Schulen fehlt jedoch die systematische und breite Ausbildung des wissenschaftlichen Nachwuchses im Universitätsstudium. Das starre Prüfungssystem macht das Studium wenig aufnahmefähig für die Forschungsarbeit des Professors. Auch die Personalisierung des Wissens nach der Idee der individuellen Kreativität sowie der relativ rasche Wandel der kulturellen Konjunkturen stehen einer Umsetzung der Ideen des Patrons in einen allgemeinen, unterschiedlich interpretierbaren und beliebig anwendbaren theoretischen Ansatz im Wege. Der Einfluß des Patrons bleibt in der Regel auf einen engen Kreis von ihm persönlich Ergebenen beschränkt. Die Wirkung seiner Ideen setzt den persönlichen Kontakt voraus. Eine Dogmatisierung der Ideen zu Lehrbuchwissen ist kaum möglich. Zwischen den Forschungszirkeln findet nur wenig Kommunikation statt. Für eine Verankerung der personalisierten Ideen in einem gemeinsamen System des Wissens fehlt die gegenseitige Bezugnahme auf die Arbeit der jeweils anderen Forscherkreise. Das Wissen zerfällt in eine Vielzahl persönlicher Ideen, zwischen denen kaum Beziehungen bestehen.

Wie für die Kooperation so fehlen auch wesentliche Voraussetzungen für den wissenschaftlichen Wettbewerb. Die Konkurrenz zwischen Wissenschaftlern um bessere Lösungen wissenschaftlicher Probleme, um Forschungsmittel und Prestige wird von der

203 A. Derrouch, *L'Institut de France. Son statut juridique*, Paris: Recueil Sirey, 1938; P. Gaxotte, *L'Académie française*, Paris: Hachette, 1965; C. Cardahi, *Regards sous la coupole. Histoire et petite histoire de l'Académie française*, Paris: Mame, 1966; R. Dussand, *La nouvelle Académie des inscriptions et belles-lettres*, 2 Bde., Paris: Geuthner, 1946; Institut de France, Académie des sciences morales et politiques (Hg.), *Notices biographiques et bibliographiques, membres titulaires, associés étrangers à la date du 1er janvier 1970*, Paris: Librairie d'Argences, 1972.

204 Vgl. T. N. Clark, *Prophets and Patrons*, op. cit.

Zentralisation des Systems und von der Dominanz des kulturellen Zentrums in Paris unterdrückt. Die zentralisierte Ordnung des Bildungssystems hat die Fakultäten zu ausführenden Organen eines uniformen, bis ins Detail staatlich kontrollierten Bildungsprogramms gemacht. Zwischen ihnen kann es keinen Wettbewerb geben, weil keine Fakultät die Freiheit hat, selbständig zu arbeiten und innovativ tätig zu werden. Innovation ist stets eine Sache des Zentrums und eine Domäne der dafür ausgegrenzten Spezialinstitutionen. Die Konzentration des kulturellen Lebens hat die Universitäten in der Provinz nie zu ernsthaften Konkurrenten der Pariser Universität und der Spezialhochschulen werden lassen.[205] Das Ziel jedes engagierten Professors ist die Berufung nach Paris. Solange die Professoren in der Provinz tätig sind, tun sie das nicht selten an ein bis zwei Tagen in der Woche, um die übrigen Tage in Paris zu leben und zu arbeiten, allein schon, um die nur in Paris vorhandenen reichlich ausgestatteten Bibliotheken und Archive aufzusuchen. Die Universitäten der Provinz haben stets die besten Wissenschaftler an die Pariser Universität abgegeben. Ihre Unterlegenheit ist auf diese Weise immer wieder neu zementiert worden. An der Pariser Universität werden ca. 90 % der Staatsdoktorate abgelegt. Schon die Karriere des jungen Wissenschaftlers ist so auf Paris fixiert. Der Aufbau dieser Karriere selbst ist wiederum mehr auf das Patronat eines betreuenden Professors ausgerichtet als auf den ständigen Wettbewerb durch Aufsätze und Tagungsbeiträge. Dazu läßt ihm der Umfang der Arbeiten am Staatsdoktorat keine Zeit.

Auch die Berufung von Wissenschaftlern an die Universitäten unterliegt einer zentralen Kontrolle.[206] Man mißtraut dem Partikularismus der Universitäten, will die Sache aber auch nicht mehr – wie unter dem napoleonischen System – in der Hand des Ministeriums belassen. Seit 1945 erstellt eine zentrale ministerielle Kommission von Wissenschaftlern, die zur einen Hälfte von den

205 J. Schriewer, *Die französischen Universitäten, 1945-1968*, op. cit., S. 56-60; G. Antoine und J.-C. Passeron, *La réforme de l'université*, Paris: Calmann-Lévy, 1966, S. 62-76; G. Gusdorf, *L'université en question*, Paris: Peujot, 1964, S. 179-92.

206 H. S. Cohen, *Elusive Reform: The French Universities, 1968-1978*, op. cit., S. 68-9, 136-8; J. Minot, *L'entreprise éducation nationale*, Paris: A. Colin, 1970, S. 322-5; G. Amestoy, *Les universités Françaises*, op. cit., S. 361-70.

Universitäten gewählt, zur anderen Hälfte vom Minister ernannt werden, das Commité consultatif d'université (CCU), regelmäßig eine Liste d'aptitude, eine landesweit gültige Liste aller Wissenschaftler, die als qualifiziert für eine Stellung oder Beförderung an einer Universität betrachtet werden. Die Universitäten können nur aus dieser Liste Berufungs- und Beförderungsvorschläge an den Minister richten, die wiederum von der Beratungskommission geprüft werden. Bis zur Reform von 1968 hatte die Beratungskommission fünf Abteilungen, die den Fakultäten der Universitäten entsprachen. Mit dieser Reform ist eine viel größere Zahl von 45 Sektionen für einzelne Fachgebiete geschaffen worden. Trotzdem gilt für dieses System wie für das alte, daß es Innovationen auf Gebieten außerhalb und zwischen den etablierten Fächern unterbindet. Die bislang häufig erfolgende Wiederwahl der Kommissionsmitglieder unterwirft die Wissenschaften der Herrschaft einer Oligarchie, die gewiß alles andere ist als ein wettbewerbsförderndes System. Die Oligarchie zwängt die wissenschaftliche Entwicklung in das Korsett der herrschenden wissenschaftlichen Meinung. Der 1968 neu eingeführte Wahlmodus hat diese Oligarchie aufzulockern versucht, allerdings ist nach wie vor eine hohe Kontinuität der Kommissionsmitgliedschaft zu beobachten. Unabhängig davon bevorzugt das System der zentralen Kontrolle der Forschung das Herkömmliche und Bekannte, das sich leicht beurteilen läßt, und benachteiligt neue, die bislang angewandten Maßstäbe sprengende Konzepte. Denselben Effekt hat die zentralisierte Forschungsförderung durch das Centre national de la recherche scientifique (CNRS).[207] Beide Institutionen, das CCU und das CNRS, wirken als Säulen der Beharrung lähmend auf den Prozeß der wissenschaftlichen Entwicklung.

2.4 Die Institutionalisierung des Wissens

Die Institutionalisierung des Wissens wird in Frankreich in einer besonderen Weise durch die moralische Aufklärung der Philosophen, durch die intellektuelle Gesellschaftskritik und durch die Neigung zur Ideologisierung von Konflikten in der Konsensbildung gestaltet.

207 G. Druesne, *Le centre national de la recherche scientifique*, op. cit.

Schon Descartes hatte den interessierten Damen konkrete Anweisungen, *Lebensregeln* für den Alltag gegeben.[208] Er tat dies jedoch nicht als angesehener, aber dennoch gewöhnlicher Bürger, wie dies paradigmatisch für die Empfehlungen eines Benjamin Franklin galt. Nicht die herrschenden Selbstverständlichkeiten der gesellschaftlichen Gemeinschaft, auch nicht die Ideologien herrschender Gruppen kommen in Descartes' moralischen Vorschlägen für die Damen zum Ausdruck, sondern die versuchte moralische Konkretisierung allgemeiner philosophischer Ideen. Es ist aber auch nicht Kants moralischer Universalismus, der hier spricht, sondern eine schöpferische Vernunft, die sich ihres individuellen Standpunktes bewußt ist. Was Descartes vorschlägt, ist demgemäß eine provisorische Moral.[209] Dieser Logik moralischen Argumentierens begegnet man auch in der weiteren Entwicklung des französischen Denkens.

Die Suche des französischen Intellektuellen nach seinem Publikum impliziert nicht nur die Marktorientiertheit seines Schreibens; sie ist auch von dem Willen geleitet, moralisch auf das Publikum einzuwirken. Der Literat will zwar einerseits unterhalten, aber auch eine Moral verkünden.[210] Das Drama, die Komödie, der Roman, sie alle wollen – auf verschiedene Weise und unterschiedlich deutlich zwar – dem Publikum eine Moral vorführen. Der literarische Charakter der französischen Kultur bedingt also auch eine Affinität zum Moralisieren, aber es ist natürlich eine von den Kriterien des literarischen Schaffens geprägte Moral, die dabei zum Vorschein kommt. Es ist nicht die bloße Artikulation des selbstverständlich Geltenden, die diese Moral kennzeichnet. Eine ausschließliche Formulierung der herrschenden Moral findet man noch nicht einmal in der klassischen Epoche des 17. Jahrhunderts, nicht in Descartes' philosophischer Moral, im Schauspiel am ehesten noch bei Racine und Corneille, schon weniger bei Molière. Allerdings rütteln sie nicht grundsätzlich an den bestehenden Institutionen. Descartes empfiehlt Mäßigung, allerdings öffnet er die Moral der Sprengkraft der individuellen Vernunft und Selbst-

208 R. Descartes, *Lettres* (1643-1650), op. cit.

209 So auch R. Descartes, *Discours de la méthode*, op. cit., S. 591-601 (18-25).

210 Vgl. J. P. Sartre, *Was ist Literatur?*, op. cit., S. 601; W. Krauss, *Die Literatur der französischen Frühaufklärung*, op. cit., S. 132-5.

verantwortung, die erst im 18. Jahrhundert explodiert.[211] Corneille, Racine, vor allem aber Molière schildern die Tragikomik von Menschen, die nicht mit den Gegebenheiten der herrschenden Normen zurechtkommen.[212] Die herrschenden Gegebenheiten werden indessen nicht in Frage gestellt. Die Tatsache der tragikomischen Verstrickung in diesen Normen läßt jedoch ein Gespür für die gesellschaftlichen Widrigkeiten entstehen, die sich dem Individuum entgegenstellen können. Gesellschaft und Individuum leben schon nicht mehr in einer prästabilisierten Harmonie. In dieser feinsinnigen Formulierung der gesellschaftlichen Moral unterscheiden sich schon Philosophie und Schauspiel des 17. Jahrhunderts von der rein affirmativen Moralpredigt der Kirche.[213] Vor allem aber machen die Schriftsteller die Konventionen sichtbar, die sich in der höfischen Gesellschaft in besonders feiner Form herausgebildet haben. Das ganze Leben am Hofe ist nun ein einziges Kunstwerk von bis ins kleinste Detail nuancierten Spielregeln, die man beherrschen muß, um sich in diesem Kreise sicher bewegen zu können.[214] Dabei geht es indessen um keine moralischen Normen, die einen Universalitätsanspruch erheben, sondern um situative Regeln rein konventioneller Art. Man muß wissen, welches Verhalten in welcher Situation angemessen ist. Wer gegen die Spielregeln verstößt, setzt sich weniger der Entrüstung als dem Gespött der anderen aus.[215] Nicht um Moral, sondern um Etikette handelt es sich hier. Diese Konventionalisierung sozialer Beziehungen am Hofe hat auch nach dem Sturz des Absolutismus seine Spuren in der französischen Gesellschaft hinterlassen. Formulierungen allgemeinverbindlicher Moralvorstellungen haben es stets schwer gehabt, sich gegen die Differenzierung der Gesell-

211 R. Descartes, *Discours de la méthode*, op. cit., S. 591-601 (18-25); *Lettres*, (1643-1650), op. cit.

212 Vgl. J. Theisen, *Geschichte der französischen Literatur*, op. cit., S. 86-100; E. von Jan, *Französische Literaturgeschichte in Grundzügen*, op. cit., S. 119-52.

213 Vgl. H. V. Gumbrecht, »Das französische Theater des 18. Jahrhunderts als Medium der Aufklärung«, in: H. U. Gumbrecht, R. Reichardt und T. Schleich (Hg.), *Sozialgeschichte der Aufklärung in Frankreich, Teil II: Medien, Wirkungen*, op. cit., S. 67-89.

214 N. Elias, *Über den Prozeß der Zivilisation*, Frankfurt: Suhrkamp, 1976, Bd. 1, insbesondere S. 65-152; *Die höfische Gesellschaft*, op. cit., S. 120-77.

215 Vgl. F. Schalk, *Studien zur französischen Aufklärung*, op. cit., S. 164-205.

schaft in zahllose voneinander abgegrenzte Milieus mit ihren jeweils eigenen Koventionen durchzusetzen. Die Moral wird von der Konvention verdrängt, so daß sich die meisten Philosophen – wie schon Descartes – gar nicht an die Formulierung einer allgemeinverbindlichen Moral heranwagen.

Das Schauspiel des 17. Jahrhunderts unterscheidet sich in der feinsinnigen Darstellung der konventionellen Normen der Gesellschaft von der oft schon realitätsfremden Moralpredigt der Kirche.[216] Diese hat nichts anderes gepredigt als die Gehorsamspflicht des Volkes gegenüber den Herren und die Fürsorgepflicht der Herren gegenüber dem Volk.[217] Nach ihrer Verdrängung durch die Revolution ist es ihr im Zuge der Restauration im 19. Jahrhundert schon bald wieder gelungen, die Rolle der moralischen Legitimation der Bescheidung des Volkes, der Anerkennung der bestehenden Ordnung, des Traditionalismus zu spielen.[218] Dagegen hat die Aufklärung die Position der säkularen Moral im 18. Jahrhundert radikalisert. Sie nimmt nun eine Gegenposition zur bestehenden Ordnung ein. Die gesellschaftliche Moral ist seitdem in Frankreich in zwei feindliche Lager gespalten: in die von der Kirche repräsentierte traditionelle Ordnung und die Formulierung moralischer Prinzipien, die sich von der Aufklärung herleitet.[219] Daneben steht die entmoralisierte Welt der aristokratischen Konventionen.

Die Aufklärer verkünden eine neue Moral gegen die bestehende Ordnung. Sie tun dies als Philosophen und als Schriftsteller. Daher kommt ihre Betonung allgemeiner Prinzipien. Sie haben aber immerhin Verbindung zur Gesellschaft, zu den Männern von Welt und zu den vornehmen Damen. Deshalb können sie auch in Anspruch nehmen, für mehr zu sprechen als nur für ihren eigenen Lebensstil. Sie formulieren die Moral des aufsteigenden Bürgertums, das den Anspruch eines allgemeinen Bürgerstandes erhebt. Es ist die Moral einer staatsbürgerlichen Gemeinschaft (citizenship) ohne jede Differenzierung in Stände mit eigenen moralischen

216 Vgl. H. U. Gumbrecht, »Das französische Theater des 18. Jahrhunderts als Medium der Aufklärung«, op. cit.

217 Vgl. B. Groethuysen, *Die Entstehung der bürgerlichen Welt- und Lebensanschauung in Frankreich*, op. cit., Bd. 2, S. 29-47.

218 A. Dansette, *Histoire religieuse de la France contemporaine*, op. cit., S. 183-220.

219 Ebd., S. 11-124; R. Rémond, *L'anticléricalisme en France*, op. cit.

Rechten und Pflichten. In der französischen Revolution verbündet sich der radikale Moralismus der Philosophen mit dem Allgemeinheitsanspruch des Bürgertums.[220] Dieses Bündnis ist dennoch nie mehr in dieser Reinheit erneuert worden. Die intellektuelle Moral hat nicht mehr eine ähnliche Verbindung mit dem breiten Bürgertum gefunden. Das Bürgertum selbst hat den Allgemeinheitsanspruch verloren und hat sich zu einer besonderen Klasse entwickelt, die intern in unterschiedliche Schichten gespalten ist und extern im Gegensatz zur aufkommenden Arbeiterklasse steht.

Alle Moral, die nun noch formuliert wird, ist entweder eine partikulare Ideologie einer Klasse bzw. Schicht oder eine prinzipielle Moral von reinen Intellektuellen. Die weitere Entwicklung ist demgemäß durch den Gegensatz zwischen der prinzipiellen Moral der Intellektuellen und den partikularen Ideologien gesellschaftlicher Klassen und Schichten geprägt. Die Dreyfus-Affaire bringt Ende des 19. Jahrhunderts diese Konstellation paradigmatisch zum Ausdruck.[221] Die Intellektuellen vertreten universelle moralische Prinzipien gegen die Interessen staatlicher Behörden und der sie stützenden gesellschaftlichen Gruppen. Das Staatsinteresse wird von den Konservativen als moralisch legitim definiert. Ein partikularer Standpunkt erhält dadurch den Anschein von allgemeiner Geltung und überhöht sich auf diese Weise zu einer Ideologie. Der Intellektuelle wird nun zum beißenden Kritiker des Bürgertums, der schonungslos die Widersprüche zwischen seinem moralischen Anspruch und der unmoralischen Wirklichkeit aufzeigt und sich aus der Sicht des gesellschaftlich ungebundenen Bohème über den Mief des kleinbürgerlichen Lebens lustig macht. Je weiter man die Entwicklung betrachtet, um so mehr entfernt sich die Kultur des Intellektuellen von der Kultur des Durchschnittsbürgers.[222] Das führt natürlich auch zu einer gewissen Irrelevanz der moralischen Erfahrung des Intellektuellen für den Durchschnitt der Gesellschaft. Der Intellektuelle sieht nur noch die Verlogenheit der gesellschaftlichen Moral. Es fehlt ihm aber die Integration in die Gesellschaft, um selbst noch aktiv an der Definition der gesellschaftlichen Moral teilzunehmen. Was er an die Gesellschaft als Moral heranträgt, hat keine bindende Kraft.

220 B. Groethuysen, *Philosophie der Französischen Revolution*, op. cit.

221 D. Bering, *Die Intellektuellen*, op. cit., S. 32-67.

222 J.-M. Domenach, »Le monde des intellectuels,« op. cit.

Da er nicht in der Tradition Kants steht, ist er aber auch nicht auf der Suche nach einer abstrakten und universellen Moral. Vielmehr vertraut er mehr auf die Kreativität des Individuums, will diese aber zum universellen Prinzip erheben. So entwirft er eine Moral für die Künstler und die Bohème, aber keine Moral für den Durchschnittsmenschen. Er zieht sich entweder konsequent auf die Exzentrik der Bohème zurück, oder er macht sich lächerlich, wenn er die Welt mit dem Quartier Latin verwechselt.[223]
Es hat in der Entwicklung in diesem Jahrhundert genug Versuche von Intellektuellen gegeben, die intellektuelle Moral wieder auf eine Klasse zu stützen, die den Anspruch auf die Repräsentation des universell Gültigen einlösen könnte. Sartre war nach dem zweiten Weltkrieg der prominenteste Vertreter dieses intellektuellen Traums. Der Marxismus ist auf diese Weise zur herrschenden Sichtweise, zum »Opium« der Intellektuellen geworden, wie Raymond Aron formuliert hat.[224] Allerdings kommt darin nicht mehr als eine vergebliche Suche nach unmittelbarer Teilnahme an der Definition gesellschaftlicher Moral zum Ausdruck. Der Marxismus hat sich entgegen aller ursprünglichen Hoffnung zur Ideologie einer in der Sowjetunion herrschenden Funktionärsklasse entwickelt. Er ist weit davon entfernt, gegenüber konkurrierenden Alternativen ein universell gültiges Modell der Gesellschaft zu vertreten; zumindest wird ihm dieser Anspruch überall bestritten. Er kann also nicht mehr tun als ein selektives Gesellschaftsmodell zu legitimieren, das bestimmte Werte und Interessen bevorzugt und andere verletzt. Seine Sichtweise ist also ebenso partikular und nur als universell gültig kaschiert wie der Standpunkt jeder anderen Ideologie, deren Eigenart darin liegt, partikularen Standpunkten den Anschein universeller Gültigkeit und damit einer höheren Weihe und Absolutheit zu verleihen. Die Militanz, mit der die französischen Intellektuellen den Marxismus in die Gesellschaft hineintragen, steht deshalb im umgekehrten Verhältnis zur allgemeinen Geltung der damit verbundenen Moral. Die Abkehr der »Neuen Philosophen« vom Marxismus ist ein Zeichen für den Rückzug auf das Prinzipielle.[225]
Die Intellektuellen bilden in Frankreich eine abgrenzbare Gemeinschaft, wie man sie sonst in keinem Land findet. Sie sind

223 Vgl. J. P. Sartre, *Was ist Literatur?*, op. cit., S. 102-23.
224 R. Aron, *The Opium of the Intellectuals*, op. cit.
225 Dazu G. Schiwy, *Kulturrevolution und »Neue Philosophen«*, op. cit.

alle in dieselben Schulen gegangen, in die Ecole normale oder die Sorbonne, sie wohnen alle in Paris, meist in Saint Germain des Prés, haben ihre Treffpunkte in den Cafés.[226] Ihre gleiche Herkunft pflanzt ihnen ein Gefühl der Zusammengehörigkeit ein. Die große Tradition der Intellektuellen in Frankreich, die wiederholte gesellschaftliche Definition der Rolle des Intellektuellen in außergewöhnlichen Situationen, so vor allem durch die Aufklärer im 18. Jahrhundert und durch die Dreyfusards zu Ende des 19. Jahrhunderts, erfüllt sie mit einem gewissen Stolz und gibt ihnen eine gemeinsame Identität. Nirgendwo sonst ist die Rolle des Intellektuellen in demselben Maße ein identifizierbarer Beruf. Während sich in Deutschland die Intellektuellen lieber hinter den prestigevolleren Berufsbezeichnungen des Professors, Wissenschaftlers oder Beamten verstecken und in Amerika der Experte auf einem Fachgebiet als Bezeichnung vorgezogen wird, nennen sich in Frankreich Professoren, Schriftsteller und Wissenschaftler viel freimütiger selbst Intellektuelle, und sie werden auch viel häufiger als solche bezeichnet. Mit dieser gesellschaftlichen Institutionalisierung der Rolle des Intellektuellen geht natürlich auch eine gewisse Fusion von sonst getrennten Rollen einher, insbesondere der Rollen des Philosophen, Soziologen, Schriftstellers und Journalisten. Die große Tradition und die Herkunft aus einer Eliteschule verleiht den Intellektuellen ein Prestige, das man in anderen Ländern nicht antrifft. Dabei ist noch zu berücksichtigen, daß die Ecole normale in der Vergangenheit den größten Anteil an der Heranbildung der gesellschaftlichen Elite hatte. Erst in der jüngeren Vergangenheit ist sie in dieser Rolle durch die Ecole polytechnique und durch die Ecole national d'administration zurückgedrängt worden. Mit dem ungewöhnlichen Prestige ist ein entsprechender Einfluß in der Gesellschaft verbunden.

226 Eine literarische Darstellung davon liefert S. de Beauvoir, *Les Mandarins*, op. cit.

2.4.2 Die Ideologie

Der Beitrag des Intellektuellen ist ein wesentlicher Bestandteil in der gesellschaftlichen *Konsensfindung*. Man findet Intellektuelle wie sonst in keinem Land mit öffentlichen Auftritten und mit Beiträgen in Presse, Rundfunk und Fernsehen an der Bildung der öffentlichen Meinung beteiligt. Ihr Wort hat Gewicht. Allerdings hat der Einfluß der Intellektuellen seine klaren Grenzen. Er beschränkt sich auf die Formulierung des Prinzipiellen, auf das Kreative, auf die Dramatik, aber er bezieht sich nicht auf die Pragmatik der Konsensfindung. Die herausragende Rolle, die von den Intellektuellen in der gesellschaftlichen Konsensfindung gespielt wird, hat ihre spezifischen Konsequenzen für den Charakter der Konsensbildung: Ideologische Kontroversen und die Formulierung von *Ideologien* nehmen einen verhältnismäßig großen Raum ein. Auch darin steht Frankreich an der Spitze vergleichbarer Länder. Die Intellektuellen transformieren Interessenkonflikte in Auseinandersetzungen zwischen gegensätzlichen Ideen, Debatten über Sachprobleme werden in ideologische Kämpfe umgemünzt.[227] Die Gegensätze sind nicht nur zwischen rechten und linken Positionen besonders groß, sie werden auch innerhalb der Rechten und der Linken scharf akzentuiert.

Was das rechte Lager zusammenführt, ist fast nur die Furcht vor der Herrschaft der Linken, die Angst vor der Revolution.[228] Das paradigmatische Beispiel für die konservative Koalition der Angst ist die Bereitschaft der rechten Gruppierungen nach der Revolution von 1848, Louis Bonaparte zur Herrschaft gegen die Gefahr der linken Revolution zu verhelfen. Traditionalisten, Reaktionäre, gemäßigte Orléanisten, Bonapartisten und Plebiszisten schließen sich gegen die Bedrohung von links zusammen. Sobald die Gefahr abgewehrt ist, brechen jedoch die prinzipiellen Gegensätze zwischen ihnen wieder auf. Auch in der Gegenwart wird die Rechte in Krisenzeiten hauptsächlich durch die Furcht vor der linken Revolution zusammengehalten, um nach Abwendung der linken Machtübernahme wieder in heftigen ideologischen Streit zu geraten. Gegenwärtig streiten sich auf der Rechten die Union des Démocrates pour la Républipue (U.D.R.), die Républicains Indé-

227 F. Bourricaud, *Le bricolage idéologique*, op. cit.

228 F. Bourricaud, »France,« op. cit., S. 451-3.

pendants (R. I.), das Centre Démocratie et Progrès (C. D. P.), das Mouvement Réformateur und einige extreme Splittergruppen, die allerdings seit der Lösung des Algerienproblems viel an Bedeutung verloren haben.[229]
Auch die Linke ist in sich stark gespalten. Sie hat stets nur im Kampf gegen die Rechte zusammengestanden. Von Anfang an ist sie jedoch durch prinzipielle ideologische Streitigkeiten gekennzeichnet. Schon in der Revolution von 1789 liegen sich Konstitutionalisten, Feuillisten, Girondisten, Montagnards, Dantonisten und Robespierristen bis zur gegenseitigen Vernichtung in den Haaren. Die linken Koalitionen von Radikalen und Sozialisten in den Jahren 1924 und 1932 und die Volksfront von 1936 haben sich als sehr brüchig erwiesen. Auch das jüngste Regierungsbündnis von Sozialisten und Kommunisten unter François Mitterand ist schon nach zwei Jahren, nachdem die kommunistischen Minister die Regierung verlassen haben, auseinandergebrochen. Ideologische Spaltungen sind nach wie vor ein wesentliches Merkmal der Linken. Es unterscheiden sich scharf voneinander die Parti Socialiste (P. S.), die Parti Socialiste Unifié (P. S. U.), die linken Radikalsozialisten, die Parti Communiste Française (P. C. F.) und eine Reihe von Splittergruppen wie die trotzkistischen Gruppen der Front Communiste Revolutionaire, Lutte Ouvrière und Organisation Communiste Internationaliste sowie die maoistischen Gruppen der Humanité Rouge, Parti Communiste Révolutionaire, Union des Communistes de France.[230] An der Zahl der zuletzt genannten linken Splittergruppen kann man unmittelbar die Bedeutung ideologischer Nuancierungen erkennen, die von den Intellektuellen als gravierende Gegensätze in die gesellschaftlichen Auseinandersetzungen eingebracht werden.
Die extensive Teilnahme der Intellektuellen an der gesellschaftlichen Konsensfindung impliziert also in Frankreich eine Übersetzung des Denkens in Prinzipien und der Beleuchtung alltäglicher Probleme durch die großen Ideen in scharfe ideologische Kontroversen. Die intellektuelle Scharfsinnigkeit und Prinzipienliebe wird nicht durch einen schon bestehenden Basiskonsens zwischen den verschiedenen gesellschaftlichen Gruppierungen aufgefangen. Bauern, Arbeiter, kleinbürgerliche Selbständige, kleine Beamte,

229 Vgl. U. Kempf, *Das politische System Frankreichs*, op. cit. S. 165-91.
230 Ebd., S. 196-224.

höhere Beamte, großbürgerliche Selbständige, Professionelle, Aristokraten haben ihre eigene Moral und ihren eigenen Lebensstil, den keine der Gruppen für die anderen als gültig definieren kann. Sie alle bilden kleine Subkulturen in der Gesellschaft mit einem ziemlich geschlossenen Verkehrskreis. In der alten aristokratischen Ordnung durfte man nur mit seinesgleichen von gleich zu gleich verkehren. Unter den Bedingungen der demokratischen Gesellschaft hat sich die faktische Abgrenzung von Verkehrskreisen in einem erstaunlichen Umfang erhalten. Sie wird auch auf die neu entstehenden gesellschaftlichen Berufsgruppen übertragen. Es existiert zwischen den verschiedenen gesellschaftlichen Gruppen keine gemeinsame Welt- und Lebensanschauung. Das bedeutet indessen nicht, daß sich die Gruppen vollkommen diskret auf die Parteien verteilen.[231] Im Gegenteil, es finden sich erhebliche Überschneidungen. Arbeiter wählen Kommunisten, Sozialisten und Konservative, Bauern ebenso. Die gebildeten Schichten neigen sowohl zu den Rechtsparteien als auch zu den Linksparteien. Die Rolle der Intellektuellen in der ideologischen Gestaltung der Parteienlandschaft macht es gerade unwahrscheinlich, daß die Parteien unmittelbar aus Interessengruppen hervorgehen.
Was den voneinander getrennten gesellschaftlichen Gruppen nach der gemeinsamen Welt- und Lebensanschauung weiterhin fehlt, ist die Erfahrung in der unmittelbaren Auseinandersetzung untereinander, die Bewältigung von Konflikten auf der Ebene der Betroffenen. Kompromißbildung zwischen den betroffenen Individuen und Gruppen spielt so viel wie keine Rolle in der Konsensfindung. Wie Tocqueville gezeigt hat, haben sich die Schichten und Gruppen schon im alten Staat nicht unmittelbar miteinander auseinandergesetzt.[232] Michel Crozier hat dasselbe Phänomen im modernen Frankreich festgestellt.[233] Das heißt wiederum, daß ideologische Konflikte auch selten in Dispute zwischen Betroffenen um konkrete Problemlösungen transformiert werden. Es besteht keine Chance, von den Ideologien auf die Ebene von Interessenkompromissen und sachlichen Lösungen herabzusteigen.
Was unter den geschilderten Bedingungen prinzipiellen Denkens, ideologischer Streitigkeiten, gesellschaftlicher Trennung von Ver-

231 F. Bourricaud, »France,« op. cit., S. 464-75; U. Kempf, *Das politische System Frankreichs*, op. cit., S. 165-224.

232 A. de Tocqueville, *Der alte Staat und die Revolution*, op. cit., S. 77-89.

233 M. Crozier, *The Bureaucratic Phenomenon*, op. cit., S. 214-20.

kehrskreisen und mangelnder Erfahrung in der unmittelbaren Kompromißbildung übrigbleibt, um Konsens herzustellen, ist der erzwungene Konsens durch staatliches Dekret.[234] Der administrative Zentralismus sorgt natürlich selbst schon dafür, daß sich bei Konflikten alle Blicke auf das Zentrum richten. Niemand denkt an eine Regelung auf niedrigen Ebenen der Gesellschaft, alle erwarten die zentrale Lösung eines Problems. Die ideologische Zerstrittenheit und die gesellschaftliche Getrenntheit der Gruppen läßt dabei alle der zentralen Regulierung nach objektiven und für alle gleichen Kriterien mehr trauen als der Aushandlung von Abkommen mit den anderen Konfliktparteien. Der staatliche Zentralismus in seiner Verpflichtung auf das Ideal der Gleichheit ersetzt die Gemeinsamkeit der Welt- und Lebensanschauungen der gesellschaftlichen Gruppen und die Aushandlung von Kompromissen zwischen den Betroffenen durch objektive Gesetze. Der ideologischen Zerstrittenheit setzt er die erzwungene Geltung des Gesetzes entgegen.

Schlußbemerkungen

Die Herausbildung des modernen Begriffs der Rationalität ist in Frankreich durch den ungewöhnlich scharfen Gegensatz zwischen säkularer Vernunft und kirchlich kontrolliertem Glauben bestimmt worden. Die Maßstäbe für die moderne Rationalität hat Descartes gesetzt. Es ist ein methodischer Rationalismus, der seinen Ausgangspunkt von klar einsichtigen und eindeutig unterscheidbaren Prinzipien nimmt, die allerdings oft nahe bei Tautologien liegen. Das Denken schreitet von diesen Prinzipien im deduktiven Verfahren zu den empirischen Gegenständen. Analytische Zerlegung und das Bestreben, die Gegenstände der Realität möglichst vollständig in konfirmativer Weise unter die Prinzipien zu subsumieren, kennzeichnen dieses Denken ebenso. Die Realität wird von den Ideen erfaßt, sie ist aber keine unabhängige Instanz ihrer Überprüfung. Vom angelsächsischen Empirismus unterscheidet sich die französische Methode durch die deduktive Vorgehensweise, von der deutschen Abstraktion durch das schöpferische Verständnis der individuellen Vernunft und durch das Be-

234 Ebd., S. 187-94.

streben, von den Prinzipien zu den empirischen Gegenständen bis hin zur positiven Wissenschaft zu gelangen. Der philosophische Rationalismus bleibt indessen nicht auf sich selbst beschränkt, er drängt über sich hinaus.

Die Intellektuellen wollen ihre Prinzipien auf konkrete Probleme anwenden, allerdings ohne sich mit dem dazu erforderlichen Fachwissen auszurüsten. Darüber hinaus strebt die philosophische Vernunft im 19. Jahrhundert zu einem funktionalen Rationalismus positivistischer Gesellschaftsplanung, der nach dem Niedergang der Wissenschaftsgläubigkeit durch einen reinen Funktionalismus der professionellen Elite der Grandes écoles ersetzt wird. Die Professionen sind die Träger des funktionalen Rationalismus, sie sind elitär strukturiert und wenig wettbewerbsorientiert. Die angesehensten Vertreter der Professionen bilden die Spitze der zentralisierten staatlichen Administration.

Ein besonderes Kennzeichen des französischen Rationalismus ist aber auch seine enge Bindung an das Publikum. Der Salon begründet die große Tradition der französischen Gesprächs- und Erzählkultur, die sich in diesem Punkt grundsätzlich von der deutschen Denkkultur und von der angelsächsischen Pragmatik abgrenzt. Im Salon liegen die Wurzeln des Esprit, der sprachlichen Eleganz, der Expressivität, Kreativität, Witzigkeit und Scharfsinnigkeit der französischen Rationalität. Das Café hat diese Tradition in anderer Weise fortgesetzt. An die Stelle einer mit der Gesellschaft verbundenen Intellektuellenkultur tritt mehr und mehr die Subkultur von Saint Germain des Prés. Die Orientierung am Publikum prägt den Stil des Denkens und Schreibens. Philosophie und Gesellschaftstheorie vermischen sich mit Literatur und Journalismus. Sie sind mehr von der Konjunktur des Marktes abhängig und damit von der Abfolge intellektueller Moden als von der strengen Kontrolle akademischer Disziplinen. Hohe Kultur ist keine reine Fachkultur, sondern Kultur mit Publikum, ohne allerdings Massenkultur im amerikanischen Sinn zu werden. In der Wissenschaft zerfällt das Denken in die unüberbrückten Gegensätze der Kreativität großer Forscherpersönlichkeiten, die wie nirgendwo sonst am Collège de France gefördert wird, und der Erstarrung der Universitäten in den vom Staat zentral regulierten und kontrollierten Prüfungen. Theorie und Empirie, Wissenschaft und Praxis sind getrennt. Wissenschaftliche Kooperation und Konkurrenz werden von der Vorherrschaft des Gegensatzes zwischen persönlicher

Kreativität und staatlicher Konzentration mit funktionaler Gliederung eines umfassenden Systems erdrückt.
In der Richtung von Lebensregeln und Konsensfindung macht sich der philosophische Rationalismus durch das Bestreben der moralischen Aufklärung bemerkbar. Man findet keine aus einer gesellschaftlichen Gemeinschaft heraus artikulierte, sondern eine der Gesellschaft entgegengestellte prinzipielle Moral, die sich ihres schöpferischen Charakters allerdings bewußt ist und sich dadurch von einem abstrakten moralischen Universalismus abhebt. In der Konsensfindung wirkt sich die extensive Teilnahme der Intellektuellen in der Ideologisierung von Konflikten aus, die jedoch weder von einem gesellschaftlichen Basiskonsens noch von einer Praxis der Konfliktaustragung zwischen den unmittelbar Betroffenen aufgefangen wird. Die Regelung der Konflikte liegt deshalb allein in der Hand des administrativ-staatlichen Zentrums (Diagramme 2 und 3).

3. *Individualismus: Die individuelle Kreativität und die gesellschaftlichen Strukturen*

Vorbemerkungen

Die Freiheit des Individuums ist in Frankreich durch den Kampf der Aufklärung gegen die kirchliche Bevormundung und durch die Revolution des Bürgertums gegen den alten Staat geprägt worden. Das kulturelle und das politische Verständnis der Freiheit bestimmen seitdem die Diskussion. Im kulturellen Sinn geht es um die Befreiung des Individuums von aller traditionellen Einschränkung seines freien Vernunftgebrauchs, im politischen Sinn um die Teilhabe des Individuums an der Herrschaft durch eine jedem Bürger zugängliche und den Allgemeinwillen repräsentierende Gesetzgebung. Die ökonomisch-situative Freiheit des Marktes und die Vereinigungsfreiheit haben dagegen nur eine zweitrangige Bedeutung erlangt. Die freie Verfolgung des Eigennutzes ist sowohl traditionell-lebensweltlichen als auch staatlichen Beschränkungen unterworfen. Die Freiheit der Vereinigung stößt in der Gebundenheit an traditionell festgelegte Verkehrskreise auf ihre Grenze.

Diagramm 2: Formulierung, Institutionalisierung, Anwendung und Erweiterung des Wissens in Frankreich

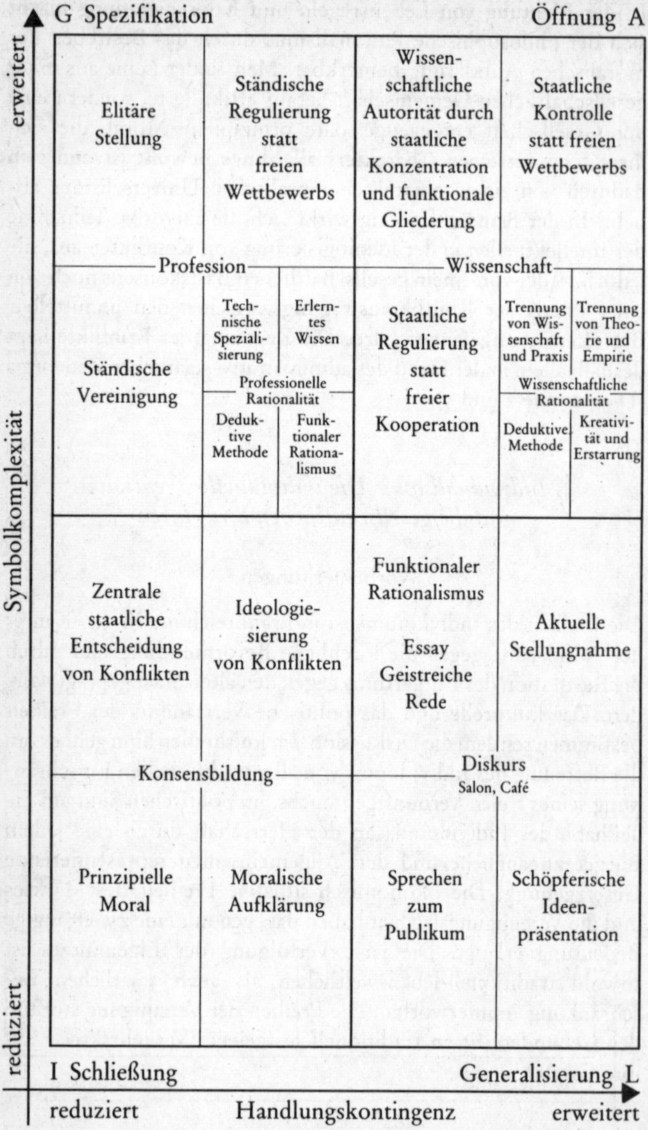

Diagramm 3: Der Rationalismus in Frankreich

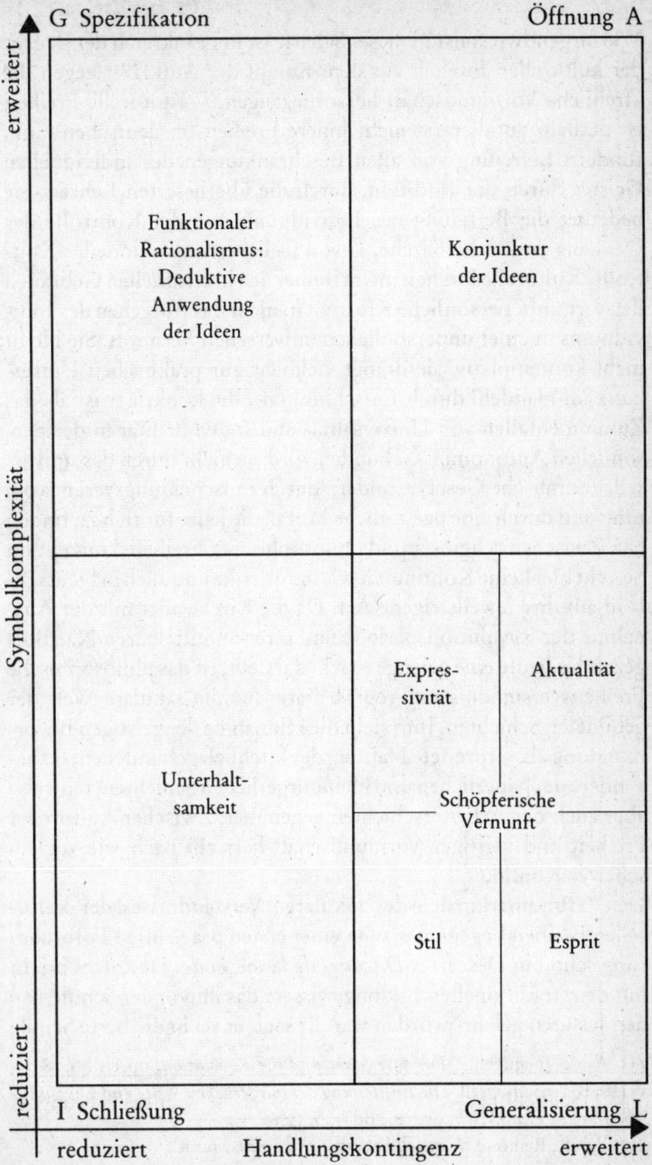

Wie nirgendwo sonst in dieser Schärfe ist in Frankreich der Begriff der kulturellen Freiheit aus dem Kampf der Aufklärer gegen die kirchliche Vormundschaft hervorgegangen.[235] Kulturelle Freiheit ist deshalb zu allererst nicht innere Freiheit im deutschen Sinn, sondern Befreiung von allen Beschränkungen des individuellen Geistes durch die Tradition, durch die überlieferten Lehren. Sie bedeutet die Befreiung des Individuums von der Kontrolle des Denkens durch die Kirche, ja von jeglicher institutioneller Kontrolle. Kulturelle Freiheit meint immer den individuellen Gebrauch der Vernunft, persönliche Kreativität, nicht das Aufgehen des Individuums in einer unpersönlichen universellen Vernunft. Sie bleibt nicht kontemplativ, sie drängt vielmehr zur praktischen Umsetzung im Handeln durch Entschlußkraft, die konkreter ist als das Zusammenfallen von Universalität und Individualität in der persönlichen Autonomie. Gebunden wird sie nicht durch das universelle moralische Gesetz, sondern durch Entscheidungsverantwortung und durch eine persönliche Moral, die jeder für sich zu finden hat. Zwischen religiöser und philosophischer Freiheitskonzeption besteht hier keine Kontinuität wie in Amerika und auch in Deutschland auf ihre jeweils eigene Art. Da die Kirche aber mit der Ausnahme der Revolutionsperiode und ihrer unmittelbaren Nachfolgezeit bis heute eine geistige Macht darstellt, ist das philosophische Freiheitsverständnis nur repräsentativ für die säkulare Welt der gebildeten Schichten. Ihm steht die Hinnahme der geistigen Bevormundung als verbreitete Haltung der kirchlich gebundenen, insbesondere der bäuerlichen und kleinbürgerlichen Schichten, teilweise aber auch der Arbeiterschichten gegenüber. Zwischen kultureller Freiheit und geistiger Vormundschaft herrscht nach wie vor ein scharfer Konflikt.[236]

Den Grundmerkmalen des säkularen Verständnisses der kulturellen Freiheit begegnet man in einer ersten prägnanten Formulierung schon in Descartes *Discours de la méthode*. Descartes bricht mit dem traditionellen Bildungswissen, das ihm in der Schule von den Jesuiten gelehrt worden war. Er sagt, er sei in die beste Schule

235 A. de Tocqueville, *Der alte Staat und die Revolution*, op. cit., S. 18-20, 131-8; B. Groethuysen, *Die Entstehung der bürgerlichen Welt- und Lebensanschauung in Frankreich*, op. cit., Bd. 1, S. 57-66.

236 Vgl. R. Rémond, *L'anticléricalisme en France*, op. cit.

der damaligen Zeit gegangen, dennoch habe ihn die vermittelte Bildung eher verwirrt als wirkliche Erkenntnis gebracht.[237] Die traditionelle Lehre repräsentiert also für ihn nicht Erkenntnis, ja sie steht geradezu im Gegensatz zur Wahrheit des Wissens. Die Kirche überliefert nur die von den Autoritäten für gut befundene Lehre. Ihr stellt Descartes den Gebrauch der individuellen Vernunft entgegen, die sich von niemandem etwas vorschreiben läßt.[238] Sein Ausgangspunkt ist der grundsätzliche Zweifel an der beanspruchten Wahrheit der traditionellen Lehren. Alles wird diesem Zweifel unterzogen. Es gibt für Descartes keinerlei kulturelle Autorität, die dem Individuum Vorschriften machen könnte, wie es die Welt zu sehen und was es zu wollen habe. Das Individuum ist vollkommen frei, und nur auf diese Freiheit kann sich Erkenntnis überhaupt stützen. Deshalb ist Aufklärung für Descartes stets Selbstaufklärung, jede Aufklärung durch andere ist ein Widerspruch in sich selbst.

Im Gegensatz zu Kant, der universell Gültiges nachweisen will, das jeden an die allgemeinen Gesetze der Vernunft bindet, verfährt Descartes nur beispielhaft. Er will in seinem Bruch mit der traditionellen Bildung und in seinen methodischen Regeln der Wahrheitssuche nur ein Beispiel geben, das jeder wieder für sich selbst realisieren muß. Während der deutsche Begriff unter Aufklärung seit Kant in erster Linie eine Heranführung des Individuums an das Universelle versteht, bedeutet der französische Begriff seit Descartes viel mehr die Befreiung des Individuums von traditionellen Bindungen und die Ermunterung zum freien Gebrauch seiner eigenen Vernunft.[239] Was Descartes damit meint, ist eine Urteilskraft, die jedem Menschen natürlich gegeben ist. Die Subjektivität des Denkenden steht hier im Zentrum, nicht die Universalität der Vernunft. Für Descartes ist die Subjektivität der Ausgangspunkt, von dem er gewiß auch zum allgemeingültigen Wissen strebt. Stets geht es dabei aber um die Selbstaufklärung des einzelnen Individuums, die Descartes in konsequenter Weise durch die autobiographische Darstellung seiner Methode in der Ichform zum Ausdruck bringt. Für Kant ist dagegen der kategorische Imperativ der Hauptgegenstand seiner Untersuchung. Die kulturelle Freiheit des Individuums fällt zusammen mit der Ach-

237 R. Descartes, *Discours de la méthode*, op. cit., S. 571-2 (3-4).
238 Ebd., S. 578-91 (9-18).
239 Ebd., S. 576-8 (8-9).

tung vor dem moralischen Gesetz.[240] Eine ähnlich zwingende Bindung der Freiheit an das universelle Gesetz ist in Frankreich nur von Rousseau formuliert worden, der mit seiner Theorie des Gesellschaftsvertrages aber mehr das Verständnis der politischen Freiheit als dasjenige der kulturellen geprägt hat.[241] Während in Deutschland kulturelle und politische Freiheit von Kant ausgehend in enge Übereinstimmung gebracht wurden, befinden sie sich in Frankreich in einem scharfen Gegensatz zueinander. Die kulturelle Freiheit ist mehr von Descartes' Bruch mit der Tradition bestimmt worden, die politische mehr von Rousseaus Vertragstheorie.

Die Befreiung von den Beschränkungen der traditionellen Lehren durch den grundsätzlichen Zweifel ist also der Anfang der kulturellen Freiheit, die Descartes begründet. Das führt zur Auflösung aller bisher geglaubten Irrtümer. An ihre Stelle soll das Individuum den Gebrauch seiner individuellen Urteilskraft setzen. Die individuelle Vernunft dient als Grundlage für ein frei gefundenes Wissen. Descartes führt auf dieser Linie seinen berühmten Grundsatz »Ich denke, also bin ich« als oberstes Prinzip aller Erkenntnis ein.[242] Descartes gelangt zu diesem Grundsatz, indem er zunächst feststellt, daß jedes Zweifeln ein Denken ist und daß wir alles bezweifeln können, nur nicht den Zweifel selbst, weil dieser sich sonst selbst aufheben würde. Also können wir auch davon ausgehen, daß wir denken, solange wir zweifeln. Es wäre aber offensichtlich widersinnig, daß der Denkende nicht existierte. Demgemäß kann im Unterschied zu allen anderen Fragen die Existenz des Denkenden als sicher gegeben angenommen werden. Descartes macht die Subjektivität des Individuums, die innere Erfahrung seines Denkens und Seins zur Basis des Wissens. Das Individuum für sich ganz allein ist die Quelle seiner Erkenntnis. Es kann niemandem anderen vertrauen als seiner eigenen Vernunft. Kulturelle Freiheit ist die Freiheit des Individuums von jeglicher Bevormundung durch andere und der völlig freie Gebrauch seiner Urteilskraft.

240 I. Kant, *Kritik der praktischen Vernunft*, (1788), in: *Werke in sechs Bänden*, Bd. IV, hg. von W. Weischedel, Frankfurt: Insel Verlag, 1956, S. 103-302 (1-292), ebd., S. 138-40 (52-4).

241 J. J. Rousseau, *Du contrat social*, op. cit., S. 360-2 (17-20).

242 R. Descartes, *Discours de la méthode*, op. cit., S. 601-7 (25-9); *Méditations*, op. cit., S. 414-29 (20-30).

Auch die moralische Komponente der kulturellen Freiheit unterliegt bei Descartes nicht einem mit Kant vergleichbaren Universalisierungsgebot. Was Descartes hier betont, ist die Entscheidungsfreiheit des Individuums und die damit verbundene Verantwortung, die ihm im konkreten Fall nicht durch allgemeine moralische Grundsätze abgenommen werden kann. Nach der Befreiung von den Vorschriften der traditionellen Lehren ist das Individuum moralisch auf sich selbst gestellt. Es muß selbst entscheiden und verantworten, was richtig und was falsch ist, was es im einzelnen zu tun und zu unterlassen hat. Descartes kann dafür in seiner provisorischen Moral nur Entscheidungshilfen geben, die auch wieder nur beispielhaft auf seiner eigenen Erfahrung gründen. Vor allem ist dabei auf die Erhaltung der Willensfreiheit selbst zu achten. Diesem Prinzip sollen die kraftsparende Anpassung an die herrschenden Normen, die Mäßigkeit und die Entschiedenheit dienen.[243]

Auch die Entschlußkraft ist für Descartes ein wesentlicher Bestandteil der kulturellen Freiheit. Sein Bruch mit der traditionellen Bildung beruht auf einem bewußten Entschluß.[244] Gegen die Gewohnheit und gegen die Autorität der Lehren muß das Individuum in immer wieder neuen Entschlüssen das eigene Denken, die selbstgewählten Regeln der Wahrheitssuche und die frei gefundenen Regeln des praktischen Handelns setzen. Kulturelle Freiheit wird durch die schöpferische Tat des Individuums konkretisiert. Nicht das Verharren in der Kontemplation garantiert diese Freiheit, sondern die schöpferische Tätigkeit des Individuums. Kulturelle Freiheit wird erst durch die Auflehnung des Individuums gegen die herrschenden Strukturen, nur durch die Kreativität des Individuums gewonnen, die alle gegebenen institutionellen Begrenzungen der Gesellschaft sprengt.

Befreiung von der Herrschaft der Tradition, Vertrauen auf die individuelle Vernunft, Entscheidungsfreiheit und Verantwortung des Individuums in praktischen Fragen und die schöpferische Kraft des Individuums sind die grundlegenden Merkmale der kulturellen Freiheit, die Descartes für das säkulare französische Den-

243 R. Descartes, *Discours de la méthode*, op. cit., S. 591-601 (18-25); *Lettres* (1645-1647), op. cit., S. 564-705.

244 R. Descartes, *Discours de la méthode*, op. cit., S. 586-7 (15-6), 594-5 (20-1).

ken vorzeichnet und die auch in der weiteren Entwicklung die Eigenart der Kultur Frankreichs bestimmen. Die Kreativität des Individuums, ein schöpferischer und ästhetischer Individualismus, bildet den Kern der französischen Idee der kulturellen Freiheit. Die Rolle, die in Deutschland das Denken in seinem Universalitätsstreben gespielt hat, in der angelsächsischen Kultur die Anwendbarkeit des Wissens und der Common sense, also der Pragmatismus, ist in Frankreich von der Ästhetik übernommen worden. Die großen kulturellen Leistungen sind ästhetischer Natur: das Drama und die Komödie des 17. Jahrhunderts, die philosophisch inspirierte Literatur des 18. Jahrhunderts, der Gesellschaftsroman des 19. Jahrhunderts, die Entwicklungen von Malerei, modernem Theater und modernem Roman im 20. Jahrhundert. Diese Ästhetisierung der Kultur hat der individuellen Schöpferkraft eine besondere Rolle für die geschichtliche Entwicklung gegeben. Sie ist der große Gegenpol zu den anderen Mächten, die Frankreich beherrschen, zur kirchlich gepflegten Tradition und zum administrativen Zentralismus. Die Aufklärer wollen in einem schöpferischen Akt die Tradition brechen, alle existierenden Privilegien beseitigen und die Gesellschaft allein nach einfachen Vernunftprinzipien gestalten. Die Revolution von 1789 versucht diesen Plan zu verwirklichen. Nach der kollektivistischen Denkweise Rousseaus und dem kollektivistisch orientierten Positivismus und Sozialismus des 19. Jahrhunderts ist in diesem Jahrhundert der Gegensatz zwischen der Kreativität der individuellen Vernunft und der Herrschaft der Strukturen in verschiedenen Varianten wieder zu einem beherrschenden Denkmuster geworden. Bergson sieht die Freiheit in einem Ich realisiert, das sich von der Oberfläche der gegebenen kausalen Zusammenhänge abhebt und dann zur Tat schreitet; hier liegt die schöpferische Kraft des Menschen, die sich der Gebundenheit an das Traditionelle widersetzen kann.[245]

Sartres Existentialismus macht die Freiheit des Individuums zum Zentrum eines schöpferischen Aktivismus. Sartre schließt ausdrücklich an Descartes' Grundsatz »Ich denke, also bin ich« an. Er will ihn noch radikaler fassen und auf eine präreflexive Basis stellen. Diese präreflexive Grundlage ist die »Nichtung«, d. h. die Tatsache, daß der Mensch nicht nur von einem gegebenen Sein

245 H. Bergson, *Essai sur les données immédiates de la conscience*, op. cit.

bestimmt ist, sondern auch von dem, was er (noch) nicht ist, also von dem Nichts.[246] Der Mensch ist nicht nur An sich, sondern auch Für sich. Die Unfreiheit ist das Gegebene, das An sich. Sie äußert sich vor allem im Blick des anderen. Die Freiheit liegt in dem Nichts, in dem, was der Mensch aus sich machen kann, was er bisher nicht ist. Es ist also die Befreiung vom bloßen Dasein – man könnte auch sagen: vom traditionell Gegebenen –, das dem Menschen die Freiheit gibt. Diese Freiheit stützt sich positiv auf die jedem Individuum mögliche Verneinung des Existierenden. Sie muß aber konkret in einem Basisentwurf des Menschen realisiert werden, also in einem schöpferischen Akt, der wiederum stets neu in vielen kleinen Entwürfen vollzogen werden muß.[247] Dabei besteht für den Menschen eine vollständige Entscheidungsfreiheit. Keine universell verbindliche Moral kann ihm Vorschriften machen, weil eine solche Moral stets selbst verneint werden kann. Wenn der Mensch bestimmten moralischen Regeln folgt, dann beruht das auf seinem freien Entschluß. Auch das Akzeptieren von Autoritäten setzt die Entscheidung des Menschen für diese Handlungsweise voraus. Sie selbst kann ihm von keiner Autorität abgenommen werden. Was immer der Mensch tut, er könnte stets auch anders handeln. In diesem Sinne ist die Freiheit des Menschen ein unhintergehbares Faktum. Er ist zur Freiheit verdammt. Das macht ihn natürlich um so mehr selbst verantwortlich für sein Handeln. Jeder muß seine eigene Moral finden und diese in das Handeln umsetzen und dafür die Verantwortung übernehmen. Keine universelle Moral kann dem Individuum im konkreten Handeln die Entscheidung vorzeichnen.

An einer Stelle erläutert Sartre die Entscheidungsverantwortung des Individuums am Beispiel eines jungen Mannes, der zwischen dem Anschluß an die freien französischen Streitkräfte in England und dem Verbleiben bei seiner auf ihn angewiesenen Mutter zu wählen hat. Er muß sich zwischen der konkreten Liebe zur Mutter und der umfassenden Hingabe für die Nation entscheiden. Sartre zeigt, daß keine universelle Moral eine Regel angibt, aufgrund derer zwischen diesen beiden Alternativen eine Entscheidung herbeigeführt werden kann. In jedem Fall bedeutet die Erfüllung der einen Pflicht zugleich die Verletzung der anderen. Der junge

246 J. P. Sartre, *L'être et le néant*, op. cit., S. 16-23 (15-23), 58-84 (62-90).
247 Ebd., S. 552-700.

Mann muß also selbst die Entscheidung treffen, die Verantwortung tragen.[248]

Jede Bindung, die der Mensch eingeht, ist frei gewählt und von ihm zu verantworten. Wir begegnen bei Sartre einer klaren Verwandtschaft zu Descartes' schöpferischem Konzept der kulturellen Freiheit. Das bloße Dasein des An sich wird durch das Für sich transzendiert. Das Nichts ist die präreflexive Grundlage des »Ich denke« und damit der kulturellen Freiheit des Individuums. Moral ist eine Sache der individuellen Verantwortung. Im schöpferischen Entwurf muß die kulturelle Freiheit realisiert werden.

Nach Sartres Existentialismus ist die individuelle Kreativität als Gegenbegriff zur Herrschaft der Strukturen vom Strukturalismus und Poststrukturalismus sowie in jüngster Zeit von den »neuen Philosophen« in verschiedenen Varianten weiter als Denkmuster tradiert worden. Dabei haben sich die Vertreter dieser Richtungen des Denkens vor allem auf das Aufspüren der subtilsten Formen der Herrschaft der Strukturen konzentriert, der sie ganz in Sinne des ästhetischen Individualismus die Schöpferkraft des Individuums entgegensetzen.[249]

Mit der Schöpferkraft des Individuums als Gegenpol zur Beharrung der Strukturen ist es die ästhetische Gestaltung des individuellen Lebens, die in Frankreich zur kulturellen Freiheit gehört. Lebensstil ist wichtig, das Leben selbst wird zum Kunstwerk. Es kommt nicht nur darauf an, was man tut, sondern auch wie man es tut. Die Ästhetisierung des Lebens achtet besonders auf die Feinheiten: auf die richtige Adresse, auf den Stil des Wohnens, auf den Genuß des Kaffees, auf den Stil der Kleidung, der Haltung, der Sprache, auf das Vergnügen am Gespräch. Die Bohème bringt die individualistische Ästhetisierung des Lebens, die sich von aller bürgerlichen Konvention absondert, am reinsten zum Ausdruck.[250]

Es ist für das Verständnis der Bedeutung der ästhetischen Schöpfung für den französischen Begriff der kulturellen Freiheit auf-

248 J. P. Sartre, »Ist der Existentialismus ein Humanismus?«, in: *Drei Essays*, Frankfurt: Ullstein, 1977, S. 7-51, ebd. S. 17-9.

249 Vgl. G. Schiwy, *Der französische Strukturalismus*, op. cit.; *Kulturrevolution und »Neue Philosophen«*, op. cit.

250 Vgl. H. Kreuzer, *Die Bohème*, op. cit., insbesondere S. 141-80; C. Grana, *Bohemian versus Bourgeois*, op. cit.; S. de Beauvoir, *Les Mandarins*, op. cit.

schlußreich, wenn man sich vergegenwärtigt, wie zweitrangig das Ästhetische in der deutschen Kultur behandelt wird. Die Dichter werden entgegen dem bekannten Spruch von dem Volk der Dichter und Denker nur insoweit wirklich anerkannt, als ihnen selbst die Qualität von Denkern zugeschrieben wird.[251] Sie müssen Tiefsinniges und Universelles vermitteln. Das ist der Unterschied des Dichters zum Poeten. Bloße Unterhaltung ist keine Aufgabe der hohen Kultur. Konzepte des Schöpferischen haben nie denselben Stellenwert wie universalistische Prinzipien der theoretischen und praktischen Vernunft erlangt. Kants *Kritik der Urteilskraft* rangiert deutlich hinter den beiden anderen Kritiken. Fichtes tätiges Ich oder Moses Hess' Philosophie der Tat haben im Vergleich zu Hegels Entwicklungslogik des objektiven Geistes und zu Marx' Logik der kapitalistischen Entwicklung nur Nebenrollen gespielt.[252] Die Verwirklichung der Vernunft vollzieht sich nach dem herrschenden Denkmuster als eine Gesetzmäßigkeit; sie ist nicht das Ergebnis eines schöpferischen Aktes. Die Gesetzmäßigkeit kann durchaus paradox verlaufen und letztlich zur Zerstörung der Vernunft führen, wie in Max Webers' Konzept des okzidentalen Rationalisierungsprozesses;[253] immer noch ist das ein Prozeß, der mit innerer Notwendigkeit abläuft. Bei Max Weber leuchtet aber im Begriff des Charisma auch die Rolle des Schöpferischen in der Geschichte auf.[254] Dieses Charisma ist mit dem Begriff des religiösen und politischen Führers und mit der Begründung einer neuen Herrschaft verknüpft, eine Verbindung, die in Deutschland ein von Weber nicht intendiertes unseliges Schicksal erfahren hat.

251 Vgl. R. Minder, *Dichter in der Gesellschaft. Erfahrungen mit deutscher und französischer Literatur*, Frankfurt: Insel-Verlag, 1966.

252 I. Kant, *Kritik der Urteilskraft*, (1790), in: *Werke in sechs Bänden*, hg. von W. Weischedel, Bd. V, Frankfurt: Insel-Verlag, 1957, S. 233-620; J. G. Fichte, *Werke*, hg. von F. Medicus, Darmstadt: Wissenschaftliche Buchgesellschaft, 1962, Bd. II, insbesondere S. 5-7, 24-6; M. Hess, *Philosophie der Tat*, in: *Ausgewählte Schriften*, ausgew. und eingeleitet von H. Lademacher, Köln: Melzer, 1962, S. 131-47; G. W. F. Hegel, *Phänomenologie des Geistes*, in: *Sämtliche Werke*, Bd. 2, hg. von H. Glockner, Stuttgart: Fromann 1964-71; *System der Philosophie*, in: *Sämtliche Werke*, op. cit., Bde. 8-10; K. Marx, *Das Kapital*, Bd. I, in: *Marx-Engels Werke*, Bd. 23, Berlin: Dietz, 1972.

253 M. Weber, *Gesammelte Aufsätze zur Religionssoziologie*, Bd. I, Tübingen: Mohr Siebeck, (1920) 1972, (*Religionssoziologie* I), op. cit., S. 203-4.

254 M. Weber, *Wirtschaft und Gesellschaft*, Tübingen: Mohr Siebeck, (1922) 1976, S. 140-8, 654-81.

Das französische Denken ist nicht frei von dieser Version des Schöpferischen. Man kann dabei an Georges Sorel denken,[255] aber auch an manche Versionen der gegenwärtigen »neuen Philosophie«,[256] die auch darin eine Eigenart des französischen Denkens fortführen. Dabei handelt es sich jedoch um extreme Versionen einer Tradition, die in der spontanen Kreativität des Individuums den Widerpart zur jeweils herrschenden Ordnung sieht.
In der deutschen Philosophie dieses Jahrhunderts hat am ehesten Adorno der Ästhetik einen mit Frankreich vergleichbaren Stellenwert eingeräumt. Die ästhetische Kritik ist der letzte Fluchtpunkt angesichts der ständig wachsenden Macht der instrumentellen Vernunft.[257] Adornos Randposition kommt allerdings schon in ihrer Überwindung innerhalb der kritischen Theorie unmittelbar zum Ausdruck; Habermas hat sie mit einer konsequenten Erneuerung der Herrschaft der universellen Vernunft bewerkstelligt.[258] Die im Vergleich zum angelsächsischen Sprachraum äußerst zögernde Aufnahme von Habermas' Denken in Frankreich hat nicht nur zufällige, sondern auch systematische Gründe. Das französische Streben nach individueller Kreativität widerstrebt dem deutschen Vernunftsuniversalismus, wie er von Habermas in klassischer Form fortgeführt wird.
Es ist festzuhalten: Die französische Idee der kulturellen Freiheit findet ihren Ausruck in einem *kreativen Individualismus*, der sich stets gegen die herrschenden Konventionen der Gesellschaft zu verwirklichen sucht.[259]

3.2 Politische Freiheit: Der Staatsbürger

Die politische Freiheit ist in Frankreich einerseits eine Fortführung der kulturellen Freiheit – Frankreich als die literarische Republik –, andererseits droht sie unter der Herrschaft der zentra-

255 G. Sorel, *Réflexions sur la violence*, Paris: M. Riviere, (1908) 1925.
256 Beispielsweise: G. Lardreau und C. Jambet, *L'ange*, Paris: Grasset, 1976.
257 T. W. Adorno, *Ästhetische Theorie*, in: *Gesammelte Schriften*, Bd. 17, Frankfurt: Suhrkamp, 1970; *Negative Dialektik*, in: *Gesammelte Schriften*, Bd. 6, Frankfurt: Suhrkamp, 1973.
258 J. Habermas, *Theorie des kommunikativen Handelns*, Frankfurt: Suhrkamp, 1981, Bd. 1, S. 489-534.
259 Siehe dazu auch F. Bourricaud, »France«, op. cit., S. 498-514.

lisierten Administration zu ersticken. Diese gegensätzlichen Bestimmungen der politischen Freiheit haben sich im alten Staat herausgebildet. Ihre Spuren sind noch heute überall sichtbar. Die entsprechende Konstellation vor der Revolution von 1789 hat Tocqueville prägnant beschrieben:

Während sich in England die über Regierung Schreibenden mit den Regierenden mischten, wobei die einen die neuen Ideen in die Praxis einführten, die anderen aber die Theorien mit Hilfe der Tatsachen verbesserten und einschränkten, blieb in Frankreich die politische Welt gleichsam in zwei getrennte, miteinander nicht verkehrende Provinzen geteilt. In der ersten wurde verwaltet, in der zweiten stellte man abstrakte Prinzipien auf, auf die sich alle Verwaltung hätte gründen sollen. Hier ergriff man einzelne Maßregeln, die die Routine bestimmte; dort proklamierte man allgemeine Gesetze, ohne je an die Mittel zu ihrer Ausführung zu denken; den einen gehörte die Führung ihrer Geschäfte, den anderen die Leitung der Geister.[260]

Unter dem alten Regime hatten die Literatur und die Philosophie der Aufklärung im 18. Jahrhundert in Frankreich eine nirgendwo sonst erreichte Entfaltung erfahren. Trotz aller politischen Verfolgung, die allerdings nicht besonders konsequent gehandhabt wurde und kaum etwas an der sprunghaften Ausbreitung der Aufklärungsliteratur änderte, hat sich in dieser Zeit de facto die Freiheit der öffentlichen Diskussion ihre Bahn gebrochen.[261] Sie ist unter allen Elementen der politischen Freiheit bis heute das stärkste geblieben. Der Charakter und der Verlauf der Revolution von 1789 sind ganz wesentlich durch diese literarische Diskussion bestimmt worden.[262] Zu allen Krisenzeiten hat die von den Schriftstellern beeinflußte öffentliche Diskussion eine große Rolle gespielt. Die Dreyfus-Affaire und der Mai 1968 sind dafür herausragende Beispiele.[263] Politische Freiheit ist in Frankreich seit der Aufklärung immer zuallererst als Freiheit des Diskutierens allgemeiner Ideen verstanden worden und viel weniger als Kontrolle

260 A. de Tocqueville, *Der alte Staat und die Revolution*, op. cit., S. 129.

261 F. Schalk, *Studien zur französischen Aufklärung*, op. cit., S. 13-61; J. von Stackelberg, *Themen der Aufklärung*, op. cit., S. 30-52; H. U. Gumbrecht u. a., »Für eine Sozialgeschichte der französischen Aufklärung«, in: H. U. Gumbrecht, R. Reichardt und T. Schleich (Hg.), *Sozialgeschichte der Aufklärung in Frankreich*, op. cit., Teil I, S. 3-48, insbesondere S. 3-25.

262 B. Groethuysen, *Philosophie der französischen Revolution*, op. cit.

263 D. Bering, *Die Intellektuellen*, op. cit., S. 32-67; A. Touraine, *The May Movement: Revolt and Reform*, New York: Random House, 1971.

der alltäglichen Regierungs- und Verwaltungspraxis und als Schutz des Individuums vor Übergriffen des Staates sowie als Abgrenzung privater Räume von der staatlichen Regulierung des Handelns. Voltaire hat während seines Aufenthaltes in England offensichtlich die literarische Freiheit der Engländer viel mehr bewundert als ihre politische; zumindest berichtet er über sie ungleich mehr und enthusiastischer.[264] Es ist eine Freiheit der Schriftsteller, das Ungewöhnliche zu denken, weniger eine Freiheit des gewöhnlichen Bürgers in der Alltagspraxis, die von den Schriftstellern gesucht wird. Abstrakte Diskussionen und routinemäßiges Regieren und Verwalten sind in normalen Zeiten voneinander getrennte Sphären, die in Krisenzeiten allerdings um so schärfer aufeinanderstoßen. Tocqueville sieht in dieser Verselbständigung der philosophischen Diskussion und der Verwaltungspraxis einen wesentlichen Grund dafür, daß die Schriftsteller kein großes Interesse an der Kontrolle der Regierung und Verwaltung in ihrer alltäglichen Praxis und die Regierenden kein Gespür für den Nutzen einer öffentlichen Regierungs- und Verwaltungskontrolle entwickelten.[265]

Politische Freiheiten im amerikanischen Sinn als Rechte der Bürger, Regierung und Verwaltung zu kontrollieren, und als Schutz der Bürger vor willkürlichen Übergriffen der Regierung und Verwaltung wurden in Frankreich im Zuge der Entwicklung der absoluten Königsherrschaft nahezu vollkommen beseitigt. Die Provinzen, Städte und Gemeinden verloren ihre Rechte der Selbstverwaltung und wurden von einem einzigen zentralisierten Verwaltungssystem überzogen. Sie wurden nun von den Intendanten des Königs und deren Subdelegaten verwaltet. An die Stelle der selbständigen Regelung ihrer Angelegenheiten trat die Vormundschaft der königlichen Verwaltung.[266] Politische Freiheitsrechte sind in Frankreich auf diese Weise im alten Staat abgetötet worden. Eine entsprechende praktische Erfahrung in der Wahrnehmung dieser Rechte konnte nicht zur Tradition werden. Wo das noch am ehesten der Fall war, in den Gerichten, ist es dem König gelungen, die ordentlichen Gerichte in ihrer Entscheidungsbefugnis zurückzudrängen und sie durch eine eigene Verwaltungsgerichtsbarkeit zu ersetzen. Nicht nur alle Angelegenheiten der Verwaltung, son-

264 Voltaire, *Lettres philosophiques*, op. cit.

265 A. de Tocqueville, *Der alte Staat und die Revolution*, op. cit., S. 123-31.

266 Ebd., S. 39-54.

dern mit der Zeit jede Sache, in der vom König ein öffentliches Interesse erkannt wurde, konnte einem ordentlichen Gericht entzogen und einem Verwaltungsgericht zugeteilt werden. Dabei übten die Intendanten und der königliche Rat als oberste Instanz selbst die Funktion von Richtern aus, so daß von einer unabhängigen Gerichtsbarkeit in diesem Fall nicht mehr die Rede sein konnte.[267]

Die eigenständige Verwaltungsgerichtsbarkeit, die heute als eine den Bürger gegen den Staat schützende Errungenschaft gepriesen wird, hat also ihren Ursprung in einer Steigerung der Verwaltungsmacht. Auch diese Wurzel hat ihre Spuren hinterlassen. Der Bürger hat in Frankreich im Umgang mit der Verwaltung nie eine ähnliche Selbstsicherheit erreicht, wie das in den Vereinigten Staaten der Fall ist. Die Verwaltung hat stets den Charakter einer über dem Bürger stehenden Behörde behalten und ist nie als ein Betrieb im Dienste des Bürgers aufgefaßt worden. Diese von ihrem Ursprung her definierte Idee der Verwaltung prägt den Stil der Interaktion zwischen Beamten und Bürgern. Nicht der aufrechte Gang des Bürgers herrscht vor, sondern die gebückte Haltung des Untertanen, nicht die selbstbewußte Drohung mit einer Klage gegen Verwaltungsentscheidungen, sondern ihre unterwürfige, achselzuckende oder allenfalls mürrische Hinnahme.[268]

Die von der absoluten Königsherrschaft angelegte administrative Durchstrukturierung der Gesellschaft ist von der Revolution und insbesondere von Napoleon noch weiter verstärkt worden und bis heute ein grundlegender Hemmschuh der Institutionalisierung einer Praxis der Wahrnehmung politischer Freiheitsrechte geblieben.[269] Wo im angelsächsischen Kulturkreis, insbesondere in Amerika, die Individuen selbst ihre Interessen in die Hand nehmen, wo sie darüber mit anderen streiten, Kompromisse bilden und Gerichte bemühen, werden sie in Frankreich von einer zentralen Behörde verwaltet. Streitigkeiten tragen sie nicht selbst aus, sie lassen darüber eine über ihnen stehende, unparteiliche Behörde entscheiden. Der faktischen Herrschaft der Verwaltung entspricht dabei in hohem Maße auch die Haltung der Bürger. Sie meiden den

267 Ebd., S. 54-8.

268 M. Crozier, *The Bureaucratic Phenomenon*, op. cit., S. 40-55, 80-8, 203-12.

269 A. de Tocqueville, *Der alte Staat und die Revolution*, op. cit., S. 29-30; U. Kempf, *Das politische System Frankreichs*, op. cit., S. 124-34.

unmittelbaren Konflikt mit dem anderen, sie wollen sich nicht einer im offenen Wettstreit gebildeten Macht anderer Individuen oder Gruppen aussetzen, sondern sich lieber einer zentralen Instanz unterwerfen, die über allen Gruppen steht. In der aktiven Ausübung politischer Teilnahmerechte haben sie über den Wahlgang hinaus keine praktische Erfahrung. Im Elternhaus überwiegt die Autorität des Vaters. Die Schulen und Hochschulen sind so bürokratisch organisiert wie kaum in einem anderen Land. Stumpfsinniges Einpauken eines von zentraler Stelle genau vorgeschriebenen Stoffes ist die alltägliche Übung des Schülers und Studenten. Was nicht präzise festgelegt werden kann, wird auch nicht gelernt, offene Diskussionen werden gemieden. Eine Einübung in die Teilnahme an Entscheidungen ist ausgeschlossen. Nicht anders ist die Erfahrung am Arbeitsplatz, in der Gemeinde, überall dort, wo der einzelne unmittelbar betroffen ist. Es herrscht das sichere Gesetz vor, nicht die unwägbare Auseinandersetzung zwischen den Betroffenen.[270] Der einzige Unterschied zum System des Absolutismus besteht darin, daß es sich nun um einen demokratischen Zentralismus handelt. Nicht der König und sein Rat üben die Herrschaft aus, sondern ein zentrales Parlament und eine zentrale Regierung, die vom Volk gewählt werden. Weder die Revolution von 1789 noch alle nachfolgenden Regimes haben an diesem Zentralismus etwas geändert. Der Föderalismus, die Dezentralisierung von Entscheidungen, die unmittelbare Konfliktaustragung zwischen den Betroffenen haben in Frankreich nie eine Chance gehabt.

Die aktive Kontrolle der Regierung und Verwaltung durch den Bürger und die Wahrung von staatsfreien Sphären haben keine mit dem angelsächsischen Kulturkreis vergleichbare Rolle gespielt. Auch den Schriftstellern war die Organisation des Staates nach den Prinzipien der Natur oder der Vernunft wichtiger als die Sicherung der individuellen Freiheitsrechte. Sie haben stets vom Staat mehr erwartet als vom Individuum. Tocqueville meint, das Verlangen nach politischer Freiheit sei in Frankreich vor der Revolution von 1789 zuletzt erschienen und dann auch wieder als erstes verschwunden.[271] Die Neugestaltung der Gesellschaft nach den Gesetzen der Natur soll nach der Theorie der Physiokraten die

270 M. Crozier, *The Bureaucratic Phenomenon*, op. cit., S. 187-293.

271 A. de Tocqueville, *Der alte Staat und die Revolution*, op. cit., S. 138.

Aufgabe des Staates sein. Dazu ist es auch seine erste Pflicht, die Bürger im richtigen Geiste zu erziehen. Sie versprechen sich davon einen vollkommen funktionierenden Organismus.[272] Im 19. Jahrhundert hat der utopische Sozialismus und der Positivismus diese Logik der totalen Durchgestaltung der Gesellschaft fortgesetzt. Hier ist es die erste Pflicht der Bürger, in ihrer jeweiligen Funktion dem gesellschaftlichen Ganzen zu dienen. Von ihrer Freiheit gegenüber der Gesellschaft ist nicht die Rede.[273] Selbst Proudhon, der für den Föderalismus plädierte, konnte diesem Denkmuster nicht ganz entgehen, wenn er in dem föderalen System vor allem auch einen besser funktionierenden Gesellschaftskörper sah und eine Überschneidung von Gewalten sowie ihren daraus folgenden Konflikt strengstens vermeiden wollte.[274] Darin war Proudhon nicht allein. Während die Amerikaner die Überschneidung von Gewalten als einen Schutz vor einer übermächtigen Instanz betrachten, sieht man in Frankreich darin in erster Linie ein Element der Unordnung im Staatsaufbau.

Die grundlegende Theorie für den demokratischen Zentralismus und für die Überordnung der Gesellschaft über das Individuum in Frankreich hat Rousseau geliefert. Die Entfaltung des Eigeninteresses, der Wettstreit, der Markt, die Konfliktaustragung zwischen Individuen und Gruppen waren ihm im Gegensatz zu den angelsächsischen Liberalen keine Wohltat und kein Maßstab der Freiheit, sondern ein Greuel und die Ursache von allem Leid, von einer Ungleichheit, die den Reichen immer reicher und den Armen immer ärmer werden läßt, von einer Unfreiheit, die den einzelnen stets der Gewalt der Mächtigeren unterwirft.[275] Selbst in der freien Ideenkonkurrenz in Wissenschaft, Philosophie und Literatur, sah Rousseau nur die Eitelkeit der Schriftsteller und keinen allgemeinen Nutzen.[276] Von einer freien Entfaltung des Eigennutzes und

272 Vgl. ebd., S. 139-47.

273 C.-H. de Saint-Simon, *Œuvres*, op. cit.; C. Fourier, *Ökonomisch-philosophische Schriften;* eingel. und hg. von L. Zahn, Berlin: Akademie-Verlag, 1980; *Œuvres complètes*, Bd. 6, Paris: Anthropos, 1966; P. J. Proudhon, *Ausgewählte Texte*, op. cit.

274 P. J. Proudhon, »Über das föderative Prinzip und die Notwendigkeit, die Partei der Revolution wiederherzustellen«, op. cit.

275 J. J. Rousseau, *Discours sur l'origine et les fondements de l'inégalité* (1755), op. cit.

276 J. J. Rousseau, *Discours sur les sciences et les arts*, (1749), in: *Œuvres com-*

einer möglichst weiten Ausdehnung dieser natürlichen Freiheit des Individuums hielt er nichts. Er konnte auch nicht den Optimismus der angelsächsischen Liberalen teilen, daß die Individuen aus ihrem eigenen Interesse ihre Rechte gegenseitig respektieren werden. Er sieht wie Hobbes die Notwendigkeit einer Kontrolle über die Entfaltung des Eigennutzes, aber er glaubt nicht an die spontane, eigeninteressierte Abtretung der Rechte an einen obersten Gewalthaber, und er will die Rechte der Individuen kontrolliert, aber nicht völlig abgetreten wissen. Rousseaus Lösung des Problems ist die Vergemeinschaftung der Individuen zu einem staatsbürgerlichen Kollektiv, dem alle Gesetzgebung übertragen ist und das alle Gesetze nach dem Prinzip des Allgemeinwillens aller Staatsbürger erläßt. Die Bildung einer solchen Gemeinschaft ist der Zweck des Gesellschaftsvertrags.[277] Die Individuen müssen sich vereinigen und alle ihre Macht der Gemeinschaft übertragen. Anstelle ihrer natürlichen Freiheit, die unter der Bedingung des Wettstreits und der Ungleichheit nichts mehr wert war, gewinnen sie dadurch eine vor allen Übergriffen sichere bürgerliche Freiheit.[278]

Was die Individuen zum Gesellschaftsvertrag motiviert, ist ihre Bindung an die Gemeinschaft, nicht ihr Eigennutz. Soweit diese Gemeinschaftsbindung nicht natürlich gegeben ist, muß das Individuum zum Staatsbürger erzogen werden. Abweichungen von den Gesetzen, die aus dem Allgemeinwillen hervorgegangen sind, müssen sanktioniert werden. Es gilt in diesem Fall, den Menschen zur Freiheit zu zwingen.[279] Das Individuum verdankt seine bürgerliche Freiheit dem Gesellschaftskollektiv. Bürgerliche Freiheit gibt es nur innerhalb des Kollektivs und nur unter der Herrschaft des Allgemeinwillens, nicht außerhalb. Rousseau sieht deshalb auch keinen Anlaß für besondere Schutzvorkehrungen für das Individuum und für ein Widerstandsrecht gegen den Staat. Auch ein Minderheitenschutz erübrigt sich. Der Allgemeinwille kann nicht irren.[280] Aller Zwang des Allgemeinwillens ist nur ein selbst auferlegter Zwang des Individuums, weil das Individuum an der

plètes, Bd. III, hg. von B. Gagnebin und M. Raymond, Paris: Gallimard, 1964, S. 1-107.

277 J. J. Rousseau, *Du contrat social*, op. cit., S. 360-2 (17-20).

278 Ebd., S. 364-5 (23-4).

279 Ebd., S. 364 (22).

280 Ebd., S. 371-2 (32-3).

Bildung des Allgemeinwillens teilhat.[281] Rousseau gelingt diese Vereinigung von Ordnung und Freiheit, weil er das Individuum in der Rolle des Gemeinschaftsmitgliedes aufgehen läßt. Als solches kann das Individuum nichts anderes wollen als die Gesetze, über die alle im Kollektiv übereinstimmen. Die Gesetzgebung ist kein Prozeß der Kompromißbildung zwischen partikularen Interessen, sondern ein Verfahren der konsensuellen Bestimmung des allgemeinen Willens, der über allem Partikularen steht. Zur Herrschaft gelangt nur das Allgemeine, dem jeder zustimmt. Deshalb ist es auch nicht notwendig, das Individuum vor der Herrschaft des Allgemeinwillens zu schützen:

Das Staatsoberhaupt (die Gemeinschaft, d. V.) nun, das nur aus den einzelnen, aus denen es besteht, gebildet wird, hat und kann kein dem ihrigen zuwiderlaufendes Interesse haben; folglich bedarf die oberherrliche Macht den Untertanen gegenüber keiner Bürgschaft, da ja der Körper unmöglich den Willen haben könnte, allen seinen Gliedern zu schaden.[282]

Um den Allgemeinwillen in möglichst reiner Form bilden zu können, darf es keine Zersplitterung in Parteien und auch keine Gewaltenteilung als ein System sich gegenseitig kontrollierender Instanzen geben.[283] In all diesen Fällen streitet nur Partikulares gegen Partikulares, das einer Bildung des allgemeinen Willens im Wege steht. Die Vereinigung aller in einem einheitlichen Kollektiv ist die Staatshoheit, die in der Gesetzgebung Ausdruck findet. Alles, was nicht zur Gesetzgebung gehört, ist bloße Anwendung des allgemeinen Willens und deshalb keine unabhängige Instanz. Die Exekutive und die Gerichtsbarkeit sind eindeutig der Gesetzgebung unterstellt.

Es ist also der Staat, der dem Individuum nach Rousseaus Theorie die bürgerliche Freiheit schenkt. Und er muß dieses Geschenk mit den erforderlichen erzieherischen Maßnahmen und der notwendigen Konsequenz in der Ahndung von Verstößen gegen den Allgemeinwillen übergeben.[284] Für besondere Kontrollen der Regierungsgewalt durch ein System von Checks und balances, für den Schutz von Minderheiten gegen die Mehrheitsherrschaft und des Individuums gegen Übergriffe des Staates war in dieser Theorie

281 Ebd., S. 378-80 (41-4).
282 Ebd., S. 363 (21).
283 Ebd., S. 369-71 (29-31), 437-9 (116-8).
284 Ebd., S. 362-4 (20-2).

kein Platz. Über diese angelsächsischen Formen der politischen Freiheiten hätten die Franzosen mehr aus Montesquieus Beschreibung des englischen Regierungssystems im *Geist der Gesetze* lernen können.[285] Dieses System paßte jedoch nicht in die Struktur des Denkens und der Gesellschaft Frankreichs. Montesquieus Methode der Relativierung der Regierungsform in bezug auf die in den gesellschaftlichen, geistigen und materiellen Strukturen enthaltenen Möglichkeiten hat selbst der Distanz zum angelsächsischen Verständnis der politischen Freiheit Vorschub geleistet. Rousseaus Theorie entsprach viel mehr dem deduktiven Denken und dem administrativen Zentralismus Frankreichs.

Gewiß hat Rousseau die Realisierung seines Modells nur in kleinen und unabhängigen Stadtstaaten vorgesehen.[286] Die Revolutionäre von 1789 haben diese Beschränkung allerdings nicht ernstgenommen und den neuen Staat nach dem Modell Rousseaus gebaut.[287] Die politische Freiheit, für die sie kämpften, sahen sie am besten in einem zentralisierten demokratischen Staat aufgehoben. Den Zentralismus des alten Staates brauchten sie dazu nur zu demokratisieren und an die Stelle des Königs als Oberhaupt ein zentrales, vom Volk gewähltes Organ zu setzen.

Gegen die reine Umformung der Lehre Rousseaus in den politischen Institutionen gab es jedoch auch Widerstand, der sich vor allem in der Deklaration der Menschen- und Bürgerrechte vom 26. August 1789 durch die Nationalversammlung niederschlug. Auch die Verfassung der fünften Republik garantiert in einer Präambel die Geltung der 1789 erklärten Bürger- und Menschenrechte. Eine solche Feststellung der Rechte des Individuums, die sie dem Zugriff der allgemeinen Gesetzgebung entzieht, widerspricht Rousseaus Lehre. Sie steht unter dem Einfluß der amerikanischen Unabhängigkeitserklärung und der Bill of Rights in den Verfassungen der Einzelstaaten, die dann auch in Ergänzungen in die Verfassung der Vereinigten Staaten aufgenommen wurde.[288] Aber man sucht in Frankreich vergeblich eine so wirksame Institution

285 Montesquieu, *De l'esprit des lois*, op. cit.

286 J. J. Rousseau, *Du contrat social*, op. cit., S. 414-9 (88-94).

287 B. Groethuysen, *Philosophie der Französischen Revolution*, op. cit., S. 149-80.

288 Ebd., S. 132-4; G. Jellinek, »Die Erklärung der Menschen- und Bürgerrechte«, (1919), in: R. Schnur (Hg.), *Zur Geschichte der Erklärung der Menschenrechte*, Darmstadt: Wissenschaftliche Buchgesellschaft, 1964, S. 1-77,

wie den amerikanischen obersten Gerichtshof, die eine ähnlich eindrucksvolle Geschichte der praktischen Umsetzung der Bürger- und Menschenrechte geschrieben hätte. Der Verfassungsrat der fünften Republik, der nach dem Vorbild des obersten Gerichtshofs der Vereinigten Staaten und des Bundesverfassungsgerichts der Bundesrepublik eingerichtet wurde, ist nur ein blasses Abbild dieser Institutionen geworden. Er ist der Macht der Exekutive und der Legislative hoffnungslos unterlegen.[289]

Auch in der Interpretation der Bürger- und Menschenrechte macht sich der Unterschied des Freiheitsverständnisses in den beiden Ländern bemerkbar. Die Amerikaner interpretieren die Bürger- und Menschenrechte in erster Linie als Rechte des Individuums gegen Übergriffe des Staates, als Garanten einer Sphäre der Freiheit von staatlicher Vormundschaft und Kontrolle. Die Franzosen denken mehr an die Aufgabe des Staates, die Verwirklichung der Bürger- und Menschenrechte aktiv in der Gesetzgebung zu bewerkstelligen. In Amerika besteht die Freiheit außerhalb des Staates, in Frankreich wird sie vom Staat hergestellt.[290] In allen Sphären der Gesellschaft ist das aktive Eingreifen des Staates im Interesse der Überwindung der Anarchie des vorstaatlichen Naturzustandes und der Gewinnung der bürgerlichen Freiheit legitimiert. Das gilt für die Entwicklung der Industrie ebenso wie für das Erziehungswesen, die Bildung und die Wissenschaft. Die Erziehung zum getreuen Staatsbürger hat Napoleon in seiner Gründung des einheitlichen und zentralisierten Systems der Université imperiale in besonderer Stringenz ausgebaut. Dieses von Rousseau legitimierte und von Napoleon verwirklichte System ist trotz aller Reformen bis heute beherrschend geblieben.[291] Was hier ein wenig aus dem Rahmen fällt, ist die Zulassung von privaten Schulen, die in Frankreich einen größeren Anteil am Schulwesen einnehmen als in Deutschland. Dabei handelt es sich in erster

ebd., S. 1-8; J. Habermas, »Naturrecht und Revolution«, in: *Theorie und Praxis*, Frankfurt: Suhrkamp, 1971, S. 89-127, ebd., S. 93-8.

289 U. Kempf, *Das politische System Frankreichs*, op. cit., S. 115-9; G. Dupuis, J. Georgel und J. Moreau, *Le Conseil constitutionnel*, Paris: Armand Colin, 1975; L. Favoreu und L. Philip, *Les grandes décisions du conseil constitutionnel*, Paris: Sirey, 1979.

290 J. Habermas, »Naturrecht und Revolution«, op. cit., S. 107-14.

291 J. Schriewer, *Die französischen Universitäten 1945-1968*, op. cit.; J. N. Moody, *French Education Since Napoleon*, op. cit.

Linie um kirchliche Schulen.[292] Neuerdings hat der Erziehungsminister vergeblich versucht, diese Schulen enger an das Erziehungsministerium zu binden. Wie weit die Erziehungsaufgabe des Staates reicht, zeigt auch die Tatsache der staatlichen Organisation der Rundfunk- und Fernsehanstalten, die allerdings in der jüngsten Vergangenheit pluralisiert und durch private Sender ergänzt worden ist.[293] Es bedarf der staatlichen Erziehung und Kontrolle, um die Individuen zur bürgerlichen Freiheit zu befähigen. Man sieht gerade hier: zwischen der Freiheit der literarischen Diskussion der Intellektuellen und der staatlichen Verwaltung der bürgerlichen Freiheit besteht ein extremer Gegensatz.

3.3 Ökonomische Freiheit: Die verwaltete Ökonomie

Ein ökonomischer Liberalismus im angelsächsischen Sinn hat sich in Frankreich nie ausgebreitet. Alles, was Frankreich in dieser Richtung anzubieten hat, sind Anleihen, die in das System des französischen Denkens einverleibt und dabei auch erheblich verändert werden.

Der Kirche ist der ökonomische Individualismus des gewerblichen Bürgertums fremd geblieben.[294] Bußfertigkeit und die Hinnahme der von Gott zugewiesenen Stellung in der gesellschaftlichen Ordnung, ob arm oder reich, wird von ihr gepredigt. Den Reichen lehrt sie die Pflicht, den Armen zu helfen, den Armen die Selbstbescheidung. Daß jemand sein Leben selbst in die Hand nehme und sein Glück versuche, erscheint der Kirche als ein Verstoß gegen die von Gott eingerichtete Ordnung. Aller Reichtum kommt von Gott und ist deshalb prinzipiell nicht selbst verdient. Er verpflichtet deshalb zur Unterstützung der Armen. Wer den

292 L. Tanguy, »L'état et l'école – l'école privée en France«, in: *Revue française de sociologie* XIII, 1972, S. 325-75; G. Goureaux und J. Ricot, *Autopsie de l'école catholique*, Paris: Cerf, 1975.

293 U. Kempf, *Das Regierungssystem Frankreichs*, op. cit., S. 260-2.

294 B. Groethuysen, *Die Entstehung der bürgerlichen Welt- und Lebensanschauung*, op. cit., Bd. 2; J. Quéniart, *Les hommes, l'église et Dieu dans la France du XVIIIe siècle*, op. cit., S. 155-72; A. Coutrot und F. Dreyfus, *Les forces religieuses dans la société française*, op. cit., S. 279-313; R. Mehl, *Le catholicisme français dans la société actuelle*, op. cit.; J. R. Pitts, »Continuity and Change in Bourgeois France,« op. cit., S. 237-44.

Reichtum nicht ererbt, sondern im Leben erwirbt, der Neureiche, erscheint suspekt. Das kann nicht mit rechten Dingen zugegangen sein. Ökonomischer Wettbewerb, Handel und Gewerbe, die unternommen werden, um Gewinne zu machen, sind Werke des Teufels. Zinsnahme ist Wucher. In der ökonomischen Freiheit des Marktes sieht man allein eine Zerstörung der von Gott bestimmten ständischen Ordnung, in der jeder seinen vorgesehenen Platz einnimmt und sich mit ihm bescheiden muß. Die alte Ordnung, nicht der zukünftige Wohlstand soll das Handeln der Menschen regieren. Dieser antiökonomische Traditionalismus ist in verschiedenen Versionen die Lehre der Kirche gewesen und auch bis heute trotz aller Liberalisierung in wesentlichen Elementen bestehen geblieben.

Der Einfluß der Kirche auf das einfache Volk, auf die unteren bäuerlichen und kleinbürgerlichen Schichten hat nie ein Streben nach der ökonomischen Freiheit des Marktes und der Selbstverantwortung entstehen lassen, wie dies der Puritanismus in England, in den Niederlanden und in den neuenglischen Kolonien bewirkt hat.[295] Selbstbescheidung mit dem gegebenen Einkommen, das man im angestammten Gewerbe erzielt, nicht Aufwärtsstreben herrscht in diesen Schichten vor.[296] Dem freien Wettbewerb wird der Schutz des Staates vor der Konkurrenz der anderen vorgezogen. Das muß nicht heißen, daß sich in diesen Schichten nie Unzufriedenheit regt. Vor allem gegen den möglichen Verlust von staatlichen Garantien und Subventionen wird gern protestiert. Das ist jedoch kein Protest für bessere Chancen der Wahrnehmung von ökonomischen Freiheiten, sondern eine Empörung über die Wegnahme von traditionellen Schutzvorkehrungen gegen den offenen Wettbewerb. Das Ideal, an dem sich diese Schichten orientieren, ist nicht der Self-made man, sondern der bescheidene Handwerker, Bauer und Gewerbetreibende, der seiner Stammkundschaft ebenso treu ist wie seinem Beruf. Man liebt die Sicherheit traditioneller Beziehungen und scheut die Unsicherheit des offenen Wettbewerbs.[297]

So sehr die Philosophen der Aufklärung die kirchliche Lehre

295 B. Groethuysen, *Die Entstehung der bürgerlichen Welt- und Lebensanschauung in Frankreich*, op. cit., Bd. 1, S. 40-66.

296 Zu den kleinbürgerlichen Schichten vgl. C. Baudelot, R. Establet und J. Malemort, *La petite bourgeoisie en France*, Paris: François Maspero, 1974.

297 M. Crozier, *The Bureaucratic Phenomenon*, op. cit., S. 277-82; J. B.

attackierten, so wenig setzten sie ihr eine Alternative auf dem Gebiet des ökonomischen Handelns entgegen.[298] Sie waren in die literarische Freiheit verliebt, die ökonomische Freiheit war ihnen entweder gleichgültig oder sie erschien ihnen gefährlich. Die Vernunft beschäftigte sie mehr als das Gewerbe. Ihre Beziehungen zur Gesellschaft waren auch ganz anderer Art als diejenigen ihrer englischen Kollegen. Sie hatten wenig mit Männern der ökonomischen Praxis, mit Kaufleuten und Unternehmern, zu tun. Ihre Diskussionspartner waren die vornehmen Damen im Salon, die von ihnen gewiß anderes erwarteten als die Lösung ökonomischer Probleme. Den Philosophen fehlte die enge Verbindung mit der ökonomischen Praxis des gewerblichen Bürgertums, um eine Theorie des ökonomischen Liberalismus entwickeln zu können. Für diese profanen Dinge hatten sie nur Verachtung übrig. Wenn sie sich überhaupt damit beschäftigt haben, wie Rousseau, dann haben sie den ökonomischen Individualismus als eine Wurzel aller Übel der modernen Gesellschaft verurteilt. Für Rousseau sind die freie Konkurrenz und die Entfaltung des reinen Erwerbs- und Geltungstriebs die Ursachen für Ungleichheit, für das Recht des Stärkeren und für die Unterdrückung der Schwächeren. Sie sind der Feind der bürgerlichen Freiheit. Nur ihre vollkommene Unterwerfung unter die Gesetzgebung des Allgemeinwillens kann die Menschheit vor dem Schaden bewahren, den sie anrichten.[299] Von der Seite der Philosophen ist also keine Idee des Selfmademan geformt worden. Das Ideal der Philosophen ist entweder der kreative Intellektuelle oder der richtig erzogene, verantwortliche Staatsbürger.

Aber auch diejenigen Theoretiker, die sich den ökonomischen Problemen zuwandten, taten dies nicht im liberalen Sinn der Angelsachsen. Ihr erster Adressat war nicht das gewerbliche Bürgertum, sondern der Staat. Im 18. Jahrhundert sind es die Physiokraten, die alles auf die Gesetze der Natur aufbauen wollen, dabei aber mehr die Landwirtschaft aufgrund ihrer Nähe zur Natur

Christopher, »The Desiccation of the Bourgeois Spirit«, op. cit.; D. S. Landes, »French Business and the Businessman«, op. cit.

298 A. de Tocqueville, *Der alte Staat und die Revolution*, op. cit., S. 123-38; B. Groethuysen, *Philosophie der Französischen Revolution*, op. cit.

299 J. J. Rousseau, *Discours sur l'origine et les fondements de l'inégalité*, op. cit.; *Du contrat social*, op. cit., S. 354-5 (9-10), 360-2 (17-20).

bevorzugen als Industrie und Handel.[300] Was ihnen vorschwebt, ist ein perfektes ökonomisches System mit der Verwaltung des Staates an der Spitze, in der die freie Konkurrenz nur einen untergeordneten Platz einnimmt. Sofern sie überhaupt dafür plädieren, wird die Konkurrenz in das planmäßig entworfene System eingepaßt.[301]
Noch viel weniger Chancen hatte der ökonomische und mit ihm auch der politische Liberalismus in den Theorien des utopischen Sozialismus und des Positivismus im 19. Jahrhundert. Saint-Simon stand wohl eine beschränkte Zeit unter dem Einfluß des angelsächsischen Liberalismus, aber für ihn war die ökonomische Freiheit auch in dieser Periode seines Denkens kein Selbstzweck, sondern ein Mittel, um den Nutzen der Gesellschaft zu steigern. Später hat er sich vom Liberalismus völlig abgewandt und seine Theorie konsequent zum Modell eines organischen Gesellschaftsaufbaus gestaltet, in dem die ökonomische Freiheit überhaupt keinen Platz mehr hatte.[302] Jeder sollte seine ihm von der Gesellschaft zugewiesene Funktion im System erfüllen. Auch die Industriellen sind keine unabhängigen Self-made men, sondern Führer, die ihre bestimmte Aufgabe in dem System zu erfüllen haben. Sie sind Funktionäre der Gesellschaft, nicht unabhängige Bürger. Was in dieser organischen Gesellschaftstheorie am ehesten zum Ausdruck kommt, ist das Ideal der Beamten der staatlichen Administration. Die Führungselite dieser Beamtenschaft handelt nach dem Ideal des gesamtgesellschaftlich verantwortlichen Funktionärs, dessen Aufgabe es ist, zu planen, anzuweisen und zu führen, und zwar aus einer unbestrittenen Eliteposition heraus. Der untergeordnete Beamte verhält sich dazu komplementär: diszipliniert, auf den Empfang und die Weitergabe von Anweisungen eingestellt. Weder die Führungsspitze noch die ihr untergeordnete Beamtenschaft können Träger eines ökonomischen Konkurrenzindividualismus sein.

300 N. Dupont, *De l'origine et du progrès d'une science nouvelle*, op. cit.; V. R. de Mirabeau, *Philosophie rurale ou économie générale et politique de l'agriculture*, op. cit.; F. Quesnay, *Œuvres économiques et philosophiques*, op. cit.; A. R. J. Turgot, *Œuvres de Turgot et documents le concernant*, op. cit.

301 Vgl. A. de Tocqueville, *Der alte Staat und die Revolution*, op. cit., S. 138-47.

302 C.-H. de Saint-Simon, *Œuvres*, op. cit.; vgl. dazu R. P. Fehlbaum, *Saint-Simon und die Saint-Simonisten*, op. cit.

Was ist aber mit den aufsteigenden bürgerlichen Schichten, die im 18. Jahrhundert die verarmenden adeligen Familien ökonomisch weit überflügeln, zur treibenden Kraft der Revolution werden und schließlich die Herrschaft übernehmen?[303] Sie sind die natürlichen Träger des ökonomischen Individualismus. Die Struktur der französischen Gesellschaft hat sie jedoch nicht so souverän ihre eigenen Ideale entwickeln und in der ganzen Gesellschaft verbreiten lassen. Im Vergleich zu England fehlte ihnen die theoretische Sublimierung ihres Lebensstils durch die Philosophen und die Aufnahmebereitschaft der Aristokratie. Während in England der Liberalismus zur Idee von Bürgertum und Aristokratie wurde und die kulturelle Herrschaft übernahm, ist in Frankreich die feine Lebensart der Aristokratie auch nach ihrer politischen Abdankung – die schon vom Absolutismus eingeleitet worden war – stets das kulturelle Ideal geblieben.[304] Das aufstrebende Bürgertum hat demgemäß, sofern es auch kulturelle Anerkennung suchte, immer den Lebensstil der Aristokratie nachahmen müssen.[305] Eine vornehme Familie zu sein, Geschmack und Stil zu haben, sind für sie wichtiger als hemdsärmelige Profithascherei.[306] Die Krönung ihres Aufstiegs war zur Zeit des alten Staates der Kauf eines der zahllosen Ämter der königlichen Verwaltung. Für den König wurde das System des Ämterverkaufs eine unverzichtbare Finanzquelle für die immer größere Summen verschlingende Hofhaltung. Für die Bürgerlichen diente der Ämterkauf als willkommenes Mittel der Mehrung von Ansehen. Und wenn der König, was nicht selten geschah, den Kauf für nichtig erklärte, war man gern bereit, erneut zu zahlen, um so die gewonnene Ehre zu erhalten und die Finanzlage des Staates zu verbessern.[307] Während in Eng-

303 Vgl. E. G. Barber, *The Bourgeoisie in 18th Century France*, Princeton, N. J.: Princeton University Press, 1969; R. Pernoud, *Histoire de la bourgeoisie en France*, Paris: du Seuil, 1962.

304 Zur französischen Aristokratie im 18. Jahrhundert siehe G. Claussinand-Nogaret, *La noblesse au XVIIIe siècle*, Paris: Hachette, 1976; H. Carré, *La noblesse de France et l'opinion publique au XVIIIe siècle*, Genf: Slatkine, 1977.

305 Vgl. A. de Tocqueville, *Der alte Staat und die Revolution*, op. cit., S. 74-89; B. Moore, *Soziale Ursprünge von Diktatur und Demokratie*, op. cit., S. 80-95, 137-9.

306 J. R. Pitts, »Continuity and Change in Bourgeois France,« op. cit., S. 244-9.

307 A. de Tocqueville, *Der alte Staat und die Revolution*, op. cit., S. 89-98.

land die Verbürgerlichung der Aristokratie voranschritt, erfolgte in Frankreich eine Aristokratisierung des großen Bürgertums, die einen angelsächsischen ökonomischen Individualismus nie zu einer herrschenden Idee aufsteigen ließ.
Es haben sich in Frankreich weder Theorien noch Träger des Liberalismus in einem Maße gefunden, wie wir es von England und Amerika kennen. Dementsprechend gibt es auch eine viel schwächer entwickelte Praxis der ökonomischen Freiheit. Wo man dort auf die Kräfte des Marktes vertraut, zieht man hier die Regulierung und die Planifikation des Staates vor.[308] Individuelle Initiative in privaten Unternehmungen spielt eine viel bescheidenere Rolle. Innovation, das Ergreifen von Initiativen zur Lösung von Problemen erwartet man nicht von Individuen und freiwilligen Zusammenschlüssen, sondern von der staatlichen Administration.[309] Wo Individuen und Gruppen in ihren Interessen aufeinanderstoßen, überläßt man die Bindung ihrer Freiheit nicht der unmittelbaren Abstimmung und der vertraglichen Vereinbarung zwischen den Betroffenen. Man scheut diese unmittelbare Auseinandersetzung und beugt sich viel lieber einer Regelung der Konflikte durch übergeordnete Behörden, denen man mehr Objektivität zutraut. Objektivität in der Interessenabstimmung sieht man viel mehr durch die Überordnung einer unparteilichen Behörde verwirklicht als durch die Herstellung von Intersubjektivität zwischen den interessierten Bürgern.[310]

3.4 Vereinigungsfreiheit: Die geschlossenen Gesellschaften und die Paradoxie der Liebe

Im 18. Jahrhundert schießen auch in Frankreich überall neue Formen der Vereinigung aus dem Boden: Akademien, Lesegesellschaften und Freimaurerlogen. Hier kommen Angehörige des Klerus, des weltlichen Adels und des Bürgertums zusammen. Es zählt nicht die Standeszugehörigkeit, sondern der Geist.[311]
Wer den richtigen Geist besitzt, dem steht die ganze Welt offen.

308 Vgl. G. Hedtkamp, *Planification in Frankreich*, op. cit.
309 M. Crozier, *The Bureaucratic Phenomenon*, op. cit., S. 270-93.
310 Ebd., S. 187-94, 214-27.
311 Vgl. D. Roche, »Die Societés de pensée und die aufgeklärten Eliten des 18. Jahrhunderts in Frankreich«, in: H. U. Gumbrecht, R. Reichard und T.

Das heißt aber auch, daß es nur Gebildete sind, die sich auf diese neue Weise über Standesgrenzen hinweg assoziieren. Die neuen frei gebildeten Vereinigungen gewinnen so ihrerseits eine Exklusivität, die den Zugang zu ihnen nur einer Bildungselite ermöglicht. Es ist deshalb kaum möglich, die Ausbreitung dieser Gebildetengesellschaften als ein Zeichen für eine besondere Offenheit sozialer Beziehungen zu werten. Es ist eine Offenheit, die in das Bild der französischen Kultur paßt, die Offenheit des Geistes, die sich in so erstaunlicher Form von der Geschlossenheit der sonst herrschenden sozialen Beziehungen unterscheidet. Auch der Salon ist eines dieser Phänomene. Er ist eine Begegnungsstätte von bislang voneinander getrennten Ständen und Schichten, also ein Ort der freien Assoziation, aber er ist zugleich ein exklusiver Ort, der sich nur den wenigen Auserwählten der Damen des Salons öffnet.[312] Das Café und der Club sind weitere Orte, die im 18. Jahrhundert die freie Zusammenkunft von Angehörigen unterschiedlicher Stände und Schichten erlauben.[313] Aber auch sie sind in erster Linie Stätten der Diskussion gebildeter Kreise. Diese Anfänge des Geistes als Medium der freien Assoziation haben in Frankreich die Bahnen für die weitere Entwicklung freier Vereinigungen vorgezeichnet.

In England haben sich Adelige und Bürgerliche, Gebildete, Politiker, Kaufleute, Ingenieure und Handwerker nicht nur in wissenschaftlichen, sondern auch in technischen Gesellschaften zusammengetan.[314] Aristokraten und Bürger haben in ökonomischen Unternehmungen zusammengearbeitet, sie haben sich gegen die Krone verbündet.[315] Im Ideal des Gentleman wurde ein Verhaltensstil geprägt, der über weite Kreise hinweg freie Interaktion ermöglichte. In Amerika ist die ganze Gesellschaft auf freien Zusammenschlüssen aufgebaut worden. Das ganze Leben wird

Schleich (Hg.), *Sozialgeschichte der Aufklärung in Frankreich*, op. cit., Teil I, S. 77-115

312 J. v.Falke, *Der französische Salon*, op. cit.; R. Picard, *Les Salons Littéraires et la Société Française 1610-1789*, op. cit.

313 Vgl. P. Lacroix, *XVIII siécle. Lettres sciences et arts. France 1700-1789*, Paris: Librairie de Firmin-Didot et Cie., 1878, S. 86-8, 184-5.

314 Vgl. M. Ornstein, *The Role of Scientific Societies in the Seventeenth Century*, Hamdon, London: Archon Books, (1913) 1963.

315 B. Moore, *Soziale Ursprünge von Diktatur und Demokratie*, op. cit., S. 49-61.

davon bestimmt. Nichts von dieser Reichweite freier Vereinigungen weist Frankreich auf. Wer sich hier über Standes- und Schichtgrenzen hinweg mit anderen zusammentut ist schon Angehöriger eines neuen Standes, er gehört zu den Gebildeten. Die Assoziationen des 18. Jahrhunderts bleiben anders als in England auf die Pflege des Geistes beschränkt. Technik, Wirtschaft und Politik haben in ihnen keinen Platz. Gefragt ist nur die geistreiche Konversation. Während in England die Grenze zwischen Aristokratie und Bürgertum immer unklarer wird und deshalb auch Interaktionsbarrieren abgebaut werden, ist die Aristokratie Frankreichs ängstlich bemüht, die Grenzen nicht durch den Verkehr mit den Bürgerlichen zu verwischen. Das heißt nicht, daß die Barrieren nicht überwunden werden konnten. Im Gegenteil, die Aufnahme in den Adelsstand war das durchaus erreichbare Ziel des Großbürgertums, oft leichter zu realisieren als in England. Aber dazu mußte man die Beziehungen zur bürgerlichen Welt abbrechen; und gerade die neu geadelten Familien waren um nichts mehr bemüht, als ihre bürgerliche Herkunft aus ihrem Leben zu verdrängen. Die erfolgreiche bürgerliche Familie Englands hatte das viel weniger nötig.[316]

In Frankreich war es aber nicht nur die Grenze zwischen Aristokratie und Bürgertum und natürlich nach unten diejenige zwischen dem Bürgertum und dem gemeinen Volk, die so scharf wie möglich gezogen wurde, innerhalb der Stände waren die besonderen Schichten auf die Betonung der feinsten Unterschiede bedacht. Die Mißachtung dieser Unterschiede im sozialen Verkehr bedeutete für beide Seiten – für oben wie für unten – eine Deklassierung. Eine Vereinigung über solche Grenzen hinweg war deshalb undenkbar und wurde strengstens vermieden. Die Stände und Schichten waren voneinander durch je eigene Privilegien getrennt. Jeder Stand und jede Schicht beneidete die anderen um ihre Privilegien und war selbst stets darauf bedacht, die eigenen Privilegien zu verteidigen. Die Abgrenzung ging bis in die kleinsten Einzelheiten und führte zur Bildung zahlloser Minikörperschaften mit eigenen Privilegien. Tocqueville hat unter den Notablen einer kleinen Stadt insgesamt 36 Körperschaften gezählt. Die Abgrenzung dieser Körperschaften ging sogar so weit, daß sie auf ihre Repräsentation in Versammlungen verzichteten, wenn sie sich

316 A. de Tocqueville, *Der alte Staat und die Revolution*, op. cit., S. 74-98.

hinter andere zurückgesetzt wähnten, gegenüber denen sie sich als ebenbürtig oder höherrangig betrachteten, oder wenn überhaupt Unterrangige zugelassen wurden. Tocqueville stellt fest:

> Wenn man in der allgemeinen Versammlung der Notablen einer Körperschaft den Vortritt vor einer anderen gewährt, so hört die andere auf, darin zu erscheinen; sie will lieber den öffentlichen Geschäften entsagen, als ihre Würde gekränkt sehen, wie sie sagt. Die Perückenmacherinnung der Stadt La Flèche beschließt, »auf diese Weise den gerechten Schmerz zu bekunden, den ihr der den Bäckern eingeräumte Vorrang verursacht«. Ein Teil der Notablen einer Stadt weigert sich hartnäckig, sein Amt zu versehen, weil, wie der Intendant sagt, »einige Handwerker in die Versammlung eingedrungen sind, durch deren Gesellschaft sich die vornehmen Bürger gedemütigt fühlen«.[317]

In einer solchen Gesellschaft konnten freie Assoziationen zwischen Menschen unterschiedlichster Herkunft keinen fruchtbaren Boden finden. Die Gesellschaft setzte sich aus unzähligen geschlossenen Gemeinschaften zusammen, zwischen denen kaum eine von formellem Zwang freie Interaktion stattfinden konnte. Sie wurde allein durch die Unterordnung all dieser kleinen Gemeinschaften unter die Herrschaft des Königs und seiner Administration zusammengehalten. Diese Eigenart der französischen Gesellschaft des 18. Jahrhunderts ist natürlich durch die Revolution und die weitere Entwicklung abgebaut worden, aber nur in Grenzen. Die Privilegien wurden abgeschafft, aber nicht die unzähligen, voneinander abgegrenzten sozialen Verkehrskreise, ebensowenig ihr eigener Lebensstil, die Werthaltungen, die sie bestimmen, das Milieu, das sie kennzeichnet. Stendhal, Balzac, Flaubert und noch Proust haben in vielfältiger Weise und mit feinem Gespür beschrieben, wie sehr in dieser Gesellschaft auf die Unterschiede und die Grenzen zwischen den Ständen und Schichten geachtet wird.[318] Und noch heute fällt auf, wie sehr sich in Frankreich die verschiedenen sozialen Schichten, Milieus und Verkehrskreise voneinander abgrenzen und wie empfindlich sie auf Grenzverletzungen reagieren.[319]

Viel aufmerksamer als in vergleichbaren Gesellschaften werden

317 Ebd., S. 88.

318 Stendhal, *Le rouge et le noir*, op. cit.; H. de Balzac, *Le père Goriot*, op. cit.; G. Flaubert, *Madame Bovary*, op. cit.; M. Proust, *A la recherche du temps perdu*, op. cit.

319 E. Goblot, *La barrière et le niveau. Etude sociologique de la bourgeoisie française moderne*, Paris: Alcan, 1925.

Grenzüberschreitungen registriert, viel formeller werden sie gehandhabt und viel schwieriger ist es für den Betroffenen, solche Situationen unbeschadet zu überstehen. Das hat überhaupt Konsequenzen für den Verhaltensstil. Interaktionen werden sehr formell eingeleitet und auch formell gestaltet, wenn Hierarchiestufen überschritten werden.[320] Wo es keine formellen Anlässe gibt, werden kaum Interaktionen über Hierarchieebenen hinweg aufgenommen, wo sie – oft eher zufällig – zustande kommen, verursachen sie Unsicherheit und Verwirrung und wollen möglichst schnell beendet werden. Wo die soziale Rangstufe von Interaktionspartnern nicht bekannt ist, werden – wenn überhaupt – Interaktionen nur sehr vorsichtig, abwartend und mit einem gewissen Mißtrauen aufgenommen. Bevor das Rangverhältnis nicht klar ist, kann sich keine Sicherheit einstellen, ist es einmal bekannt, wird sehr schnell Zuflucht zu den formellen Interaktionsmustern genommen.

Initiativen zu freien Zusammenschlüssen begegnet man in dieser Gesellschaft wenig. Freundschaften am Arbeitsplatz werden nur im begrenzten Umfang eingegangen, informelle Gruppen werden kaum gebildet. Die Arbeitsbeziehungen bleiben auf die formalen Vorschriften und auf feste Interaktionsmuster beschränkt. Die Ergebnisse, die in den Vereinigten Staaten in der berühmten Hawthorn-Studie über die immens bedeutsame Rolle informeller Gruppen im Industriebetrieb ermittelt wurden, erweisen sich hier als eine amerikanische Besonderheit.[321] Die Industriebetriebe und Verwaltungsorganisationen in Frankreich kennen offensichtlich nicht diese Bereitschaft ihrer Mitglieder, sich spontan zu informellen Gruppen zusammenzuschließen, Freundschaften einzugehen und gemeinsame Aktivitäten über die betriebliche Arbeit hinaus auszudehnen.[322] Auch in anderen gesellschaftlichen Bereichen ist das Leben wenig durch spontane Zusammenschlüsse bestimmt. Politische Parteien, ideologische Gruppierungen, Kulturzirkel

320 M. Crozier, *The Bureaucratic Phenomenon*, op. cit., S. 40-50, 80-8, 214-24.

321 Vgl. E. Mayo, *The Human Problems of an Industrial Civilization*, New York: Viking, (1937) 1960; F. J. Roethlisberger und W. J. Dickson, *Management and the Worker*, Cambridge, Mass.: Harvard University Press, (1939) 1975.

322 M. Crozier, *The Bureaucratic Phenomenon*, op. cit., S. 33-7, 89-99, 214-24.

grenzen sich so scharf wie möglich voneinander ab und meiden jede Berührung mit dem fremden Milieu. Schon unter Kindern ist es weniger üblich, spontan Gruppen und Cliquen zu bilden. Die Beziehungen zwischen den Kindern werden durch den sozialen Verkehr der Eltern vorstrukturiert. Und dieser soziale Verkehr ist in den Lebensbereichen der Eltern sehr formell geregelt. In Gemeinden und Nachbarschaften sind freie Gruppenbildungen selten. Die Familien bleiben auf sich bezogen und verkehren nur innerhalb ihres fest umgrenzten Milieus.[323]

Der Wohnort, die Nachbarschaft und der Arbeitsplatz werden nur ungern gewechselt. Man zieht die gewohnte Umgebung, die alten Freunde dem Reiz neuer Bekanntschaften vor. Man ist stolz darauf, daß die Familie schon seit langer Zeit an einem Ort ansässig ist, und man hält an der Familientradition fest. Das heißt vor allem auch, die Landwirtschaft, das Handwerk, das Gewerbe, den Beruf des Vaters weiterzubetreiben.[324] Die Zahl der über Generationen hinweg fortgeführten Familienbetriebe ist in Frankreich ungewöhnlich groß. Die Vererbung des Berufs vom Vater auf den Sohn ist in allen Berufszweigen eine häufige Erscheinung. Horizontale und vertikale Mobilität sind in Frankreich bis heute nur schwach entwickelt. Der von der Kirche gelehrte Traditionalismus der bäuerlichen und kleinbürgerlichen Schichten, die Einfügung der Arbeiterschichten in ihre Lage, die Abgrenzung der Milieus und die hierarchische Abstufung des Bildungssystems tragen alle auf ihre Weise zur Immobilität der Gesellschaft bei.[325]

Das Medium, das auch heute, wie schon im 18. Jahrhundert, die Tür nach oben öffnet, ist die Bildung. Aber der Aufsteigende muß die Tür wieder fest schließen, seine Herkunft möglichst weit hinter sich lassen und jede weitere Berührung mit ihr meiden. Als M. de Renal in Stendhals *Le rouge et le noir* Julien Sorel als Erzieher seiner Kinder einstellt, untersagt er ihm den weiteren Kontakt zu seinen Verwandten und Freunden, weil sich dieser Umgang schädlich auf sein Benehmen und damit auf die ihm anvertrauten

323 L. Bernot und R. Blancard, *Nouville, un village français*, Paris: Institut d'Ethnologie, 1953; L. Wylie, *Village in the Vaucluse*, Cambridge, Mass.: Harvard University Press, 1958.

324 J. R. Pitts, »Continuity and Change in Bourgeois France«, op. cit., S. 249-54.

325 M. Crozier, *The Bureaucratic Phenomenon*, op. cit., S. 238-44, 270-93.

Kinder auswirken würde.[326] So streng wird die Aufnahme in höhere Verkehrskreise für den Bildungsaufsteiger heute gewiß nicht mehr gehandhabt, aber es lassen sich nach wie vor deutliche Spuren davon feststellen. Die Methoden sind nur feiner geworden. Sie sind auf nebensächliche Bemerkungen, Erstaunen und peinliche Sprachlosigkeit bei der Thematisierung sozialer Beziehungen ausgewichen. Wer diese Regeln beachtet, kann über das Schul- und Hochschulsystem die Grenzen seines Herkunftsmilieus überschreiten, aber er kann nicht leicht mit verschiedenen Milieus verbunden bleiben. Er muß sich seinem Herkunftsmilieu entfremden, um im neuen Milieu sicher zu sein. Die hierarchische Abstufung der Bildungsabschlüsse von der Primarschule zur Eliteschule tut ihr Übriges: auch die einzelnen Bildungsstufen stellen abgegrenzte soziale Verkehrskreise dar, die sich nur wenig untereinander mischen.[327]

Die formelle Geregeltheit der sozialen Beziehungen, die Abgrenzung der Milieus und die Abneigung gegen spontane Zusammenschlüsse lassen die freie vertragliche Vereinbarung nicht zu einem alltäglichen Instrument der Abstimmung von Interessen und der Kooperation werden. Weit vor dem Vertrag als Mittel der sozialen Integration rangiert die Koordination durch übergeordnete Instanzen. Wo es Handeln zu koordinieren gilt, ob im Kleinbetrieb, im Industriebetrieb, in der Verwaltung oder in der Nachbarschaft, vertraut man nicht auf gegenseitige Abmachungen, sondern lieber auf Verordnungen einer höheren, unparteilichen Instanz. Konflikte werden dementsprechend auch weniger vor dem Zivilgericht zwischen den Betroffenen ausgetragen, als von oben durch Dekret eingedämmt. Ein öffentlicher Geist der Bürger, eine Bereitschaft der Teilnahme an Entscheidungen und der Verantwortung für Entscheidungen, kann sich hier kaum entfalten. Er wird durch den Ruf nach der übergeordneten Instanz und durch ihre Anordnungen ersetzt.[328]

Ein weiteres Hindernis der spontanen und freien Assoziation ist die scharfe Trennung zwischen formellen und persönlichen Beziehungen. Die formellen Beziehungen überläßt man der starren

326 Stendhal, *Le rouge et le noir*, op. cit., S. 245.

327 P. Bourdieu und J. C. Passeron, *Les héritiers: les étudiants et la culture*, Paris: Minuit, 1964; F. K. Ringer, *Education and Society in Modern Europe*, Bloomington und London: Indiana University Press, 1979, S. 113-205.

328 M. Crozier, *The Bureaucratic Phenomenon*, op. cit., S. 187-227.

Konvention, in die persönlichen Beziehungen legt man die ganze schöpferische Kraft der Gestaltung. Persönliche Beziehungen werden auf ganz wenige Menschen beschränkt, auf die Familienangehörigen, noch mehr aber auf die Freunde, im Idealfall auf einen Freund bzw. eine Freundin. Freundschaftliche Bande werden nur sehr zögernd geknüpft, sie halten dann aber um so länger, nach der Norm das ganze Leben. Wenn es dennoch zum Bruch kommt, wird dieser um so schmerzlicher erfahren. Schnell und viele Freundschaften zu schließen gilt als Oberflächlichkeit, dem Freund nicht alles zu geben als Charakterlosigkeit. Die Freundschaft ist eine exklusive Beziehung, die zwar auf freier Wahl beruht, dann aber um so mehr untersagt, mit anderen freundschaftliche Beziehungen aufzunehmen.[329]

Für die Gestaltung der persönlichsten aller Beziehungen, der Liebe, ist Frankreich berühmt geworden. Die Liebesromane des 17. und 18. Jahrhunderts gaben das Muster vor, nach dem die Liebenden ihre Liebe stricken mußten. Nach diesem Modell verlangt die Liebe die vollkommene Hingabe an den anderen und die vollständige Einverleibung des anderen, die ausschließliche Konzentration auf die einzigartige Beziehung. Die Liebenden kennen nur noch sich selbst, niemanden anderen. Die ganze Welt besteht aus ihrer Liebesbeziehung. Was außerhalb ihrer liegt, ist außerhalb der Welt. »Die anderen vermissen uns schon«, sagt die Geliebte zum Liebenden, nachdem sie sich für einige Zeit von einer Gesellschaft entfernt haben. »Die anderen existieren nicht, nur wir ganz allein«, antwortet der Liebende. Sobald diese Ausschließlichkeit in Frage gestellt wird, eine Geste, ein Blick, ein Zuspätkommen, eine veränderte Stimme die Möglichkeit anzeigt, daß es außer der Geliebten noch eine andere Welt gibt, ist die Liebe schon verloren.

Die Liebe ist gleichbedeutend mit der Leidenschaft der ersten Begegnungen. Jede weitere Begegnung bringt sie ihrem Ende näher, weil die Routine schon ihr Ende ist.[330] Mit der Routine kommt auch die Zeit für andere Dinge als die Liebe, sie entläßt den Liebenden aus der Fixierung auf die geliebte Person. Das ist aber schon der Tod der Liebe als eine Ausschließlichkeit beanspruchende Beziehung. Es ist naheliegend, daß diese Liebe in einer

329 Ebd., S. 35-7, 214-20.

330 Vgl. N. Luhmann, *Liebe als Passion. Zur Codierung von Intimität*, Frankfurt: Suhrkamp, 1982, S. 71-96.

formell gestalteten Ehe keinen Platz hatte. Sie war nur im außerehelichen Abenteuer möglich. Es wiederholt sich hier das für Frankreich so charakteristische Nebeneinander von langweiliger Routine und atemberaubender Kreativität. Die Ehe bildete eine Sphäre der Routine, die von den Normen der standesgemäßen Heirat und von geschäftlichen Interessen bestimmt wurde. Die Liebe bot eine Sphäre der Freiheit und der künstlerischen Kreativität. Die ganze kreative Phantasie wurde in die Gestaltung dieser Beziehung eingebracht, angefangen von den feinen Formen der Anbahnung der Beziehung, über das Versteckspiel vor den anderen bis zur literarischen Perfektionierung der Liebesbriefe.

Mit der Liebe untrennbar verbunden ist das Leiden. Jedes Anzeichen, daß die Ausschließlichkeit der Beziehung in Gefahr sein könnte, läßt die Liebenden leiden. Hinzu tritt noch der Umstand, daß die Liebe nur außerhalb formeller Beziehungen aufblühen konnte, also stets wegen ihrer Illegitimität gefährdet war. Wenn sie nicht von der Routine getötet wurde, mußte sie tragisch enden oder konnte nur unglücklich fortexistieren, wenn der Verlassene seinen Schmerz an der ehemals Geliebten, an ihrem Ehemann oder ihrem neuen Geliebten zu rächen versuchte. Stendhals Helden, Fabrice del Dongo in *La chartreuse de Parme*, und Julien Sorel in *Le rouge et le noir* leiden lieber für ihre Liebe im Gefängnis, als daß sie ihr entsagen würden.[331] Die gewaltsam unterbundene Liebe war die einzige, die das ganze Leben halten konnte, weil sie auf diese Weise dem Tod durch Routine entging. Zugleich konnte sie aber auch nur unglücklich und mit schmerzhaftem Leiden verbunden sein. Die Liebe mußte zwangsläufig unerfüllt, auf Augenblicke beschränkt bleiben oder zum Unglück führen:

> Das Glück in der Liebe ist ein abnormer Zustand,

schreibt Marcel Proust.[332] Glück und Liebe lassen sich nicht aneinanderketten, weil die Welten der Liebenden nie zur vollständigen Kongruenz gebracht werden können. Der geliebte Mensch ist ein Wesen, dessen Sein sich über alle Punkte von Raum und Zeit erstreckt, die er in der Vergangenheit berührt hat und mit denen er in Zukunft in Berührung kommen wird. Wie soll die Welt dieses

331 Stendhal, *La chartreuse de Parme*, Paris: Garnier, 1973; *Le rouge et le noir*, op. cit.

332 M. Proust, *A la recherche du temps perdu*, op. cit., zit. bei E. R. Curtius, *Marcel Proust*, Frankfurt: Suhrkamp, 1961, S. 120, 151.

Menschen mit meiner Welt identisch werden und bleiben können? Jedes vergangene und zukünftige Handeln außerhalb der Beziehung trennt die Liebenden voneinander. Der Erzähler von Prousts *Auf der Suche nach der verlorenen Zeit* versucht vergeblich, diese Gesetzmäßigkeit der Liebe zu durchbrechen, und hält Albertine in seinem Haus gefangen, um sich ihrer sicher zu sein und seine Eifersucht einzudämmen. Damit erstickt er aber auch zugleich die Liebe.[333]

Dieses vom Liebesroman des 17. und 18. Jahrhunderts geformte Modell der Liebe hat in Frankreich auch in der nachfolgenden Entwicklung nichts von seiner Anziehungskraft verloren. Als im 19. Jahrhundert die Liebe mit der Ehe verflochten wurde, hat man die Anforderungen der Liebe auf die Ehe übertragen. Die aus der Ehe folgende Routinisierung der Beziehung wird deshalb um so schmerzlicher als Feind der Liebe empfunden. Das Modell einer partnerschaftlichen Beziehung, die den anderen nicht in Besitz nehmen möchte, sondern in seiner eigenen Persönlichkeit und seinen Verflechtungen in der Welt anerkennt, wurde nicht mit der gleichen Hingabe entwickelt. Soweit es sich heute ausbreitet, geschieht dies unter dem Einfluß amerikanischer Modelle.

Das alte Ideal der vollkommenen Liebe wird nur mit der entsprechenden Trauer aufgegeben. Was in diesem Ideal ganz besonders zum Ausdruck kommt, ist die Gesellschaftsfeindlichkeit der Liebe.[334] Sie nimmt die Liebenden so sehr in Anspruch, daß sie ihre Umwelt vergessen, den anderen dieser Umwelt entreißen müssen. Wer sich der Liebe hingibt, muß sich gegen die Gesellschaft entscheiden. Er wird unfähig, sich mit anderen außerhalb der Liebesbeziehung zu vereinigen. Der Ausschließlichkeitsanspruch der Liebe unterbindet die Möglichkeiten freier persönlicher Beziehungen. Die Privatwelt der Liebe ist das Ideal, die öffentliche Welt die bloße Notwendigkeit formeller Beziehungen. Persönliche Beziehungen und Kooperation ohne formelle Regulierung können sich hier nur im Konflikt mit den Anforderungen der Privatwelt ausbreiten, Die Privatwelt selbst ist gekennzeichnet von einer großen Dramatik der Suche nach der vollkommenen Liebe und der Trauer über ihren Verlust. Natürlich gilt dieses

333 M. Proust, *A la recherche du temps perdu*, Bd. 5, *La prisonnière* 1/2, Paris: Gallimard, 1931 (*Auf der Suche nach der verlorenen Zeit*, Bd. 9/10: *Die Gefangene* 1/2, Frankfurt: Suhrkamp, 1964).

334 F. Bourricaud, »France,« op. cit., S. 498-514.

Modell nur für die gebildeten Schichten, die ihre Verhaltensmuster aus der Literatur entnehmen. In den einfacheren Gesellschaftsschichten lassen die Notwendigkeiten des Lebens die Suche nach dem Glück erst gar nicht aufkeimen. Die Vereinigungsfreiheit wird hier allein durch die Grenzen der sozialen Milieus beschränkt.

Schlußbemerkungen

Die kulturelle und die politische Freiheit haben in ihrem besonderen Charakter dem Freiheitsbegriff in Frankreich ihren Stempel aufgedrückt, der auch auf das Verständnis der ökonomischen und der gemeinschaftlichen Freiheit eingewirkt hat. Im kulturellen Sinn beginnt die Freiheit mit dem Descartesschen »Ich denke«, mit der Vernunft des Individuums ganz für sich. Zu ihr gehören außerdem die Befreiung von der Tradition durch Selbstaufklärung, die Entscheidungsfreiheit und -verantwortung und der schöpferische Akt des Individuums. Das Resultat ist ein kreativer Individualismus, der sich gegen die Konventionen der Gesellschaft verwirklichen will.

Die politische Freiheit wird durch den Gegensatz zwischen einer freien literarischen Diskussion und der Einbindung des Individuums in die Gesetzgebung durch den Allgemeinwillen bestimmt. Die politische Teilnahme steht unter dem Zwang des demokratischen Zentralismus, die Kontrolle der Regierungsgewalt über die zentrale Volkswahl hinaus leidet unter der Vorherrschaft der zentralen Administration und der schwachen Entwicklung eines Systems von sich gegenseitig beschränkenden Gewalten.

Die ökonomische Freiheit hat weder Theorien noch Träger gehabt. Nicht der Self-made man ist das Ideal, sondern für die jeweiligen Schichten der bescheidene, der verantwortungsvolle Bürger, der kreative Intellektuelle oder der stilvolle Aristokrat. Dem offenen Wettbewerb wird die Tradition vorgezogen, der privaten Initiative die staatliche Verantwortung und der gegenseitigen Interessenabstimmung die Regulierung durch staatliche Behörden.

Die Vereinigungsfreiheit ist vielfältigen Beschränkungen unterworfen. Die Abgrenzung von sozialen Milieus ist scharf und bedingt soziale Immobilität. Spontane Zusammenschlüsse und informelle Kooperation kommen selten zustande. Anstelle des öffentlichen Geistes von sich frei vereinigenden Bürgern tritt die öffentliche Verwaltung von kollektiven Angelegenheiten. Die verbindliche Abstimmung zwischen Individuen erfolgt weniger im zivilgerichtlichen Streit als durch administrative Verordnung. Zwischen formellen und persönlichen Beziehungen wird eine scharfe Trennungslinie gezogen (Diagramm 4).

4. *Universalismus: Die Ungleichheit der Stände und die administrative Nivellierung*

Vorbemerkungen

Die Idee der Gleichheit der Menschen ist an der Schwelle zur modernen Gesellschaft nirgendwo sonst mit einem ähnlichen Pathos vertreten worden wie in der französischen Revolution. Und in keiner Gesellschaft war bis dahin die Gleichheit der Menschen so weit fortgeschritten wie unter der absoluten Königsherrschaft Frankreichs. Beide Elemente der Gleichheit haben in Frankreich die Weichen für die weitere Entwicklung gestellt und ihre tiefen Spuren in der Gesellschaft hinterlassen. Auf der anderen Seite ist eine besonders eklatante Ungleichheit bis in die heutigen Tage ebenso ein Kennzeichen der französischen Gesellschaft. Unter den hier verglichenen Gesellschaften ist in Frankreich am lautesten die Idee der Gleichheit vertreten worden, und die Menschen sind vom Staat am konsequentesten gleich gemacht worden, dennoch ist die Ungleichheit der Menschen nirgendwo größer. Die Gleichheit ist einerseits eine große Idee geblieben, andererseits hat sie der Staat nur im Sinne einer gleichen Machtlosigkeit der Bürger gegenüber der zentralen Administration verwirklicht. Einkommen, Privilegien, Lebensstile und Weltsichten trennen die Franzosen in scharf voneinander abgegrenzte Klassen, Stände und Schichten. Dem ideellen Wert und der administrativen Verwirklichung der Gleichheit steht eine große ökonomische und gemeinschaftliche Ungleichheit gegenüber.

Diagramm 4: Der Individualismus in Frankreich

Symbolkomplexität: erweitert (oben) – reduziert (unten)

G Spezifikation			Öffnung A
Freiheit durch zentrale Administration	Freiheit durch demokratischen Zentralismus	Idee des staatlichen und patronalen Unternehmertums	Idee der traditionalen und staatlichen Kontrolle von Eigentum, Markt, Wettbewerb
Politische Freiheit		Ökonomische Freiheit	
Freiheit durch zentralisierte Kontrolle von Gesetzgebung und Gesetzesausführung	Freie literarische Diskussion und Gesetzgebung durch den Allgemeinwillen	Idee der Regulierung von Beziehungen durch Tradition oder staatliche Kontrolle	Nicht-ökonomische Leitbilder: Aristokrat, bescheidener Bürger, Arbeiter, freier Intellektueller
Administrative Regelung von Konflikten	Traditionalistische Begrenzung von Zusammenschlüssen	Der schöpferische Akt des Individuums	Entscheidungsfreiheit und -verantwortung
Vereinigungsfreiheit		Kulturelle Freiheit	
Abgrenzung sozialer Milieus, Immobilität	Öffentliche Verwaltung kollektiver Angelegenheiten	Befreiung von Tradition durch Selbstaufklärung	»Ich denke« als individuelle Vernunft Kreativer Individualismus
I Schließung			Generalisierung L

reduziert – Handlungskontingenz – erweitert

4.1 Kulturelle Gleichheit: Die Gleichheit der Vernunft und die kulturelle Differenzierung

Die katholische Kirche hat in Frankreich die Koexistenz von ideeller Gleichheit im kulturellen Sinn und faktischer sozialer Ungleichheit in ihrer Lehre legitimiert. Vor Gott waren letztendlich alle Menschen gleich, für die Jansenisten vor allem waren sie alle gleich schuldige Sünder, ganz unabhängig von ihrer Stellung in der Gesellschaft. Nur durch Bußfertigkeit konnten sie sich Gottes Gnade verdienen. Das bedeutete aber keineswegs, daß sich diese Bußfertigkeit in gleicher Weise äußern mußte. Im Gegenteil, sie richtete sich nach der sozialen Stellung in dem organischen Gesellschaftsaufbau. Der Reiche mußte den Armen bereitwillig durch Almosen unterstützen, der Arme dem Reichen dienen.[335]

Reiche und Arme nahmen jeweils ihren von Gott vorgesehenen Platz in der gesellschaftlichen Ordnung ein. Sie hatten ihre unterschiedlichen Rechte und Pflichten, die sich zu einem harmonischen Ganzen zusammenfügten. Das Privileg des Reichen war der Wohlstand und die Macht, seine Pflicht, die Unterstützung des Armen. Das Privileg des Armen war die bescheidene, von allen Versuchungen des Reichtums freie Lebensweise, seine Pflicht, dem Reichen zu Diensten zu stehen. An dieser Koexistenz von ideeller Gleichheit vor Gott und diesseitiger Ungleichheit hat die kirchliche Lehre bis heute nicht grundsätzlich gerüttelt. Soweit die Gleichheitsidee heute diesseitige Forderungen stellt, führt das nur zu einem Ausbau der Verpflichtungen des Reichtums für die Armut, also zur Forderung einer ausgeprägten Wohlfahrtspolitik. Nicht die Herstellung gleicher Bedingungen für alle steht im Zentrum der Lehre, sondern der Ausgleich von bestehenden Ungleichheiten durch Umverteilung des Wohlstands. Nicht das Rennen soll gleich gestartet werden, sondern das Ergebnis des Rennens soll angeglichen werden. Das Rennen selbst widerspricht ohnehin der traditionellen Lehre vom organischen Gesellschaftsaufbau, in dem jeder seinen angestammten Platz nicht verlassen soll.[336]

Nur in einem ganz abstrakten kulturellen Sinn besteht also für die

335 Vgl. B. Groethuysen, *Die Entstehung der bürgerlichen Welt- und Lebensanschauung in Frankreich*, op. cit., Bd. 2, S. 29-47; P. Honigsheim, *Die Staats- und Soziallehren der französischen Jansenisten*, op. cit., S. 97-107;

336 Vgl. A. Coutrot und F. Dreyfus, *Les forces religieuses dans la société fran-*

Kirche eine Gleichheit der Menschen. Für die radikalen Jansenisten sind sie alle Sünder, für die anpassungswilligeren Jesuiten sind die alle Gottes Kinder. Diese Eigenschaften teilen sie alle als Christen. Aber das ändert nichts daran, daß sie reiche und arme, mächtige und machtlose Christen sein können, ganz wie es Gott gewollt hat und wie sie es als gegeben hinnehmen müssen. Reiche und Arme, mächtige und machtlose Christen haben jeweils ihre eigenen Rechte und Pflichten. Sie erfahren auch nicht dieselbe christliche Erziehung, vielmehr muß sie die Erziehung auf ihre spezifischen Aufgaben im gesellschaftlichen Ganzen vorbereiten. Es können auch nicht alle in gleicher Weise am religiösen Kult teilnehmen. Die Priester üben eine besondere Autorität über die Laien aus.[337]

Die Aufklärung hat die kirchliche Lehre als ein Legitimationsinstrument der Privilegienungleichheit des alten Staates gebrandmarkt.[338] An die Stelle der Gleichheit vor Gott hat sie die natürliche Gleichheit der Menschen gesetzt. Im Unterschied zum angelsächsischen Liberalismus hat sie diese natürliche Gleichheit allerdings keineswegs mit einer realen gesellschaftlichen Gleichheit konvergieren sehen. Die gegebenen gesellschaftlichen Verhältnisse werden vielmehr als Abirrungen von der natürlichen Gleichheit der Menschen betrachtet. Die natürliche Gleichheit ist ein Maßstab der Vernunft, an dem man die gesellschaftliche Realität mißt, und keine Generalisierung aus empirischen Beobachtungen.[339] Was dabei für die Aufklärer an allererster Stelle steht, ist die Idee, daß alle Menschen mit der gleichen Vernunft ausgestattet seien.

Die Aufklärung ist eine einzige Bewegung gegen die kulturelle Ungleichheit, gegen die Bevormundungen des Menschen durch Autoritäten. Ihre Attacken richten sich demgemäß in erster Linie gegen die zu ihrer Zeit herrschende kulturelle Autorität, gegen die geistige Vormundschaft der Kirche und ihre Herrschaft über die

çaise, op. cit., S. 289-313; B. Groethuysen, *Die Entstehung der bürgerlichen Welt- und Lebensanschauung in Frankreich*, op. cit., Bd. 1, S. 194-237.

337 B. Groethuysen, *Die Entstehung der bürgerlichen Welt- und Lebensanschauung in Frankreich*, op. cit., Bd. 1, S. 67-78.

338 Vgl. A. de Tocqueville, *Der alte Staat und die Revolution*, op. cit., S. 131-8.

339 Vgl. J. Schlüter, *Der Gleichheitsbegriff im Naturrecht der französischen Aufklärung*, Phil. Diss., Frankfurt, 1974.

Schulen. Niemand soll das Privileg haben, mehr als andere zu bestimmen, was wahr und falsch, richtig und unrichtig, schön und häßlich, sinnvoll und sinnlos ist. Schon nach Descartes' Methode der Selbstaufklärung konnte niemand das Recht beanspruchen, mehr zu wissen und mehr zu sagen zu haben als andere.[340] Die Enzyklopädie war das ehrgeizige Projekt, jedem den gleichen Zugang zu den Erkenntnissen von Philosophie und Wissenschaft zu verschaffen. Philosophie und Wissenschaft sollten die kulturelle Herrschaft der Kirche ablösen und eine Kultur bilden, an der alle in gleicher Weise durch Betätigung ihrer Vernunft teilhaben konnten. Sie beruhten nicht wie die kirchliche Lehre auf einem höheren, über den gewöhnlichen Menschen stehenden Wissen, sondern auf der jedem Menschen gegebenen einfachen Vernunft. An den Diskursen der Philosophie und Wissenschaft sollte jeder teilnehmen können.[341]

Die Aufklärer richten sich prinzipiell an alle Menschen und fordern diese zum Mitdenken auf. Sie belehren nicht, sondern stoßen zum Selbstdenken an. Sie betrachten ihre Adressaten nicht als Objekte der Belehrung, sondern als Subjekte mit Vernunft und als gleichberechtigte Diskussionspartner. Sie erwarten ihre Fragen, ihre freie Zustimmung oder ihren Widerspruch und nicht die Ausführung ihrer Lehren als Befehle. Wo sie auftreten, im Salon oder im Club, tun sie dies nicht als Lehrmeister, sondern als Gleiche unter Gleichen. Die Priester haben ihre Lehren von der Kanzel herab und im Klassenzimmer gepredigt. Hier kommt die kulturelle Ungleichheit schon in der Stellung des Priesters auf der Kanzel, des Lehrers vor der Klasse zum Ausdruck. Die Aufklärer sitzen dagegen im Kreise von mitdiskutierenden Gesprächspartnern. Dieses Modell der Diskussion unter gleichberechtigten Partnern wollen sie auf die kulturelle Diskussion der ganzen Gesellschaft übertragen.[342]

Soweit Erziehung überhaupt notwendig ist, soll sie nicht die Rekapitulation der traditionellen Bildung verlangen, sondern

340 R. Descartes, *Discours de la méthode*, op. cit., S. 576-8 (8-9).

341 L. Ducros, *Les encyclopédistes*, op. cit., S. 325-74; R. Darnton, »Neue Aspekte zur Geschichte der Encyclopédie«, in: H. U. Gumbrecht, R. Reichardt und T. Schleich (Hg.), *Sozialgeschichte der Aufklärung in Frankreich*, Teil II, op. cit., S. 35-67.

342 Vgl. D. Mornet, *Les origines intellectuelles de la révolution française*, op. cit., S. 281-88, 319-56.

jeden zur gleichen Teilnahme an der kulturellen Diskussion befähigen. Sie soll weniger die klassischen Texte als Autoritäten lehren als in die neuen Wissenschaften in ihrer befreienden Dynamik einführen. Den klassischen Texten kann immer nur eine ehrfürchtige Haltung entgegengebracht werden. Die neuen Wissenschaften leiten zum gleichberechtigten Vorantreiben der Erkenntnis. Die professionelle Umsetzung des Wissens in praktische Problemlösungen darf sich nicht auf eine vorgegebene Autorität berufen. Sie muß die Richtigkeit des Wissens im gleichberechtigten Diskurs beweisen. Die Revolution hat diesen Angriff auf jegliche kulturelle Privilegien konsequent ausgeführt. Alle beruflichen Diplome wurden abgeschafft und die völlig freie und gleiche Berechtigung der Ausübung von Berufen garantiert. Als man dann vor allem in der Medizin der überall aus dem Boden sprießenden Quacksalber nicht mehr Herr wurde, mußte man diese Maßnahme allerdings wieder zurücknehmen.[343]

Der Kult der Vernunft kennt keine Klassen und Schichten. Er lehrt Reichen und Armen, Mächtigen und Machtlosen nicht unterschiedliche Rechte und Pflichten, wie die Kirche es getan hatte. Es gibt nur eine allgemeine Moral, die für alle gleich ist, aber jedem einzelnen die Verantwortung für seine Entscheidungen überträgt. Im Mittelpunkt steht dabei nicht ein abstrakter moralischer Universalismus in Kants Sinne, der sich rein logisch allen Menschen in gleicher Weise auferlegt und sie in die Pflicht nimmt, sondern eine gleiche Verantwortlichkeit lebendiger Menschen für ihr konkretes Handeln. Die provisorische Moral, die Descartes den Damen des Hofes erläutert, ist keine Moral für die Reichen, sondern eine Moral für jedermann. Sie ist aber nicht abstrakt und universalistisch in ihren Prinzipien, sondern mehr eine Handreichung praktischer Entscheidungsregeln. Es sind aber Regeln, die für den Aristokraten, den Bürger und den einfachen Mann des Volkes in gleicher Weise gelten.[344]

Die kulturelle Gleichheit der französischen Aufklärer ist keine Gleichheit des angelsächsischen Common sense; sie ist mehr Anspruch als Wirklichkeit und mehr ein Versuch, aus jedem Menschen einen Philosophen zu machen, als daß sich die Philosophie mit dem gesunden Menschenverstand auf dieselbe Stufe stellen

343 J. Schriewer, *Die französischen Universitäten, 1945-1968*, op. cit., S. 23-4.

344 R. Descartes, *Lettres* (1645-1649), op. cit.

würde. Zynische Naturen wie Voltaire haben deshalb auch nicht gezögert, einer Geistesaristokratie das Wort zu reden und die Masse des Volkes ungebildet zu lassen.[345] Auf jeden Fall ist die kulturelle Gleichheit schon in der Epoche der Aufklärung auf Grenzen gestoßen, die auch in der weiteren Entwicklung der Gesellschaft wirksam geblieben sind. Die Diskussionen der Aufklärer waren zwar in sich von der Gleichheit der Gesprächspartner im Salon, im Club, in der Académie bestimmt, aber sie fanden schon an einem exklusiven Ort statt.[346] Sie schlossen all diejenigen aus, die nicht zur Kultivierung von Geist und Witz beitragen konnten. Ihre Aufnahme in die aristokratische und später auch großbürgerliche Gesellschaft fanden die Schriftsteller vor allem deshalb, weil sie selbst dem aristokratischen Bedürfnis nach Distinktion und Lebensstil entsprachen. Ihre geschliffene Sprache und ihre geistreiche Rede wurden selbst zu wesentlichen Elementen der aristokratischen und großbürgerlichen Kultur.[347] Sie blieben aber von den praktischen Problemen der handwerklichen und gewerblichen Schichten getrennt. Die französische Aufklärungsliteratur hatte deshalb viel mehr als die angelsächsische an sich schon einen elitären Charakter, der auch weiterhin an der französischen Philosophie, Wissenschaft und Literatur haften blieb. Der kulturelle Diskurs hat in Frankreich viel weniger die Vorstellungswelt praktisch tätiger Schichten einbezogen als in England und noch mehr in Amerika.[348]

Die Literatur der Aufklärung und ihre Weiterentwicklung hat selbst eine Trennungslinie zwischen der Welt der Gebildeten und der Welt der Ungebildeten gezogen. In der weiteren Entwicklung hat sie sich noch mehr auf eine eng begrenzte Schicht der literarisch Gebildeten zurückgezogen. Die Verbindungen, die der Salon zur Welt von Ökonomie, Finanzen und Politik noch knüpfen konnte, sind im Café von Saint Germain des Prés völlig abgebrochen. Das heißt nicht, daß es an Versuchen fehlen würde, Brücken zur Welt der Praxis zu schlagen, aber sie sind einseitig gebaut und deshalb meist nicht sehr tragfähig. In unserem Jahr-

345 Voltaire, *Lettres à Damilaville, 19-III-1766, I-IV-1766, 13-IV-1766,* op. cit.

346 D. Mornet, *Les origines intellectuelles de la révolution française*, op. cit., S. 125-7, 218-7.

347 Vgl. C. Strosetzki, *Konversation*, op. cit., S. 129-49.

348 A. de Tocqueville, *Der alte Staat und die Revolution*, op. cit., S. 123-31.

hundert ist der Marxismus zu einer Brücke der Intellektuellen zur Arbeiterklasse geworden,[349] die allerdings mehr die Intellektuellen von den Arbeitern träumen ließ, als daß sie die Arbeiter mit den Intellektuellen im kulturellen Diskurs zusammengebracht hätte. In gewisser Weise versuchen die Intellektuellen mit der Lehre des Marxismus die alte Vormundschaft der Kirche über das Volk in einer säkularisierten Form fortzusetzen. Diskurse werden repräsentativ geführt, und sie werden viel weniger als im angelsächsischen Kulturkreis, insbesondere in Amerika, von den profanen Bedürfnissen praktisch arbeitender und denkender Schichten gespeist.[350]

In der Bildung wurde in der Revolution das ehrgeizige Projekt der Education commune unternommen. Für die weitere Entwicklung ist allerdings Napoleons Vorstellung von einer einheitlichen Bildung bestimmend geworden.[351] Einheitlich ist diese Bildung nur in dem Sinne, daß das System zentralisiert ist und unter der Leitung des Pariser Erziehungsministeriums steht. So hat sich der Erziehungsminister des zweiten Imperiums gerühmt, mit einem Blick auf die Uhr sagen zu können, welche Seite aus Virgil die Schüler in ganz Frankreich gerade lesen.[352] In vertikaler Hinsicht ist dieses Bildungssystem jedoch extrem differenziert, und zwar bis in die Zeit nach dem zweiten Weltkrieg hinein für fast alle Schüler schon vom ersten Schuljahr an: unten die Primarschule, darüber das Lycée, dann die Université imperiale und als Krönung die Grandes écoles. Das Lycée hat seine eigenen Grundschulklassen. Nach fünf Jahren in der normalen Grundschule ist es zwar möglich, auf das Lycée zu wechseln. Dieser Wechsel war jedoch stets sehr schwierig und nur für wenige Schüler realisierbar.[353] Erst nach dem zweiten Weltkrieg hat sich dieses Tor zur höheren Bildung für eine größere Zahl von Schülern geöffnet. Bis Anfang der sechziger Jahre dieses Jahrhunderts hat sich an der elitären Aus-

349 G. Lichtheim, *Marxism in Modern France*, New York: Columbia University Press, 1966.

350 R. Aron, *The Opium of the Intellectuals*, op. cit.

351 A. Léon, *Histoire de l'enseignement en France*, op. cit., S. 47-68; E. N. Suleiman, *Elites in French Society*, op. cit., S. 17-24.

352 Zum Zentralismus des Bildungssystems vgl. J. Schriewer, *Die französischen Universitäten 1945-1968*, op. cit., S. 135-52, 226-30.

353 Einen Überblick vermittelt J. N. Moody, *French Education Since Napoleon*, op. cit.

richtung des Bildungssystems nur sehr langsam etwas geändert. Legt man die Zahl der Einschreibungen von Studenten an den Hochschulen zugrunde, so stieg der Anteil eines Jahrgangs von ca. 1.5% Anfang des 19. Jahrhunderts auf ca. 10% im Jahre 1960. Seitdem hat die Zahl eingeschriebener Studenten rapide zugenommen, von ca. 200000 auf ca. 800000 innerhalb von 15 Jahren.[354] Zu berücksichtigen ist dabei die außergewöhnlich hohe Zahl von Abgängern ohne Studienabschluß, die man in der jüngsten Vergangenheit vor allem durch die Einführung von kleinen Studienabschlüssen nach zwei und drei Jahren zu reduzieren versucht hat. Trotz des enormen Anstiegs der Studentenzahlen hat die Bildung in Frankreich noch längst nicht die in Amerika übliche Massenverbreitung und natürlich damit auch gegebene Nivellierung bzw. interne Differenzierung nach der Qualität der Schulen und Hochschulen erreicht.[355] Die Weichen sind allerdings nun – wie auch in den anderen westeuropäischen Ländern – klar in Richtung von mehr Gleichheit gestellt.[356]

Die Aufklärer haben die für alle gleiche Moral propagiert, die Differenzierung von Rechten und Pflichten ist jedoch weniger durch eine moralische als durch eine rechtliche Vereinheitlichung der Gesellschaft eingeebnet worden. Die Revolution von 1789 hat das System der Privilegien des alten Staates beseitigt; Napoleons Code civile hat der Gesellschaft ein vollkommen neues, einheitliches, sparsames, auf allgemeinen Gesetzen beruhendes Recht aufgesetzt. Unter diesem politisch gesatzten Recht leben jedoch die Konventionen fort, die der Differenzierung in Klassen, Stände und Schichten folgen. Jede Klasse, jeder Stand, jede Schicht hat eine eigene Weltsicht, eigene Normen, Gepflogenheiten und Lebenseinstellungen. Die allgemeine Moral der Intellektuellen reduziert sich dabei auf die Konventionen einer abgegrenzten sozialen Schicht, die kaum die Fähigkeit besitzt, für andere und nicht nur für sich selbst zu sprechen. Es gibt keine gleiche Moral, nur verschiedene Konventionen. Zwischen den Lebensnormen der Intel-

354 Vgl. J. Schriewer, *Die französischen Universitäten, 1945-1968*, op. cit., S. 177-93; H. S. Cohen, *Elusive Reform: The French Universities, 1968-1978*, op. cit., S. 9-12.

355 Deshalb: P. Bourdieu und J. C. Passeron, *Die Illusion der Chancengleichheit*, Stuttgart: Klett, 1971.

356 J. Schriewer (Hg.), *Schulreform und Bildungspolitik in Frankreich*, Bad Heilbrunn: Julius Klinkhardt, 1974.

lektuellen, der Aristokratie, des Großbürgertums, der Gewerbetreibenden, Handwerker, Bauern, Professionellen, Beamten und Arbeiter liegen Welten.[357]

4.2 Politische Gleichheit: Vom absolutistischen zum demokratischen Zentralismus

Die politische Gleichheit wird in Frankreich durch das allgemeine Gesetz gesucht und weniger durch die Gewährung gleicher Teilnahmechancen. Diese Art von politischer Gleichheit ist schon vom alten Staat in die Wege geleitet worden. Die Demokratietheorie und ihre Verwirklichung hat diesen Weg auf ihre Weise fortgesetzt.

Tocqueville stellt fest, daß sich im alten Staat eine Gleichheit der Menschen herausgebildet hatte, die zuvor undenkbar gewesen wäre:

> Ich habe gesagt, daß fast im ganzen Königreich das individuelle Leben der Provinzen seit geraumer Zeit erloschen war; dies hatte viel dazu beigetragen, alle Franzosen einander sehr ähnlich zu machen. Durch die noch vorhandenen Verschiedenheiten schimmert bereits die Einheit der Nation hindurch; die Gleichförmigkeit der Gesetzgebung läßt diese erkennen. Je weiter man dem Verlauf des 18. Jahrhunderts folgt, um so mehr sieht man die Zahl der Edikte, der königlichen Verordnungen, der Beschlüsse des königlichen Rates anwachsen, welche dieselben Bestimmungen in derselben Weise in allen Teilen des Reiches zur Geltung bringen. Nicht nur die Regierenden, sondern auch die Regierten gewöhnen sich an die Idee einer so allgemeinen und so gleichförmigen Gesetzgebung, die überall und für alle dieselbe ist; diese Idee erscheint in allen Reformplänen, die 30 Jahre hindurch vor dem Ausbruch der Revolution aufeinanderfolgen. 200 Jahre früher würde, wenn dieser Ausdruck statthaft ist, überhaupt der Stoff für solche Ideen gefehlt haben.[358]

Was Tocqueville beschreibt, ist der Prozeß der Herstellung von Gleichheit durch allgemeine Gesetze und durch Zentralisierung der Administration. Gleichheit ist hier eine Folge der Beseitigung von Freiheitsrechten.[359] Wo die Gemeinde-, Städte- und Provinzialversammlungen keine eigenen Rechte der Gesetzgebung und Selbstverwaltung haben und den allgemeinen Gesetzen und

357 Dazu: P. Bourdieu, *Die feinen Unterschiede*, op. cit.
358 A. de Tocqueville, *Der alte Staat und die Revolution*, op. cit., S. 74.
359 Ebd., S. 89-98.

Dekreten des Königs Platz machen müssen, kann es auch keine Unterschiede mehr zwischen ihnen geben. Sie werden durch Gesetz und Verordnung gleich gemacht; was ihnen aber fehlt, sind überhaupt Chancen, an der Gesetzgebung und Verwaltung teilzunehmen. Von einmal selbständigen Körperschaften werden sie zu untergeordneten Empfängern allgemeiner Anordnungen. Es ist die Gleichheit der Untertanen unter der absoluten Königsherrschaft, die hier verwirklicht wird, aber nicht die Gleichheit von selbständigen Körperschaften.

Tocqueville meint, daß diese Vereinheitlichung der Gesellschaft nicht nur die Gemeinden, Städte und Provinzen erfaßt hätte, sondern auch die Stände, Klassen und Schichten:

> Nicht nur die Provinzen gleichen einander mehr und mehr, sondern es werden auch in jeder Provinz die Menschen der verschiedenen Klassen, zumindest alle diejenigen, die außerhalb der Masse des Volkes stehen, trotz der Standesunterschiede einander immer ähnlicher.[360]

Diese Angleichung der Klassen, Stände und Schichten bedeutete nicht die Aufhebung ihrer jeweiligen Privilegien, vor allem nicht in der Steuererhebung. In diesen Privilegien unterschieden sie sich wie nirgendwo sonst. Jeder Stand, jede Schicht war ängstlich um die Erhaltung der eigenen Privilegien bemüht und betrachtete die Privilegien der anderen Stände und Schichten mit Argwohn.[361] Was sie jedoch gleich machte, war vor allem ihre politische Machtlosigkeit, die sich aus der Beseitigung der Rechte von Gemeinde-, Stadt- und Provinzialversammlungen ergab. Die absolute Herrschaft machte sie allesamt zu Untertanen, die nur vom Wohlwollen des Königs lebten.[362]

Die absolute Königsherrschaft hat die Gleichheit der Untertanen hervorgebracht. Die französischen Aufklärer haben dieses Konzept nicht vollkommen geändert, sondern um die Idee der Bürgergleichheit erweitert. Die Revolution hat diese Idee durch den demokratischen Zentralismus in die Tat umgesetzt.[363] Der Zentralismus ist dadurch zum vorherrschenden Instrument der Herstellung von Gleichheit in der Monarchie, den beiden Imperien und den fünf Republiken geworden. Gleichheit ist in Frankreich nie

360 Ebd., S. 74.
361 Ebd., S. 77-89.
362 Ebd., S. 39-61.
363 Ebd., S. 29-30.

wie in England und noch mehr in Amerika eine Erfahrung aus den ökonomischen und gemeinschaftlichen Beziehungen gewesen, sie war eine gegen die Realität entwickelte Idee, und der Staat war das naheliegende Instrument zu ihrer Verwirklichung. Montesquieu sieht die demokratische Regierungsform aufs engste mit der Gleichheit und der Genügsamkeit verknüpft. Beide sollen durch die Gesetze realisiert werden. Die Menschen sind im Naturzustand zwar einander gleich, aber in der gesellschaftlichen Entwicklung werden sie ungleich. Gleichheit wird erst wieder durch die Gesetze erreicht. Ohne gesetzliche Regelung brechen die Ungleichheiten im gesellschaftlichen Leben durch:

Die Ungleichheit wird durch die Pforte, welche die Gesetze nicht verriegelt haben, eintreten, und die Republik wird verloren sein.[364]

Es ist deshalb die Aufgabe der Gesetzgebung, Mitgift, Schenkungen, Erbschaft, Testamente und sonstige Vertragsabschlüsse zur Eigentumsübertragung so zu regeln, daß keine zu großen Ungleichheiten entstehen.[365] Die Gleichheit der Vermögen fördert auch die Genügsamkeit, umgekehrt die Genügsamkeit die Gleichheit.[366] Man sieht hier bei Montesquieu eine Grundeigenschaft des französischen Denkens, in diesem Fall des Gleichheitsverständnisses. Es soll durch staatliches Gesetz bewußt hervorgebracht werden, was auf natürliche Weise nicht gegeben ist. Dem Staat fällt eine aktive Rolle in der Herstellung von Gleichheit zu. Wo die Angelsachsen die Gleichheit als eine natürliche Gegebenheit, nicht nur des hypothetischen Naturzustandes, sondern auch der wirklichen Gesellschaft betrachten, sehen die französischen Aufklärer in der natürlichen Gleichheit der Menschen eine Idee, die der Staat gegen die entgegengesetzten Entwicklungstendenzen der Gesellschaft durchsetzen soll.[367] Montesquieu war allerdings umsichtig genug, um vor jeder Verabsolutierung der Gleichheitsidee zu warnen. Er will sie auf die Staatsbürger als solche beschränkt wissen und nicht auf die notwendige Differenzierung der Autorität nach funktionalen Gesichtspunkten übertragen. Beamter, Senator, Richter, Vater, Ehemann und Vorgesetzter sollen in ihrem Funktionskontext nicht allen gleichgestellt werden.

364 Montesquieu, *De l'esprit des lois*, op. cit., S. 48 (141).
365 Ebd., S. 48-51 (141-3).
366 Ebd., S. 51-2 (143-5).
367 Vgl. J. Habermas, »Naturrecht und Revolution«, op. cit., S. 107-14.

Übertriebene Gleichheit äußert sich in der grundsätzlichen Ablehnung von Autorität und führt letztlich zum Despotismus eines einzelnen. Der richtige Geist der Gleichheit beruht auf der Bereitschaft, Gleichgestellten zugleich zu befehlen und zu gehorchen.[368]

Was bei Montesquieu noch vorsichtig abgewogen wird und vor allem aufgrund seiner vergleichenden Vorgehensweise durch die Kontrollen der Gewaltenteilung zur Sicherung der Freiheit relativiert wird, das fügt sich bei Rousseau in ein einheitliches Konzept der Gleichheit von Staatsbürgern und Untertanen, die mit ihrer Freiheit ineinsgesetzt wird. Auch Rousseau geht von der natürlichen Gleichheit der Menschen als einer Idee und nicht als einer Realität aus. Der zivilisatorische Fortschritt, das Streben nach Vervollkommnung, Eigennutz und Konkurrenz haben eine Ungleichheit in der Gesellschaft geschaffen,[369] die nur durch einen Akt der Vertragsschließung der Individuen mit der gesellschaftlichen Gemeinschaft und durch ihre allgemeine Gesetzgebung gebremst bzw. wieder rückgängig gemacht werden kann.[370] Der Vertrag mit dem Kollektiv, von dem sie selbst ein Teil sind, macht die Individuen einander gleich. Sie sind nun Staatsbürger und Untertanen in einem. Als Staatsbürger nehmen sie alle mit gleichen Rechten an der Gesetzgebung teil, als Untertanen gehorchen sie alle in gleicher Weise den von ihnen selbst erlassenen Gesetzen. Gleichheit heißt dabei in zweifacher Hinsicht Allgemeinheit. Die Gesetzgeber sind nicht als partikulare Interessenten mit gleichen Chancen gleich, sondern als verantwortliche Staatsbürger, die alle partikularen Interessen hinter sich gelassen haben und nur als konstitutive Repräsentanten des Kollektivs denken und handeln. Sie wollen nicht ihrem persönlichen Interesse zur Geltung verhelfen, sondern dem Allgemeinwillen des Kollektivs, d. h. den Gesetzen, die allgemeine Zustimmung gewinnen und das allgemeine Interesse des Kollektivs zum Ausdruck bringen. Die Untertanen sind einander gleich, weil keiner von ihnen in seiner Partikularität durch die vom Allgemeinwillen bestimmten Gesetze bevorzugt oder benachteiligt wird. Die Gesetze des Allgemeinwillens sind allgemein formuliert und sind nicht an Individuen oder partikulare

368 Montesquieu, *De l'esprit des lois*, op. cit., S. 53-5 (145-8).

369 J. J. Rousseau, *Discours sur l'origine et les fondements de l'inégalité*, op. cit.; *Du contrat social*, op. cit., S. 354-5 (9-10).

370 J. J. Rousseau, *Du contrat social*, op. cit., S. 360-7 (17-27).

Gruppen adressiert. Sie gelten für jeden, der in eine bestimmte Situation eintritt, die innerhalb ihres Geltungsbereichs liegt, bzw. von ihnen geregelt wird.[371]

Der Definition der Gleichheit durch die Allgemeinheit des staatsbürgerlichen Standpunktes und die Allgemeinheit der Gesetzesformulierungen entsprechen auch die Vorkehrungen zur Sicherung der Gleichheit. Sie liegen natürlich nicht in der Gewährung von gleichen Chancen der Beteiligung, der Kontrolle und des Widerspruchs für jedes partikulare Interesse, das sich gegenüber anderen Standpunkten im Nachteil sieht. Nicht gleiche Rechte der Teilnahme im angelsächsischen, vor allem amerikanischen Sinn, sondern Maßnahmen zur Überwindung des Partikularismus der Interessen und zur Etablierung der staatsbürgerlichen Gemeinschaft sind erforderlich. Gruppenantagonismen dürfen nicht in den Gesetzgebungsprozeß Eingang finden, Parteien dürfen nicht auftreten. Jede Gewaltenteilung, die nicht rein funktional zwischen Gesetzgebung und Ausführung unterscheidet, sondern konfligierende Entscheidungsrechte schafft, muß vermieden werden. Alle diese Gruppierungen und Instanzen würden aus der Gesetzgebung nur einen Kampf der Interessen machen, in dem sich das stärkere Interesse durchsetzt, also keine Gleichheit aufkommen kann. Das allen Gruppierungen gemeinsame Interesse kann so nicht gefunden werden. Es kann sich nur dann herausschälen, wenn alle an der Gesetzgebung nur als Staatsbürger teilnehmen, wenn sie nur dem Kollektiv verpflichtet sind und nichts anderes kennen. Sie alle werden gleich durch das Herausfinden des objektiv Richtigen, das über ihren partikularen Interessen steht.[372]

Damit die Staatsbürger ihr Mitgliedschaft in der staatsbürgerlichen Gemeinschaft auch genügend ehren und über andere Interessen stellen, benötigen sie eine gemeinsame Religion, einen Kult zur Heiligung der Staatsbürgerschaft. Das ist die Aufgabe einer zivilen Religion.[373] Sie macht die Staatsbürgerschaft, den Allgemeinwillen und die allgemeinen Gesetze zu sakralen Gegenständen, denen man die nötige Ehrfurcht entgegenbringen muß. Das hebt sie aus der Vielfalt der profanen Interessen heraus und macht sie resistent gegen alle Versuchungen der Abweichung. Verletzun-

371 Ebd., S. 378-80 (41-5).
372 Ebd., S. 369-71 (29-31).
373 Ebd., S. 460-9 (145-58).

gen der staatsbürgerlichen Pflichten werden nicht nur rechtlich bestraft, sondern auch religiös geächtet. Die gemeinsame zivile Religion läßt die Individuen ihre partikularen Interessen und Gruppenzugehörigkeiten vergessen und einander in der Rolle der Staatsbürger gleich werden.

Vor allem aber muß das Individuum zum Staatsbürger erzogen werden. Das ist eine der wichtigsten Aufgaben des Staates. Das Individuum muß lernen, seinen Egoismus zu überwinden und die Erfüllung der staatsbürgerlichen Pflichten zu seinem eigenen Bedürfnis zu machen. Nur so werden die Individuen den Kampf zwischen den partikularen Interessen vermeiden und im gemeinsamen Willen der Staatsbürgerschaft zueinanderfinden. Die Erziehung der Individuen durch den Staat ist eines der wichtigsten Instrumente, um die Ungleichheit zu unterbinden, die aus dem Wettstreit der Gruppen resultiert. Durch die staatliche und damit einheitliche Erziehung werden sie zu gleichen Staatsbürgern, die das richtige Gespür für das Gemeinwohl haben und dieses über alle Sonderinteressen stellen. Auch hier heißt Gleichheit, gemeinsam einen objektiven Standpunkt einzunehmen.[374]

Rousseau hat sein Modell der Gleichheit der Staatsbürger und der Untertanen für einen relativ überschaubaren, aber dennoch unabhängigen Stadtstaat entworfen.[375] Das hat die Revolutionäre von 1789 nicht daran gehindert, sich von seinem Modell bei der Konstitution der Republik im Großflächenstaat Frankreich leiten zu lassen.[376] Und nach der Revolution ist auch in den nachfolgenden Regimes Rousseaus Idee der politischen Gleichheit wirksam geblieben. Sie hat stets das allgemeine Gesetz dem Wettbewerb zwischen partikularen Interessen übergeordnet.[377] In der Gesetzgebung ging Rousseaus Konzept des Allgemeinwillens eine enge Verbindung mit dem schon bestehenden Zentralismus des alten Staates ein. Der absolutistische Zentralismus wurde durch den demokratischen abgelöst. Für ein föderatives System, für wechselseitige Kontrollen verschiedener Instanzen gab es weder eine Tra-

374 Ebd., S. 362-4 (20-2), 468-9 (156-8).

375 Ebd., S. 386-91 (55-8).

376 B. Groethuysen, *Philosophie der französischen Revolution*, op. cit., S. 149-80.

377 Zur Entwicklung der politischen Institutionen vgl. G. Richard, *Les institutions politiques de la France*, op. cit; M. Duverger, *Droit public*, Paris: Presses Universitaires de France, 1968.

dition noch eine Theorie. Der föderative Ansatz Proudhons hat es nur zu einer marginalen Gegenposition zum herrschenden Zentralismus in Frankreich gebracht.[378] An die Stelle des Königs trat die absolute Herrschaft eines zentralen Gesetzgebungsorgans, das vom Volk gewählt wird. Nach der Idee sollte dieses Organ keine Kompromisse bilden, sondern den Allgemeinwillen bestimmen. Bedenkt man außerdem die allgemeine Liebe des französischen Denkens für Prinzipien, dann ist es nicht erstaunlich, daß das Parlament selten ohne Krisen seiner Aufgabe der Gesetzgebung gerecht werden konnte und deshalb diese Kompetenz entweder an die heimlich herrschende Spitze der zentralen Administration oder an einen offen herrschenden Imperator abtreten mußte. Die fünfte Republik hat aus diesem Dilemma die Konsequenz gezogen und den Präsidenten mit Vollmachten ausgestattet, die das Parlament in engere Schranken weisen, als dies in allen anderen westlichen Demokratien der Fall ist.[379]

Da Gleichheit aus dem Allgemeinen hervorgehen soll, fehlt jede ideelle Basis für eine Wettbewerbsdemokratie, in der Gleichheit als Chancengleichheit in der Teilnahme am Entscheidungsprozeß begriffen wird und das Ergebnis einen Kompromiß zwischen partikularen Standpunkten darstellt. Die Gesetzgebung des Parlaments scheitert in Frankreich an ihren eigenen Prämissen. Sie soll das Allgemeine definieren. Die Parteien selbst verkleiden ihre partikularen Standpunkte in allgemeinen Prinzipien. Da aber die Existenz verschiedener Parteien eine unleugbare Tatsache ist, stoßen mehrere Standpunkte aufeinander, die für sich allgemeine Geltung beanspruchen. Zwischen ihnen ist aber kein Kompromiß wie zwischen partikularen Interessen möglich. Sie wollen alle in reiner Form verwirklicht werden. Das macht Entscheidungen unter der de facto gegebenen Bedingung konfligierender Positionen nahezu unmöglich. Auf jeden Fall ist der Kompromiß nie das Selbstverständliche und Beabsichtigte, sondern immer die Abweichung vom angestrebten Ideal.[380] Von Rousseaus Überlegung, daß auf der Basis des einstimmig geschlossenen Gesellschaftsvertrages jedes mit Stimmenmehrheit beschlossene Gesetz den allgemeinen Willen zum Ausdruck bringt, sofern die erforderlichen Bedingun-

378 P. J. Proudhon, »Das föderative Prinzip«, op. cit.

379 Vgl. M. Duverger, *La cinquième république*, Paris: Presses universitaires de France, 1974, S. 90-101.

380 Vgl. M. Crozier, *The Bureaucratic Phenomenon*, op. cit., S. 251-63.

gen der Bildung des Allgemeinwillens vorliegen, lassen sich die Unterlegenen hier kaum zur Anerkennung von Mehrheitsentscheidungen bewegen.

In der administrativen Konkretisierung der Gleichheit durch allgemeines Gesetz kommt es auf die korrekte, unparteiische Anwendung der Gesetze an, nicht auf die faire Verteilung der Chancen auf die betroffenen Interessenten von Verwaltungsentscheidungen. Eine Verwaltungsbehörde ist kein in Grenzen eigenständig entscheidendes Organ, sondern eine ausführende Dienststelle. Gleichheit zeigt sich hier in der uniformen Ausführung allgemeiner Gesetze im ganzen Land. Sie ist synonym mit der administrativen Erfassung jedes Winkels der Provinz durch die Pariser Zentralbehörde.[381] Sie ist auch heute nichts anderes als die administrative Vereinheitlichung der Gemeinden, Städte und Provinzen, die Tocqueville schon am alten Staat des 18. Jahrhunderts beschrieben hat.[382] Nichts wird dem Streit und der Abstimmung zwischen den Betroffenen überlassen. Davon erwarten die Betroffenen selbst nur die illegitime Ausübung persönlicher Macht, also Ungleichheit. Man unterwirft sich lieber der Entscheidung einer übergeordneten und deshalb unparteiischen, objektiven Behörde und wahrt dadurch die Gleichheit der Behandlung, also die Behandlung nach demselben allgemeinen Gesetz. Natürlich müssen die Gesetze durch Erlasse und Verwaltungsordnungen, durch Reglements, konkretisiert werden, um keine zu großen Schwankungen der Entscheidungen von Beamten im Einzelfall aufkommen zu lassen. Der Grundsatz der Gleichbehandlung verlangt präzise Ausführungsbestimmungen für die Gesetze. Das macht den Verwaltungsvorgang oft sehr langwierig. Aber es wird lieber viel Leerlauf und Schwerfälligkeit der Verwaltung hingenommen, als daß man dem leisesten Verdacht ungleicher Behandlung von Einzelfällen Nahrung geben würde. Über die Rigidität der Verwaltung und die seltsamen Blüten, die sie manchmal treibt, wird deshalb viel gelacht, geklagt und geschimpft, aber kaum jemand will wirklich auf ihr Prinzip der Gleichbehandlung verzichten. Der Unsicherheit der freien Auseinandersetzung wird stets die Sicherheit der gleichen Behandlung durch eine noch so starre Behörde vorgezogen.[383]

381 Siehe zur Struktur der Administration M. Duverger, *Droit public*, op. cit., S. 244-313; F. de Baecque, *L'administration centrale de la France*, op. cit.

382 A. de Tocqueville, *Der alte Staat und die Revolution*, op. cit., S. 39-61.

383 M. Crozier, *The Bureaucratic Phenomenon*, op. cit., S. 187-95, 214-24.

Die Gleichheit vor dem Gesetz wird durch das Kodifikationsrecht gewährleistet. Auch hier ist weniger die Wettbewerbsgleichheit zwischen streitenden Parteien als die Objektivität des Richters gefragt. Seine Objektivität ist in der Präzision des geschriebenen Gesetzes und in seiner Unabhängigkeit von Interessenten verankert. Hier hat Napoleons Code civile die Maßstäbe gesetzt. Dem Konglomerat von Privilegien des alten Staates steht hier ein wunderbar einfaches, einheitliches und systematisch aufgebautes System gegenüber. Interessant ist die Tatsache, daß dieser Rechtskodex durch die Schönheit seiner Sprache besticht und sich darin wohltuend von der undurchschaubaren Fachsprache des deutschen Rechts unterscheidet.[384] Das macht das französische Recht für den Laien verständlicher, seine Anwendung ist eher für alle in gleicher Weise nachvollziehbar. Die größere Einfachheit des Systems erlaubt auch, die Urteilsbegründungen in der Regel wesentlich kürzer und bündiger zu fassen. Die einfachere Handhabung des Rechts zwingt nicht zu einer so extensiven Voruntersuchung wie im deutschen Recht. Es kann noch mehr der mündlichen Verhandlung überlassen bleiben. Die Arbeit des französischen Richters liegt so zwischen der deutschen Schreibjustiz und der angelsächsischen Verhandlungsjustiz. Der Richter ist deshalb nicht nur Anwender objektiver Gesetze, sondern in gewissem Ausmaß auch Schiedsrichter zwischen streitenden Parteien.[385]

Auch die Gleichheit in der politischen Diskussion wird in erheblichem Maße vom Verständnis der Objektivität durch allgemeines Gesetz geprägt. Rousseaus Erziehung des Individuums zum Staatsbürger konkretisiert sich hier in der Uniformität des staatlichen Erziehungssystems,[386] die gegenwärtig – allerdings offensichtlich vergeblich – auch die meist von der Kirche unterhaltenen privaten Schulen zu erfassen versucht. Diese Vereinheitlichung der politischen Kultur setzt sich in der staatlichen Organisation

384 Vgl. allgemein M. Ferid, *Das französische Zivilrecht*, 2 Bde., Frankfurt: Metzner, 1971; R. David, *Le droit français*, 2 Bde., Paris: Librairie générale de droit et de jurisprudence, 1960; J. Carbonnier, *Droit civil*, 4 Bde., Paris: Presses Universitaires de France, 1969.

385 Vgl. K. Zweigert, »Der Jurist in Frankreich und Deutschland«, op. cit.; R. Chavrin, *La justice en France*, Paris: Editions sociales, 1976; R. Dumas, *Les avocats*, Paris: Grasset, 1977.

386 Vgl. A. Prost, *Histoire de l'enseignement en France 1800-1967*, Paris: Armond Colin, 1968.

von Rundfunk und Fernsehen fort, die inzwischen allerdings mehr und mehr aufgebrochen wurde.[387] Gleichheit wird hier nicht durch die Verteilung von Chancen der Teilnahme an der politischen Diskussion bestimmt. Man sieht sie nicht dadurch gewährleistet, daß jeder die Chance hat, seine persönliche Meinung einzubringen, und daß ein möglichst fairer Wettbewerb zwischen den partikularen Meinungen stattfindet. Es wird vielmehr die objektiv richtige Sichtweise gesucht, der sich alle in gleicher Form unterordnen können. Diese Uniformität wird jedoch durch den Wettbewerb der führenden nationalen Presseorgane, allen voran Le Monde, Le Figaro und L'Aurore, aufgelockert. Allerdings ist die Presse in Frankreich seit dem zweiten Weltkrieg einem erheblichen Konzentrationsprozeß unterworfen worden. Zwischen 1945 und 1974 ging die Zahl der Tageszeitungen von 206 auf 85 zurück.[388] Die Regionen werden in der Regel nur noch von einer Zeitung informiert. Der Einheitlichkeit der staatsbürgerlichen Kultur wirkt schließlich auch die kreative Offenheit der literarischen Diskussion entgegen. Allerdings muß man wissen, daß sie auf die Schicht der literarisch Gebildeten beschränkt bleibt und nicht in breitere Schichten hineinreicht. Hier herrscht eine große Ungleichheit zwischen der Freiheit der Intellektuellen und der Unfreiheit der konform erzogenen Masse der Bevölkerung.

4.3 Ökonomische Gleichheit: Die Privilegien und der Sozialismus

Unter den westlichen Industriegesellschaften weist Frankreich eine besonders eklatante Ungleichheit von Einkommen, Besitz und Lebensstandard auf. Diese Ungleichheit wird von den Privilegierten mit aller Gewalt verteidigt, von den benachteiligten Schichten wird sie als kaum veränderbar hingenommen, aber als ungerecht empfunden. Auf der Rechten fehlt es nicht an ideologi-

387 Vgl. U. Kempf, *Das politische System Frankreichs*, op. cit., S. 260-2; A. Grosser und E. Goguel, *Politik in Frankreich*, op. cit., S. 230-9; D. Bombardier, *La voix de la France. Les Français et leur télévision*, Paris: Laffont, 1975.
388 Vgl. U. Kempf, *Das politische System Frankreichs*, op. cit., S. 255-60; P. Albert, »La presse française,« in: *La Documentation Française*, April 1979; J. W. Freiberg, *The French Press*, New York: Praeger, 1981; C. Bellanger (Hg.), *Histoire générale de la presse française*, 5 Bde., Paris: Presses Universitaires de France, 1969-76.

schen Rechtfertigungen der Ungleichheit, von der Linken wird sie um so militanter bekämpft. Zwischen rechten Ideologien der Ungleichheit und linken Ideologien der Gleichheit herrscht ein Gegensatz wie kaum in einem anderen westlichen Industrieland, rechts der Patronalismus, links der Sozialismus. Nichts Gemeinsames liegt zwischen ihnen. In den Vereinigten Staaten können sich Rechte und Linke in der Verbindung von Chancengleichheit und differentieller Belohnung differierender Leistungen treffen. Sie unterscheiden sich nur in den Schwerpunkten, die sie setzen, und in der Frage, wie weit sie in einem der beiden Prinzipien gehen wollen. In Frankreich handelt es sich bei der Frage der ökonomischen Gleichheit nicht um Nuancen, sondern um sich gegenseitig ausschließende Positionen.
Der Patronalismus ist das traditionell herrschende System der Ungleichheit.[389] Der Patron als Unternehmer, Handwerksmeister, Kaufmann im eigenen Betrieb, als Abteilungsleiter im fremden Betrieb hat das Sagen, die ihm Untergebenen haben zu gehorchen. Ihm stehen die Früchte der Arbeit zu, den abhängig Beschäftigten nur das für den Lebensunterhalt Notwendige. Unter den Lohnabhängigen gilt ein ähnliches Prinzip. Die Tradition steht vor der offenen Leistungskonkurrenz. Wer einmal Meister und Abteilungsleiter ist, kann sich gegenüber den Mitarbeitern als kleiner Patron fühlen und seine kleinen Privilegien genießen. Ungleichheit von Besitz, Einkommen und Lebensstandard ist nicht einfach eine Folge des Leistungswettbewerbs, sondern durch angestammte Privilegien vorbestimmt und durch die Tradition des Patronalismus legitimiert. In der Sicht des Patronalismus ist ökonomische Ungleichheit kein Stachel im Fleische einer auf Gleichheit verpflichteten Gesellschaft, sondern eine nicht in Frage zu stellende Gegebenheit. Es hat immer schon Reiche und Arme gegeben, und das ist auch gut für die Gesellschaft, so lautet hier die Rechtfertigung. Der Arme braucht die Führung des Reichen, der Reiche die Dienste des Armen. Beide ergänzen sich zum Wohle der Gesellschaft. Man begegnet auch modernen Fassungen dieser schon von der kirchlichen Scholastik vertretenen organischen

389 Vgl. P. Bourdieu und M. de Saint-Martin, »Le patronat«, op. cit.; R. Priouret, *Origines du patronat français*, op. cit.; B. Brizay, *Le patronat*, op. cit.; G. Lefranc, *Les organisations patronales en France*, op. cit.; J. Bunel und J. Sanglio, *La société des patrons*, op. cit.; A. Harris und A. de Sédouy, *Les patrons*, op. cit.

Soziallehre.[390] Jedes Mal wird dabei ökonomische Ungleichheit als funktionaler Beitrag zum Wohlergehen des gesellschaftlichen Ganzen gerechtfertigt.

Die Rolle des Patrons wird im modernen Verständnis von der funktionalen Elite übernommen.[391] Zur Elite gehört nicht nur die Führungsaufgabe, sondern auch der entsprechende Lebensstil, der einen höheren Lebensstandard zur Voraussetzung hat. Das gesamte Bildungssystem ist seit Napoleon auf das Heranziehen einer Führungselite über einer breiten Masse ausgerichtet.[392] Nicht früher als in den sechziger Jahren haben nennenswerte Umstrukturierungen in die Richtung einer Verbreiterung der Bildung durch die Steigerung der Schülerzahlen in der Sekundarstufe, der Baccalaureaten- und der Studentenzahlen stattgefunden. Die bis in diese Zeit hinein wirksame Dominanz der klassischen Bildung mit ihrer Betonung von Sprache, Rhetorik und Aufsatzkunst hat den Kindern aus den gebildeten Schichten in besonders krasser Form Vorteile verschafft. Die Selbstrekrutierung der Berufe und Schichten aus den eigenen Reihen hat ein Ausmaß wie kaum in einem anderen Land erreicht. Wo Mobilität einsetzte, wurde sie hauptsächlich durch den wirtschaftlichen Strukturwandel verursacht. Die Entwicklung des industriellen Sektors und der Niedergang der Landwirtschaft haben natürlich wie überall aus Landarbeitern und kleinen Bauern Fabrikarbeiter gemacht. Abgesehen von diesen Wandlungen hat es allenfalls Übergänge zwischen unmittelbar benachbarten Zonen und verwandten Berufen gegeben. Ansonsten ist die Vererbung eines Berufes oder einer vergleichbaren Berufsqualität vom Vater auf den Sohn ein als normal anzusehender Vorgang. Ungleichheiten von Besitz, Einkommen und Lebensstandard gehen so aus der Tradition hervor. Sie sind weniger eine Folge von offenem Wettbewerb. Die Tradition definiert den angemessenen Lebensstandard der Berufe und Schichten, und sie steuert den Zugang zu ihnen. Privilegien, weniger marktgerechte Entlohnungen differie-

390 Vgl. B. Groethuysen, *Die Entstehung der bürgerlichen Welt- und Lebensanschauung in Frankreich*, op. cit., S. 29-47.

391 Dazu: E. N. Suleiman, *Elites in French Society*, op. cit.; P. Birnbaum, *La classe dirigeante française*, op. cit.

392 Vgl. J. N. Moody, *French Education Since Napoleon*, op. cit.; F. K. Ringer, *Education and Society in Modern Europe*, op. cit.; A. Prost, *Histoire de l'enseignement en France, 1800-1967*, op. cit.

render und mehr oder weniger knapper Leistungen beherrschen die Differenzierung des Lebensstandards. Und diese Privilegien werden von ihren Nutznießern mit entsprechender Macht verteidigt.[393]

Die Öffnung des Bildungssystems für breitere Schichten und die Aufnahme von weniger sprachlich und mehr technisch orientierten Ausbildungsgängen in die Sekundarschule konnten erst nach dem zweiten Weltkrieg gegen hartnäckigen Widerstand durchgesetzt werden. Die Einkommen zwischen den höheren und den unteren Schichten sind unendlich weit voneinander entfernt; das Verhältnis liegt bei 1 zu 7.5 zwischen niedrigen und hohen Lohneinkommen, 1 zu 180 zwischen den Einkommen von Hilfsarbeitern und gut verdienenden Selbständigen, 1 zu 500 zwischen Rentnern und Großindustriellen. Sehr große Diskrepanzen bestehen auch in den Lohneinkommen zwischen den stagnierenden oder absteigenden und den aufsteigenden Branchen. Vor allem aber privilegieren die Steuergesetze den Besitz und das hohe Einkommen. Die Steuerprogression steigt von 9 bis 52 % nur sehr langsam an. Zwischen 70000 und 100000 F Jahreseinkommen beträgt der Steuersatz 28.91 %, zwischen 100000 und 200000 F sind es 36.09 %, erst ab 400000 F werden 52.38 % erhoben. Es ist außerdem nicht schwierig, den Steuersatz auf hohe Einkommen durch Abschreibungen erheblich zu verringern. Trotz Zunahme der Zahl der Selbständigen fielen die Steuererträge aus den Einkommen von Industriellen, Handwerkern, freien Berufen, Groß- und Einzelhändlern zwischen 1965 und 1972 von 44 auf 35 % aus dem gesamten Einkommenssteueraufkommen. Der Anteil der Lohn- und Gehaltsempfänger stieg in demselben Zeitraum von einem Viertel auf ein Drittel. Eine Vermögenssteuer wird nicht erhoben, ebenso keine Kapitalgewinnsteuer. Nur in Ausnahmefällen werden Kapitalgewinne versteuert, wobei der Steuersatz unter bestimmten Bedingungen von 50 auf 10 % reduziert werden kann. Die Erbschaftssteuer erreicht nur ein geringes Ausmaß. Die Mehrwertsteuer trifft die unteren Einkommensschichten ungleich härter als die höheren und reicht bis zu 25 % des Warenverkaufspreises. Sie ist die größte Einnahmequelle des Staates. Die Steuergesetze tragen so einen wesentlichen Teil zur Verfestigung und noch weite-

393 Das hat Tradition: vgl. A. de Tocqueville, *Der alte Staat und die Revolution*, op. cit., S. 77-89.

ren Steigerung der Ungleichheit von Besitz, Einkommen und Lebensstandard bei.[394]

Es sind traditionelle Privilegien, die eine scharfe Trennungslinie zwischen den oberen und unteren Schichten ziehen. Hier setzt sich eine Tradition fort, die Tocqueville schon als ein Kennzeichen des alten Staates hervorgehoben hat. Die ungleiche Steuerbelastung bildete in Frankreich mehr als in anderen Ländern die ökonomische Scheidelinie zwischen den Ständen, Klassen und Schichten. Während in England im 18. Jahrhundert der Arme Steuerfreiheit genieße, sei es in Frankreich der Reiche, schreibt Tocqueville.[395] Am auffälligsten zeigt sich die Steuerungleichheit in der Taille, aber auch in den meisten anderen Steuern. Der Adel war wegen seiner Wehrverpflichtung von ihr ausgenommen; es war eine Steuer für die bürgerlichen Schichten, von der sich einzelne Bürgerliche aber wiederum durch den Kauf von Ämtern befreien konnten. Es gab weitere Steuern, die ungleich festgesetzt wurden; und selbst allgemeine Steuern wurden oft ungleich erhoben. Die Steuerungleichheit war die Basis der ökonomischen Ungleichheit der Gesellschaft des 18. Jahrhunderts, stellt Tocqueville fest:

> Mit jedem Jahre trennt also die ungleiche Besteuerung die Klassen und isoliert die Menschen entschiedener, als sie es bis dahin gewesen waren. Seit dem Augenblick, wo die Steuer darauf zielte, nicht diejenigen zu treffen, die am fähigsten waren, sie zu bezahlen, sondern diejenigen, die am unfähigsten waren, sich dagegen zu wehren, mußte man zu der scheußlichen Konsequenz hingeführt werden, sie dem Reichen zu ersparen und den Armen damit zu belasten.[396]

Steuerprivilegien werden von den Privilegierten zäh verteidigt und von den Benachteiligten beklagt und bekämpft, soweit sie es können. Sie stellen eine der Hauptursachen des sozialen Unfriedens dar. Das war nicht nur im 18. Jahrhundert der Fall, auch heute unterscheidet sich Frankreich in der Steuerungleichheit beträchtlich von vergleichbar fortgeschrittenen westlichen Industrieländern. Die dadurch auf Dauer verfestigte ökonomische Ungleichheit wird noch durch den absolut sehr niedrigen Lebensstandard

394 Die erwähnten Zahlen berichtet U. Kempf, *Das Politische System Frankreichs*, op. cit., S. 296-310. Zum Steuerrecht vgl. H. C. Balzer, *Grundbegriffe und Grundsätze des französischen Steuerrechts*, Diss., Bonn, 1964.

395 A. de Tocqueville, *Der alte Staat und die Revolution*, op. cit., S. 90.

396 Ebd., S. 92.

der unteren Schichten verschärft. Dabei handelt es sich um keine kleine Unterschicht, sondern um den Großteil der Arbeiter, kleinen Bauern und Kleinbürger. Im Jahre 1974 verdienten mehr als die Hälfte der männlichen und drei Viertel der weiblichen Arbeitnehmer weniger als 1800 F (damals ca. 980,- DM) im Monat. Dabei muß man wissen, daß die Löhne seit 1968 ganz erheblich, 1974 durchschnittlich um 20%, erhöht worden waren. Der durchschnittliche Stundenlohn liegt im Vergleich mit den anderen EG-Ländern an drittletzter Stelle, knapp vor Irland und Italien. Im Jahre 1973 betrug er 6.14 DM, im Vergleich zu 8.06 DM in der Bundesrepublik oder gar 12.69 DM in Dänemark. Die Wochenarbeitszeit war mit 44.6 Stunden die höchste unter den EG-Ländern. Die Lage der Rentner ist besonders schlimm. Obwohl ihre Bezüge innerhalb 12 Jahren verfünffacht wurden, mußten sie zum Beispiel bis zum 1. 7. 1974 im Durchschnitt mit einem Tagessatz von 14.25 F auskommen, der dann auf 17.26 F erhöht wurde. Nicht weniger als ca. 20% der Bevölkerung leben nahe am Existenzminimum.[397]

Die Linderung der Not durch die soziale Wohlfahrt hat in Frankreich lange nichts zustande gebracht, was man mit dem in Deutschland begründeten Netz der sozialen Sicherung vergleichen könnte.[398] Erst die Volksfrontregierung Leon Blums hat ein umfassendes System der Sozial- und Krankenversicherung eingeführt. Aber auch hier werden die höheren Einkommen im Vergleich zu den niedrigeren in den Beitragsprämien begünstigt. Ein höherer Angestellter mit einem Monatseinkommen von 5800 F hat keinen höheren Beitrag zu entrichten als ein Facharbeiter mit 1500 F. Ein Junggeselle bezahlt bei 6000 F Jahreseinkommen 37.4%, bei 50000 F nur 12.2%.[399]

Der größte Teil der Bevölkerung, gewiß mehr als die Hälfte, lebt in einfachen Verhältnissen. Bei diesem niedrigen Lebensstandard ist es nicht erstaunlich, daß auch die Bedürfnisse begrenzt bleiben. Sie werden den Gegebenheiten angepaßt. Man bringt es sogar fertig, zu sparen, um sich ein wenig abzusichern. Ein bis drei

397 Die Zahlen berichtet U. Kempf, *Das politische System Frankreichs*, op. cit., S. 296-309.

398 Vgl. H. Hatzfeld, *Du paupérisme à la sécurité sociale, 1850-1940*, Paris: Armand Colin, 1971; J.-J. Dupeyroux, *Sécurité sociale*, Paris: Dalloz, 1973.

399 Einen Überblick über die Einrichtungen der sozialen Wohlfahrt bietet: L. Hantrais, *Contemporary French Society*, London: Macmillan, 1982, S. 79-117.

Monatseinkommen auf der hohen Kante sind durchaus üblich für einen Arbeiterhaushalt. Die Ansprüche werden bescheiden gehalten. Noch 1956 wünschten sich nach einer Umfrage 41 % der Arbeiter keinen Kühlschrank, 33 % keine Waschmaschine und 21 % kein Badezimmer.[400] Man fügt sich in die konkreten Gegebenheiten, aber allgemein hält man die Verhältnisse für unbefriedigend und ungerecht. Dieses Gefühl der Ungerechtigkeit drückt die große Diskrepanz aus, die in Frankreich zwischen Idee und Wirklichkeit hinsichtlich der Gleichheit der Menschen herrscht.

Der ungenierten Inanspruchnahme von Privilegien und der traditionellen Verfestigung und Legitimation der ökonomischen Ungleichheit steht ein um so radikalerer Kampf für die Gleichheit der Menschen gegenüber. Dieser Kampf wird von den Organisationen der Arbeiterschichten geführt, die auch einen Teil der kleinen Bauern repräsentieren, von den sozialistischen und kommunistischen Parteien und Gewerkschaften. Unter vergleichbaren westlichen Industrieländern hat der Sozialismus und der Kommunismus allenfalls in Italien eine ähnlich breite Anhängerschaft in der Bevölkerung erlangt wie in Frankreich. Der schreienden ökonomischen Ungleichheit der Gesellschaft und den ideologischen Rechtfertigungen der Ungleichheit setzen sie um so radikalere Konzeptionen der Gleichheit entgegen.[401] Sie wollen die Umstrukturierung der Eigentumsverhältnisse, die Produktionsmittel in gesellschaftliches bzw. staatliches Eigentum überführen, die ökonomischen Entscheidungen entweder einer zentralen staatlichen Kontrolle unterwerfen oder einer dezentralen Kontrolle durch die Belegschaften der Betriebe. Während die kommunistische Partei und die kommunistische Gewerkschaft C. G. T. das Modell der zentralen Planung verwirklichen wollen,[402] treten die Sozialisten und die eher sozialistisch orientierte, ehemals christ-

400 Das berichtet F. Bourricaud, »France«, op. cit., S. 479-80.

401 Zum historischen Hintergrund vgl. J.-C. Petitfils, *Les socialismes utopique*, Paris: Presses Universitaires de France, 1977. Zur Entwicklung der Linken seit 1940 vgl. F.-G. Dreyfus, *Histoire des gauches en France, 1940-1974*, Paris: Grasset, 1975.

402 Siehe dazu J. Bruhat und M. Piolot, *Esquisse d'une histoire de la C. G. T. (1895-1965)*, Paris: Confédération générale du travail, 1966; J. Magniadas, R. Mouriaux und M. Piolot, *Les militants de la C. G. T. en formation syndicale*, Paris: Confédération générale du travail, o. J. (1974).

liche Gewerkschaft der C. F. D. T. für die dezentrale demokratische Kontrolle der Betriebe ein. Die von der C. G. T. abgespaltene Force Ouvrière verfolgt eher einen Kurs, der sich auf die Realisierung von Lohnforderungen beschränkt.[403]
Was bei dem Kampf zwischen dem rechten Festhalten an Privilegien und dem linken Eintreten für Sozialismus und Kommunismus auf der Strecke bleibt, ist das Konzept der Chancengleichheit. Die Rechten erkennen darin nur den Abbau angestammter Privilegien, die Linken ein wirkungsloses Instrument, das den benachteiligten Schichten nur Sand in die Augen streut. Das heißt natürlich nicht, daß es keine Anstrengungen in die Richtung von mehr Chancengleichheit gegeben hätte. In der Bildungspolitik wurden in dieser Hinsicht seit den sechziger Jahren mehr Erfolge erzielt als in der Bundesrepublik. Allerdings sind auch sie bescheiden geblieben. So konnte der Anteil der Arbeiter- und Bauernkinder an Hochschulstudenten seit Ende des zweiten Weltkrieges von 1.8 % auf 13 % gesteigert werden.[404] Dennoch fällt es empirischen Studien nicht schwer, nachzuweisen, wie geringfügig sich die Aufstiegschancen wirklich verbessert haben. Auf der Rechten sieht man darin schnell die Vergeblichkeit aller Bemühungen, die unteren Schichten zu mobilisieren, auf der Linken den Zynismus der Rechtfertigung von Resultatsungleichheiten auf der Basis von angeblicher Chancengleichheit. Die Idee der Chancengleichheit hat nur geringe Chancen, allgemein anerkannt zu werden.

4.4 Gemeinschaftliche Gleichheit: Die Hierarchie der Stände, Klassen und Schichten

Balzac schildert in *Le père Goriot* die Geschichte des alten Goriot, der seine ganzen Einkünfte und Ersparnisse aufwendet, um seinen beiden Töchtern die Einheirat in einen höheren Stand zu ermöglichen. Die Töchter haben Glück. Die eine heiratet einen Marquis, die andere einen Baron. Der alte Goriot fristet aber ein kümmerliches Dasein in einem tristen Zimmer der Pension Vaquer, allein noch von Rastignac, dem jungen Freund

403 Vgl. U. Kempf, *Das politische System Frankreichs*, op. cit., S. 227-41.
404 Vgl. ebd., S. 241-4.

besucht. Die Töchter empfangen ihn nicht. Ihre Zugehörigkeit zur adeligen Schicht schließt den Kontakt mit ihrem bürgerlichen Vater aus.[405]

Es gibt viele Schilderungen der Barrieren zwischen den sozialen Ständen, Klassen und Schichten in der französischen Literatur, Balzacs *Père Goriot* ist eine der melodramatischsten. In ihnen kommt das Ausmaß zum Ausdruck, in dem in der französischen Gesellschaft die sozialen Unterschiede betont werden. Alle Demokratisierung hat diese Schärfe der sozialen Differenzierung nur abschleifen, aber nicht grundsätzlich abbauen können. Tocqueville beschreibt sie für die Gesellschaft des 18. Jahrhunderts,[406] die großen Romanschriftsteller – Stendhal, Balzac, Flaubert, Proust – für diejenige des 19. Jahrhunderts und bis in unser Jahrhundert hinein.[407] Welche Rolle die soziale Unterscheidung auch heute spielt, hat Pierre Bourdieu in verschiedenen Arbeiten gezeigt, so in seiner Studie über die feinen Unterschiede.[408]

Tocqueville stellt fest, daß in Frankreich die Grenzen zwischen Aristokratie und Bürgertum und noch weiter zwischen den einzelnen Schichten in einer Zeit eher schärfer gezogen wurden, in der sie in England schon längst im Begriffe waren, sich zu verwischen. Wo in England Adelige und Bürgerliche gemeinsam Geschäfte betrieben, gleiche Berufe ausübten und untereinander heirateten, hat der französische Adel solche Vermischungen mit dem Bürgertum peinlichst gemieden. Der englische Gentleman wurde zu einem allgemeinen Ideal für einen Lebensstil über alle Schichtgrenzen hinweg, ein Gentilhomme konnte nur ein Edelmann sein.[409] Das schloß nicht den Aufstieg vom Bürgertum in den Adelsstand aus. In England war das für die Bürgerlichen gar nicht erforderlich, um allgemeine Anerkennung zu erlangen, in Frankreich war es der gesuchte Weg nach oben. Deshalb begegnet man in Frankreich eher mehr Erhebungen in den Adelsstand als in England. Diese mußten allerdings teuer bezahlt werden. Reiche Bür-

405 H. de Balzac, *Le père Goriot*, op. cit.

406 A. de Tocqueville, *Der alte Staat und die Revolution*, op. cit., S. 77-89.

407 Stendhal, *Le rouge et le noir*, op. cit.; H. de Balzac, *Le Père Goriot*, op. cit.; G. Flaubert, *Madame Bovary*, op. cit.; M. Proust, *A la recherche du temps perdu*, op. cit.

408 P. Bourdieu, *Die feinen Unterschiede*, op. cit.; *La Reproduction*, Paris: Minuit, 1971.

409 A. de Tocqueville, *Der alte Staat und die Revolution*, op. cit., S. 79.

ger versuchten das Adelsprädikat vor allem durch den Kauf von Ämtern zu erwerben. Die Barriere zwischen Bürgertum und Adel konnte überschritten werden, aber sie blieb für alle sichtbar, schreibt Tocqueville:

> Aber die Schranke, die den Adel Frankreichs von den anderen Klassen trennte, war, obwohl sehr leicht überschreitbar, allezeit fest und sichtbar und für jeden, der außerhalb blieb, stets an blendenden und verhaßten Zeichen erkennbar. Hatte man sie einmal überschritten, so war man von all denen, aus deren Mitte man soeben herausgetreten, durch Privilegien geschieden, die für sie lästig und demütigend waren.[410]

Was die Klassen, Stände und Schichten trennte, waren ihre jeweiligen Privilegien, das Prestige, das sie beanspruchten, und ihr Lebensstil. Auf ihre Erhaltung waren sie stets genau bedacht. Jede Vermischung mit anderen Schichten erschien als Gefährdung ihrer Stellung. Dabei wurde die Differenzierung bis in die kleinsten Nuancen getrieben. Nicht nur Adel und Bürgertum grenzten sich voneinander ab, innerhalb dieser Stände wurden wiederum die feinsten Unterschiede hervorgehoben. Jedes kleine Privileg, jedes beanspruchte Prestige, jeder Lebensstil wurde krampfhaft gegen andere Schichten verteidigt.

Was Tocqueville am 18. Jahrhundert herausgestellt hat und die Romanschriftsteller des 19. Jahrhunderts in allen Feinheiten geschildert haben, ist heute sicherlich nicht mehr in gleich krasser Gestalt vorzufinden, dennoch ist es in abgeschwächter Form nach wie vor eine kennzeichnende Eigenheit der französischen Gesellschaft. Die Unterscheidung beginnt mit dem sozialen Verkehr. Wer wen empfangen und besuchen kann, unterliegt strengen Regeln. Es ist nur den Angehörigen derselben Schicht möglich, persönliche Kontakte zu pflegen, sich zum Essen einzuladen, gemeinsam das Theater zu besuchen. Früher wurde dies durch formelle Regeln bestimmt, heute sind davon noch die Gepflogenheiten übriggeblieben, bei Einladungen, Geselligkeiten, Freundschaften und Eheschließungen auf die Herkunft zu achten und keine allzu großen Diskrepanzen auftreten zu lassen. Interaktionen über Schichtgrenzen hinweg bleiben in ihrem Charakter förmlich und erfassen kaum die persönliche Ebene. Im Betrieb wird streng auf die Einhaltung der formellen Beziehungen zwischen Positionen auf unterschiedlichen Hierarchieebenen geach-

410 Ebd., S. 83.

tet, Anweisen und Ausführen von Anordnungen strukturieren diese Beziehungen. Gemeinsamkeiten durch persönliche Gespräche, Essen in der Kantine oder im Restaurant, Zusammentreffen außerhalb des Betriebes werden vermieden.[411] Jeder Rangunterschied drückt sich im äußeren Verhalten aus. Der Ranghöhere kann in allen Dingen den Vortritt vor dem Rangniedrigeren erwarten. Der Rangniedrigere hält dem Ranghöheren die Tür auf, macht ihm Platz in der Kantine, zieht zuerst den Hut. Der Ranghöhere eröffnet die Kommunikation. Der Rangniedrigere hat zu warten, bis er nach betimmten Dingen gefragt wird. Er muß Auskunft geben, zu eigenen Fragen hat er nur innerhalb genau fixierter Grenzen und nach ausdrücklicher Erlaubnis das Recht. Der Rangniedrigere nähert sich dem Ranghöheren vorsichtig, darauf bedacht, nicht zu stören; bei der Begrüßung verbeugt er sich tiefer, während der Ranghöhere in aufrechter Haltung stehenbleibt. Bevor er das Zimmer eines Vorgesetzten betritt, klopft der Untergebene an und öffnet erst nach lautem Zuruf. Beim Eintreten wartet er, bis sich der Vorgesetzte ihm zuwendet. Bei der Verabschiedung tritt er in leicht gebeugter Haltung rückwärts zur Tür gewandt zurück und verbeugt sich nochmals, bevor er die Tür öffnet und den Raum verläßt.

Jede Schicht versucht durch die kleinsten Privilegien einen noch so minimalen Vorrang vor anderen zu bewahren. Jeder Eingriff in solche Privilegien stößt auf den erbitterten Widerstand ihrer Nutznießer. Jedes Privileg anderer Berufe und Schichten wird mit Argwohn betrachtet. Von der Ausstattung des Dienstzimmers, über den Platz in der Kantine und die Arbeitskleidung bis zur Berufsbezeichnung werden Privilegien als sichtbare Zeichen des sozialen Rangs gewertet. Sie sollen anderen stets zu verstehen geben, mit wem sie es zu tun haben.

Das Prestige der Berufe und Schichten ist in einer ziemlich klar erkennbaren Hierarchie abgestuft.[412] Eine Vermischung des Prestiges durch die Angleichung der Einkommen und durch Geschäftsverbindungen trifft man noch kaum an. Über das Prestige entscheidet das Einkommen höchstens sekundär. Nicht das Geld ist das erste Kriterium der Prestigezuteilung, sondern zuerst

411 M. Crozier, *The Bureaucratic Phenomenon*, op. cit., S. 31-50.

412 J. Marceau, *Class and Status in France. Economic Change and Social Immobility 1945-1975*, Oxford: Clarendon Press, 1977; R. Recht, *Deutschland, Frankreich, Europa*, München: R. Piper und Co., 1978, S. 67-74.

der Lebensstil, dann die Nähe zum staatlich-administrativen Zentrum und nur an dritter Stelle das Einkommen.[413] Die adeligen Familien führen in ihrer feinen Lebensart immer noch die Prestigeskala an. Ererbter Reichtum und vornehme Herkunft zählen immer noch mehr als mühsam erarbeitetes Geld. Der vornehm lebende Aristokrat gilt mehr als der rackernde Bourgeois. Das Bürgertum hat nur als Großbürgertum mit aristokratischem Lebensstil ein hohes Prestige. Der rackernde Bourgeois wird von den Aristokraten und den vornehmen Großbürgern belächelt, von den gebildeten Schichten verachtet und von den Arbeitern gehaßt. Nach den vornehmen besitzenden Schichten können die Absolventen der Eliteschulen in hohen Stellungen der staatlichen Administration das nächst höchste Prestige beanspruchen. Selbst die intellektuellen Bohemiens können sich über den nur Geld anhäufenden Bourgeois stellen. Die mittleren Beamtenschichten genießen eine Anerkennung als treue Staatsdiener. Sie ordnen sich klar vor den kleinen Beamten und Angestellten, Handwerkern, Gewerbetreibenden und Bauern, sowie vor den Arbeiterschichten ein. Zwischen diesen Berufsgruppen und Schichten wird das Prestige bis in die feinsten Nuancen abgestuft. Jede kleine Berufsgruppe ist um ihren Rang vor anderen Berufsgruppen besorgt.

In kaum einem anderen westlichen Industrieland unterscheiden sich die Klassen und Schichten so auffällig in ihrer Welt- und Lebensanschauung und in ihrem Lebensstil wie in Frankreich. Es gibt hier keine Gemeinsamkeit, wie sie in England im Ideal des Gentleman und in den Vereinigten Staaten im American way of life zu finden ist. Man sieht nichts allgemein Geltendes, nach dem alle streben können. Die vornehmen adeligen und großbürgerlichen Familien, die gebildete Elite der Verwaltungskader, die intellektuellen Bohemiens, die mittleren Beamten und Angestellten, die kleinen Handwerker und Gewerbetreibenden, die großen und die kleinen Bauern und die Arbeiter haben alle ihre eigenen Weltanschauungen und Lebensstile. Sie leben in ihrem eigenen sozialen Milieu, das eine Welt für sich darstellt.

Für die vornehmen adeligen und großbürgerlichen Schichten ist Reichtum nichts, nach dem man strebt, und auch nichts, um dessen Vermehrung man sich unablässig bemühen muß. Man verfügt

413 Dazu: P. Bourdieu, *La Reproduction*, op. cit.; *Die feinen Unterschiede*, op. cit., insbesondere S. 115-67.

über Reichtum und läßt andere für dessen Erhaltung und Vermehrung arbeiten. Man kümmert sich zwar um die Geschäfte, aber man lebt nicht für sie. Hauptaufgabe ist vielmehr die Pflege des guten Geschmacks und der vornehmen Gesellschaft, die Förderung der Wissenschaften und der Kunst, die feine Lebensart und die schöne Konversation unter Gebildeten. Bloße Geschäftstüchtigkeit, hemdsärmelige Durchsetzungskraft und bürgerliches Erfolgsstreben werden verachtet.

Die elitären Verwaltungskader sind stolz auf ihre Schule, die sie gemeinsam durchlaufen haben. Sie sind Normaliens, Polytechniciens, Enaisten oder Absolventen einer anderen Grande école und fühlen sich in einem gemeinsamen Korpsgeist verbunden. Das Bewußtsein, über eine überlegene Bildung zu verfügen, die Verantwortung für die große Nation und die Bereitschaft zur Führung der Gesellschaft prägen ihre Haltung. Keine andere westliche Industriegesellschaft verfügt über eine ähnlich abgegrenzte und selbstbewußte Elite.[414] Intern differenziert sich diese Elite jedoch in zunehmendem Maße in die technische und die geistige Elite. Während sich die Technokraten in ihrem Führungsanspruch durch die Übernahme der Schaltstellen der Administration bestätigt finden, sieht sich die geistige Elite mehr und mehr in der Rolle der Opposition. Die Absolventen der Ecole normale supérieure stellten ursprünglich zusammen mit der Ecole polytechnique das Hauptkontingent der Führungskader der Administration. Die Ecole normale ist jedoch in dieser Funktion inzwischen von den anderen Eliteschulen in den Hintergrund gedrängt worden. Ihre Absolventen gehen – darin auch ihrer ursprünglichen Aufgabe entsprechend – vorwiegend in die oberen Klassen der Lycées und in die Universitäten.[415]

Die Normaliens verbünden sich vor allem in ihrem politisch links eingestellten Teil mit den intellektuellen Bohemiens. Deren Leben ist der Literatur und Kunst und der ästhetischen Umgestaltung der Gesellschaft gewidmet. Auch sie fühlen sich ihrer Schule verbunden: der Sorbonne und der Ecole normale in der Rue d'Ulm. Ihr Leben gestalten sie als Kunstwerk. Dazu gehören eine unkonventionelle Lebensweise, das Café in Saint Germain des Prés, geistreiche Konversationen, nächtelange Diskussionen, Theater und die

414 E. N. Suleiman, *Elites in French Society*, op. cit.
415 Ebd., S. 31-56.

neueste literarische Mode, vor allem aber die Verachtung des satten, selbstgewissen Bürgers.[416]
Die mittleren Beamten und Angestellten halten sich in erster Linie an Disziplin und Dienstbeflissenheit.[417] Sie sind auf die Ausführung und die Weitergabe von Anweisungen eingestellt. Die Ehrung für vierzig Jahre treue Dienste in derselben Behörde oder in demselben Betrieb ist der Höhepunkt ihrer beruflichen Laufbahn. Der Ablauf des Tages ist geregelt. Alles hat seinen Platz und seine Ordnung. Die Wohnung ist so akkurat geputzt und aufgeräumt wie das Büro. Morgens das Frühstück, ein kurzer Blick in die Tageszeitung, die alltägliche Fahrt mit der Metro zum Büro, der Dienst am Vormittag, Mittagessen aus der Gulaschkanone oder in der Kantine, der Dienst am Nachmittag, die Heimfahrt mit der Metro, die Begrüßung zu Hause, ein paar Worte zu den Kindern, das Abendbrot, Fernsehen und dann zu Bett, das ist der Tag; und man ist zufrieden, wenn es so bleibt. Am Wochenende dann das Picknick mit der Familie, im August ein paar Wochen in einem kleinen Ort im Süden in einer netten Pension, darauf freut man sich Woche für Woche und Jahr für Jahr. Man ist mit einem bescheidenen Lebensstandard zufrieden. Mehr ist nicht möglich, und man will auch nicht mehr. Die kulturellen Bedürfnisse beschränken sich auf das allgemein Anerkannte. Extravagantes wird der Avantgarde überlassen.
Die kleinen Handwerker und Gewerbetreibenden führen den ererbten Familienbetrieb fort.[418] Ihr Bedürfnis ist es, die angestammte Kundschaft wie immer zufriedenzustellen. Die eingeführte Ware, die von den Kunden schon immer gewünscht wurde, die gleiche handwerkliche Dienstleistung, der gleiche Haarschnitt,

416 Dazu: S. de Beauvoir, *Les Mandarins*, op. cit.

417 Vgl. Centre d'études des civilisations de la faculté des lettres et sciences humaines de Paris-Nonterre (Hg.), *La mentalité française*, Paris: Klicknick, 1967; B. Cathelat, *Les styles de vie des Français 1978-1998*, Paris: Alain Stanké, 1977.

418 Vgl. C. Baudelot, R. Establet und J. Malemort, *La petite bourgeoisie en France*, op. cit.; Centre d'études des civilisations de la faculté des lettres et sciences humaines de Paris-Nonterre, *La mentalité française*, op. cit.; G. Vincent, »Groupes et catégories socio-professionelles: les dirigeants des petits et moyennes entreprises«, in: G. Santoni, *Société et culture de la France contemporaine*, op. cit., S. 171-76; B. Cathelat, *Les styles de vie des Français 1978-1998*, op. cit.

die Aufrechterhaltung der Tradition, sind das Bestreben. Man freut sich über jeden alten Kunden, den man begrüßen darf. Zur Dienstleistung gehört auch das Gespräch über die Sorgen des Alltags, über die anstehenden Familienereignisse, die bevorstehende Kommunion des Jüngsten und die Heirat der Ältesten. Die Erhaltung eines mäßigen Wohlstands und der kleinen Freuden des Lebens ist alles, was man will. Das kleine Häuschen wird gepflegt und mit allem handwerklichen Können selbst instandgehalten.

Bei den Bauern muß man die vielen kleinen von den wenigen großen unterscheiden.[419] Die Großbauern führen Unternehmen im Stil der Patrone. Sie erwarten den Gehorsam ihrer Untergebenen, denen sie wiederum die Fürsorge für ein einfaches Leben schulden, kaum mehr als Kost und Unterkunft. Man lebt auf dem Hof in gutem Wohlstand, den man aber nicht nach außen trägt. Dazu trennt sie zu viel von den vornehmen Familien. Unter den kulturellen Bedürfnissen rangiert das gute Essen bei erlesenen Weinen im Kreise der erweiterten Familie an erster Stelle. Alles andere wird vom Rhythmus der Arbeit mit der Natur bestimmt. Die kleinen Bauern fristen ein Dasein nahe dem Existenzminimum. Ihre Höfe sind so klein, daß sie kaum die Familie ernähren können. Sie beten regelmäßig für eine gute Ernte und demonstrieren häufig für die Erhaltung der EG-Subventionen, ohne die sie nicht existieren könnten. Die Zeit wird verdammt, weil sie sich gnadenlos gegen die Landwirte zu entwickeln scheint. Aber gegen die Aufgabe der Landwirtschaft und gegen den Gang in die Fabrik wehrt man sich, so lange es geht. An Kultur ist außer dem sonntäglichen Kirchgang und dem anschließenden Frühschoppen der Männer im Wirtshaus nicht zu denken. Dazu zwingt die karge Landwirtschaft zu sehr zur Hergabe aller Arbeitskraft.

Die Arbeiterschaft findet in Frankreich vor allem in den vielen kleineren Betrieben schlechtere Arbeitsverhältnisse vor als in den meisten anderen westlichen Industrieländern.[420] Ein langer Arbeitstag, der früh am Morgen beginnt, und eine schwere körper-

419 Vgl. J. P. Houssel, *Histoire des paysans français du XVIIIe siècle à nos jours*, Roanne: Horvoth, 1973; J. Planchais, *Les provinciaux ou la France sans Paris*, Paris: du Seuil, 1970; centre d'etudes des civilisations de faculté des lettres et sciences humaines de Paris-Nonterre, *La mentalité française*, op. cit.; G. Vincent, »Groupes et catégories socio-professionels: les paysans«, op. cit.; B. Cathelat, *Les styles de vie des Français 1978-1998*, op. cit.

420 Vgl. Y. Lequin, *Les Ouvriers de la région lyonnaise (1848-1914)*, 2 Bde.,

liche Arbeit an oft veralteten Maschinen mit unzureichenden Sicherheitsvorkehrungen diktieren den Tagesablauf. Nur in den Großbetrieben der aufstrebenden Branchen treffen die Arbeiter bessere Arbeitsbedingungen an. Die Entlohnung ist dort ebenfalls weit höher als in den kleinen Betrieben und schwachen Branchen. In der kleinen Wohnung herrschen beengte Verhältnisse, in denen Konflikte nicht ausbleiben können. Nicht selten fehlen noch Bad, Waschmaschine und Kühlschrank. Der Hasenstall, die Kneipe und das Fernsehen sind die kulturellen Genüsse, die man sich leistet. Für eine Ferienreise reicht es oft nicht, und wenn sie unternommen wird, dann mit ganz bescheidenen Ansprüchen.
All diese Schichten bilden abgegrenzte soziale Milieus. Man erkennt sie auf den ersten Blick an ihrer Sprache, an ihrem Konsum, an der Wohngegend, der Wohnung und Wohnungseinrichtung, an ihren Eßgewohnheiten und ihren Tischsitten, an den kulturellen Bedürfnissen, die sie entfalten. Was für die höheren Schichten das feine Essen bei erlesenen Weinen in einer guten Gesellschaft ist, das ist für die einfacheren Leute der kräftige Schmaus mit deftigem und reichlichem Essen und viel Landwein. Hier sind die Frauen mit dem Auftragen des Essens und dem Abräumen beschäftigt, während sich die Männer in lustiger Unterhaltung vergnügen, dort sitzen die Damen bei geistreicher Konversation zu Tisch und lassen sich von den Dienstboten bedienen. Hier liegt der Genuß in der Menge des Essens, dort in den Feinheiten der Zubereitung und in der vornehmen Zurückhaltung beim Essen. Kultur ist darauf angelegt, sich von anderen, die nicht zum eigenen Milieu gehören, zu unterscheiden.[421]
Was sich bei der gegebenen ständischen Differenzierung der Gesellschaft und dem Fehlen von Vereinigungen über die Grenzen der Klassen, Stände und Schichten hinweg kaum entwickeln konnte, ist das Bewußtsein der Zugehörigkeit zu einer allgemeinen gesellschaftlichen Gemeinschaft. Der Citoyen ist eine Parole der Revolution geblieben, die nicht wirklich die ganze Gesellschaft durchdringen kann. Die Einheit der Gesellschaft ist weniger durch das Gefühl der Verbundenheit der Bürger mit gleichen Rechten und Pflichten in einer gesellschaftlichen Gemeinschaft gewährleistet worden als durch gleiche Unterordnung der Unter-

Paris: Presses Universitaires de Lyon, 1977; J. P. Brunet, *Saint Denis la Rouge*, Paris: Hachette, 1980.

421 Dazu: P. Bourdieu, *Die feinen Unterschiede*, op. cit.

tanen unter die zentrale Administration.[422] Der Appell an die große Nation und die Ideale der Revolution hat wohl in Krisenzeiten eine gewisse Wirkungskraft, aber es fehlt die Veralltäglichung in der gleichberechtigten Teilnahme selbstverantwortlicher Bürger an den gesellschaftlichen Entscheidungen.

Schlußbemerkungen

In Frankreich stoßen nicht nur die Idee der Gleichheit und die Realität der Ungleichheit aufeinander, sondern auch vollkommen gegensätzliche Ideologien der Gleichheit und Ungleichheit. Die Hauptachse der Gleichheitsidee wird von Kultur und Politik bestimmt. Ihr steht die Achse einer ausgeprägten ökonomischen und sozialen Ungleichheit entgegen.

Die Idee der kulturellen Gleichheit ist von den Aufklärern gegen die kirchliche Vereinigung von ideeller Gleichheit vor Gott und gesellschaftlicher Ungleichheit entwickelt worden. Nach dieser Idee sind alle Menschen mit derselben Vernunft ausgestattet, die sich in gleicher Moral und Bildung sowie im Diskurs von Gleichen verwirklichen soll. Dieser Idee wirken jedoch die Vereinheitlichung durch Recht statt Moral, die Differenzierung von Konventionen, das elitäre Bildungssystem und der repräsentative Diskurs entgegen.

Die Idee der politischen Gleichheit ist von Rousseaus Konzept der allgemeinen Gesetzgebung geformt worden. Dieses stützt sich auf die Bildung des Allgemeinwillens, die zivile Religion, die Erziehung zum Staatsbürger und die Ausschließung partikularer Interessen. Die allgemeine Gesetzgebung wird ergänzt in der Gleichbehandlung durch objektive Behörden, in der Gleichheit vor dem Gesetz im Sinne des Kodifikationsrechts und in der Objektivierung der politischen Diskussion.

In ökonomischer Hinsicht ist die französische Gesellschaft durch den Konflikt zwischen der rechten Ideologie der organischen Ungleichheit und den linken Ideologien des Sozialismus und Kommunismus gekennzeichnet. Zwischen ihnen gibt es für die Idee der Chancengleichheit keinen Platz. Die Realität äußert sich in einer von kaum einem anderen westlichen Industrieland

422 M. Crozier, *The Bureaucratic Phenomenon*, op. cit., S. 187-95, 214-24.

erreichten Ungleichheit von Besitz, Einkommen und Lebensstandard, die durch Steuerprivilegien strukturiert, von der Tradition gefestigt und von einer aktiven Sozialpolitik des Staates erst spät und in bescheidenem Umfang aufgefangen worden ist.
Die Gemeinschaftsbeziehungen werden von einer scharfen und bis in kleinste Nuancen betonten ständischen Differenzierung beherrscht. Stände, Schichten und Klassen sind durch den sozialen Verkehr, Privilegien, Prestige, Weltanschauungen und Lebensstile voneinander getrennt. Sie bilden abgegrenzte soziale Milieus, die kaum in einer gesellschaftlichen Gemeinschaft vereinigt werden können (Diagramm 5).

Zusammenfassung

Die Entwicklung des kulturellen Codes der Moderne ist in Frankreich wie kaum in einem anderen Land durch radikale Gegensätze bestimmt worden. Das gilt in gleicher Weise für das Verständnis von Aktivismus, Rationalität, Freiheit und Gleichheit.
Der Aktivismus muß sich gegen die Kräfte der Beharrung durchsetzen: gegen den Traditionalismus der Kirche und gegen die Routine der zentralisierten Administration. Veränderung und aktive Gestaltung der Gesellschaft sind unter diesen Bedingungen nicht durch schrittweise Anpassung an eine sich wandelnde Umwelt möglich, sondern nur nach der Anhäufung von Problemen zur großen Krise. In die Krise greift der revolutionäre Aktivismus der Intellektuellen mit neuen Ideen, aber wenig praktischer Erfahrung ein. Zur konkreten Bewältigung der Krise benötigt man den funktionalen Aktivismus der professionellen Elite, der indessen mehr und mehr auch die Rolle der vorausschauenden Gesellschaftsplanung übernommen hat. In diesem Fall verbindet sich der professionelle Aktivismus mit dem administrativen Zentralismus.
Der Begriff der Rationalität ist durch den Kampf der Aufklärung gegen die kirchliche Vormundschaft geformt worden. Seine nachhaltigste Gestaltung hat der Rationalitätsbegriff durch Descartes erfahren. Es ist eine Rationalität, die von intuitiv gewonnenen Prinzipien ausgeht und im deduktiven Verfahren die Realität in allen ihren Details zu erschließen versucht. Analytische Zerle-

Diagramm 5: Der Universalismus in Frankreich

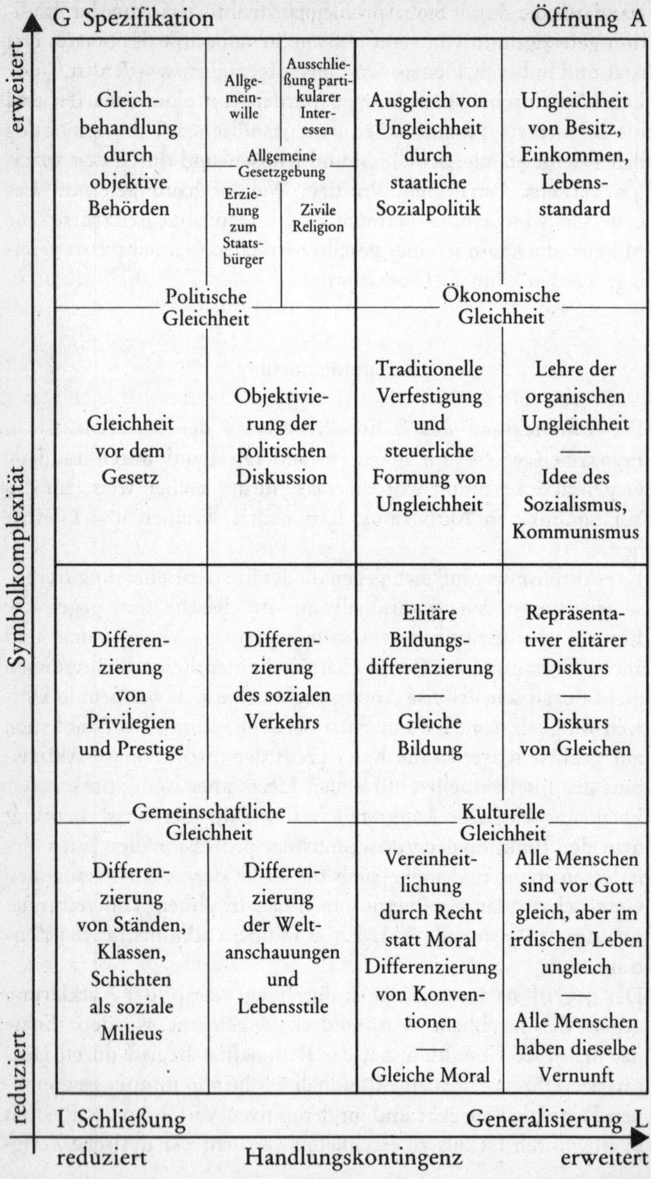

gung der Gedanken und vollständige Erfassung der Realität gehören ebenso zu dieser methodischen Rationalität. Die Betonung der individuellen Kreativität und der Drang zur Kontrolle der Wirklichkeit bis hin zur positiven Wissenschaft unterscheiden diese Form der Rationalität von der deutschen Abstraktion, die deduktive Vorgehensweise trennt sie von der angelsächsischen Induktion. Dieser philosophische Rationalismus wird durch den funktionalen Rationalismus der Professionen ergänzt, durch die geistreiche Konversation im Salon und im Café, die literarische Qualität der an ein breiteres, gebildetes Publikum gewandten Sprache, die gegensätzliche Bestimmung der Wissenschaft durch freie Kreativität und universitäre Routine, die schöpferische intellektuelle Moral und die Ideologisierung der gesellschaftlichen Konsensfindung durch die Intellektuellen.

Die Freiheit steht zwischen der individuellen Kreativität im Denken und der politischen Subsumtion des Individuums unter die allgemeine Gesetzgebung. Die kulturelle Freiheit begründet Descartes mit der Rückführung aller Erkenntnis auf das »Ich denke« des Individuums. Die Befreiung von den traditionellen Lehren durch Selbstaufklärung, die Entscheidungsfreiheit und -verantwortung und der schöpferische Akt des Individuums runden das kreative Verständnis der kulturellen Freiheit ab. Dieser kreative Individualismus verwirklicht sich gegen die gesellschaftlichen Konventionen. Den Gegenpol zu diesem kulturellen Freiheitsbegriff stellt die von Rousseau eingeführte Konvergenz von gesellschaftlichem Zwang und individueller Freiheit im Allgemeinwillen dar. Dieses Konzept der politischen Freiheit findet seine Ergänzung im demokratischen Zentralismus anstelle von lokaler und regionaler Autonomie, in der staatlichen Verwaltung der bürgerlichen Freiheit anstelle der Kontrolle der Verwaltung durch die aktive Wahrnehumg von individuellen Freiheitsrechten und im hierarchischen Aufbau der Gewalten anstelle ihrer Unabhängigkeit in einem System von Checks und Balances. Ein ökonomischer Individualismus hat sich nie entwickelt. Die staatliche Verantwortung und Regulierung von Beziehungen steht vor der privaten Initiative und Interessenabstimmung, die Tradition vor dem Wettbewerb. Die Vereinigungsfreiheit ist vielfältigen Beschränkungen unterworfen, angefangen von der Abgrenzung der sozialen Milieus und der sozialen Immobilität über die Trennung von persönlichen und formellen Beziehungen und die Ersetzung von öffentlichem Geist durch staatliche Verwaltung bis zur Verordnung von Konfliktlösungen durch administrative Instanzen und nicht durch gerichtliche Auseinandersetzung.

Im Konzept der Gleichheit prallen so gegensätzliche Positionen wie die Ideologie der organischen Ungleichheit zum Wohle des gesellschaftlichen Ganzen und die Ideologien des Sozialismus und Kommunismus aufeinander. Die kulturelle Gleichheit ist von den Aufklärern als die Ausstattung aller Menschen mit derselben Vernunft gegen die kirchliche Verknüpfung von Gleichheit vor Gott und gesellschaftlicher Ungleichheit gerichtet worden. Dazu zählen auch Gleichheit in Moral, Bildung und kulturellem Diskurs, denen allerdings eklatante Ungleichheiten in der Realität entgegenstehen. Die politische Gleichheit gründet auf Rousseaus Konzept der allgemeinen Gesetzgebung, das seinen Kern in der Idee des Allgemeinwillens hat. Die zivile Religion, die Erziehung zum Staatsbürger und die Ausschließung der partikularen Interessen gehören ebenso dazu. Dieser Kern der politischen Gleichheit wird erweitert in der Gleichbehandlung durch objektive Behörden, in der Gleichheit vor dem Gesetz aufgrund von Rechtskodifikation und in der Objektivierung der politischen Diskussion. Die ökonomische Gleichheit wird von dem Gegensatz zwischen organischer Rechtfertigung von Ungleichheit und sozialistischer sowie kommunistischer Gleichheitsforderung beherrscht. Dagegen fehlt eine breite Verankerung der Idee der Chancengleichheit. Die verhältnismäßig große Ungleichheit des Lebensstandards gründet auf Steuerprivilegien, auf traditionalen Verfestigungen sowie auf Verspätung und Unzulänglichkeit der Sozialpolitik. In kaum einer anderen westlichen Industriegesellschaft sind die Stände, Klassen und Schichten durch den sozialen Verkehr, durch Privilegien, Prestige, Weltanschauungen und Lebensstile so voneinander abgegrenzt wie in Frankreich. Es fehlt die Basis für eine gesellschaftliche Vergemeinschaftung.

Es sind die Gegensätze, die den kulturellen Code der Moderne in Frankreich prägen: der revolutionäre Aktivismus der Intellektuellen gegen den Traditionalismus der Kirche und die Routine der Administration, die kulturelle Kreativität gegen die traditionelle Lehre und die Erstarrung des schulischen und universitären Curriculums, die Freiheit der literarischen Republik gegen den Zwang der staatlichen Ordnung, die Gleichheit nach den Ideen des Sozialismus und Kommunismus gegen die Ungleichheit der organisch aufgebauten Gesellschaft (Diagramme 6a und 6b).

Diagramm 6a: Frankreich: Das Handlungssystem

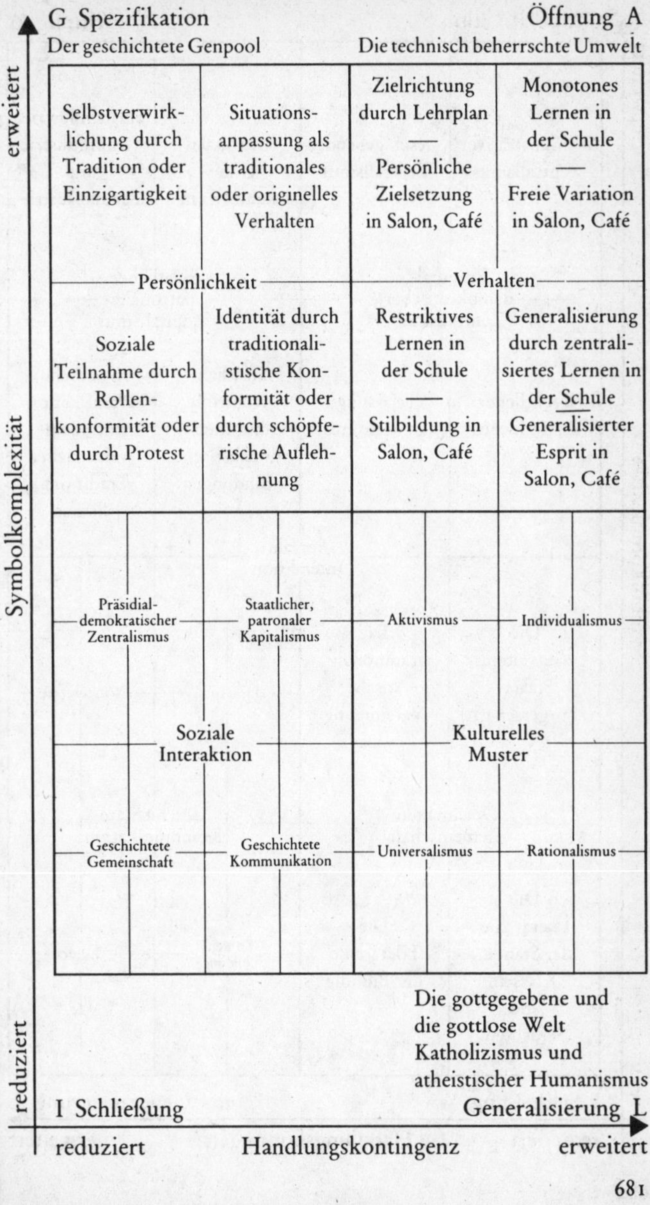

Diagramm 6b: Frankreich: Das soziale System

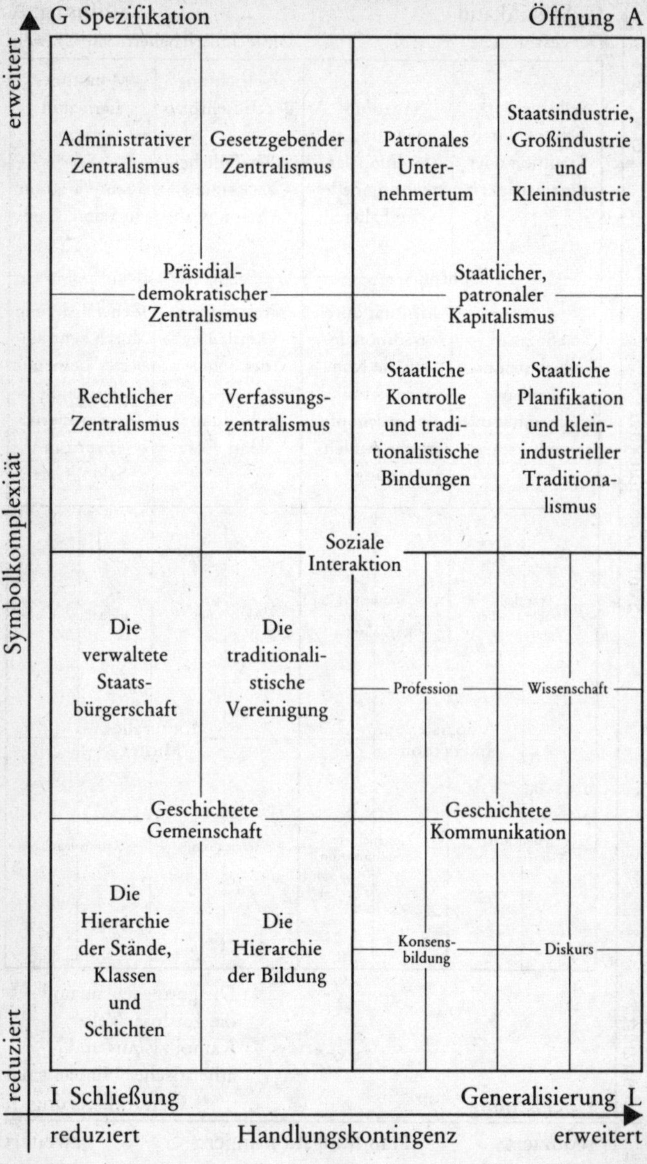

II. Deutschland
Konformität und Entfremdung

Einführung

In Deutschland ist die Ausbreitung der modernen Kultur auf gänzlich andere gesellschaftliche Bedingungen gestoßen als in England und in Amerika. Durch diese Bedingungen ist ihre Institutionalisierung in Richtungen gedrängt worden, die zu Umformungen der modernen Werte durch traditionale Wertorientierungen, zu besonderen Ausprägungen der modernen Werte und zu scharfen Konflikten zwischen modernen und traditionalen Werten geführt haben.

Die Eigenart des deutschen Weges in die Moderne beginnt schon mit dem Unterschied des Lutherischen zum Calvinistischen Protestantismus; an die Stelle der Verpflichtung des Individuums zur aktiven Teilnahme an der Gestaltung der Welt tritt hier die Verbindung von privater Innerlichkeit und öffentlicher, d. h. staatlicher und kirchlicher Verwaltung der Welt.[1] Die deutsche Reaktion auf die Aufklärung setzt dem angelsächsischen Konzept des rationalen Fortschritts durch den Wettbewerb von Hypothesen das idealistische Konzept der Vernunft als Erkenntnis der ewigen Wahrheit entgegen.[2] Die späte, außerdem vom Staat und von Großunternehmen forcierte Industrialisierung, die lange Vorherrschaft des Absolutismus und der Aristokratie und das Scheitern der Revolution von 1848 haben kein selbstbewußtes Besitzbürgertum und damit auch keine mit dem angelsächsischen Liberalismus vergleichbare Auffassung der Freiheit entstehen lassen. Der deutsche Begriff der Freiheit ist weit mehr durch das Bildungsbürgertum geformt worden. Nicht die ökonomische unternehmerische Freiheit, sondern die kulturelle Freiheit der vernünftigen Persönlichkeit bildet den Kern dieses Freiheitsverständnisses.[3] Die deutsche Gesellschaft ist bis zum Ende des Kaiserreichs 1918 und dar-

1 H. Plessner, *Die verspätete Nation*, Stuttgart: Kohlhammer, 1959, S. 58-71.

2 R. Dahrendorf, *Gesellschaft und Demokratie in Deutschland*, München: Deutscher Taschenbuch Verlag, 1971, S. 165-81.

3 Siehe zur besonderen Entwicklung des Freiheitsbegriffs in Deutschland insbesondere L. Krieger, *The German Idea of Freedom. History of a Political Tradition*, Boston: Beacon Press, 1957.

über hinaus durch eine deutliche vertikale Differenzierung in wohlabgegrenzte Stände und Klassen bestimmt worden. Die Idee der Gleichheit hat in ihr keine Wurzeln in einer natürlichen Gleichheit der Bürger geschlagen, wie dies in Neuengland der Fall war.[4] Der hier herausgebildete Begriff der Gleichheit nahm weniger die Form der Garantie *individueller* Chancengleichheit an als die Gestalt der *kollektiven* Umverteilung von Gütern und Leistungen auf die verschiedenen Stände und Klassen in staatlicher Regie, ohne daß etwas an der gegebenen Schichtungsstruktur geändert wurde. Der Gleichheitsidee ist weniger durch die Gestaltung gleicher Wettbewerbsbedingungen entsprochen worden als durch die Verringerung und den Ausgleich von Einkommensdifferenzen und durch wohlfahrtsstaatliche Fürsorge für die Schwächeren. Die radikale Deutung der Gleichheitsidee impliziert in diesem Kontext der kollektiven Vermittlung zwischen der Idee der Gleichheit und der tatsächlich gegebenen Ungleichheit die Aufhebung von Ungleichheit im Sozialismus. Ungleichheit wird nicht als individuelles, sondern als kollektives Schicksal erfahren und verlangt demgemäß nicht die Gewährung individueller Chancen des Aufstiegs, sondern die kollektive Beseitigung von Ungleichheit überhaupt.

Unter den vier grundlegenden Wertkomponenten liegt in Deutschland die Führung auf der Achse von kontemplativer Vernunft und kollektiver Verwaltung der Welt. Diese beiden Komponenten strahlen auch auf die Interpretation von Freiheit und Gleichheit aus. Freiheit wird mehr im Sinne der kulturellen Freiheit der Persönlichkeit von den kausalen Zusammenhängen der Welt und im Sinne von Rechtsstaatlichkeit, weniger als ökonomische Marktfreiheit und pluralistische Vereinigungsfreiheit verstanden. In der Sphäre der Gleichheit herrscht die Achse von ideeller Gleichheit als Sozialismus und Gleichheit vor dem Gesetz sowie wohlfahrtsstaatliche Bearbeitung von Ungleichheit vor. Demgegenüber spielen die Chancengleichheit und die Gleichheit der Mitgliedschaft in der gesellschaftlichen Gemeinschaft eine sekundäre Rolle. Rationalismus und Aktivismus werden ihrerseits durch die Achse der Generalisierung und Spezifikation des Handelns dominiert, während die Achse der Öffnung und Schließung

4 R. Dahrendorf, *Gesellschaft und Demokratie in Deutschland*, op. cit., S. 71-149.

eine nachgeordnete Position einnimmt. Rationalität erscheint primär als absolute Wahrheit und als autoritative Verkündung, allenfalls sekundär als fehlbare Hypothese und als Common sense. Aktivismus zeigt sich vorwiegend in der rationalen Organisation der Weltgestaltung und in der kollektiven Verwaltung der Welt, weniger klar in der gemeinsamen normativen Verpflichtung zur Weltgestaltung und in sozialen Erneuerungsbewegungen. Trotz dieser Einseitigkeit der normativen Kultur Deutschlands wäre es falsch, die Existenz der als sekundär bezeichneten Komponenten ganz zu übersehen. Ihre Ausprägung ist nur im Vergleich zu England und Amerika weniger entwickelt.

Ein weiteres Kennzeichen der Institutionalisierung des modernen Wertmusters in Deutschland ist dessen schärfere Zerrissenheit in gegensätzliche Komponenten. Im Vergleich zu England stehen traditionale und moderne Elemente mehr im Konflikt zueinander als in der versöhnten Fusion. Im Unterschied zu Amerika machen sich die Gegensätze zwischen den modernen Wertkomponenten auffälliger bemerkbar. Dieser Zerrissenheit liegt eine tiefere Spaltung der entsprechenden institutionellen Sphären zugrunde.

Für die Institutionalisierung der modernen Kultur in Deutschland war die Entwicklung im 19. Jahrhundert von ganz besonderer Bedeutung. In diesem Zeitraum wurden die Weichen für die Herausbildung eines kulturellen Wertmusters gestellt, das den Bezugsrahmen der weiteren Entwicklung im 20. Jahrhundert absteckte. Bei allen Wandlungen der ökonomischen, politischen und gemeinschaftlichen Strukturen haben sich besondere Eigenheiten der kulturellen Struktur der deutschen Gesellschaft bis heute erhalten. Das soll nicht heißen, daß es in der kulturellen Tiefenstruktur gar keine Veränderungen gegeben hat. Gemeint ist nur, daß von allen institutionellen Strukturen in der heutigen kulturellen Basisstruktur der deutschen Gesellschaft am deutlichsten die *Verwandtschaft* – nicht die Identität – mit den kulturellen Grundzügen der deutschen Gesellschaft des 19. Jahrhunderts zu erkennen ist. Darüber hinaus lassen sich Eigenarten der deutschen Kultur natürlich noch weiter zurückverfolgen. Die Reformation, die Prägung des Protestantismus durch Luther und die Klassik des ausgehenden 18. Jahrhunderts mit der Reaktion auf die Aufklärung in England und Frankreich sind als entscheidende Stationen der Genese der Kultur Deutschlands zu betrachten.

1. *Aktivismus: Private Innerlichkeit und gesellschaftliche Äußerlichkeit*

Vorbemerkungen

Die Gegensätze zwischen religiöser Innerlichkeit und staatlicher Machtpolitik, Konformität und Indifferenz einerseits, Entfremdung und Rebellion gegen die Moderne andererseits, haben in Deutschland die Herausbildung und die Form der aktiven Gestaltung der Welt und der gesellschaftlichen Entwicklung bestimmt. Hervorgegangen ist daraus ein äußerst ambivalentes Verhältnis zur modernen Welt überhaupt. Diese Widersprüche sollen in den folgenden Betrachtungen herausgearbeitet werden.

1.1 Die Innerlichkeit

Luthers Protestantismus hat in Deutschland keinen mit dem Puritanismus Neuenglands vergleichbaren selbstverantwortlichen Aktivismus hervorgebracht. An die Stelle der neuenglischen Verbindung des natürlichen bürgerlichen Aktivismus des selbstverantwortlich handelnden Individuums mit dem Auftrag Gottes zur Gestaltung der Welt nach seinen Anforderungen ist im Lutherischen Deutschland das Bündnis der protestantischen Kirche mit dem Staat getreten. Die beiden Formen des Protestantismus hatten völlig verschiedene Träger.[5]
Der Unterschied beginnt schon mit Luther und Calvin.[6] Während Calvin als freier Bürger der Stadt Genf einen aktiven Einfluß auf die Gestaltung des politischen Gemeinwesens nahm und dieses als eine Theokratie den religiösen Ideen unterordnete, suchte der Wittenberger Mönch Luther Zuflucht bei seinem Landesherrn gegen die päpstliche Verfolgung. Luther mußte den Protestantis-

5 E. Troeltsch, »Epochen und Typen der Sozialphilosophie des Christentums«, in: *Aufsätze zur Geistesgeschichte und Religionssoziologie*, Tübingen: Mohr Siebeck, 1925, S. 122-56, ebd., S. 142-9; H. Plessner, *Die verspätete Nation*, op. cit., S. 58-71; J. Wallmann, *Kirchengeschichte Deutschlands*, Bd. II, Frankfurt: Ullstein, 1973, S. 101-23.
6 E. Troeltsch, »Calvinismus und Luthertum«, in: *Aufsätze zur Geistesgeschichte und Religionssoziologie*, op. cit., S. 254-61.

mus den Machtinteressen der Landesfürsten unterordnen.[7] Von dieser Konstellation ausgehend, hat der Lutherische Protestantismus nie eine Idee für die Formung des politischen Gemeinwesens entwickelt, wie das für den Calvinismus und für die von ihm beeinflußten puritanischen Glaubensgemeinschaften galt. Im Gegenteil, er hat dem Staat stets die führende Rolle überlassen müssen und hat sich unter seinem Schutz ausgebreitet. Die politische Gesetzgebung ist stets eine Aufgabe des Staates geblieben. Gleichzeitig hat Luther den Schutz des Landesherrn mit einer allgemeinen Legitimation des Gehorsams der Protestanten gegenüber dem Landesherrn und seinen Gesetzen honoriert.[8] Das zeigt ein völlig anderes Verhältnis des Lutherischen Protestantismus zur Politik als die bewußte calvinistisch-puritanische Gestaltung des politischen Gemeinwesens. Unter diesen völlig verschiedenen Beziehungen zwischen Staat und Protestantismus haben sich auch verschiedene Formen der Trennung von Staat und Kirche herausgebildet. Der puritanische Nonkonformismus hat mit daran gearbeitet, die Regierung einer Kontrolle durch Ideen und Gesetze zu unterwerfen, die auch eine religiöse Verwurzelung hatten. Er hat die Unabhängigkeit der religiös-normativen Überzeugungen der gesellschaftlichen Gemeinschaft gegen die Instrumentalisierung der Religion für die Machtinteressen des Landesherrn im absolutistischen Gottesgnadentum gestärkt. Er hat schließlich die religiöse Freiheit gegen die politische Herrschaft durchgesetzt.[9] Das enthob die politische Herrschaft jeder vorgängigen höheren Weihe und hat sie umgekehrt wiederum erst einer unabhängigen Messung an normativen Maßstäben geöffnet. Nicht so in Deutschland. Der Lutherische Protestantismus ist in der Form von der

7 Siehe dazu: M. Luther, »Vorrede zu Band 1 der lateinischen Schriften der Wittenberger Luther-Ausgabe«, (1545), in: *Weimarer Luther Gesamtausgabe* Bd. 54, Weimar: Böhlau, 1883 ff., S. 179-87, ebd., S. 182 (übertragen nach K. Aland (Hg.), *Luther Deutsch*, Bd. 2, Stuttgart: Ehrenfried Klotz, 2. Auflg., 1981, S. 11-21, ebd., S. 14-5).

8 »Aufs erste müssen wir das weltliche Recht und Schwert gut begründen, daß nicht jemand daran zweifle, es sei durch Gottes Willen und Ordnung in der Welt«, M. Luther, »Von weltlicher Obrigkeit, wie weit man ihr Gehorsam schuldig sei«, (1523), in: *Weimarer Luther Gesamtausgabe*, Bd. 11, op. cit., S. 246-80, ebd., S. 247; (*Luther Deutsch*, Bd. 7, op. cit., S. 9-51, ebd., S. 10).

9 D. Little, *Religion, Order, and Law. A Study in Pre-Revolutionary England*, Oxford: Basil Blackwell, 1969.

Politik getrennt, daß er die politische Gesetzgebung dem Landesherrn überläßt, also keine normative Position aufbaut, an der die Politik gemessen werden könnte. Darüber hinaus legitimiert er noch den Anspruch des Landesherrn auf den Gehorsam seiner Untertanen. Nach Luthers Lehre der zwei Reiche, der göttlichen Ordnung und der staatlichen Ordnung, ist die politische Herrschaft von Gott als notwendig eingesetzt worden, um die unvollkommene Welt der menschlichen Triebe und Konflikte durch den äußeren staatlichen Zwang in Ordnung zu halten.[10] Nur dort, wo die weltliche Obrigkeit etwas befiehlt, das gegen Gottes Gebote verstößt, kann man ihr die Gefolgschaft aufkündigen.[11] Man kann sie darauf hinweisen oder vor ihr fliehen.[12] Bis zu einem aktiven

10 »Die Obrigkeit ist ein Zeichen göttlicher Gnade, daß Gott barmherzig sei und habe nicht Lust an Morden, Töten und Würgen«, M. Luther, »Tischrede Nr. 162«, in: *Weimarer Luther Gesamtausgabe*, op. cit; (*Luther Deutsch*, Bd. 9, op. cit., S. 179). Luther bezieht sich an einer Stelle auf den 1. Petrusbrief, Abschnitt 2, Vers 13: »Denn den Eltern und der Obrigkeit gehorchen wir, nicht weil sie es gebieten, sondern weil dies der Wille Gottes ist«, M. Luther, »Vorrede zu Band 1 der lateinischen Schriften der Wittenberger Luther-Ausgabe«, op. cit., S. 184 (*Luther Deutsch*, Bd. 2, op. cit, S. 17). Siehe weiter M. Luther, »Von weltlicher Obrigkeit, wie weit man ihr Gehorsam schuldig sei«, (1523), op. cit., S. 246-61 (*Luther Deutsch*, Bd. 7, op. cit., S. 9-28). Vgl. zur Deutung E. Troeltsch, *Die Soziallehren der christlichen Kirchen und Gruppen*, Tübingen: Mohr Siebeck, (1912) 1922, S. 560-70; W. Elert, *Morphologie des Luthertums*, 2 Bde., München: Beck, 3. Auflg., 1965, Bd. 2, S. 313-34; W. Trillhaas, »Die lutherische Lehre von der weltlichen Gewalt und der moderne Staat«, in: H. Dombois und E. Wilkens (Hg.), *Macht und Recht. Beiträge zur lutherischen Staatslehre der Gegenwart*, Berlin: Luthersches Verlagshaus, 1956, S. 22-33; F. Gogarten, *Luthers Theologie*, Tübingen: Mohr Siebeck, 1967, S. 181-212; G. Wolf (Hg.), *Luther und die Obrigkeit*, Darmstadt: Wissenschaftliche Buchgesellschaft, 1972.

11 »Ein Christ ist durch einen doppelten Gehorsam gebunden: gegen Gott und gegen seinen Fürsten. Und dieser zweifache Gehorsam wird nur aufgelöst, wenn der Fürst befiehlt, was gegen Gott ist. Denn dann muß man Gott mehr gehorchen als dem Menschen«. M. Luther, »Tischrede Nr. 1959«, in: *Weimarer Luther Gesamtausgabe*, *Tischreden*, op. cit., (*Luther Deutsch*, Bd. 9, op. cit., S. 191).

12 »Wo die Obrigkeit unser Feind ist, weichen wir, verkaufen, verlassen alles und fliehen von einer Stadt in die andere. Denn um des Evangeliums willen darf man keinen Aufstand erregen, um Widerstand zu leisten, sondern muß alles erdulden«. M. Luther, »Tischrede Nr. 1131«, in: *Weimarer Luther Gesamtausgabe*, *Tischreden*, op. cit. (*Luther Deutsch*, Bd. 9, op. cit., S. 192-3). »So

Widerstand darf dies jedoch nicht gehen, weil sonst die von Gott eingesetzte weltliche Obrigkeit überhaupt zerstört würde. Das gilt für die staatliche Obrigkeit, die sich nur auf die äußere Herrschaft erstrecken darf, nicht aber auf die allein Gott zustehende innerliche Herrschaft.[13] Dasselbe trifft auch auf die elterliche Herrschaft zu, die nicht nur äußerlich kontrollieren, sondern auch das Wort Gottes an die Kinder vermitteln soll.[14] Eine Idee des selbständigen Bürgers als eine selbstverantwortlich handelnde Persönlichkeit und ein Verständnis des politischen Gemeinwesens als eine Vereinigung freier Bürger konnte in diesem Kontext nicht entstehen. Von einem aktiven Eingreifen des Individuums in die Welt konnte keine Rede sein.

Nicht anders hat Luthers Berufsidee gewirkt. Sie bedeutete zwar ein Ausströmen der Anforderungen an ein gottgefälliges Leben aus dem Kloster in die Welt, hatte aber keine gestalterische Wirkung auf die Welt. Beruf war nicht die Berufung zu einer besonderen Aufgabe in der Gestaltung der Welt nach den ethischen Geboten Gottes, sondern die Berufung an einen Platz in einem traditionell festgelegten beruflichen Gefüge.[15] An die berufliche Welt

lehre ich auch in der Frage des Widerstandes gegen den Kaiser ganz allgemein, daß die Gesetze zu befolgen sind«. M. Luther, »Tischrede Nr. 109«, in: *Weimarer Luther Gesamtausgabe*, *Tischreden*, op. cit. (*Luther Deutsch*, Bd. 9, op. cit., S. 192).

13 M. Luther, »Von weltlicher Obrigkeit, wie weit man ihr Gehorsam schuldig sei«, op. cit., S. 261-7 (*Luther Deutsch*, Bd. 7, op. cit., S. 28-40).

14 »Denn Vater und Mutter sind gewiß der Kinder Apostel, Bischöfe, Pfarrer, indem sie ihnen das Evangelium kundmachen«, M. Luther, »Vom ehelichen Leben« (1522), in: *Weimarer Luther Gesamtausgabe*, Bd. 10 II, op. cit., S. 275-304, ebd., S. 301 (*Luther Deutsch*, Bd. 7, op. cit., S. 284-307, ebd., S. 304). »Und wo dich Vater und Mutter heißen, lehren oder auch bitten, etwas zu tun gegen Gott und Gottes Dienst, was nicht durch Gott klar geboten ist, sollst du zu ihnen sagen: Was haben ich und du denn miteinander zu tun?«, M. Luther, »Evangelium auf den zweiten Sonntag nach Epiphanias«, in: *Weimarer Luther Gesamtausgabe*, Bd. 17 II, op. cit., S. 60-72, ebd., S. 67 (*Luther Deutsch*, Ergänzungsband 3, op. cit., S. 86).

15 »(...), daß Mann Mann, Weib Weib bleibe, Kaiser Kaiser, Bürger Bürger, und ein jeder in seinem Stand Gott erkennen lerne (...), daß du in deinem Stand und Beruf gehorsam seiest«. M. Luther, »Predigt«, in: *Weimarer Luther Gesamtausgabe*, Bd. 37, op. cit., S. 245-8. (*Luther Deutsch* Bd. 8, op. cit., S. 54-5). »Die tun nicht recht, die ihr Amt, wozu sie ordentlich berufen sind, verlassen. Es ist zwar verdrießlich genug, ein Prediger, ein guter Familienvater

wurden keine universell gültigen ethischen Anforderungen herangetragen, vielmehr wurde dem einzelnen Protestanten die Erfüllung der traditionell festgelegten beruflichen Pflichten aufgetragen. Nicht das Eingreifen in die Welt nach universellen ethischen Maßstäben, die über jede konkrete Gesellschaft hinausweisen, war geboten, sondern die Anpassung an die Tradition und an die herrschenden Gegebenheiten des beruflichen Systems. Nicht die Verpflichtung des Individuums auf die universellen Gebote Gottes und auf ihre Durchsetzung gegen die bestehende Welt ist das Prinzip des Lutherischen Protestantismus, sondern die Pflichterfüllung als Gehorsam gegenüber den *bestehenden* beruflichen Normen und staatlichen Gesetzen.[16] Von Luthers Berufsidee zur preußischen Disziplin und zum preußischen Pflichtbewußtsein war es kein weiter Weg. Hier wurde kein unabhängiger Bürger geboren, der befähigt ist, die herrschenden Normen und Gesetze der Berufswelt und des Staates an universellen Maßstäben zu messen, sondern ein Untertan, der seine höchste Pflicht im Gehorsam gegenüber den gegebenen beruflichen Anforderungen und staatlichen Gesetzen sieht. Der Gottesgehorsam des Calvinisten läßt diesen in der Sicht eines ethischen Universalismus über die existierende Gesellschaft hinausblicken. Der Gottesgehorsam des Lutheraners verschmilzt mit dem Gehorsam des Untertanen gegenüber den herrschenden staatlichen Gewalten.

In der calvinistischen Perspektive ist der Mensch ein Werkzeug Gottes, dagegen sieht Luther den Menschen als ein Gefäß Gottes.[17] Diese gegensätzlichen Sichtweisen des Verhältnisses zwischen Gott und Mensch bilden die Hintergrundideen für die

zu sein oder irgendein anderes Amt treu und fromm zu verwalten. Aber man darf vor dieser Aufgabe nicht fliehen, sondern soll mutig hinzutreten und sie bewältigen (...) Wer das nicht tun will, der bleibe davon; denn Gott hat seine Ämter nicht eingesetzt, daß sie ohne Muße sind«. M. Luther, »Vorlesungen über das 1. Buch Mose«, in: *Weimarer Luther Gesamtausgabe*, Bd. 44, op. cit., S. 1-825, ebd., S. 657, (*Luther Deutsch*, Ergänzungsband 3, op. cit., S. 18-9). Vgl. M. Weber, *Religionssoziologie* I, op. cit., S. 63-83; E. Troeltsch, *Die Soziallehren der christlichen Kirchen und Gruppen*, op. cit., S. 581-4; W. Elert, *Morphologie des Luthertums*, Bd. II, op. cit., S. 49-79; K. Eger, *Die Anschauungen Luthers vom Beruf*, Giessen: Ricker, 1900.

16 Vgl. M. Weber, *Religionssoziologie* I, op. cit., S. 63-83; W. Elert, *Morphologie des Luthertums*, Bd. II, op. cit., S. 65.

17 M. Weber, *Religionssoziologie* I, op. cit., S. 106-11.

unterschiedlichen Auffassungen über die gottgefällige Haltung des Menschen zur Welt. Als Werkzeug Gottes hat der Mensch die Welt aktiv zu gestalten. Das bedeutet vor allem, daß seine in Gott begründeten ethischen Überzeugungen einen universellen Anspruch erheben und über jedes gegebene, traditional verwurzelte oder positiv gesatzte System gesellschaftlicher Normen hinausweisen. Der Mensch darf nie müde werden, die gesellschaftliche Realität im Sinne der universellen ethischen Gebote Gottes und gegen die Widerstände der existierenden gesellschaftlichen Kräfte umzugestalten. Der Calvinismus trägt insofern ein grundsätzlich traditionsfeindliches revolutionäres Potential in sich. Ganz andere Konsequenzen hat die Lutherische Auffassung des Menschen als Gefäß Gottes. Hier ist das Erfülltsein von der Gnade Gottes und das Erfülltsein vom Glauben an Gott und vom Vertrauen in Gott, der Gedanke des sola fide, die vom Individuum erwartete gottgefällige Haltung. Es ist eine Hingabe an die Führung durch Gott. Grundsätzlich ist es ein Gefühl, das den Lutherischen Protestanten auszeichnet, und keine Aufgabe. Aktiv die Welt zu verändern, wäre ein Eingriff in die Pläne und Werke Gottes, der dem Menschen nicht zusteht; es wäre ein Zeichen eines mangelnden Vertrauens in Gottes Führung. Der Puritaner empfängt die Befehle Gottes zur eigenständigen Ausführung. Der Lutheraner gibt sich Gottes Führung hin, ohne genau gesagt zu bekommen, wo die Reise hingeht. Zusammen mit dem gleichzeitig geforderten Untertanengehorsam läßt sich hier eine tiefe Wurzel der blinden Hingabe an die kirchliche und staatliche Führung und der blinden Pflichterfüllung als Kennzeichen einer deutschen Haltung zur Welt im allgemeinen und des deutschen Beamtengeistes im besonderen erkennen.

Die Lutherische Auffassung des Menschen als Gefäß Gottes impliziert keine innerweltliche Askese als eine aktive Formung der Welt nach universellen ethischen Maßstäben, sondern eine innerweltliche Mystik als eine Anpassung an die herrschenden Gegebenheiten in der Welt. Was immer in der Welt in den verschiedensten gesellschaftlichen Kontexten geschehen mag, welchen gesellschaftlichen Gesetzen der Lutheraner in seinem Handeln auch folgen mag, er weiß sich in seinem Vertrauen in Gott auf dem richtigen Weg zu Gott. Nicht das Handeln führt ihn zu Gott, sondern der richtige Glaube und das Vertrauen in Gott, das reine Gefühl des Erfülltseins von Gott.[18] Das macht ihn gegenüber den existierenden Verhältnissen und gegenüber seinem eigenen Handeln nach den äußeren Gegebenheiten der Welt gleichgültig. Überall und unter allen Bedingungen findet er seinen Frieden mit der Welt, solange er nur sein Vertrauen in Gott bewahrt. Zwischen seiner protestantischen Gesinnung und seinem Handeln in der Welt besteht keinerlei zwingender Zusammenhang. Beide befinden sich in friedlicher Koexistenz, sie sind isoliert und zugleich versöhnt, weil keine der beiden Sphären Ansprüche auf die andere erhebt. Es herrscht eine komplette Differenzierung von religiösem Denken und weltlichem Handeln vor. Der Lutheraner handelt zwar *in* der Welt gottgefällig. Das verbindet ihn mit dem Calvinisten. Aber sein Handeln folgt den äußeren Anforderungen der Welt, ohne inneren Antrieb der aktiven Umgestaltung dieser äußeren Gegebenheiten. *In* der Welt gottgefällig zu handeln, heißt für den Lutheraner nur, in diesem Handeln, wie immer es durch die bestehenden Gegebenheiten gesteuert wird, vom Vertrauen in Gott erfüllt zu sein. In diesem Kontext kann kein Begriff der Selbstverantwortung des Individuums gebildet werden. Im Gegenteil, es wird eine vertrauensselige Hingabe an die Führung durch Gott in die Ewigkeit und an die Führung durch die bestehenden staatlichen Gewalten in der gegenwärtigen Welt gelehrt. Die Verantwortung für das Tun liegt nicht beim Menschen selbst. Er muß weder vor sich selbst noch vor Gott die Wahl seines Handelns rechtfertigen, weil es nicht auf sein konkretes Handeln ankommt, sondern auf die Bewahrung einer bestimmten Gesinnung und eines bestimmten Gefühls in jedem beliebigen Handeln.

Die universellen ethischen Gebote, die der Puritaner in sein Han-

18 »Des rechten, wahrhaftigen Glaubens, der sich allein an Christus hält, Art und Gewohnheit ist nicht, daß er viel Disputierens und Fragens davon macht, ob du viel gute Werke getan habest, durch die du gerecht werden mögest, oder ob du viel Sünde getan habest, wodurch du verdammt werden mögest«. M. Luther, »Tischrede Nr. 6728«, in: *Weimarer Luther Gesamtausgabe, Tischreden*, op. cit. (*Luther Deutsch*, Bd. 9, op. cit., S. 93). Siehe auch u. a. M. Luther, »Von der Freiheit eines Christenmenschen«, (1520), in: *Weimarer Luther Gesamtausgabe*, Bd. 7, op. cit., S. 20-38, ebd., S. 23, 32-3 (*Luther Deutsch*, Bd. 2, op. cit., S. 251-74, ebd., S. 254, 266-7); »Predigt am vierzehnten Sonntag nach Trinitatis, Luk. 17, 1119«, in: *Luther Deutsch*, Bd. 8, op. cit., S. 349-56.

deln umsetzen muß, verlangen stets eine aktive Leistung des Individuums. Es muß die Regeln seines Handelns als Konkretisierungen der universellen Gebote selbst schaffen und begründen, und es muß die konkreten Institutionen der Gesellschaft an den universellen Geboten messen, bevor es sich auf sie einläßt. Das Individuum folgt hier nicht blind festen Regeln, es muß vielmehr sein Handeln immer wieder neu in bezug auf die universellen Gebote verantworten, weil die universellen Gebote im Handeln erst eine Konkretisierung erfahren und nicht mit den konkreten Handlungsregeln zusammenfallen. Dagegen impliziert der Gehorsam des Lutheraners die Hinnahme der bestehenden Ordnungen. Von ihm wird nicht die Prüfung der Rechtfertigbarkeit dieser Ordnungen an universellen ethischen Geboten erwartet. Er muß keine individuelle Verantwortung für sein konkretes Handeln übernehmen. Er gehorcht nicht universellen ethischen Normen, die sein aktives Tun in der Implementierung zu konkreten Regeln erfordern, sondern schon konkreten Regeln, die er nicht nach ihrer Rechtfertigbarkeit zu befragen hat. Nicht die aktive Gestaltung der Welt in individueller Selbstverantwortung charakterisiert den Lutheraner, sondern das blinde Handeln innerhalb der gegebenen Ordnungen der Welt, gleichgültig was sie bedeuten, in einem blinden Glauben und Vertrauen in Gott und die staatliche Obrigkeit.

Mit der innerweltlichen Mystik des Lutherischen Protestantismus verbindet sich das Prinzip der Innerlichkeit als Persönlichkeitsideal, das auch unter den Bedingungen der Säkularisierung erhalten geblieben ist. Nach diesem Ideal verwirklicht sich das Individuum nicht in äußeren Werken, sondern in einer inneren Haltung und in einem inneren Gefühl. Sich selbst finden in der Hingabe zu Gott, was immer man tut und wo immer man in die Welt hineingestellt wurde, ist hier das oberste Prinzip.[19] Man ist eine bestimmte Person mit einer eigenen Identität, nicht weil das Handeln bestimmte persönliche Prinzipien materialisiert, sondern weil man sich selbst unabhängig vom Handeln in der Welt identisch weiß. Es ist nicht ein identisches Handeln, sondern ein identisches Wissen, das hier die persönliche Identität ausmacht. Wie man sich selbst sieht, bleibt auf diese Weise unabhängig vom Handeln in der

19 Siehe u. a. M. Luther, »Von der Freiheit eines Christenmenschen«, op. cit., S. 21-3 (*Luther Deutsch*, Bd. 2, op. cit., S. 252-5).

Welt und von den Reaktionen der anderen.[20] Mag das äußere Handeln noch so sehr das Bild der anderen von mir selbst und ihre Reaktionen beeinflussen, ich selbst bin mir bewußt, daß ich in meinem Innersten doch ein ganz anderer bin. Die persönliche Identität wird auf diese Weise völlig abgetrennt vom Handeln in der Gesellschaft. Es kommt auf die religiöse Gesinnung an, nicht auf das konkrete Handeln, auf eine Gesinnung, die selbst völlig konsequenzenlos für das Handeln ist. Aus dieser Innerlichkeit als Prinzip der Identitätsfindung konnte kein Motiv entstehen, religiöse Ideale an die Welt heranzutragen und gestaltend auf die Welt einzuwirken.[21] Sie verlangt vielmehr gerade die Indifferenz zum Geschehen in der Welt, weil nicht das äußere Handeln, sondern die innere Gesinnung den Weg zu Gott weist. Innere Gesinnung als Ausdruck der Innerlichkeit impliziert kein aktives gesinnungsethisches Handeln, sondern umgekehrt eine scharfe Abtrennung der inneren Gesinnung von der äußeren Tat. Innerlichkeit heißt auch innere Freiheit, d. h. Freisein von den Äußerlichkeiten des Lebens, Freisein von den Kämpfen um das Dasein in der Welt, von Machtbestreben und Interessenverfolgung, die alle nur von der wahren Einheit mit Gott ablenken.[22]

Innerlichkeit bedeutet Privatheit und Rückzug aus der Öffentlichkeit. Die Sphäre der Öffentlichkeit ist eine Sphäre der äußeren Welt, an der man teilnimmt und in der man seine Pflichten erfüllt, in der man sich aber nicht als Person aktiv engagiert und in der man nicht seine Identität findet.[23] Alles gesellschaftliche Handeln ist reines Rollenhandeln, ohne jede Zugabe an Rollengestaltung aus der persönlichen Identität heraus. Es ist deshalb nicht überraschend, wenn auch heute noch die politische Teilnahme mehr als Pflicht und weniger als persönliches Engagement betrachtet wird.[24] Diese weit in die kulturelle Tradition des protestantischen

20 »Einer, der selig werden will, soll so gesinnt sein, als sei kein Mensch sonst auf Erden als er allein, und daß aller Trost und Zusagung Gottes hin und her in der heiligen Schrift ihn allein angehe«. M. Luther, »Predigten über das 2. Buch Mose«, in: *Weimarer Luther Gesamtausgabe*, Bd. 16, op. cit., S. 1-646, ebd., S. 433 (*Luther Deutsch*, Ergänzungsband 3, op. cit., S. 148).

21 Vgl. H. Plessner, *Die verspätete Nation*, op. cit., S. 65-71.

22 M. Luther, »Von der Freiheit eines Christenmenschen«, op. cit.

23 R. Dahrendorf, *Gesellschaft und Demokratie in Deutschland*, op. cit., S. 313-27.

24 Ebd., S. 345-60.

Deutschland zurückreichende Einstellung äußert sich heute noch in der großen Diskrepanz zwischen der hohen Beteiligung an Wahlen und der relativ geringen aktiven Teilnahme an politischen Entscheidungsprozessen zwischen den Wahlentscheidungen.[25] Zur Wahl geht man aus Pflicht, Zeit in die aktive Teilnahme an politischen Entscheidungsprozessen investiert man aus persönlichem Engagement. Im ersten Fall entspricht man den Anforderungen einer Rolle, im zweiten Fall bringt man seine persönliche Identität ein und legt seine persönlichen Überzeugungen öffentlich dar. Die Wahlentscheidung bleibt Privatsache, und die meisten Deutschen sind auch wenig bereit, ihre Entscheidung publik zu machen. Diese Trennung von innerer Überzeugung und öffentlichem Handeln ist in der aktiven Teilnahme an politischen Entscheidungsprozessen nicht möglich. Hier muß man immer Gesinnung in äußeres Handeln übersetzen. Eine solche Auffassung der Verwirklichung der Persönlichkeit im öffentlichen Leben charakterisiert das angloamerikanische Verständnis von Selbstverwirklichung. Sie bildet den Kern des innerweltlichen Aktivismus als eine Aufgabe des selbstverantwortlich handelnden Individuums. Hier ist die tiefste Wurzel für die angloamerikanische Verknüpfung von privater und öffentlicher Sphäre, die man in Deutschland in dieser Form nicht antrifft.

Die angloamerikanische Verknüpfung von privater und öffentlicher Sphäre hat keine einseitige Reduktion der einen auf die andere Sphäre zur Folge, sondern eine gegenseitige Durchdringung. Das Individuum geht nicht im Rollenhandeln der öffentlichen Sphäre auf, sondern nimmt mit seiner persönlichen Überzeugung aktiv an ihrer Gestaltung teil. Diese Teilnahme konkretisiert die persönliche Identität und wirkt wiederum auf diese zurück. Aus dem Lutherischen Prinzip der Innerlichkeit konnte eine solche gegenseitige Durchdringung von Privatheit und Öffentlichkeit nicht hervorgehen. Vielmehr impliziert es ihre scharfe Abspaltung voneinander. Die Gestaltung der öffentlichen Sphäre wurde so stets anderen, rein äußerlichen Kräften überlassen, während umgekehrt die Öffentlichkeit auch keinen Eingang in die reine Privat-

25 Das gilt noch heute für die weit überwiegende Mehrheit. Die seit den siebziger Jahren aktiven Bürgerinitiativen stützen sich nur auf eine sehr kleine, kaum mehr als 5 Prozent der Bevölkerung erreichende Minderheit intellektueller Schichten. Vgl. P. Reichel, *Politische Kultur der Bundesrepublik*, Opladen: Leske, 1981, S. 140-9, 213-20.

heit finden konnte. Es ist naheliegend, daß in diesem kulturellen Kontext die Welt des öffentlichen Lebens dem Individuum fremd bleiben mußte und dementsprechend auch im Zuge der zunehmenden Entfaltung der Eigendynamik der gesellschaftlichen Sphären gerade hier ein tiefes Gefühl der Entfremdung der Persönlichkeit von der Gesellschaft – wie nirgendwo sonst in ähnlicher Strenge – entstehen mußte. Der Lutherische Protestant hat sich nicht persönlich im Aufbau des gesellschaftlichen Lebens engagiert, so war es kein Wunder, daß ihm die neue Welt in zunehmendem Maße als fremd erscheinen mußte. Die Radikalität der Marxschen Entfremdungstheorie hat in der radikalen Lutherischen Trennung von privater Innerlichkeit und öffentlicher Äußerlichkeit ihre reale kulturelle Grundlage.[26]
Von der wechselseitigen Isolierung von Privatheit und Öffentlichkeit zum Gegensatz zwischen Kultur und Zivilisation ist es kein weiter Weg. Schon Kant hat den Gegensatz scharf formuliert:

Wir sind im hohen Grade durch Kunst und Wissenschaft kultiviert. Wir sind zivilisiert, bis zum Überlästigen, zu allerlei gesellschaftlicher Artigkeit und Anständigkeit. Aber, uns für schon moralisiert zu halten, daran fehlt noch sehr viel. Denn die Idee der Moralität gehört noch zur Kultur; der Gebrauch dieser Idee aber, welcher nur auf das Sittenähnliche in der Ehrliebe und der äußeren Anständigkeit hinausläuft, macht bloß die Zivilisierung aus. Solange aber Staaten alle ihre eiteln und gewaltsamen Erweiterungsabsichten verwenden, und so die langsame Bemühung der inneren Bildung der Denkungsart ihrer Bürger unaufhörlich hemmen, ihnen selbst auch alle Unterstützung in dieser Absicht entziehen, ist nichts von dieser Art zu erwarten; weil dazu eine lange innere Bearbeitung jedes gemeinen Wesens zur Bildung seiner Bürger erfordert wird. Das Gute aber, das nicht auf moralisch-gute Gesinnung gepfropft ist, ist nichts als lauter Schein und schimmerndes Elend.[27]

26 K. Marx, »Ökonomisch-philosophische Manuskripte«, in: *Marx-Engels Werke*, Ergänzungsband, Teil I, Berlin: Dietz, 1969, S. 568-88. In verallgemeinerter Form hat Ralf Dahrendorf das Verhältnis zwischen individueller Innerlichkeit und gesellschaftlicher Äußerlichkeit in der soziologischen Rollentheorie zum Ausdruck gebracht. Die sozialen Rollen werden dem Individuum von der Gesellschaft als »ärgerlicher Tatsache« aufgezwungen. Diese Auffassung ist in der deutschen Denktradition kein Zufall, sondern kulturell vorgezeichnet. Interessant ist dabei, daß sich Dahrendorf hier trotz seiner sonstigen Einsicht in die Eigenheiten der deutschen Kultur eben dieser Tradition nicht entziehen kann: R. Dahrendorf, *Homo Sociologicus*, Köln und Opladen: Westdeutscher Verlag, 4. Auflg., 1965.
27 I. Kant, »Idee zu einer allgemeinen Geschichte in weltbürgerlicher

Dieser Gegensatz hat die deutsche Geschichte durch das ganze 19. Jahrhundert hindurch und noch weit bis in das 20. Jahrhundert hinein, in abgemilderter Form bis heute, begleitet.[28] Er ist eine deutsche Erfindung und als eine Reaktion der deutschen Intellektuellen auf die kulturelle Entwicklung in Frankreich und England zu verstehen. Die angelsächsische und französische kulturelle Entwicklung hat man als bloße Zivilisation von der wahren Kultur, die man in Deutschland bewahren wollte, abgegrenzt. Diese Abgrenzung ist nichts anderes als die Übertragung des im Lutherischen Protestantismus angelegten Gegensatzes von privater Innerlichkeit und öffentlicher Äußerlichkeit auf den Gegensatz zwischen der deutschen und der westlichen angelsächsischen und französischen Kultur. Die Zivilisation ist die Kultur des öffentlichen Lebens, die Kultur wird als persönliche Bildung des Individuums verstanden. Zivilisation äußert sich im Umgang mit anderen, wahre Bildung als Anreicherung des Innersten der Persönlichkeit. Zivilisation wird als oberflächlich abgetan, als bloßer Verhaltensstil, als Geschliffenheit im gesellschaftlichen Umgang mit anderen. Sie kann zum bloßen Manierismus verkommen, zur Dominanz der äußeren Form über den Inhalt. Sie kann unecht bleiben und braucht nicht das Engagement der ganzen Persönlichkeit zu verlangen. Umgangsformen kann man sich aneignen, ohne sich mit ihnen identifizieren zu müssen. In dieser krassen Äußerlichkeit und Oberflächlichkeit erscheint dem deutschen Intellektuellen die angelsächsische und französische Zivilisation natürlich vor allem aufgrund seiner eigenen Deutung von Öffentlichkeit als eine Sphäre des rein äußerlichen Rollenhandelns ohne Anbindung an die innersten Überzeugungen des Individuums. Es ist eine Projektion des Lutherischen Verständnisses von Öffentlichkeit auf die angelsächsische und französische Zivilisation. Dagegen ist die deutsche Kultur ein Besitz des Individuums in seinem tiefsten

Absicht«, (1784), in: *Werke in sechs Bänden*, Bd. VI, op. cit., 33-61 (385-411), ebd., S. 44-5 (403-4).

28 Siehe dazu F. Rauhut, »Die Herkunft der Worte und Begriffe ›Kultur‹, ›Civilisation‹ und ›Bildung‹«, in: *Germanisch-Romanische Monatsschrift* 3, 1953, S. 81-91; N. Elias, *Über den Prozeß der Zivilisation*, op cit., Bd. 1, S. 7-10; F. K. Ringer, *The Decline of the German Mandarins. The German Academic Community, 1890-1933*, Cambridge, Mass.: Harvard University Press, 1969, S. 87-90, 379-9; R. Eckert, *Kultur, Zivilisation und Gesellschaft*, Tübingen: Mohr Siebeck, 1970.

inneren Wesen. Es trägt sie nicht öffentlich zur Schau, sondern nimmt von ihr ganz persönlich Besitz. Kulturelle Bildung ist etwas, das sich der einzelne für sich selbst erarbeiten muß. Ihr Platz ist die private Studierstube, nicht die öffentliche Gesellschaftsveranstaltung. Zivilisation ist gewissermaßen ein öffentlicher Besitz, an dem der einzelne durch öffentliche Teilnahme nur teilhaben kann. Kultur ist dagegen ein Privatbesitz, den der einzelne ganz für sich selbst hat und den er mit anderen nicht zu teilen braucht. Wie weit er seine kulturelle Bildung anderen mitteilen kann, ist auf jeden Fall nur eine sekundäre Sache. Es kommt darauf an, daß man sich selbst über diesen Besitz gewiß ist. Kultur nimmt deshalb die ganze Persönlichkeit in Anspruch. Ihr Besitz ist in diesem Sinne ein echter Besitz, d. h., hinter jeder kulturellen Bildung steckt das ganze Engagement der Persönlichkeit, während man in der Sicht des Lutheraners an der Zivilisation durchaus unecht, d. h. ohne persönliche Überzeugung teilnehmen kann.
Der deutsche Intellektuelle sieht also in der angelsächsischen und französischen Zivilisation eine Reduktion der Persönlichkeit auf äußerlich angepaßte Verhaltensstile, einen Verlust des innersten Wesens der Persönlichkeit, kurz: eine Entfremdung des Menschen von sich selbst. Demgegenüber möchte er die Kultur als Bildung der innersten Persönlichkeit gegen die Ausbreitung der Zivilisation wahren, das heißt auch gegen die Ausbreitung des westlichen Rationalismus und Empirismus in Politik, Wirtschaft und Wissenschaft. Diese Ablehnung der westlichen Zivilisation hatte fatale Konsequenzen. Die Kultur konnte man nicht – wie die angelsächsische, weniger die französische Zivilisation – im Zusammenhang mit der Entwicklungsdynamik der verschiedenen gesellschaftlichen Sphären bewahren, sondern nur außerhalb dieser Entwicklungsdynamik oder gegen sie. Ein natürlicher gestalterischer Zugriff auf die Entwicklung von Politik, Wirtschaft und Wissenschaft war in dieser Perspektive nicht möglich.[29]
Soweit Modernisierung Zivilisation bedeutet – und das ist gewiß ein wesentliches Charakteristikum von Modernisierung – ist diese Entwicklung an Deutschland vorbeigegangen. Sie ist dem Lutherischen Wesen des Deutschen fremd geblieben, und Ausläu-

29 Das hat Fritz Ringer am Verhältnis der deutschen Professoren zur demokratischen Politisierung und zur Industrialisierung der Gesellschaft aufgezeigt: F. K. Ringer, *The Decline of the German Mandarins*, op. cit., S. 128-43, 241-68.

fer dieser Fremdheit der Moderne sind in Deutschland noch heute sichtbar.[30]

1.2 Der Staat und die gesellschaftliche Rationalisierung

Ohne die gestalterische Teilnahme des Lutherischen Protestantismus an der Entwicklung von Politik, Recht, Wirtschaft und Wissenschaft ist die Entfaltung des Aktivismus der Moderne anderen Kräften überlassen geblieben. Der Aktivismus ist in Deutschland vorwiegend aus der reinen Entwicklungsdynamik der gesellschaftlichen Sphären hervorgegangen. Diese Entwicklung hat in Deutschland relativ spät, dafür aber um so durchgreifender im 19. Jahrhundert eingesetzt. Die Entwicklung wurde dabei nicht – wie in England und noch mehr in Amerika – von einem selbstbewußten Bürgertum vorangetrieben, das religiöses Sendungsbewußtsein und gesellschaftliche Veränderung miteinander verband. In Deutschland ist die Dynamik der gesellschaftlichen Entwicklung von Anfang an und bis heute vom Staat bestimmt worden. Die Selbstbehauptung im europäischen Konkurrenzkampf war es, die in Deutschland die Industrialisierung, die Ausbreitung der Wissenschaft und die Staatsbildung unter Führung Preußens wesentlich beeinflußt hat. Dementsprechend herrscht überall der Staat vor, wo man vor allem in Amerika private und gemeinschaftliche Unternehmung antrifft.
Zuerst hat sich aus dem traditionalen Patrimonialismus der Landesherren zu Luthers Zeit ein Absolutismus herausentwickelt, der nach administrativer Modernisierung strebte, um sich gegen andere Gewalten innerhalb und außerhalb der eigenen Grenzen behaupten zu können. Die staatliche Bürokratie ist die erste Einrichtung der Moderne, mit der die Deutschen konfrontiert wurden und die bis heute das Markenzeichen des deutschen Staates geblieben ist.[31] Der Staat hat dementsprechend auch die Führung

30 Siehe zu einem Überblick P. Reichel, *Politische Kultur der Bundesrepublik*, op. cit., S. 187-220.

31 E. Kehr, »Zur Genesis der preußischen Bürokratie und des Rechtsstaats« (1932), in: H.-U. Wehler (Hg.), *Moderne deutsche Sozialgeschichte*, Köln: Kiepenheuer & Witsch, 4. Auflg., 1973, S. 37-54; H. Rosenberg, *Bureaucracy, Aristocracy and Autocracy: The Prussian Experience, 1660-1815*, Cambridge, Mass.: Harvard University Press, 1958.

in der rechtlichen, wissenschaftlichen und wirtschaftlichen Entwicklung übernommen. Die Rationalisierung des Rechts war das Resultat einer einheitlichen Kodifikation durch Juristen im Dienste des absolut herrschenden Landesherrn.[32] Das Aufblühen der Wissenschaft ist durch die staatliche Neuprägung der Berliner Universität im Jahre 1810 eingeleitet und durch die weitere staatliche Investition in wissenschaftliche Hochschulen weitergetrieben worden.[33] Die Industrialisierung erfolgte in erster Linie unter Initiative und Obhut des Staates und der großen Banken. Sie führte viel schneller zur Konzentration in Großunternehmen als in den anderen Industrieländern.[34]

Entsprechend vehement verlief die Industrialisierung in Deutschland. Sie hatte zunächst noch eine ruhige Anfangsphase zwischen 1834 und 1873, um dann bis 1914 zu explodieren.[35] Beispielsweise gab es in Preußen im Jahre 1852 erst 180 Maschinenfabriken mit nicht ganz 10000 Beschäftigten. Im Jahre 1875 waren es 1200

32 Auch Reformen gingen stets vom Staat aus und gingen den Weg der Rechtskodifikation durch Juristen. Für Preußen zwischen 1815 und 1848 zeigt das R. Koselleck, »Staat und Gesellschaft in Preußen 1815-1848«, in: H.-U. Wehler (Hg.), *Moderne deutsche Sozialgeschichte*, op. cit., S. 55-84.

33 Siehe dazu H. Schelsky, *Einsamkeit und Freiheit*, Düsseldorf: Bertelsmann Universitätsverlag, 2. erw. Auflg., 1971, S. 41-132.

34 R. Dahrendorf, *Gesellschaft und Demokratie in Deutschland*, op. cit., S. 39-55; H. Böhme, *Prolegomena zu einer Sozial- und Wirtschaftsgeschichte Deutschlands im 19. und 20. Jahrhundert*, Frankfurt: Suhrkamp, 1968, S. 54-69; H.-U. Wehler, *Das Deutsche Kaiserreich 1871-1918*, Göttingen: Vandenhoeck & Ruprecht, 1973; H. Böhme, *Deutschlands Weg zur Großmacht. Studien zum Verhältnis von Wirtschaft und Staat während der Reichsgründungszeit 1848-1881*, Köln: Kiepenheuer & Witsch, 1974; H. Böhme (Hg.), *Probleme der Reichsgründungszeit 1848-1879*, Köln: Kiepenheuer & Witsch, 1972.

35 Die folgenden Zahlen berichten: R. Dahrendorf, *Gesellschaft und Demokratie in Deutschland*, op. cit., S. 42-4; P. Reichel, *Politische Kultur der Bundesrepublik*, op. cit., S. 62-5. Siehe weiter F. W. Henning, *Die Industrialisierung in Deutschland 1800-1914*, Paderborn: Schöningh, 4. Auflg., 1978; G. Hohorst, J. Kocka und G. A. Ritter (Hg.), *Sozialgeschichtliches Arbeitsbuch*, Bd. II, *Materialien zur Statistik des Kaiserreichs 1870-1914*, München: Beck, 2. Auflg., 1978; G. W. F. Hallgarten, »Von Bismarck bis zum Ende der Weimarer Republik«, in: G. W. F. Hallgarten und J. Radkau (Hg.), *Deutsche Industrie und Politik*, Reinbek bei Hamburg: Rowohlt, 1981, S. 19-224, insbesondere S. 90-100; H. Böhme, *Prolegomena zu einer Sozial- und Wirtschaftsgeschichte Deutschlands im 19. und 20. Jahrhundert*, op. cit., S. 96-110.

Fabriken mit über 160000 Beschäftigten. Zwischen 1870 und 1910 hat sich die Roheisenproduktion in England nur knapp verdoppelt, in Frankreich verdreifacht, in Deutschland aber verzehnfacht. Von 1870 bis 1914 hat sich in Deutschland das Volkseinkommen verdreifacht. Entsprechend rasch vollzog sich die Umschichtung der Wirtschaftssektoren. Im Jahre 1870 lag der Anteil der landwirtschaftlichen Produktion am Volkseinkommen noch über 40%, im Jahre 1913 nur noch bei 23%. Der Anteil von Industrie und Handwerk stieg in demselben Zeitraum von 26,4% auf 41,1%. Dieser Wandel von der Landwirtschaft zur Industrie wurde von einer entsprechenden Wanderung der Bevölkerung vom Land in die Stadt begleitet. 1871 lebten 5% der Bevölkerung in Städten mit über 100000 Einwohnern, 1910 schon mehr als 20%. Bedeutsam war die Größenordnung der Industrialisierung. Sie wurde von Großbanken, Großunternehmen und Zusammenschlüssen in Syndikaten, Trusts und Kartellen unter staatlicher Förderung beherrscht. Beispielsweise existierten in Deutschland im Jahre 1910 nur ungefähr 5000 Gesellschaften mit beschränkter Haftung mit einem Kapital von insgesamt etwa 16 Milliarden Mark, in Großbritannien dagegen ungefähr 50000 Gesellschaften mit einem Kapital von 44 Milliarden Mark.

Der Staat hat in diese Entwicklung kräftig eingegriffen. Zinslose Darlehen für den Aufbau von Unternehmen, Zurückhaltung in der Kontrolle der Unternehmen, Duldung und Förderung von großen Zusammenschlüssen und ausdrückliche Protektion von Unternehmen kennzeichneten die Rolle des Staates in der Industrialisierung. Der Staat selbst wurde in vergleichsweise großem Stil unternehmerisch aktiv. Eisenbahnen, Elektrizitäts-, Gas- und Wasserwerke wurden in staatlichen Besitz genommen und ausgebaut. Am Bergbau und an der Eisenindustrie hatte insbesondere der preußische Staat einen erheblichen Besitzanteil.[36]

In der Zeit, in der in Deutschland die Industrialisierung auf breiter Front und mit tiefen Umwälzungen voranschritt, war der Staat der größte Unternehmer und hatte darüber hinaus überall die Hände im Spiel. Zu dieser führenden Rolle des Staates gehörte auch die frühzeitige Wahrnehmung sozialpolitischer Aufgaben. Bismarcks Sozialgesetzgebung mit der Einführung der Kranken-, Unfall-,

36 Ebd., S. 96-110; G. W. F. Hallgarten, »Von Bismarck bis zum Ende der Weimarer Republik«, op. cit.

Alters- und Invaliditätsversicherung sowie ihre Fortführung durch gesetzliche Begrenzungen der Arbeitszeit, Schutzgesetze für Frauen- und Kinderarbeit und weitere staatliche Fürsorge haben in Deutschland einen autoritären Wohlfahrtsstaat im gleichen Zuge begründet, in dem die Industrialisierung einsetzte.[37] Von entscheidender Bedeutung war dabei nicht die Tatsache, daß diese Gesetzgebung vorangetrieben wurde, sondern von welchen Kräften sie getragen wurde. Sie wurde nicht von einer Arbeiterbewegung gegen ein Bürgertum erkämpft, sondern staatlich verordnet. Sozialgesetzgebung, Sozialistenverfolgung und politische Entmündigung des Bürgertums gingen hier Hand in Hand.
Aus dieser materiellen Entwicklung der Gesellschaft konnte kein individualistischer und selbstverantwortlicher Aktivismus eines selbstbewußten Bürgertums wie in England und vor allem in Amerika hervorgehen.[38] Die aktive Gestaltung der Welt ist hier eine Aufgabe der politischen Führung und darüber hinaus allenfalls eine Aufgabe der Führung der großen Banken und Wirtschaftsunternehmen, eine Aufgabe der wenigen großen Männer, keine Aufgabe eines jeden Bürgers. Bismarck ist die Gestalt, in der sich der deutsche Aktivismus verkörpert. Aktivismus geht dabei eine enge Verbindung mit Realpolitik ein. Die Steigerung der staatlichen Macht nach innen und nach außen ist der letzte Grund dieses machtpolitischen Aktivismus. Es ist ein Aktivismus, dem im Gegensatz zum angelsächsischen Aktivismus jede Verwurzelung in darüber hinausgreifenden Ideen abgeht. Wie Helmuth Plessner treffend formuliert hat, war Bismarcks Reich eine Großmacht ohne Staatsidee.[39] Dieses Fehlen einer ideellen Grundlage bedeutete aber, daß es keinen kulturellen Maßstab gab, der die Machtpolitik hätte transzendieren können und der eine Formung des Aktivismus durch normative Ideale ermöglicht hätte. Die deutsche Politik hat stets die bloßen Machtinteressen des englischen Imperialismus hinter dem Banner des Universalitätsanspruchs des Christentums und der englischen Zivilisation entlarven wollen. Dagegen hat man sich selbst freimütig zu den macht-

37 V. Hentschel, *Geschichte der deutschen Sozialpolitik (1880-1980)*, Frankfurt: Suhrkamp, 1983, ebd., S. 11-54; H. Rothfels, »Prinzipienfragen der Bismarckschen Sozialpolitik«, in: *Bismarck*, Stuttgart: Kohlhammer, (1929) 1970, S. 166-82.

38 H. Plessner, *Die verspätete Nation*, op. cit., S. 72-82.

39 Ebd., S. 39-46.

politischen Zielsetzungen der Kolonialpolitik bekannt. Genau dieses freimütige Bekenntnis zur Machtpolitik war jedoch fatal. Natürlich war der christliche Universalismus der englischen Zivilisation auch ein Legitimationsinstrument der Machtpolitik, aber diese Idee konnte auch als kritischer Maßstab der Politik selbst benutzt werden. Universelle Ideen lassen sich nicht einseitig zu legitimatorischen Zwecken instrumentalisieren, solange die Freiheit der Interpretation dieser Ideen besteht. In diesem Fall können Legitimationsinstrumente in Instrumente der Kritik umgemünzt werden. Das ist natürlich nicht möglich, wenn jegliche universelle, über die bloße Machtpolitik hinausweisende Idee fehlt. Machtpolitik kann dann auch nie mehr als bloße Machtpolitik sein.

Wie sehr die verselbständigte Machtpolitik das Kaiserreich geprägt hat, läßt sich selbst daran erkennen, daß auch einem liberalen Denker wie Max Weber bei aller Distanz zu Bismarck und zur bloßen Realpolitik in seiner berühmtberüchtigten Freiburger Antrittsrede nichts anderes als letzter Bezugspunkt des politischen Handelns eingefallen ist als die Stärkung des nationalen deutschen Machtstaats im europäischen Konkurrenzkampf.[40] Bei Max Weber ist diese machtpolitische Denkweise gepaart mit einer anderen Eigendynamik, die durch die bloße Koexistenz des Lutherischen Protestantismus mit den Kräften der Welt sich selbst überlassen blieb. Es ist die Eigendynamik der wissenschaftlichen Rationalität, die zur vollständigen Entzauberung der Welt und mit ihr zur beliebigen Hinterfragbarkeit jeglicher Wertpositionen als letzte Reste eines irrationalen Glaubens führt. Weber sieht unter den Bedingungen der wissenschaftlich entzauberten Welt keine Möglichkeit einer konsensuellen normativen Steuerung des Handelns in den rationalisierten Sphären der Gesellschaft, so auch nicht in der Sphäre der Politik.

Niemand hat wohl den Gegensatz zwischen der religiösen Ethik und den verschiedenen Sphären der Welt, der Ökonomie, der Politik, der Kunst, der Erotik und der Wissenschaft, schärfer formuliert als Max Weber.[41] Er bringt die charakteristische deutsche

40 M. Weber, »Der Nationalstaat und die Volkswirtschaftspolitik«, in: *Gesammelte politische Schriften*, Tübingen: Mohr Siebeck, 3. Aufl g., 1971, S. 1-25.

41 M. Weber, *Religionssoziologie* I, op. cit., S. 536-73; *Wirtschaft und Gesellschaft*, op. cit., S. 348-67.

Spaltung zwischen religiöser Innerlichkeit und gesellschaftlicher Äußerlichkeit in besonders prägnanter Weise zum Ausdruck und trägt selbst wesentlich zur gesellschaftlichen Definition des Verhältnisses zwischen Ethik und Welt bei. Ethik gibt es für Weber unter den modernen Bedingungen nur noch im tiefsten Inneren der Persönlichkeit und in der Privatheit kleinster Gemeinschaften, keinesfalls aber als eine gesellschaftlich verbindliche Ethik. In der Gesellschaft tobt der unversöhnliche Kampf der Wertordnungen; es ist ein Kampf wie zwischen Gott und Teufel; was des einen Gott ist, das ist des anderen Teufel.[42] Weber hat daraus nicht den Schluß gezogen, daß der einzelne sein Handeln nicht an einer Ethik orientieren könne. Jeder muß sogar seine persönliche Ethik finden, aber er kann diese nicht für andere als verbindlich voraussetzen.

Mit dem Konzept der Verantwortungsethik hat Weber die größte Anstrengung unternommen, überhaupt noch eine Lösung für den radikalen Gegensatz zwischen Ethik und Welt zu finden. Während der Gesinnungsethiker an seiner Gesinnung unabhängig von den Folgen seiner Handlungen festhält, und der Realpolitiker keine ethischen Grundsätze kennt, muß der Verantwortungsethiker einem Komplex von ethischen Grundsätzen verpflichtet sein und sein Handeln stets hinsichtlich seiner negativen oder positiven Folgen für die Verwirklichung der verschiedenen Grundsätze berechnen und überprüfen.[43] Die Verantwortungsethik ist eine komplexere Ethik, weil sie die negativen und positiven Beziehungen zwischen verschiedenen Grundsätzen, Zielen, Folgen und Nebenfolgen in Rechnung stellt. Weber hat damit sicherlich die fruchtbarste Beziehung zwischen Ethik und Welt formuliert, die im Bezugsrahmen des Lutherischen Protestantismus möglich war. Aber ihre Verwurzelung in der Kultur des Lutherischen Protestantismus ist unverkennbar. Die höchsten Werte haben nur Platz im Innersten der Persönlichkeit, sie sind nicht mitteilbar und mit anderen teilbar. Jeder muß für sich den »Dämon finden, der seines Lebens Fäden hält«.[44] Das Individuum kann seine persönliche Identität nur außerhalb der Gesellschaft bilden. In der Gesellschaft herrschen die kalten Eigengesetzlichkeiten der einzelnen Sphären. Und gegen diese Eigengesetzlichkeiten gibt es keine

42 M. Weber, *Gesammelte Aufsätze zur Wissenschaftslehre*, Tübingen: Mohr Siebeck, 4. Auflage 1973, S. 153, 507, 603, 612-3.

43 M. Weber, *Politische Schriften*, op. cit., S. 377-9, 524-5, 545-60.

44 M. Weber, *Wissenschaftslehre*, op. cit., S. 613.

gemeinsame verbindliche normative Steuerung. Hier muß jeder seinen Dämon in den Kampf der Wertordnungen einbringen. Die Gestaltung der gesellschaftlichen Ordnung ist dann diesem Kampf überantwortet. Jeder mag Werte für sich haben, sobald er sich für ihre soziale Geltung und Verwirklichung einsetzt, betritt er jedoch die politische Arena des Machtkampfes. Er muß für die Durchsetzung seiner Werte mit politischen Mitteln kämpfen, d. h., er muß die Massen dafür gewinnen. Hier kommt es auf charismatische Eigenschaften und auf Erfahrung im politischen Machtkampf an. Natürlich muß man dabei immer wieder Kompromisse eingehen, und zwar erstens, weil anders oft gar nichts durchsetzbar wäre, und zweitens, weil nur dadurch das Gleichgewicht zwischen den sehr unterschiedlichen Werten gewahrt werden kann, das Weber letztlich mit der Verantwortungsethik im Visier hatte, ohne es aber selbst als gesellschaftlich verbindlich betrachten zu können.

Sicherlich hat Weber Recht, wenn er mit dem Begriff der Individualität auch eine persönliche Ethik verbindet. Solange aber keine Möglichkeit vorhanden ist, sich darüber hinaus auf gesellschaftlicher Ebene über gemeinsame Grundsätze zu einigen, besteht zwischen Ethik und Gesellschaft ein unüberbrückbarer Graben. Ethik gerät zur reinen Entscheidungssache, Gesellschaft zum reinen Machtkampf; zwischen beiden existiert nichts. Dagegen hat man im angelsächsischen Kulturkreis nie einen solchen scharfen Gegensatz zwischen Ethik und Gesellschaft gesehen. Die Puritaner sind im Covenant eine *gemeinsame* Verpflichtung gegenüber Gott eingegangen, die Gesellschaft nach ethischen Grundsätzen aufzubauen. Dementsprechend verfügen sie auch über eine gemeinsame Ethik, die im Common sense der Gemeinschaft eine Wurzel hat und im Universalitätsanspruch der ethischen Gebote aber auch transzendiert werden kann. Nichts davon findet man im Lutherischen Protestantismus. Die religiöse Ethik wird in das Innerste der Persönlichkeit gelegt, die Welt und damit die Gesellschaft bleibt ihren eigenen Gesetzen überlassen.

Webers Position läßt sich als ein heroischer Versuch verstehen, den im Bezugsrahmen des Lutherischen Protestantismus angelegten Graben zwischen der ins Innerste der Persönlichkeit zurückgezogenen Ethik und den kalten Eigengesetzlichkeiten der Welt noch mit den Mitteln desselben kulturellen Erbes selbst zu überbrücken. Man kann die Fatalität dieses kulturellen Erbes an den

Stationen der deutschen Moralphilosophie von Kant bis Nietzsche im einzelnen nachvollziehen.[45]

Die Radikalität der Moralphilosophie Kants hat ihre Wurzel im Lutherischen Protestantismus. Freiheit ist für Kant die innere Freiheit des Menschen von jeglichen heteronomen Gesetzmäßigkeiten der empirischen Welt, einschließlich der menschlichen Triebstruktur. Nur außerhalb der empirisch gegebenen Welt verfügt der Mensch über die Freiheit von jeglichen Strebungen, die ihn zur unbedingten moralischen Gesetzgebung, zur autonomen Einsicht in das moralische Gesetz, den kategorischen Imperativ, befähigt.[46] In der empirischen Welt herrschen dagegen andere Gesetze. Hier ist nur die intelligente Einstellung auf und Anpassung an diese heteronomen Gesetzmäßigkeiten möglich, aber keine Moralität.[47] Dementsprechend kann sich beispielsweise die positive Gesetzgebung des Staates letztlich nur auf die dahinter stehende Gewalt stützen. Zwischen der Moralität in der Sphäre der Freiheit und der Gewalt in der empirischen Sphäre der Politik gibt es in dieser Sicht keine Brücke. Das ist die radikale dualistische Lesart der Kantschen Moralphilosophie. In dieser Sicht hat Kant nur eine säkularisierte philosophische Version der Lutherischen Versöhnung von religiöser Innerlichkeit und politischem Gehorsam geliefert. Auch Kant hat ja den Gehorsam gegenüber dem positiven Gesetzgeber als notwendig für die Erhaltung der äußeren Freiheit im Unterschied zur inneren Freiheit erachtet.[48]

Kant hat jedoch auch Hinweise für eine andere Lesart seiner Moralphilosophie geboten, die allerdings weniger einflußreich geblieben ist. In dieser Perspektive kommt es in der Tat auf Brük-

45 Siehe dazu H. Plessner, *Die verspätete Nation*, op. cit., S. 106-66; F. Stern, *The Politics of Cultural Despair. A Study in the Rise of the Germanic Ideology*, Berkeley und Los Angeles: University of California Press, 1961, S. 267-98; R. C. Baum, *The Holocaust and the German Elite: Genocide and National Suicide in Germany, 1871-1945*, Totowa: Rowman & Littlefield, 1981.

46 I. Kant, *Grundlegung zur Metaphysik der Sitten* (1785), in: *Werke in sechs Bänden*, Bd. IV, op. cit., S. 7-102 (1-128), ebd., S. 81-102 (97-128); *Kritik der praktischen Vernunft*, op. cit., S. 191-212 (127-59).

47 I. Kant, *Grundlegung zur Metaphysik der Sitten*, op. cit., S. 76-80 (90-6); *Kritik der praktischen Vernunft*, op. cit., S. 127-40 (38-54).

48 I. Kant, *Die Metaphysik der Sitten*, (1797), in: *Werke in sechs Bänden*, Bd. IV, op. cit., S. 303-634 (A 1-235, B 1-266), ebd., S. 437-43 (A 173-83, B 203-12); »Über den Gemeinspruch. Das mag in der Theorie richtig sein, taugt aber nicht für die Praxis«, op. cit., S. 153-60 (250-63).

ken zwischen der abstrakten inneren Moralität und der konkreten äußeren Welt an. Die reine praktische Vernunft muß auf Gegenstände der empirischen Welt angewendet werden, um nicht eine leere Kategorie zu bleiben; umgekehrt müssen die konkreten Handlungen in der empirischen Welt an den Maßstäben der reinen praktischen Vernunft gemessen werden, um nicht bloße blinde Triebregungen zu sein.[49]
Die spannungsreiche Position Kants hat sich in der weiteren moralphilosophischen Entwicklung nicht erhalten können. Hegel hat den Widerspruch zwischen Moralität und Gewalt in der Verwirklichung der Idee der Sittlichkeit im Staat aufgehoben.[50] Marx sucht dieselbe Aufhebung in der kommunistischen Gesellschaft. Beide Positionen sind Varianten einer vollkommenen Versöhnung von Moralität und Gewalt. Ein von der Wirklichkeit unabhängiger Maßstab der Moralität existiert nicht mehr, wenn diese Lösungen realisiert sind. Die Moralität wird auf die Wirklichkeit reduziert. Für Marx besteht die Spannung zwischen beiden nur so lange, als das Paradies der kommunistischen Gesellschaft noch nicht angebrochen ist. Da er die ganze Entwicklung jedoch als

49 Siehe dazu vor allem I. Kant, »Über den Gemeinspruch: Das mag in der Theorie richtig sein, taugt aber nicht für die Praxis«, op. cit., S. 130-43 (201-32). Vgl. S. 132 (211): »Nach meiner Theorie ist weder die Moralität des Menschen für sich, noch die Glückseligkeit für sich allein, sondern das höchste in der Welt mögliche Gut, welches in der Vereinigung und Zusammenstimmung beider besteht, der einzige Zweck des Schöpfers«. Allerdings darf man nicht verkennen, daß Kant die Glückseligkeit auf die Ebene der Moralität heben möchte. Es ist eine von empirischen Neigungen gereinigte Glückseligkeit.
50 Ob dabei die Aufhebung des Gegensatzes zwischen Moralität und Legalität im konkret existierenden preußischen Staat oder in einem vorgestellten ideellen Staat oder in der Idee des Staates erfolgen soll, ob das Wirkliche das Vernünftige *ist* oder *wird*, ändert nichts daran, daß Hegel eine bei Kant vorhandene Spannung auf der Ebene der Ideenkonstruktion reduziert und dabei ein von Staat und gesellschaftlichen Institutionen unabhängiger kritischer Maßstab verloren geht. Nur auf der Basis einer prinzipiell unauflöslichen Spannung können die modernen Gesellschaften durch Kritik an den Maßstäben der Moralität einem ständigen Wandel in die Richtung moralischer Ideen unterworfen werden, ohne diese jemals vollständig zu verwirklichen. Diese Spannung wird von Hegel reduziert, auch in den heute vermehrt versuchten liberalen Deutungen von Hegels Werk. Siehe G. W. F. Hegel, *Grundlinien der Philosophie des Rechts*, (1821), in: *Sämtliche Werke*, Bd. 7, hg. von H. Glockner, op. cit., §§ 257-9.

einen nach materiellen Gesetzmäßigkeiten verlaufenden Prozeß versteht, ist auf diese Weise eine vollkommene Identität von Moralität und Wirklichkeit zumindest langfristig garantiert. So sagt uns Marx ja auch, daß der Kommunismus nach der materialistischen Weltanschauung kein Ideal sei, sondern ein mit Notwendigkeit eintretender Zustand der Realität.[51]

Es ist aber auch die umgekehrte Reaktion auf Kant erfolgt: die Auflösung der Moralität an sich. Kant hat die Moralität von allen empirischen Bedingungen befreit. Diese Position konnte auch so gedeutet werden, daß sie aus der Welt des empirisch Faßbaren in die Hinterwelt der Metaphysik verbannt wurde. Nach dem Siegeszug der modernen positiven Wissenschaft war die Metaphysik aber entmündigt worden und zu keinerlei verbindlichem Urteil mehr fähig. Die Methode der Wissenschaft, das kritische Hinterfragen jeder Position, läßt jedes Festhalten an gleichbleibenden moralischen Maßstäben als einen irrationalen dogmatischen Abbruch des wissenschaftlichen Zweifels erscheinen. Wo die Methoden der modernen Wissenschaft sich ausbreiten, ist demnach keine allgemein verbindliche Moral mehr zu begründen. Es mag Moral geben, aber sie ist nicht wissenschaftlich fundiert und – soweit die Methoden der Wissenschaft allgemein anerkannt sind – auch nicht allgemein gültig. Eine Moral zu haben wird zur Sache der persönlichen Entscheidung. Niemand hat diesen Verlust der allgemein verbindlichen Moralität im Zuge der Verwissenschaftlichung der Welt in ähnlicher Radikalität aufgezeigt wie Nietzsche.[52]

Die Tatsache, daß Kant die Moralität außerhalb der empirisch begreifbaren Welt angesiedelt hat, rächt sich hier im vollkommenen Verlust der Moralität überhaupt. Und dies ist wiederum nur die philosophische Interpretation des von Luther vorgegebenen Themas der Trennung von religiöser Innerlichkeit und gesellschaftlicher Äußerlichkeit. Nietzsche hat schließlich diejenige

51 »Der Kommunismus ist für uns nicht ein *Zustand*, der hergestellt werden soll, ein *Ideal*, wonach die Wirklichkeit sich zu richten haben (wird). Wir nennen Kommunismus die *wirkliche* Bewegung, welche den jetzigen Zustand aufhebt. Die Bedingungen dieser Bewegung ergeben sich aus der jetzt bestehenden Voraussetzung«. K. Marx und F. Engels, *Die deutsche Ideologie*, in: *Marx-Engels Werke*, Bd. 3, Berlin: Dietz, 1969, S. 35.

52 F. Nietzsche, *Zur Genealogie der Moral*, in: *Friedrich Nietzsche. Werke in drei Bänden*, hg. von K. Schlechta, Bd. 2, München: Hanser, 8. Auflg., 1977, S. 761-900, vgl. S. 888-94.

Interpretation des Themas gefunden, die angesichts der realen Diskrepanz zwischen religiöser Innerlichkeit und äußerer Machtpolitik im Kaiserreich die Weichen für das weitere Denken gestellt hat. Max Weber konnte im Bezugsrahmen der deutschen Kultur des Lutherischen Protestantismus nicht mehr hinter sie zur realen Versöhnung Hegels oder zur utopischen Versöhnung von Marx zurückgehen. Den Bezugsrahmen des Lutherischen Protestantismus verlassen, das konnte er als Sohn der deutschen Kultur auch nicht. Die angelsächsische Moralität des Common sense mußte ihm als reichlich naiv und als ideologische Verbrämung geschäftlicher Interessen erscheinen.[53]

1.3 Konformität und Indifferenz

Die Beziehung zwischen religiöser Innerlichkeit und gesellschaftlicher Äußerlichkeit im Lutherischen Protestantismus ist auch durch die Art seiner gemeinschaftlichen Organisation und durch die Eigenart seiner gesellschaftlichen Träger sowie durch deren Verbindung zu den gesellschaftlichen Sphären bestimmt worden.

Die Puritaner sind freiwillig in eine religiöse Gemeinschaft eingetreten. Sie haben sich im Covenant mit Gott freiwillig und gemeinsam verpflichtet, eine Gesellschaft nach den universellen ethischen Geboten Gottes aufzubauen. Deshalb besitzen sie eine gemeinsame verbindliche Ethik, die ihren Common sense zum Ausdruck bringt, und zugleich über eine Ethik mit einem Universalitätsanspruch, der ihren partikularen Common sense transzendieren kann. Die Lutherischen Protestanten sind dagegen Zwangsmitglieder einer bürokratisch organisierten Anstaltskirche. Ihre Mitgliedschaft ist schlicht Untertanenpflicht gegenüber dem Landesherrn. Die Ausübung der Religion ist hier keine selbständige Tätigkeit des einzelnen Individuums, sondern eine Sache der Verwaltung durch die Kirche im Bündnis mit dem Staat. Ein selbständiger Aktivismus, der in einer gemeinsamen Verpflichtung und

53 Siehe zur fatalen Rolle des Lutherischen Protestantismus und des deutschen Idealismus in der Modernisierung Deutschlands auch den Aufsatz von H. Holborn, »Der deutsche Idealismus in sozialgeschichtlicher Beleuchtung«, (1952), in: H.-U. Wehler (Hg.), *Moderne deutsche Sozialgeschichte*, op. cit., S. 85-108.

damit in einer gemeinsamen Ethik wurzelt, konnte hier nicht entstehen. Hier konnte sich nur Untertanengehorsam auf der einen Seite und eine Verwaltung der Welt auf der anderen Seite entfalten. In gewisser Weise bildete diese Organisation des Lutherischen Protestantismus die natürliche Stütze für einen von der aktiven Teilnahme freier Bürger freigesetzten Staat.[54]

Luther hatte seinen Protestantismus noch an den Traditionalismus einer feudalen Gesellschaft mit Tendenzen zum Absolutismus angepaßt. Die Welt, die der religiösen Ethik gegenüberstand, war noch eine durch und durch traditional gesteuerte Welt von handwerklichen, gewerblichen und administrativen Berufen mit einer ziemlich starren Reglementierung der Berufstätigkeit.[55] Der Gehorsam, den der Landesherr für seine Gesetze verlangte, war noch der selbstverständliche Gehorsam, den man der immer schon herrschenden Obrigkeit schuldete. Die Herrschaft des Landesherrn war als patrimoniale Herrschaft eine natürliche Übersetzung der Autorität des Vaters in der Familie auf die Herrschaft eines ganzen Landes.[56] Die Anpassung an diese Tradition war für den Lutherischen Protestanten eine ganz selbstverständliche Haltung, weil er in sie hineingeboren wurde und gar nichts anderes kannte. In England ist der Puritanismus von einem religiös nonkonformistischen und politisch oppositionellen Bürgertum getragen worden, das gegen den Absolutismus von Kirche und Krone gekämpft und sich dabei auf allgemeine Prinzipien berufen hat, die über die bestehende Obrigkeit hinauswiesen. In Neuengland ist dieser revolutionäre Elan auf den Aufbau einer ganz neuen Gesellschaft nach allgemeinen Ideen übertragen worden.[57] Nichts von dieser traditionsbrechenden Macht ist in Luthers Protestantismus

54 M. Weber, *Religionssoziologie* I, op. cit., S. 131-3, 153, 162, 211-2, 220-1; E. Troeltsch, *Die Soziallehren der christlichen Kirchen und Gruppen*, op. cit., S. 512-23.

55 Siehe z.B. M. Luther, »Predigten«, op. cit., S. 245-8; »Vorlesungen über das 1. Buch Mose«, op. cit., S. 657; M. Weber, *Religionssoziologie* I, op. cit., S. 75-9; E. Troeltsch, *Die Soziallehren der christlichen Kirchen und Gruppen*, op. cit., S. 581-4.

56 Siehe z.B. M. Luther, »Vorrede zu Band I der lateinischen Schriften der Wittenberger Luther-Ausgabe«, op. cit., S. 184 (*Luther Deutsch*, Bd. 2, op. cit., S. 17).

57 M. Weber, *Religionssoziologie* I, op. cit., S. 207-36; E. Troeltsch, *Die Soziallehren der christlichen Kirchen und Gruppen*, op. cit., S. 738-72.

in Deutschland zu erkennen. Hier ist der Protestantismus mit der Obrigkeit verbündet und stützt die unbezweifelbare Geltung der althergebrachten Tradition. Der deutsche Protestant erwählt außerdem seinen Glauben nicht, er bekommt ihn vielmehr von der Obrigkeit nach dem Prinzip »cuius regio, eius religio« verordnet.

Die Annahme des protestantischen Glaubens ist nichts anderes als die übliche Erfüllung der Untertanenpflichten. Man muß sich diesen Unterschied zum angelsächsischen Puritanismus klar vor Augen führen. Hier ein Volk von Untertanen, die ihren Glauben als Gehorsam gegenüber der Obrigkeit verstehen, dort ein selbstbewußtes Bürgertum, das seinen Glauben mit der Erkämpfung allgemeiner Bürgerrechte verbindet. Hier ein Legitimationsinstrument des Traditionalismus, dort ein Legitimationsinstrument der Revolution. Aus diesen völlig verschiedenen Trägerschichten ist die Art der Praktizierung des Glaubens zu erklären, die wiederum auf die Struktur des Glaubens selbst zurückgewirkt hat. Für das selbstbewußte puritanische Bürgertum ist der religiöse Glaube ein System von Ideen, das als Anleitung beim Bau einer völlig neuen Gesellschaft ohne jede traditionale Verfestigung dient. Die religiösen Ideen wirken als Leitfaden für eine permanente Umgestaltung der Gesellschaft. Sie bilden den Ursprung des aktiven Vorantreibens einer nie aufhörenden dynamischen Entwicklung der Gesellschaft. Sie sind der kulturelle Motor der gesellschaftlichen Entwicklung, deren Logik es ist, eine immer weitere Annäherung an die Ideale zu suchen, ohne sie je vollständig zu erreichen. Für die Lutherischen Untertanen ist der religiöse Glaube ein Teil der Untertanenpflicht, eine Verstärkung der traditionalen Einstellung zur Welt, d. h. die gesellschaftliche Ordnung so hinzunehmen, wie sie ist, und ihren Regeln zu gehorchen. Dies ist der Gehalt des Lutherischen Ethos. Als Arbeitsethos verlangt es die disziplinierte Erfüllung der traditionell festliegenden Berufspflichten, als politisches Ethos den Gehorsam gegenüber der Obrigkeit. Dagegen fordert das puritanische Arbeitsethos eine selbstverantwortliche und aktiv gestaltende Teilnahme am beruflichen und politischen Leben.

Die Disziplin als Gehorsam ist dann im Zuge der weiteren Entwicklung von einem weiteren Träger des Lutherischen Protestantismus konkretisiert worden: vom preußischen Beamtentum. Je mehr Preußen in Deutschland die Führung übernommen hat, bis zu Bismarcks Reichsgründung auf der Basis Preußens im Jahre 1871, um so mehr wurde die Verbindung des Lutherischen Protestantismus mit dem Preußentum für den Charakter des Glaubens bedeutsam. Der traditionalistische Gehorsam Luthers verbündete sich nun mit dem Gehorsam des Untertanen gegenüber der preußischen Obrigkeit und mit dem Gehorsam des Beamten und des Soldaten gegenüber seinem Vorgesetzten.[58] Die sprichwörtliche Disziplin des preußischen Beamten und Soldaten gestaltete nun die Konkretisierung des protestantischen Ethos. Der Beamtenstand und das Offizierskorps stellten die tragenden Säulen des preußisch-deutschen Staates dar.[59] Absolute Disziplin in der Ausführung von Gesetzen und Befehlen, ohne jede Prüfung ihres Inhalts ist ihre höchste Pflicht. Der Beamte und der Offizier fragen nicht nach dem Sinn eines Gesetzes und eines Befehls. Sie müssen ihnen gegenüber blind bleiben, wenn sie das reibungslose Funktionieren der Administration und der Kriegsführung garantieren sollen. Beide tragen keine Verantwortung für die Folgen ihres Tuns, wenn Gesetze und Befehle ausgeführt werden. Nur die Abweichung von Gesetzen und Befehlen müssen sie selbst verantworten und mit disziplinarischen Maßnahmen erkaufen. Nicht das selbstverantwortliche Einstehen für eine Sache ist ihre Aufgabe, sondern das rein äußerliche, verantwortungslose Ausführen vorgegebener Regeln. Ihre innere Überzeugung bleibt ihre Sache. Sie muß aus der Erledigung der Dienstgeschäfte herausgehalten werden.[60] Im Durchschnitt implizierte dies, daß der Beamte und

58 Ebd., S. 601-5.

59 Siehe hierzu E. Kehr, »Zur Genesis der preußischen Bürokratie und des Rechtsstaates«, op. cit.; R. Koselleck, »Staat und Gesellschaft in Preußen 1815-1848«, op. cit.; R. Bendix, *Könige oder Volk*, 2 Bde., Frankfurt: Suhrkamp, 1980, S. 255-67; G. Ritter, *Staatskunst und Kriegshandwerk. Das Problem des »Militarismus« in Deutschland*, Bd. 1: *Die altpreußische Tradition (1740-1890)*, München: Oldenbourg, 3. Auflg., 1965; G. A. Craig, *Die preußisch-deutsche Armee, 1640-1945*, Königstein: Athenäum, 1980; O. Büsch, *Militärsystem und Sozialleben im alten Preußen*, Berlin: de Gruyter, 1962; M. Messerschmidt, *Militär und Politik in der Bismarckzeit und im wilhelminischen Deutschland*, Darmstadt: Wissenschaftliche Buchgesellschaft, 1975; H. Henning, *Das westdeutsche Bürgertum in der Epoche der Hochindustrialisierung 1860-1914*. Teil I. *Das Bildungsbürgertum in den preußischen Westprovinzen*, Wiesbaden: Steiner, 1972, S. 116-414.

60 Das preußische Beamtenethos hat Max Weber in seinem Idealtypus der

Soldat auch keine eigene innere Überzeugung zu einer aktuellen Sache in der Welt entwickelte. Den Regeln, denen er zu gehorchen hatte, konnte er nichts entgegensetzen, an dem er ihre Rechtfertigbarkeit hätte messen können.

Aus der Fusion von Luthertum und preußischem Beamten- und Offiziersgeist ergaben sich prinzipiell zwei orthodoxe Möglichkeiten der Verknüpfung von persönlicher Identität und gesellschaftlichem Rollenhandeln. Die Beamten- und Offiziersdisziplin konnte mit der persönlichen Identität zusammenfallen. Die religiöse Innerlichkeit löste sich hier in der Disziplin als persönlichem Handlungsprinzip auf. Der Protestant konnte sich aber auch nur äußerlich an die Dienstpflichten anpassen und im tiefsten Inneren sein Vertrauen auf Gott bewahren, das mit seinem äußeren Handeln gar nichts zu tun hatte. Es waren diese orthodoxen Verknüpfungen von persönlicher Identität und gesellschaftlichem Rollenhandeln, die nicht nur dem Kaiserreich gehorsame Untertanen beschert haben, sondern auch Hitler genügend willfähige Diener in der Ausführung des von oben verordneten Massenmordes an Juden und Regimegegnern.

Die Organisation des Lutherischen Protestantismus als Anstaltskirche und ihr Bündnis mit dem preußisch beherrschten Staat bildete in Verbindung mit der Lutherischen Versöhnung von religiöser Innerlichkeit und gesellschaftlicher Äußerlichkeit die kulturelle Grundlage für die wechselseitige Ergänzung von Untertanen-, Beamten- und Offiziersdisziplin einerseits und staatlicher Machtpolitik andererseits. Aus diesem Ergänzungsverhältnis und aus der orthodoxen Verknüpfung von persönlicher Identität und gesellschaftlichem Rollenhandeln erwuchs die Stabilität dieses Systems.

1.4 Entfremdung und Rebellion

Die Verbindung zwischen persönlicher Identität und gesellschaftlichem Rollenhandeln kannte jedoch nicht nur orthodoxe Lösungen. Mit der zunehmenden Entfaltung der Eigendynamik der gesellschaftlichen Sphären erschienen im Bezugsrahmen des

Bürokratie auf den Punkt gebracht: M. Weber, *Wirtschaft und Gesellschaft*, op. cit., S. 551-79; *Politische Schriften*, op. cit., S. 320-50.

Lutherischen Protestantismus die orthodoxen Lösungen für sensiblere Menschen zunehmend als problematisch. Heterodoxe Lösungen gewannen an Bedeutung. Von ihnen ging die Dynamik der sozialen Bewegungen aus, eine Dynamik, die Kräfte gegen den herrschenden kalten Aktivismus mobilisierte, dabei aber auch in fataler Weise mit dem Protest gegen den verselbständigten Aktivismus auch den Protest gegen die Moderne überhaupt verband. Für empfindlichere Seelen, denen die Macht der äußeren Welt im Prozeß der Rationalisierung zunehmend Furcht einjagte, gab es nur den Rückzug aus der Welt in die tiefsten Winkel der Privatheit. Nur außerhalb der kalten Rationalität der Welt, in der Privatheit individueller Beziehungen oder in der Einheit mit der Natur konnte sich der Mensch noch selbst und Gott finden. Schließlich blieb für diejenigen, die sich mit dem Rückzug nicht bescheiden wollten, nur der Protest gegen den Rationalismus der gesellschaftlichen Sphären in Politik, Recht, Wirtschaft und Wissenschaft übrig.

Von der Innerlichkeit der Lutherischen Persönlichkeit läßt sich keine Brücke zur formalen Rationalität des öffentlichen Lebens schlagen. Ihre gegenseitige Isolierung hatte aber in der weiteren Entwicklung gerade eine sonst nirgendwo in gleichem Ausmaß vorzufindende Steigerung ihres Gegensatzes zur Folge, die ihre bloße Versöhnung nicht mehr zuließ. Auf diese Weise ist es eine Ironie des Schicksals, daß der deutsche Intellektuelle selbst in der Realität der deutschen Entwicklung immer wieder erneut die Kälte der gesellschaftlichen Rationalisierung und ihre radikale Gegenposition zu den inneren Werten der Persönlichkeit bestätigt bekommen hat. Der Rückzug des Luthertums in den innersten Kern der Persönlichkeit unter bloß äußerer Anpassung an die gesellschaftlichen Ordnungen hat diesen in der Theorie konstruierten Gegensatz selbst als Realität hervorgebracht. Hier ist ein schönes Beispiel, wie sich eine kulturelle Sicht ihre eigene Realität als Bestätigung schafft.

Die Trennung von privater Innerlichkeit und öffentlicher Äußerlichkeit ist die tiefste Wurzel für das Mißtrauen gegen die Institutionen der Moderne, das in Deutschland lange Zeit vorgeherrscht hat und auch heute noch nicht völlig abgebaut ist. Sie lieferte die gründlichste und generellste, deshalb auch selbst liberale Denker erfassende Legitimation von Deutschlands Rebellion gegen die Moderne, die im Nationalsozialismus ihren Höhepunkt erreicht hat.[61] Politik konnte in dieser Sichtweise nur als korrupte und faule Kompromißbildung, Ökonomie nur als kalte Eigensucht und Wissenschaft nur als rücksichtslose Entzauberung des Denkens und als Auflösung jeglicher Werte erscheinen. Die Ausbreitung einer solchen Welt mußte als Zerstörung des innersten Wesens des Menschen erlebt werden. Das bedeutete, daß sich nun die Versöhnung Luthers mit der Welt rächte. Die Welt hatte nun eine solche Gewalt gewonnen, daß offensichtlich die Wahrung der bloßen Indifferenz zur Welt für viele nicht mehr tragbar und erträglich war. Während sich Luther noch an eine traditionalistische Welt anpaßte, in der das Individuum seine traditionellen Pflichten zu erfüllen hatte, wurde der Lutherische Protestant angesichts der unvergleichlich raschen industriellen, politischen und wissenschaftlichen Entwicklung Deutschlands aus der friedlichen Koexistenz von innerem Gottvertrauen und äußerer Anpassung an die Welt jäh herausgerissen. Was zuvor friedlich nebeneinanderbestand, weil die äußere Welt eben auch keine allzu großen Anforderungen stellte, geriet nun in einen scharfen Gegensatz zueinander. Die äußere Welt drohte so viel Macht über den Menschen zu gewinnen, daß für die Bewahrung der Innerlichkeit kein Platz mehr schien. Diese Entwicklung hat mehr und mehr den Protest des Intellektuellen gegen die kalte Rationalisierung der Welt auf den Plan gerufen. Die Lutherische Versöhnung von religiöser Ethik und Welt, Persönlichkeit und Welt ist einem unversöhnlichen Gegensatz zwischen diesen Sphären gewichen. Es hat unterschiedlich radikale Reaktionen auf diese Entwicklung gegeben. Immer hatten das protestantische Pfarrhaus als Hort der Lutherischen Innerlichkeit und das Lehrerkollegium als Hort des deutschen Idealismus einen wesentlichen Anteil an den deutschen Erneuerungsbewegungen durch alle Höhen und Tiefen hindurch. Beide, die Orthodoxie und die Heterodoxie hatten ihre feste protestantische Verankerung. Der Protestantismus hat stets genügend Diener des jeweiligen politischen Regimes und auch stets genügend Protestierende gegen die Regimes geliefert.

Eine erste Rebellion gegen die sich ausbreitende Welt des verselbständigten Rationalismus zur Rettung der innersten Werte der

61 Zu den Schwierigkeiten der Modernisten mit der Modernisierung und der siegreichen Position der Bewegung gegen die Moderne in der deutschen Professorenschaft zwischen 1890 und 1933 siehe F. K. Ringer, *The Decline of the German Mandarins*, op. cit., insbesondere S. 128-43, 202-27, 384-403.

Persönlichkeit war die Bewegung der Romantik.[62] Die Versuche, eine neue germanische Religion zu finden, die von Paul de Lagarde und in seiner Nachfolge von Julius Langbehn und Möller van den Bruck unternommen wurden, bildeten Reaktionen auf die gesellschaftliche Rationalisierung, die außerordentlich großen Zuspruch erhielten. Ihre Bücher erzielten große Auflagen.[63] Der Erfolg von Richard Wagners Musikdramen mit ihrer Rückbeziehung auf die germanische Kultur des Nibelungenliedes ist ebenso als ein grandioser Versuch einer ästhetischen Erneuerung der Kultur gegen die kalte Rationalität der modernen Welt zu werten.[64] Die Jugendbewegung zu Beginn dieses Jahrhunderts und ihr Weg zurück zur Natur ist ein Aufstand der Innerlichkeit gegen die rationalisierte Welt der Erwachsenen.[65] Und es ist nicht zu leugnen, daß sich die nationalsozialistische Bewegung zu einem ganz erheblichen Maße von einem traditionellen Gedankengut der deutschen Kultur speiste, das die wahren Werte der Innerlichkeit, des Volkes und der deutschen Bildung gegen die angelsächsische und französische Zivilisation verteidigen und mit der verselbständigten Rationalität der gesellschaftlichen Sphären in Politik, Recht, Wirtschaft und Wissenschaft zugleich auch die modernen Institutionen selbst, Demokratie, Bürgerrechte, Marktwirtschaft und Wissenschaft, zerstören wollte.[66] Als der Nationalsozialismus als letztlich erfolgreiche deutsche Bewegung gegen die Moderne zur Herrschaft gekommen war, konnte er in zunehmendem Maße seine Herrschaft wieder auf die orthodoxe Seite des

62 Zu den Wurzeln der »deutschen Ideologie« in der Bewegung der Romantik siehe G. L. Mosse, *The Crisis of German Ideology. Intellectual Origins of the Third Reich*, London: Weidenfeld und Nicolson, 1966, insbesondere S. 13-30, 52-66. Zur Romantik vgl. weiter: H. Brunschwig, *Gesellschaft und Romantik in Preußen im 18. Jahrhundert. Die Krise des preußischen Staates am Ende des 18. Jahrhunderts und die Entstehung der romantischen Mentalität*, Frankfurt: Ullstein, 1975; R. Immerwahr, *Romantisch. Genese und Tradition einer Denkform*, Frankfurt: Athenäum, 1972.

63 G. L. Mosse, *The Crisis of German Ideology*, op. cit., S. 31-51; F. Stern, *The Politics of Cultural Despair*, op. cit.

64 Siehe dazu: R. Wagner, »Die deutsche Oper«, in: *Zeitschrift für die elegante Welt*, 10. 6. 1834.

65 G. L. Mosse, *The Crisis of German Ideology*, op. cit., S. 171-89.

66 Siehe hierzu K. Sontheimer, *Antidemokratisches Denken in der Weimarer Republik: Die politischen Ideen des deutschen Nationalismus zwischen 1918 und 1933*, München: Nymphenburger Verlagsanstalt, 1962.

Lutherischen Protestantismus umpolen, auf die Ergänzung von Untertanen-, Beamten- und Offiziersdisziplin einerseits und totalitärem Machtstaat andererseits.
Diese Fatalität der Oszillation zwischen orthodoxer Ergänzung von Disziplin und Befehl und heterodoxer Rebellion gegen die verselbständigte Rationalität im besonderen und gegen die Modernität im allgemeinen hat mit dem Zusammenbruch des Nationalsozialismus keineswegs ein Ende gefunden. Auch in der Bundesrepublik ist bis heute die Logik dieses kulturellen Codes bei aller sonstigen Durchsetzung der Modernität spürbar. Vieles an der Regelkonformität des Bundesbürgers enthält noch beträchtliche Spuren der orthodoxen Verknüpfung von persönlicher Identität und gesellschaftlichem Rollenhandeln.[67] Die verbreitete Ohne-mich-Haltung unmittelbar nach dem zweiten Weltkrieg war das erste Exemplar des indifferenten Sicheinfügens in die neue Ordnung. Und nicht unwesentliche Aspekte sozialer Erneuerungsbewegungen – von der außerparlamentarischen Opposition Ende der sechziger Jahre bis zu den Grünen und zur Friedensbewegung der achtziger Jahre – zeigen eine deutliche Verwandtschaft des heterodoxen Protestes der Innerlichkeit gegen die kalte Rationalität der Gesellschaft.[68] Die Fatalität liegt darin, daß alle drei Elemente zusammen eine heimliche Allianz der Antimoderne bilden. Weder blinde Disziplin noch die verselbständigte Rationalität der Gesellschaft, noch der Protest der Innerlichkeit machen das aus, was man einen modernen Code des innerweltlichen Aktivismus nennen könnte. Ein solcher Code muß die aktive Gestaltung der Welt mit der Formung durch universelle Ideen, mit der gemeinsamen Moral einer gesellschaftlichen Gemeinschaft und der Erneuerung durch aktiv gestaltende soziale Bewegungen verbinden. Der kulturelle Code des Lutherischen Protestantismus hat in Deutschland andere Bedingungen der Entwicklung gesetzt.
Ein kultureller Code ändert sich nur in sehr langsamen und lange andauernden Prozessen der Interpretation und der Hereinnahme anderer kultureller Traditionen. Die Öffnung der Bundesrepublik nach Westen hat nach 1945 ganz entscheidend zu einem solchen Wandlungsprozeß in die Richtung eines integrierten Aktivismus beigetragen. Der kulturelle Code der Bundesrepublik hat sich

67 Einen Überblick vermittelt: P. Reichel, *Politische Kultur der Bundesrepublik*, op. cit., S. 110-49.
68 Zu einem Überblick siehe ebd., S. 150-220.

erheblich an das moderne angloamerikanische Kulturmuster angenähert, dennoch wäre man blind, wenn man leugnen würde, daß es nach wie vor wesentliche Züge mit dem kulturellen Code teilt, der einer Entwicklung zugrunde lag, die vom Kaiserreich über das Fehlschlagen der Weimarer Republik zum Nationalsozialismus führte. Man kann einen kulturellen Code verändern, aber nie von heute auf morgen und immer nur schrittweise und immer nur, indem man von der einmal vorhandenen Kultur ausgeht. Wenn es noch heute unmoderne und antimoderne Elemente des kulturellen Codes der Bundesrepublik gibt, dann dürfen wir diese weder leugnen noch zum Anlaß für einen Fatalismus nehmen, der die Konformität des Bundesbürgers zu demokratischen Regeln mit dem Untertanengehorsam seiner Eltern und Großeltern identifiziert. Ebenso unzutreffend ist es, die antimodernen Tendenzen in den neuen sozialen Bewegungen der Grünen, Alternativen und Friedensdemonstranten mit denjenigen ihrer Vorfahren in der Romantik und in der Jugendbewegung gleichzusetzen. Zwischen ihnen besteht eine kulturelle Verwandtschaft. Dennoch ist die kulturelle Situation der Bundesrepublik heute so weit verändert, daß die Ideen, die von den neuen Bewegungen aufgegriffen werden, auch in erheblichem Maße Neuinterpretationen des modernen Wertmusters bieten, das als kultureller Code der Moderne über die gegenwärtige Gesellschaft hinausweist. Von diesen Bewegungen wird heute der Materialismus der fünfziger Jahre abgelehnt, der im Besitz eines Autos, mit dem man überall hinfahren kann, wo man will, schon die Verwirklichung der Freiheit sah. Statt dessen sucht man neue, weitere Formen der Verwirklichung von Freiheit, so z. B. die Freiheit der Entscheidung am Arbeitsplatz oder die Freiheit der Entfaltung persönlicher Empfindungen. Das ist nichts anderes als eine konsequente Logik der Ausschöpfung des Interpretationspotentials des kulturellen Codes der Moderne, also ein Weg der fortschreitenden Moderne. Es ist auch kein radikaler Wertwandel, wie uns etwas kurzsichtige Sozialwissenschaftler weismachen wollen,[69] sondern ein Wandel der Interpretation ein und desselben kulturellen Codes der Moderne. Mit dieser Logik der fortschreitenden Moderne verknüpft sich jedoch in diesen Bewegungen die kulturelle Rückbindung an den spezifisch deut-

69 R. Inglehart, *The Silent Revolution. Changing Values and Political Styles Among Western Publics*, Princeton, N. J.: Princeton University Press, 1977, S. 3-176.

schen kulturellen Code und an die Logik, die in diesem Code für heterodoxe soziale Bewegungen vorgesehen ist: der Protest gegen die Moderne selbst.

So vermischen sich in der Bundesrepublik in den neuen sozialen Bewegungen vier Elemente miteinander: erstens eine Logik der zunehmenden interpretatorischen Ausschöpfung des kulturellen Codes der Moderne, ein Fortschritt der Moderne, zweitens ein Protest gegen die kalte Rationalität der gesellschaftlichen Sphären, die im Kaiserreich ihre fatalen Wurzeln hat, drittens ein Protest gegen die Orthodoxie des deutschen Konformismus und viertens – aus der Logik der protestantischen Innerlichkeit – ein Protest gegen die Moderne selbst. Daran ist zu erkennen: Der kulturelle Code der Bundesrepublik kann zwar seine Verwandtschaft zur kulturellen Tradition Deutschlands nicht verheimlichen, aber ebensowenig kann man seine Annäherung an den kulturellen Code der Moderne leugnen. Weder die blinde Vereinnahmung der Bundesrepublik für eine gelungene Modernität noch der ebenso blinde rückwärtsgewandte Fatalismus sind hier angemessene Positionen. Gefordert ist vielmehr ein wachsamer Optimismus.

Schlußbemerkungen

Der Lutherische Protestantismus hat in Deutschland keinen selbstverantwortlichen individuellen Aktivismus entstehen lassen, der sich auf die gemeinsame Verpflichtung eines unabhängigen selbstbewußten Bürgertums, auf universelle Ideen und dynamische Erneuerungsbewegungen stützt. Statt dessen hat er den kulturellen Code für ein fatales Zusammenspiel von orthodoxer Konformität und heterodoxer Bewegung gegen die Moderne, von religiöser Innerlichkeit und äußerer Machtpolitik vorgegeben (Diagramm 7).

2. Rationalismus: Die ewige Wahrheit

Vorbemerkungen

Abstraktion und Tiefe, die Suche nach dem Allgemeingültigen, professionale Autorität und das Fernhalten der reinen Theorie von

Diagramm 7: Der Aktivismus in Deutschland

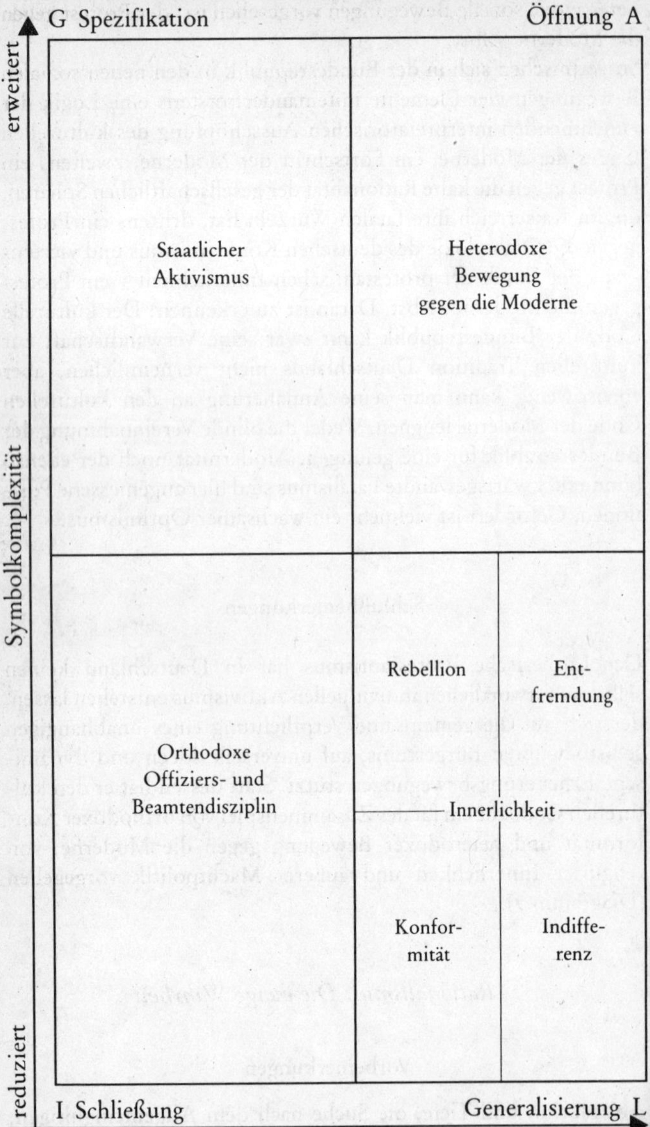

der instrumentell ausgerichteten Erfahrungsbildung sind die Grundpfeiler des deutschen Begriffs der Rationalität, der hier eine umfassende Vernunft sein will. Er ist in dieser Gestalt von den großen Gelehrten geformt worden, allen voran von Kant und nach ihm von den Philosophen des deutschen Idealismus. Auf diese Eigenart des deutschen Verständnisses von Rationalität, auf seine Wurzeln und seine Entwicklung gehen die folgenden Betrachtungen ein.

2.1 Die Formulierung des Wissens: Das Werk

Der Begriff der Rationalität als umfassende Vernunft ist in Deutschland eng mit der Einsamkeit des Gelehrten verbunden. Die deutsche Kultur ist von großen Dichtern und Denkern in ihrer klassischen Periode im letzten Drittel des 18. Jahrhunderts und im ersten Drittel des 19. Jahrhunderts gemacht und seitdem von einer Bildungsschicht getragen und weiterentwickelt worden, die sich stets am Ideal der großen Dichter und Gelehrten orientiert hat.[70] Wenn man die deutsche Kultur verstehen will, dann muß man die Werke der großen Namen studieren.

Das große Werk ist die Verkörperung des spezifisch deutschen Begriffs von Rationalität. Das Werk muß eine genügende Tiefe und Breite besitzen, um in einer von solchen Riesen bestimmten Kulturlandschaft überhaupt bestehen zu können. Das sachliche Gewicht eines Werks hängt hier nicht zuletzt auch von der Anzahl der Seiten und von der Breite des Buchrückens ab, den es im Bücherregal präsentieren kann. Um die Wahrheit zu finden, muß sich der deutsche Gelehrte von der Gesellschaft zurückziehen und sich freimachen von allen interessenbedingten Strebungen.[71] Der

70 Siehe dazu, H. Holborn, »Der deutsche Idealismus in sozialgeschichtlicher Beleuchtung«, op. cit.; R. Dahrendorf, *Gesellschaft und Demokratie in Deutschland*, op. cit., S. 165-81; H. Schelsky, *Einsamkeit und Freiheit*, op. cit., S. 41-132; F. K. Ringer, *The Decline of the German Mandarins*, op. cit., S. 14-42, 81-127; R. König, *Vom Wesen der deutschen Universität*, Darmstadt: Wissenschaftliche Buchgesellschaft, (1935) 1970, insbesondere S. 65-97.

71 Dieses Verständnis des Gelehrten kann man exemplarisch an den Vorträgen und Schriften im Vorfeld der Gründung der Berliner Universität im Jahre 1810 studieren: F. Schiller, »Was heißt und zu welchem Ende studiert man Univer-

Wahrheitssuche und nichts als der Wahrheitssuche hat er sein Leben verschrieben. Jede andere Tätigkeit würde ihn nur von dem richtigen Weg zur Wahrheit abbringen. Man kann in diesem Verständnis von Wahrheitssuche leicht eine säkularisierte Form der Lutherischen Innerlichkeit erkennen.[72] Wie der Protestant Gott nur in seinem innersten Wesen und nicht im äußeren Tun nahe ist, so offenbart sich dem Intellektuellen die Wahrheit nicht in der äußeren Teilnahme am gesellschaftlichen Handeln, sondern nur in der Freiheit von dessen Verstrickungen, in der völligen Einsamkeit der Studierstube und im von der Gesellschaft isolierten Universitätsseminar. Nur wer sich in dieser Weise von der Gesellschaft befreien kann, der hat einen Zugang zur Wahrheit. Die Suche nach der Wahrheit ist demgemäß eine Aufgabe einzelner privilegierter Personen, welche die Freiheit von der Gesellschaft haben. Sie ist kein kollektives Unternehmen. Die Wahrheitsfindung ist eine Sache der Persönlichkeit des Gelehrten, keine Sache der Intellektuellengemeinschaft. Nicht die Intersubjektivität und

salgeschichte?«, in: *Schillers Werke*, Bd. 17, hg. von K.-H. Hahn, Weimar: Böhlaus Nachfolger, 1970, S. 359-76. Herauszuheben sind auch Fichtes Vorlesungen über den Gelehrten: J. G. Fichte, »Einige Vorlesungen über die Bestimmung des Gelehrten«, (1794), in: *Fichtes Werke*, Bd. 6, hg. von J. H. Fichte, Berlin: de Gruyter, (1845/46) 1971, S. 291-346; »Über das Wesen des Gelehrten und seine Erscheinungen im Gebiet der Freiheit«, (1805), in: *Fichtes Werke*, Bd. 6, op. cit., S. 349-447; »Deducierter Plan einer zu Berlin zu errichtenden Höhern Lehranstalt« (1807), in: *Fichtes Werke*, Bd. 8, hg. von J. H. Fichte, Berlin: de Gruyter, (1845/46) 1971, S. 93-204; »Fünf Vorlesungen über die Bestimmung des Gelehrten«, (1811), in: *Fichtes Werke*, Bd. 11, hg. von J. H. Fichte, Berlin: de Gruyter, (1834/35) 1977, S. 145-208; F. W. Schelling, »Vorlesungen über die Methode des akademischen Studiums«, (1803); F. Schleiermacher, »Gelegentliche Gedanken über Universitäten im deutschen Sinn«, (1808), beide in: E. Anrich (Hg.), *Die Idee der deutschen Universität*, Darmstadt: Wissenschaftliche Buchgesellschaft, 1956, S. 1-124, S. 219-308; W. von Humboldt, »Theorie der Bildung des Menschen«, (1793), in: *Wilhelm von Humboldts Werke*, Bd. 1, hg. von A. Leitzmann, Berlin: Behr, 1903, S. 282-7; »Über das Studium des Altertums, und des Griechischen insbesondere« (1793), in: *Wilhelm von Humboldts Werke*, Bd. 1, op. cit., S. 255-81; »Über die innere und äußere Organisation der höheren wissenschaftlichen Anstalten in Berlin« (1810), in: E. Anrich (Hg.), *Die Idee der deutschen Universität*, op. cit., S. 375-86.

72 Siehe z. B. M. Luther, »Bibel- und Bucheinzeichnungen Luthers«, in: *Weimarer Luther Gesamtausgabe*, Bd. 48, op. cit., S. 1-297, S. 74.

die kritische Prüfung durch andere, sondern das persönliche Bewußtsein von der Wahrheit zählt. Wenn der Gelehrte diskutiert, dann tut er dies weniger mit zeitgenössischen Mitstreitern als mit den großen intellektuellen Figuren der Jahrtausende. In jedem heute vorgebrachten Argument erkennt er das in der Philosophiegeschichte immer schon Vorgedachte. Etwas überraschend Neues kann es in dieser ewigen Diskussion kaum geben. Alle Positionen sind bekannt. Es besteht nur die Möglichkeit, das schon einmal Vorgedachte immer weiter zu verfeinern und zu vertiefen. Nicht zufällig tendiert die deutsche Philosophie heute dazu, nur noch Philosophiegeschichte zu betreiben. Angesichts der Riesen der Vergangenheit erscheinen alle Nachkommen als bemitleidenswerte Zwerge.

Das Wissen, daß nur außerhalb des alltäglichen gesellschaftlichen Lebens gebildet werden kann, wird als ein höheres, nur wenigen Privilegierten zugängliches Wissen betrachtet, das über dem Alltagswissen und vor allem über dem rein technischen Wissen der bloßen Erfahrungswissenschaften steht.[73] Schwierigkeiten, zu verstehen, was ein Autor mitteilen will, werden eher der Ungebildetheit des Lesers als der mangelnden Gedankenklarheit des Autors zugeschrieben. Die Wahrheit offenbart sich nur denjenigen, die dafür geweiht sind und die sich von den partikularen gesellschaftlichen Interessenzusammenhängen befreit haben.

Die Rationalität, die aus der Einsamkeit und inneren Freiheit des Gelehrten hervorgeht, bedeutet im besten Fall eine hohe begriffliche und theoretische Abstraktion und eine sonst kaum erreichte Tiefe in der Durchdringung einer Sache. Im schlechtesten Fall entspringt daraus eine Begriffsakrobatik und Esoterik, die an Scharlatanerie grenzen kann. Zweifellos repräsentiert Kant die große Leistung des deutschen Abstraktionsvermögens. Die Eigenart dieser Abstraktionsleistung kann man in einem Vergleich von Kants Theorie des Gesellschaftsvertrags mit den angelsächsischen Theorien unmittelbar sehen. Die angelsächsischen Theoretiker des Gesellschaftsvertrages haben sich nie völlig von den empirisch zufälligen Gegebenheiten ihrer Gesellschaft lösen können. Die Stimmigkeit ihrer Theorien setzt immer die Richtigkeit prekärer empirischer Annahmen voraus. So schreibt Hobbes den Men-

73 Zum »höheren Wissen« des deutschen Idealismus siehe E. Topitsch, »Mythische Modelle in der Erkenntnislehre«, in: *Mythos, Philosophie, Politik*, Freiburg: Rombach, 1969, S. 79-120, ebd., S. 106-12.

schen ihre Leidenschaften empirisch zu, um zum unausweichlichen Konflikt zu gelangen, dessen Regelung den Leviathan erfordert.[74] Locke nimmt empirisch eine höchst problematische Identität der Interessen als Grundlage der Vertragsschließung an.[75] Die angelsächsischen Vertragstheoretiker verstehen den Vertrag empirisch entweder als Urvertrag oder als impliziten Vertrag. Ihre Theorien sind mit äußerst fragwürdigen empirischen Annahmen gespickt, deren Zutreffen offensichtlich von kontingenten Bedingungen abhängt. Auf solche prekäre Annahmen läßt sich Kant in seiner Vertragstheorie in keiner Weise ein. Er konstatiert schlicht die prinzipielle Konfliktmöglichkeit, wo immer Menschen in wechselseitigen Einfluß aufeinander geraten. Diese Annahme gilt unabhängig davon, ob die Menschen nun alle Egoisten oder auch alle Altruisten sind. Auch Altruisten können in Streit geraten. Ebenso hält Kant den Vertrag von allem empirischen Beiwerk frei. Er ist eine von der Vernunft a priori vorgegebene Notwendigkeit. Nur unter einem Gesellschaftsvertrag können die Menschen unbeschadet der Freiheit anderer von ihrer eigenen Freiheit Gebrauch machen. Und die Freiheit des Menschen ist für ihn der Ausgangspunkt der Argumentation. Sie entspricht der höchsten Absicht der Natur, nämlich der Selbstverwirklichung des Menschen in der Entwicklung aller seiner Anlagen. Der Vertrag selbst ist kein empirisch abgeschlossener Vertrag, sondern eine hypothetisch bei aller Gesetzgebung vorauszusetzende Idee. Es ist die Idee, daß nur ein solches Gesetz Geltung beanspruchen kann, dem jeder prinzipiell zustimmen könnte und welches das Zusammenbestehen der Freiheit aller Bürger ermöglicht:

Verbindung vieler zu irgendeinem (gemeinsamen) Zwecke (den alle *haben*) ist in allen Gesellschaftsverträgen anzutreffen; aber Verbindung derselben, die an sich selbst Zweck ist (den ein jeder *haben soll*), mithin die in einem jeden äußeren Verhältnisse der Menschen überhaupt, welche nicht umhin können, in wechselseitigen Einfluß aufeinander zu geraten, unbedingte und erste Pflicht ist: eine solche ist nur in einer Gesellschaft, sofern sie sich im bürgerlichen Zustande befindet, d. i. ein gemeines Wesen ausmacht, anzutreffen.
Der Zweck nun, der in solchem äußern Verhältnis an sich selbst Pflicht und selbst die oberste formale Bedingung (conditio sine qua non) aller übrigen

74 T. Hobbes, *Leviathan*, (1651), Stuttgart: Reclam, 1970, Kap. 6, 13, 17, 18.
75 J. Locke, *Zwei Abhandlungen über die Regierung: Zweite Abhandlung* (1969), hg. von W. Euchner, Frankfurt: Europäische Verlagsanstalt, 1967, Kap. 2.

äußeren Pflicht ist, ist das *Recht* der Menschen *unter öffentlichen Zwangsgesetzen*, durch welche jedem das Seine bestimmt und gegen jedes anderen Eingriff gesichert werden kann.

Der Begriff aber eines äußeren Rechts überhaupt geht gänzlich aus dem Begriffe der *Freiheit* im äußeren Verhältnisse der Menschen zueinander hervor (...) *Recht* ist die Einschränkung der Freiheit eines jeden auf die Bedingung ihrer Zusammenstimmung mit der Freiheit von jedermann, insofern diese nach einem allgemeinen Gesetze möglich ist.[76]

Allein dieser Vertrag (contractus originarius oder pactum sociale genannt), als Koalition jedes besonderen und Privatwillens in einem Volk zu einem gemeinschaftlichen und öffentlichen Willen (zum Behuf einer bloß rechtlichen Gesetzgebung), ist keineswegs als ein *Faktum* vorauszusetzen nötig (ja als ein solches gar nicht möglich) (...) Sondern es ist eine *bloße Idee* der Vernunft, die aber ihre unbezweifelte (praktische) Realität hat: nämlich jeden Gesetzgeber zu verbinden, daß er seine Gesetze so gebe, als sie aus dem vereinigten Willen eines ganzen Volkes haben entspringen *können*, und jeden Untertan, so fern er Bürger sein will, so anzusehen, als ob er zu einem solchen Willen mit zugestimmet habe.[77]

Vergleicht man die vertragstheoretische Argumentation Kants mit ihren angelsächsischen Gegenstücken, dann besticht sie natürlich durch ihre gedankliche Abstraktion und Stringenz. Nach diesen Kriterien beurteilt, können die angelsächsischen Vertragstheorien daneben nicht bestehen. Ihr Aufbau auf empirisch kontingenten Annahmen macht sie leicht angreifbar. Dagegen ist Kants Argumentation unabhängig von kontingenten empirischen Bedingungen stichhaltig.[78] Hier zeigt sich die Überlegenheit der konsequenten Abstraktion des Denkens, für die Kant das herausragendste Beispiel gegeben hat. Ganz anders sieht es jedoch aus, wenn man nach dem empirischen und damit auch praktischen Gehalt der Argumentation fragt. Welche Form der Gesetzgebung erfüllt die Bedingungen, die Kant in stringenter Form für das Zusammenbestehen der Freiheit aller Bürger unter dem Recht formuliert? Wel-

76 I. Kant, »Über den Gemeinspruch: Das mag in der Theorie richtig sein, taugt aber nicht für die Praxis«, op. cit., S. 144 (233-4).

77 Ebd., S. 153 (250).

78 Siehe dazu O. Höffe, »Zur vertragstheoretischen Begründung politischer Gerechtigkeit: Hobbes, Kant und Rawls im Vergleich«, in: *Ethik und Politik. Grundmodelle und -probleme der praktischen Philosophie*, Frankfurt: Suhrkamp, 1979, S. 195-226, insbesondere S. 206-13; vgl. auch K. Graf Ballestrem, »Vertragstheoretische Ansätze in der politischen Philosophie«, in: *Zeitschrift für Politik* 30, 1983, S. 1-12.

che institutionellen Vorkehrungen sichern in welcher Weise diese rechtlich geordnete Freiheit? Auf diese konkreteren Fragen gibt uns Kant, wenn überhaupt, nur spärlich Antwort. Vergleicht man Kant als Theoretiker der Freiheit mit den entsprechenden angelsächsischen Theoretikern, dann wird der Unterschied zwischen theoretischer Abstraktion und empirischer Konkretion in plastischer Weise sichtbar. Wo man bei Kant eine allgemeingültige und stringente, aber abstrakte und empirisch wenig bestimmte Theorie des Gesellschaftsvertrags findet, bieten die englischen Vertragstheoretiker empirisch angereicherte, deswegen aber auch empirisch zweifelhaftere Versionen des Gesellschaftvertrages. Wo in Amerika über die institutionellen Bedingungen geordneter Freiheit nachgedacht wird, geschieht dies in einer noch konkreteren Form, die explizit auf empirisch prüfbaren Hypothesen aufgebaut ist. James Madisons Beiträge zu den Federalist Papers stellen die herausragendsten Beiträge dieses empirischen Denkens dar.[79] Neben Madisons empirischen Hypothesen nimmt sich Kants Argumentation als blutleere, aber eben logisch stringente Abstraktion aus, während Madison im Vergleich zu Kant zwar empirisch konkrete, aber eben theoretisch wenig integrierte, deshalb auch ein wenig blinde Ausführungen vorlegt.

Welche gefährlichen Entwicklungen die theoretische Abstraktion nehmen kann, ist schon unmittelbar nach Kant von Hegel demonstriert worden. Kant hat stets die Spannung zwischen Theorie und Erfahrung aufrechterhalten. Hegel hat diese Spannung nicht ausgehalten und beide in eine Synthese bringen müssen, die nichts anderes war als eine abstrakte Synthese. Er hat die Spannung zwischen Theorie und Erfahrung, Subjekt und Objekt dadurch gelöst, daß er die ganze Erkenntnisgeschichte als einen dialektischen Prozeß der Entäußerung des Subjekts zum Objekt und der dialektischen Synthese der beiden im absoluten Wissen begriffen hat. Das absolute Wissen ist natürlich ein höheres und allgemeines Wissen, in dem das spezielle Erfahrungswissen der empirischen Wissenschaften aufgehoben ist.[80] Durch die dialektische Synthese im absoluten, höheren Wissen wird die zuvor bestehende Antino-

79 A. Hamilton, J. Madison und J. Jay, *The Federalist Papers*, hg. von C. Rossiter, New York: Mentor, (1787/88) 1961.

80 G. W. F. Hegel, *Phänomenologie des Geistes*, op. cit.; *Vorlesungen über die Geschichte der Philosophie III* (1833), in: *Werke*, Bd. 20, hg. von E. Moldenhauer und K. M. Michel, Frankfurt: Suhrkamp, 1970.

mie von innerem Subjekt und äußerer Welt in einem dreifachen Sinne aufgehoben. Sie wird beseitigt, aufbewahrt und auf eine höhere Ebene gehoben. Vor allem aber wird auf diese Weise der theoretischen Abstraktion gegen alle Wissensansprüche der empirischen Wissenschaften wieder zu ihrem absoluten Vorrang verholfen. Die empirische Erfahrung und die theoretische Abstraktion werden wieder in einer Einheit zusammengezogen, und das konnte für den Philosophen des deutschen Idealismus nur eines bedeuten: die empirische Erfahrung wurde ihrer Selbständigkeit beraubt und dem höheren Wissen der abstrakten Vernunft einverleibt. Auf diese Weise wird die innere Konsistenz des Denkens als das vor allem anderen herrschende Kriterium des Wissens inthronisiert.

Was immer Hegel und nach ihm alle Nachfahren des deutschen Idealismus an Wissen hervorgebracht haben, nie ist nach dessen empirischer Bestätigung zu fragen, immer nur nach der Konsistenz des theoretischen Gebäudes. Das gilt selbst für die materialistische Umwandlung von Hegel durch Marx, zumindest soweit Marx Hegelianer geblieben ist und in dieser Perspektive interpretiert wird. Durchbrochen wurde dieser Hegelianismus im Denken von Marx durch die empirischen Einflüsse der angelsächsischen Politischen Ökonomie. So begegnet man auch empirischen und abstrakt-hegelianischen Deutungen seines Denkens. Empirische Interpretationen seiner Theorie der kapitalistischen Entwicklung tun sich natürlich schwer, die Theorie angesichts zahlloser Gegenbeweise aus der empirischen Realität aufrechtzuerhalten.[81] Aufrechte empirische Marxisten sehen deshalb auch keine andere Möglichkeit, die Theorie von ihrem empirisch nicht haltbaren Ballast zu befreien. Ganz anders reagieren hegelianisch gebildete Marxisten. Es ist für sie ein leichtes, die Theorie so zu rekonstruieren, daß sie gegen jede kontingente Realität gefeit ist.[82] Das Kriterium ihrer Bewährung ist dann aber nicht mehr die Übereinstimmung mit den Tatsachen, sondern die interne Konsistenz des Theoriegebäudes. Hier wird es dann schwer, noch zu unterschei-

81 Siehe J. Elster, »Drei Kritiken am Klassenbegriff«, in: N. Luhmann (Hg.), *Soziale Differenzierung*, Opladen: Westdeutscher Verlag, 1985, S. 96-118.

82 Zum Beispiel: H. Reichelt, *Zur logischen Struktur des Kapitalbegriffs bei Karl Marx*, Frankfurt: Europäische Verlagsanstalt, 1970; D. Wolf, *Hegel und Marx. Zur Bewegungsstruktur des absoluten Geistes und des Kapitals*, Hamburg: VSA-Verlag, 1979.

den, was seriöse Rekonstruktion der inneren Logik einer Theorie, was schon Begriffsakrobatik und was bloße Scharlatanerie ist. Das ist bei Hegel selbst nicht immer leicht voneinander zu trennen. Höhen und Tiefen des deutschen Denkens können sehr eng beieinander liegen.

2.2 Die Anwendung des Wissens

Die Rede des Professors vor einem ausgewählten Bildungsbürgertum, die Fusion von Amts- und Sachautorität und die Autonomie der Professionen sind die wesentlichen Eigenarten der spezifisch deutschen Form der Anwendung des Wissens.

2.2.1 Professorale Rede und Amtsautorität

Mit dem höheren Wissen verbindet sich eine Elitetheorie der Wahrheit und ein besonderer Anspruch auf Autorität. Das höhere Wissen ist nicht jedermann, sondern nur einer geweihten und auserwählten Elite zugänglich. Dieser autoritative Charakter des deutschen Begriffs der Rationalität äußert sich auch in der Art der Vermittlung des höheren Wissens in der *professoralen Rede*.[83]
Der deutsche Professor als erster Repräsentant des deutschen Idealismus spricht nicht aus der Mitte einer Gemeinschaft heraus und nicht zu einem Laienpublikum, sondern von der Höhe seines Lehrstuhls herab zu einem auserwählten Kreis des Bildungsbür-

83 Ein anschauliches Beispiel von der Idee der professoralen Rede geben Fichtes Vorlesungen über den Gelehrten. Der Professor vermittelt im Vortrag, in der Vorlesung seine durch völlige Hingabe an die Wissenschaft gewonnene Teilhabe am göttlichen Wissen an seine Zuhörer. Der gelehrte Lehrer soll sich sagen: »Ich bin dazu berufen, der Wahrheit Zeugnis zu geben; an meinem Leben und an meinen Schicksalen liegt nichts; an den Wirkungen meines Lebens liegt unendlich viel. Ich bin ein Priester der Wahrheit; in bin in ihrem Solde; ich habe mich verbindlich gemacht, alles für sie zu tun und zu wagen und zu leiden«, in: J. G. Fichte, »Einige Vorlesungen über die Bestimmung des Gelehrten«, op. cit., S. 333; vgl. auch »Über das Wesen des Gelehrten und seine Erscheinungen im Gebiet der Freiheit«, op. cit.; »Fünf Vorlesungen über die Bestimmung des Gelehrten«, op. cit.; siehe dazu R. König, *Vom Wesen der deutschen Universität*, op. cit., S. 78-86.

gertums. Das Kriterium, das an seine Rede angelegt wird, ist nicht die Relevanz für die praktischen Probleme seines Publikums, sondern die Erbauung. Nicht er steigt in die Niederungen der alltäglichen utilitaristischen Zweck-Mittel-Zusammenhänge herab, sondern das Publikum wird von ihm in die Höhen der wahren Bildung und Kultur emporgeführt. Nicht Aktualitäten bestimmen seine Rede, sondern die allgemeinen Bedingungen des Lebens an sich. Seine Rede ist eine außeralltägliche, sakrale Weihestunde, in der das Bildungsbürgertum Kultur zelebriert bekommt. Niemand kommt auf die Idee, seine Rede an der Relevanz für irgendwelche aktuellen Probleme zu messen. Das bleibt dem weniger geschätzten Geschäft der Politiker und windigen Journalisten und Publizisten überlassen. Gedankenschwere und reiche Gefülltheit mit klassischer humanistischer Bildung sind die Maßstäbe der Rede. Nicht die neuesten Daten der Wirtschaft, sondern Platon und Aristoteles füllen die Rede. Die Zuhörer bewundern nicht die aktuelle Informiertheit, sondern die klassische Bildung, die in der Rede zum Ausdruck gelangt.
Die von der kulturellen Elite des deutschen Idealismus gepflegte Form der professoralen Rede hat einen wesentlichen Anteil an der Abwertung der Arbeit des Journalisten und Politikers gehabt, die als bloßes Geschwätz abgetan wurde.[84] Anstelle einer kulturellen Formung der praktisch bezogenen Rede trat ihre fein säuberliche Trennung, die ihrerseits wieder eine Realität geschaffen hat, in der sich die Vorurteile des idealistischen Intellektuellen nur bestätigt finden konnten. Diese im deutschen Idealismus schon im Übergang vom 18. in das 19. Jahrhundert geschaffene Tradition der Erbauungsrede hat durch das ganze 19. Jahrhundert hindurch und weiter in diesem Jahrhundert das Mißtrauen des Bildungsbürgertums gegen die utilitaristischen Zusammenhänge des gesellschaftlichen Alltags erhalten. Die öffentliche Rede, die eine institutionelle Brücke zwischen Kultur und gesellschaftlicher Praxis hätte sein können, wurde so gerade zu einem Instrument der Abgrenzung der wahren Kultur von der utilitaristischen Praxis des Alltags. Rein äußerliche Fakten haben diese Abgrenzung materiell unterstützt. Die Abtrennung der Gymnasien von den Volksschulen, Realschulen und Berufsschulen und der Universitäten von

84 Zur Einschätzung der Arbeit des Journalisten siehe z. B. F. Tönnies, *Kritik der öffentlichen Meinung*, Aalen: Scientia, (1922) 1981, S. 178-87.

den technischen und fachlich spezialisierten Hochschulen, die im Verlaufe des 19. Jahrhunderts immer weiter verschärft wurde, hat für eine klare Trennung des Bildungsbürgertums von allen anderen Schichten der Gesellschaft gesorgt. Diese Abgrenzung des Bildungsbürgertums ist in der Generationenfolge noch durch eine nahezu ausschließliche Selbstrekrutierung verstärkt worden.[85]
Die Gymnasien und Universitäten bildeten einen von der Gesellschaft abgetrennten Hort der klassischen Bildung und den Ort, an dem das Bildungsbürgertum fernab jeder gesellschaftlicher Interessenzusammenhänge die wahre Kultur zelebrieren konnte. Zwischen dem Professor als Sachwalter dieser Kultur und seinem Publikum in der Vorlesung und im öffentlichen Vortrag bestand eine völlige Identität der Perspektiven. Das Publikum erwartete nichts anderes als kulturelle Erbauung, und der Professor konnte auch gar nichts anderes bieten. Je mehr sich die Universitäten allerdings dem Zustrom anderer Schichten und praktischer Erwartungen seit Beginn dieses Jahrhunderts ausgesetzt sahen, um so mehr wurde diese Idylle zerstört. Die Klage über die ungebildeten Studenten, über die gefährlichen praktischen Erwartungen an die Universitäten und über die Gefahr ihrer Degradierung zu Berufsfachschulen gehört seitdem zum Standardrepertoir schöner Universitätsreden.[86] In ihnen kommt das Dilemma zum Ausdruck, das der Idealismus der deutschen Kultur beschert hat. Sie kann eigentlich nur außerhalb der Gesellschaft und nicht in der Gesellschaft existieren. Je mehr Gewalt die gesellschaftlichen Interessenzusammenhänge gewinnen, um so mehr gerät dann die Kultur in Gefahr. Eine positive Verbindung zwischen beiden ist nur schwer herzustellen.
Die technische Bewältigung des Lebens wurde in Deutschland in die Realschulen, Berufsfachschulen und technischen Hochschulen verlagert. Die Trennung des Gymnasiums von der Realschule und von der Berufsfachschule und der Universität von der technischen Hochschule hat zwischen der hermeneutischen Vernunft und der technischen Rationalität einen tiefen Graben gezogen. Zwischen beiden Konkretisierungen der Vernunft kann kaum eine Brücke

85 Einen Überblick vermitteln: F. K. Ringer, *The Decline of the German Mandarins*, op. cit., S. 15-42; C. E. McClelland, *State, Society and University in Germany 1700-914*, Cambridge: Cambridge University Press, 1980, S. 239-58.

86 F. K. Ringer, *The Decline of the German Mandarins*, op. cit., S. 42-80.

geschlagen werden. Auch innerhalb der Universitäten haben sich Geistes- und Naturwissenschaften immer weiter auseinanderentwickelt. Die Etablierung der technischen Hochschulen, der industriellen Forschung und der naturwissenschaftlichen Fakultäten hat zwar große naturwissenschaftliche und technische Leistungen hervorgebracht, aber es fehlt ihnen die Integration in die herrschende, geisteswissenschaftlich begründete Kultur.[87] Die technisch-industrielle Entwicklung ist deshalb in Deutschland stets gegen die idealistische Vernunft vorangeschritten. Die Verselbständigung von instrumenteller und praktischer Vernunft hat eine latente Entfremdung zur Folge, die immer wieder neu in Konflikten aktualisiert wird.[88]

Die idealistische Vernunft tritt indessen noch heute – trotz aller faktischen Durchsetzung der technischen Rationalität – mit einem *Autoritätsanspruch* auf, dessen Wurzeln im Bündnis der idealistischen Intellektuellen mit dem preußischen Staat liegen. Hier ist auch die materielle Basis des autoritativen Charakters der deutschen Idee der Wahrheit zu suchen. Das Bündnis der Idealisten mit dem preußischen Staat kommt in paradigmatischer Gestalt in der Gründung der Berliner Universität nach den Ideen der idealistischen Reformer, allen voran Fichte, Schelling und Wilhelm von Humboldt, zum Ausdruck.[89] Die Universität sollte die Pflege-

87 Ebd., S. 81-127. Exemplarisch ist der besondere Erkenntnisanspruch der Geisteswissenschaften von Wilhelm Dilthey formuliert worden: W. Dilthey, *Abhandlungen zur Grundlegung der Geisteswissenschaften*, in: *Wilhelm Diltheys Gesammelte Schriften*, Bd. V, Berlin: Teubner, 1924; *Der Aufbau der geschichtlichen Welt in den Geisteswissenschaften*, (1883), in: *Wilhelm Diltheys Gesammelte Schriften*, Bd. VII, Berlin: Teubner, 1927. Exemplarisch für die heutige Diskussion: H. G. Gadamer, *Wahrheit und Methode*, Tübingen: Mohr Siebeck, 2. Auflg., 1965; *Vernunft im Zeitalter der Wissenschaft*, Frankfurt: Suhrkamp, 1976; H. Marcuse, *Der eindimensionale Mensch*, Neuwied: Luchterhand, 1967; J. Habermas, *Erkenntnis und Interesse*, Frankfurt: Suhrkamp, 2. Auflg., 1976; K.-O. Apel, *Transformation der Philosophie*, 2 Bde., Frankfurt: Suhrkamp, 1973.

88 Auch die gegenwärtige Diskussion über die neuen Technologien bringt mehr Entfremdung als die Bereitschaft zur aktiven Gestaltung der Technologieverwendung zum Ausdruck: J. Malchau, *Technologie und Emanzipation*, München: Minerva, 1983; H. P. Bleuel, *Die verkabelte Gesellschaft. Der Bürger im Netz neuer Technologien*, München: Kindler, 1984; L. Kofler, *Beherrscht uns die Technik?*, Hamburg: VSA-Verlag, 1983.

89 Siehe die in Anmerkung 71 genannten Beiträge von Fichte, Schelling und

stätte der wahren Bildung und Kultur sein; der Staat hatte die Aufgabe, die Interessenartikulationen und praktischen Forderungen der Gesellschaft von den Universitäten fernzuhalten und in die niedrigen Berufsfachschulen umzuleiten. Zugleich sollte der Staat durch die wahre Sittlichkeit geformt werden, die in der universitären Bildung durch Wissenschaft im umfassenden Sinn vermittelt wurde. Die universitäre Bildung der staatlichen Führung sollte diese kulturelle Verpflichtetheit des Staates garantieren. Umgekehrt mußte es natürlich die Verpflichtung der Professoren sein, dem Staat in diesem Sinne zu dienen. An die Möglichkeit eines Konflikts zwischen der idealistischen Bildung und den staatlichen Interessen hat man dabei kaum gedacht. Eine solche Möglichkeit konnte sich auch kaum auftun, weil das klassische Bildungsideal in Verbindung mit dem protestantischen Begriff der Innerlichkeit eine Bildung der innersten Persönlichkeit verlangte, die keine aktive gestalterische Wirkung auf das Handeln in den gesellschaftlichen Rollen ausübte. Das war vor allem so lange der Fall, wie es genügend berufliche Positionen gab, in denen die klassische Bildung ohne praktische Ansprüche gepflegt werden konnte: im Gymnasium, im protestantischen Pfarrhaus und in der Universität.

Das Bündnis des deutschen Idealismus mit dem preußischen Staat wiederholte das Bündnis Luthers mit seinem Landesherrn in säkularisierter Form und schuf so die Basis für die wechselseitige Stabilisierung von Kultur und Staat. Die Idee des Kulturstaates brachte diese Harmonie zwischen deutschem Idealismus und preußischem Absolutismus auf den Begriff.[90] Eine Konsequenz davon war die Fusion von Amts- und Sachautorität in der Stellung des lebenszeitlich beamteten Professors. In die Achtung des Professors aufgrund seiner Leistungen mischte sich demgemäß ein gewaltiger Schuß von Gehorsam gegenüber der Obrigkeit. Den Professoren ist es in der Wende vom 18. auf das 19. Jahrhundert gelungen, von einer rein dienenden Schicht des Staates mit nicht allzu großem Prestige zu einer kulturellen Elite mit hohem Ansehen und enger

von Humboldt. Vgl. R. König, *Vom Wesen der deutschen Universität*, op. cit., insbesondere S. 125-97; H. Schelsky, *Einsamkeit und Freiheit*, op. cit., insbesondere S. 102-15.

90 Siehe dazu E. R. Huber, *Zur Problematik des Kulturstaates*, Tübingen: Mohr Siebeck, 1958; O. Jung, *Zum Kulturstaatsbegriff*, Meisenheim am Glan: Hain, 1976.

Bindung an die staatliche Führung aufzusteigen. Wie Fritz Ringer dargelegt hat, sind sie zu einer führenden Mandarinenschicht des Staates geworden, die man mit der Schicht der chinesischen Mandarine und Literatenbeamten vergleichen kann.[91]

Der Niedergang des Obrigkeitsstaates zu Ende des ersten Weltkrieges hat auch die Abnahme des gesellschaftlichen Einflusses der Professoren eingeleitet, die bis heute von ihrem Wehgeschrei über die zunehmend kulturfeindliche Zeit begleitet wird.[92] Aber trotz Niedergang sind auch heute noch genügend Reste der Fusion von Amts- und Sachautorität in der Rolle des deutschen Professors sichtbar. Sie sind selbst in dem gegenwärtigen Autoritätsverlust erkennbar, den der Professor in der Bundesrepublik erleidet. Je mehr Debatten zwischen gegensätzlichen wissenschaftlichen Auffassungen an die Öffentlichkeit getragen werden, je mehr sich Professoren in den Streit der Tagespolitik verstricken, um so mehr zerstören sie das Bild der über allen Interessenzusammenhängen stehenden Autorität und um so weniger entsprechen sie dem Bild einer Person, welche die ganze Wahrheit einer Sache erfaßt hat.[93] Auch die Hingabe an die deutsche Idee der Wahrheit rächt sich hier. Das Wissen geht nach dieser Idee nicht aus dem Wettstreit gegensätzlicher Auffassungen als kollektives Gut und in Annäherung an die Wahrheit hervor. Wissen ist vielmehr der Besitz einer Person, der sich aus langem einsamem Studium ergibt.[94] Ein Streit über die Wahrheit ist hier eine fürchterliche Entweihung des Wissens und führt unmittelbar zum Autoritätsverlust. Wenn demgemäß die Professoren heute das Absinken ihrer intellektuellen Autorität beklagen, dann hat dies genau dieselben Gründe, die für ihre weit überzogene Autorität im vergangenen Jahrhundert gesorgt haben. Nur die äußeren Bedingungen haben sich gewandelt. Erstens haben die praktischen Ansprüche an intellektuelle

91 F. K. Ringer, *The Decline of the German Mandarins*, op. cit., S. 1-13.

92 Ebd., S. 42-80, 213-27.

93 Die Rolle des deutschen Ordinarius ist unspielbar geworden. Es können nur noch schlechte Abweichungen von der Idee existieren. Das zeigt W. Schluchter, »Auf der Suche nach der verlorenen Einheit. Anmerkungen zum Strukturwandel der deutschen Universität«, in: H. Albert (Hg.), *Sozialtheorie und soziale Praxis. Eduard Baumgarten zum 70. Geburtstag*, Meisenheim am Glan: Hain, 1971, S. 257-80.

94 R. Dahrendorf, *Gesellschaft und Demokratie in Deutschland*, op. cit., S. 165-81.

Deutungen der gesellschaftlichen Situation gewaltig zugenommen. Zweitens nähert sich die faktische Ausübung der intellektuellen Funktionen den Bedingungen des Wettstreits zwischen gegensätzlichen Meinungen. Diesem Wandel ist die nach wie vor tief sitzende deutsche Idee der Wahrheit und die deutsche Fusion von Amts- und Sachautorität nicht mehr angemessen. Sie kann nur noch als eine Idee verstanden werden, in deren Lichte die Realität als um so schlechter erscheint.

Das Bündnis des deutschen Idealismus mit dem preußischen Staat hat den geisteswissenschaftlich arbeitenden Professor zum herausragenden Vertreter der Intellektuellenschicht gemacht. Zugleich wurde damit das orthodoxe Verhältnis der Intellektuellen zur Gesellschaft begründet. Es bedeutete die dienende Versöhnung mit einem Staat, der dem Professor den geforderten Raum für die Entfaltung der klassischen Bildung gegen die gesellschaftlichen Interessen freihielt; es implizierte zugleich Distanziertheit zu den um sich greifenden instrumentalistischen Wandlungen der Gesellschaft. Dieses orthodoxe Grundverhältnis zwischen den Intellektuellen und der Gesellschaft konnte wieder in zwei Varianten gestaltet werden.[95] Die wahre Bildung und Sittlichkeit konnte mit der Erfüllung der Staatspflichten zusammenfallen. Diese Hegelsche Lösung des Verhältnisses von Sittlichkeit und Staat war sicherlich die am weitesten verbreitete konservative Haltung der Professoren-Intellektuellen. Davon zu unterscheiden ist die indifferente Haltung, die den Freiraum der Universitäten nutzte, um fernab jeglichen Engagements in Staat und Gesellschaft für die wahre Kultur zu leben. Die deutschen Universitäten konnten und können noch heute auf diese Weise als erste Zufluchtstätte für die Lutherische Innerlichkeit dienen. Auch diese indifferente Haltung zur Gesellschaft ist von den deutschen Universitätsintellektuellen gerne gepflegt worden. Vor allem die wachsende Entfaltung der instrumentalistischen Zusammenhänge in Gesellschaft und Staat im Zuge der Industrialisierung der Wirtschaft und der Demokratisierung der Politik hat die Orthodoxen unter den Universitätsintellektuellen immer mehr von der Identifikation mit dem Staat zur Indifferenz gedrängt. Soweit sie politisch Stellung bezogen, haben sie sich in erster Linie gegen die Verdrängung der deutschen Kul-

95 Dahrendorf spricht von der »klassischen« und der »romantischen« Haltung des Intellektuellen: ebd., S. 299-302.

tur durch die Ausbreitung des Instrumentalismus und damit natürlich auch gegen den Verlust der intellektuellen Führung gestemmt.
Das Bündnis des deutschen Idealismus mit dem preußischen Staat und die damit verbundene Fusion von Amts- und Sachautorität in der Rolle des Universitätsintellektuellen haben heterodoxe Beziehungen zwischen Intellektuellen und Gesellschaft aus der Universität herausgedrängt. Das implizierte in der Regel auch ein Herausdrängen aus Staat und Gesellschaft überhaupt. Zunächst wurden alle nicht staatlich durch ein Amt legitimierte Intellektuellenpositionen abgewertet. Die Idee des Kulturstaates hat aus jedem geachteten Intellektuellen einen Staatsbeamten gemacht. Nicht nur der Universitätsprofessor, auch der Generalmusikdirektor, der Staatsschauspieler, der Intendant des Staatstheaters und der Museumsdirektor füllen die Ränge der offiziellen Intellektuellen. Freie Publizisten, Journalisten, Schriftsteller und Künstler waren daneben höchst windige Existenzen. Ohne Amt hatten sie keine Würde. (Es ist interessant zu beobachten, wie tief die Verbindung von Amt, Würde und Autorität noch heute in Deutschland sitzt. Als beispielsweise der bekannte Fernsehjournalist Friedrich Nowotny kürzlich mit dem Aachener Karnevalsorden »Wider den tierischen Ernst« ausgezeichnet wurde, hat er sich in einer ersten Reaktion dafür entschuldigt, daß er der erste Ordensträger ohne Amt und entsprechende Würde sei. Das mag Nowotny ironisch gesagt haben, dennoch ist selbst diese ironische Bemerkung eine Reminiszenz an die traditionelle Verbindung von Amts- und Sachautorität. Seine amerikanischen Kollegen Dan Rather und Ted Coppel wären nie auf eine solche Idee der ironischen oder ernsthaften Abwertung ihrer Position gekommen.)
Allerdings hatten die Publizisten ohne Amt die Freiheit, nicht dem Staat dienen zu müssen. Die nichtakademische Philosophie, Gesellschaftstheorie und politische Publizistik im Deutschland des 19. Jahrhunderts hatte es demgemäß leichter, radikale Positionen zu beziehen. Heine, Marx, Schopenhauer und Nietzsche sind die herausragenden Beispiele dieses staatlich nicht legitimierten deutschen Intellektualismus. Der nichtakademische Intellektualismus bildete das Terrain für heterodoxe Beziehungen zwischen Intellektuellen und Gesellschaft. Heterodoxe Haltungen sind in Deutschland in die Entfremdung gezwungen worden. Sie konnten entweder die Form des Rückzugs oder die Form der Rebellion

annehmen.[96] Der entfremdete deutsche Intellektuelle sieht die wahren Werte der Kultur durch den wachsenden Instrumentalismus in Staat und Gesellschaft zerstört. Fühlt er sich zu schwach, um dagegen zu protestieren, dann zieht er sich in die Nischen der Gesellschaft zurück.[97] Findet er in den dafür offiziell eingerichteten Freiräumen einen Unterschlupf, dann nähert sich seine Position dem indifferenten Intellektuellen. Die innere oder auch äußere Emigration ist seine Lösung des Problems. Wer sich dem Rückzug nicht anschließen kann, ist zur Rebellion gezwungen, die wiederum im Kaiserreich nicht selten und im Nationalsozialismus mit Gewißheit die staatliche Verfolgung provoziert und die Emigration zur Rettung der Person unausweichlich gemacht hat.

Die vom deutschen Idealismus im Anschluß an den Lutherischen Protestantismus durch das ganze 19. Jahrhundert hindurch geformte Trennung des gesellschaftlichen und staatlichen Instrumentalismus von der wahren Kultur hat keine andere Möglichkeit des Verhältnisses zwischen Intellektuellen und Gesellschaft zugelassen als die orthodoxe Versöhnung oder die heterodoxe, aus der Gesellschaft herausdefinierte Entfremdung. Weder die orthodoxen noch die heterodoxen Intellektuellen konnten eine Stellung einnehmen, die eine positiv gestaltende Wirkung auf die Gesellschaft ermöglicht hätte. Zwischen Zustimmung und Ablehnung gab es keine mittlere Position. Von der Position des deutschen Idealismus führte kein Weg zur aktiven Teilnahme an der Gestaltung der heraufziehenden modernen Gesellschaft. Während durch das 19. Jahrhundert hindurch der orthodoxe Konservatismus die vorherrschende Haltung darstellte, hat die Wandlung zur Moderne mit der Entfaltung des Instrumentalismus der Indifferenz, dem Rückzug und der Rebellion ein zunehmendes Gewicht verliehen. Ein Platz für eine kritische Haltung, die keinem dieser Extreme verfällt, ist aber selbst heute kaum gefunden worden.[98] Eine solche kritische Haltung kann sich nur auf ein Verständnis

96 Dahrendorf nennt dies die tragische Haltung des Intellektuellen: ebd., S. 302-5.

97 Siehe dazu: M. Greiffenhagen, *Die Aktualität Preussens*, Frankfurt: Fischer, 1981, S. 32-53.

98 Zur »kritischen« Haltung des Intellektuellen und ihren geringen Chancen in Deutschland: R. Dahrendorf, *Gesellschaft und Demokratie in Deutschland*, op. cit., S. 305-12.

von kultureller Rationalität stützen, das weder nur außerhalb der Gesellschaft lebensfähig ist noch mit der Gesellschaft zusammenfällt, sondern auf einer aktiven Teilnahme der Kultur am gesellschaftlichen Leben beruht. In dieser Teilnahme wird nicht nur die Gesellschaft zivilisiert, sondern auch die Kultur instrumentalisiert. Das Produkt ist eine Zivilisation, die sich zwischen die hohe Kultur und den niedrigen Instrumentalismus der gesellschaftlichen Sphären schiebt.

2.2.2 Die autonome Profession

Die Fusion von Amts- und Sachautorität ist auch ein wesentliches Kennzeichen der *professionellen Tätigkeit* in Deutschland. Sie strukturiert die Beziehung zwischen dem Experten und dem Klienten.

Viele Expertenpositionen, die vor allem in den Vereinigten Staaten freiberuflich organisiert sind, wurden in Deutschland staatlich oder halbstaatlich eingerichtet. Dazu gehören das juristische, medizinische und technische Gutachterwesen, die Bildungseinrichtungen und der ganze juristische Komplex. Wo keine amtlichen Würden vorzufinden sind, da müssen wenigstens staatliche Diplome die Vertrauenswürdigkeit sichern. Wer sich in die Behandlung eines Arztes begibt, den Rat eines Rechtsanwalts sucht, einem Richter oder Staatsanwalt gegenübersitzt, mit einem Notar zu tun hat, seinen Wagen von einem TÜV-Experten prüfen läßt, in der Vorlesung eines Professors eine Frage stellt, einem Lehrer ein Anliegen mitteilt oder einen Pfarrer um Lebenshilfe bittet, immer wird seine Beziehung bestimmt von dieser traditionellen Aura der Beziehung zwischen einer Amtsperson, die ein höheres Prinzip vertritt, und einer Privatperson, die nichts als ein bescheidenes partikulares Interesse hat.

Am auffälligsten zeigt sich die autoritative Struktur der Experten-Klienten-Beziehung im Rechtswesen. Ein eklatantes Beispiel ist das Strafrechtsverfahren und die Stellung des Staatsanwalts und des Richters in diesem Verfahren.[99] Dem Staatsanwalt wird nicht – wie im angelsächsischen Verfahren – einfach die Rolle der Ankla-

99 Ebd., S. 151-5; W. Kaupen und T. Rasehorn, *Die Justiz zwischen Obrigkeitsstaat und Demokratie*, Neuwied: Luchterhand, 1971, S. 41-51; H. Günther, *Staatsanwaltschaft. Kind der Revolution*, Berlin: Ullstein, 1973.

gevertretung übertragen. Er soll die ganze Wahrheit finden – also alle belastenden und entlastenden Beweisstücke zusammentragen – und dem Anspruch gerecht werden, die objektivste Behörde der Welt zu sein, ganz nach der deutschen Idee der Wahrheit als einer einsamen Suche einer einzelnen Person. Das führt in der Regel dazu, daß Ermittlungsverfahren sehr lange dauern und daß bei Eröffnung eines Prozesses die Schuldfrage im Prinzip ja schon geklärt ist. Der Rechtsanwalt hat demgegenüber eine deutlich schwächere Position. Er kann nicht einmal Einsicht in alle prozeßrelevanten Akten verlangen. Er steht als Vertreter des bloßen *Interesses* seines Mandanten gegen den Repräsentanten der objektiven *Wahrheit* da. So bleibt ihm oft nichts anderes übrig, als um mildernde Umstände für seinen Mandanten zu bitten. Das Verhältnis zwischen höherem Prinzip und partikularem Interesse als Grundstruktur der Experten-Klienten-Interaktion zeigt sich hier sogar in der Beziehung zwischen Staatsanwalt und Rechtsanwalt. Dieser autoritative Charakter des deutschen Strafprozesses wird noch durch die Rolle des Richters verstärkt. Er ist nicht nur Verhandlungsleiter und Schiedsrichter, sondern beteiligt sich auch aktiv an der Untersuchung der Schuldfrage. Die Idee der höheren Wahrheit wird hier nochmals verdoppelt. Über den Staatsanwalt wird noch der Richter als Repräsentant der Objektivität gesetzt. Nicht der gleichberechtigte Streit zwischen Rechtsanwalt und Staatsanwalt gibt dem Verfahren die Struktur, sondern das Verhältnis von objektiver Wahrheit auf der einen Seite und partikularem Interesse auf der anderen.

Die autoritative Strukturierung der Experten-Klienten-Beziehung wird durch den deutschen Begriff der Rationalität unterstützt. Die Idee der Wahrheit als ein persönlicher Besitz, der sich nach langem einsamen Forschen einstellt, überhöht die sachliche Autorität des Experten, die sich eigentlich immer wieder neu beweisen müßte, zu einer sakralisierten Autorität. Verstärkt wird diese Sakralisierung der Autorität durch die Art des Expertenwissens. Im Idealfall ist es nicht einfach ein Erfahrungswissen, das sich aus der Praxis ergibt und sich auch in der Praxis wieder verändern kann, sondern ein theoretisches Wissen, das im Studium erworben wurde und dann erst in die Praxis eingebracht wird. Im Rechtswesen kommt diese Logik im Prinzip des Kodifikationsrechts zum Ausdruck. Das Kodifikationsrecht ist ein dem Anspruch nach widerspruchsfreies System genereller Rechtsnormen, die der Rechtsexperte lediglich auf gegebene Bedingungen anzuwenden braucht, um daraus das Urteil logisch stringent abzuleiten. Hierzu benötigt er zumindest der Idee nach keine besondere Kenntnis der Rechtspraxis. Außerdem herrscht eine klare Hierarchie der Rechtsquellen, die im Falle von Widersprüchen eindeutige Entscheidungen erlauben. Nach der allgemein geltenden Methode der »objektiv richtigen Interpretation« kommt es darauf an, den objektiven Sinngehalt des Rechts zu ermitteln, wie es in den Rechtssätzen der Gesetzbücher zum Audruck kommt.[100] Dieser objektive Sinngehalt ist unabhängig von den situativen Umständen der Rechtssetzung im Parlament und der Rechtsanwendung auf konkrete Fälle. Der objektive Sinngehalt ist die im Text enthaltene allgemeine Idee eines Gesetzes. Um diesen objektiven Sinngehalt ermitteln zu können, braucht man eine entsprechende methodische Schulung der Textinterpretation. Was man dazu nicht benötigt, ist eine Einübung in Verhandlungen, weil die Rechtsprechung mehr ein Ergebnis der logischen Ableitung von Urteilen aus gegebenen Prämissen als ein Resultat eines Streitverfahrens zwischen gegensätzlichen Standpunkten ist.[101] Man kann deshalb die deutsche Rechtsprechung eine Schreibjustiz nennen.[102] Daß dies die vorherrschende Form der Rechtsprechung ist, kommt auch in der Behandlung der abweichenden Praxis zum Audruck. Die richterliche Rechtsgestaltung gilt als illegitim; das sogenannte »Richterrecht« wird hauptsächlich als eine unzulässige Abweichung von der Norm der gesetzes- und verfassungskonformen Rechtsauslegung im Sinne der objektiven Methode gewertet.[103]

100 Exemplarisch: K. Larenz, *Methodenlehre der Rechtswissenschaft*, Berlin: Springer, 1960, insbesondere S. 30ff., 237ff.; H. Schulz-Schaefer, *Die Staatsform der Bundesrepublik Deutschland. Versuch einer Theorie des materiellen Rechtsstaats*, Berlin: Duncker & Humblot, 1966, S. 34-46.

101 Siehe dazu F. Scharpf, *Die politischen Kosten des Rechtsstaats*, Tübingen: Mohr Siebeck, 1970, S. 38-52.

102 T. Rasehorn, *Recht und Klassen. Zur Klassenjustiz in der Bundesrepublik*, Neuwied: Luchterhand, 1974, S. 100-1.

103 Siehe dazu O. Bachof, *Grundgesetz und Richtermacht*, Tübingen: Mohr Siebeck, 1959; H. P. Schneider, *Richterrecht, Gesetzesrecht und Verfassungsrecht*, Frankfurt: Klostermann, 1969; W. D. Eckhardt, *Die verfassungskonforme Gesetzesauslegung. Ihre dogmatische Berechtigung und ihre Grenzen im deutschen Recht*, Berlin: Duncker & Humblot, 1964; M. Kriele, *Theorie der Rechtsgewinnung entwickelt am Problem der Verfassungsinterpretation*, Berlin: Duncker & Humblot, 1967.

Die sakralisierte Autoritätsstellung und die Verfügung über höheres generelles Wissen formen auch die Art der ethischen Verpflichtung des Experten, die man als solche sehr hoch veranschlagen kann. Der Experte gehört einer herausgehobenen Elite an und teilt mit dieser das höhere Wissen und die Autorität. Er ist deshalb in erster Linie der Ethik seines Berufsstandes verpflichtet, die von diesem autonom bestimmt wird.[104] Eine gesellschaftliche Kontrolle dieser Ethik erscheint dagegen als ein instrumentalistischer Eingriff partikularer Interessen in die sakralen Sphären der Profession. Nicht an die Gesellschaft, sondern an die hohen und ganz eigenen Standards der Profession fühlt sich der Experte gebunden. Ebenso würde er eine zu enge Bindung an den Klienten als eine Gefahr für die Einhaltung seiner professionellen Standards ansehen. Man hat oft den Eindruck, daß deutsche Ärzte und Juristen schon von einer verständlichen Darlegung ihrer Diagnose eines Falles und ihrer intendierten Problemlösung eine Verletzung ihrer professionellen Standards befürchten. Auch hier – wo es um die Interaktion von Theorie und Praxis geht – scheint man sich von einer Abschottung der reinen Sphäre der Wissenschaft von jeglichen Einflüssen aus dem Alltag mehr zu versprechen als von einer offenen Begegnung mit diesen Einflüssen. Es gibt also eine hohe ethische Verpflichtung des Experten. Sie ist aber nichts anderes als ein Ausfluß aus der besorgten Abgrenzung der Disziplin von der Gesellschaft. Die Berufsethik führt den Experten weder der Gesellschaft noch dem Klienten zu, sondern hält ihn von beiden fern.

Der Experte kennt der Idee nach keinen offenen Wettstreit mit anderen Experten, zumal ein solcher Wettstreit nach dem deutschen Verständnis von kultureller Autorität gerade die Autoritätsstellung des Experten untergraben würde. In der Tat hat ja die Diskussion unterschiedlicher Auffassungen in der Medizin in der jüngsten Vergangenheit in Deutschland auch die Ärzte nicht vor einem gewissen Autoritätsverlust bewahrt. Auch die zunehmende Erfahrung, daß Juristen in Rechtsstreitigkeiten zu ganz unterschiedlichen Auffassungen kommen können, hat das Vertrauen in die Juristen geschwächt. Am schlechtesten ist es hier den Universitätsprofessoren ergangen. Diese Beispiele der autoritätsmindern-

104 Siehe hierzu D. Rueschemeyer, *Lawyers and their Society. A Comparative Study of the Legal Profession in Germany and in the United States*, Cambridge, Mass.: Harvard University Press, 1973, S. 123-45.

den Konsequenzen des Wettstreits von Experten beweisen, daß die Struktur der Professionen in Deutschland traditionell nicht auf Wettstreit angelegt war. Eine offene Kritik an der Arbeit eines anderen Experten ist traditionell nicht begründet, weil man Wahrheitssuche nicht als Wettstreit der Ideen versteht, sondern als einsames Durchdringen einer Sache. So hat jeder seine persönliche Wahrheit auf einem bestimmten, meist von anderen abgegrenzten Gebiet gefunden, über die ein anderer sich kein Urteil erlauben kann. Natürlich konnte sich diese Idee auch leicht mit dem Interesse an der Vermeidung von gegenseitiger Kritik verbünden, weil man natürlich wußte, wie schnell gerade in dieser kulturellen Tradition die Expertenautorität mit dem Bekanntwerden von Streitigkeiten schwindet. Die Tradition legt hier das Interesse nahe, das Interesse stützt die Tradition.
Zum Bemühen, den Wettstreit um richtige Problemlösungen zu vermeiden, gesellt sich die ausdrückliche Beschränkung des Wettbewerbs um Klienten. Man sieht darin stets die Gefahr einer Verletzung professioneller Standards. Die Folge dieses geringen Stellenwerts von Wettbewerb ist eine vergleichsweise geringe Differenzierung der Bewertung von unterschiedlichem professionellem Erfolg.[105] Man begegnet zumindest keiner durchgängigen und offenen Abstufung des Prestiges von Experten, die über unterschiedliche Stellungen in der beruflich gegebenen Hierarchie der Amtsautorität hinausgeht. Die Existenz von Staranwälten und Starmedizinern hat immer noch etwas Anrüchiges an sich, nämlich den Geruch der Infiltration von ökonomischen Motiven in die heiligen Hallen der Kultur.

2.3 Die Institutionalisierung des Wissens

Der kulturelle Universalismus, die Einsamkeit des wahrhaft Gebildeten und die Suche nach der großen Synthese haben auf ihre Weise die Institutionalisierung des kulturellen Wissens in Deutschland in eine spezifische Form gebracht.

105 Ebd., S. 54-9.

2.3.1 Der kulturelle Universalismus und die Einsamkeit des Gebildeten

Die Anweisung, die Luther dem einzelnen als praktische Lebenshilfe gab, hieß Gehorsam gegenüber den traditionell herrschenden Autoritäten in Familie, Gesellschaft und Staat. Das äußere Handeln gehörte der irdischen Autorität, das innerste Wesen aber Gott. Insofern war Luthers Protestantismus eine eminent praktische Lehre für das alltägliche Leben. Aber sie konnte nichts anderes empfehlen als blinden Konformismus. Lebenshilfe für das selbstverantwortliche Handeln autonomer Bürger in der Gesellschaft konnte hier nicht erwartet werden. Die Persönlichkeit als Zentrum selbstverantwortlichen Handelns mußte sich in ihren innersten Kern zurückziehen und konnte keine Kraft der Gestaltung des Handelns in den gesellschaftlichen Rollen entfalten.[106] Eine den puritanischen theologischen Kompendien vergleichbare praktische Lebenshilfe für das Handeln im Geschäftsleben sucht man vergeblich. Auch die säkularisierte Gestalt der praktischen Lebenshilfe eines Benjamin Franklin findet man nicht. Das ist natürlich nicht überraschend, wenn man berücksichtigt, welche gesellschaftliche Stellung die jeweiligen Kulturträger innehatten. Die puritanischen Theologen waren selbst aktiv an der Gründung der neuen Gesellschaft beteiligt. Benjamin Franklin war ein erfolgreicher Geschäftsmann, ein einflußreicher Politiker, ein einfallsreicher Erfinder und ein unterhaltsamer Schriftsteller. Die protestantischen Theologen in Deutschland waren und sind kirchliche Beamte, die kaum in Kontakt mit den praktischen und instrumentellen Sphären der Gesellschaft gekommen sind und kommen. Sie leben in einer kulturellen Nische der Gesellschaft unter dem Schutz des Staates. In ihrer orthodoxen Haltung haben sie deshalb in der Regel den Gehorsam gegenüber der Obrigkeit gepredigt. Die zunehmende Gewalt der instrumentellen Sphären der Gesellschaft hat allerdings in wachsendem Maße die heterodoxe Haltung an Bedeutung gewinnen lassen. Der Widerstand gegen den Utilitarismus, Instrumentalismus, Materialismus und Rationalismus der gegenwärtigen Welt, den sie als praktische Lebenshilfe predigen, ist oft nicht weniger blind als der von ihren

106 Exemplarisch: M. Luther, »Von der Freiheit eines Christenmenschen«, op. cit.; »Von weltlicher Obrigkeit, wie weit man ihr Gehorsam schuldig sei«, op. cit.

Kollegen gepredigte Konformismus. Die Reinheit der Gesinnung ist nun ihre Empfehlung, die angesichts der Unreinheit und Widersprüche des gesellschaftlichen Handelns nur zur Entfremdung von der Gesellschaft führen kann. Konformismus, Indifferenz, Rückzug oder Rebellion sind die Alternativen, die der Lutherische Protestantismus dem Handeln offenläßt. Die protestantischen Pastoren haben nie die Gelegenheit gehabt, in aktiver Teilnahme an den Entscheidungsprozessen der Gesellschaft eine Vorstellung von den komplexen Zusammenhängen zu gewinnen, die dabei zu berücksichtigen sind. Aus ihrer Lehre konnte deshalb auch keine Verantwortungsethik im puritanischen Sinn und schließlich im Sinne eines Benjamin Franklin entstehen. Sie sind keine aktiven Mitglieder eines selbstbewußten allgemeinen, nämlich gewerblichen *und* gebildeten Bürgertums, deshalb können sie auch keine Lebenshilfe aus dem Kreise einer solchen zumindest der Idee nach umfassenden Gemeinschaft heraus entwickeln.[107]
Genau denselben Konstellationen ist die Säkularisierung des Lutherischen Protestantismus im deutschen Idealismus ausgesetzt. Was man hier zuerst Benjamin Franklins Schriften gegenüberstellen könnte, ist der klassische Bildungsroman, allen voran Goethes *Wilhelm Meister*.[108] Wilhelm Meister findet in den vorgegebenen gesellschaftlichen Rollen keine Möglichkeit der Selbstverwirklichung. Nur die Theaterbühne eröffnet ihm die Chance, im Rollenspiel sich selbst zu entfalten. Charakteristischerweise

107 In der Gegenwart geraten die orthodoxen und die heterodoxen Kräfte in der Kirche besonders heftig aneinander: in Fragen der Friedenssicherung, der Umwelt- und Sozialpolitik. Ihre Tragik ist, daß sie beide gleich weit von den Anforderungen praktischer Politik entfernt sind. Die einen wollen sich entziehen, die anderen haben kein Verständnis für die Regeln der Kompromißbildung und tragen statt dessen reine Gesinnung zur Schau. Einen Überblick gibt die Materialsammlung: *Kritische Kirche*, hg. von D. Lange, Berlin: Burckhardthausverlag, 1969. Zum protestantischen Pfarrhaus siehe: W. Baur, *Das deutsche evangelische Pfarrhaus*, Bremen: Müllers Verlagsbuchhandlung, 1877; G. Wurzbacher, K. M. Bolte, R. Klaus-Roeder und T. Rendtorff, *Der Pfarrer in der modernen Gesellschaft. Soziologische Studien zur Berufssituation des evangelischen Pfarrers*, Hamburg: Furche, 1960; M. Greiffenhagen (Hg.), *Das evangelische Pfarrhaus*, Stuttgart: Kreuz, 1984.

108 J. W. von Goethe, *Wilhelm Meisters Lehrjahre*, in: *Goethes Werke*, Bde. 21-3, hg. im Auftrag der Großherzogin Sophie von Sachsen, Weimar: Böhlaus Nachf., 1898; *Wilhelm Meisters Wanderjahre*, in: *Goethes Werke*, Bde. 24-5, op. cit.

gelangt Wilhelm Meister nicht in der Gesellschaft zur Selbstverwirklichung, sondern nur außerhalb der gesellschaftlichen Normalität. Eine andere Seite derselben Sache wird beleuchtet, wenn man Franklins Ethik mit Kants Moraltheorie vergleicht. Hier steht die bescheidene Zusammenfassung der selbstverständlichen Alltagsregeln eines gewerblichen und gebildeten Bürgertums neben der großen universalistischen Moraltheorie, Partikularismus neben Universalismus. Als Moral einer konkret existierenden Gemeinschaft ist Franklins Moralkodex unvermeidlich partikularistisch, hingegen ist Kants Moraltheorie als rein abstrakte zeitlose Theorie vollkommen universalistisch.[109] Franklins Moral ist dagegen inhaltlich bestimmt, während Kants Moraltheorie inhaltlich fast leer bleibt. Man findet also in der klassischen Periode des deutschen Denkens einen wesentlich strengeren Universalismus als im angloamerikanischen Denken. Ein schönes Beispiel für diesen Universalismus als Basis einer allgemeinen Lebensregel bietet Lessings *Nathan der Weise*.[110] Der weise alte Jude in seinem Stück überschreitet die traditionellen Grenzen seines Glaubens und zeigt einen wahren Universalismus, der Judentum, Christentum und Islam transzendiert. Ein anderes Beispiel gibt Goethes *Iphigenie auf Tauris*.[111] In Euripides' Bearbeitung des Stoffes befreit Orest seine Schwester aus den Händen der Barbaren mit Hilfe Apollos, der den Barbaren den Willen der Griechen aufzwingt. Goethe hingegen läßt Iphigenie zwischen den Barbaren und den Griechen im Dienste der Idee einer allgemeinen Humanität vermitteln. Im Jahre 1796 empfehlen Goethe und Schiller den Deutschen, anstelle zur Nation zu streben, Menschen aus sich zu bilden:

Zur Nation euch zu bilden, ihr hofft es,
Oh Deutsche, vergebens;
Bildet, ihr könnt es, dafür freier zu
Menschen euch aus![112]

109 Das gilt auch dort, wo Kant praktisch wird: I. Kant, »Über den Gemeinspruch: Das mag in der Theorie richtig sein, taugt aber nicht für die Praxis«, op. cit.

110 G. E. Lessing, *Nathan der Weise*, (1789), in: *Lessings Werke*, Bd. 2, Berlin: Deutsches Verlagshaus Bong & Co., 1925, S. 165-291.

111 J. W. von Goethe, *Iphigenie auf Tauris*, in: *Goethes Werke*, Bd. 10, op. cit., S. 1-96.

112 Zitiert nach H. Kohn, *The Mind of Germany*, op. cit., S. 35.

Das Mittel der Befreiung des Individuums von partikularistischen Fesseln und der Formung des universellen Menschen, das der deutsche Idealismus predigte, war die klassische Bildung, insbesondere das Studium der griechischen Antike.[113] Universelles Menschentum und Selbstverwirklichung der Persönlichkeit sollten hier zusammenfallen. Diese Betonung der klassischen Bildung bedeutete aber in der Realität den Rückzug aus der Gesellschaft, wenn man wirklich nach dem Ideal leben wollte. Zwischen dem anspruchsvollen Universalismus und dem konkreten Instrumentalismus des gesellschaftlichen Handelns klaffte eine riesige Lücke. Die praktischen Empfehlungen, die der deutsche Idealismus dem Menschen in die Hand gab, waren deshalb mit der zunehmenden Entfaltung des Instrumentalismus nicht für die Welt bestimmt, sondern für den Rückzug aus der Welt in das tiefste Innere der Persönlichkeit. Öffentliche Tugenden, d. h. Tugenden der Teilnahme am öffentlichen Leben – wie man sie bei Franklin antrifft – konnten sich hier trotz aller universalistischen Prinzipien nicht entwickeln. Der Universalismus war so radikal, daß er schon jedes reale gesellschaftliche Leben transzendierte. Jede öffentliche Tugend impliziert nämlich auch ein Sicheinlassen auf den Partikularismus einer existierenden gesellschaftlichen Gemeinschaft, vor allem aber eine Bereitschaft zur Bildung von Kompromissen, die mit dem Festhalten an universellen Prinzipien in Konflikt geraten kann. Wenn sich aus dieser Konstellation in Deutschland keine öffentlichen Tugenden herausgebildet haben, dann auch deshalb, weil der klassische deutsche Universalismus jede Beteiligung am konkreten gesellschaftlichen Handeln unterband.[114] Der kulturelle Universalismus wurde außerdem unmittelbar mit der Selbstverwirklichung der Persönlichkeit verknüpft. Nicht die Teilnahme am öffentlichen Leben bildete die Persönlichkeit, sondern das einsame Studium der klassischen Kultur.

Der universalistisch gebildete Mensch ist zugleich ein einsamer Mensch. Nur in der Einsamkeit seines tiefsten Wesens findet er nämlich die Einheit von Selbstverwirklichung und universellem

113 Siehe hierzu R. König, *Vom Wesen der deutschen Universität*, op. cit., S. 31-2; F. K. Ringer, *The Decline of the German Mandarins*, op. cit., S. 83-90; H. Kohn, *The Mind of Germany. The Education of a Nation*, New York: Scribner, 1960.

114 R. Dahrendorf, *Gesellschaft und Demokratie in Deutschland*, op. cit., S. 313-27.

Menschentum. Einsamkeit ist in dieser kulturellen Tradition eine positive Charaktereigenschaft, ganz im Gegensatz zum angloamerikanischen Verständnis. In angloamerikanischer Sicht bedeutet Einsamkeit die Unfähigkeit, an der Gestaltung des öffentlichen Lebens teilzunehmen und gilt deshalb als ein Negativum. Im deutschen Verständnis ist Einsamkeit mit einem Heroismus verbunden, dessen Wurzeln in der Verbindung von Selbstverwirklichung und universellem Menschentum jenseits der Gesellschaft liegen. Aus deutscher Perspektive erscheint die Neigung der Amerikaner, schnell Freunde zu machen und viele Freunde zu haben, das Keep smiling und die Orientierung am Nachbarn als oberflächlich. Man unterscheidet streng zwischen »echten« Freunden und bloßen Bekannten. Damit verbunden ist aber eine Bevorzugung der Privatheit vor der Öffentlichkeit.[115] Hier können hervorragende private Tugenden gedeihen, reine Gesinnungen gebildet und wahre Freundschaften gepflegt werden,[116] aber es fehlt eine Einübung in die öffentlichen Tugenden, in die Teilnahme am öffentlichen Leben, das infolgedessen dem Individuum stets als eine kalte und fremde Welt entgegentreten muß. Die in Deutschland auffällige Diskrepanz zwischen einem universellen Humanismus und einer Neigung zur Unmenschlichkeit, die in den nationalsozialistischen Vernichtungslagern nur ihren Höhepunkt erreicht hat, besitzt hier eine tiefe kulturelle Wurzel.[117] Nicht der Umgang mit einem möglichst weiten Kreis von Menschen wird durch den humanistischen Universalismus gepredigt, sondern die Erhebung des Individuums zu einem höheren Menschentum, aus dessen Höhe konkrete andere Menschen zumindest als fremd, aber auch als fremdartig, letztlich auch manchmal als nicht menschenwürdig erscheinen können.

Die Lebensregeln des deutschen Idealismus sind in ihrer Verbindlichkeit in einer von den übrigen gesellschaftlichen Schichten fest abgegrenzten Gemeinschaft verankert: im reinen Bildungsbürgertum der Beamten, Lehrer, Pastoren und Professoren.[118] In den

115 Ebd., S. 318-23.

116 Zu den Wurzeln dieses Verständnisses von Freundschaft in der Philosophie der Romantik siehe B. Ränsch-Trill, »Freundschaft und Liebe in der Philosophie der Romantik«, in: *Philosophie* 12, 1984, S. 28-47.

117 R. Dahrendorf, *Gesellschaft und Demokratie in Deutschland*, op. cit., S. 360-81.

118 Vgl. H. Henning, *Das westdeutsche Bürgertum in der Epoche der Hoch-*

Gymnasien und in den Universitäten haben sie ihre eigenen Schulen, die nach der Trennung der Gymnasien von den anderen Sekundarschulen und nach der Zulassung zum Universitätsstudium allein aufgrund des Abiturs im Gymnasium seit der ersten Hälfte des 19. Jahrhunderts bis in dieses Jahrhundert hinein von kaum einer anderen Schicht besucht wurden als von den Söhnen der Beamten, Pastoren, Lehrer und Professoren. Selbst heute ist die Selbstrekrutierung dieser Schicht des Bildungsbürgertums, schon aufgrund des dreigliedrigen Schulsystems, außerordentlich stark ausgeprägt. Die Besonderheit dieser Schicht des Bildungsbürgertums ist ihre nahezu völlige Abschottung vom gewerblichen Bürgertum, die sie vor allem vom angelsächsischen gebildeten Bürgertum unterscheidet. Durch das Bündnis mit dem preußischen Staat ist diese Schicht zur herrschenden Elite der Gesellschaft aufgestiegen, eine Position, die sie mit der wachsenden Industrialisierung und Politisierung der Gesellschaft unter heftigem Wehgeschrei mehr und mehr wieder verloren hat.[119] Die Abschottung des Bildungsbürgertums macht verständlich, daß aus seiner Mitte nur das Ideal der klassischen Bildung als Empfehlung für das Leben hervorgehen konnte und private Tugenden weit vor den öffentlichen einen Vorrang einnehmen mußten. Heute ist diese Abgrenzung des Bildungsbürgertums mehr und mehr zerfallen, aber eine Vorbereitung zur Teilnahme am öffentli-

industrialisierung 1860-1914; Teil I: Das Bildungsbürgertum in den preußischen Westprovinzen, op. cit.; K. Vondung (Hg.), *Das wilhelminische Bildungsbürgertum. Zur Sozialgeschichte seiner Ideen*, Göttingen: Vandenhoeck & Ruprecht, 1976; P. Lundgren, »Zur Konstituierung des ›Bildungsbürgertums‹: Berufs- und Bildungsauslese der Akademiker in Preußen«, in: W. Conze und J. Kocka (Hg.), *Bildungsbürgertum im 19. Jahrhundert*, Teil I: *Bildungssystem und Professionalisierung im internationalen Vergleich*, Stuttgart: Klett-Cotta, 1985, S. 79-108.

119 Zur Geschichte des deutschen Bildungsbürgertums und seiner Schulen siehe F. Paulsen, *Geschichte des gelehrten Unterrichts auf den deutschen Schulen und Universitäten vom Ausgang des Mittelalters bis zur Gegenwart. Mit besonderer Rücksicht auf den klassischen Unterricht*, 2 Bde., Bd. 1, Leipzig: Veit, 3. Auflg., (1897) 1919; Bd. 2, Berlin und Leipzig: Vereinigung wissenschaftlicher Verleger, 3. Auflg., (1897) 1921, insbeondere S. 65-98, 123-208, 245-353, 539-70; F. K. Ringer, *The Decline of the German Mandarins*, op. cit., S. 14-80; H. Romberg, *Staat und höhere Schule. Ein Beitrag zur deutschen Bildungsverfassung vom Anfang des 19. Jahrhunderts bis zum Ersten Weltkrieg*, Weinheim und Basel: Beltz, 1979.

chen Leben fehlt in seiner kulturellen Tradition. Das kulturelle Erbe, auf das dieses Bürgertum auch heute noch zurückgreift, läßt es eher die reine Gesinnung zur Schau tragen, als sich auf das unreine Geschäft der politischen Kompromißbildung einzulassen. Daraus entsteht eine eigenartige »Veröffentlichung« privater Tugenden. Die Bildung einer ganz persönlichen Meinung wird mit der Herstellung einer einheitlichen kollektiven Überzeugung verwechselt.[120]

2.3.2 Die Synthese

Die gesellschaftliche *Konsensfindung* ist in Deutschland durch das Dilemma von Konformismus, Indifferenz, Rückzug und gesinnungsethischer Rebellion bestimmt worden. Eine aktive Öffentlichkeit, eine öffentliche Diskussion, an der sich die verschiedenen gesellschaftlichen Gruppen beteiligen und aus der eine konsensuell getragene öffentliche Meinung hervortritt, ist in Deutschland nur unter sehr schwierigen Umständen und nur unzureichend entstanden.[121]

In der orthodoxen Version des Lutherischen Protestantismus wird Konsens nicht zwischen selbständigen Bürgern hergestellt, sondern durch Anweisung der Obrigkeit und den entsprechenden Gehorsam der Untertanen. Als sich dann im 19. Jahrhundert die gesellschaftlichen Gruppen und Interessen in zunehmendem Maße zu artikulieren begannen, wurde diese Harmonie von obrigkeitlichem Befehl und Untertanengehorsam zerstört. Die Gesell-

120 Die Wahrung der reinen Gesinnung gilt bei den gegenwärtigen, von den Bildungsschichten getragenen Bewegungen für Umweltschutz, Frieden und alternative Technologien und Lebensformen als Tugend, Kompromißbildung in Verhandlungen als verachtenswürdiger Opportunismus. K.-W. Brand, O. Busser und D. Rucht, *Aufbruch in eine andere Gesellschaft. Neue soziale Bewegungen in der Bundesrepublik*, Frankfurt: Campus, 1983; T. Schmid, »Über die Schwierigkeiten der Grünen, in der Gesellschaft zu leben und zu denken«, in: *Zum Nachdenken* 96, Sonderauflage für die Landeszentrale für politische Bildung Nordrhein-Westfalen, 1983.

121 »In Deutschland gibt es keine aktive ›Öffentliche Meinung‹ im englischen oder gar amerikanischen Sinn«, schreibt W. Hagemann, *Grundzüge der Publizistik*, neu hg. von H. Prakke, Münster: Regensberg, 2. Aufl., 1966, S. 265; siehe insgesamt S. 263-73.

schaft wurde mehr und mehr als eine Sphäre des Konflikts zwischen den partikularen Interessen und den Freiheitsbestrebungen der Individuen und Gruppen gesehen. Gleichzeitig gab es keine Tradition der autonomen gesellschaftlichen Konsensfindung im angelsächsischen Sinn. Auf die Idee, daß sich Konsens aus der öffentlichen Diskussion und der Kompromißbildung der selbständigen Bürger und gesellschaftlichen Gruppen bilden und immer wieder verändern und neu formieren kann, ist man in diesem gesellschaftlichen Kontext nicht gekommen. Auch die Vorstellung, daß die Regierung und die Beamtenschaft auch nur jeweils eine unter den zahlreichen gesellschaftlichen Gruppen mit eigenen Interessen darstellen, hat hier nicht Fuß fassen können.

Die Angelsachsen trachteten, die Regierung und die Beamtenschaft der gesellschaftlichen Kontrolle durch die verschiedenen demokratischen Institutionen zu unterwerfen. Vor allem im amerikanischen System der Checks und balances sind Regierung und Beamtenschaft nur zwei unter den vielen Gruppen, die an der gesamten gesellschaftlichen Konsensfindung beteiligt sind. In Deutschland hat man dagegen an die gegebenen Strukturen angeknüpft, und das bedeutete, daß der *Staat* – und das hieß: der König, sein Kabinett und die Beamtenschaft – über der Gesellschaft steht. Der Herrschaftsanspruch des Absolutismus ist eben in Deutschland nicht wie in England, Frankreich und Amerika gebrochen worden. Als er 1848 in Frage gestellt wurde, war das schon viel später als in den anderen Ländern, und außerdem war es ein völliger Fehlschlag. Was blieb unter diesen Bedingungen anderes übrig, als vom Staat die Integration der gesellschaftlichen Interessenwidersprüche in einem übergeordneten Ganzen zu erwarten? Im Bündnis mit den Juristen hatte dieser Staat auch schon ein systematisches und universelles Rechtssystem geschaffen, das erstens den ständischen Partikularismus durchbrach und zweitens den freiheitlichen Partikularismus der Interessen in der bürgerlichen Gesellschaft zu ordnen verstand.[122]

Nirgendwo kommt die integrative Funktion des Staates klarer zum Ausdruck als in Hegels Rechtsphilosophie, dessen Denken

122 E. Kehr, »Zur Genesis der preußischen Bürokratie und des Rechtsstaats«, op. cit.; B. Wunder, »Die Entstehung des modernen Staates und des Berufsbeamtentums in Deutschland im frühen 19. Jahrhundert«, in: *Leviathan* 1, 1974, S. 459-77, insbesondere S. 468.

die weitere Entwicklung in Deutschland in dieser Hinsicht wesentlich bestimmt hat. Für Hegel ist die Familie der ursprüngliche Sitz der Sittlichkeit und eines festen Konsensus. Hier ist der einzelne nicht Individuum, sondern allein ein Teil der Gemeinschaft. Dieser ursprüngliche Konsensus ist nicht mehr tragfähig, sobald die Entwicklung zur bürgerlichen Gesellschaft den einzelnen aus dem Familienverband herauslöst und ihm die Freiheit zur Selbstbestimmung gewährt. Sind die Interessen allein sich selbst überlassen, dann ist in der bürgerlichen Gesellschaft nur der Konflikt zwischen den verschiedenen frei artikulierten Interessen möglich. Es ist dann die Funktion des sittlichen Staates, diesen Antagonismus der partikularistischen Freiheiten in sich aufzuheben und den Individuen ihre wahre Freiheit zu geben. Der Staat vertritt das allgemeine und höhere Prinzip der Sittlichkeit, in dem die Freiheit der einzelnen in ein geordnetes System gebracht wird. Für die einzelnen ist es deshalb die höchste Pflicht, Mitglieder des Staates zu sein.[123]
Die autoritative Konsensbildung ist nicht nur in der extremen Hegelschen Form in Deutschland wirksam geworden. Selbst die Liberalen haben im Staat die Funktion der Konsensbildung zwischen den partikularen Interessen gesehen. Und die Sozialisten und Sozialdemokraten – angefangen bei Lassalle –, haben in ihren Staatstheorien nichts anderes gemacht, als den absolutistischen Staat Hegels in einen sozialistischen Staat umzuwandeln. Der Staat übernimmt bei ihnen die Funktion, den Klassenkonflikt zu schlichten.[124] Heute wirkt sich diese Struktur der autoritativen Konsensfindung in einer Überlastung des Staates mit Aufgaben aus. Wo z. B. in Amerika die einzelnen Bürger und Gruppen selbständig Probleme in einem Prozeß der Konsensfindung regeln müssen, wird in der Bundesrepublik der Staat aktiv und die Bürger verlassen sich auf die Aktivität des Staates. Die Bürger erwarten bei jedem Problem die Lösung durch den Staat. Umgekehrt wun-

123 G. W. F. Hegel, *Grundlinien der Philosophie des Rechts*, op. cit., insbesondere §§ 257-9.

124 Zur Staatstheorie siehe L. Krieger, *The German Idea of Freedom*, op. cit., insbesondere S. 216-457; R. Dahrendorf, *Gesellschaft und Demokratie in Deutschland*, op. cit., S. 214-31; H. Boldt, *Deutsche Staatslehre im Vormärz*, Düsseldorf: Droste, 1975; vgl. H.-P. Waldrich, *Der Staat. Das deutsche Staatsdenken seit dem 18. Jahrhundert*, München: Olzog, 1973, S. 16-8, 55-83.

dern sie sich dann wieder, wenn der Staat auf diesem Wege eine wachsende Kontrolle über sie ausübt.[125]

Das komplementäre Gegenstück zur staatlich-autoritativen Konsensbildung ist die Aufhebung aller Widersprüche und Konflikte in einer einmaligen Lösung, »die Sehnsucht nach Synthese«, wie Ralf Dahrendorf formuliert hat.[126] In Hegels Aufhebung der partikularen Interessen der Gesellschaft in der allgemeinen Sittlichkeit des Staates fällt die Synthese mit dem autoritativ gebildeten Konsensus zusammen. Soweit in Deutschland diese Hegelsche Lösung der Kritik unterzogen worden ist, geschah dies in der Regel ohne die Aufgabe der Idee einer vollkommenen Synthese. Nur dem Staat traut man diese Lösung nicht zu. So hat Marx wohl den partikularistischen Charakter des Staates und der Beamtenschaft in Hegels Rechtsphilosophie erkannt,[127] aber an die Stelle des Staates hat er die kommunistische Gesellschaft gesetzt, in der dann wirklich alle Widersprüche und Konflikte vergessen sein sollen. Auch Marx hat die einmalige Synthese in einem umfassenden höheren Prinzip gesucht.[128] Selbst in einer so hochentwickelten Theorie wie Habermas' Theorie des kommunikativen Handelns klingt noch die Suche nach der alles umfassenden Synthese im diskursiven Modell der Gesellschaft nach, der gegenüber – vor allem in den früheren Phasen der Theorieentwicklung – die Kompromißbildung zwischen partikularistischen Interessen einen sekun-

125 Man klagt allenthalben über die Flut der Gesetze: H. Nef, »Die Flut der Gesetze«, in: G. Müller, R. A. Rhinow, G. Schmid und L. Wildhaber (Hg.), *Staatsorganisation und Staatsfunktionen im Wandel. Festschrift für Kurt Eidelberger*, Frankfurt: Helbing & Lichtenhahn, 1982, S. 559-69, insbesondere S. 561-4; A. Laaser, »Die Verrechtlichung des Schulwesens«, in: Projektgruppe Bildungsbericht (Hg.), *Bildung in der Bundesrepublik Deutschland*, Stuttgart: Klett Cotta, 1980, S. 1343-75.

126 R. Dahrendorf, *Gesellschaft und Demokratie in Deutschland*, op. cit., S. 162-5, 175-6, 187, 205-8, 216-9.

127 K. Marx, »Zur Kritik der Hegelschen Rechtsphilosophie. Einleitung«, in: *Marx-Engels Werke*, Bd. 1, Berlin: Dietz, 1956, S. 378-91; »Zur Kritik der Hegelschen Rechtsphilosophie. Kritik des Hegelschen Staatsrechts«, in: *Marx-Engels Werke*, Bd. 1, Berlin: Dietz, 1956, S. 201-33.

128 K. Marx und F. Engels, *Die deutsche Ideologie*, op. cit., S. 70-7; »Manifest der kommunistischen Partei«, in: *Marx-Engels Werke*, Bd. 4, Berlin: Dietz, 1959, S. 459-93; K. Marx, »Kritik des Gothaer Programms«, in: *Marx-Engels Werke*, Bd. 19, Berlin: Dietz, 1962, S. 11-32.

dären Status einnimmt. Dieser Kompromißbildung gilt nicht das vorrangige Interesse der Gesellschaftstheorie. Es ist nach wie vor der moralische Universalismus, dem man huldigt und in dem alle Widersprüche der Gesellschaft aufgehoben werden sollen.[129] Zwischen dem politischen Alltagsgeschäft der Kompromißbildung und der Suche nach der Integration in einem höheren moralischen Universalismus besteht eine so große Diskrepanz, daß sie in dem Intellektuellen weniger die Bereitschaft zur Beteiligung an der Kompromißbildung als einen Ekel an der alltäglichen Interessenpolitik erzeugt.

Eine andere Version der deutschen Konsensbildung ist die Beschwörung der *Volksgemeinschaft*.[130] Mit dieser Formel sollte zunächst im frühen 19. Jahrhundert ein Ersatz für die fehlende nationale und politische Einheit gefunden werden. Die Herausbildung eines deutschen Staates und die Instrumentalisierung der Politik zur Machtpolitik im Kaiserreich sowie zum Parteienstreit in der Weimarer Republik haben die Hegelsche Sicht von der Aufhebung der gesellschaftlichen Partikularismen im Staat desillusioniert, aber nicht die Sehnsucht nach einer solchen Aufhebung beseitigt. Es hat sich weder im Kaiserreich noch in der Weimarer Republik ein politisches Gemeinwesen mit der Rolle des Staatsbürgers – genauer: des Citizen – als Grundkategorie der Mitgliedschaft entwickelt. Es entstand keine staatsbürgerliche Gemeinschaft mit einer universalistischen Definition der Staatsbürgerrolle (Citizenship). Nur auf einer solchen Basis ist die freie Konsensbildung zwischen Bürgern und gesellschaftlichen Gruppen mit gleichen Rechten möglich. Die Weimarer Republik hat ein solches Gemeinwesen zwar nach der Verfassung begründet, aber in Wirklichkeit nie zustandegebracht, weil zu viele mächtige gesellschaftliche Gruppen die Mitgliedschaft in diesem Gemeinwesen nicht

129 Exemplarisch: J. Habermas, *Legitimationsprobleme im Spätkapitalismus*, Frankfurt: Suhrkamp, 1973, S. 153-62. Auch die neueste Fassung von Habermas' Theorie will die »Kolonialisierung der Lebenswelt durch die Systeme« im moralischen Universalismus der kommunikativen Rationalität aufheben: J. Habermas, *Theorie des kommunikativen Handelns*, 2 Bde., Frankfurt: Suhrkamp, 1981, insbesondere Bd. 2, S. 449-547.

130 Siehe hierzu H. Plessner, *Die verspätete Nation*, op. cit., S. 47-57; G. L. Mosse, *The Crisis of German Ideology*, op. cit., S. 13-30; R. Dahrendorf, *Gesellschaft und Demokratie in Deutschland*, op. cit., S. 136-49.

annehmen wollten.[131] Politik im angelsächsischen Sinn wurde als bloße instrumentalistische Machtpolitik gesehen. Demgemäß wurde sie auch als solche betrieben. Ein im freien Zusammenschluß der verschiedensten Gruppen gebildeter Konsens über das Gemeinwesen und die weitere ständige Aushandlung von Konsens konnte man sich nicht vorstellen. Konsens mußte auf etwas ursprünglicheres, festeres zurückgeführt werden, auf das Volk. Blut und Boden als einigende Kraft war nur die extremste Folgerung aus einer im allgemeinen in der kulturellen Tradition angelegten Theorie. Die Konsequenz davon war eine extrem partikularistische Deutung von gemeinschaftlichem Konsens. Sie schloß alles Nicht-deutsche – Juden, Zigeuner und Regimegegner – aus der Volksgemeinschaft aus. Die Nationalsozialisten verbanden diese volksgemeinschaftliche Integrationstheorie mit dem machtpolitischen Instrumentarium des Staates. Volksgemeinschaftliche und autoritative Konsensbildung wurden zu einer Einheit verschmolzen.[132]

Was sich in der kulturellen Tradition Deutschlands nicht entwikkeln konnte, war ein Verständnis der Konsensbildung durch die offene Austragung der Konflikte zwischen selbständigen Bürgern und gesellschaftlichen Gruppen. Die Sehnsucht nach Synthese läßt eine solche Regulierung von Konflikten anstelle ihrer Aufhebung nur schlecht erscheinen. Das Fehlen einer staatsbürgerlichen Gemeinschaft hat dies nicht ermöglicht, weil sich dadurch kein Basiskonsens als Voraussetzung für die *friedliche* Austragung von Konflikten herausbilden konnte. Wie wenig die offene Konfliktaustragung als Mittel der kurzfristigen Konsensbildung noch

131 Dazu: T. Eschenburg, »Die improvisierte Demokratie«, in: *Die improvisierte Demokratie*, München: Piper, 1963, S. 11-60.

132 Der »völkische Staatsgedanke« in der deutschen Rechtswissenschaft lieferte die passende Legitimation: »Der völkische Staatsgedanke ist kein Erzeugnis der Theorie, sondern eine lebendige Wirklichkeit. Die politische Erneuerung des deutschen Volkes ist, anders als die französische Revolution, nicht von einer philosophisch-politischen Theorie ausgegangen, sondern wurde und wird getragen von der formenden Gewalt eines gemeinschaftlichen Erlebens, das durch den Führer zur Tat und Gestaltung wurde ... Dieses Einssein von Volk und Staat als gestaltender Wille, der sich durch den Führer verwirklicht, tritt dann unzweideutig in Erscheinung, wenn sich die gesammelte Kraft des Volkes als Staatsmacht nach außen wendet«. So schrieb K. Larenz, *Rechts- und Staatsphilosophie der Gegenwart*, Berlin: Junker und Dünnhaupt, 2. Auflg., 1935, S. 130, 149.

heute in der Bundesrepublik beliebt ist, kann man daran erkennen, daß in vielen Bereichen, wo z.B. in Amerika die freie Austragung von Konflikten zwischen den betroffenen gesellschaftlichen Gruppen die Regel ist, entweder nach dem Staat gerufen oder eine Synthese gesucht wird. Den Konflikt zwischen Arbeiterschaft und Unternehmern hat man z.B. weniger durch die Austragung von Arbeitskämpfen zu institutionalisieren als durch Formen der Integration der Arbeiter in die Unternehmen, durch Mitbestimmung und Betriebsräte, auszuräumen versucht.[133] Die Massenmedien, die eine wesentliche Funktion der offenen Konfliktaustragung in der öffentlichen Diskussion ausüben, sind in ihrem heute einflußreichsten Medium, im Fernsehen, nicht auf offenen Wettstreit, sondern auf Proporz eingestellt. Das öffentlich-rechtliche Rundfunk- und Fernsehsystem ist nichts anderes als eine Ersetzung von Konflikt durch Synthese.[134]

Eine fatale Konsequenz der Konfliktfeindlichkeit der kulturellen Tradition ist in der Tatsache zu sehen, daß bei der Unvermeidlichkeit von dennoch entstehenden Konflikten eine entsprechende Institutionalisierung von Regeln der Fairneß fehlt. Überzeugungen werden auf feste Prinzipien gestellt und oft in gesinnungsethischer Entschlossenheit verfochten. Eine Fähigkeit zur Relativierung der eigenen Position sucht man häufig ebenso vergeblich wie ein Gefühl für die Position des Andersdenkenden. Mit dem Prinzip der Aufhebung aller Konflikte auf einen Schlag wird gerade am unversöhnlichsten gegen andere gekämpft. Das prinzipielle Denken führt zur Herausarbeitung relativ reiner Positionen des Konservatismus, Liberalismus oder Sozialismus. Im Unterschied zu Amerika, wo es kaum konsistente Weltanschauungen gibt, findet man in Deutschland trotz aller verwässernder Wirkungen der

133 R. Dahrendorf, *Gesellschaft und Demokratie in Deutschland*, op. cit., S. 181-98.

134 Zum öffentlich-rechtlichen Rundfunk siehe den Sammelband: K. Lüder (Hg.), *Rundfunk im Umbruch: Stand und Entwicklung der finanziellen und wirtschaftlichen Situation der öffentlichrechtlichen Rundfunkanstalten*, Berlin: Duncker & Humblot, 1985; H. Bausch (Hg.), *Rundfunk in Deutschland*, 3 Bde., München: Deutscher Taschenbuchverlag, 1980. Zum Bild des öffentlichrechtlichen Fernsehens siehe C. Longolius (Hg.), *Fernsehen in Deutschland. Gesellschaftspolitische Aufgaben und Wirkungen eines Mediums*, Mainz: v. Hase & Köhler, 1967; H. Meyn, *Massenmedien in der Bundesrepublik Deutschland*, Berlin: Colloquium Verlag, 2. erweiterte Auflg., 1979.

demokratischen Konkurrenz um die Stimmenmehrheit immer noch wesentlich tiefergehende prinzipielle Begründungen politischer Programme. Das weltanschauliche Ideal zählt noch oft mehr als die Regeln der Konfliktaustragung.[135] In die entsprechende Emotionalität der Verfechtung der richtigen Lehre mischt sich demgemäß eine größere Bereitschaft zur unbewußten oder bewußten Verletzung der Spielregeln, umgekehrt aber auch eine recht hohe Empfindlichkeit für die Regelverletzungen des anderen. Fairneß in der Konfliktaustragung ist bei aller tieferen Institutionalisierung der entsprechenden Regeln in der Bundesrepublik als in ihren Vorgängerstaaten noch keine Selbstverständlichkeit. Die Grobheit *gegen* die anderen ist in einer eigenartigen Weise mit einer großen Aufregung über die Grobheit *der* anderen verknüpft. In den angelsächsischen Ländern begegnet man einerseits einem größeren Respekt vor den Regeln der Fairneß, andererseits ist aber durchaus das Kämpfen mit harten Bandagen mit der Bereitschaft gepaart, ebenso harte Schläge einzustecken. Für den englischen Politiker gilt dies ebenso sprichwörtlich wie für den englischen Fußballprofi.[136] Den Umkehrschluß kann man durchaus für den Durchschnitt von politischen Auseinandersetzungen und Fußballspielen in Deutschland ziehen. Sicherlich kann man in beiden Bereichen einen gewissen Reifungsprozeß in der Bundesrepublik beobachten.

2.4 Die Erweiterung des Wissens

Die Suche der großen Gelehrten nach ewiger Wahrheit, die Einsamkeit des Denkers und die autonome Wissenschaft haben in Deutschland die Erweiterung des Wissens in spezifischer Weise bestimmt.

135 Beispiel für die neue Ideologisierung von Positionen im Wahlkampf: Im Bundestagswahlkampf 1980 sollte es nach der Parole der CDU um Freiheit statt Sozialismus gehen. Im Wahlkampf 1983 ging es nach den Aussagen der SPD um die Wahrung der sozialen Errungenschaften und gegen die Einführung der Ellenbogengesellschaft. Vgl. auch W. Wolf, *Der Wahlkampf. Theorie und Praxis*, Köln: Verlag für Wissenschaft und Politik, 1980, bes. S. 218-30.

136 Leider darf man dies für die jungen britischen Fußball*fans* nicht mehr sagen.

2.4.1 Die ewige Wahrheit und die Einsamkeit des Denkers

Die deutsche Elitetheorie der Wahrheit steht der Disputation, dem intellektuellen Wettstreit als Methode der Wahrheitssuche diametral entgegen. Die Einsamkeit der Studierstube, nicht der Marktplatz der Ideen ist der Ort der intellektuellen Wahrheitssuche. Große Werke lassen sich nicht an den kurzfristigen Rhythmus des Meinungswandels auf dem Markt anpassen. Wer am großen Werk schreibt, ist für den alltäglichen Wettstreit auf dem Markt wenig geeignet. Dafür fehlt ihm das Vermögen, aktuelle Situationen und Fragestellungen zu erfassen und sich kurz und prägnant auszudrücken.

Der Dialog mit den großen Denkern der Jahrtausende ist etwas anderes als der Dialog mit Diskussionspartnern hier und heute. Die langfristige Anlage dieses Denkens äußert sich auch in der großen Bedeutung posthumer Werkausgaben. Das Werk des Intellektuellen ist mehr für die Ewigkeit bestimmt, weniger für die aktuelle Situation. Das soll nicht heißen, daß sich Intellektuelle in Deutschland überhaupt nicht an öffentlichen Diskussionen beteiligen. Die Struktur ihres Denkens gibt ihnen dafür nur nicht die notwendigen Fähigkeiten. Je mehr sie durch den Zwang der historischen Situation in öffentliche Diskussionen hineingedrängt wurden, um so mehr hat sich diese mangelnde Geübtheit der Verteidigung ihrer Ideen auf dem Markt bemerkbar gemacht. Ihre Ideen haben Tiefe, aber zugleich auch eine gewisse Leere. Sie sind nicht als konkrete, empirische Hypothesen formuliert. Deshalb sind sie auch kaum als Anweisungen zum praktischen Handeln geeignet. Aus dem Verständnis der Freiheit eines James Madison kann man ganz klare Anweisungen für die institutionelle Gestaltung der Gesellschaft ableiten. Diese Anweisungen sind so konkret gefaßt, daß sie auch empirisch angreifbar sind. Der Grund dafür ist die Tatsache, daß sie für den aktuellen Ideenmarkt formuliert sind. Aus Kants Freiheitsverständnis kann man so konkrete Anweisungen nicht deduzieren.[137] Infolgedessen ist es auch nicht verwunderlich, daß die deutschen Liberalen, die ihre Theorien im

137 I. Kant, *Grundlegung zur Metaphysik der Sitten*, op. cit., S. 81-3 (97-101); *Kritik der praktischen Vernunft*, op. cit., S. 138-40 (52-4), 144-5 (59-60), 183-4 (114-6); *Die Metaphysik der Sitten*, op. cit., S. 336-41 (AB 31-9); »Über den Gemeinspruch: Das mag in der Theorie richtig sein, taugt aber nicht für die Praxis«, op. cit., S. 144-53 (233-50).

19. Jahrhundert vorwiegend auf Kant stützten, politisch wenig erfolgreich waren.[138] Ihr sogenannter Bildungsliberalismus war mehr allgemeine Theorie als ein System von empirisch im Wettstreit der Ideen prüfbaren Hypothesen und daraus zu entnehmenden technischen Empfehlungen für institutionelle Reformen. An dieser Realitätsferne der Ideen hat sich bis heute in der Bundesrepublik wenig geändert. Ein Beispiel dafür bietet die Frankfurter Schule. Ihre Ideen vermitteln eine generelle Kritik der instrumentellen und funktionalistischen Vernunft, aber keine Kritik konkreter Institutionen und keine konkreten Hinweise auf mögliche institutionelle Reformen.[139]

Eine andere Eigenschaft der Ideen, die sich aus der mangelnden Erfahrung von Wettstreit ergibt, ist die Pflege der reinen Gesinnung und die geringe Bereitschaft, Ideen aufgrund von Kritik zu revidieren. Wenn die Ideen mit der Realität nicht übereinstimmen, dann ist dies – im Sinne Hegels – um so schlechter für die Realität. Ideen sind für den deutschen Intellektuellen nicht einfach Hypothesen, die man im Wettstreit überprüft und die man beliebig wechseln kann, wenn sie widerlegt werden, sondern ein wesentlicher Teil der innersten persönlichen Überzeugung, das Resultat eines langen und tiefgehenden Bildungsprozesses. Mit der Idee würde die Persönlichkeit sterben.

Die andere Seite der Realitätsferne der Ideen entspricht der orthodoxen Haltung des Intellektuellen. Fehlender Wettstreit und mangelnde empirische Konkretisierung von Ideen in Hypothesen kann die Konformität zur bestehenden Ordnung oder die bloße Indifferenz unterstützen. Wo es keinen offenen Markt der Ideen gibt, läßt es sich in Konformität und Indifferenz komfortabel leben.

Die relativ geringe Entfaltung intellektueller Konkurrenz in Deutschland läßt sich auch an der entsprechenden materiellen

138 L. Krieger, *The German Idea of Freedom*, op. cit., insbesondere S. 216-397; F. Naumann, »Der Niedergang des Liberalismus«, in: T. Schieder (Hg.), *Schriften zum Parteiwesen und zum Mitteleuropaproblem*, Opladen: Westdeutscher Verlag, (1901) 1964, S. 215-36, insbesondere S. 217-8.

139 Exemplarisch: M. Horkheimer und T. W. Adorno, *Dialektik der Aufklärung*, Frankfurt: Fischer, (1944) 1969; M. Horkheimer, *Zur Kritik der instrumentellen Vernunft*, Frankfurt: Fischer, 1974; J. Habermas, *Theorie des kommunikativen Handelns*, Bd. 2: *Zur Kritik der funktionalistischen Vernunft*, op. cit.

Basis ablesen, an der Entwicklung der Massenmedien.[140] Zeitschriften und Zeitungen haben sich nur langsam als Träger intellektueller Diskussionen entwickelt. Soweit sie sich etabliert haben, geschah dies mit einer deutlichen Vorherrschaft der vorgängigen Verpflichtetheit einer Zeitschrift oder Zeitung auf eine bestimmte Weltanschauung oder gar auf ein Parteiprogramm. Im Kaiserreich gab es neben der offiziellen Presse nur eine geduldete oder verfolgte oppositionelle Presse. In der Weimarer Republik entfaltete sich die Presse als Parteipresse. Der Nationalsozialismus hat Presse und Rundfunk als Mittel der Parteipropaganda benutzt. In der Bundesrepublik ist zum ersten Mal eine parteilich unabhängige Presse entstanden. Dennoch herrschen auch in der Presse der Bundesrepublik viel mehr als in den Vereinigten Staaten weltanschauliche und parteiliche Grundorientierungen der führenden Tages- und Wochenzeitungen vor. Rundfunk und Fernsehen sind Anstalten des öffentlichen Rechts. Sie werden vorwiegend vom Proporz der Parteien und Verbände bestimmt. Ein harter Wettbewerb der Ideen herrscht unter diesen Bedingungen weder in der Presse noch im Rundfunk und Fernsehen. Ideen und Meinungen werden unter diesen Bedingungen weniger dem Test durch Alternativen ausgesetzt und weniger zur empirischen Konkretisierung gezwungen. Die Folge ist ein relativ langsamer Wandel der Ideen, sicherlich eine geringere Anfälligkeit für Moden, aber auch eine häufigere Erstarrung in dem unversöhnlichen Widerspruch von Konformität und Entfremdung.
Dem geringen Wettstreit der Ideen selbst entspricht in der Beziehung des Intellektuellen zum Publikum ein nur schwach entwickelter Wettbewerb um die Gunst des Publikums. Für das Publikum zu schreiben ist gerade in Deutschland schon immer anrüchig gewesen.[141] Der Gelehrte und der Künstler haben allein den inneren Kriterien ihrer Wissenschaft und Kunst zu gehorchen. Jedes Eingehen auf Geschmack und Interessen des Publikums muß zu Verletzungen der Standards der wahren Kultur führen. Publikumserfolg ist hier kein Gradmesser für wissenschaftliche

140 H. Bausch (Hg.), *Rundfunk in Deutschland*, op. cit.; H. Meyn, *Massenmedien in der Bundesrepublik Deutschland*, op. cit.; C. Longolius (Hg.), *Fernsehen in Deutschland*, op. cit.

141 Das drückt exemplarisch aus: F. Tönnies, *Kritik der öffentlichen Meinung*, op. cit., S. 178-89; siehe auch die knappe Charakterisierung bei W. Hagemann, *Grundzüge der Publizistik*, op. cit., S. 163-73.

und künstlerische Leistungen. Zwischen hoher Kultur und Massenkultur besteht eine Trennung, wie sie schärfer wohl in keinem anderen Land gezogen wird.
Diesen Konflikt zwischen Kunst und Massenkultur demonstrierte Goethe im Dialog zwischen dem Dichter und dem Theaterdirektor im »Vorspiel auf dem Theater« zu seinem Faust. Der Dichter sagt:

O sprich mir nicht von jener bunten Menge,
Bei deren Anblick uns der Geist entflieht!
Verhülle mir das wogende Gedränge,
Das wider Willen uns zum Strudel zieht!
Nein, führe mich zur stillen Himmelsenge,
Wo nur dem Dichter reine Freude blüht.
Wo Lieb' und Freundschaft unsres Herzens Segen
Mit Götterhand erschaffen und erpflegen.[142]

Eine hochstehende, bis ins Esoterische gehende Intellektuellenkultur und eine um so niedriger stehende Massenkultur kennzeichnen das Land. Kulturelle Erzeugnisse, die unterhalten und ein Massenpublikum ansprechen und zugleich kulturelle Standards erfüllen, findet man selten. Das gilt für Musik, Film, Literatur und bildende Kunst in gleicher Weise.[143]

142 J. W. v. Goethe, *Faust* I, in: *Goethes Werke*, op. cit., Bd. 14, S. 10. Aus dem Konflikt zwischen Kunst und Massenkultur ist in Deutschland traditionell eine Unversöhnlichkeit geworden; sie setzt sich bis heute fort in der Kluft zwischen der esoterischen Filmkunst der intellektuellen Filmemacher, die nur die Auserwählten verstehen, und den seichten Schnulzen für die Massen. Mit dem Motto »Wie es euch gefällt« hat Shakespeare in England eine völlig andere Tradition geschaffen. In Frankreich haben Corneille und Racine die Tradition einer publikumsbildenden und -wirksamen Kunst geschaffen.

143 J. Schulte-Sasse, *Kritik an der Trivialliteratur seit der Aufklärung*, München: Fink, 1971; P. F. Schütze, *Zur Kritik des literarischen Gebrauchswerts. Eine literaturphilosophische Untersuchung*, Neuwied: Luchterhand, 1975; J. Hermand, »Unterhaltsame Entfremdung. Zur massenhaft verbreiteten Literatur der Adenauer-Ära«, in: J. Schütte (Hg.), *Erfahrung und Ideologie. Studien zur massenhaft verbreiteten Literatur*, *Argument Sonderband* 101, Berlin: Argument Verlag, 1983, S. 126-44; T. W. Adorno, »Theorie der Halbbildung«, in: *Gesellschaftstheorie und Kulturkritik*, Frankfurt: Suhrkamp, 1975, S. 60-99. Auch die soziologische Betrachtung von Kunst und Massenkultur sieht vor allem, daß die Kunst im Betrieb der kapitalistisch organisierten Massenkultur untergeht. Daß hier auch eine Demokratisierung der Kultur vor sich geht, entzieht sich dem elitären Kunstbewußtsein. Exemplarisch: L. Löwenthal, *Literatur und Gesellschaft. Das Buch in der Massenkultur*, Neuwied:

In der *Wissenschaft* wiederholt sich, was für die intellektuelle Kultur im allgemeinen gilt. Sie ist in ihrer Begründung mit der Berliner Universität im Jahre 1810 als ein Unternehmen institutionalisiert worden, das in Einsamkeit und Freiheit vor sich geht, nicht auf dem Marktplatz des wissenschaftlichen Wettstreits, obwohl die idealistischen Gründer der Berliner Universität ausdrücklich den Dialog zwischen den Lehrenden und Lernenden institutionalisieren wollten. Die Integration von Forschung und Lehre und die Freiheit der Lehrenden und Lernenden von Ansprüchen aus der Gesellschaft sollte den Dialog als Motor des Erkenntnisfortschritts in der Universität verankern. Um daraus den allgemeinen wissenschaftlichen Wettstreit der Hypothesen hervorgehen zu lassen, fehlten allerdings eine Reihe weiterer Voraussetzungen.[144]
Die Vertretung eines Faches durch einen alles beherrschenden Ordinarius ließ intern keinen Wettstreit aufkommen. Das Verhältnis der Lehrenden zu den Studenten war sicherlich nur in den seltenen Ausnahmefällen dialogisch strukturiert. Der Dialog zwischen Lehrenden und Lernenden war stets wohl mehr Ideologie als Wirklichkeit. Auf jeden Fall hatte schon Max Weber, der die Universitäten zwischen 1880 und 1920 kannte, einen anderen Eindruck von der Beziehung zwischen Professoren und Studenten. Anderenfalls hätte er sein Postulat der Werturteilsfreiheit der Wissenschaften nicht u. a. mit dem Argument begründet, daß die Studenten im Hörsaal im allgemeinen zu schweigen hätten und von keinem Recht des Widerspruchs Gebrauch machen könnten.[145]
Wissenschaft ist deshalb tatsächlich als eine Anstrengung großer Persönlichkeiten verstanden worden, die in der Einsamkeit ihrer Studierstube eine Sache zu durchdringen versuchen.[146] Als Insti-

Luchterhand, 1964; T. W. Adorno, *Kulturkritik und Gesellschaft*,, in: *Gesammelte Schriften*, Bd. 10, Frankfurt: Suhrkamp, 1977.

144 R. König, *Vom Wesen der deutschen Universität*, op. cit., S. 76-97; H. Schelsky, *Einsamkeit und Freiheit*, op. cit., S. 63-87.

145 M. Weber, »Wissenschaft als Beruf«, in: *Gesammelte Aufsätze zur Wissenschaftslehre*, op. cit., S. 602.

146 Es ist das persönliche Vorstoßen zur Wahrheit, das den Gelehrten berechtigt, die gefundene Wahrheit den Studenten zu lehren, wie es von Fichte exemplarisch gefaßt wurde: J. G. Fichte, »Einige Vorlesungen über die Bestimmung

tutsdirektoren konnten sie Schüler an sich ziehen und auf diese Weise Schulen gründen. So entstanden oft örtlich gebundene Schulen. Von der Idee der Wissenschaft her wurde diese Schulenbildung mit einem Institutsdirektor als Oberhaupt dadurch begünstigt, daß die Wahrheit als ein persönlicher Besitz aufgrund einer langen Hingabe an eine Sache aufgefaßt wurde. Jeder Institutsdirektor konnte wiederum seine besondere Version von Wissenschaft durch seine institutionelle Autoritätsstellung als verbindlich definieren.[147] Die wissenschaftliche Arbeit der Schüler war deshalb in der Regel weniger ein Angebot für einen offenen Wissenschaftsmarkt als eine Erfüllung der Normen einer Schule und ein Geschenk für die Schule.[148] Nicht die Behauptung auf einem freien Wissenschaftsmarkt, sondern die Konformität zu den Standards einer Schule drängte sich so für den Nachwuchs als Prinzip des wissenschaftlichen Handelns auf. Daß darunter die Innovationsfreudigkeit leidet, ist natürlich offensichtlich.

Patronage, nicht der offene Wettbewerb bestimmt über die Karriere des Wissenschaftlers. Unterstützt wird dieser geringere Wettbewerb auf einem offenen Markt durch die traditionelle Prämierung der großen Arbeiten anstelle der kleinen Aufsätze. Bis der junge Wissenschaftler mit der Habilitation die venia legendi erhält, hat er Jahre der einsamen Arbeit zuerst an seiner Dissertation, dann an seiner Habilitationsschrift verbracht.[149] Der kalte Wind der wissenschaftlichen Konkurrenz, der seinen amerikanischen Kollegen zur ständigen Präsentation von Papieren auf Tagungen und Publikation von Aufsätzen in Zeitschriften zwingt, hat ihm bis dahin noch recht wenig ins Gesicht geblasen. Gefördert wird diese Vermeidung des wissenschaftlichen Wettbewerbs

des Gelehrten«, op. cit.; »Über das Wesen des Gelehrten und seine Erscheinungen im Gebiet der Freiheit«, op. cit.; »Fünf Vorlesungen über die Bestimmung des Gelehrten«, op. cit.

147 J. Ben-David, *The Scientist's Role in Society*, op. cit., S. 129-33.

148 Dazu allgemein: M. Mauss, *Die Gabe. Form und Funktion des Austausches in archaischen Gesellschaften*, Frankfurt: Suhrkamp, (1925) 1968; W. O. Hagstrom, *The Scientific Community*, New York: Southern Ill. University Press, 1965.

149 A. Busch, *Die Geschichte des Privatdozenten. Eine soziologische Studie zur großbetrieblichen Entwicklung der deutschen Universitäten*, Stuttgart: Enke, 1959; H. Plessner (Hg.), *Untersuchungen zur Lage der deutschen Hochschullehrer*, 3 Bde., Göttingen: Vandenhoek & Ruprecht, 1956.

durch die Tradition, daß eine Dissertation über ein Thema zu schreiben sei, zu dem noch keine Veröffentlichung vorliegt. Hier kommt das deutsche Verständnis der Wissenschaft als das einsame Unternehmen einer Person unmittelbar zum Ausdruck. Da der Wissenschaftler so mit niemandem anderen ein Forschungsthema teilt, kann es natürlich auch keinen wissenschaftlichen Wettbewerb geben.[150] Wissenschaftlicher Wettbewerb ist vielmehr zunftmäßig reguliert. Den Abschluß der Wettbewerbsbegrenzung in der Karriere des Wissenschaftlers bildet seine Plazierung auf einer Professorenstelle an einer anderen Universität durch den Einfluß seines bisherigen Institutsdirektors. Das war die Tradition, deren Reste auch heute nicht völlig verschwunden sind, obwohl die Reformen seit Ende der sechziger Jahre dieses Jahrhunderts doch zu erheblichen Veränderungen geführt haben. Vor allem im Bereich der Geistes- und Sozialwissenschaften hat die Patronage durch einzelne Professoren in der Patronage durch Paradigmengemeinschaften eine massive Fortsetzung auf einem neuen Niveau erfahren. In den Naturwissenschaften haben sich – nicht zuletzt aufgrund der stärkeren Verflechtung mit der Forschung in den Vereinigten Staaten – in größerem Maße amerikanische Wettbewerbsbedingungen durchgesetzt, obwohl auch hier sicherlich durchsetzt mit den alten deutschen Traditionen.
Die geringere Bedeutung von Wettbewerb in der deutschen Wissenschaft äußert sich auf drei Ebenen: im Wettbewerb zwischen Theorien und Hypothesen, im Wettbewerb um wissenschaftliche Positionen und im Wettbewerb um Forschungsmittel. Die Orientierung des Wissenschaftlers an Schulen bedeutet eine Einschränkung des Wettstreits der Theorien und Hypothesen. Nicht das Standhalten eines Beitrags gegen jegliche Kritik auf einem *offenen* Markt ist gefragt, sondern die Konformität zu einer Schule. Die Kritik durch Anhänger anderer Schulen zählt nicht. Kennzeichnend für die Entwicklung der Wissenschaft in Deutschland ist das Auf und Ab heftiger Kämpfe zwischen Schulen mit dazwischenliegenden längeren Perioden der friedlichen Koexistenz mehrerer Schulen, die in dieser Zeit alle ihren eigenen, fest umzäunten Garten bepflanzen. Die Kämpfe führen zu keinen intersubjektiv anerkannten Ergebnissen und werden eigentlich um Machtpositionen

150 R. Dahrendorf, *Gesellschaft und Demokratie in Deutschland*, op. cit., S. 174.

ausgetragen.[151] Die Heftigkeit der Schulstreitigkeiten ist gerade ein Ausdruck der fehlenden Institutionalisierung eines ständigen Wettbewerbs. Es fehlen die gemeinsamen Regeln einschließlich der Regeln der Fairneß. Die Tatsache, daß persönliche Polemik und Beleidigung bis hin zu Rechtsstreitigkeiten wegen Beleidigungen in der deutschen Wissenschaftsgeschichte eine auffallende Rolle spielen, spricht nicht für die Härte des Wettbewerbs, sondern für die mangelnde Einübung in einen offenen Wettbewerb. Auch diese Eigenart der deutschen Wissenschaft wird durch die Idee der Wahrheit als persönlicher Besitz besonders gestützt. In jeder Auseinandersetzung steht nicht einfach irgendeine Hypothese auf dem Spiel, sondern die ganze Person des Forschers.

Die geringe Institutionalisierung des Wettbewerbs setzt sich in der Besetzung von Positionen fort. Vor der Qualifikation eines Bewerbers kommt immer wieder das Kriterium der Zugehörigkeit zu einer Schule. Dabei können sich die Seminare und Institute ruhig auf eine solche Politik einlassen, weil auch zwischen ihnen kein offener Wettbewerb besteht. Es mag mehr oder weniger angesehene Seminare, Institute, Fakultäten und Universitäten geben, aber man spricht darüber nur hinter vorgehaltener Hand. Eine offizielle und gemeinsam anerkannte Rangordnung wie in den Vereinigten Staaten könnte in vielen Disziplinen, vor allem in den Geistes- und Sozialwissenschaften, aufgrund der nicht selten an einzelnen Universitäten vorherrschenden Schulen auch gar nicht erstellt werden. Jede Schule an der jeweiligen Universität würde ihre eigene Rangordnung bevorzugen.

Der Wettbewerb um Forschungsmittel ist ebenfalls weit weniger entfaltet als in den Vereinigten Staaten. Das beginnt schon mit der geringeren Inanspruchnahme von Drittmitteln durch deutsche Universitäten. Forschungsmittel sind demnach zu einem erheblichen Teil einfach fest verteilt. Man findet außerdem weit weniger Institutionen, die Forschungsmittel vergeben. Der größte Teil der deutschen Forschung wird durch den Staat und durch die zentrale Deutsche Forschungsgemeinschaft finanziert.[152] Über die Vergabe von Förderungsmitteln wird sehr oft nach dem Namen des

151 Beispielhaft: die drei Methodenstreite in den Sozialwissenschaften, jeweils einsetzend 1883, 1909, 1961.

152 Einen Überblick über die Forschungsförderung der DFG vermittelt: K. Zierold, *Forschungsförderung in drei Epochen. Deutsche Forschungsgemeinschaft*, Wiesbaden: Steiner, 1968.

Antragstellers entschieden. Bei der traditionellen Verfestigung von einmal erworbener Reputation in eine Art zugeschriebener Reputation hat dies sehr häufig entsprechende Verzerrungen der Wettbewerbsbedingungen zur Folge. Die geringere Bemühung um Drittmittel zur Finanzierung von Forschungsprojekten ist in der Regel auch mit einer besonderen Scheu vor der Übernahme von Forschungsaufträgen privater Interessenten, von Unternehmen, Gewerkschaften und Parteien, verbunden. Hier sieht man vor allem die Gefahr der Einflußnahme wissenschaftsfremder Interessen auf die Forschung.[153]

Die Kooperation zwischen Universitäten und industriellen Unternehmen ist heute weit weniger selbstverständlich als in den Vereinigten Staaten. Zwischen der Grundlagenforschung an den Universitäten und Max Planck-Instituten und der angewandten Forschung in der Industrie herrscht eine klare Trennung. Dabei hatte gerade Deutschland in der zweiten Hälfte des 19. Jahrhunderts eine beispielgebende Rolle in der Anwendung der Wissenschaft in der technologischen Entwicklung der Industrie übernommen. Die chemische Industrie Deutschlands war die erste in der Welt, die sich auf dieser Basis in einem atemberaubenden Tempo entwickelt hat.[154] Hier hat sich aber das Schwergewicht auf die von der Wissenschaft inspirierte industrielle Forschung selbst verlagert, die Kooperation zwischen Universität und Industrie ist dagegen in ihrer Bedeutung zurückgetreten. Weit mehr als die Universitäten haben demgegenüber die technischen Hochschulen die Kooperation mit der Industrie gesucht.[155] Ihre Spezialisierung und ihr

153 Erst in der letzten Zeit nehmen die befürwortenden Stimmen zu. Z. B. D. Buhl, »Die Hürden müssen fallen«, in: *Die Zeit*, 4.01.1985, S. 47; J. Drews, »Ein Bündnis für die Forschung«, in: *FAZ*, 22.02.1986; J. Allesch, H. Fiedler und H.-J. Martin, *Förderung der Auftragsforschung. Zwischenbilanz der Forschungsmaßnahme »Externe Vertragsforschung«*, hg. vom Bundesminister für Forschung und Technologie, Köln: Verlag TÜV Rheinland, 1983.

154 Siehe dazu: J. J. Beer, »Die Teerfarbenindustrie und die Anfänge des industriellen Forschungslaboratoriums«, in: K. Hausen und R. Rürup (Hg.), *Moderne Technikgeschichte*, Köln: Kiepenheuer und Witsch, 1975, S. 106-18.

155 Einen Überblick über die Stiftungen der industriellen Forschungsförderung gibt S. Richter, *Kleiner Leitfaden zur Forschungsförderung*, Technische Hochschule Darmstadt, 1981. Beispiele finden sich in den Beiträgen zur Geschichte der Technischen Universität Berlin 1879-1979, R. Rürup (Hg.), *Wissenschaft und Gesellschaft*, 2. Bde., Berlin: Springer Verlag, 1979, insbesondere Bd. 1, Teil 3 und Bd. 2.

im Vergleich zu den Universitäten bis vor kurzer Zeit noch im Namen symbolisierter minderer Status bringt die für Deutschland charakteristische hierarchische Abstufung und Trennung von reiner und angewandter Wissenschaft zum Ausdruck. In Deutschland war es vor allem nach der staatlich forcierten Industialisierung möglich, in Verbindung mit den Naturwissenschaften große technologische Fortschritte zu machen, aber diese Entwicklung konnte nicht in die idealistische Kultur integriert werden.

Die Schulenbildung, die für eine erhebliche Begrenzung des wissenschaftlichen Wettbewerbs verantwortlich zu machen ist, wirft auch ein besonderes Licht auf die Art der wissenschaftlichen Vergemeinschaftung. Die Struktur der wissenschaftlichen Gemeinschaft wird erstens durch die feindliche oder friedliche Koexistenz unterschiedlicher Schulen bestimmt, zweitens durch fehlende gemeinsame Regeln einer übergreifenden wissenschaftlichen Gemeinschaft und drittens durch eine begrenzte Fähigkeit des Wissenschaftlers zur Teamarbeit. Gemeinschaftshandeln ist aufgrund der Schuleneinbindung die Grundform des wissenschaftlichen Handelns. Die Konformität zum Paradigma einer Schule ist oft das erste Kriterium der wissenschaftlichen Arbeit. Man ist Mitglied einer Schule und nicht Mitglied einer darüber hinausgehenden Wissenschaftsgemeinschaft. Für die fruchtbare Austragung von Debatten zwischen den Schulen fehlt deshalb oft der Minimalkonsens. Ein Paradigma definiert die Kriterien seiner Überprüfung häufig selbst und läßt sie sich nicht von außerhalb aufzwingen. Teamarbeit ist insoweit ungewohnt, als Wahrheit als ein in Einsamkeit erworbener persönlicher Besitz aufgefaßt wird. Demgemäß ist es nicht erstaunlich, daß man in deutschen Publikationen weit weniger als in den Vereinigten Staaten die Arbeit von mehreren Autoren findet. Auch hier läßt sich eher in den Naturwissenschaften eine Angleichung an die Verhältnisse in Amerika beobachten.

Nach außen fehlt der wissenschaftlichen Gemeinschaft in Deutschland der Kontakt zur gesellschaftlichen Praxis. Es findet nur wenig Interaktion zwischen Mitgliedern der Universität und Repräsentanten anderer gesellschaftlicher Institutionen und Gruppen statt. Die Universitäten beteiligen sich im Vergleich zu den Vereinigten Staaten wenig am öffentlichen Leben auf lokaler, regionaler und nationaler Ebene. Ihr Kontakt mit der Umwelt ist im wesentlichen durch die Anbindung an die Wissenschaftsministerien der Länderregierungen vermittelt. Hier tragen die Universitäten noch heute an einem fatalen Erbe der Humboldtschen Gründung. In Einsamkeit und Freiheit, losgelöst von der Gesellschaft sollte sie arbeiten, und der Staat sollte die Interessen der Gesellschaft von ihr fernhalten. Durch diese Unterwerfung unter den Schutz und die Anweisungsbefugnis des Staates ist sie natürlich mit der Ausweitung der Aktivitäten des Staates immer wieder wehrlos der politischen Steuerung durch den Staat ausgesetzt gewesen. Ohne eigene aktive Verbindung mit der gesellschaftlichen Umwelt hat sie sich mit dem Schutz des Staates die Bevormundung durch den Staat eingehandelt. Die Idee der autonomen Universität wird so zur grotesken Ideologie einer ganz anderen Wirklichkeit.[156] Eine Institution, die zu allen Sektoren der Gesellschaft aktive Beziehungen unterhält – wie die amerikanische Universität – bewahrt mehr Selbständigkeit und gerät nicht so leicht in eine ausweglose einseitige Abhängigkeit. Ohne diese multiple Verflechtung mit der Umwelt ist die Universität dem Dilemma ausgesetzt, daß sie selbst aus sich heraus nur Realitätsferne hervorbringen kann, die gesellschaftliche Umwelt im Zuge der allgemeinen öffentlichen Mobilisierung darauf nur mit Unmut und Mißtrauen reagiert und der Staat als Vermittler die Schraube der Bevormundung durch eine Flut von Gesetzen und Erlassen immer enger zudreht.

Die Schulenbildung war in Deutschland lange Zeit eng mit der wissenschaftlichen Autorität verbunden. Die Schulen waren Gründungen einzelner Institutsdirektoren, die nicht nur ihre Sachautorität, sondern auch ihre Amtsautorität zum Heranziehen von Schülern, zum Einsatz von Forschungsmitteln und zur Durchführung von Forschungsprogrammen nutzen konnten. Das bedeutete, daß in der Bildung der Schulen nicht nur Einfluß, sondern auch ein gewisses Maß an Macht im Spiele sein konnte. In der wissenschaftlichen Arbeit war die Macht des Institutsdirektors, Assistenten einzustellen und zu entlassen, sicherlich kein unbedeutender Faktor in der Unterstützung seiner Sachautorität. Im Außenverkehr war die mit dem Amt verbundene Würde stets eine zusätzliche Stütze für die Anerkennung seiner wissenschaftlichen Leistungen. Diese Personalisierung wissenschaftlicher Autorität wird außer-

156 Dazu: R. König, *Vom Wesen der deutschen Universität*, op. cit., S. 125-97; H. Schelsky, *Einsamkeit und Freiheit*, op. cit., S. 102-32, 262-66.

dem durch die deutsche Idee der Wahrheit als ein aus langem einsamen Studium hervorgehender persönlicher Besitz legitimiert. Wissenschaftliche Autorität ist demnach etwas Unantastbares. Weder intern noch extern ist sie für eine unbefangene Kritik offen. Die Assistenten setzten mit Kritik oft ihre Karriere aufs Spiel. Die Außenstehenden wagten oft nicht an der traditionell legitimierten Autorität eines Amtes zu zweifeln.
Die geschilderten Verhältnisse haben sich erst seit der Studentenrebellion der sechziger Jahre erheblich verändert. Der Spruch »Unter den Talaren der Muff von tausend Jahren« hat den deutschen Ordinarius vom Sockel der überzogenen Ehrerbietung gestürzt. Weil der Sockel so hoch war, erscheint der Sturz in normale Verhältnisse um so dramatischer. Und es fehlen die Regeln für die veränderten Verhältnisse. Die Öffentlichkeit war wenig auf den Normalfall vorbereitet, daß der Streit zwischen unterschiedlichen wissenschaftlichen Auffassungen zur Wissenschaft gehört und gerade ihren Fortschritt erst ermöglicht. Wissenschaftlicher Streit wird gerade aufgrund des traditionellen Verständnisses von wissenschaftlicher Autorität zum Anlaß für Mißtrauen genommen. Nicht einmal ganz unberechtigt ist dieses Mißtrauen aufgrund der mangelnden Institutionalisierung von Regeln des wissenschaftlichen Streits. In der Universität hat die Regellosigkeit der neuen Verhältnisse oft zur schroffen Konfrontation zwischen aufsässigen Studenten und beleidigten Professoren geführt. Es existierte keine Tradition eines offenen partnerschaftlichen Verhältnisses zwischen Professoren, Assistenten und Studenten. Die Einführung der Gruppenuniversität hat mancherorts die Herrschaft der Ordinarien durch die offene Machtpolitik ersetzt. Daraus hervorgegangen ist keine Institutionalisierung der offenen wissenschaftlichen Diskussion, sondern die Anpassung der Wissenschaft an die Logik politischer Machtkämpfe. Zumindest in den Geistes- und Sozialwissenschaften ist die Spaltung der Schulen und Paradigmen in einen Kampf zwischen politischen Gruppierungen übersetzt worden. Die Einführung der Gruppenuniversität hat sich das schöne Ziel einer Diskussion zwischen gleichberechtigten Partnern gesetzt. Auf dem Boden der deutschen Tradition gab es dafür nicht die entsprechenden Regeln der Auseinandersetzung und die entsprechende Übung in der Offenheit der wissenschaftlichen Diskussion.[157]

157 Zur Diskussion siehe: B. Fritsche (Hg.), *Symposium »Gruppenuniversi-*

Schulen und Paradigmen zeichnen sich in Deutschland durch ihren prinzipiellen Charakter aus. Hier liegt die theoretische Grundlage für die Unversöhnlichkeit der Streitigkeiten. Eine Schule und ein Paradigma ist nicht einfach eine pragmatische Forschungsrichtung, sondern ein auf ganz feste allgemeine Prinzipien gestütztes Unternehmen. Was in Amerika z. B. in der Ethnomethodologie eine pragmatische Forschungsrichtung darstellt, ist in Deutschland Phänomenologie und philosophisch begründet.[158] Auch die Konflikttheorie, der Marxismus und der Funktionalismus sind in Amerika pragmatische Forschungsrichtungen, denen in Deutschland viel prinzipieller gedachte und philosophisch verankerte Paradigmen korrespondieren. Die amerikanische Wissenschaft ist mehr von der Anwendung bestimmt, und man teilt eine gewisse Methodologie der praktisch relevanten Forschung. Die deutsche Wissenschaft ist in ihrer Entwicklung weit mehr von der Theorie bis hin zur philosophischen Begründung geformt worden. An ihrem Anfang steht der Anspruch der idealistischen Universitätsreformer, Wissenschaft in einem ganz umfassenden, und das hieß für sie: in einem philosophischen Sinn zu institutionalisieren. Wissenschaft ist mehr als nur »Science« im angelsächsischen Sinn. Und ein deutscher Geisteswissenschaftler würde sich die angelsächsische Definition seiner Disziplin als »Arts« nicht gefallen lassen. Um so schärfer ist natürlich der Konflikt zwischen den Geistes- und den Naturwissenschaften, weil da zwei Wissenschaftsauffassungen mit demselben Anspruch auf Gültigkeit aufeinanderprallen. Nach dem Programm des deutschen Idealismus – wie es wohl Wilhelm Dilthey am prägnantesten formuliert hat – bietet das Sinnverstehen eine viel unmittelbarere Erfahrung als die naturwissenschaftliche Beobachtung und Erklärung.[159] Nach

tät«: Dokumentation einer Tagung des Hochschulverbandes am 1. und 2. Mai 1981, Bonn: Hochschulverband, 1981; H. Lübbe, »Gruppenuniversität. Revision eines Demokratisierungsprogramms«, in: H. Baier, H. M. Kepplinger und K. Reumann (Hg.), *Öffentliche Meinung und sozialer Wandel*, Opladen: Westdeutscher Verlag, 1981, S. 245-55.

158 Vgl. z. B. H. Garfinkel, *Studies in Ethnomethodology*, Englewood Cliffs, N. Y.: Prentice Hall, 1967, und F. Schütze, *Sprache soziologisch gesehen*, 2 Bde., München: Fink, 1975.

159 W. Dilthey, *Abhandlungen zur Grundlegung der Geisteswissenschaften*, op. cit.; *Der Aufbau der geschichtlichen Welt in den Geisteswissenschaften*, op. cit.

der traditionellen Höherbewertung des Inneren des Menschen vor der äußeren Natur ist dies ein Wissen, das einen weit höheren Anspruch auf Bedeutsamkeit für den Menschen erheben kann.

Nirgendwo hat man sich gegen ein Übergreifen der Methoden der Naturwissenschaften auf die Geisteswissenschaften mehr gewehrt als in Deutschland. Dieser Konflikt ist am heftigsten in denjenigen Wissenschaften entbrannt, deren Zurechnung zu einer der beiden Wissenschaften nicht so einfach ist, in Soziologie, Ökonomie, Politologie, Psychologie, Pädagogik und Geschichtswissenschaft. Begonnen hat dieser Streit mit dem sogenannten ersten Methodenstreit gegen Ende des 19. Jahrhunderts, in dem es um den Konflikt zwischen einer historisch-idealistisch und idiographisch vorgehenden und einer nomothetisch verfahrenden Wirtschaftswissenschaft ging. Im zweiten Methodenstreit zu Beginn dieses Jahrhunderts war das von Max Weber aufgestellte Postulat der Werturteilsfreiheit heiß umstritten. Der dritte Methodenstreit brachte im Positivismusstreit der sechziger Jahre den Gegensatz zwischen einer naturwissenschaftlich-empirischen Methodologie und einer geisteswissenschaftlich-hermeneutischen und dialektischen in voller Breite zum Ausbruch.[160] Eine empirische Orientierung und eine naturwissenschaftliche Methodologie hat sich in den Sozialwissenschaften in Deutschland stets nur gegen den heftigsten Widerstand

160 Siehe dazu die in Anmerkung 87 genannte Literatur. Der erste Methodenstreit brach 1883 zwischen der von Carl Menger und Eugen Böhm-Bawerk vertretenen österreichischen Schule einer naturalistischen Wirtschaftswissenschaft und der von Gustav Schmoller, Adolph Wagner und Lujo Brentano angeführten historisch-hermeneutischen Schule aus. Der zweite Methodenstreit wurde von Max Weber 1909 im Verein für Sozialpolitik über die Frage der Werturteilsfreiheit der Sozialwissenschaften entfacht. In den sechziger Jahren hat der Positivismusstreit zwischen Karl Popper und Hans Albert auf der Seite des kritischen Rationalismus und Theodor W. Adorno sowie Jürgen Habermas auf der Seite der Frankfurter Schule die Diskussion beherrscht. Zum ersten Methodenstreit siehe F. K. Ringer, *The Decline of the German Mandarins*, op. cit., S. 143-63; zum zweiten Methodenstreit: C. von Ferber, »Der Werturteilsstreit 1909/1959. Versuch einer wissenschaftsgeschichtlichen Interpretation«, in: E. Topitsch (Hg.), *Logik der Sozialwissenschaften*, Köln: Kiepenheuer & Witsch, 1965, S. 165-80; zum dritten Methodenstreit die gesammelten Streitschriften: T. W. Adorno, H. Albert, R. Dahrendorf, J. Habermas, H. Pilot und K. R. Popper, *Der Positivismusstreit in der deutschen Soziologie*, Neuwied: Luchterhand, 1969.

der kulturellen Tradition durchgesetzt. Es gibt keine gemeinsame und allgemein verbindliche Logik, Methodologie, Methodik und Forschungsethik, dafür aber um so heftigere meta-theoretische Streitigkeiten über die angemessenen Regeln der sozialwissenschaftlichen Forschung. Eine Konsequenz davon ist eine große Distanz zwischen den Paradigmen und auch eine große Kluft zwischen der eher philosophisch orientierten Theoriediskussion und der oft recht simpel und wenig theoretisch sublimiert verfahrenden empirischen Forschung.[161] Anwendungsbezug ist für die theoretisch orientierte Soziologie verpönt und für die empirische Forschung oft die einzige inhaltliche Bestimmung der Arbeit. Zwischen der abstrakten Gesellschaftstheorie und der empirischen Forschungspraxis fehlt die verbindende soziologische Theorie auf einem mittleren Abstraktionsniveau, wie sie sich in den Vereinigten Staaten herausgebildet hat. Dort mangelt es allerdings vielfach an ausreichender theoretischer Abstraktion, wenn man einmal von der europäisch geformten, deshalb aber eben auch nie so recht geliebten Soziologie Talcott Parsons' absieht.

Die deutsche Idee der Wahrheit hat die Entwicklung der Erkenntnis als einen Bildungsprozeß des einsamen Subjekts begriffen, in dem die persönliche Identität und die menschliche Universalität zusammenfallen. Bei Kant sind es die allgemeinen menschlichen Erkenntnisvermögen des erkennenden Subjekts, von denen er ausgeht, bei Hegel ist es die Bewußtwerdung des subjektiven und objektiven Geistes.[162] Nirgendwo findet sich in dieser Denktradition ein Ansatz, Erkenntnisgewinnung als einen kollektiven Lernprozeß zu deuten. Schon die Idee der Lutherischen Innerlichkeit gab dafür keinen Ansatzpunkt. Ein solches Verständnis von Wissenschaft ist eigentlich nur im amerikanischen Pragmatismus auf der Basis der amerikanischen Erfahrung entstanden. In den Sozialwissenschaften hat erst durch den kritischen Rationalismus Karl R. Poppers eine ähnliche Auffassung von Wissenschaft in Deutschland Eingang gefunden.[163] Die Methode der Kritik macht

161 Die empirische Soziologie hält nur in ganz wenigen Ausnahmefällen einem Vergleich mit dem Niveau der Forschung in den Vereinigten Staaten stand.

162 G. W. F. Hegel, *Phänomenologie des Geistes*, op. cit.; *Vorlesungen über die Geschichte der Philosophie*, Bd. III, op. cit.

163 K. R. Popper, *Logik der Forschung*, Tübingen: Mohr Siebeck, (1934) 1966; *Conjectures and Refutations*, London: Routledge, 1963; *Objektive*

den Wettstreit der Hypothesen und Theorien zum Zentrum von Wissenschaft als ein kollektives Unternehmen. Habermas hat diesen Aspekt in einem seiner Beiträge zum Positivismusstreit klar erkannt.[164] Er selbst hat in seiner weiteren Ausarbeitung der Theorie des rationalen Diskurses diese Anknüpfung an angloamerikanische Vorstellungen von Wissenschaft vorangetrieben.[165] In seiner neueren Abrechnung mit dem bewußtseinsphilosophischen Gehalt der älteren kritischen Theorie hat er weitere Schritte in der Verabschiedung vom Erbe des deutschen Idealismus unternommen. Hier zeigen sich entscheidende Ansätze der Überwindung der fatalen Aspekte der deutschen kulturellen Tradition.[166]

Schlußbemerkungen

Der deutsche Begriff der Rationalität ist in entscheidender Weise durch den Idealismus geprägt worden, der als eine Säkularisierung der Lutherischen Idee der Innerlichkeit zu verstehen ist. Die Idee der Einsamkeit und Freiheit bildet die Grundlage der intellektuellen Arbeit. Die Konsequenz davon sind hervorragende Leistungen in der theoretischen Abstraktion, aber ebenso Neigungen zu Begriffsakrobatik und Esoterik. Von Kant zu Hegel war es kein sehr weiter Schritt. Abstrakter humanistischer Universalismus ist gepaart mit konkreter Unmenschlichkeit, hohe private Tugend mit mangelnder öffentlicher Tugend. Intellektuelle Autorität verbindet Sachautorität mit Amtsautorität, Konsensbildung neigt zur Verknüpfung von abstrakter Synthese und staatlicher Autorität.

Erkenntnis, Hamburg: Hoffmann & Campe, 1973; H. Albert (Hg.), *Theorie und Realität*, Tübingen: Mohr Siebeck, 1964, 2. veränderte Auflg., 1972; *Traktat über kritische Vernunft*, Tübingen: Mohr Siebeck, 2. Auflg., 1969.

164 J. Habermas, »Gegen einen positivistisch halbierten Rationalismus«, in: T. W. Adorno, H. Albert, R. Dahrendorf, J. Habermas, H. Pilot und K. R. Popper, *Der Positivismusstreit in der deutschen Soziologie*, op. cit., 1969, S. 235-66, ebd., S. 242-8; siehe weiter J. Habermas, *Erkenntnis und Interesse*, op. cit., Kap. II, 6.

165 J. Habermas, »Wahrheitstheorien«, in: H. Fahrenbach (Hg.), *Wirklichkeit und Reflexion. Walter Schulz zum 60. Geburtstag*, Pfullingen: Neske, 1973, S. 211-65.

166 J. Habermas, *Theorie des kommunikativen Handelns*, Bd. I, op. cit., insbesondere S. 518-34.

Sie setzt die Ideologie der Volksgemeinschaft an die Stelle einer staatsbürgerlichen Gemeinschaft und scheut die Konfliktaustragung als institutionalisierte Form der Konsensbildung. Intellektueller Wettstreit und wissenschaftlicher Wettbewerb sind nur wenig entwickelt. Statt dessen herrschen die gemeinschaftliche Strukturierung der Wissenschaft durch partikularistische Schulenbildung, die Stützung von Sachautorität durch Amtsautorität und die prinzipientreue Vertretung von Paradigmen vor. Zwischen Theorie und Empirie klafft eine große Lücke (Diagramme 8 und 9).

3. Individualismus: Innere Freiheit und Rechtsstaatlichkeit

Vorbemerkungen

Freiheit ist in ihrem Ursprung keine deutsche Idee. Ihr Ursprung ist angelsächsisch. In England ist die Idee seit der Magna Charta von 1215 und den Bill of Rights von 1689 mit der Garantie konkreter Freiheitsrechte des Individuums gegen die Regierung und mit der Entfaltung des freien ökonomischen Verkehrs, mit Eigentumsfreiheit und Vertragsfreiheit verbunden. In Amerika setzt sich diese Entwicklung mit der Befreiung von der britischen Herrschaft und der Garantie der Freiheitsrechte in den Ergänzungen zur Verfassung von 1789 in noch konsequenterer Weise fort. Die ökonomische Freiheit und die Vereinigungsfreiheit ergänzen sich hier wechselseitig und definieren auch den Charakter der politischen und kulturellen Freiheit. Ganz anders ist die Konstellation der Faktoren, die in Deutschland das Verständnis von Freiheit prägen. Es wird durch das kulturelle Ideal und durch den Staat bestimmt. Die innere Freiheit als kulturelles Ideal und der Rechtsstaat als politische Konkretisierung formen den deutschen Begriff der Freiheit. Zwischen diese beiden dominierenden Komponenten sind auch die Vereinigungsfreiheit und die situative, ökonomische Freiheit eingespannt.[167]

167 Die beste Darstellung und Interpretation der Entwicklung des Freiheitsbegriffs in Deutschland gibt L. Krieger, *The German Idea of Freedom*, op. cit.

Diagramm 8: Formulierung, Institutionalisierung, Anwendung und Erweiterung des Wissens in Deutschland

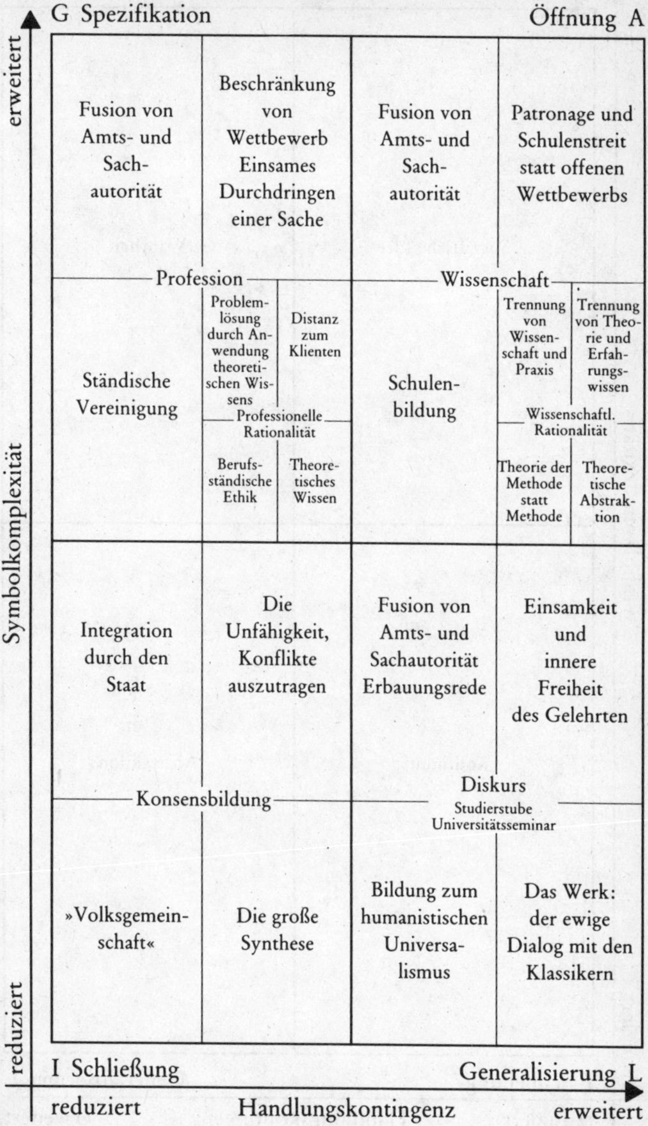

Diagramm 9: Der Rationalismus in Deutschland

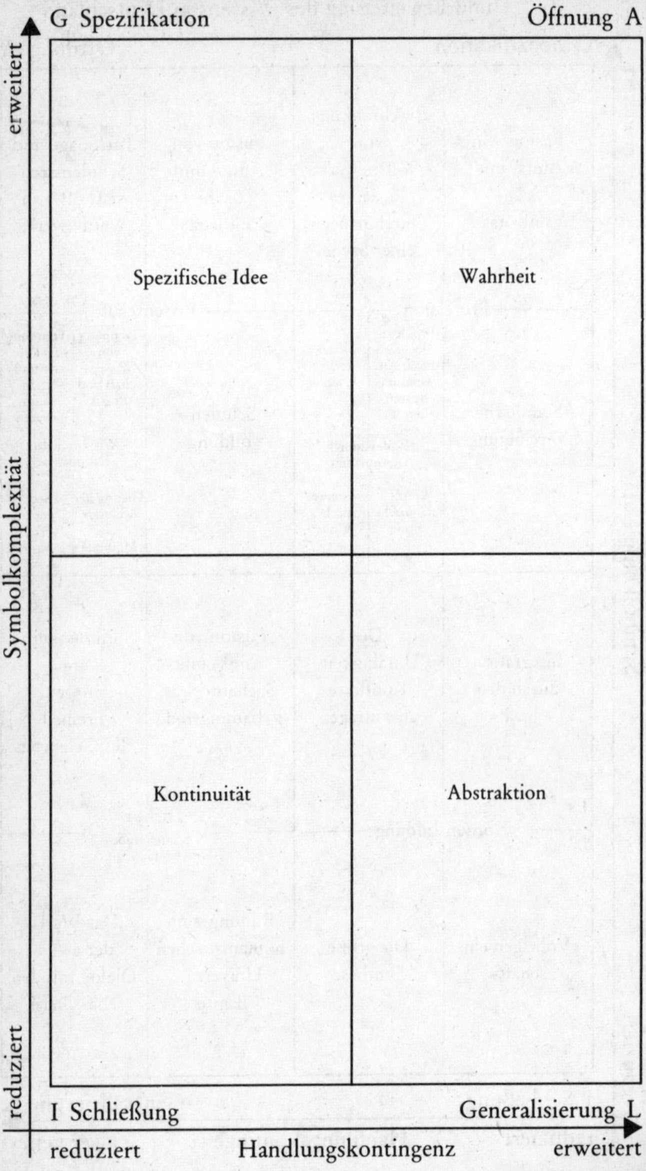

Die innere Freiheit, die als kulturelles Ideal so bestimmend für den deutschen Begriff der Freiheit geworden ist, hat ihre Wurzel in Luthers Verständnis der Innerlichkeit des Protestanten. Nicht die Befreiung von staatlicher Kontrolle und die unbegrenzte Entfaltung von Bedürfnissen und Interessen auf dem Markt geben dem Lutherischen Protestanten Freiheit, sondern der Glaube und das Vertrauen auf Gott. Das Streben nach den konkreten politischen und ökonomischen Freiheiten erscheint gerade als ein Ausgeliefertsein an äußere Güter der Welt, von dem sich der Protestant durch die Besinnung auf den Glauben befreien muß. Wie Luther sagt, ist die Freiheit des Christenmenschen eine von allen äußeren Dingen unabhängige Freiheit der Seele:

> So wir uns den innwendigen, geistlichen Menschen vornehmen, um zu sehen, was dazu gehöre, daß er ein frommer, freier Christenmensch sei und heiße, so ists offenbar, daß ihn kein äußerliches Ding frei und fromm machen kann, wie es auch immer genannt werden mag. Denn seine Frömmigkeit und Freiheit und umgekehrt seine Bosheit und Gefängnis sind nicht leiblich noch äußerlich. Was hilfts der Seele, daß der Leib ungefangen, frisch und gesund ist, isset, trinkt, lebt, wie er will? Umgekehrt: was schadet das der Seele, daß der Leib gefangen, krank und matt ist, hungert, dürstet und leidet, wie er nicht gern wollte?[168]

Was dem Menschen die Freiheit gewährt, sind keine äußeren Werke, also kein aktives Handeln des Menschen, sondern der innere Glaube. Aus diesem Glauben folgt eine innere Freiheit, die über allen äußeren Dingen steht:

> Daraus siehet man klar, wie ein Christenmensch frei von allen Dingen und über alle Dinge ist, so daß er keiner guten Werke dazu bedarf, daß er fromm und selig sei, sondern der Glaube bringts ihm alles im Überfluß.[169]

Der Glaube bildet die Persönlichkeit, für den Glauben muß sich der Mensch entscheiden. Aus ihm gewinnt er dann die über allen äußeren Dingen stehende innere Freiheit. Es ist eine Freiheit, die aus der Gewißheit des Glaubens folgt, daß dem Menschen die Seligkeit sicher ist, sofern er nur glaubt, was auch immer in der Welt geschehen mag. Der Glaube macht ihn frei von allem diesseitigen Glücksstreben. Diese Freiheit ist allen Menschen für alle Zeit

168 M. Luther, »Von der Freiheit eines Christenmenschen«, op. cit., S. 21 (*Luther Deutsch*, Bd. 2, S. 251-2).
169 Ebd., S. 28 (261).

gleich gegeben, unabhängig von ihrem diesseitigen Glück und Erfolg. Was dem Menschen in seinem Glauben die Augen für diese Freiheit öffnet, ist das Wort Gottes. Der Christenmensch lebt aus dem Wort Gottes und nicht aus äußerlichen Dingen. Das Wort Gottes in der Bibel ist die unversiegbare Quelle, aus welcher der Mensch die innere Freiheit immer wieder neu schöpft.[170] Die innere Freiheit soll aber nach Luthers Aussage den Menschen nicht davon entheben, im äußeren Handeln Gehorsam zu zeigen. Der Sündhaftigkeit des Fleisches muß durch die Gebote Gottes und darüber hinaus durch die von Gott für die unvollkommene Welt eingerichtete weltliche Herrschaft in Familie und Staat entgegengewirkt werden. Aus dem Glauben wächst auch der Wille, Gottes Gebote zu erfüllen und gute Werke zu tun und auch gegenüber der weltlichen Herrschaft Gehorsam zu üben.[171] Nur durch diese Umsetzung des Glaubens in gottgefälliges Handeln gewinnt der Mensch die wirkliche Freiheit, das heißt die Herrschaft über die Triebregungen des Fleisches. Die Übersetzung der inneren Freiheit in äußere Freiheit heißt schlicht Gehorsam:

> Denn dies ist eine geistliche Herrschaft, die da in der leiblichen Unterdrückung regiert, (...) eine gar hohe ehrliche Würdigkeit und eine rechte, allmächtige Herrschaft, ein geistliches Königreich (...) Siehe, wie ist das eine köstliche Freiheit und Gewalt der Christen![172]

Gewiß haben auch die Puritaner Neuenglands Freiheit nur als moralische Selbstkontrolle verstanden. Allerdings besteht zwischen der puritanischen Selbstdisziplin und dem Lutherischen Gehorsam ein gewaltiger Unterschied. Schon die freiwillige Mitgliedschaft in der Sekte, später in der Denomination, bedeutete ja ein freies Commitment zu einer religiösen Moral. Dagegen wurde dem Lutherischen Protestanten der Glaube ja in Wirklichkeit von der Obrigkeit des Landesherrn und von der Kirche verordnet. Außerdem waren es in der weiteren Entwicklung auch äußerlich, d. h. gemeinschaftlich, politisch und ökonomisch freie Bürger, die sich in Neuengland der religiösen Selbstdisziplin unterwarfen. Dieses puritanische Konzept der Freiheit als Selbstdisziplin konnte ohne große Brücke zu einem Konzept der selbstverantwortlichen Persönlichkeit säkularisiert werden. Die Lutherische

170 Ebd., S. 22-3 (252-4).
171 Ebd., bes. S. 24-32 (255-67).
172 Ebd., S. 27-8 (260).

Verbindung von innerer Freiheit und Gehorsam bot dafür keine Ansatzpunkte. Jedoch hat das Lutherische Verständnis von Freiheit den kulturellen Code festgelegt, der die Möglichkeiten der weiteren Entwicklung der Freiheitsidee in Deutschland in entscheidender Weise bestimmte.

Das Freiheitsverständnis Kants und nach ihm des deutschen Idealismus ist unschwer als eine Säkularisierung des Lutherischen Begriffs der inneren Freiheit zu erkennen.[173] Für Kant gäbe es keine Freiheit, wenn wir nur Sinnenwesen wären. In der Sinnenwelt herrscht das Gesetz der Kausalität und demgemäß allein die heteronome Bestimmung des Willens durch äußere Ursachen, seien es organische oder psychische Triebe des Menschen oder äußere Bedingungen.[174] Dieser Unterwerfung des Menschen unter die Kausalität der Sinnenwelt steht jedoch das Faktum der *reinen* praktischen Vernunft entgegen: Wir können uns kein *allgemeingültiges* moralisches Handeln vorstellen, das von Objekten der menschlichen Begehrung, d.h. sinnlich gegebenen Zielen und Bedingungen determiniert ist. In diesem Fall existierten nur situativ wechselnde Orientierungsregeln des Handelns, d.h. hypothetische Imperative. Ein allgemeingültiges moralisches Gesetz muß von allen diesen sinnlichen Bedingungen unabhängig sein. Moralisch ist nur ein Handeln, dessen Maxime sich zu einem allgemeingültigen Gesetz machen läßt. Ein solches Handeln darf demgemäß durch keine sinnlichen, äußeren Bedingungen beeinflußt sein. Es darf allein von der reinen Vernunft in praktischer Absicht geleitet sein.[175]

Die Freiheit von den sinnlichen Strebungen und Bedingungen muß also immer schon vorausgesetzt werden, wenn wir von moralischem Handeln sprechen. Daß wir uns in praktisch regulierender Absicht aber nur ein moralisches Handeln denken können, das sich an nichts anderem orientiert als an der Allgemeingültigkeit

173 Dazu: J. Eiben, *Der Säkularisierungsprozeß kultureller Sinnstiftung in Deutschland am Beispiel von Luther und Kant in soziologischer Perspektive*, M.-A. Arbeit Düsseldorf, 1985.

174 I. Kant, *Kritik der praktischen Vernunft*, op. cit., insbesondere S. 143-4 (58-9), 158 (77), 221 (172-3), 246-7 (2112); *Kritik der reinen Vernunft*, (1781), in: *Werke in sechs Bänden*, Bd. II, hg. von W. Weischedel, Frankfurt: Insel-Verlag, 1956, S. 445 (A 469/B 497), 453 (A 481/B 509), 502 (A 553/B 581), 675 (A 803/B 831).

175 I. Kant, *Kritik der praktischen Vernunft*, op. cit., S. 138-45 (52-6).

moralischer Regeln, also an dem moralischen Gesetz, ist ein *Faktum* der reinen praktischen Vernunft:

Man kann das Bewußtsein dieses Grundgesetzes ein Faktum der Vernunft nennen, weil man es nicht aus vorhergehenden Datis der Vernunft, z. B. dem Bewußtsein der Freiheit (denn dieses ist uns nicht vorher gegeben) herausvernünfteln kann, sondern weil es sich für sich selbst uns aufdringt als synthetischer Satz a priori, der auf keiner, weder reinen noch empirischen, Anschauung gegründet ist, ob es gleich analytisch sein würde, wenn man die Freiheit des Willens voraussetzte, wozu aber, als positivem Begriffe, eine intellektuelle Anschauung erfordert werden würde, die man hier gar nicht annehmen darf.[176]

Die Freiheit des Menschen als Verstandeswesen gewinnt durch dieses Faktum eine objektive praktische Realität, weil man bei aller moralischen Gesetzgebung die Freiheit voraussetzen muß. Die Vorstellung der Freiheit des Menschen als Verstandeswesen ist in diesem Sinn ein regulatives Prinzip der reinen praktischen Vernunft. Gewonnen wird sie dadurch, daß der Mensch keine äußeren Begehrungen zum Prinzip seines Handelns macht, sondern allein die Maxime, ob er sein Handlungsprinzip zu einem universell gültigen Prinzip erheben könnte. Das Handeln nach der reinen praktischen Vernunft befreit den Menschen von allen äußeren Verursachungen des Handelns. Kant nennt diese Bestimmung des Handelns durch die praktische Vernunft die Kausalität aus Freiheit, die allein die Autonomie des Willens ausmache.[177] Das moralische Gesetz wird zum einzigen Urheber des Handelns und verleiht ihm die Freiheit von allen äußeren Begehrungen:

Freiheit und unbedingtes praktisches Gesetz weisen also wechselweise aufeinander zurück.[178]

176 Ebd., S. 141-2 (56-7).

177 »Nun tritt hier ein durch die Kritik der reinen Vernunft gerechtfertigter, obzwar keiner empirischen Darstellung fähiger Begriff der Kausalität, nämlich der der *Freiheit* ein; und wenn wir Gründe ausfindig machen können zu beweisen, daß diese Eigenschaft dem menschlichen Willen (und so auch dem Willen aller vernünftigen Wesen) in der Tat zukomme, so wird dadurch nicht allein dargetan, daß reine Vernunft praktisch sein könne, sondern, daß sie allein, und nicht die empirisch-beschränkte, unbedingterweise praktisch sei«. Ebd., S. 120 (30).

178 Ebd., S. 139 (53).

Es ist Luthers innere Freiheit, die Kant in eine säkulare Gestalt bringt. Was den Menschen zur alleinigen Orientierung am moralischen Gesetz motiviert und ihm dadurch die innere Freiheit gibt, ist die Achtung des moralischen Gesetzes, die Kant als ein moralisches Gefühl der reinen praktischen Vernunft begreift:

Das Bewußtsein einer *freien* Unterwerfung des Willens unter das Gesetz, doch als mit einem unvermeidlichen Zwange, der allen Neigungen, aber nur durch eigene Vernunft angetan wird, verbunden, ist nun die Achtung fürs Gesetz.[179]

Es darf keinerlei sinnliche Begehrung sein, die den Menschen dem moralischen Gesetz zuführt, wie z. B. die Respektierung durch die Mitmenschen; allein die schlichte Achtung des moralischen Gesetzes zählt. Man kann hier eine Parallele zu Luthers Prinzip des Glaubens sehen, der ebenso vollkommen frei von jeglichen beigemengten Glückshoffnungen sein muß.
Die freie Persönlichkeit zeigt sich in einem vollkommenen Freisein von Begehrungen des äußeren Lebens und in der reinen Achtung des moralisch gültigen Handelns. Die reine Gesinnung und die aus ihr hervorgehende Handlung formen die freie Persönlichkeit. Selbstverwirklichung als persönliche Konkretisierung von Freiheit findet nicht in der Entfaltung von Bedürfnissen und Interessen statt, sondern im Finden einer inneren Gesinnung, die an der universellen Vernunft teilhat. Das Individuum soll sich selbst verwirklichen, indem es sich auf die Stufe der universellen praktischen Vernunft emporschwingt:

Es kann nichts Minderes sein, als was den Menschen über sich selbst (als einen Teil der Sinnenwelt) erhebt (...) Es ist nichts anders als die Persönlichkeit, d. i. die Freiheit und Unabhängigkeit von dem Mechanism der ganzen Natur, doch zugleich als ein Vermögen eines Wesens betrachtet, welches eigentümlichen, nämlich von seiner eigenen Vernunft gegebenen reinen praktischen Gesetzen, die Person also, als zur Sinnenwelt gehörig, ihrer eigenen Persönlichkeit unterworfen ist, so fern sie zugleich zur intelligibelen Welt gehört.[180]

Das ist in seiner Reinheit ein so heroischer Begriff der Selbstverwirklichung, daß die durchschnittliche Wirklichkeit neben ihm nur schlecht aussehen kann. Wer das prinzipielle deutsche Denken

179 Ebd., S. 202 (143).
180 Ebd., S. 209-10 (155-6).

nicht gewohnt ist, muß vor ihm in Ehrfurcht und auch Schrecken erschaudern.[181]

Innere Freiheit und die Orientierung des Handelns am moralischen Gesetz sind untrennbar miteinander verbunden. Innere Freiheit ist Selbstgesetzgebung durch praktische Vernunft. Diese Selbstgesetzgebung ist natürlich keine solche der Orientierung an den persönlichen sinnlichen Strebungen, sondern eine solche der Teilhabe an der universellen praktischen Vernunft. Und diese universelle praktische Vernunft ist auch die unbedingte Richtschnur für das konkrete äußere Handeln. Wie Kant in der kleinen Schrift »Über den Gemeinspruch: Das mag in der Theorie richtig sein, taugt aber nicht für die Praxis« emphatisch betont, gibt es zwischen den Anforderungen der praktischen Vernunft und dem praktischen Handeln keinen prinzipiellen Gegensatz und deswegen auch keine Kompromisse. Die Gesetzgebung der praktischen Vernunft steht in ihrem Anspruch auf das Sollen immer *über* den Nützlichkeitserwägungen der Praxis.[182] Wo das Handeln aber dieser Selbstgesetzgebung durch die praktische Vernunft nicht folgt, muß es durch den gleichen Gehorsam aller Individuen als *Untertanen* gegenüber den positiven Gesetzen des Staates zur Ordnung gezwungen werden. Die äußere Freiheit der Begehrungen kann nur durch äußeren Zwang geordnet werden.[183] Auch hier trifft man Luthers Vorstellungen bei Kant in säkularisierter Form wieder an. Wie bei Luther die Übersetzung der inneren Freiheit in äußeres Handeln Gehorsam gegenüber Gottes Geboten und weltlichen Gesetzen bedeutet, so ergibt sich bei Kant daraus der Gehorsam gegenüber dem Gesetz der praktischen Vernunft und den positiven staatlichen Gesetzen.[184]

Schließlich setzt Kant die Aufklärung an die Stelle von Gottes Wort bei Luther. Aufklärung ist eine Quelle, aus welcher der

181 »Verehrung« und »höchste Achtung« für ihre Gesetze sollen wir dieser höchsten Form der Persönlichkeit entgegenbringen: ebd., S. 210 (156).

182 I. Kant, »Über den Gemeinspruch: Das mag in der Theorie richtig sein, taugt aber nicht für die Praxis«, op. cit., S. 130-43 (208-32).

183 Ebd., S. 143-64 (232-70); *Die Metaphysik der Sitten*, op. cit., S. 336-41 (AB 31 – AB 39).

184 M. Luther, »Von weltlicher Obrigkeit, wie weit man ihr Gehorsam schuldig sei«, op. cit., S. 246-61 (*Luther Deutsch*, Bd. 7, op. cit., S. 9-28); I. Kant, »Über den Gemeinspruch: Das mag in der Theorie richtig sein, taugt aber nicht für die Praxis«, op. cit., S. 153-63 (250-68).

Mensch die Ressource der inneren Freiheit schöpfen kann, nämlich den Gebrauch des Verstandes:

Aufklärung ist der Ausgang des Menschen aus seiner selbst verschuldeten Unmündigkeit. Unmündigkeit ist das Unvermögen, sich seines Verstandes ohne Leitung eines andern zu bedienen.[185]

Kant glaubt, daß nur wenige allein den Weg aus der Unmündigkeit zum Selbstdenken schaffen. Erforderlich ist deshalb der öffentliche Gebrauch der Vernunft in einem Publikum. Hier finden sich immer einige Selbstdenkende, welche die Schätzung der Vernunft als selbständige Anleitung des Handelns verbreiten können. Die Freiheit der öffentlichen Diskussion ist die Voraussetzung für das Fortschreiten der Aufklärung.[186] Von dieser öffentlichen Diskussion unterscheidet Kant den »privaten« Gebrauch der Vernunft, der nicht der öffentlichen Kritik ausgesetzt ist und sich nur auf einen begrenzten Zuhörerkreis bezieht, z.B. der Vernunftgebrauch des Lehrers in der Unterrichtung von Schülern und Studenten. Dieser private Gebrauch der Vernunft kann nicht völlig frei sein, weil er nicht durch die öffentliche Kritik kontrolliert wird und so nur zu einer neuen Form der Vormundschaft führt. Der Gelehrte, der sich in seinen Schriften an ein allgemeines, letztlich weltbürgerliches Publikum wendet, muß dagegen vollkommen frei sein im Gebrauch seiner Vernunft.[187] Wie sehr auch Kant die öffentliche Diskussion als Mittel der Aufklärung betont, immer ist dabei mitgedacht, daß dabei die universelle Vernunft zum Vorschein kommt und das Individuum befähigt wird, nach allgemeingültigen Prinzipien zu handeln. Eine besondere Rolle spielen die schon aufgeklärten Gelehrten, die ihre Einsicht in die Vernunft an die noch unaufgeklärten Unmündigen vermitteln. Kant betrachtet die Aufklärung als einen Prozeß des Emporhebens des Unmündigen sinnlichen, von äußeren Bedingungen und

185 I. Kant, »Beantwortung der Frage: Was ist Aufklärung?«, (1783), in: *Werke in sechs Bänden*, Bd. VI, op. cit., S. 53-61 (481-94), ebd., S. 53 (481).

186 »Daß aber ein Publikum sich selbst aufkläre ist eher möglich; ja es ist, wenn man ihm nur Freiheit läßt, beinahe unausbleiblich...
Zu dieser Aufklärung aber wird nichts erfordert als *Freiheit*; und zwar die unschädlichste unter allem, was nur Freiheit heißen mag, nämlich die: von seiner Vernunft in allen Stücken *öffentlichen Gebrauch* zu machen». Ebd., S. 54-5 (484-5).

187 Ebd., S. 55-7 (485-8).

Strebungen bestimmten Menschen in den Stand der inneren Freiheit. Die Vernunft ist eigentlich da, sie bedarf nur der weiteren Ausbreitung. Dem steht die angloamerikanische Vorstellung der Aufklärung diametral entgegen. Auch hier ist die Aufklärung ein Prozeß, aber es ist ein Prozeß mit gleichen Startbedingungen und ein Prozeß der Annäherung an die Wahrheit durch den Wettstreit der Ideen auf einem Markt, nicht ein Prozeß der Verbreitung der Vernunft. Die angloamerikanische Aufklärung arbeitet mit stets diesseitigen und fehlbaren, »bloß« empirischen Hypothesen. Kants Aufklärung zielt auf die jenseits aller empirisch prüf- und fehlbaren Hypothesen universell gültigen Vernunftprinzipien.
Wie bewundernswürdig die Stringenz von Kants Idee der inneren Freiheit in Verbindung mit Selbstgesetzgebung, Gesinnungsreinheit und Aufklärung auch sein mag, ob von ihr ein konkretisierbares Verständnis des selbstverantwortlich handelnden freien Bürgers ausgehen konnte, erscheint nicht viel weniger zweifelhaft als bei Luther. Die Säkularisierung von Luthers Begriff der inneren Freiheit hat bei Kant in ganz ähnlicher Weise zu einer Kombination von innerem Rückzug, Prinzipientreue, reiner Gesinnung und äußerem Gehorsam geführt. Ihre wahre Verwirklichung kann die Idee der inneren Freiheit niemals in der Gesellschaft finden, sondern nur außerhalb ihrer, im Zusammenfallen von Individualität, universeller Vernunft und universellem Menschentum. Es ist ein *heroischer*, in der Einsamkeit verwirklichter *Individualismus*, der uns hier begegnet.[188]

3.2 Politische Freiheit: Die Freiheit unter dem allgemeinen Gesetz

Neben der Idee der inneren Freiheit ist das Ausmaß, in dem man dem Staat positive Funktionen in der Garantie individueller Freiheiten zuschreibt, eine weitere Eigenart des deutschen Begriffs der Freiheit. Die Tradition dieses Denkens beginnt mit dem aufgeklärten Absolutismus ab der zweiten Hälfte des 17. Jahrhunderts.[189]

188 Die Bahnen, die Kant für den Begriff der Freiheit in Deutschland abgesteckt hat, werden sichtbar bei L. Krieger, *The German Idea of Freedom*, op. cit., insbesondere S. 86-125.

189 Siehe dazu ebd., S. 1-80; H. Conrad, *Staatsgedanke und Staatspraxis des aufgeklärten Absolutismus*, Opladen: Westdeutscher Verlag, 1971.

Pufendorf, Thomasius und Christian Wolff haben die Idee des aufgeklärten Absolutismus in Deutschland in ihren Theorien zum Ausdruck gebracht. Pufendorf begründete den Bruch des territorialen Fürstentums mit dem Reich und versuchte zugleich, den aufstrebenden Individualismus mit der absoluten Souveränität des Fürsten in Einklang zu bringen.[190] Thomasius und Christian Wolff sind Pufendorf in diesem Bestreben gefolgt.[191] Lehren liefen in den verschiedenen Versionen stets darauf hinaus, daß die Freiheit der Individuen vom souveränen Fürsten gesichert werde, nicht durch klar gezogene Grenzen der politischen Herrschaft und nicht durch die Teilnahme der Bürger an der politischen Herrschaft. Die Souveränität des Fürsten gründet sich auf den Vertrag der Bürger und damit auf deren freien Entschluß, die Sicherung ihrer natürlichen Rechte und Freiheiten dem Souverän zu übertragen. Die Freiheit der Individuen ist in der Souveränität des Fürsten aufgehoben. Das bedeutet natürlich eine moralische Verpflichtung des Fürsten, die Freiheitsrechte der Bürger auch zu sichern. Über diese allgemeine Verpflichtung hinaus gibt es jedoch keine weiteren Kontrollen durch die Bürger. Solche Kontrollen würden die Souveränität des Fürsten einschränken und nach der Theorie damit auch die Sicherung ihrer eigenen Freiheit gefährden. Der Fürst hätte nicht mehr die Macht, alle Konflikte zwischen den Bürgern rechtlich zu regulieren. Eine Beteiligung der Bürger an der politischen Herrschaft würde den ungeregelten Kampf aller gegen alle auf die Politik übertragen. Die Souveränität des Fürsten und die *gesicherte* Freiheit der Bürger sind nach dieser Theorie zwei Seiten einer Medaille. Für Thomasius und Wolff ist die fürstliche Souveränität darüber hinaus nicht nur der Garant äußerer Freiheit, sondern auch eine moralische Instanz, welche die Bürger im Gebrauch ihrer Freiheit moralisch anleitet.

Gewiß steht die deutsche Lehre der fürstlichen Souveränität nicht allein da. Thomas Hobbes in England und Jean Bodin in Frank-

190 S. v. Pufendorf, *Über die Verfassung des deutschen Reiches*, hg. von H. Breßlau, Berlin: Reimar Hobbing, (1667) 1922.

191 C. Thomasius, *Kurzer Entwurf der politischen Klugheit, sich selbst und andern in allen menschlichen Gesellschaften wohl zu raten und zu einer gescheiten Conduite zu gelangen*, Frankfurt: Athenäum, (1710) 1971; C. Wolff, *Vernünftige Gedanken von dem gesellschaftlichen Leben der Menschen und Insonderheit dem gemeinen Wesen*, in: *Gesammelte Werke, Abt. 1, Deutsche Schriften*, Bd. 5, hg. von J. Ecole, Hildesheim: Olms, (1736) 1975.

reich haben ja die Souveränitätslehre in entscheidender Weise geprägt. Aber auf Hobbes folgte eben Locke und danach die ganze Tradition des englischen Liberalismus, in Frankreich haben Montesquieu und Rousseau neue Ansätze geschaffen. In Deutschland dagegen haben selbst die liberalsten Auffassungen noch etwas von der Idee übernommen, daß die individuellen Freiheitsrechte am besten durch die Souveränität des Staates garantiert seien, wenn auch die Qualität des Staates eine andere als diejenige des absoluten Fürstentums sein sollte. Die ersten Kritiker an der älteren Souveränitätslehre in der Zeit vor der französischen Revolution – z. B. Winckelman, Hamann, Herder, von Moser und Möser – dachten nur an eine noch vollkommenere Versöhnung von individueller Freiheit und fürstlicher Souveränität.[192] Bei Justus Möser z. B. sollte die fürstliche Souveränität die Spitze einer organischen Verfassung der Monarchie bilden, in der jeder Stand seinen rechten Platz einnahm.[193]

Die besondere Stellung des Staates in der Sicherung der individuellen Freiheit prägt auch die großen philosophischen Entwürfe, die das deutsche Denken des 19. und 20. Jahrhunderts bestimmt haben: die Systeme von Kant und Hegel. Während Kant einen entscheidenden Einfluß auf das liberale Denken ausgeübt hat, ist Hegel die Prägung des konservativen Denkens zuzuschreiben.

Kants Sichtweise von Staat und Freiheit steht in Verbindung mit seiner scharfen Unterscheidung zwischen dem Menschen als Verstandeswesen, als das er sich in vollkommener Freiheit selbst am moralischen Gesetz orientiert, und dem Menschen als sinnlichem Wesen, als das er der Kausalität von Trieben und äußeren Bedingungen unterworfen ist.[194] Die Funktion des Staates ist die äußere Regulierung der äußeren Freiheit des Menschen durch äußeres

192 J. G. Hamann, *Sämtliche Werke*, 6 Bde., hg. von J. Nadler, Wien: Herder, (1758-88) 1949-57; J. G. Herder, *Sämtliche Werke*, 33 Bde., hg. von B. Suphan, Berlin: Weidmann, 1877-1913; J. Möser, *Sämtliche Werke*, 14 Bde., Oldenburg: Stalling, (o. J.).

193 Vgl. J. Möser, »Der Staat mit einer Pyramide verglichen. Eine erbauliche Betrachtung«, in: *Justus Mösers Sämtliche Werke*, 14 Bde., Bd.5, hg. von L. Schirmacher, Oldenburg: Stalling, 1945, S. 214-7; *Den Patriotischen Phantasien verwandte Handschriften, Sachgruppe Staat*, Bd.9 der *Sämtlichen Werke*, hg. von L. Schirmacher, Oldenburg: Stalling, 1958, S. 257-380.

194 I. Kant, *Kritik der praktischen Vernunft*, op. cit., insbesondere S. 144-55 (59-72).

(natürliches und positives) Gesetz und Gewalt.[195] Die Gesetzgebung ist aber nichts, das Kant der bloßen Zufälligkeit von Interessen- und Machtkonstellationen überlassen will. Zunächst ist die Bestimmung (der Daseinsgrund) des Staates, das Zusammenstimmen der äußeren Freiheit der Menschen unter Rechtsgesetzen zu ermöglichen.[196] Er muß selbst auf Rechtsprinzipien, auf eine Verfassung gegründet sein und muß Recht zum Zusammenstimmen der Freiheit der Staatsbürger schaffen. In diesem Sinne beruht sein Dasein nicht auf seinem Nutzen für die Staatsbürger, sondern auf Prinzipien der reinen praktischen Vernunft.[197] Kant wendet hier die Logik seiner Argumentation zur Bestimmung des kategorischen Imperatives auf die Bestimmung von Staat und Rechtsgesetzen an. Es kommt darauf an, eine allgemeingültige Zusammenstimmung der Freiheit der einzelnen zu finden. Das kann nur durch *allgemeine* Rechtsprinzipien als Grundlage des Staates und durch eine allgemeine Gesetzgebung geschehen, und das ist nur unabhängig von allen sinnlichen Neigungen und Interessen möglich, weil letztere nur höchst wechselhafte Regeln hervorbrächten. Also kann nur die von allen Neigungen und Interessen befreite, reine praktische Vernunft sagen, was allgemein gültig ist und damit zum Rechtsprinzip und zum Gesetz werden solle. Die geeignete Staatsform für diese allgemeingültige Bestimmung sieht Kant in der konstitutionellen Monarchie mit einer Teilung der Gewalten in eine gesetzgebende, ausführende und richterliche Gewalt.[198] In die Gesetzgebung verlegt Kant die Aufgabe der Integration der individuellen Freiheiten in ein widerspruchsfreies System. Wo die Freiheit des einen mit der Freiheit des anderen in Konflikt geraten kann, denkt Kant nicht an eine situative Abstimmung zwischen den Betroffenen – wie das der angelsächsischen

195 I. Kant, *Die Metaphysik der Sitten*, op. cit., S. 429-65 (A 161/B 191 – A 214/B 244); »Über den Gemeinspruch: Das mag in der Theorie richtig sein, taugt aber nicht für die Praxis«, op. cit., S. 143-64 (232-70).

196 I. Kant, *Die Metaphysik der Sitten*, op. cit., S. 431 (A 165/B 195); »Über den Gemeinspruch: Das mag in der Theorie richtig sein, taugt aber nicht für die Praxis«, op. cit., S. 143-5 (232-5).

197 I. Kant, *Die Metaphysik der Sitten*, op. cit., S. 437 (A 173/B 203); »Über den Gemeinspruch: Das mag in der Theorie richtig sein, taugt aber nicht für die Praxis«, op. cit., S. 145 (235).

198 I. Kant, *Die Metaphysik der Sitten*, op. cit., S. 431-7 (A 165/B 195 – A 173/B 203).

Tradition entspräche –, sondern an eine grundsätzliche Normierung ihres Handelns durch ein allgemeines Gesetz:

Das Recht ist also der Inbegriff der Bedingungen, unter denen die Willkür des einen mit der Willkür des anderen nach einem allgemeinen Gesetze der Freiheit zusammen vereinigt werden kann.[199]

Hier überträgt Kant die Idee des moralischen Gesetzes in der Sphäre der reinen praktischen Vernunft auf die empirische Gesetzgebung. Diese Gesetzgebung ist ihrerseits an dem allgemeinen Prinzip orientiert, daß nur solche Gesetze rechtmäßig sind, denen ein jeder als vernünftiger Bürger zustimmen müßte.[200] Natürlich denkt Kant dabei nicht an eine interessierte Zustimmung des sinnlichen Menschen, sondern an den Konsens aller Menschen als Verstandeswesen, die frei sind von jeglichen triebhaften Bestrebungen. Mit dieser Konstruktion fügt Kant Freiheit und Gesetz im Staat zusammen. Jedermann folgt nur solchen Gesetzen, denen er in vollkommener Freiheit seine Zustimmung gegeben hat, d.h. nur Gesetzen, die er sich selbst in der Vereinigung mit anderen auferlegt hat. Diese allgemeinen Gesetze müssen durch die Administration bruchlos ausgeführt werden. Ihre Beachtung durch die Individuen zu kontrollieren und mittels Gewalt durchzusetzen, obliegt der richterlichen Gewalt. Freiheit, Gesetz und Gewalt sind miteinander in dieser republikanischen Verfassung verbunden. Die Freiheit des Bürgers und der Gehorsam des Untertans werden in vollkommene Übereinstimmung gebracht. Als Bürger hat das Individuum in seiner Freiheit als Verstandeswesen teil an der vereinigten Gesetzgebung. Dabei ist jeder Bürger selbständig und nicht eingebunden in eine vorgängige Gemeinschaft eines Standes oder einer Klasse. Eine Ständegesellschaft ließe keine allgemeine Gesetzgebung von gleichen Bürgern zu. Den auf diesem Wege erlassenen Gesetzen ist jeder wiederum in gleichem Maße und ohne jede Widerspruchsmöglichkeit unterworfen. Hier ist jeder im gleichen Sinne ein Untertan, der nur zu gehorchen hat.[201]
Gegen Gesetze, die allgemeine Geltung besitzen, erscheint jeder

199 Ebd., S. 337 (A 33/B 33, 34).

200 Ebd., S. 432-4 (A 166/B 196 – A 169/B 199); »Über den Gemeinspruch: Das mag in der Theorie richtig sein, taugt aber nicht für die Praxis«, op. cit., S. 150-3 (244-50), 154-6 (251-5).

201 Ebd., S. 145-53 (235-50); *Die Metaphysik der Sitten*, op. cit., S. 432 (A 166/B 196).

Widerstand als partikular und bloß interessenbedingt. Es ist deshalb kein zufälliges Zurückschrecken vor den Konsequenzen des Liberalismus, das Kant dazu führt, ein Widerstandsrecht gegen den Gesetzgeber zu verneinen, sondern die konsequente Durchführung der Logik seiner Argumentation. Hier steht nicht Partikularität gegen Partikularität – wie im amerikanischen Konzept der Checks and balances –, sondern die Universalität einer idealen Gesetzgebung gegen die Partikularität des interessengeleiteten Individuums. Gegen die allgemeinen Gesetze Widerstand zu leisten, hieße gegen die Vernunft selbst und damit letztlich auch gegen die Freiheit zu rebellieren. Das wäre im Rahmen von Kants philosophischem System in der Tat widersinnig. Kant trifft sich hier mit Luther. Beide verneinen aus demselben Grunde ein Widerstandsrecht des Volkes gegen die Obrigkeit. Es würde die gesetzliche Ordnung des Staates an sich zerstören. Luther ermahnt die aufrührerischen Bauern:

Könnt ihr nicht (soweit) denken oder (euch) nicht (ausrechnen), liebe Freunde, daß, wenn einer Vornehmen recht sein sollte, so würde ein jeglicher über den andern Richter werden und keine Gewalt noch Obrigkeit, Ordnung noch Recht in der Welt bleiben, sondern nichts als Mord und Blutvergießen?[202]

Kant schreibt dasselbe:

Hieraus folgt: daß alle Widersetzlichkeit gegen die oberste gesetzgebende Macht, alle Aufwiegelung, um Unzufriedenheit der Untertanen tätlich werden zu lassen, aller Aufstand, der in Rebellion ausbricht, das höchste und strafbarste Verbrechen im gemeinen Wesen ist; weil es dessen Grundfeste zerstört.[203]

Die Freiheit des Individuums gilt es hier nicht gegen die Übergriffe einer partikularen Regierungsinstanz zu *schützen*, sie wird vielmehr in der *Idee* einer allgemeinen Gesetzgebung *aufgehoben*. In der Tat ist es ja die *Idee* einer allgemeinen Gesetzgebung, auf die Kant seine Vereinigung von Freiheit und Zwang im Staat stützt, nicht die konkrete Gesetzgebung selbst, die immer mehr oder

202 M. Luther, »Ermahnung zum Frieden auf die zwölf Artikel der Bauernschaft in Schwaben«, (1525), in: *Weimarer Luther-Gesamtausgabe*, Bd. 18, op. cit., S. 291-334, ebd., S. 306 (*Luther Deutsch*, Bd. 7, op. cit., S. 162-90, ebd., S. 171-2).

203 I. Kant, »Über den Gemeinspruch: Das mag in der Theorie richtig sein, taugt aber nicht für die Praxis«, op. cit., S. 156 (255-6); siehe auch: *Die Metaphysik der Sitten*, op. cit., S. 439-43 (A 176/B 206 – A 182, 183/B 212, 213).

weniger dieser Idee entsprechen kann.[204] Kant sieht demgemäß auch die wirkliche Beteiligung aller Bürger an der Gesetzgebung nur als eine ideale Konkretisierung der allgemeinen Idee, die aber erst dann möglich wäre, wenn alle Individuen als Verstandeswesen handeln und so die bloße Vertretung partikularer Interessen hinter sich lassen könnten. Solange diese Bedingungen nicht gegeben sind, benötigt man Repräsentanten des Volkes, die in Stellvertretung die Orientierung an der Idee der allgemein geltenden Gesetzgebung vornehmen. Im konkreten Fall kann diese Aufgabe dem Monarchen als einzelner Person zufallen. Diese Konstruktion konnte deshalb auch als eine Rechtfertigung des aufgeklärten Absolutismus von Kants oberstem Dienstherrn verstanden werden.

Das grundsätzliche Problem in Kants Staatstheorie ist allerdings nicht die konkrete Ausfüllung der Rolle des Gesetzgebers mit dem Monarchen. Es ist vielmehr das Modell an sich, das für die deutsche Verbindung von Staat und Freiheit die Weichen gestellt hat. Selbst wenn wir Kants Ideal der Beteiligung aller an der Gesetzgebung zugrunde legen, kommt dabei ein völlig anderes Verständnis von Staat und Freiheit heraus als vor allem das amerikanische. Die Freiheit der einzelnen Bürger wird durch *allgemeine* Gesetze in Zusammenstimmung gebracht, durch ein vollkommenes, übergeordnetes System genereller Normen, nicht durch individuelle und partikulare, von Situation zu Situation, Land zu Land, Ort zu Ort und Zeit zu Zeit verschieden ausfallende gegenseitige Abstimmungen.

Der Unterschied zwischen der deutschen und der amerikanischen Regulierung von Konflikten ist bis heute in praktisch ungebrochener Weise wirksam. Wo wir in Deutschland im Falle von Konflikten zwischen den Freiheiten der einzelnen nach grundsätzlichen und allgemeinen Gesetzen, deshalb nach staatlicher Gesetzgebung suchen, um die Freiheiten zu versöhnen, wird dasselbe in Amerika viel häufiger auf viel niedrigerer Ebene zwischen den Betroffenen situativ und deshalb von Fall zu Fall verschieden reguliert. Dabei drängt natürlich auch das kodifikationsrechtliche System in Deutschland in die Richtung genereller gesetzlicher Regelung,

204 I. Kant, »Über den Gemeinspruch: Das mag in der Theorie richtig sein, taugt aber nicht für die Praxis«, op. cit., S. 150-5 (244-53), insbesondere S. 153 (250); *Die Metaphysik der Sitten*, op. cit., S. 432-4 (A 166/B 196 – A 169/B 199).

während das amerikanische Common Law die situative Abstimmung favorisiert. Kant hat die philosophische Legitimation für die kodifikationsrechtliche Praxis geliefert, während die amerikanischen Verfassungsgründer ihre Ideen aus der Tadition des Common Law geschöpft haben. Vor diesem Hintergrund läßt sich festhalten, daß der Kantsche Universalismus in Deutschland selbst im Rahmen des an ihn anschließenden liberalen Denkens kein mit Amerika gleichrangiges Gespür für den Schutz der individuellen Freiheit vor den Übergriffen des Staates aufkommen ließ.

Kant hat die *Idee* einer allgemeinen Gesetzgebung nach Vernunftgesetzen klar jedem Gesetzgeber als eine über ihm stehende Instanz übergeordnet. Die konkrete Gesetzgebung konnte deshalb stets an der allgemeinen Idee gemessen werden. Diese spannungsreiche Position hat in der Nachfolge Kants zu radikalen Lösungen gedrängt. Idee und Realität sollten wieder in Übereinstimmung gebracht werden. Diesen Weg hat Hegel eingeschlagen. Er hat die konkrete Realität mit der Idee vereinigt und hat damit die philosophische Grundlage für die konservative Versöhnung von Staat und Freiheit gelegt. Der Staat wird zur konkreten Wirklichkeit der Idee der Sittlichkeit überhöht, in der die Freiheit der Individuen aufgehoben ist:

> Der Staat ist die Wirklichkeit der konkreten Freiheit; die konkrete Freiheit aber besteht darin, daß die persönliche Einzelnheit und deren besondere Interessen sowohl ihre vollständige Entwicklung und die Anerkennung ihres Rechts für sich, im Systeme der Familie und der bürgerlichen Gesellschaft haben, als sie durch sich selbst in das Interesse des Allgemeinen Teils *übergehen*, teils mit Wissen und Willen dasselbe und zwar als ihren eigenen substantiellen Geist anerkennen und für dasselbe als ihren Endzweck tätig sind, so daß weder das Allgemeine ohne das besondere Interesse, Wissen und Wollen gelte und vollbracht werde, noch daß die Individuen bloß für das letztere als Privatpersonen leben, und nicht zugleich in und für das Allgemeine wollen und eine dieses Zwecks bewußte Wirksamkeit haben. Das Prinzip der modernen Staaten hat diese ungeheuere Stärke und Tiefe, das Prinzip der Subjektivität sich zum selbständigen Extreme der persönlichen Besonderheit vollenden zu lassen, und zugleich es in die substantielle Einheit zurückzuführen und so in ihm selbst diese zu erhalten.[205]

Für Hegel ist es die konkret existierende preußische Monarchie, in deren allgemeiner Gesetzgebung die Freiheit des einzelnen aufgehoben ist. Was bei Kant noch in spannungsreicher Beziehung

205 G. W. F. Hegel, *Grundlinien der Philosophie des Rechts*, op. cit., § 260.

zueinander steht, wird hier ineinsgesetzt. Idee der allgemeinen Gesetzgebung und wirkliche Gesetzgebung fallen im Staat zusammen. Und selbst dann, wenn man der in Mode gekommenen Entlastung Hegels von der Legitimation des preußischen Staates folgt, genügt die Tatsache, daß dem Staat die Funktion der Repräsentation der Idee der Sittlichkeit zufällt, um die Spannung zwischen Idee und Wirklichkeit und damit die Unabhängigkeit der Ideen von den Institutionen und ihre progressive Kraft aufzuheben.

Von Kants und Hegels Vorgaben ist das ganze weitere Denken über Staat und Freiheit bestimmt worden. Das liberale Denken hat mit dem republikanischen Modell Kants gearbeitet und hat es in der Gestaltung der Gesetzgebung zu liberalisieren und zu demokratisieren versucht. Karl von Rotteck, Theodor Welcker und Robert von Mohl gehörten zu den hervorragendsten Vertretern dieses liberalen Denkens.[206] Das konservative Denken hat vor allem an Hegels Aufhebung der individuellen Freiheit im Staat angeschlossen. Die Tendenz dieses Denkens war die Betonung der integrativen Aufgaben des Staates angesichts der wachsenden Konflikte zwischen Klassen und Schichten bis hin zur Idee des autoritativen Wohlfahrtsstaates. Dieses Denken ist z.B. von Lorenz von Stein, in Grenzen von Heinrich von Treitschke und von Max von Seydel vertreten worden.[207] Aber auch dem radikalen demokratischen Denken ist von Kant und Hegel die Richtung vorgegeben worden, in der es Lösungen für die Abstimmung der individuellen Freiheiten suchen konnte. Hier war im allgemeinen der Einfluß Hegels größer als derjenige von Kant. Die Radikalen haben die Aufhebung der individuellen Freiheit in einer allgemeinen Gesetzgebung einfach in die Zukunft verlegt. Am Prinzip dieser Aufhebung haben sie nichts verändert. Auf die amerikanische Idee einer situativen und partikularen Abstimmung von Freiheiten

206 K. v. Rotteck, *Lehrbuch des Vernunftrechts und der Staatswissenschaft*, 2 Bde., Stuttgart, 1829/30 (ohne Verlag); K. T. v. Welcker, *Die letzten Gründe von Recht, Staat und Strafe, philosophisch und nach den Gesetzen der merkwürdigen Völker rechtshistorisch entwickelt*, Gießen: Heyer, 1813; R. v. Mohl, *Staatsrecht, Völkerrecht und Politik*, 3 Bde., Graz: Akademische Druck- und Verlagsanstalt, (1860-9) 1962.

207 L. v. Stein, *System der Staatswissenschaft*, 2 Bde., Osnabrück: Zeller, (1852-6) 1964; H. v. Treitschke, *Politik*, 2 Bde., Leipzig: Hirzel, (1897) 1922; M. von Seydel, *Grundzüge einer allgemeinen Staatslehre*, Würzburg: Stuber, 1873 (Neudruck: Berlin: Metzner, 1967).

konnten auch sie nicht kommen. Die Lösung des Problems mußte im Universellen liegen. Die Zusammenstimmung der individuellen Freiheiten ergibt sich bei Marx in der universellen kommunistischen Gesellschaft, bei Lassalle im sozialistischen Staat, bei den späteren Revisionisten im sozialen Rechtsstaat.[208] Nicht einmal der Rechtspositivismus hat etwas an der deutschen Logik der Einheit von Staat und Freiheit geändert. Für Hans Kelsen ist der Staat eine dem Ideal nach in sich widerspruchsfreie normative Ordnung, die auf einer nicht weiter rechtfertigbaren Ursprungsnorm, auf einer Verfassung, basiert. Soweit jede einzelne Norm auf diese Ursprungsnorm zurückgeführt werden kann, sind die Freiheiten der Individuen geregelt.[209]

Auch die kirchlichen Lehren sind der Logik der deutschen Denktradition gefolgt. Die protestantischen Lehren haben in konservativen Versionen Luthers Lehre von den zwei Reichen in Hegelscher Manier integriert. Nach Luthers Lehre hat der Mensch zwei Reichen zu gehorchen: dem idealen Reich Gottes in der Seele und dem von Gott in der unvollkommenen Welt eingesetzten Staat in seinem Fleische.[210] Die konservative Version dieser Lehre legitimiert die staatliche Ordnung als Ableitung aus der göttlichen Ordnung. Friedrich Julius Stahl hat auf diese Weise die preußische Monarchie gerechtfertigt.[211] Die radikale Version der protestantischen Staatstheorie betont dagegen im Kantschen Sinne die Idealität der göttlichen Ordnung als unabhängigen Maßstab, an dem auch der irdische Staat zu messen ist. Gemäßigte Versionen versu-

208 K. Marx und F. Engels, *Die deutsche Ideologie*, op. cit., S. 70-7; »Manifest der kommunitischen Partei«, op. cit.; K. Marx, »Kritik des Gothaer Programms«, op. cit.; F. Lassalle, *Arbeiterprogramm. Über den besonderen Zusammenhang der gegenwärtigen Geschichtsperiode mit der Idee des Arbeiterstandes*, Zürich: Quelle & Meyer, 1863; E. Bernstein, *Die Arbeiterbewegung*, Frankfurt: Rütten und Loening, (1910); K. Kautsky, *Texte zu den Programmen der deutschen Sozialdemokratie 1891-1925*, eing. u. hg. von A. Langner, Köln: Hegner, 1968; H. Heller, *Sozialismus und Nation*, Berlin: Rowohlt, 1931.

209 H. Kelsen, *Reine Rechtslehre*, Wien: Franz Deuticke, (1934) 1960.

210 M. Luther, »Von weltlicher Obrigkeit, wie weit man ihr Gehorsam schuldig sei«, op. cit.

211 F. J. Stahl, *Die Philosophie des Rechts*, Bd. 2, Darmstadt: Wissenschaftliche Buchgesellschaft, 1963 (Nachdruck der 5. Auflage von 1878), erste Auflage 1833 und 1837.

chen zwischen den zwei Reichen Luthers zu vermitteln.[212] Die katholische Staatslehre knüpft an Thomas von Aquins organische Soziallehre an und tendiert demgemäß im Kontext der deutschen Denktradition des 19. Jahrhunderts zu konservativ-wohlfahrtsstaatlichen Modellen der Integration von staatlicher Ordnung und individueller Freiheit.[213]

Schließlich ist auch die schreckliche Verwirklichung des totalitären Staates im Nationalsozialismus keine Abweichung von der Logik des deutschen Staatsdenkens. Der Einfluß Hegels auf staatsphilosophische Rechtfertigungen des totalitären Staates sind z. B. bei Carl Schmitt, Julius Binder und Karl Larenz nachzuweisen.[214] Wie immer das Staatsmodell im einzelnen aussehen mag, es ist eine durchgehende Eigenart des deutschen Begriffs der Freiheit, daß nicht die Freiheit als Schutz vor dem Staat gesucht wurde, sondern die Freiheit im Staat, wie es von Treitschke in einer Schrift über Freiheit in Abgrenzung von dem angelsächsischen Modell John Stuart Mills einmal prägnant zum Ausdruck gebracht hat.[215]

Unmittelbar verknüpft mit der Sicherung der individuellen Freiheit durch den Staat ist die Idee des Rechtsstaats, die sich seit Beginn des 19. Jahrhunderts herausgebildet hat und bis heute für liberales, konservatives und sozialistisches Denken in gleicher Weise bedeutsam geblieben ist.[216] »Der freiheitliche Rechtsstaat« und »der

212 Einen Überblick vermitteln die Beiträge in H. Dombois und E. Wilkens (Hg.), *Macht und Recht. Beiträge zur lutherischen Staatslehre der Gegenwart*, op. cit.; G. Wolf (Hg.), *Luther und die Obrigkeit*, op. cit.

213 Vgl. K. D. Schmidt, »Die katholische Staatslehre«, in: *Quellen zur Konfessionskunde*, Heft 4, 1955, Lüneburg: Heliand-Verlag, 1954-7, S. 185-264; O. Schilling, *Christliche Staatslehre und Staatspflichtlehre*, Donauwörth: Auer, 1951.

214 C. Schmitt, *Staat, Bewegung, Volk*, Hamburg: Hanseatische Verlagsanstalt, 1933; J. Binder, *Der deutsche Volksstaat*, Tübingen: Mohr Siebeck, 1934; K. Larenz, *Rechts- und Staatsphilosophie der Gegenwart*, op. cit.; siehe dazu E. Topitsch, *Die Sozialphilosophie Hegels als Heilslehre und Herrschaftsideologie*, Neuwied: Luchterhand, 1967; H. Kiesewetter, *Von Hegel zu Hitler. Eine Analyse der Hegelschen Machtstaatsideologie und der politischen Wirkungsgeschichte des Rechtshegelianismus*, Hamburg: Hoffman und Campe, 1974.

215 H. von Treitschke, »Die Freiheit«, in: *Historische und politische Aufsätze*, Bd. 3: *Freiheit und Königtum*, Leipzig: Hirzel, 4. Auflg., 1871, S. 3-42.

216 Siehe dazu U. Scheuner, »Begriff und Entwicklung des Rechtsstaats«, in:

soziale Rechtsstaat« sind wahrscheinlich die meistbenutzten Vokabeln in deutschen Diskussionen über den Staat. Bei allen positiven Errungenschaften des Rechtsstaates ist mit dieser Idee auch eine fatale Neigung verbunden, die Freiheit des Individuums schon in einer nach *allgemeinen* Rechtsprinzipien arbeitenden staatlichen Verwaltung gut aufgehoben zu sehen.[217] Hier verbindet sich die Idee des Rechtsstaats mit der philosophischen Idee der Aufhebung der partikularen Individualität in der Allgemeinheit der Vernunft und mit der Tradition des Kodifikationsrechts.

Im angelsächsischen Kontext gilt die Idee der »Rule of law«, die eine *Begrenzung* der staatlichen Gewalt durch die über ihr stehenden Freiheitsrechte des Common Law bedeutet. In Amerika ist diese Idee in das System der Checks and balances eingegangen. Zu diesem System gehört vor allem die gerichtliche Kontrolle von Verwaltungsentscheidungen. In Deutschland meint das Prinzip des Rechtsstaats vor allem, daß die staatliche Verwaltung an allgemeine Gesetze gebunden ist, die jede partikulare Bevorzugung oder Benachteiligung unterbindet und das Handeln der Verwaltung eindeutig berechenbar macht. Die Freiheitssicherung des einzelnen ergibt sich hier aus der Regelung von Konflikten nach allgemeinen Gesetzen und aus der Berechenbarkeit des Verwaltungshandelns. Das ist das Grundprinzip des Rechtsstaats. In diesem Sinne gibt es den Rechtsstaat schon seit dem aufgeklärten Absolutismus, und selbst der nationalsozialistische Staat hat auf diese Weise für sich die Legitimität des Rechtsstaats beansprucht. Natürlich ist die Rechtsstaatsidee der Weimarer Republik und der heutigen Bundesrepublik von den konservativen und totalitären Versionen des Rechtsstaats zu unterscheiden. Die Garantie der Freiheitsrechte des Individuums, der demokratischen Rechte der politischen Teilnahme, der sozialen Rechte und der kulturellen Bildungsrechte gehört heute zur Idee des Rechtsstaats. Deshalb wird auch meistens vom freiheitlichen, demokratischen und sozialen Rechtsstaat gesprochen. Dabei sind die angelsächsischen Ideen der Freiheitsrechte und der demokratischen Beteiligung an politischen Entscheidungen eine Verbindung mit den deutschen Ideen des Wohlfahrtsstaates und des Rechtsstaates eingegangen. Der

H. Dombois und E. Wilkens (Hg.), *Macht und Recht. Beiträge zur lutherischen Staatslehre der Gegenwart*, op. cit., S. 76-88.

217 R. Dahrendorf, *Gesellschaft und Demokratie in Deutschland*, op. cit., S. 223-7.

Rechtsstaat wird damit allerdings nicht identisch mit der angelsächsischen »Rule of law«. Ein Vergleich der gerichtlichen Kontrolle der Verwaltungsentscheidungen in Amerika und Deutschland macht den nach wie vor bestehenden Unterschied deutlich. Im Vergleich zum amerikanischen Modell der situativen Abstimmung von Freiheiten und der entsprechenden Verfahrenskontrolle erscheint das deutsche System als objektiver. Die deutsche Verwaltung hat im Idealfall gar keine Autonomie in der Abstimmung von Freiheiten. Sie führt allgemeine Gesetze in ihrem Wortsinne aus. Die Abstimmung der Freiheiten der einzelnen geschieht der Idee nach schon durch das allgemeine Gesetz, nicht erst im wechselhaften Einzelfall. Partikulares wird nicht mit Partikularem koordiniert, vielmehr wird Partikulares im Allgemeinen aufgehoben. Dieser Idee entspricht auch die verwaltungsgerichtliche Kontrolle von Verwaltungsentscheidungen. Sie prüft die inhaltliche Richtigkeit der Entscheidung anhand des Wortlauts des anzuwendenden Gesetzes. Das Verwaltungsgericht geht dabei traditionell von einer allein aus dem Gesetzestext folgenden *objektiv richtigen* Interpretation des Gesetzes aus.[218] Die Richtigkeitskontrolle muß von allem partikularen Beiwerk gereinigt und allein an dem objektiven Sinn eines Gesetzes ausgerichtet werden. Die Motive des Gesetzgebers dürfen dabei keine Rolle spielen, weil dies der schwankenden Partikularität Tür und Tor öffnen würde. Auch hier besteht ein Gegensatz zur amerikanischen Gesetzesauslegung. Zur Richtigkeitskontrolle des Verwaltungsgerichts gehört dann natürlich auch die eigene Beweisaufnahme. So erscheint die Kontrolle der Verwaltungsentscheidungen durch das deutsche Verwaltungsgericht viel schärfer als die amerikanische Verwaltungskontrolle. Damit muß allerdings noch keine Stärkung des Individuums gegen die staatliche Verwaltung verbunden sein. Im Gegenteil, die Folge ist ein Zwang zum gesetzlichen Perfektionismus, der das Individuum vollkommen der staatlichen Gesetzesmaschinerie ausliefert. Das gesetzgebende Parlament, die ausführende Verwaltung und das kontrollierende Verwaltungsgericht spielen sich in der Perfektionierung der Gesetzesauslegung gezwungenermaßen gegenseitig in die Hände. Die Verwaltung muß sich gegen die Richtigkeitskontrolle des Verwaltungsgerichts

218 Siehe dazu F. Scharpf, *Die politischen Kosten des Rechtsstaats*, op. cit., S. 38-52.

durch möglichst exakte und lückenlose Ausführungsbestimmungen eines Gesetzes schützen. Das gesetzgebende Parlament muß den Ausführungsbestimmungen der Verwaltung durch einen möglichst präzisen Gesetzestext vorgreifen, um seine Intention möglichst unverfälscht in konkrete Verwaltungsausführungen umgesetzt zu sehen. Dazu muß es im Prozeß der Gesetzgebung schon die Ausarbeitung des Gesetzes dem juristischen Sachverstand unterwerfen. Die Folge dieser Kombination der Idee der Abstimmung von Freiheiten durch allgemeines Gesetz mit der Idee des Rechtsstaats und mit dem Kodifikationsrecht ist eine Logik der wachsenden und immer enger werdenden Normierung des Lebens, in der die individuelle Freiheit erstickt.[219]

In der deutschen Tradition verwirklicht sich die Abstimmung der Freiheit der Individuen im Staat nach der Logik der Aufhebung der partikularen Freiheiten in einer universellen Gesetzgebung. An die Stelle der individuellen Abstimmung von Freiheiten auf möglichst niedrigen Ebenen und von Situation zu Situation tritt die allgemeine Gesetzgebung in einem Repräsentativorgan. Die Demokratisierung dieser Idee der Gesetzgebung hat den Monarchen durch das nationale Parlament ersetzt, aber nichts an der Logik der *allgemeinen* Gesetzgebung zur Abstimmung der individuellen Freiheiten geändert. Die politische Beteiligung des Bürgers geschieht deshalb weniger unmittelbar im Einzelfall, sie wird vielmehr durch die großen Verbände und Parteien auf nationaler Ebene organisiert. Der vor allem im Südwesten Deutschlands beheimatete Föderalismus und seine Übertragung auf das Regierungssystem der Bundesrepublik bildet ein Gegengewicht gegen diese Logik der allgemeinen Gesetzgebung, das jedoch viel schwächer ist als der Föderalismus in den Vereinigten Staaten und auch in Gefahr ist immer weiter zurückgedrängt zu werden.

Der Gesetzgebung geht die öffentliche Diskussion voraus, deren Freiheit von Kant als absolut notwendig begründet wurde. Aber in Kants Sinne ist die Funktion dieser öffentlichen Diskussion die Verbreitung der universellen Vernunft, nicht der angelsächsische Wettstreit zwischen immer partikular bleibenden empirischen Hypothesen. An dieser Logik der öffentlichen Diskussion hat auch die Liberalisierung der Presse nichts geändert. Auch heute noch hat die öffentliche Diskussion in Deutschland den Charakter

219 Ebd., S. 53-8.

einer Suche nach dem Allgemeingültigen und nicht selten den Beigeschmack einer Belehrung der Unmündigen durch die universelle Vernunft der Mündigen. Die öffentlich-rechtliche Organisation von Rundfunk und Fernsehen unterstreicht diese Logik der öffentlichen Diskussion in Deutschland.[220]

Die konkrete Abstimmung der Freiheiten der Individuen erfolgt nicht durch die Koordination im Einzelfall wie im Falle der amerikanischen Verwaltungsentscheidung, sondern durch eine Verwaltung, deren Entscheidungen automatisch aus dem objektiven Gehalt der allgemeinen Gesetze und ihren Ausführungsbestimmungen resultieren. Zwischen der Verwaltung und dem Bürger gibt es nichts zu verhandeln, sondern nur auszuführen und zu gehorchen.

Wo der Bürger Widerspruch gegen Entscheidungen der Verwaltung einlegt, wird nicht die Fairneß des Verfahrens der Entscheidung geprüft und damit vor allem auch die genügende Berücksichtigung seiner Situation und seine ausreichende Beteiligung, sondern die objektive Richtigkeit der Verwaltungsentscheidung nach dem Wortlaut des allgemeinen Gesetzes. Auch hier geht es nicht um seine Situation und seine Interessen, sondern um das Gesetz, das über allen individuellen Interessen steht.

3.3 Ökonomische Freiheit: Bildungsliberalismus anstelle von ökonomischem Liberalismus

Die Dominanz der inneren Freiheit und der allgemeinen gesetzlichen Regulierung der äußeren Freiheit durch den Staat zwängt in Deutschland die situative und ökonomische Freiheit zwischen diese beiden Grundpfeiler der Freiheitsidee ein. Das Verständnis von situativer und ökonomischer Freiheit wird von der inneren Freiheit und von der staatlichen Regulierung der Freiheit geformt.

220 Zum öffentlich-rechtlichen Rundfunk siehe den Sammelband, *Rundfunk im Umbruch: Stand und Entwicklung der finanziellen und wirtschaftlichen Situation der öffentlich-rechtlichen Rundfunkanstalten*, op. cit.; H. Bausch (Hg.), *Rundfunk in Deutschland*, op. cit. Zum Bild der öffentlich-rechtlichen Fernsehanstalten siehe: C. Longolius (Hg.), *Fernsehen in Deutschland. Gesellschaftspolitische Aufgaben und Wirkungen eines Mediums*, op. cit.; H. Meyn, *Massenmedien in der Bundesrepublik Deutschland*, op. cit.

Die Eigenart des deutschen Begriffs der situativen und ökonomischen Freiheit beginnt schon damit, daß in Deutschland die Formulierung der Ideen des Liberalismus in der ersten Hälfte des 19. Jahrhunderts nicht vom gewerblichen Bürgertum, sondern vom Bildungsbürgertum getragen wurde.[221] Auch eine zu England und Amerika vergleichbare Verbindung von gewerblichem und gebildetem Bürgertum findet man nicht. Organisatorisch zeigt sich dies in der Trennung der Interessenvereinigungen des gewerblichen Bürgertums in Gewerbevereinen, die seit 1815 entstehen,[222] von den Lesegesellschaften und Kulturpflegevereinigungen des Bildungsbürgertums, die sich schon seit 1770 ausgebreitet hatten.[223] Als sich in den 30er und 40er Jahren des 19. Jahrhunderts die

221 Zum Entstehen der liberalen Bewegung in Deutschland siehe allgemein: K. Eder, *Geschichte als Lernprozeß? Zur Pathogenese politischer Modernität in Deutschland*, Frankfurt: Suhrkamp, 1985; L. Gall, »Liberalismus und «bürgerliche Gesellschaft». Zu Charakter und Entwicklung der liberalen Bewegungen in Deutschland«, in: L. Gall (Hg.), *Liberalismus*, Königstein: Hain, 1976, S. 162-86; H. Gebhardt, *Revolution und liberale Bewegung. Die nationale Organisation der konstitutionellen Partei in Deutschland 1848/49*, Bremen: Schünemann, 1974; U. Herrmann, »Die Kodifizierung bürgerlichen Bewußtseins in der deutschen Spätaufklärung – C. F. Bahrdts ›Handbuch der Moral für den Bürgerstand‹ aus dem Jahre 1789«, in: R. Vierhaus (Hg.), *Bürger und Bürgerlichkeit im Zeitalter der Aufklärung*, Heidelberg: Schneider, 1981, S. 321-33; U. Herrmann (Hg.), *Die Bildung des Bürgers. Die Formierung der bürgerlichen Gesellschaft und die Gebildeten im 18. Jahrhundert*, Weinheim: Beltz, 1982; L. Krieger, *The German Idea of Freedom*, op. cit., S. 273-340; F. K. Ringer, *The Decline of the German Mandarins*, op. cit., insbesondere S. 122-7; J. J. Sheehan, »Liberalism and Society in Germany, 1815-48«, in: *Journal of Modern History* 45, 1973, S. 583-604; »Partei, Volk und Staat. Some Reflections on the Relationship Between Liberal Thought and Action in Vormärz«, in: H.-U. Wehler (Hg.), *Sozialgeschichte heute. Festschrift für Hans Rosenberg zum 70. Geburtstag*, Göttingen: Vandenhoeck & Ruprecht, 1974, S. 162-74; *German Liberalism in the Nineteenth Century*, Chicago: University of Chicago Press, 1978, S. 1-76.

222 M. Erdmann, *Die verfassungspolitische Funktion der Wirtschaftsverbände in Deutschland 1815-1871*, Berlin: Duncker & Humblot, 1968.

223 O. Dann, »Die Lesegesellschaften des 18. Jahrhunderts und der gesellschaftliche Aufbruch des deutschen Bürgertums«, in: H. G. Göpfert (Hg.), *Buch und Leser*, Hamburg: Hauswedell, 1977, S. 160-93; O. Dann (Hg.), *Lesegesellschaften und bürgerliche Emanzipation*, München: Beck, 1981; K. Gerteis, »Bildung und Revolution. Die deutschen Lesegesellschaften am Ende des 18. Jahrhunderts«, in: *Archiv für Kulturgeschichte* 53, 1971, S. 127-39; H.

liberale Bewegung ausbreitet, liegt die Führung beim Bildungsbürgertum. Unter den 830 Delegierten der Frankfurter Nationalversammlung von 1848 befanden sich nicht weniger als 550 Universitätsabsolventen. Professoren, Verwaltungsbeamte, Lehrer und Pastoren definierten in dieser entscheidenden Anfangsphase die deutsche Idee des Liberalismus. Das gewerbliche Bürgertum hatte kaum Zugang zu diesem Prozeß der Definition von Liberalismus. Es bildete in den Gewerbevereinen nur Interessengruppen und blieb darüber hinaus zu schwach, um eine politisch aktive Rolle in der liberalen Bewegung spielen zu können. Es gelangte deshalb nicht über Forderungen der gewerblichen Freiheit unter dem staatlichen Schutz hinaus. Auch das gewerbliche Bürgertum begab sich lieber unter die Obhut des Staates, als daß es ein grundsätzliches Mißtrauen gegen staatliche Übergriffe in die Freiheiten des Individuums entwickelt hätte. Vor allem aber konnten die gewerblichen Ideen der ökonomischen Freiheit keine systematische Verbindung mit den Freiheitsideen des Bildungsbürgertums eingehen. Dem gewerblichen Freiheitsverständnis fehlte die intellektuelle Radikalisierung, dem Bildungsliberalismus die Grundlage in der spontanen utilitaristischen Interessenentfaltung.
Gewiß ist auch in England und Amerika der Liberalismus von Intellektuellen geformt worden, aber es waren Intellektuelle, die eine unmittelbare Verbindung zum gewerblichen Bürgertum hatten, die zum Teil aus ihm hervorgingen und die dauerhaft mit Repräsentanten von Handel und Gewerbe vergemeinschaftet waren. Die verfassungsgebende Versammlung der Vereinigten Staaten, die 1787 in Philadelphia getagt hat, setzte sich zu einem großen Teil aus Juristen zusammen.[224] Das entscheidende Merkmal dieser Juristen war jedoch, daß sie vorwiegend Rechtsanwälte mit einer festen Verbindung zu ihrer gewerblichen Klientel waren. Dagegen sucht man bei den Akademikern, die den deutschen Liberalismus geprägt haben, diese Verbindung zu den gewerblichen Schichten und zur ökonomischen Praxis vergeblich.

Göpfert, »Lesegesellschaften im 18. Jahrhundert«, in: F. Kopitzsch (Hg.), *Aufklärung, Absolutismus und Bürgertum in Deutschland*, München: Nymphenburger Verlagsbuchhandlung, 1976, S. 403-11; M. Prüsner, »Lesegesellschaften im 18. Jahrhundert. Ein Beitrag zur Lesergeschichte«, in: *Börsenblatt für den deutschen Buchhandel* 28, 1972, S. 189-301.

224 D. J. Boorstein, *The Americans: The Colonial Experience*, New York: Random House, 1958, S. 205.

Ein radikaler ökonomischer Liberalismus hat in Deutschland keine Tradition aufgebaut. Das hatte fatale Konsequenzen, als in der zweiten Hälfte des 19. Jahrhunderts die Industrialisierung in Deutschland in wenigen Jahrzehnten nachholte, was sich in England schon seit dem letzten Drittel des 18. Jahrhunderts entwickelt hatte. Es gab keine institutionalisierte liberale Gegenposition gegen die staatliche Führung in der Industrialisierung mit erheblichen staatlichen Eingriffen in die Wirtschaft und auch keinen liberalen Widerpart zur Bildung von Großunternehmen und Kartellen.[225] Mittelständische Unternehmen konnten sich in dieser von Großunternehmen, Großbanken, Kartellen, staatlichen Unternehmen und staatlicher Subventionierung beherrschten Industrialisierung weit weniger entfalten als in England und Amerika.[226] Das Fehlen eines fest etablierten ökonomischen Liberalismus setzte dieser autoritativen Industrialisierung keine ideellen Grenzen, und umgekehrt verminderte diese Gestalt der ökonomischen Entwicklung weiter die Chancen einer Ausbreitung des ökonomischen Liberalismus. Ökonomische Freiheit äußert sich seitdem in Deutschland einerseits in der beherrschenden Stellung von Großunternehmen, Großbanken und Staat im Wirtschaftsprozeß und andererseits in dem Ruf eines schwachen mittelständischen Bürgertums nach dem Schutz des Staates gegen die Verdrängung durch die Großindustrie.[227] Es konnte hier kein selbständiges und

225 Zur Entwicklung des deutschen Liberalismus in der zweiten Hälfte des 19. Jahrhunderts siehe: W. Bußmann, »Zur Geschichte des deutschen Liberalismus im 19. Jahrhundert«, in: H. Böhme (Hg.), *Probleme der Reichsgründungszeit 1848-1879*, op. cit., S. 85-103; G. Eisfeld, *Die Entstehung der liberalen Parteien in Deutschland 1858-1870*, Hannover: Literatur und Zeitgeschehen, 1969; L. Krieger, *The German Idea of Freedom*, op. cit., S. 341-457; D. Langewiesche, *Liberalismus und Demokratie in Württemberg zwischen Revolution und Reichsgründung*, Düsseldorf: Droste, 1974; K. Vondung (Hg.), *Das wilhelminische Bildungsbürgertum. Zur Sozialgeschichte seiner Idee*, op. cit.; J. J. Sheehan, *German Liberalism in the Nineteenth Century*, op. cit., S. 79-271.

226 R. Dahrendorf, *Gesellschaft und Demokratie in Deutschland*, op. cit., S. 39-55; G. Stolper, K. Häuser und K. Borchardt, *Deutsche Wirtschaft seit 1870*, Tübingen: Mohr Siebeck, 1964; H. Böhme, *Deutschlands Weg zur Großmacht. Studien zum Verhältnis von Wirtschaft und Staat während der Reichsgründungszeit 1848-1881*, op. cit.

227 Zur Lage des Mittelstandes im Kaiserreich: H. A. Winkler, »Der rückversicherte Mittelstand. Die Interessenverbände von Handwerk und Kleinhandel

selbstbewußtes Bürgertum entstehen.[228] Die Kooperation der Großindustriellen mit dem nationalsozialistischen Staat[229] ist in diesem wenig liberalen Kontext ebenso normal gewesen wie die Zuflucht des kleinen und mittleren Bürgertums zu demselben Staat.[230]

Grundsätzlich hat sich an der eigenartigen Konstellation der Kooperation von Staat, Großindustrie und Großbanken und an der Schutzsuche des kleineren und mittleren Bürgertums beim Staat auch in der Bundesrepublik nichts geändert.[231] Ergänzt wird diese Konstellation durch die Rolle der Gewerkschaften als weitere Großorganisationen, die an der Regulierung der Wirtschaft bis hin zu erheblicher eigener unternehmerischer Aktivität maßgeblich beteiligt sind. Ihre Zusammenfassung in Großgewerkschaften und im Dachverband des Deutschen Gewerkschaftsbundes unter-

im deutschen Kaiserreich«, in: W. Rüegg und O. Neuloh (Hg.), *Zur soziologischen Theorie und Analyse des 19. Jahrhunderts*, Göttingen: Vandenhoek & Ruprecht, 1971, S. 163-79; R. Gellately, *The Politics of Economic Despair: Shopkeepers and German Politics 1890-1914*, London: Sage, 1974.

228 H. Plessner, *Die verspätete Nation*, op. cit., S. 72-82; R. Dahrendorf, *Gesellschaft und Demokratie in Deutschland*, op. cit., S. 58-60.

229 A. Schweitzer, *Big Business in the Third Reich*, Bloomington, Ind.: Indiana University Press, 1964. E. Czichon, *Wer verhalf Hitler zur Macht? Zum Anteil der deutschen Industrie an der Zerstörung der Weimarer Republik*, Köln: Pahl-Rugenstein, 1967. H. A. Turner, *Die Großunternehmer und der Aufstieg Hitlers*, Berlin: Siedler 1986.

230 A. Schweitzer, *Die Nazifizierung des Mittelstandes*, Stuttgart: Enke, 1970; H. A. Winkler, *Mittelstand, Demokratie und Nationalsozialismus. Die politische Entwicklung von Handwerk und Kleinhandel in der Weimarer Republik*, Köln und Berlin: Kiepenheuer & Witsch, 1972; »Mittelstandsbewegung oder Volkspartei? Zur sozialen Basis der NSDAP«, in: W. Schieder (Hg.), *Faschismus als soziale Bewegung. Deutschland und Italien im Vergleich*, Hamburg: Hoffmann & Campe, 1976, S. 97-118; »From Social Protectionism to National Socialism: the German SmallBusiness Movement in Comparative Perspective«, in: *Journal of Modern History* 48, 1976, S. 1-18; A. von Saldern, *Mittelstand im »Dritten Reich«. Handwerker – Einzelhändler – Bauern*, Frankfurt: Campus, 1979.

231 Einen Einblick vermitteln z. B. die Beiträge in: Institut für Mittelstandsforschung (Hg.), *Beiträge zur Mittelstandsforschung*, Heft 9: *Mittelständische Betriebe in der Wirtschaft der Bundesrepublik Deutschland*, Göttingen: Otto Schwartz, 1975. Man muß hier allerdings berücksichtigen, daß der südwestdeutsche Raum mit einer recht großen Bedeutung mittelständischer Betriebe eine Sonderstellung einnimmt.

streicht die großorganisatorische Strukturierung der deutschen Wirtschaft auch auf der Seite der Arbeiter.[232] Dasselbe gilt für die Organisation der Angestellten[233] in der Deutschen Angestelltengewerkschaft und der Beamten im Deutschen Beamtenbund.[234] Jedesmal handelt es sich um Großorganisationen, die ein erhebliches Maß an politischer Führung und Bürokratisierung benötigen, um effektiv zu sein. Der ökonomische Individualismus hat in diesem Kontext keine Tradition und führt auch heute nur ein bescheidenes Dasein.

Wo immer in Deutschland unternehmerische Initiative zu entfalten ist, findet dies weniger in individuellen und spontanen Unternehmen statt als in Großunternehmen und Großorganisationen, in der Mobilisierung von Großverbänden und in staatlicher Führung.[235] Die Gründung von Kindergärten, Schulen, Universitäten, Theatern, Jugendzentren, die Mobilisierung von Frauen, Jugendlichen, Behinderten, die Bildung von Initiativen in Kunst, Film, Sport und Freizeitvergnügen, alles was sich hier bewegt oder bewegt werden soll, gerät zwangsläufig unter die Kontrolle der großen Verbände und Organisationen und des Staates. Alles braucht letzten Endes die gesetzliche Sanktionierung, um gesichert zu sein, und diese setzt die professionelle Führung von Verbänden und Parteien voraus. Hier wird private Initiative oft schon im voraus abgetötet, weil sich der einzelne entweder auf die etablierten Organisationen verläßt oder weil er sich ihnen gegenüber ohnmächtig fühlt. Frei gebildete Initiativen sind entweder erfolg-

232 G. Leminsky und B. Otto, *Politik und Programmatik des deutschen Gewerkschaftsbundes*, Köln: BundVerlag, 1974; W. Streek, *Gewerkschaftliche Organisationsprobleme in der sozialstaatlichen Demokratie*, Frankfurt: Athenäum, 1981; M. Wilke, *Die Funktionäre. Apparat und Demokratie im Deutschen Gewerkschaftsbund*, München: Piper, 1979; D. Schuster, *Der deutsche Gewerkschaftsbund*, Düsseldorf: Droste, 1977.

233 R. Dittmar (Hg.), *Die deutsche Angestellten Gewerkschaft*, Düsseldorf: Droste, 1978.

234 *Deutscher Beamtenbund. Ursprung – Weg – Ziel. Zur 50. Wiederkehr des Gründungstages am 4. Dezember 1918*, Bundesleitung des Deutschen Beamtenbundes (Hg.), o. J.

235 Siehe dazu: E. H. Buchholz, »Gemeinschaftshilfe. Zur Kooperation von Staat und Wirtschaftsverbänden«, in: *Zwang zur Freiheit. Verbände, Staat, Individuum*, Tübingen: Mohr Siebeck, 1977, S. 42-86; R. Breitling, *Die Verbände in der Bundesrepublik. Ihre Arten und ihre politische Wirkungsweise*, Meisenheim am Glan: Hain, 1955.

los, oder sie werden von den großen Organisationen absorbiert. In diesem sozialen Milieu gibt es keine Übung in individueller Unternehmung und deshalb auch wenig Vertrauen in private Initiative, was wiederum Übung weiterhin verhindert. Die ökonomische Selbstverwaltung des amerikanischen Selfmade-man hat in diesem System keinen Platz. Einem Idealbild der freien unternehmerischen Persönlichkeit als *Durchschnittsvorstellung* des Bürgers begegnet man hier nicht.

Unternehmerische Initiative bleibt den auserwählten Führern der großen Organisationen, der Parteien und des Staates überlassen.[236] Der Durchschnittsbürger sucht sein gesichertes Einkommen in gesicherter Stellung mit Pensions- und Rentenanspruch. Disziplin innerhalb der Organisation und Versorgung durch die großen Versicherungen sowie die Geborgenheit in der Familie prägen die Vorstellungswelt des Durchschnittsbürgers. Sicherheit rangiert weit vor Eigeninitiative und unternehmerischer Risikobereitschaft. Die Mentalität des Beamten, nicht diejenige des Selfmade-man ist für Deutschland charakteristisch. Die individuelle Abstimmung von Interessen durch freie vertragliche Vereinbarungen kann in diesem Kontext nicht denselben Stellenwert erlangen wie im amerikanischen Leben. Was die Amerikaner frei untereinander vereinbaren, ist für die Deutschen oft schon gesetzlich geregelt, also eine Sache der Ausführung von Gesetzen durch die staatliche Verwaltung und der Konformität des Bürgers zu bestehenden gesetzlichen Regelungen. Für den Durchschnittsbürger ist die freie vertragliche Vereinbarung eine seltenere Erfahrung als die Anordnung von Maßnahmen durch die staatliche Verwaltung und als die Fürsorge von großen Verbänden und Organisationen. Vertragliche Vereinbarungen zu treffen ist eine Sache der Führungsspitzen der Großorganisationen. Das Vertrauen in den einzelnen Mitbürger ist demgemäß oft weniger ausgeprägt als das Vertrauen in die staatliche Verwaltung, entsprechend ihres traditionellen Verständnisses der absoluten Objektivität.

Der ökonomische Individualismus hat in Deutschland keine Wur-

236 Zum Typus des Unternehmers: H. Hartmann, *Der deutsche Unternehmer: Autorität und Organisation*, Frankfurt: Europäische Verlagsanstalt, 1968; B. Biermann, »Die selbständigen Unternehmer: Kollektivporträt und Einzeltypen«, in: *Soziale Welt* 18, 1967, S. 216-40; *Die Soziale Struktur der Unternehmerschaft. Demographischer Aufbau, soziale Herkunft und Ausbildung der Unternehmer in NRW*, Stuttgart: Enke, 1971.

zeln, und er führt auch heute nur ein bescheidenes Dasein. Er ist von Beginn an durch den Liberalismus des Bildungsbürgertums verdrängt worden. Dieser Bildungsliberalismus verstand unter Freiheit nicht die utilitaristische Interessenentfaltung auf einem freien Markt, sondern den freien Dialog gebildeter Persönlichkeiten. Die kulturellen Freiheiten spielten demgemäß auch eine größere Rolle als die ökonomischen Freiheiten in der Mobilisierung der liberalen Bewegung in den 30er und 40er Jahren des vorigen Jahrhunderts. Nicht die ökonomische Vertragsfreiheit stand im Zentrum dieser Ideen, sondern die Freiheit der Lehre und des Lernens an den Universitäten. Diese Freiheit war in die gemeinsame Verpflichtung von Staat und Universität auf die Idee der Sittlichkeit eingebettet. Der Kulturstaat, nicht der liberale Staat, der privates Eigentum und Vertragsfreiheit gewährt, war das Ideal.[237] Die Freiheit der Lehre und der Forschung bedurfte gerade des Schutzes durch den Staat, der die utilitaristischen Nützlichkeitsforderungen von den Universitäten fernhalten und auf die niedrigen Realschulen, Berufsfachschulen und technischen Hochschulen umleiten sollte. Der Staat an sich war deshalb gar keine Gefahr für den Bildungsliberalismus, vielmehr war er im Idealfall seine Stütze. Dagegen wurde die utilitaristische Interessenentfaltung des ökonomischen Individualismus als eine Gefährdung der kulturellen Freiheit der Universitäten betrachtet.

Der privaten unternehmerischen Initiative des ökonomischen Individualismus setzt der Bildungsliberalismus die staatliche Organisierung der Bildung entgegen. Eine im Pragmatismus legitimierte Idee des Self-mademan ist in diesem kulturellen Kontext natürlich nicht vorstellbar. Der gebildete Bürger ist hier das Ideal. In der klassischen Bildung erfährt das Individuum eine tiefe Formung seiner Individualität, eine Einheit in seiner Persönlichkeit und eine Universalisierung seines Bewußtseins. Nicht der ökonomische Nutzen, sondern die universelle Idee ist das Leitmotiv des gebildeten Bürgers.

237 E. R. Huber, *Zur Problematik des Kulturstaates*, op. cit.

3.4 Vereinigungsfreiheit: Auf der Suche nach Gemeinschaft in der Gesellschaft

In Deutschland bilden sich schon zu Ende des 18. Jahrhunderts unter der Herrschaft des Absolutismus die ersten freien Vereinigungen. Freimaurerlogen, Lesegesellschaften und »geheime« Gesellschaften machen den Anfang.[238] Mit Beginn des 19. Jahrhunderts setzt sich die Bewegung durch die Bildung der Gesangsvereine und der Turnvereine fort.[239] Es folgen dann die ersten politischen Vereinigungen.[240] All diesen Vereinigungen ist gemeinsam, daß sie freie Schöpfungen sind und ihre Mitglieder ihnen freiwillig beitreten. Die sonst in der Gesellschaft noch bestehenden Standesunterschiede werden in den Vereinen nivelliert. Prinzipiell kann jeder beitreten, und jedes Mitglied hat formell die gleichen Rechte. Hier entwickelt sich ein völlig neues Muster der Knüpfung sozialer Beziehungen. Nicht die Standes- und Familienzugehörigkeit und die Standesnormen und Familieninteressen diktie-

238 W. Dotzauer, *Freimaurergesellschaften am Rhein. Aufgeklärte Sozietäten des Ancien Regime bis zum Ende der Napoleonischen Herrschaft*, Wiesbaden: Steiner, 1977; H. Reinalter (Hg.) *Freimaurer und Geheimbünde im 18. Jahrhundert in Mitteleuropa*, Frankfurt: Suhrkamp, 1983; O. Dann, »Die Lesegesellschaften des 18. Jahrhunderts und der gesellschaftliche Aufbruch des deutschen Bürgertums«, op. cit.; O. Dann (Hg.), *Lesegesellschaften und Revolution*, op. cit.; K. Gerteis, »Bildung und Revolution«, op. cit.; H. Göpfert, »Lesegesellschaften im 18. Jahrhundert«, op. cit.; M. Prüsner, »Lesegesellschaften im 18. Jahrhundert«, op. cit.; R. Düllmen, *Der Geheimbund der Illuminaten. Darstellung, Analyse, Dokumentation*, Stuttgart-Bad Cannstatt: Frommann-Holzboog, 1977; P. C. Ludz (Hg.), *Geheime Gesellschaften*, Heidelberg: Schneider, 1979.

239 Vgl. z. B. K. Zieschang, *Vom Schützenfest zum Turnfest*, Ahrensburg bei Hamburg: Czwalina, 1977, insbesondere S. 162-222.

240 O. Dann, »Die Anfänge politischer Vereinsbildung in Deutschland«, in: U. Engelhart et al. (Hg.), *Soziale Bewegung und politische Verfassung*, Stuttgart: Klett, 1976, S. 197-232; W. Hardtwig, »Politische Gesellschaft und Verein zwischen aufgeklärtem Absolutismus und der Grundrechtserklärung der Frankfurter Paulskirche«, in: G. Birtsch (Hg.), *Grund- und Freiheitsrechte im Wandel von Gesellschaft und Geschichte*, Göttingen: Vandenhoeck & Ruprecht, 1981, S. 336-58; F. Müller, *Korporation und Assoziation. Eine Problemgeschichte der Vereinigungsfreiheit im deutschen Vormärz*, Berlin: Dunker & Humblot, 1965.

ren die Pflege sozialer Beziehungen, sondern das reine persönliche Interesse des einzelnen Individuums.
Die freiwillige Assoziation freier Individuen aus freiem Willen wird zum Grundmuster der sozialen Interaktion. Das gilt auch für die in aller Regel bedeutsamste soziale Beziehung im Leben eines Menschen, für die Ehe. Nicht die Standesehre, die Familienbeziehungen und die zu erwartende Mitgift entscheiden über die Heirat, sondern allein die Liebe zwischen den beiden Partnern. So will es die Bewegung der Romantik, die nun dem schon im 17. und 18. Jahrhundert entstehenden Verständnis der Ehe als vertragliche Beziehung die Liebe als einzigen Vertragsgrund hinzufügt.[241] Eine von der Familie erzwungene Heirat verstößt jetzt gegen die Norm. Diese Umstrukturierung der Gesellschaft von der ständischen Vorherbestimmung der sozialen Interaktionen und der Vergemeinschaftung zur freien Assoziierung der Individuen setzt sich seit der zweiten Hälfte des 18. Jahrhunderts kontinuierlich durch. Der Status als Grundelement der Strukturierung der gesellschaftlichen Beziehungen wird durch den Kontrakt ersetzt. In diesem Sinne hat sich Deutschland ebenso wie andere Länder zu einer Kontraktgesellschaft entwickelt, in der die freie Assoziierung der Individuen ein Grundelement der modernen Freiheitsrechte bildet.
So gesehen unterscheidet sich Deutschland nicht von England und Amerika. Die Frage ist allerdings, ob in Deutschland mit diesem gesellschaftlichen Wandel derselbe Sinn verbunden wird und ob die Deutschen denselben Gebrauch von dem Recht der freien Vereinigung machen wie vor allem die Amerikaner, die dieses Freiheitsrecht gewiß am weitesten verwirklicht haben. Der Unterschied beginnt mit der Begleitmusik zu diesem gesellschaftlichen Wandel. Soweit in dem Übergang von der Status- zur Kontraktge-

241 Siehe dazu: M. Erle, *Die Ehe im Naturrecht des 17. Jahrhunderts*, Göttingen: (Selbstverlag), 1952; Marianne Weber, *Ehefrau und Mutter in der Rechtsentwicklung*, Tübingen: Mohr, 1907; R. König, »Soziologie der Familie«, in: A. Gehlen und H. Schelsky (Hg.), *Soziologie*, Düsseldorf-Köln: Diederichs, 5. Auflg., 1964, S. 121-58, ebd., S. 125-36; N. Luhmann, *Liebe als Passion*, op. cit., S. 163-82; H. Rosenbaum, *Formen der Familie. Untersuchungen zum Zusammenhang von Familienverhältnissen, Sozialstruktur und sozialem Wandel in der deutschen Gesellschaft*, Frankfurt: Suhrkamp, 1982, S. 251-365, vgl. S. 285-8; B. Ränsch-Trill, »Freundschaft und Liebe der Philosophie der Romantik«, op. cit.

sellschaft die Auflösung von vorher bestehenden Gemeinschaften der Großfamilie, des Dorfes und der Kleinstadt gesehen wird, an deren Stelle ökonomisch motivierte Zweckbeziehungen kurzfristiger und anonymer Art und die Herausbildung der Großstadt treten, wird in Deutschland besonders vehement der Verlust der Gemeinschaft beklagt.[242]

Ferdinand Tönnies hat dieser Klage in der Kontrastierung von Gemeinschaft und Gesellschaft die soziologische Formulierung gegeben.[243] In der Gemeinschaft herrschen die Vertrautheit, die Eintracht, die gegenseitige Verbundenheit, die Verpflichtung auf eine gemeinsame Moral vor. Jeder steht mit seiner ganzen Persönlichkeit hinter seinem Handeln. Aufrichtigkeit und Wahrhaftigkeit gegenüber dem anderen sind die Grundmotive des Handelns. Vereinigt sind alle diese Merkmale des Gemeinschaftshandelns im Wesenswillen.[244] In der Gesellschaft ist das Handeln von willkürlich gewählten Zwecken und von Nützlichkeitserwägungen geleitet. In diesem Kontext ist es manchmal nützlich, anderen etwas vorzuspielen, um bestimmte Zwecke zu erreichen. Unaufrichtigkeit und Heuchelei können hier durchaus funktional sein. Eigennutz im persönlichen Streben und bloße Eitelkeit in der Geselligkeit kennzeichnen das Handeln in der Gesellschaft. Der Kürwille ist das Zentrum dieser Merkmale der Gesellschaft.[245] Obwohl Tönnies selbst in der Entwicklung zur Gesellschaft eine Befreiung des Menschen von der Herrschaft der alten Gemeinschaftsbeziehungen und auch durchaus konkrete Verbindungen zwischen beiden analytischen Konstrukten unter modernen Bedingungen, z.B. im Genossenschaftswesen, erkannt hat,[246] so hat doch seine scharfe Kontrastierung auch einem herrschenden Gefühl zum Ausdruck verholfen und zugleich auch mit zur Bestätigung dieses

242 Die Romantik war eine erste Bewegung gegen den Rationalismus der Kontraktgesellschaft. Siehe dazu: G. L. Mosse, *The Crisis of German Ideology*, op. cit., S. 13-30; H. Brunschwig, *Gesellschaft und Romantik in Preußen im 18. Jahrhundert*, op. cit.; R. Immerwahr, *Romantisch. Genese und Tradition einer Denkform*, op. cit.

243 F. Tönnies, *Gemeinschaft und Gesellschaft*, Darmstadt: Wissenschaftliche Buchgesellschaft, (1887) 1963; vgl. dazu R. Dahrendorf, *Gesellschaft und Demokratie in Deutschland*, op. cit., S. 143-9.

244 F. Tönnies, *Gemeinschaft und Gesellschaft*, op. cit., S. 8-39, 85-106.

245 Ebd., S. 40-83, 107-24.

246 Ebd., S. 228-31.

Gefühls beigetragen. Die Kontraktgesellschaft wurde als eine Gesellschaft der kalten Eigensucht und der Unaufrichtigkeit empfunden, der man die wahre Gemeinschaft als Ideal der Vergangenheit entgegensetzte. Eine gemeinschaftliche Umstrukturierung der Kontraktgesellschaft ist zu einem mächtigen Bestreben geworden. Ständestaat, Rätedemokratie, Volksgemeinschaft, ja selbst das Modell der formierten Gesellschaft, das Ludwig Erhard noch für die Bundesrepublik propagiert hat,[247] sind alle mehr oder weniger krasse Versuche, die Kontraktgesellschaft zu einer enger zusammengebundenen Gemeinschaft zurückzuführen. Sie alle haben in Deutschland als Gegenreaktionen auf den Wandel zur Kontraktgesellschaft eine große Rolle gespielt, und sie alle implizieren eine mehr oder weniger starke Einschränkung der Assoziationsfreiheit. Selbst die Modelle, mit denen heute die Alternativen die Gesellschaft verändern wollen, können ihre Verwandtschaft mit dieser Tradition der deutschen Reaktion auf die Entwicklung der Kontraktgesellschaft durch Rückkehr zu älteren Formen der Gemeinschaft nicht leugnen.[248]

Der Reaktion des Denkens entspricht auch das Verhalten. Die Deutschen machen weit weniger Gebrauch von dem Recht der freien Assoziation als die Amerikaner. Man bewegt sich viel lieber und viel sicherer im vertrauten Kreis. Die Tatsache, daß die Familie weit oben vor allen anderen Institutionen in der Prioritätenskala der Deutschen rangiert, ist auch ein Ausdruck für eine relativ geringe Fähigkeit, sich mit anderen außerhalb der Familie zu verbinden.[249] Das Handeln außerhalb der Familie wird in der Tat als

247 Vgl. O. Spann, *Der wahre Staat*, Jena: Fischer, (1921) 1931; P. Lösche, »Räte, Rätesystem«, in: *Wörterbuch der politischen Ökonomie*, hg. von G. v. Eynern und C. Böhret, Opladen: Westdeutscher Verlag, 1977, S. 370-8; C. Schmitt, *Staat, Bewegung, Volk*, op. cit.; K. Larenz, *Rechts- und Staatsphilosophie der Gegenwart*, op. cit.; J. Binder, *Der deutsche Volksstaat*, op. cit.; C. Heusgen, *Ludwig Erhards Lehre von der sozialen Markwirtschaft*, Stuttgart: Haupt, 1981, S. 225-32.

248 Siehe dazu P. Kelly und J. Leinen (Hg.), *Prinzip Leben. Ökopax die neue Kraft*, Berlin: Olle & Wolter, 1982; K.W. Brand, D. Büsser und D. Rucht, *Aufbruch in eine andere Gesellschaft*, op. cit., S. 251-5.

249 So hat sich die Zahl derer, die betonen, man brauche, um glücklich zu sein, eine Familie, von 1953 bis 1979 nur geringfügig verändert: 1953 78%; 1979 73%. Nur jeweils 1% behauptete ohne Familie glücklich sein zu können. Vgl. E. Noelle-Neumann und E. Piel (Hg.), *Eine Generation später 1953-1979*, München: Saur, 1983, S. 132, Tabelle 1.

reines Zweckmäßigkeits- und Rollenverhalten gedeutet, in das nur in begrenztem Maße Persönlichkeit und Gefühle eingehen können. Der Deutsche bevorzugt eine geringere Zahl enger Bindungen vor einer größeren Zahl lockerer Beziehungen.[250] Das macht den Wechsel des Wohnorts und des Arbeitsplatzes oft zu einem tiefgreifenden und Unsicherheit erzeugenden Ereignis, das soweit als möglich vermieden wird.[251] Ist ein Wechsel dennoch unvermeidlich, ist er meistens mit großen persönlichen Schwierigkeiten verbunden, den Verlust alter Beziehungen zu verkraften und neue Beziehungen anzuknüpfen. Selbst Arbeitslosigkeit erzeugt nur wenig Motive zum Wegzug vom Wohnort.

Auch die Einstellung zur Freundschaft bringt eine geringe Flexibilität in der freien Aufnahme sozialer Beziehungen zum Ausdruck. Eine Freundschaft ist eine enge und tiefe Beziehung, welche die ganze Persönlichkeit erfaßt. Eine so enge Verbundenheit ist nur zu ganz wenigen Personen möglich, im Idealfall nur zu einer einzigen Person. Was außerhalb dieser freundschaftlichen Bande liegt, sind Beziehungen zu Bekannten, d. h. nur Beziehungen zu Menschen, die man kennt, ohne daß man mit ihnen eine besondere Verbundenheit fühlt. Der Deutsche sucht nicht den Kontakt mit einer Vielzahl von Menschen, sondern mit einer kleinen Zahl von engen Freunden. Die Leichtigkeit, in der Amerikaner Freundschaften schließen und die Vielzahl freundschaftlicher Beziehungen, die sie pflegen, erscheint ihm oberflächlich.[252] In der Tat ist es richtig, daß sich die Stärke eines Gefühls und die Ausschließlichkeit des Einstehens füreinander mit der Zahl der Beziehungen, die man

250 Die Bedeutung einer engen Freundschaftsbeziehung ergibt sich z. B. aus einer Allensbach-Umfrage nach der 1953 83 % der Befragten angaben, man könne den meisten Menschen nicht vertrauen. Dagegen betonten 1953 68 % der Befragten einen engsten Vertrauten zu haben. 1979 hat sich die Konstellation noch mehr zugespitzt, während nun nur noch 53 % der Befragten Mißtrauen gegenüber den meisten Menschen bekundeten, gaben aber 80 % an, daß sie einen engsten Vertrauten hätten und benötigten. Vgl. E. Noelle-Neumann und E. Piel (Hg.), *Eine Generation später 1953-1979*, op. cit., S. 146, Tabellen 17 und 18.

251 Vgl. *Die Bevölkerung der Bundesrepublik Deutschland*, Wiesbaden: Bundesinstitut für Bevölkerungsforschung, 1974, S. 50-62; D. Claessens, A. Klönne und A. Tschoepe, *Sozialkunde der Bundesrepublik*, Köln: Diederichs, (1965) 1978, S. 170-7.

252 R. Dahrendorf, *Gesellschaft und Demokratie in Deutschland*, op. cit., S. 316.

aufnimmt, abschwächen muß. Aber es ist sicherlich nicht richtig, die Freundschaft des Amerikaners mit einer völlig kalten und nützlichkeitsbezogenen Zweckbeziehung geschäftlicher Art gleichzusetzen. Sicher ist aber, daß die größere Offenheit der Amerikaner für Freundschaften auch leichter zu Freundschaften in geschäftlichen Beziehungen führt. Das heißt, daß nicht nur die freundschaftlichen Beziehungen an Tiefe verlieren, sondern die Geschäftsbeziehungen eine in Deutschland nicht in ähnlichem Sinn mögliche gemeinschaftliche Fundierung erlangen. Geschäft und Freundschaft werden in Deutschland viel schärfer voneinander getrennt als in Amerika.[253] Dafür sorgt schon die in Deutschland im öffentlichen Verkehr übliche Anrede mit »Sie« und als »Herr Müller« oder »Frau Schmidt«. Dagegen schafft in Amerika der Gebrauch des »You« und des Vornamens sehr schnell ein gewisses Maß der gegenseitigen Vertrautheit.

Zur deutschen Freundschaft gehört die Treue, zu der es im Amerikanischen kein genau entsprechendes Wort gibt.[254] In der Treue kommt die Tiefe und Unveränderlichkeit dieser Beziehung zum Ausdruck, damit aber auch eine klare Beschränkung der Freiheit, diese Beziehung zu verändern und darüber hinaus noch andere freundschaftliche Beziehungen einzugehen. Andere freundschaftliche Beziehungen stellen die Echtheit der Freundschaft in Frage. Zur Tiefe und Ausschließlichkeit der Beziehung gehört demgemäß auch die Dramatik, wenn sie doch einmal in die Brüche geht. Die Tiefe der Freundschaft kann dann in eine ebensolche Tiefe des Hasses und der Feindschaft umschlagen. Zur amerikanischen Friendship gehört die Faithfulness, Loyalty oder Reliability. Diese Begriffe drücken keine ebenso tiefe Verbundenheit aus, sondern ein gegenseitiges Einstehen füreinander und eine gegenseitige Verläßlichkeit. Der eine kann auf den anderen rechnen, wenn es darauf ankommt. Das ist aber eine Verläßlichkeit, deren Rahmen durch die geringere Ausschließlichkeit der Beziehung abgesteckt wird. Während die Treue des deutschen Freundes partikulari-

253 L. Pikulik, *Leistungsethik contra Gefühlskult. Über das Verhältnis von Bürgerlichkeit und Empfindsamkeit in Deutschland*, Göttingen: Vandenhoeck & Ruprecht, 1984, insbesondere S. 93-305.

254 W. Rasch, *Freundschaftskult und Freundschaftsdichtung im deutschen Schrifttum des 18. Jahrhunderts vom Ausgang des Barocks bis zu Klopstock*, Halle: Niemeyer, 1936; E. Meyer-Kreutler, *Der Bürger als Freund*, München: Fink, 1984; J. C. Graf von Auersperg, *Über Freundschaft*, Prag: Calve, 1789.

stisch ist, sich gegen jeden anderen richten und von ihm manchmal fast Übermenschliches verlangen kann, ist die amerikanische Verläßlichkeit in ein weiteres Netz von Verpflichtungen eingespannt, die alle gegeneinander abgewogen werden müssen. Dieses Abwägen einer größeren Zahl von freundschaftlichen Beziehungen gibt dem einzelnen wiederum mehr Freiheiten des Entscheidens. Er kann dem Freund z.B. sagen, daß er heute keine Zeit hat, weil er sich schon mit jemandem anderen verabredet hat. Da dieses weitere Netzwerk freundschaftlicher Beziehungen die Norm ist, wird auch der abgewiesene Freund Verständnis für die Ablehnung haben. Er muß es haben, weil er keinen Anspruch auf Ausschließlichkeit der Treue hat.

So gesehen, gewinnt die absolute Treue der deutschen Freundschaft eine unsoziale Eigenschaft.[255] Sie läßt keine über den engen Vertrautenkreis hinausgehende öffentliche Verpflichtung des einzelnen gegenüber anderen zu. Dagegen erweist sich die Verläßlichkeit der amerikanischen Freundschaft als eine Institution, die einerseits dem einzelnen mehr Freiheiten des Entscheidens überläßt, diese Freiheit aber in den weiteren Rahmen öffentlicher Verpflichtungen gegenüber anderen einordnet. Dazu gehört schließlich auch das wechselseitige Zugeständnis der Freiheit. Jeder weiß, daß er keinen absoluten Zugriff auf den anderen hat, von ihm also nicht vollkommen Besitz nehmen kann. Freundschaft ist nicht ein wechselseitiges Inbesitznehmen des anderen, sondern mehr eine Beziehung der wechselseitigen Verläßlichkeit und vor allem der wechselseitigen Achtung. Der eine achtet den anderen in seiner Autonomie; er nimmt Rücksicht auf seine Entscheidungsfreiheit und auf seine außerhalb der Beziehung liegenden Verpflichtungen. Die wechselseitige Achtung ist unabhängig von der vollkommenen Auslieferung an den anderen. Das erlaubt auch eine von dem Wohlverhalten gegenüber dem anderen unabhängige Selbstachtung. Auch gegenseitige Aufrichtigkeit ist in einem solchen System leichter durchzuhalten. Man kann dem anderen ohne weiteres sagen, daß man da und dort andere Wege gehen möchte, daß man heute nicht kommen kann, weil man etwas anderes tun möchte oder andere freundschaftliche Verpflichtungen erfüllen will, ohne dadurch die Freundschaft zu gefährden. Ganz anders ist

255 G. Simmel, »Exkurs über Treue und Dankbarkeit«, in: *Soziologie. Untersuchungen über die Formen der Vergemeinschaftung*, Berlin: Duncker & Humblot, 1983, 6.Auflg., S. 428-47.

die Dynamik der tiefen, auf Treue eingeschworenen Freundschaft. Jede anderweitige Beziehung, jedes Zurückweichen auf Bitten des anderen stellt die Freundschaft in Frage. Sie müssen schon als ein Ausdruck der Unaufrichtigkeit in der Freundschaftsbeziehung gewertet werden. Das zwingt aber gerade oft zur Notlüge, nur um keinen Anschein aufkommen zu lassen, daß die Freundschaft an Ausschließlichkeit verloren haben könnte. Die wirkliche Unaufrichtigkeit ist schon in den Zwang zur Ausschließlichkeit der Freundschaft einprogrammiert. Freundschaft ist hier in der Tat ein gegenseitiges Inbesitznehmen, ohne jede Bereitschaft, den Besitz mit anderen zu teilen. Der Deutsche hat, sobald er einmal eine Freundschaft gewählt hat, oft schon die Freiheit der Wahl sozialer Beziehungen verloren. Hier kann der andere nicht in seiner Individualität geachtet werden, die auch außerhalb der Freundschaft freundschaftliche Beziehungen aufzunehmen erlaubt. Dementsprechend kann keine Selbstachtung entstehen, die unabhängig von der ständigen Zuneigung anderer Personen besteht. Selbstachtung ist in einer eigenartigen Weise mit der Auslieferung der Persönlichkeit an einen anderen verknüpft, dessen Zuneigung man nur durch diese Auslieferung bewahren kann.[256]

Dasselbe unterschiedliche Verhaltensmuster von Amerikanern und Deutschen wie in der Freundschaft ist auch in den alltäglichen Formen der Geselligkeit zu beobachten. Die amerikanische Cocktail-Party zeichnet sich durch ihre Leichtigkeit aus, in der sich die unterschiedlichen, einander bekannten und unbekannten Teilnehmer untereinander vermischen. Gespräche werden schnell aufgenommen, aber auch in in der Regel wieder recht schnell beendet, um sich anderen Gesprächspartnern zuwenden zu können. Das Eindringen der Party in die vom Ursprung her intimere Geselligkeit der Deutschen hat oft die eigenartige Erscheinung zur Folge, daß sich auf der Party sehr schnell Grüppchen der jeweils engsten Bekannten bilden, die in sich relativ geschlossen sind. Man klebt nicht selten stundenlang an einem einzigen Gesprächspartner. Die sich bietenden Chancen der freien Assoziation werden nur wenig wahrgenommen. Das Geselligkeitsverhalten des Deutschen versucht, sich hier selbst in schon amerikanisierten Kontexten an dem

256 E. Meyer-Kreutler, *Der Bürger als Freund*, op. cit., insbesondere S. 48-53; J. C. Graf von Auersperg, *Über Freundschaft*, op. cit.

alten Muster der scharfen Trennung des Bekannten vom Unbekannten festzuhalten.[257]

Was über das Eingehen freundschaftlicher und geselliger Beziehungen gesagt wurde, läßt sich auch auf die Ehebeziehung übertragen. In Amerika ist die Ehe in ein weiteres Netzwerk freier sozialer Beziehungen mit freundschaftlichem Charakter eingebettet. Das nimmt ihr ein wenig von ihrer Ausschließlichkeit. Auch für sie gilt mehr die wechselseitige Verläßlichkeit in einem weiteren Netz freundschaftlicher Beziehungen als die absolute Treue, die geringere Inbesitznahme des anderen und die Verbindung von Selbstachtung, Achtung und Aufrichtigkeit. Das schließt offensichtlich auch ein, daß es den Amerikanern leichter fällt, eine Beziehung aufzugeben und es dem Partner zu sagen, wenn sie nicht mehr wollen. Die hohen Scheidungsraten in den Vereinigten Staaten sind auch mit dieser größeren Offenheit und Freiwilligkeit von Ehebeziehungen zu erklären. Und es ist anzunehmen, daß aufgrund dieses Verständnisses der Ehebeziehung Scheidungen im Durchschnitt auch weniger dramatisch verlaufen und weniger dramatische seelische Folgen für die Partner haben.

Im Verlaufe des Lebens den Ehepartner zu wechseln, ist im Bezugsrahmen des Normensystems der Vereinigungsfreiheit keine Tragödie, sondern eine völlig normale Sache. Ganz anders ist das in Deutschland.[258] Hier zeigt die absolute Priorität der Familie in der Werteskala auch die Fixierung der Ehepartner aufeinander an. Zusammen mit dem Gebot der Liebe als alleinigem Grund der Ehe und dem Gebot der Treue kann dieses Verständnis der Ehebeziehung zu fatalen Konsequenzen führen. Die Fixierung der sozialen Beziehungen auf die Ehe impliziert zwangsläufig ein gegenseitiges Inbesitznehmen der Ehepartner voneinander und ein wechselseitiges Ausgeliefertsein.[259] Aufrichtigkeit verlangt die Ausschließlichkeit der Beziehung, in der allein die Liebe zum Ausdruck gelangt. Das zwingt oft zur Lüge und damit gerade zur Unaufrich-

257 M. und T. E. Lasswell, *Marriage and the Family*, Lexington, Mass.: Heath, 1982, insbesondere S. 3-27, 183-245.

258 R. Fröhner, M. v. Stackelberg und W. Eser, *Familie und Ehe*, Bielefeld: Stackelberg, 1956; W. H. Riehl, *Die Familie*, Stuttgart: Cotta, 1855; I. Weber-Kellermann, *Die deutsche Familie. Versuch einer Sozialgeschichte*, Frankfurt: Suhrkamp, 1974; A. Beck, *»Der Bund ist ewig«. Zur Physiognomie einer Lebensform im 18. Jahrhundert*, Erlangen: Palm & Emke, 1982.

259 A. Beck, »Der Bund ist ewig«, op. cit.

tigkeit. Der andere wird nicht in seiner Individualität und Freiheit geachtet, die auch andere soziale Beziehungen einschließt. Zuneigung ist abhängig von der völligen Auslieferung an den anderen. Eine davon unabhängige Selbstachtung ist unmöglich. Die Schwierigkeiten einer solchen ausschließlichen Beziehung kommen mit der Veralltäglichung der Liebe und mit den außerfamilialen Verpflichtungen. Im Normalfall wird dies als ein nicht mehr veränderbares Faktum hingenommen. Wo jedoch das Ideal der Ausschließlichkeit und der Vollkommenheit der Liebe weiter wirksam ist, erscheint die Realität im krassen Widerspruch zur Idee. Das ruft den Konflikt hervor, der entweder in die Hinnahme der Realität oder in den Bruch mündet. Die Scheidung wird in ihrem Verlauf und danach als dramatisches Ereignis mit schlimmen Konsequenzen für die Betroffenen empfunden.[260] Hier stößt heute vor allem der alte Ausschließlichkeitsanspruch mehr und mehr mit der Entwicklung des Bewußtseins der Freiwilligkeit der Ehebeziehung zusammen. Aus diesem Widerspruch resultieren anomische Verhältnisse. Die Scheidungen nehmen zu, dennoch gilt teilweise noch die Ausschließlichkeitsnorm, so daß eine Scheidung wohl von den Betroffenen als dramatischer erfahren wird als in den Vereinigten Staaten.

Gewiß hat sich an den deutschen Beschränkungen der Vereinigungsfreiheit inzwischen einiges verändert. Die Bevorzugung der engen Gemeinschaft, Freundschaft und Ehe vor einer größeren Zahl von offenen freundschaftlichen sozialen Beziehungen ist unter dem Einfluß amerikanischer Einstellungen in gewissem Umfang abgebaut worden, aber sicherlich nicht so weit, daß in Deutschland heute derselbe offene Gebrauch von der Vereinigungsfreiheit gemacht wird. Die Unterschiede verlagern sich in die Feinheiten. Die sozialen Beziehungen der Individuen mögen ausgedehnt werden, die Mobilität mag zunehmen. Die Frage dabei ist jedoch, welche Gefühle diese Veränderung begleiten. Nach wie vor wird zwischen den engen Freunden und den bloßen Bekannten eine recht scharfe Trennungslinie gezogen. Die Aufrechterhaltung enger Beziehungen zwischen den verschiedenen Generationen einer Familie durch regelmäßige Besuche weist in dieselbe Richtung. Auch das Einbringen der Persönlichkeit in soziale Rol-

260 J. J. Bejanovsky, *Psychische Probleme bei Geschiedenen*, Stuttgart: Enke, 1983; C. Mühlfeld, *Ehe und Familie*, Opladen: Westdeutscher Verlag, 1982, insbesondere S. 141-55.

lenbeziehungen dürfte zugenommen haben. Aber sie ist nicht so selbstverständlich wie im amerikanischen Leben. Es fehlt noch die Übung, und es gibt noch keine Normen dafür. So kann die Mischung von persönlicher und öffentlicher Sphäre noch oft deplaziert erscheinen und eher beklemmend als befreiend wirken. Soweit z. B. geschäftliche und persönliche Beziehungen in Gestalt von Einladungen verknüpft werden, bewahren auch die persönlichen Beziehungen oft noch einen formellen Charakter. Das Essen folgt einem gewissen Zeremoniell, im Gespräch wird Distanz gewahrt. Ein zu weitgehendes Offenbaren der Persönlichkeit wirkt in diesem Kontext peinlich.

Eine interessante Variante der aus Amerika kommenden größeren Neigung zur Verknüpfung von privater und öffentlicher Sphäre ergibt sich z. B. aus der Übertragung der verschiedenen Formen der Gesprächs- und Gruppentherapie aus Amerika auf deutsche Verhältnisse. Soweit die in diesen Therapieformen implizierte Veröffentlichung der Persönlichkeit befolgt wird, erscheint sie oft noch krampfhaft. Wird sie außerhalb eines formellen Therapiekontextes geübt, ruft sie unter den Anwesenden oft noch schweigende Beklemmung hervor.[261] Es gibt noch keine institutionalisierten Regeln, die ein zu weites Ausbrechen der Persönlichkeit in das öffentliche Rollenhandeln temperieren und umgekehrt eine solche Verknüpfung in Grenzen als legitim definieren. An die Stelle der abgewogenen Interpenetration von Privatheit und Öffentlichkeit tritt so der unausgewogene Konflikt.

Der Deutsche sucht die enge Gemeinschaft, wo der Amerikaner die frei gebildete und auch wieder auflösbare Assoziation bevorzugt. Die Konzentration der persönlichen Verpflichtetheit auf eng begrenzte Gemeinschaftsbeziehungen erschwert das Entstehen einer weiter gespannten persönlichen Verpflichtetheit, die in die

261 E. Nau, »Gruppendynamik in Deutschland – Ein Überblick«, in: F. Neidhardt (Hg.), *Gruppensoziologie*, Sonderheft 25 der *Kölner Zeitschrift für Soziologie und Sozialpsychologie*, 1983, S. 126-43. In den 70er und frühen 80er Jahren wurden gruppentherapeutische Titel geradezu Bestseller. Vgl. z. B. H. E. Richter, *Die Gruppe*, Reinbek bei Hamburg: Rowohlt, 1972; *Engagierte Analysen: Über den Umgang des Menschen mit dem Menschen*, Reinbek bei Hamburg: Rowohlt, 1976; *Lernziel Solidarität*, Reinbek bei Hamburg: Rowohlt, 1974; A. und R. Tausch, *Gesprächspsychotherapie*, Göttingen: Hogrefe, 1968; *Wege zu uns: Menschen suchen sich selbst zu verstehen und anderen offener zu begegnen*, Reinbek bei Hamburg: Rowohlt, 1983.

Sphäre der Öffentlichkeit hineinreicht, die Herausbildung eines öffentlichen Geistes in der Teilnahme am öffentlichen Leben. Die persönliche Beziehung stützt sich auf das Vertrauen in den anderen, die Vertragsbeziehung auf positive Gesetze, deren Geltung vom Staat garantiert wird. Öffentliches Rollenhandeln hat seltener als in Amerika den Charakter vertraglicher Beziehungen und häufiger steht es unter allgemeinen Gesetzen. Die staatliche Regelung sozialer Beziehungen überwiegt die freie Vereinbarung. Deswegen wird auch seltener – wenn überhaupt – gerichtlich um die Fairneß von Vereinbarungen gestritten und häufiger um den Verstoß gegen allgemeine Gesetze sowie um die Rechtmäßigkeit von Verwaltungsanordnungen. Die Vereinigungsfreiheit wird in ihrer Entfaltung von den restriktiven Bedingungen des kulturellen Codes der deutschen Gesellschaft kontrolliert. Bei allen im Vergleich zu den Vereinigten Staaten auffallenden inneren Beschränkungen der Vereinigungsfreiheit darf man allerdings nicht das ausgeprägte Vereinsleben übersehen, das in Europa sonst in diesem Ausmaß nicht zu finden ist. Aber gleich muß man wieder einschränken, daß es eine andere Art von Vereinsleben ist als in den Vereinigten Staaten, die man hier antrifft. Wir begegnen hier weit mehr einem traditionellen Vereinsleben als in den USA und weit weniger rein situativ bedingten und mit der entsprechend zufälligen Konvergenz von Interessen auch kurzlebigeren Zusammenschlüssen. Es wird über Generationen hinweg die traditionelle Mitgliedschaft im Turnverein oder im Gesangsverein gepflegt, man schließt sich aber mit anderen aus aktuellem Anlaß nicht so leicht zusammen wie die Amerikaner, um sich von ihnen wieder zu trennen, wenn der Anlaß nicht länger gegeben ist.

Schlußbemerkungen

Freiheit ist in Deutschland eingespannt zwischen die Pfeiler der inneren kulturellen Freiheit und der staatlichen Garantie der äußeren Freiheit durch allgemeine Gesetzgebung und Rechtsstaatlichkeit. Von diesen beiden Komponenten werden auch die Grenzen der situativen ökonomischen Freiheit und der Vereinigungsfreiheit definiert. Der ökonomische Individualismus eines gewerblichen Bürgertums hat hier kaum Chancen der Entfaltung gehabt. Er ist durch den Bildungsliberalismus des gebildeten Bürgertums in den Hintergrund gedrängt worden. Die Vereinigungsfreiheit ist durch die Suche nach der engen Gemeinschaft der kleinen Zahl anstelle der offenen Assoziation der großen Zahl empfindlichen Restriktionen unterworfen worden. Über allen Differenzierungen des Freiheitsverständnisses steht ein heroischer Individualismus der inneren Freiheit, der Individualität und Universalität zur Identität bringt und nur in der Einsamkeit außerhalb der Gesellschaft verwirklicht werden kann (Diagramm 10).

4. *Universalismus: Kulturelle Universalität und bürokratische Gleichbehandlung*

Vorbemerkungen

Die Dominanz der Achse von Kultur und Staat formt in Deutschland auch das Verständnis von Gleichheit. Man begreift Gleichheit in erster Linie als eine ideelle Gleichheit und als eine durch den Staat hergestellte Gleichheit, aber weniger als eine natürlich gegebene soziale und ökonomische Gleichheit. Gleichheit existiert als abstrakte Idee und als staatliches Produkt. Soziale und ökonomische Gleichheit kann erst aus dem Eingreifen von Idee und Staat in die Gemeinschaftsbeziehungen und in das ökonomische Handeln hervorgehen. Auch in der Klärung des deutschen Begriffs der Gleichheit kann man an Luthers protestantische Lehre anknüpfen.

4.1 Kulturelle Gleichheit: Der kulturelle Universalismus

Luthers Lehre der zwei Reiche hat die Menschen vor Gott alle gleich gemacht, aber an der Ungleichheit in Staat und Gesellschaft nicht gerüttelt. Die Gleichheit der Menschen wird von der Ebene der gegenwärtigen Realität in das Reich des Ideellen verschoben. In der Einheit mit Gott, in der christlichen Gemeinde, im Glauben und als Adressaten von Gottes Wort sind alle Christen gleich, ganz unabhängig davon, welchem gemeinschaftlichen Stand sie angehören, ob sie staatliche Herrschaft ausüben oder dieser unter-

Diagramm 10: Der Individualismus in Deutschland

Symbolkomplexität: erweitert (oben) – reduziert (unten)

G Spezifikation | Öffnung A

Rechtsstaat Verwaltung nach allgemeinen Gesetzen	Gründung der Gesetzgebung auf allgemeine Zustimmung	Unternehmerische Initiative in der Hand von Großorganisationen und Bürokratie	Staatliche Regulierung von Eigentum, Markt, Wettbewerb, Bildung
Politische Freiheit		Ökonomische Freiheit	
Rechtsprechung nach allgemeinen Gesetzen	Freiheitssicherung durch allgemeines Gesetz Kulturstaat	Übergewicht staatlicher Regulierung über freie Vertragsbeziehungen	Bildungsliberalismus anstelle von ökonomischem Liberalismus
Traditionell bestimmte politische Vereinigung Regelung von Konflikten durch Gesetz, nicht durch Streit	Treue statt Mobilität in sozialen Beziehungen	Luther: Gehorsamkeit Kant: Selbstgesetzgebung	Luther: Wort Gottes Kant: Aufklärung
Vereinigungsfreiheit		Kulturelle Freiheit	
Die Suche nach Gemeinschaft	Verharren im kulturell Vertrauten anstelle von kulturellem Pluralismus	Luther/Kant: Gesinnungsreinheit	Luther/Kant: Innere Freiheit

I Schließung | Generalisierung L

reduziert – Handlungskontingenz – erweitert

tan sind, ob sie Meister oder Geselle, Patrizier, Beamter, Kaufmann oder Handwerker, reich oder arm sind.[262]

Das Christentum war in diesem Denken von seinen Anfängen an der älteste Träger der abendländischen Gleichheitsidee. Die Konkretisierung dieser Idee hing jeweils von den Konstellationen ab, in denen sich der christliche Glaube befand. Paulus hat das Christentum für beliebige ethnische Gruppen und Staatsangehörige geöffnet und so das Christentum zu einer universalistischen Gemeinschaft gemacht. Die außerhalb der christlichen Gemeinde bestehenden Unterschiede zwischen den Menschen waren für die Mitgliedschaft irrelevant.[263] Die christliche Religion entfaltete damit aber auch keine eigenen Antriebe, die Gleichheitsidee auf Staat und Gesellschaft zu übertragen. Die Beschränkung dieser Idee auf die Christengemeinde war gerade eine Voraussetzung für die Ausbreitung des Christentums. Nur in der mittelalterlichen Stadt und in den Anfängen Neuenglands traf die christliche Gleichheit mit einer gewissen natürlichen Gleichheit eines allgemeinen Bürgerstandes zusammen. In Neuengland ist diese Verknüpfung von christlicher und bürgerlicher Gleichheit in eine enge Verbindung mit der Prädestinationsidee der von Gott Auserwählten und mit der Idee der Bewährung getreten.[264] Nach der sich allgemein durchsetzenden Deutung dieser Ideen, hatte jeder die gleiche Chance der Bewährung, aber nicht jeder nutzte sie in gleicher Weise. So wurde die Chancengleichheit zur einzigen Legitimation von unterschiedlichem Erfolg und daran geknüpften Ungleichheiten an Einkommen, Macht oder Prestige. Luthers Protestantismus ist nicht diese Verbindung mit einem allgemeinen

262 »Die Ursache, warum Gott diesen oder jenen erwählt, soll man nicht auf unsern Herrgott legen, sondern auf den Menschen; dem soll man die Schuld geben, nicht Gott. Denn die Verheißungen Gottes sind allgemein, allen Menschen gegeben und versprochen, niemand ausgenommen, er sei, wer er wolle, ohne Unterschied. Nun will Gott, daß alle Menschen selig werden; darum ist die Schuld nicht unseres Herrgotts. der es verheißt, sondern unser, die wirs nicht glauben wollen«. M. Luther, »Tischrede Nr. 4665«, in: *Tischreden*, op. cit., (*Luther Deutsch*, Bd. 9, op. cit., S. 47) Zu Luthers traditionalistischer Ständelehre siehe z. B. M. Luther, »Predigten«, in: *Weimarer Luther Gesamtausgabe*, Bd. 37, op. cit., S. 245-8.

263 E. Troeltsch, *Die Soziallehren der christlichen Kirchen und Gruppen*, op. cit., S. 58-83.

264 M. Weber, *Religionssoziologie* I, op. cit., S. 88-111, 207-36.

Bürgertum eingegangen. Zuerst war der Protestantismus in Deutschland im Kleinbürgertum erfolgreich, das sich jedoch nicht in ähnlicher Weise wie das englische und neuenglische Bürgertum zu einem allgemeinen, die ganze Gesellschaft umspannenden Bürgertum entwickelt hat. Das Kleinbürgertum blieb ein Stand in der Gesellschaft. Als Katholizismus und Protestantismus schließlich nach dem Augsburger Religionsfriede von 1555 nach dem Prinzip »Cuius regio eius religio« aufgeteilt und so die Religion den Untertanen faktisch vom Landesherrn verpaßt wurde, war auch der Protestantismus zu einer alle Stände und Schichten umfassenden Religionsgemeinschaft geworden, aber er beschränkte die Gleichheitsidee auf die christliche Gemeinschaft, auf die ideelle Gleichheit der Menschen vor Gott. Die ständische Schichtung der Gesellschaft konnte aufgrund der Abhängigkeit der Kirche von der politischen Obrigkeit gar nicht in Frage gestellt werden.[265]
Die säkularisierte Version der ideellen Gleichheit findet sich in der deutschen Philosophie. Die Gleichheitsidee ist hier in dem von Kant begründeten moralischen Universalismus verkörpert. Und Kant stellt diesen Universalismus nicht auf die Basis eines wirklichen Diskurses gleichberechtigter Individuen, sondern allein auf die Grundlage einer abstrakten Idee. Es ist die Idee des kategorischen Imperativs, nach dem ein moralisches Prinzip, dann und nur dann Gültigkeit besitzt, wenn es zu einem allgemeinen Gesetz erhoben werden könnte.[266] Diesen Gedanken überträgt Kant auch auf die staatliche Gesetzgebung. Die Rechtsgesetze des Staates sollen die äußere Freiheit der Staatsmitglieder durch ihre Allgemeingültigkeit so in Zusammenstimmung bringen, daß ein jeder den gleichen Gebrauch von seiner Freiheit machen kann. Die Gleichheit wird demgemäß durch ein allgemeines Gesetz garantiert.[267]
Jede situative Abstimmung unter Betroffenen bleibt im Vergleich zu diesem Universalitätsanspruch partikular.
Betrachten wir den Unterschied zwischen allgemeiner Gesetzge-

265 Ebd., S. 63-83; E. Troeltsch, *Die Soziallehren der christlichen Kirchen und Gruppen*, op. cit., S. 581-4; W. Elert, *Morphologie des Luthertums*, Bd. 2, op. cit., S. 49-79.

266 I. Kant, *Kritik der praktischen Vernunft*, op. cit., S. 140 (54).

267 I. Kant, *Die Metaphysik der Sitten*, op. cit., S. 337 (A 33/B 33, 34), 345 (AB 45), 432-4 (A 166/B 196-A 169/B 199); »Über den Gemeinspruch: Das mag in der Theorie richtig sein, taugt aber nicht für die Praxis«, op. cit., S. 146-9 (237-43).

bung und partikularer Abstimmung an einem Beispiel. Angenommen, wir müssen die Redezeit in einer Diskussionsgruppe verteilen. Je länger ein Mitglied der Gruppe redet, um so mehr nimmt er anderen von ihrer Diskussionszeit weg, also von ihrer Redefreiheit. Wollen wir dieses Problem nach Kants Universalitätsprinzip lösen, dann müssen wir eine allgemeine Regel einführen, welche das Recht der Redefreiheit, also die Redezeit, gleich verteilt. Dementsprechend werden wir bei einer Diskussionszeit von 120 Minuten und 12 Diskussionsteilnehmern jedem Teilnehmer 10 Minuten Redezeit zuweisen. Jede komplexere Zuteilung von Redezeit läßt sich schlechter in eine allgemeine Regel umsetzen und stellt uns vor größere Probleme in der Durchführung.
Man kann sich vorstellen, daß der Verzicht auf eine allgemeine Regelung situative Abstimmungen erlaubt, die oft angemessener und für die Teilnehmer befriedigender sind. Wer heute viel zu sagen hat, darf dies tun und läßt dafür das nächste oder übernächste Mal die anderen wieder mehr reden. Eine solche situative Abstimmung ohne allgemeine Festlegung der Redezeit kann für diejenigen vorteilhaft sein, die sich besser in Szene setzen können und zu Ungleichheiten führen. Das muß allerdings nicht notwendigerweise der Fall sein. Wenn die Diskussionsteilnehmer ein Gefühl der Fairneß teilen, dann werden sie darauf achten, daß es im großen und ganzen keine Benachteiligungen gibt, ohne daß dies im einzelnen immer gemessen wird. Fairneß ist auch eine Regel, die an der Gleichheit der Rechte aller Diskussionspartner orientiert ist. Fairneß ist allerdings eine Regel, die nicht beansprucht, die Abstimmung der Rechte von Individuen von vornherein in einem allgemeinen Gesetz zu gewährleisten; vielmehr ist es ihr Kennzeichen, daß sie von Situation zu Situation durch individuelle Abstimmungen immer wieder neu umgesetzt wird. Was Fairneß im einzelnen bedeutet, ist eine Sache der Erfahrung, vor allem aber muß sie durch praktisches Handeln konkretisiert werden. Über die Frage, was in einer konkreten Situation den gleichen Rechten aller Betroffenen in angemessener Weise gerecht wird, muß in einem praktischen Diskurs unter Beteiligung der Betroffenen entschieden werden. Fair ist eine Entscheidung, wenn alle Betroffenen ihre Anliegen zur Sprache bringen konnten und niemand aus der Entscheidung gegenüber anderen Nachteile bzw. Vorteile erfährt. Das kann in verschiedenen Situationen zu sehr verschiedenen Entscheidungen führen, weil immer die konkreten

Umstände Berücksichtigung finden müssen. Das erlaubt es, die ganze Situation der Betroffenen in Betracht zu ziehen, und zwingt nicht dazu, Ungleiches über den gleichmachenden Kamm abstrakter Gemeinsamkeiten zu scheren.

In dem dargestellten Sinne überläßt das angelsächsische Common Law vieles der offenen Regelung im Einzelfall, so daß Ungleiches auch ungleich behandelt werden kann. Dagegen verlangt das Kodifikationsrecht die vorgängige Festlegung abstrakter Vergleichsmerkmale, die im konkreten Fall aber immer Verbindungen mit Besonderheiten einzelner Betroffener eingehen, die eine gleiche Anwendung des Gesetzes oft als lebensfremd erscheinen lassen.[268] Das Common Law mag weniger exakt berechenbar sein, ist dafür aber lebensnäher und sensibler für die Besonderheiten der Wirklichkeit. Das Kodifikationsrecht erkauft seine Präzision mit Realitätsferne. Hinter diesem Unterschied zwischen Common Law und Kodifikationsrecht steht der Gegensatz zwischen der *praktischen* Abstimmung von Ansprüchen nach dem Prinzip der Fairneß und der *logischen* Herstellung von Konsistenz durch allgemeine Gesetze. Um die Konsistenz zwischen den Rechten der Individuen durch allgemeine Gesetze zu ermitteln, brauchen Menschen keine praktischen Diskurse zu führen. Dies ist eine rein logische Angelegenheit der Formulierung eines Gesetzes und der Relation zwischen dem Gesetz und der Wahrung der Gleichheit der Rechte von Individuen. Kant braucht keine Diskussion unter wirklich existierenden Menschen, um die Allgemeingültigkeit einer Regel festzustellen.[269] Im Gegenteil, jeder in einem wirklichen Diskurs hergestellte Konsens kann mit Kants Universalisierungsprinzip in Frage gestellt und als ein nicht universalisierbarer Konsens zurückgewiesen werden. Die Bildung von Konsens durch individuelle und situative Absprache lebt ja gerade davon, daß sie nicht dem Anspruch der Universalisierbarkeit, sondern allein der Fairneß entsprechen muß. Worauf auch immer sich die Betroffenen in einem Fall geeinigt haben mögen, es zählt lediglich die Fairneß des Abkommens, also die Tatsache, daß niemand der Betroffenen benachteiligt oder bevorteilt wurde. Das Ergebnis wird hier fast immer ein Kompromiß sein und ganz selten eine Regel, die sich zu einem universellen Gesetz erweitern ließe.

268 Zu einer vergleichenden Analyse siehe: F. Scharpf, *Die politischen Kosten des Rechtsstaats*, op. cit., S. 14-52.

269 I. Kant, *Kritik der praktischen Vernunft*, op. cit., S. 186-91 (119-27).

Gleichheit äußert sich hier in gleichen Chancen der Teilnahme an der Abstimmung und in der Vermeidung von Bevorteiligungen und Benachteiligungen in konkreten Situationen. Moralische Fragen werden nicht theoretisch, sondern praktisch geklärt. Moral strebt nicht nach Allgemeingültigkeit, sie fällt nahezu mit der Kompromißbildung zusammen.[270] Die Gleichheit, die sich aus Kants Universalisierungsprinzip der Moral herleitet, ist dagegen eine durch und durch theoretische Angelegenheit. Sie bedarf nicht der praktischen Einigung in Diskursen, überhaupt nicht der Beteiligung der Betroffenen, ja sie muß sie sogar aus der Entscheidung ausschließen, weil Betroffene stets ihre partikularen Ansprüche und Sichtweisen einbringen können.

Zwischen partikularen Ansprüchen und Sichtweisen lassen sich nur Kompromisse schließen. Kant will aber das allgemeingültige Gesetz. Dieses läßt sich nur durch die Anwendung einer von allen partikularen Standpunkten abstrahierenden Vernunft finden, durch die Anwendung des Universalisierungsprinzips. Wo das angelsächsische Denken die Gleichheit auf die Fairneß der Kompromißbildung im praktischen Handeln innerhalb einer Gemeinschaft zurückführt, setzt Kant ein theoretisches Prinzip über alles menschliche Handeln. Nicht in der Paxis, sondern in einer abstrakten Idee sucht er den Bestimmungsgrund der Gleichheit. Die Bedeutung von Kants Denken für die kulturelle Tradition Deutschlands hat damit die Weichen für eine Suprematie der ideellen Gleichheit über die praktische Gleichheit gestellt.

Heute lassen sich interessante, teilweise kuriose Ergebnisse aus dem verstärkten Ideenaustausch zwischen dem deutschen und dem angelsächsischen Denken beobachten. So interpretiert John Rawls beispielsweise Kant in angelsächsischer Perspektive und deutet das Universalisierungsprinzip zu einem Prinzip der Fairneß um.[271] Kants *theoretische* Universalisierung wird durch einen *praktischen* Diskurs konkretisiert, damit aber auch der Bildung von Kompromissen angenähert. In der umgekehrten Richtung greift Habermas die angelsächsische Idee des praktischen Diskurses auf, begreift aber den praktischen Diskurs als einen Vor-

270 Siehe dazu L. Fuller, *The Morality of Law*, New Haven: Yale University Press, 2. Auflg., 1969.

271 J. Rawls, *Eine Theorie der Gerechtigkeit*, Frankfurt: Suhrkamp, 1975, S. 283-90.

griff auf eine *ideale* Sprechsituation, in der die Beteiligten alle partikularen Standpunkte hinter sich lassen. Der im Diskurs erzielte Konsens muß universalisierbar sein und ist streng von der bloßen Kompromißbildung zu unterscheiden.[272]

Es ist also nicht die gleichberechtigte Teilnahme an kulturellen Diskursen, auf der die deutsche Idee der kulturellen Gleichheit beruht, sondern der Universalismus einer abstrakten Vernunft. Dieser Auffassung entspricht auch die Idee des universellen Menschentums, die in Deutschland seit Beginn des 19. Jahrhunderts in Philosophie, Literatur und Dichtung einen besonderen Ausdruck erlangt hat. Auch diese Vorstellung ersetzt die praktische kulturelle Vereinigung von Gleichen durch eine abstrakte Idee. Die Konkretisierung dieser Idee findet nicht im kulturellen Gespräch gleichberechtigter Bürger, sondern in der einheitsstiftenden klassischen Bildung statt. Diese Einheit überschreitet alle bestehenden Schranken von Ständen, Regionen und Staaten. Es ist allerdings eine Einheit, die in der Vorstellungswelt des Bildungsbürgertums verwurzelt ist und die praktisch gerade eine scharfe Differenzierung der gebildeten von den ungebildeten Schichten zur Folge hatte.[273] Hier hat das Bündnis der Universitätsintellektuellen mit dem Staat, das mit der preußischen Universitätsreform von 1810 begründet wurde, die Privilegierung der Allgemeinbildung durch das Gymnasium und durch die Universität vor der praktischen und fachlich spezialisierten Ausbildung durch Realschulen, Berufsfachschulen, Fachhochschulen und technische Hochschulen inthronisiert.[274] Der Zugang zu den höheren Beamtenlaufbahnen ist noch heute an ein Universitätsdiplom geknüpft, auch dort, wo es dafür keine funktionale Rechtfertigung gibt. Im Verlaufe des 19. Jahrhunderts ist das Bildungsbürgertum auf diese Weise zu einer privilegierten Elite der Gesellschaft aufgestiegen, die über die Beamtenstellung einen erheblichen Anteil an der praktischen Ausübung der politischen Herrschaft vor allem in der preußischen Monarchie und im Kaiserreich innehatte. Sie verbün-

272 J. Habermas, »Vorbereitende Bemerkungen zu einer Theorie der kommunikativen Kompetenz«, in: J. Habermas und N. Luhmann, *Theorie der Gesellschaft oder Sozialtechnologie – Was leistet die Systemforschung?*, Frankfurt: Suhrkamp, 1971, S. 101-41, S. 136-41; »Wahrheitstheorien«, op. cit.

273 F. K. Ringer, *The Decline of the German Mandarins*, op. cit., S. 81-127.

274 R. König, *Vom Wesen der deutschen Universität*, op. cit., S. 30-4; H. Schelsky, *Einsamkeit und Freiheit*, op. cit., S. 53-72.

dete sich eher mit den preußischen Junkern als mit dem gewerblichen Bürgertum.[275]
Die Industrialisierung und die politische Demokratisierung hat diese Eliteposition des Bildungsbürgertums seit Ende des 19. Jahrhunderts wieder geschwächt. Die Zunahme der Staatsaufgaben, die unveränderte Privilegierung des Universitätsdiploms durch den Staat und die hohe Selbstrekrutierung des Beamtentums haben jedoch dafür gesorgt, daß zumindest noch ganz erhebliche Spuren der herausgehobenen gesellschaftlichen Stellung des Bildungsbürgertums übriggeblieben sind. Zumindest hat diese Schicht es verstanden, die höhere Stellung von Gymnasium und Universität vor allen anderen Bildungsstätten aufrechtzuerhalten, bis hin zum erfolgreichen Protest gegen die Gesamtschule.[276] Das dreigliedrige Schulsystem von Hauptschule, Realschule und Gymnasium ist bis heute der wesentlichste Faktor der generationellen Stabilisierung sozialer Ungleichheit. An diesem Faktum hat sich nur insofern etwas geändert, als heute mehr Schüler ein Gymnasium und mehr Studenten eine Universität besuchen als je zuvor. An der Privilegierung des Gymnasiums und der Universität hat sich jedoch nichts geändert. Die Abhebung des Gymnasiums von den anderen Schulen macht es Kindern aus nicht ähnlich gebildeten Schichten schwer, Fuß zu fassen. Außerhalb der Schichten mit höherer Bildung schaffen es vor allem Kinder kleinerer Beamter, aber nur sehr wenige Arbeiter- und Bauernkinder. Der Universalismus der klassischen Bildung zählt mehr als die Gleichheit der Chancen zur kulturellen Teilnahme.[277]
Die hohe Kultur von Literatur, Musik, bildender Kunst und Schauspiel ist eine Sache der Eingeweihten, von der die Masse der Bevölkerung ausgeschlossen bleibt. Unverständlichkeit für den Durchschnittsbürger und leere Reihen im Schauspielhaus gelten hier als Gütezeichen hoher Kultur. Ungleichheit der kulturellen Teilnahme ist eine Tradition, die so fest eingewurzelt ist, daß sie

275 F. K. Ringer, *The Decline of the German Mandarins*, op. cit., S. 25-61.
276 Zur umstrittenen Gesamtschule: H. Stubenrauch, *Die Gesamtschule im Widerspruch des Systems*, München: Juventa, 1971; W. Nöth, *Pro und kontra Gesamtschule*, Stuttgart: J. B. Metzlersche Verlagsbuchhandlung, 1979; F. Skala (Hg.), *Herausforderung Gesamtschule. Presseberichte im Spiegelbild der Schulreform*, Frankfurt: R. G. Fischer Verlag, 1981.
277 Siehe dazu R. Dahrendorf, *Gesellschaft und Demokratie in Deutschland*, op. cit., S. 79-81, 327-45.

als ebenso selbstverständlich hingenommen wird wie die kräftige Subventionierung einer reinen Intellektuellenkultur durch Steuergelder von eben jener Masse der Bevölkerung, auf deren Unverständnis für die dargebotene Kultur der Künstler sich noch etwas einbildet.[278]

4.2 Politische Gleichheit: Die Gleichheit des allgemeinen Gesetzes

Deutschland gehört zu denjenigen Ländern, in denen der Absolutismus eine Gleichheit geschaffen hat, lange bevor sich die Freiheitsidee durchsetzen konnte. Das hat natürlich Konsequenzen für das Verständnis von Gleichheit gehabt. Die Gleichheit, die der Absolutismus hervorgebracht hat, bedeutete die Zurückdrängung des ständischen Partikularismus. Das implizierte vor allem die Einschränkung der Rechte der einzelnen Stände in der Gesetzgebung und vor dem Gesetz. Die Ständeversammlungen wurden entweder aufgelöst oder in ihrer Kompetenz so weit begrenzt, daß die Gesetzgebung und die Anwendung der Gesetze weitgehend in der Hand des Fürsten bzw. Königs lag.[279]

Die Beseitigung der ständischen Privilegien stellte eine neue Gleichheit her, aber sie unterdrückte eben auch zuvor bestehende Freiheitsrechte. Es war eine Gleichheit der Untertanen, keine Gleichheit freier Bürger, die hier entstand. Diese Ausgangskonstellation hat die Strukturen bestimmt, innerhalb derer sich in Deutschland die Idee der politischen Gleichheit entwickelt hat. An erster Stelle steht hier die Gleichheit vor dem Gesetz.[280] Sie ist ein Element der Rechtsstaatsidee. Interessant ist das Verständnis dieser Gleichheit vor dem Gesetz. Selbst Kant formuliert es als

278 Vgl. H. Plessner, *Die verspätete Nation*, op. cit., S.144-64, ebd., S. 163-4; C. Bürger, *Der Ursprung der bürgerlichen Institution Kunst im höfischen Weimar*, Frankfurt: Suhrkamp, 1977.

279 E. Kehr, »Zur Genesis der preußischen Bürokratie und des Rechtsstaats«, in: H.-U. Wehler (Hg.), *Moderne deutsche Sozialgeschichte*, op.cit., S. 37-54; B. Wunder, »Die Entstehung des modernen Staates und das Berufsbeamtentum in Deutschland im frühen 19. Jahrhundert«, in: *Leviathan* 1, 1974, S. 459-77; L. Krieger, *The German Idea of Freedom*, op. cit.

280 I. Kant, »Über den Gemeinspruch: Das mag in der Theorie richtig sein, taugt aber nicht für die Praxis«, op. cit., S. 146-9 (238-42).

eine Gleichheit der Untertanen vor dem Gesetz. Darin kommt die absolute Suprematie des Gesetzes zum Ausdruck. Es repräsentiert die Idee des Universalismus, vor der jedes Individuum als eine Partikularität erscheint. Das Gesetz steht über den Individuen, die untereinander an sich in Partikularitäten zerfallen und erst dadurch gleich werden, daß sie in gleicher Weise dem allgemeinen Gesetz unterworfen sind. Die Individuen werden als Untertanen durch eine objektive Behörde, die das allgemeine Recht gleich anwendet, gleich behandelt.

Die Gleichheit vor dem Gesetz wird in der Objektivität der Behörden und ihrer Träger verankert, in der Objektivität des Polizeibeamten, Verwaltungsbeamten, Staatsanwalts und Richters.[281] Dies ist eine ganz andere Gleichheit vor dem Gesetz als sie im angelsächsischen Recht gedacht wird. In diesem Recht sieht man die Gleichheit am besten in gleichen Chancen der Wahrnehmung von Rechten in Verwaltungs- und Gerichtsverfahren aufgehoben. Man traut hier der Objektivität von übergeordneten Behörden weniger als der Gleichverteilung von subjektiven Chancen. Viele Fälle, in denen in Deutschland allgemeine Gesetze zur Anwendung gelangen, um konkrete Probleme zu lösen, werden in den Vereinigten Staaten durch Verwaltungsverfahren bewältigt, in denen Einzelfallentscheidungen getroffen werden und an denen alle Betroffenen mit gleichen Chancen, ihre Rechte geltend zu machen, beteiligt werden müssen. Wie weit die formell gleichen Chancen auch materiell genutzt werden können, ist dann nicht selten eine Sache des Geldbeutels und eine Sache der Qualität des Anwalts und der Verfahrenskosten, die sich ein Individuum, ein Unternehmen oder ein Verband leisten können. Ungleichheit resultiert hier aus der materiell ungleichen Nutzung formell gleicher Chancen. In Deutschland wird weit mehr allgemeines Gesetz auf konkrete Fälle angewendet. Hier glaubt man die Gleichheit schon in der Allgemeinheit des Gesetzes abgesichert zu haben. Es kommt deshalb nur darauf an, für eine objektive Anwendung des Gesetzes durch unparteiliche Behörden zu sorgen. Die materielle Gleichheit vor dem Gesetz ist deshalb weit weniger als in Amerika

281 Siehe dazu: W. Kaupen und T. Rasehorn, *Die Justiz zwischen Obrigkeitsstaat und Demokratie*, op. cit.; »Die Bedingungen richterlicher Karriere«, in: E. Blankenburg, *Empirische Rechtssoziologie*, München: Piper, 1975, S. 116-33; K. D. Opp, *Soziologie im Recht*, Reinbek bei Hamburg: Rowohlt, 1973.

davon abhängig, wie effektiv die einzelnen ihre Chancen ergreifen können.[282]

In den Vereinigten Staaten hat die Orientierung an Chancengleichheit zu einem ständigen Ausbau der subjektiven Rechte von Betroffenen in Gerichts- und Verwaltungsverfahren geführt. Einen ähnlichen Zwang gibt es in Deutschland unter den Bedingungen des Kodifikationsrechts nicht. Man versteht hier Gleichheit nicht als Chancengleichheit, die zu unterschiedlichen materiellen Resultaten führen kann, sondern als eine materiell gleiche Behandlung in der Anwendung allgemeiner Gesetze, als eine Resultatsgleichheit. Um diese Resultatsgleichheit zu erreichen, muß man weniger die subjektiven Rechte der Betroffenen garantieren, als die Unparteilichkeit, und das heißt die Unbeeinflußbarkeit der Beamten durch die Betroffenen und ihre konkreten Umstände.[283]

Viele Entscheidungen, die im angelsächsischen Recht in mündlichen Verhandlungen getroffen werden, basieren in der deutschen Rechtstradition auf Entscheidungen von Richtern und Verwaltungsbeamten am Schreibtisch. Sie werden aus dem Gesetz und den Anfangsbedingungen des Einzelfalls logisch abgeleitet, nicht aus dem Dialog gebildet. Den Betroffenen wird die Schreibtischentscheidung schriftlich zugestellt. Die deutsche Justiz ist in diesem Sinne eine Schreibjustiz.[284] Die Hauptarbeit erfolgt im Dienstzimmer und in der Aktenführung. Entsprechend langatmig sind in der Regel die Urteilsbegründungen. Der englische Richter hat dagegen gar kein Dienstzimmer, und er ist auch in viel geringerem Umfang zur Aktenführung verpflichtet. Der Schauplatz seiner Arbeit ist die mündliche Verhandlung im Gerichtssaal. Die Begründung seines Urteils fällt in der Regel viel knapper aus. Gewiß hängt hier viel von den Möglichkeiten der Betroffenen ab, ihre Rechte auch erfolgreich wahrzunehmen. Im Bezugsrahmen des deutschen Rechts muß allerdings ein Gewinn an Resultatsgleichheit mit einem Verlust an Selbständigkeit und aktiver Teilnahme des Bürgers an Entscheidungsprozessen bezahlt werden, die ihn ganz persönlich betreffen. Gleichheit äußert sich nicht als risikoreiche Chancengleichheit selbständiger Bürger, sondern als

282 Vgl. F. Scharpf, *Die politischen Kosten des Rechtsstaats*, op. cit., S. 14-52.

283 Vgl. Art. 3 Abs. 1 des GG der Bundesrepublik Deutschland. Siehe auch G. Leibholz, *Die Gleichheit vor dem Gesetz*, München: Beck, 1959.

284 T. Rasehorn, *Recht und Klassen*, op. cit., S. 100-1.

Gleichheit der Untertanen in der Behandlung durch eine objektive und deshalb über ihm stehende Behörde. An diesem Unterschied zwischen der Gleichheit vor dem Gesetz nach deutschem und nach angelsächsischem Recht hat auch die Demokratisierung der politischen Ordnung nichts geändert. Sie hat nur die Gesetzgebung selbst auf andere Beine gestellt, aber das Konzept der Gleichheit vor dem Gesetz als eine von oben objektiv hergestellte Resultatsgleichheit beibehalten.

Die Gesetzgebung orientiert sich in ähnlicher Weise mehr am Prinzip der Allgemeingültigkeit als an der Kompromißbildung auf der Basis gleicher Chancen. Kant hat die potentielle Zustimmung eines jeden zum Kriterium der Gesetzgebung erhoben.[285] In der demokratischen Mehrheitsentscheidung hat er nur eine Form des Despotismus gesehen, weil hier eine Mehrheit beansprucht, jeden durch Entscheidungen zu binden, denen nicht jeder zustimmen würde. Aber im Gegensatz zu den amerikanischen Verfassungsgründern hat er die Kontrolle des demokratischen Despotismus nicht in einem System der wechselseitigen Kontrolle *partikularer* Gewalten erkannt, sondern in der repräsentativen Gesetzgebung, die sich am Prinzip des allgemeinen Willens zu orientieren hat. Die Trennung der exekutiven von der gesetzgebenden Gewalt soll gewährleisten, daß sich der Privatwille der Exekutiven nicht unzulässigerweise zum Allgemeinwillen ernennt. Die Exekutive führt im wörtlichen Sinne den Allgemeinwillen im Einzelfall aus.[286] Auch bei Hegel ist es die Funktion der Gesetzgebung, das Allgemeine zu bestimmen. Die Regierungsgewalt subsumiert die Einzelfälle unter das Allgemeine. In der fürstlichen Gewalt gelangen das Allgemeine und das Besondere zur Einheit.[287]

In der von diesen Ideen geprägten kulturellen Tradition konnte kein natürliches Verständnis der Gesetzgebung als ein Prozeß der Kompromißbildung entstehen, an dem auf den verschiedensten Ebenen eine Vielzahl partikularer Gruppen beteiligt sind. Die Gesetzgebung sucht nach dieser Auffassung keinen Kompromiß zwischen partikularen Standpunkten, sondern das über allem Par-

285 I. Kant, »Über den Gemeinspruch: Das mag in der Theorie richtig sein, taugt aber nicht für die Praxis«, op. cit., S. 150-4 (244-51).

286 I. Kant, *Die Metaphysik der Sitten*, op. cit., S. 431-7 (A 165/B 195-A 173/B 203).

287 G. W. F. Hegel, *Grundlinien der Philosophie des Rechts*, op. cit., §§ 257-320.

tikularen stehende Allgemeine. Die Demokratisierung der Gesetzgebung hat nicht zuletzt aufgrund dieses Ideals ein Mißtrauen gegenüber der instrumentalistischen »Interessenpolitik« geweckt, das selbst noch heute häufig artikuliert wird.[288] Vor allem aber wird auch heute möglichst vieles auf der höchsten Ebene des Parlaments durch allgemeingültige Gesetzgebung geregelt und nicht auf niedrigeren Ebenen durch Einzelfallentscheidungen. Das hat Konsequenzen für die Formen der politischen Teilnahme. Sie wird mehr auf nationaler Ebene von den großen Parteien und Verbänden in Stellvertretung organisiert als vom Bürger selbst ausgeübt.[289] Der Bürger geht zur Wahl und zahlt seine Kirchensteuer und seinen Mitgliedsbeitrag an die Gewerkschaft, den Unternehmerverband, den Beamtenbund oder Mieterbund und überläßt die Politik den Funktionären. Gleichheit ist hier weniger auf gleiche Chancen der individuellen Teilnahme angewiesen als auf gleichgewichtige Repräsentation durch die großen Parteien und Verbände. Hier haben die unteren Schichten der Bevölkerung größere Chancen der Berücksichtigung ihrer Interessen, sofern sich ihre Repräsentanten diese Interessen zueigen machen. Allerdings ist es ebenso leicht möglich, daß diesen Schichten von ihren Funktionären diktiert wird, was ihre eigentlichen Interessen sind. Vor allem aber haben diejenigen gesellschaftlichen Gruppierungen geringere Chancen der Einflußnahme auf Entscheidungsprozesse, die sich nicht auf eine traditionelle Organisation in einem großen Verband stützen können. Ungleichheiten bestehen hier zwischen den alteingesessenen Verbänden, die ihren in Jahrzehnten angesammelten Einfluß einsetzen können, und den neu organisierten oder überhaupt nicht organisierten Interessengruppen. Wo politische Entscheidungsprozesse auf das nationale Parlament konzentriert sind, wird die Politik von den großen Parteien und Verbänden beherrscht. Neuen und unorganisierten Gruppierungen und Bewegungen bieten sich hier kaum Gelegenheiten der Einflußnahme. Es eröffnen sich ihnen dort weit mehr Chancen, wo Entscheidungsprozesse mehr dezentralisiert sind, wie dies in Amerika der Fall ist.

288 Vgl. K. v. Beyme, *Das politische System der Bundesrepublik Deutschland*, München: Piper, 1979, S. 98-127.

289 W. Schmidt, »Gesellschaftliche Machtbildung durch Verbände«, in: *Der Staat* 17, 1978, S. 244-71; vgl. auch R. Steinberg (Hg.), *Staat und Verbände. Zur Theorie der Interessenverbände in der Industriegesellschaft*, Darmstadt: Wissenschaftliche Buchgesellschaft, 1985.

Ganz ähnlich ist das Bild, wenn man die Gleichheit der Artikulation in Presse, Rundfunk und Fernsehen betrachtet.[290] Die Massenmedien werden mehr als in den Vereinigten Staaten von den großen Verlagen und den öffentlich-rechtlich organisierten Rundfunkanstalten beherrscht. Kleinere Zeitungsverlage sind mehr und mehr von den großen Verlagen geschluckt worden. In Rundfunk und Fernsehen hatten die öffentlich-rechtlichen Anstalten bislang ein Monopol. Gleichheit wird hier wieder weniger in gleichen Chancen der aktiven Teilnahme am Prozeß der öffentlichen Meinungsbildung gesehen als in der gleichen Repräsentation der unterschiedlichen Meinungen durch die großen Verlage, Rundfunk- und Fernsehanstalten. Das Problem wird mehr von oben durch Objektivität als von unten durch Teilnahme gelöst und weniger durch die Konkurrenz partikularer Meinungen als durch die Verpflichtung auf das Allgemeine. Das Monopol der Fernsehanstalten ist lange und zäh gegen jede Konkurrenz durch private Sender verteidigt worden, weil man im Privaten die Gefahr der Manipulation der Zuschauer durch partikulare Interessen vermutet. Dabei unterstellt man getreu der deutschen Tradition, daß die öffentlich-rechtliche Organisation des Fernsehens an sich schon die Verpflichtung auf das höhere Allgemeine garantiere. Eine Bevormundung der Bürger im Namen des Allgemeinen hat man in Deutschland selten gefürchtet. Gleichheit äußert sich hier in einem Gleichmachen der Bürger zu bevormundeten Untertanen, nicht in gleichen Chancen der selbständigen Teilnahme und der Konkurrenz in der öffentlichen Meinungsbildung.[291]

4.3 Ökonomische Gleichheit: Vom autoritären zum demokratischen Sozialstaat

Das Verständnis von ökonomischer Gleichheit ist in Deutschland durch die Achse von ideeller und staatlich organisierter Gleichheit bestimmt worden. Für die Gleichheit der Chancen auf dem ökonomischen Markt und im Zugang zu Berufen hat man sich weniger

290 H. Meyn, *Massenmedien in der Bundesrepublik Deutschland*, op. cit.

291 Vgl. F. Barsig, *Die öffentlich-rechtliche Illusion*, Köln: Deutscher Institutsverlag, 1981; W. Bergsdorf, *Die 4. Gewalt*, Mainz: Hase & Köhler, 1980, S. 174-88; P. Jordan, *Das Fernsehen und seine Zuschauer*, München: Diesterweg, 1982.

interessiert. Die ideelle Komponente der ökonomischen Gleichheit ist nichts anderes als die Übertragung des abstrakten Universalismus auf die Befriedigung der Bedürfnisse.
Niemand anderes hat dieses Prinzip so radikal formuliert wie Marx. Jeder soll nach seinen Fähigkeiten zur Gesamtproduktion beitragen, aber jeder soll unabhängig von seinen Leistungen nach seinen Bedürfnissen entlohnt werden.[292] Der Zusammenhang zwischen individueller Leistung und individueller Entlohnung wird hier radikal durchschnitten. Dementsprechend führt die Gleichheitsidee nicht zu Überlegungen über die Gleichheit der Chancen, gefragte und deshalb gut entlohnte Leistungen erbringen zu können. Die Gleichheitsidee setzt nicht bei den Leistungen an. Ihre Ungleichheit wird als gegeben angesehen. Gleich sollen alle vielmehr bei der Verteilung des ökonomischen Gesamtprodukts behandelt werden; d.h., nach der Idee hat jeder dasselbe Recht auf Anteile aus dem ökonomischen Gesamtprodukt. Resultatsgleichheit, nicht Chancengleichheit ist das Ideal. An dieser Bevorzugung der Resultatsgleichheit vor der Chancengleichheit hat sich auch die weniger radikale Politik der Arbeiterbewegung, die von den Gewerkschaften und der Sozialdemokratie betrieben wurde, orientiert. Programme, die auf eine Verbesserung der Qualifikation der unteren Schichten abzielen, haben gegenüber Bestrebungen der Angleichung der Einkommen stets eine sekundäre Rolle gespielt. Ein gleicher Sockelbetrag bei den Tarifabschlüssen ist den Gewerkschaften wichtiger gewesen als die Verbesserung der Bildungs- und Qualifikationschancen der Arbeiterschichten. Die Ungleichheit der Qualifikation ist wie ein Faktum der ständischen Schichtung betrachtet worden. Daß aus Arbeiterfamilien Arbeiter hervorgehen, aus Beamtenfamilien Beamte und aus Arztfamilien Ärzte wird fast als eine unumstößliche Gegebenheit hingenommen. Als weniger selbstverständlich gelten nur allzu große Einkommensunterschiede zwischen verschiedenen Berufen.
Nicht früher als gegen Ende der sechziger Jahre dieses Jahrhunderts sind ernsthaftere Versuche unternommen worden, durch Reformen des Bildungssystems zu einer größeren Angleichung der Bildungschancen und der daraus folgenden beruflichen Qualifikation zu gelangen. Bis zu diesem Zeitpunkt haben nicht mehr

292 K. Marx, »Kritik des Gothaer Programms«, op. cit., S. 21.

als 5 % Arbeiter- und Bauernkinder eines Jahrgangs Universitäten besucht. Aber selbst heute liegt ihr Anteil erst bei ca. 15 %.[293] Es ist insgesamt für mehr Durchlässigkeit zwischen den Schultypen gesorgt worden, dies aber nicht ohne Wehklagen über den Verlust an Niveau. Vor allem aber ist nichts an der vertikalen Differenzierung der Schulen in Hauptschule, Realschule und Gymnasium geändert worden. Noch heute wird es als eine Notwendigkeit akzeptiert, daß im Alter von 10 Jahren über den Lebensweg eines Menschen entschieden wird, der später nur mit großer Mühe und deshalb selten auf dem sogenannten zweiten Bildungsweg korrigiert werden kann. Daß hier die Bildungsschichten ihren Kindern leichter eine höhere Bildung und berufliche Qualifikation vermitteln können als die unteren Schichten ist nicht erstaunlich. Begrenzt wird dadurch aber auch die Konkurrenz um höhere Positionen, weil nicht jeder, der das Talent dazu aufbrächte, in den Genuß der notwendigen Bildung gelangt. Die im letzten Jahrzehnt gewachsene Konkurrenz auf diesem Gebiet wird nahezu einhellig von allen Seiten mit Argwohn betrachtet. In dem Schlagwort der Akademikerschwemme klingt schon mit, daß man meint, jeder Universitätsabsolvent habe einen Anspruch auf eine nahezu konkurrenzlose Eliteposition.[294] Von den annähernd 50 % Collegeabsolventen in Amerika käme keiner auf eine solche Idee.

In dem Problem der Akademikerarbeitslosigkeit trifft die Politik der Chancengleichheit auf die Grenzen eines Gesellschaftssystems, in dem das Prinzip der ständischen Schichtung offenbar noch tief verwurzelt ist. Die Gesellschaft ist durchzogen von Barrieren, die den Zugang zu privilegierten Berufen für viele Schichten der Bevölkerung verschließen. Gerade in den Bildungsschichten ist das Ausmaß der Selbstrekrutierung des beruflichen

293 Vgl. E. Ballerstedt und W. Glatzer (Hg.), *Soziologischer Almanach*, Frankfurt: Campus, 1979, S. 298.

294 U. Lohmar und G. E. Ortner (Hg.), *Der doppelte Flaschenhals. Die deutsche Hochschule zwischen Numerus Clausus und Akademikerarbeitslosigkeit*, Darmstadt: Schroedel, 1975. Der Anteil der Akademiker hat sich seit 1950 (1.281.000) bis 1983 rund verzehntfacht (12.732.000). Institut der deutschen Wirtschaft (Hg.), *Zahlen zur wirtschaftlichen Entwicklung der Bundesrepublik Deutschland*, Köln: Verlag des Instituts der deutschen Wirtschaft, 1985, Tabelle S. 97 a.

Nachwuchses außerordentlich groß.[295] Ein Arbeitersohn, der Arzt wird, oder gar eine Arbeitertochter, die Rechtsanwältin wird, sind Seltenheiten. Daß der Sohn des Arztes ebenfalls Arzt wird, war lange Zeit fast eine Selbstverständlichkeit. Als weniger selbstverständlich galt die Vererbung des väterlichen Berufes auf die Tochter. Für sie reichte die mittlere Reife und die gutsituierte Heirat. Die Ungleichheit beruflicher Chancen gilt angesichts der bestehenden Barrieren als wenig veränderbar. Die Idee ökonomischer Gleichheit hat sich anstelle der Herstellung von Chancengleichheit auf den Ausgleich von Ungleichheiten im Resultat der Einkommen konzentriert.

Das komplementäre Gegenstück zur ideellen Resultatsgleichheit ist die Kompensation von Ungleichheiten durch die staatliche Sozialpolitik. Sie hat in Deutschland eine lange Tradition. Eingeleitet wurde sie durch Bismarcks berühmte Sozialgesetzgebung. Staatliche Wohlfahrtspolitik ist seitdem in Deutschland ein vorrangiges Instrument des Ausgleichs von Ungleichheiten.[296] Die Gewährung von staatlichen Sozialleistungen ist der Förderung der Selbständigkeit und Selbsthilfe der Bürger durchgehend vorgezogen worden. An diesem von Bismarck ererbten Prinzip haben die nachfolgenden politischen Regimes nichts Grundsätzliches geändert. Der Ausbau des Sozialstaats ist ständig weiter vorangetrieben worden und hat inzwischen zum Teil kuriose Formen angenommen. Vor allem hat die Bemessung von Sozialleistungen oft nicht mit der ökonomischen Dynamik schrittgehalten. Die Mieter von Sozialwohnungen haben oft die dafür vorgesehene Einkommensgrenze überschritten, können aber nicht zu höheren Mieten gezwungen werden. Umgekehrt hat die Inflation Kleinrenten teilweise unter das Niveau der Lebenserhaltung gesenkt. Sozialleistungen, die nicht benötigt werden, und Sozialleistungen, die nicht reichen, stehen nebeneinander.

Der Ausbau des Sozialstaats hat zu einem fast unentflechtbaren Gewirr geführt, in dem sich die Bürger zu ihrem Vorteil und zu ihrem Nachteil verstricken können. Oft wird dem Bürger durch die Steuererhebung wieder aus der Tasche gezogen, was ihm durch

295 Vgl. dazu J. Handl, »Mehr Chancengleichheit im Bildungssystem. Erfolg der Bildungsreform oder statistisches Artefakt?«, in: *Kölner Zeitschrift für Soziologie und Sozialpsychologie* 37, 1985, S. 698-722.

296 Siehe dazu V. Hentschel, *Geschichte der deutschen Sozialpolitik 1880-1980*, op. cit.

Sozialleistungen hineingesteckt worden war. Nur ein Ergebnis stellt sich bei diesem Ausgleich von Ungleichheiten durch staatliche Sozialpolitik mit Sicherheit ein: die Erziehung zur Unselbständigkeit, die Minderung des bürgerlichen Selbstbewußtseins und die Fortschreibung der Bevormundung des Bürgers durch den Staat. Die sozialpolitische Bewältigung von Ungleichheit ist in Deutschland der Herstellung bürgerlicher Gleichheit vorausgegangen, und dies hat Weichen für die Verteilung der Gewichte zwischen beiden Komponenten der Gleichheit gestellt. Die staatliche Kompensation der Resultatsungleichheiten von oben hat gegenüber der Idee der Chancengleichheit selbständiger Bürger einen Vorrang behalten.

4.4 Gemeinschaftliche Gleichheit: Volksgemeinschaft anstelle von staatsbürgerlicher Gemeinschaft

Eine Annäherung von Aristokratie, gewerblichem und gebildetem Bürgertum – wie in England – oder eine Ausgangslage der bürgerlichen Gleichheit – wie in Neuengland – hat es in Deutschland nie gegeben. Die Entwicklung ist hier im 19. Jahrhundert in die gegenteilige Richtung verlaufen: in die Richtung einer relativ klaren sozialen Abgrenzung und ständischen Abstufung der sozialen Schichten und Klassen.[297]
Die preußischen Junker haben es verstanden, über das Offizierskorps und die höhere Beamtenverwaltung eine enge Bindung an den preußischen und nach der Reichsgründung an den deutschen Staat und damit eine privilegierte Stellung zu bewahren.[298] Ihr gesellschaftlicher Führungsanspruch verband sich mit den Tugenden des Militärs und der Beamtenverwaltung: Pflichterfüllung, Disziplin und die Erwartung von Gehorsam beim Untergebenen.

297 Siehe dazu T. Geiger, *Die soziale Schichtung des deutschen Volkes*, Stuttgart: Enke, (1932) 1967; R. Dahrendorf, *Gesellschaft und Demokratie in Deutschland*, op. cit., S. 71-149.

298 Vgl. R. Rürup, »Deutschland im 19. Jahrhundert 1815-1871«, in: *Deutsche Geschichte*, Bd. 3, hg. von R. Rürup, H. W. Weber und G. Schulz, Göttingen: Vandenhoeck & Ruprecht, 1985, S. 3-200, ebd., S. 68-74; E. Sagarra, *An Introduction to Nineteenth Century Germany*, Barnt Mill, Horlow, Essex: Longman, 1980, S. 26-30, 128-31; *A Social History of Germany 1648-1914*, London: Methuen, 1977, S. 37-50.

Diese autoritative Mentalität hat die führende gesellschaftliche Schicht des Kaiserreiches geprägt. Sie hat ihr eine positive Einstellung zur Weimarer Demokratie nicht möglich gemacht. Ungleichheit und die Differenzierung von Führung und Gefolgschaft gehörten zu den Selbstverständlichkeiten, an welche diese Elite glaubte. Sie waren mit dem um sich greifenden Prozeß der Demokratisierung nicht vereinbar.[299] Das Bündnis der alten Elite mit den Nationalsozialisten verband sich mit dem vergeblichen Traum, die alten Zustände wiederherstellen zu können. Der Zusammenbruch des Nationalsozialismus und die Teilung Deutschlands nach 1945 haben diese ehemalige Elite Deutschlands praktisch von der gesellschaftlichen Bildfläche gefegt.[300] Erhalten geblieben sind allerdings ständische Differenzierungen, die ebenfalls in das 19. Jahrhundert zurückreichen. Auch sie standen und stehen der Entwicklung des Bewußtseins einer allgemeinen bürgerlichen Gleichheit entgegen. Es entwickelte sich kein einheitliches Bürgertum. Gewerbetreibende, Bauern und Beamte bildeten drei völlig voneinander getrennte Schichten mit eigenen Mentalitäten und Lebensstilen.

In die Beamtenschicht ging das Bildungsbürgertum der Professoren, Lehrer, Pfarrer und Juristen ein. Dieses Bildungsbürgertum entfaltete sich im 19. Jahrhundert zu einer gesellschaftlich dominierenden Schicht.[301] Es hatte das Privileg des Zugangs zu den höheren Beamtenpositionen. Die Mentalität dieser Schicht war durch die Pflege der klassischen Bildung und Kultur, die Disziplin und das dienende Pflichtbewußtsein des Beamten und die Abwehrhaltung gegen das Banausentum des gewerblichen Bürgertums, der Arbeiterschichten und der Bauern geprägt. Eine Gemeinsamkeit mit diesen Schichten gab es nicht. Die höhere ständische Stellung wurde vom gebildeten Bürgertum auch zu einer Zeit noch krampfhaft beansprucht, als gegen Ende des 19. Jahrhunderts vor allem das gewerbliche Bürgertum und die Arbeiterschichten sich mit Macht Geltung zu verschaffen versuchten. Noch heute äußern sich diese ständischen Abstufungen in der grundsätzlichen Höherbewertung von Beamtenberufen, wenn sie auch im Einkommen längst von den minderbewerteten Angestell-

299 R. Dahrendorf, *Gesellschaft und Demokratie in Deutschland*, op. cit., S. 233-40.

300 W. Zapf, *Wandlungen der deutschen Elite 1919-1961*, op. cit., S. 158-68.

301 F. K. Ringer, *The Decline of the German Mandarins*, op. cit., S. 14-80.

ten- und Facharbeiterberufen überholt worden sind. Auf niedrigerer Stufe wird der Angestellte in der Regel höher bewertet als der Arbeiter, unabhängig vom Einkommen. Die Abstufung des Berufsprestiges ist nach wie vor eng an die Mentalität des Bildungsbürgertums geknüpft. Das gewerbliche Bürgertum hat in Deutschland nie ein ähnliches Selbstbewußtsein erlangt wie in England oder gar in Amerika. Es war im Vergleich zum Bildungsbürgertum stets zweitrangig. Ohne die Verbindung mit den gebildeten Schichten fehlten ihm auch die intellektuellen Wortführer. Diejenigen, die in dieser Schicht aufstiegen, orientierten sich nach oben, nach der Aristokratie.

Die Industrialisierung wurde viel mehr als in England von einer kleinen Schicht von Großunternehmern vorangetrieben. Sie formten mit der Aristokratie eine abgehobene elitäre Schicht, für die nicht die bürgerliche Selbständigkeit, sondern die Zusammenarbeit mit der staatlichen Führung bis hin zur Stützung Hitlers maßgebend war. Diese Schicht der Großindustriellen war keine Quelle eines allgemeinen bürgerlichen Bewußtseins. Zwischen ihr und dem mittleren und kleineren Bürgertum lagen Welten.[302]

Neben diesem elitären Großbürgertum hatte alles weitere gewerbliche Bürgertum den Status eines schwachen mittleren und kleineren Bürgertums.[303] Auch hier war kein Ort für die Ausbreitung eines allgemeinen bürgerlichen Selbstbewußtseins. Die Mentalität dieser Schicht war durch Ängstlichkeit und Unsicherheit im Hinblick auf den erworbenen Status geprägt. In der Welt des Beamtenstaates war Einkommen noch keine Basis einer anerkannten gesellschaftlichen Stellung. Das öffentliche Leben war fern. Man beschränkte sich auf das eigene Geschäft und suchte dabei allenfalls den Schutz des Staates vor der Übermacht der Großindustrie. Eine aktive Rolle im gesellschaftlichen und politischen Leben hat diese Schicht des Bürgertums in Deutschland bis heute nicht gespielt. Ohne ein bürgerliches Selbstbewußtsein hat die ökonomische Krise zu Beginn der dreißiger Jahre dieses Jahrhunderts diese Schicht in besonders großer Zahl in die Arme des Nationalsozialismus getrieben. Vor allem das Kleinbürgertum der Handwerker und kleinen Gewerbetreibenden ist durch die fortschrei-

302 R. Dahrendorf, *Gesellschaft und Demokratie in Deutschland*, op. cit., S. 274-7.

303 Siehe dazu D. Jung, *Vom Kleinbürgertum zur deutschen Mittelschicht. Analyse einer Sozialmentalität*, Saarbrücken: Verlag »Die Mitte«, 1982.

tende Industrialisierung stets in der Gefahr, durch Großunternehmer verdrängt zu werden. Das geringe Selbstbewußtsein hat deshalb die Geschäftsaufgabe oder den Ruf nach Schutz durch den Staat als einzig mögliche Reaktionen auf diese Entwicklung offengelassen. Eine aktive Beteiligung am ökonomischen Wettbewerb durch eigene Expansion hat in dieser Schicht keine Tradition.
Mit dem Niedergang des alten Mittelstandes der selbständigen Handwerker und Gewerbebetreibenden ist der Aufstieg des neuen Mittelstandes der unselbständigen Angestellten einhergegangen.[304] Dieser Mittelstand ist allerdings bislang weniger profiliert geblieben als die anderen gesellschaftlichen Schichten. Er ist gewissermaßen eine blassere Ausgabe der Beamtenschicht. Die Sicherheit des gegebenen Arbeitsplatzes, Disziplin und Dienstverpflichtung stehen vor risikoreicherem Aufstiegsstreben, Originalität und aktiver Selbstverantwortung. Es ist kein Zufall, daß die Freien Demokraten als eine Partei, die an solche Tugenden appeliert, ihre liebe Mühe haben, aus einer zahlenmäßig so großen Schicht ein paar Prozente an Stimmen zu gewinnen.
Eine andere Gruppe des Bürgertums bilden die freiberuflichen Professionellen, vor allem Ärzte, Rechtsanwälte und Architekten. Sie sind allerdings kaum als eine homogene gesellschaftliche Schicht zu betrachten. Die beruflichen Unterschiede überwiegen die Gemeinsamkeiten. So fühlen die Rechtsanwälte sicherlich mehr Verbindung mit ihren verbeamteten Juristenkollegen als mit den anderen freien Berufen. Die Mentalität des Juristen wird in Deutschland aber weit mehr von der Beamtenstellung bestimmt als von der freiberuflichen Stellung des Rechtsanwalts.[305] Während in Amerika der Rechtsanwaltsberuf seit der Revolution im Zentrum der Gestaltung eines allgemeinen bürgerlichen Selbstbewußtseins gestanden hat, waren es in Deutschland die beamteten

304 S. Braun und J. Fuhrmann, *Angestelltenmentalität: Berufliche Position und gesellschaftliches Denken der Industrieangestellten*, Neuwied: Luchterhand, 1970; T. Scharmann, *Der Industriebürger. Gesellschaftliche Orientierung und berufliche Einstellung junger Arbeiter und Angestellter*, Bern: Huber, 1976; U. Kadritzke, *Angestellte – Die geduldigen Arbeiter. Zur Soziologie und sozialen Bewegung der Angestellten*, Frankfurt: Europäische Verlagsanstalt, 1975.

305 D. Rueschemeyer, *Lawyers and Their Society*, op. cit., S. 93-4, 96-8, 126, 150, 153, 159; R. Dahrendorf, *Gesellschaft und Demokratie in Deutschland*, op. cit., S. 248-64.

Juristen der Staatsverwaltung, die das Bewußtsein geformt haben. Nicht Selbständigkeit und Selbstverantwortung sind die Prinzipien dieses Standes, sondern Disziplin und Dienstverpflichtung. Auch die anderen freiberuflichen Professionellen, Ärzte und Architekten, konnten nicht als Quelle eines allgemeinen bürgerlichen Selbstbewußtseins dienen. Ihre Mentalität ist mehr durch die Zugehörigkeit zum Bildungsbürgertum geprägt als durch ihre ökonomische Unabhängigkeit. Der monatliche Besuch der Oper ist für diese gesellschaftliche Schicht wichtiger als die aktive Teilnahme am politischen und gesellschaftlichen Leben und die Vereinigung mit anderen bürgerlichen Schichten.[306]

Eine ähnlich gefährdete und unsichere gesellschaftliche Schicht wie das selbständige Kleinbürgertum stellen die Bauern dar. Ihr Denken hat nie mit der Entwicklung der Gesellschaft schrittgehalten.[307] Den selbstbewußten und aktiven amerikanischen Farmer und den traditionsverbundenen deutschen Bauern trennen Welten. Der amerikanische Farmer betreibt ein expandierendes Unternehmen. Wenn er dies nicht tut, scheidet ihn die unerbittliche Konkurrenz aus dem Markt aus. Dieser Konkurrenzkampf hat zu einer unvergleichlichen Technisierung der Landwirtschaft, zur Industrialisierung der landwirtschaftlichen Produktion und inzwischen zu einem Überangebot der Produkte geführt. Nur noch große Unternehmen haben Überlebenschancen, die weniger leistungsfähigen müssen aufgeben. Im Vergleich dazu ist unternehmerische Initiative für den deutschen Bauern ein Fremdwort. Er liebt die Tradition und erwartet vom Staat die Erhaltung seiner traditionellen Lebensweise gegen die Gefahr der Ausscheidung. Die Subventionierung der Landwirtschaft durch den Staat ist inzwischen zu einer Selbstverständlichkeit geworden, an der kaum noch gerüttelt werden kann. Die Politik der Europäischen Gemeinschaft hat diesen Prozeß noch verstärkt. Daneben ist die Mentalität der Bauern konservativ, gegen jede Veränderung gerichtet, von der sie eine weitere Gefährdung ihrer Stellung und Lebensweise befürchten. Eine aktive gesellschaftliche Rolle spielen nur die Funktionäre des Bauernverbandes, aber kaum die Bauern selbst. Zwischen ihnen und den anderen gesellschaftlichen Schichten gibt es kaum Brücken.

306 Vgl. E. Sagarra, *A Social History of Germany 1648-1914*, op. cit., S. 79-103, 253-84.

307 Ebd., S. 140-54, 339-58.

Die Mentalität der Arbeiterschichten bestätigt schließlich den ständischen Charakter der sozialen Schichtung in Deutschland. Ein Hauptergebnis einer von Popitz, Bahrdt, Jüres und Kesting Ende der fünfziger Jahre durchgeführten Untersuchung zum gesellschaftlichen Bewußtsein der Arbeiter war das durchgehend dichotome Gesellschaftsbild.[308] Der Arbeiter teilt die Gesellschaft in »die da oben« und »wir da unten« ein, durchaus in verschiedenen Varianten, aber fast immer in der Einstellung, daß diese Einteilung der Gesellschaft natürlich und unveränderlich sei. Ein Selbstbewußtsein kann man hier als Arbeiter durchaus entwikkeln. Es ist das Selbstbewußtsein der Zugehörigkeit zu einem Stand, der seine Leistung zum gesellschaftlichen Gesamtprodukt beisteuert. Es ist aber kein Bewußtsein, das eine gleichberechtigte Stellung zu den anderen gesellschaftlichen Schichten impliziert. Ihre höhere Stellung wird als unveränderlich akzeptiert.

Wenn man auf die ersten Vereinsgründungen im 18. Jahrhundert in Deutschland zurückblickt, dann fällt ihre Betonung der Gleichheit auf. Unter den Mitgliedern sollen die außerhalb bestehenden Standesunterschiede nicht gelten.[309] Betrachtet man aber die weitere Entwicklung Deutschlands, dann ist festzustellen, daß aus diesen Ansätzen nicht – wie vor allem in Amerika – eine bürgerliche Gleichheit in der sozialen Interaktion des öffentlichen Lebens hervorgewachsen ist. Es hat sich kein allgemeines Bürgertum mit einem entsprechenden Bewußtsein der sozialen Gleichrangigkeit entwickelt. Die ständische Differenzierung wurde vielmehr von oben wie von unten als etwas natürlich Gegebenes akzeptiert. Selbst innerhalb des engeren Bürgertums haben sich ständische Abstufungen bis heute erhalten. Man besucht verschiedene Schulen, verkehrt in verschiedenen Kreisen, man geht zum Tennisspiel oder pflegt das Reiten oder man geht eben nur zum Fußballspiel, man amüsiert sich bei der Vernissage, oder aber in der Stehkneipe nebenan. Wo sich die Wege unterschiedlicher Schichten kreuzen, gehen die Standesunterschiede auch heute noch in den Stil der Interaktion ein: Ehrerbietung von unten, Unterwürfigkeitserwartung von oben.

Gewiß hat sich an der ständischen Strukturierung des gesellschaftlichen Lebens gerade in den letzten zwanzig Jahren einiges verän-

308 H. Popitz, H. P. Bahrdt, E. A. Jüres und H. Kesting, *Das Gesellschaftsbild des Arbeiters*, Tübingen: Mohr Siebeck, 1961.

309 K. Eder, *Geschichte als Lernprozeß?*, op. cit., Teil III, Abschnitt 2.

dert, aber von der selbstverständlichen Gleichrangigkeit innerhalb einer allgemeinen gesellschaftlichen Gemeinschaft im Sinne der angloamerikanischen Citizenship ist die deutsche Gesellschaft noch ein erhebliches Stück entfernt.[310] Das Fehlen eines solchen allgemeinen Bewußtseins der Citizenship hat stets den Appell an die Volksgemeinschaft bis hin zur Ausbeutung dieser traditionell deutschen Idee durch den Nationalsozialismus auf den Plan gerufen, wenn es um die Herstellung von Gemeinsamkeit ging. Selbst heute nennen sich die großen Parteien »Volksparteien«, und der Ruf nach dem Volk als Basis der Gemeinsamkeit erschallt besondern häufig in Zeiten politischer Krisen. Dabei muß man wissen, daß in dem Wort »Volk« noch heute der Status der Untertanen unter der Obrigkeit mitschwingt. Ganz gewiß drückt dieses Wort keine Gemeinschaft gleichrangiger, selbstbewußter und selbständiger Bürger im Sinne der Citizenship aus.

Schlußbemerkungen

Die Idee der Gleichheit wird in Deutschland von den beiden Komponenten der ideellen Gleichheit und der staatlich gesicherten Gleichheit beherrscht. Ökonomische und soziale Gleichheit sind zwischen diese beiden Pfeiler eingespannt. Die ideelle Gleichheit hat in Luthers Gleichheit vor Gott einen Ursprung. In Kants abstraktem Universalismus des moralischen Gesetzes findet sie einen paradigmatischen säkularisierten Ausdruck. Gleichheit geht hier in Allgemeingültigkeit auf, die rein logisch festzustellen ist und keines praktischen Diskurses gleichberechtigter Bürger bedarf. Die staatliche Sicherung der Gleichheit geschieht in der Gleichheit vor dem Gesetz, die mehr eine Gleichbehandlung von Untertanen bedeutet als eine Chancengleichheit in der aktiven Beteiligung des Bürgers an Gerichts- und Verwaltungsverfahren. Die Teilnahme an der Gesetzgebung und die Artikulation in den Medien erfolgt eher in der Repräsentation des Bürgers durch die großen Parteien und Verbände als in der Gleichheit von Chancen zur aktiven Beteiligung. Ökonomische Gleichheit wird durch die allgemeine Idee der Resultatsgleichheit und die Kompensation

310 Vgl. R. Dahrendorf, *Gesellschaft und Demokratie in Deutschland*, op. cit., S. 71-86.

von Ungleichheit durch staatliche Sozialpolitik bestimmt. Die Herstellung von Chancengleichheit durch Bildung und berufliche Qualifikation hat bis heute eine weitaus geringere Rolle gespielt. Die Idee der gemeinschaftlichen Gleichheit hat sich vorwiegend in dem gefährlichen Appell an die Volksgemeinschaft artikuliert. Ein allgemeines Bürgertum im Sinne der Citizenship konnte sich angesichts der ständischen Differenzierung der Gesellschaft nicht entwickeln (Diagramm 11).

Zusammenfassung

In Deutschland ist die Institutionalisierung des kulturellen Codes der Moderne durch zwei dominierende Faktoren bestimmt worden: durch den intellektuellen Idealismus und durch den Staat. Sie haben dem kulturellen Code sein spezifisch deutsches Gepräge gegeben. Die interne Logik der Entwicklung des kulturellen Codes ist durch den Rationalismus des deutschen Denkens definiert worden. Der Gegensatz zwischen der kulturellen Innerlichkeit und der reinen Äußerlichkeit der Welt liegt dieser Logik zugrunde. Der Aktivismus wird so zu einer Angelegenheit der äußeren Mächte, insbesondere des Staates. Der Rationalismus zieht sich zurück auf einen abstrakten Idealismus. Freiheit wird scharf in eine innere kulturelle Freiheit und eine äußere, staatlich gesicherte Freiheit differenziert. Gleichheit erscheint vor allem als ideelle Gleichheit und als staatlich hergestellte Gleichheit. Im einzelnen sind die Wertkomplexe des kulturellen Codes in ihrer Gestaltung durch diese innere Logik des deutschen Denkens und durch die gesellschaftlichen Bedingungen ihrer Institutionalisierung geformt worden.

Der Aktivismus ist eine Sache des Staates geworden. Aus der Lutherischen Innerlichkeit konnte kein Motiv der aktiven Teilnahme an der Gestaltung der Welt hervorgehen. Gemäß Luthers Lehre von den zwei Reichen bleibt die äußere Ordnung der Welt dem Staat überlassen. Aus der ursprünglichen Lutherischen Versöhnung von Innerlichkeit und äußerem Gehorsam haben sich zwei Grundhaltungen in jeweils zwei Varianten zum Aktivismus des Staates und später zum Instrumentalismus der Wirtschaft entwickelt: als orthodoxe Haltungen die Konformität und die Indifferenz, als heterodoxe Haltungen die Entfremdung und die Rebel-

Diagramm 11: Der Universalismus in Deutschland

G Spezifikation — Öffnung A

Gesetzlich bestimmte Gleich-behandlung durch Behörden	Suche nach Allgemein-gültigkeit in der Gesetzgebung	Idee des sozial-staatlichen Ausgleichs ökonomischer Ungleichheit	Idee der Nivellierung von Einkommens-differenzierungen
Politische Gleichheit		Ökonomische Gleichheit	
Gleichheit vor dem Gesetz durch Anwendung allgemeiner Gesetze	Gleichheit durch Objektivität von Entscheidungen	Idee der Absicherung von Risiken durch Groß-organisationen	Resultats-gleichheit als Idee
Ständische Differenzierung der Teilnahme am öffentlichen Leben	Ständische Differenzierung des sozialen Verkehrs	Gleichheit durch logische Deduktion aus allgemeinem Gesetz	Differenzierung der kulturellen Teilnahme durch hierarchisch gegliedertes Bildungssystem
Gemeinschaftliche Gleichheit		Kulturelle Gleichheit	
»Volksgemein-schaft« statt Citizenship bei ständischer Differenzierung von Klassen und Schichten	Kulturelle Differenzierung der Mentalität von Klassen und Schichten	Gleichheit durch universelles Menschentum als abstrakte Idee	Ideelle Gleichheit der Menschen vor Gott, vor der Vernunft

I Schließung — Generalisierung L

Vertikale Achse: Symbolkomplexität (reduziert – erweitert)

Horizontale Achse: Handlungskontingenz (reduziert – erweitert)

lion. Es war keine Interpenetration von normativen Ideen und weltlichem Aktivismus und Instrumentalismus möglich. An die Stelle der Verankerung des Aktivismus und Instrumentalismus in einer bürgerlichen Gemeinschaft trat die Spaltung in den Konformismus des Beamtentums und die Entfremdung des intellektuellen Bildungsbürgertums. Erneuerungsbewegungen gerieten immer wieder zu Bewegungen gegen die Moderne.

Der Rationalismus basiert auf den großen Abstraktionsleistungen des deutschen Denkens. Das große Werk und die universelle Idee beherrschen dieses Denken. Lebensregeln drücken nicht den Common sense einer weiten Gemeinschaft aus, sondern das Streben einer besonderen Schicht nach klassischer Bildung. Die Rede dient einem auserwählten Publikum zur Erbauung, nicht zur praktischen Problemlösung. Wissenschaft schreitet nicht in der Konkurrenz von Hypothesen, sondern in der Einsamkeit und Freiheit des einzelnen Gelehrten fort. Wahrheit ist ein persönlicher Besitz. Bei allem aber vermischt sich die Sachautoriät des Gelehrten mit der Amtsautorität des Beamten zu einer unauflöslichen Einheit, die es Außenseitern außerordentlich schwer macht, sich Gehör zu verschaffen. Wissenschaftliche Vergemeinschaftung existiert entweder auf der konsequenzenlosen Ebene der abstrakten Wahrheitssuche oder aber in der Partikularität der Schule eines Professors. Zwischen den Schulen herrscht kein geregelter Wettbewerb, sondern oft unversöhnlicher Streit.

Die Idee der Freiheit erhält ihre erste Formung durch das Lutherische Konzept der Innerlichkeit, aus dem die innere Freiheit als spezifisch deutsches Verständnis von Freiheit hervorgeht. Kant gibt diesem Freiheitsverständnis in der Stützung der Moralität auf die innere Freiheit seine säkularisierte Gestalt. Die Freiheit von jeglichen äußeren Antrieben und Ursachen ermöglicht dem Individuum, nach dem unbedingten, universell gültigen moralischen Gesetz zu handeln. Selbstbindung durch das moralische Gesetz und innere Freiheit verweisen wechselseitig aufeinander. Aufklärung und Gesinnungsreinheit ergänzen die Moralität und die innere Freiheit. Die Stringenz von Kants Denken hat die innere Freiheit als etwas Vollkommenes dargestellt, das nur als heroischer Individualismus außerhalb der Welt möglich ist. Das hat zumindest in der Praxis oft nur inneren Rückzug und äußeren Gehorsam offengelassen. Die äußere Freiheit findet dagegen ihre Garantie in der Idee des Rechtsstaats. Nach dieser Idee ist es schon bei Kant die Allgemeinheit der Gesetzgebung, die eine Zusammenstimmung der einzelnen Freiheiten realisiert, nicht die konkrete und situativ wechselnde Kompromißbildung zwischen selbständigen Bürgern. Ein ökonomischer Individualismus hat in Deutschland aufgrund der schwachen Stellung des gewerblichen Bürgertums und der Dominanz des Bildungsbürgertums nicht Fuß fassen können. Die Idee der Vereinigungsfreiheit wird durch die Suche nach der wahrhaftigen Beziehung zum anderen in der wahren Gemeinschaft unterlaufen.

Gleichheit wird zuerst als die ideelle Gleichheit eines abstrakten Universalismus gedacht. Auch hier gibt Kants moralischer Universalismus das Modell vor. Gleichheit wird in der logischen Konstruktion des Allgemeinen aufgehoben, die nicht der Bestätigung in einem praktischen Diskurs gleichberechtigter Bürger bedarf. Das komplementäre Gegenstück zu dieser ideellen Gleichheit stellt die staatliche Sicherung der Gleichheit vor dem Gesetz dar. Sie erscheint nicht als Chancengleichheit selbständiger Bürger in Gerichts- und Verwaltungsverfahren, sondern als Gleichbehandlung von Untertanen. An die Stelle gleicher Chancen der Teilnahme an Gesetzgebung und öffentlicher Meinungsbildung tritt die Repräsentation der Bürger durch die großen Parteien, Verbände, Verlage und Anstalten, die sich an der Idee des Allgemeinen orientieren. Ökonomische Gleichheit wird als ideelle Resultatsgleichheit und nicht als praktische Chancengleichheit gesucht. Staatliche Sozialpolitik zur Kompensation von Ungleichheiten hat den Vorrang vor der Herstellung von Chancengleichheit durch Bildung und berufliche Qualifikation. Gemeinschaftliche Gleichheit wird mit der gefährlichen Idee der Volksgemeinschaft verknüpft. Die ständische Differenzierung der Gesellschaft hat eine allgemeine bürgerliche Gemeinschaft im Sinne der Citizenship nicht aufkommen lassen.

Hinter jeder Konkretisierung des kulturellen Codes der Moderne sieht man in Deutschland die Dominanz des abstrakten Idealismus und den Anspruch des Staates auf die Repräsentation des Allgemeinen gegenüber den Partikularismen der Gesellschaft. Das hat zu einer eigenartigen Verbindung von Konformismus, Indifferenz, Entfremdung und Rebellion, manchmal im Namen der Moderne, immer auch durchsetzt mit antimodernen Elementen, geführt (Diagramme 12a und 12b).

Diagramm 12a: Deutschland: Das Handlungssystem

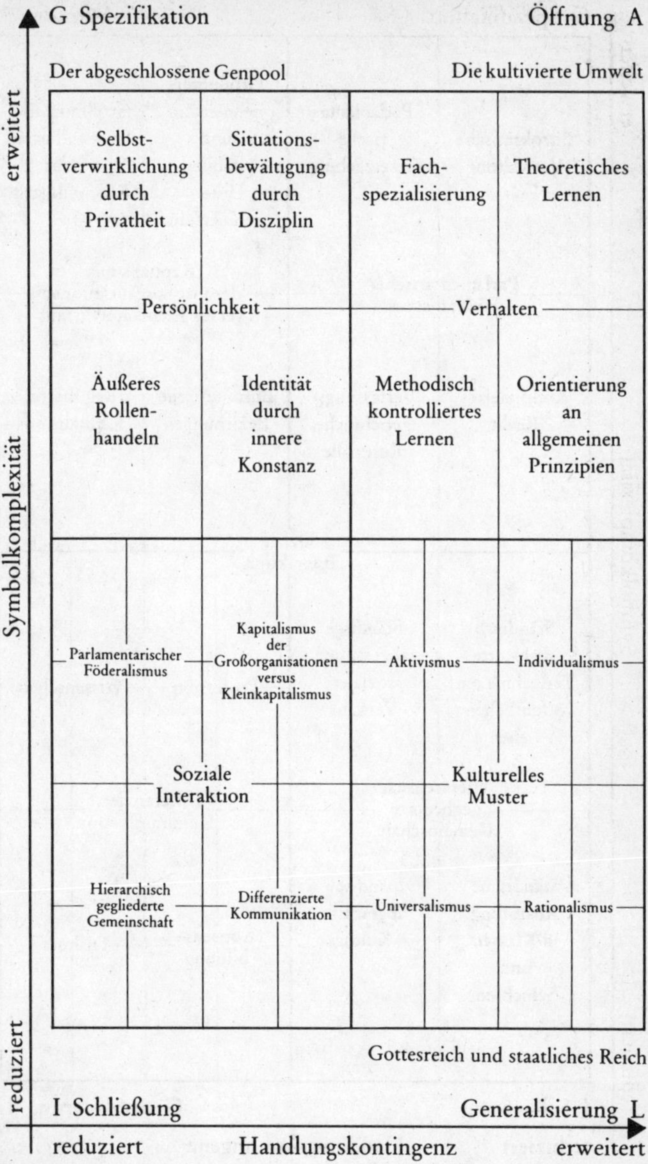

Diagramm 12 b: Deutschland: Das soziale System

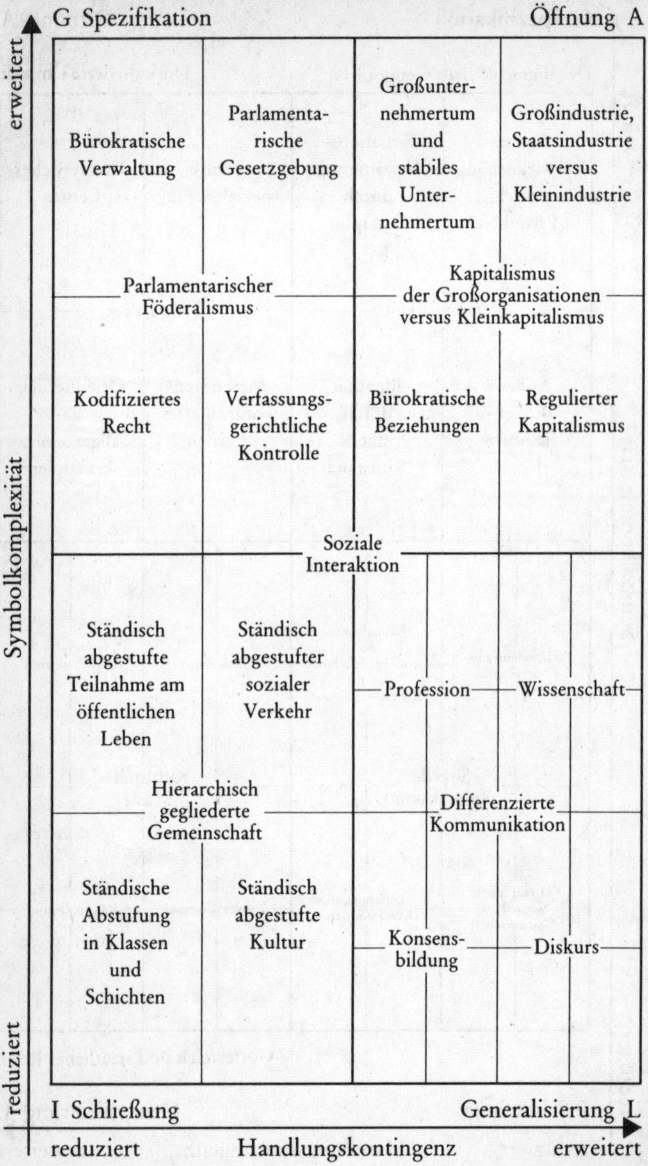

Schlußbetrachtung: Das Ende der Moderne?

Es wird heute viel von der Krise der Moderne oder gar vom Ende der Moderne und der sich ankündigenden postmodernen Gesellschaft geredet. Die modernen Konservativen sehen sich in der Rolle, die Errungenschaften der modernen Gesellschaft gegen die Angriffe der neuen sozialen Bewegungen zu verteidigen: die moderne Wirtschaft, Verwaltung, parlamentarische Demokratie, Technologie, Wissenschaft und Rationalität.[1] Die neuen oppositionellen Bewegungen – die Friedensbewegung, die Alternativen, die Grünen, die spontanen Selbsthilfegruppen – wollen die Opfer einer gegenüber dem Individuum und seinen Bedürfnissen rücksichtslosen Eigendynamik der zunehmenden Ökonomisierung, Bürokratisierung, bürgerfernen Parlamentarisierung, Technologisierung, Verwissenschaftlichung und Rationalisierung der Welt nicht stillschweigend erbringen.[2] Die Konservativen erkennen die Gefahr für die moderne Gesellschaft in den oppositionellen sozialen Bewegungen, denen sie eine antimoderne Haltung mit all ihren gefürchteten Konsequenzen zuschreiben: der Zusammenbruch der aufgezählten Errungenschaften der Moderne. Die sozialen Bewegungen zeigen auf die selbstdestruktive Eigendynamik der modernen Gesellschaften, die zu einem Kollaps der Moderne führe. Was den Konservativen als Errungenschaft der modernen Gesellschaften erscheint, das sind für sie äußere Mächte, die aus der unaufhaltsamen Modernisierung hervorgegangen sind und

1 Vgl. J. Habermas, *Der philosophische Diskurs der Moderne*, Frankfurt: Suhrkamp, 1985, S. 86-94; J. Habermas, »Die Kulturkritik der Neokonservativen in den USA und in der Bundesrepublik«, in: *Die Neue Unübersichtlichkeit*, Frankfurt: Suhrkamp, 1985, S. 30-56; K. L. Shell und K. D. Frankenberger, »Die konservative Stimmenvielfalt«, in: *Frankfurter Allgemeine Zeitung*, 8.12.1984; N. Jumonville, »Die New Yorker Intellektuellen schreiben ihre eigene Legende« in: *Die Zeit*, Nr. 41, 4.10.1985; J. Epstein, »Die Politik der Neokonservativen führt in die Irre«, in: *Die Zeit*, Nr. 41, 4.10.1985.

2 A. Glucksmann, *Die Macht der Dummheit*, Stuttgart: Deutsche Verlags-Anstalt, 1985; J. Fischer und A. Glucksmann, »Im Palast der Dummheit ist Platz für jedermann«, in: *Die Zeit*, 21. 3.1986; J. Fischer, *Von grüner Kraft und Herrlichkeit*, Reinbek bei Hamburg: Rowohlt, 1984; R. Dutschke, *Die Revolte. Wurzeln und Spuren eines Aufbruchs*, hg. von G. Dutschke-Klotz, J. Miermeister und J. Treulieb, Reinbek bei Hamburg: Rowohlt, 1983.

nun den Menschen beherrschen. Die von der Aufklärung verhießene Befreiung des Menschen von jeder äußeren Herrschaft endet in ihrer Perspektive in einer unerahnten Herrschaft der verselbständigten Mächte der Moderne über den Menschen bis hin zur drohenden Vernichtung der Menschheit aus dem Potential der modernen nuklearen Technologie.

Ist das Ende der Moderne unausweichlich? Die apokalyptische Stimmungslage der gegenwärtigen öffentlichen Diskussion drängt uns einen solchen Schluß anscheinend zwingend auf. Wir scheinen keine Möglichkeit zwischen der konservativen Selbstdestruktion der Moderne und ihrer progressiven Beseitigung zu haben. Flinke Theoretiker haben deshalb auch schon den Begriff für die neue Gesellschaft parat, die sich in den neuen sozialen Bewegungen ankündigt und entwickelt, falls nicht der nukleare Selbstmord der Menschheit aller menschlichen Gesellschaft ein Ende setzt: die Postmoderne.[3] Wenn sich die Architekten von der nüchternen Funktionalität der Bauhaus-Architektur befreien und ein paar Schnörkel in die neuen Fassaden setzen, dann nennen die Kunstkritiker das schon postmoderne Architektur. Wenn Bürgerinitiativen gegen den Ausbau von Kernkraftwerken, Flughäfen und Autobahnen demonstrieren, dann wird das von kritischen Intellektuellen als ein Zeichen für den wachsenden Protest gegen die kalte und menschenfeindliche Technologie der Moderne gewertet. Wachsen aus diesem Protest ein paar Öko-Bauernhöfe, die mit Windmühlen ihren Energiebedarf decken, und ein paar Öko-Läden in Berlin-Kreuzberg hervor, dann werden sie als postmoderne Wirtschaftsformen begrüßt.

Ich halte sowohl die konservative wie auch die progressive Rede vom Ende der Moderne für leichtfertig und gefährlich, so plausibel sie aus der jeweiligen Sicht auch erscheinen mag. Beide gewin-

3 Vgl. die Erörterung von H.-G. Vester, »Modernismus und Postmodernismus – Intellektuelle Spielereien?«, in : *Soziale Welt*, 1, 1985, S. 3-26; J.-F. Lyotard, *Das postmoderne Wissen*, Edition Passagen, hg. von P. Engelmann, Wien: Böhlau Verlag, 1986; *Grabmal des Intellektuellen*, Edition Passagen, hg. von P. Engelmann, Wien: Böhlau Verlag, 1986; J.-F. Lyotard, J. Derrida, F. Burkhardt und G. Daghini, *Immaterialität und Postmoderne*, Berlin: Merve, 1985; H. Böhringer, *Begriffsfelder. Von der Philosophie zur Kunst*, Berlin: Merve, 1985; kritisch hierzu: B. Schmidt, *Postmoderne – Strategien des Vergessens*, Darmstadt und Neuwied: Luchterhand, 1986; A. Wellmer, *Zur Dialektik von Moderne und Postmoderne*, Frankfurt: Suhrkamp, 1985.

nen nämlich ihre Plausibilität aus einem eingeschränkten Begriff der Moderne. Nur aus dieser Einschränkung ergibt sich der Anschein, daß wir nur die Wahl zwischen dem konservativen Festklammern an den Errungenschaften der Moderne und ihrer progressiven Preisgabe hätten. Sowohl Konservative wie Progressive verwechseln die Idee mit der Wirklichkeit. Und das hat fatale Konsequenzen. Die Konservativen neigen dazu, die konkret existierenden Institutionen von Wirtschaft, Verwaltung, parlamentarischer Demokratie, Technologieentwicklung, Wissenschaft und Rationalität mit ihrer zugrunde liegenden Idee oder gar mit den großen Ideen gleichzusetzen, unter denen die moderne Gesellschaft in der Aufklärung und in den bürgerlichen Revolutionen angetreten ist: Freiheit, Gleichheit, Vernunft und die methodisch-rationale Gestaltung der Gesellschaft nach diesen Ideen. Die neuen sozialen Bewegungen vergessen vielfach ebenso, daß die modernen Errungenschaften der Konservativen, die sie als äußere Mächte entlarven und überwinden wollen, nicht mit den ihnen zugrunde liegenden Ideen zusammenfallen.
Die konservative Verteidigung der modernen Errungenschaften erweist sich allzu oft als ein kurzsichtiges Festhalten an den bestehenden Institutionen, denen in illegitimer Weise die Weihe der Ideen selbst verliehen wird. Die freiheitlich-demokratische Grundordnung wird schon als gefährdet angesehen, wenn sich Widerstand gegen die parlamentarisch verabschiedeten Gesetze regt, die repräsentative parlamentarische Demokratie, wenn die Grünen das Rotationsprinzip einführen wollen. Man kommt kaum auf den Gedanken, daß möglicherweise die konkrete Handhabung der parlamentarischen Gesetzgebung selbst nur unzureichend die Verwirklichung der allgemeinen Ideen der Freiheit, Gleichheit, Vernunft und der methodisch-rationalen Gestaltung der Welt nach diesen Ideen gewährleistet. Der Wunsch nach Dezentralisierung wird als Angriff auf den Parlamentarismus gedeutet, wobei stillschweigend ein zentralisierter Parlamentarismus als die Normalform der parlamentarischen Demokratie erscheint; oder es wird auf die Existenz des Föderalismus in der Bundesrepublik verwiesen, um Forderungen nach weiterer Dezentralisierung abzuweisen. Die konkret existierende Form des Föderalismus wird zum alleinigen Repräsentanten der Idee des Föderalismus erhoben. Ein Blick auf den Föderalismus in den Vereinigten Staaten zeigt jedoch, daß hier noch längst nicht alle Möglichkeiten

ausgeschöpft worden sind. Man regt sich über das Rotationsprinzip der Grünen auf und feiert gerne die über dreißigjährige Arbeit verdienter Repräsentanten in der Führung der etablierten Parteien und der Republik, ohne darüber nachzudenken, was die damit verbundene Oligarchisierung der Politik für die parlamentarische Demokratie bedeutet. An der viel höheren Geschwindigkeit des personellen Wandels in der amerikanischen Demokratie, von der Gemeinde bis zu Kongreß und Regierung in Washington, fällt den Konservativen eher die daraus folgende geringere Berechenbarkeit der amerikanischen Politik auf als ihre größere Offenheit für Innovationen. Der Widerstand gegen die Energie-, Technologie- und Wissenschaftsentwicklung wird als blinde Maschinenstürmerei und als verantwortungslose Gefährdung der wirtschaftlichen, technologischen und wissenschaftlichen Wettbewerbsfähigkeit und damit des zukünftigen Wohlstands gebrandmarkt. Es wird die Gefahr eines Rückfalls in die Armut vergangener Zeiten beschworen. Hier identifiziert man die Idee des guten und gewiß auch ökonomisch gesicherten Lebens mit seiner konkreten gegenwärtigen Gestalt.

Das Kennzeichen des geschilderten modernen Konservatismus ist also das krampfhafte Festhalten an den gegenwärtig existierenden Konkretisierungen der grundlegenden Ideen der modernen Gesellschaft. Das heißt in der Tat: Verzicht auf Reflexion über die Gegenwart im Lichte der Ideen, denen sich die moderne Gesellschaft verschrieben hat und die grundsätzlich über jede Gegenwart in eine Zukunft hinausweisen, in der alles besser gemacht werden soll als bisher. Die Konservativen nehmen der Jugend genau den Optimismus, den sie so schmerzlich an ihr vermissen. Wer die gegenwärtige Welt für die beste aller möglichen hält, zwingt jeden jungen Menschen zur teilnahmslosen Hinnahme der bestehenden Institutionen. Diese Formel wird den jungen Leuten oft genug vorgehalten. Sie hören immer wieder, daß in Deutschland nie zuvor so viel Freiheit und Gleichheit wie in der Gegenwart geherrscht habe und die Bundesrepublik eines der freiesten und sozialsten Länder der Welt sei. Das ist sicherlich richtig, aber kein Argument gegen Veränderung. Denn Veränderung muß vom Guten nicht zum Schlechten verlaufen, sie strebt vielmehr stets zum Besseren. Wer aber jeden Veränderungswillen mit dem Verweis auf das freieste Deutschland, das es je gab, begegnet, der setzt unzulässigerweise die Idee der Freiheit mit ihrer gegenwärtigen konkreten Gestalt in der Bundesrepublik gleich. Er nimmt der modernen Gesellschaft ihren ureigenen Fortschrittsoptimismus, der sich gerade aus der ewigen Spannung zwischen den großen Ideen und der stets unzulänglichen Realität speist. Die Gesellschaft verliert damit aber ihre Steuerung durch ihre grundlegenden Leitideen. Da wir indessen nicht mehr in einer traditionalen Gesellschaft leben, in der ohnehin alles bleibt, wie es ist, ergibt sich daraus eine um so stärkere Auslieferung an die Eigendynamik der existierenden Systeme von Parlamentarismus, Verwaltung, Wirtschaft, Technologie und Wissenschaft.

Die konservative Verwechslung der konkret existierenden Institutionen mit den zugrunde liegenden Ideen hat indessen ihre ureigenste Tradition in Deutschland. Luthers Unterstellung des Protestantismus unter den Schutz des Landesherrn, das Bündnis des deutschen Idealismus mit dem preußischen Absolutismus, beispielhaft ausgedrückt in der Gründung der Berliner Universität im Jahre 1810, die Begriffe des Kultur- und Rechtsstaats haben den Konformismus zu den bestehenden Institutionen als ein allgemeines Muster für den deutschen Konservatismus aufgebaut, das den Bezugsrahmen für das weitere konservative Denken gesteckt hat. Bei Hegel fällt die Idee des Staates als Repräsentant des Allgemeinen tendenziell mit der konkret existierenden preußischen Monarchie zusammen.

Soweit sich die neuen oppositionellen Bewegungen als Avantgarde der Postmoderne sehen, verwechseln auch sie die Idee mit der Wirklichkeit. Sie betrachten die gegenwärtigen Institutionen der Bundesrepublik als Repräsentanten der modernen Gesellschaft als solche. Je mehr sie jedoch mit den Institutionen auch ihre Ideen beseitigen wollen, um so mehr verlieren sie ein Potential, das ihren Aktionen Einheit, Sinn und Legitimität verleihen könnte. So stehen sie bei Fragen nach ihrem Konzept für die Zukunft oft ratlos da. Sie verstricken sich in Widersprüche. Bürgerferner Parlamentarismus, unzugängliche Bürokratie, rücksichtslose Ökonomie, Technologie und Wissenschaft werden als die Ergebnisse der vollständigen Verwirklichung der Moderne gedeutet. Je mehr diese Systeme den Menschen beherrschen, um so mehr wird die Legitimität der Moderne selbst in Zweifel gezogen. Eine verfehlte Energie- und Technologiepolitik wird dann schnell der Wirtschaft und der Technologie und der herrschenden Kultur insgesamt zugeschrieben. Man will dann nicht nur aus einer bestimmten Energie-

und Technologiepolitik »aussteigen«, sondern aus dem Zug der modernen Kultur überhaupt. Technologie soll durch Handwerk ersetzt werden, die zentrale Energieversorgung durch die Windmühle hinter dem Bauernhof, die Warenökonomie durch einfache Bedarfsdeckung mittels Eigenherstellung und begrenztem Naturaltausch, die moderne Medizin durch laienhafte Selbstdiagnose und -therapie und ein paar alte Hausmittel, die professionelle Politik der Experten durch die Entscheidung der betroffenen Laien, die Wissenschaft durch die konkrete Erfahrung in der Praxis des Alltags. Die neue Religiosität sucht den inneren Frieden, der grundsätzlich durch die entwickelten Mächte der modernen Gesellschaft gestört wird. Zwischen dem ohnmächtigen Protest gegen die Unfriedlichkeit der modernen Gesellschaft und dem Rückzug auf sich selbst und die engsten Freunde kann keine mittlere Position bestehen.

Der Protest der neuen oppositionellen Bewegungen gegen die Moderne begibt sich auf diese Weise des Potentials, das den modernen Gesellschaften bisher ihren Sinn, ihre Einheit und ihre Legitimation gegeben hat: ihre großen Ideen, die sie immer über die Gegenwart hinaustreiben können. Die neuen sozialen Bewegungen können so keine Antwort auf die Frage geben, wohin die Entwicklung gehen soll. Es fehlt ihnen die Leitidee, die ihrer Unternehmung einen einheitlichen Sinn verleiht und die über eine allgemein anerkannte Legitimität verfügt. Die Ablehnung der Institutionen der modernen Gesellschaft als solche hindert sie an der engagierten Teilnahme an ihrer Umgestaltung nach den grundlegenden Ideen der modernen Gesellschaft selbst. Die praktische Gestaltung der Wirklichkeit wird zwischen enttäuschtem Rückzug, blindem Protest und taktischem Manövrieren zerrieben. Die Grünen haben sich bis heute trotz ihrer Erfolge noch nicht zu einer aktiven Teilnahme am politischen Entscheidungsprozeß entschließen können. Auf diese Weise bilden sie eine heimliche Allianz mit den Konservativen. Auch sie setzen der Eigendynamik von Wirtschaft, Politik, Technologie und Wissenschaft keine Steuerung durch umfassende Ideen entgegen.

Man findet unter den neuen oppositionellen Bewegungen aber auch das genaue Gegenstück zur konservativen Verwechslung der allgemeinen Idee mit ihrer konkreten Verwirklichung. Die selbstgewissen Radikalen verwechseln ihr ganz spezifisches politisches Programm der Verwirklichung von Vernunft, Freiheit, Gleichheit

und aktiver Gestaltung der Gesellschaft mit der allein begründbaren und gültigen. Die gegenwärtigen Institutionen werden verdammt; dagegen wird ein Plädoyer für die Einführung der sozialistischen Öko-Gesellschaft gehalten, als ob es sich dabei um die allein mögliche Verwirklichung der genannten Ideen handle. Vor allem findet man bei dieser Selbstgewißheit kaum noch Reflexionen über die Unwägbarkeiten, Negativseiten, materiellen und ideellen Kosten der rigorosen Durchführung eines solchen Programms.
Der Protest gegen die Moderne an sich und die oppositionelle Verwechslung der Ideen mit dem ganz spezifischen und einseitigen eigenen Programm zu ihrer Verwirklichung berauben die neuen oppositionellen Bewegungen des Veränderungs- und Kritikpotentials, das in den großen Ideen der Moderne selbst steckt. Die einen überlassen die Zukunft einer ideenlosen Ungewißheit, die selbstsicheren anderen verzichten mit der Verwechslung von politischem Programm und kultureller Idee auf das Potential der Selbstkritik im Lichte der Ideen. Der Verzicht auf die aktive Teilnahme an der Gestaltung der Gesellschaft und der Rückzug auf den inneren Frieden, die ohnmächtige Demonstration oder das unengagierte Mitspielen schließt sie von der alltäglichen Praxis der Gesellschaftsgestaltung aus. Soweit sie diesem Verhaltensmuster folgen, setzen sie eine Tradition fort, die ganz besonders in Deutschland die Herausbildung der modernen Gesellschaft begleitet hat: die antimoderne Bewegung. Romantik, germanische Religion, Jugendbewegung, bündische Jugend, Nationalsozialismus, sie alle haben bei aller Verschiedenheit eines gemeinsam: die Fremdheit gegenüber der Entwicklung der modernen Ökonomie, Politik, Technologie und Wissenschaft. Sie bilden das oppositionelle Gegenstück zum Konformismus der Konservativen und schöpfen dennoch aus denselben Quellen. Luthers Vorstellung von der inneren Freiheit des Christenmenschen, ihre säkularisierte Version in Kants Konzept der inneren Freiheit, die idealistische Vorstellung von der Bildung der Persönlichkeit durch Wissenschaft haben ein Muster der Freiheit vorgegeben, das nur im Rückzug von den praktischen Sachzwängen der Gesellschaft existieren konnte. Es ließ keine gestaltende Teilnahme an Wirtschaft, Politik und Technologie zu. Deren Entfaltung in der zweiten Hälfte des 19. Jahrhunderts hat dementsprechend die gebildeten Schichten immer mehr in die Entfremdung von der Gesellschaft gedrängt.

Ohne gestaltende Teilnahme blieb ihnen die neue Gesellschaft des Kapitalismus, der Demokratie, der Technologie und der Naturwissenschaft fremd. Mit der Ablehnung dieser Institutionen verband sich oft die Ablehnung der modernen Gesellschaft insgesamt. So haben das protestantische Pfarrhaus, das Lehrerkollegium und die Universität nicht nur den konservativen Konformismus, sondern auch die oppositionelle Entfremdung und die antimoderne Haltung entscheidend geprägt. Es ist deshalb kein Zufall, wenn Kirche, Schulen und Universitäten auch heute besonders auffällig in die Lager der konservativen Konformisten und der entfremdeten Oppositionellen gespalten sind.

Auch die Theoretiker der Postmoderne, die sich beeilen, noch rechtzeitig auf den abfahrenden Zug einer neuen Entwicklung aufzuspringen, verwechseln die Idee mit der Wirklichkeit. Der Gegenbegriff zum Begriff der Moderne ist der Begriff der Tradition. Die Herrschaft der Tradition heißt, daß alles so bleibt, wie es ist. Gegen diese Herrschaft haben die Bewegungen der Moderne rebelliert: die Aufklärung, die bürgerlichen Bewegungen des 18. und 19. Jahrhunderts und die Arbeiterbewegung des 19. und 20. Jahrhunderts; jede Bürgerrechts- und Menschenrechtsbewegung steht in dieser Tradition. Das Grundprinzip der Moderne ist also die Veränderung im Gegensatz zur Beharrung. Diese Veränderung ist jedoch nicht beliebig. Denn die Bewegungen, die auf Veränderungen drängen, sind von den allgemeinen Ideen der Aufklärung durchdrungen, die universelle und ewige Gültigkeit beanspruchen: Freiheit gegen die Herrschaft der traditionellen Autoritäten, Gleichheit gegen die traditionelle ständische Gesellschaft, Vernunft gegen das traditionell gelehrte Bücherwissen und gegen die Vormundschaft der Kirche, methodisch-rationale Gestaltung der Gesellschaft nach diesen Prinzipien gegen die Hinnahme der herrschenden traditionellen Ordnungen. Diese Ideen geben der modernen Gesellschaft einen einheitlichen Sinn. Ihre Legitimität ist immer wieder neu an den Ideen zu messen. Die Veränderung, die von den modernen Gesellschaften verlangt wird, ist dementsprechend keine beliebige. Sie hat in der Annäherung an die allgemeinen Ideen einen normativen Leitfaden, der stets als kritischer Maßstab an die Gesellschaft herangetragen werden kann.

Wenn man sich auf diese Weise den Sinn der Moderne klarmacht, dann kann die Rede vom Ende der Moderne und von der Ankündigung der Postmoderne nur das Ende aller Entwicklung nach allgemeingültigen Ideen heißen: die Preisgabe der Ideen der Moderne, was einer Preisgabe des Denkens gleichkäme, mit der Konsequenz eines planlosen Hintreibens der Gesellschaft ohne jede ideelle Steuerung: Stillstand in der Veränderung, weil die Ideen ihre leitende Kraft verloren haben. Das wäre eine neue Form der Tradition, eine Gesellschaft, in der sich nichts nach bewußten, über sie hinausgreifenden Ideen ändert, sondern nur alles ohne Bewußtsein und rein zufällig abläuft. Solange aber die Möglichkeit der kritischen Reflexion gegeben ist, kann an die Gesellschaft der Maßstab allgemeiner Ideen als Potential der Veränderung angelegt werden. In diesem Fall ist Veränderung das Grundprinzip der Moderne. Und jede Veränderung ist nur eine neue Konkretisierung der Idee der Moderne. Jenseits dieses Gegensatzes von Modernität und Tradition befindet sich nur das Nichts. Die Theoretiker der Postmoderne sind deshalb genauso ratlos wie der Protest gegen die Moderne. Sie können kein identifizierendes Prinzip des neuen Gesellschaftstypus angeben, außer demjenigen, von dem sich die Moderne einmal abgegrenzt hatte: die Tradition in einer neuen Gestalt.

Vor diese Alternative gestellt, kann die Entscheidung für die Moderne nicht schwerfallen: Vom Ende der Moderne und von der Postmoderne kann heute nur reden, wer den Sinn der Moderne nicht begriffen hat. Nur so ist es möglich, daß der Bauhaus-Funktionalismus, der Kapitalismus des 19. Jahrhunderts, der Spätkapitalismus dieses Jahrhunderts, der bürokratische Staat, der Industrialismus oder die Technokratie mit der Moderne selbst identifiziert werden und der Protest gegen sie von konservativer wie von progressiver Seite als ein Protest gegen die Moderne gedeutet wird, in dem sich die Postmoderne ankündigt. Dagegen können die genannten Institutionen für ein umfassendes Verständnis der Moderne nur zeitlich vergängliche, stets unzureichende Versuche der Verwirklichung der grundlegenden Ideen der Moderne sein, die zu verändern und zu verbessern im Sinn der Moderne selbst liegt. Die neuerlichen Schnörkel der Architekten sind deshalb nichts anderes als neue Versuche, dem Wohnen des Menschen eine ästhetisch gültige Form unter jeweils neuen Bedingungen zu geben. Die Öko-Bauernhöfe und alternativen Läden sind neue Versuche der Verbindung von Ökonomie und Leben, in der sich jeder frei entfalten kann. Der oft als Narzißmus abqualifizierte Subjektivismus der jungen Generation bringt neue Formen der individuellen Selbstenfaltung zum Ausdruck. All diese Versuche sind ein Experimentierfeld, auf dem Lebensformen ausprobiert werden, die wir wiederum an den allgemeinen Ideen der Freiheit, Gleichheit, Vernunft und methodisch-rationalen Gestaltung der Welt messen, um ihre Verallgemeinerbarkeit zu beurteilen. Ohne ein solches breites Experimentierfeld kann jede moderne Gesellschaft nur völlig unzureichend der Idee der gerichteten Veränderung entsprechen. Die neuen sozialen Bewegungen sind insofern – ob sie es wollen oder nicht – ein wesentliches Element der Erneuerung der Moderne selbst. Das heißt, man muß sie teilweise entgegen ihrer Selbst- und Fremdwahrnehmung als Erneuerungsbewegungen der Moderne begreifen.

Innerhalb der Bewegungen der Moderne unterscheiden sich indessen die neuen oppositionellen Bewegungen durchaus von ihren Vorgängern. Sie bringen eine neue Stufe der Selbstverwirklichung des Individuums zum Ausdruck. Gewiß kann man in der Bewegung der Romantik des frühen 19. Jahrhunderts eine ähnliche Dominanz der individuellen Selbstverwirklichung beobachten. Und danach ist dieses Motiv auch immer wieder ein Element der sozialen Bewegungen, ganz besonders der Bewegungen der Jugend gewesen. Das gilt für die Jugendbewegung am Anfang dieses Jahrhunderts, für die Studentenbewegung der sechziger Jahre und für die heutige Alternativszene. Allerdings kann man sagen, daß in allen bisherigen Epochen die individuelle Selbstverwirklichung in der Breite der gesellschaftlichen Relevanz von den Bewegungen überschattet wurde, die sich auf die gesellschaftliche Einbeziehung der Individuen und sozialen Gruppen in die Bürgerrechte bezogen. Ihr Ziel war stets die Teilnahme und Teilhabe der Individuen und Gruppen an den Bürgerrechten: die Teilnahme and Teilhabe am ökonomischen Gesamtprodukt durch die Öffnung des Zugangs zu wirtschaftlichen Chancen und durch staatliche Umverteilung, die Teilnahme und Teilhabe am politischen Entscheidungsprozeß durch Ausdehnung des Wahlrechts und anderer Rechte, die Teilnahme und Teilhabe an der Solidarität der Gesellschaft durch die öffentlichen und privaten Wohlfahrtseinrichtungen, die Teilnahme und Teilhabe an der Kultur der Gesellschaft durch die Ausbreitung und Verlängerung der Bildung und Ausbildung in Schulen und Hochschulen. Jedesmal geht es dabei um eine Ausdehnung der Teilnahme des Individuums an gesellschaftlichen Einrichtungen in einer sozialen Rolle: als Arbeiter, als

Bürger, als Gesellschaftsmitglied, als Teilnehmer an kulturellen Diskussionen. Der einzelne in seiner Persönlichkeit kann sich in dieser Teilnahme nicht vollständig verwirklichen. Immer ist es eine Rolle, die er zu spielen hat.

Die Teilnahme an Wirtschaft, Politik, Wohlfahrt und kultureller Diskussion unterstellt den einzelnen immer noch dem Zwang der Übernahme einer Rolle, in der er sich gewiß verwirklichen kann, die aber dennoch nicht identisch mit der Person des einzelnen sein kann, wenn der einzelne eine nur ihm eigene Individualität entfalten will. Auch der freie Diskurs *zwingt* uns noch zum Akzeptieren des besseren Arguments. Vernünftig zu sein, alles rational begründen zu müssen, kann, je breiteren Raum rationale Diskurse einnehmen, für den einzelnen zu einem lästigen Zwang ausarten.

Wenn sich die neuen Bewegungen gegen jede Theorie und gegen jede kalte Rationalität an sich sträuben, dann zeigt sich in ihnen eine neue Ebene der Ausschöpfung der Freiheitsidee. Nicht allein die Teilnahme an der Gesellschaft in sozialen Rollen bringt die Freiheit, sondern auch die Erlaubnis, spontan, nach subjektivem Empfinden und auch unvernünftig handeln zu dürfen. In den fünfziger Jahren sahen wir noch die Freiheit verwirklicht, wenn jeder mit seinem Auto hinfahren konnte, wohin er wollte. Das Plädoyer für Bildung als Bürgerrecht in den sechziger Jahren betrachtete die Teilnahme eines jeden Bürgers an der Kultur als eine weitere Verwirklichung der Freiheit. Der Subjektivismus der heutigen Jugend hat eine neue Stufe erreicht. Er sieht die Freiheit in der Chance zu spontanem Handeln nach subjektivem Empfinden und in der Möglichkeit des einzelnen, seinen subjektiven Empfindungen auch in seinem Handeln zu folgen. So gesehen, ist es reichlich kurzsichtig, in den neuen Bewegungen einen grundsätzlichen Abschied von den bisher geltenden Werten zu erkennen. Der Materialismus der fünfziger Jahre, der Idealismus der sechziger Jahre und der heutige Subjektivismus sind lediglich unterschiedliche Stufen der stets weitergehenden Ausschöpfung des Potentials, das in der Idee der Freiheit steckt. Auch die Klage der Intellektuellen über die geringe Rückbindung der neuen Bewegungen an ihre Theorien verfehlt das spezifisch Neue. Ihre Theorien beziehen sich noch auf die Freiheits- und Gleichheitsverwirklichung durch soziale Teilnahme, die neuen Bewegungen wollen jedoch die Freiheit des Subjekts auch vom Zwang zur Teilnahme nach den gegebenen Regeln.

In dieser Erweiterung des Freiheitsverständnisses von der Teilnahme zur Subjektivität liegt im übrigen der tiefere Grund für die Schwierigkeiten der Sozialdemokraten mit den neuen Bewegungen. Die Sozialdemokratie ist die klassische Partei der Erkämpfung von Teilnahmerechten, es fällt ihr deshalb schwer, sich auf die neue Stufe der Entwicklung von Freiheitskonzepten einzustellen. Ihre angestammten Lösungsmuster sind dafür nicht geeignet. Es kann vermutet werden, daß sie das an die Grünen und Alternativen verlorene Terrain ohne einen Wandel ihrer Identität kaum zurückerobern wird, damit aber gleichzeitig der Verlust an Unterstützung aus den Arbeiterschichten droht, die angesichts ihrer Lebenslage für den Subjektivismus der gebildeten Schichten noch kein Verständnis haben. Die Ausbreitung des Subjektivismus bedeutet natürlich nicht, daß der Kampf um die Verwirklichung der Teilnahmerechte zu Ende ist.

Aber die nächste Stufe des Zwangs zeigt sich schon in einer paradoxen Weise an: Das Prinzip der Individualität setzt sich selbst als Norm durch. Ganz sich selbst treu zu sein, seinen ureigensten Empfindungen zu gehorchen, wird zu einem neuen sozialen Zwang, weil es die anderen vom Individuum erwarten; die Abweichung von der Norm wird als Unwahrhaftigkeit entlarvt. Die Therapeuten, die ihrem millionenfachen Publikum die wahrhaftige Subjektivität empfehlen, sind die Hauptakteure in diesem gesellschaftlichen Prozeß der Normierung von Individualität. Was folgen muß, ist die Befreiung des Individuums vom neuen Zwang zur Individualität. Das ist die nächste Stufe des endlosen Prozesses der Verwirklichung von Freiheit. Die Paradoxie der Befreiung wirkt als ihr eigener Motor. Solange dieser Motor läuft, ist auch kein Ende der Moderne zu befürchten.

In der gegenwärtigen Diskussion über die Krise oder gar das Ende der Moderne und die Ankündigung einer Postmoderne läßt sich in der Bundesrepublik ein in der deutschen Tradition schon immer vorhandenes gebrochenes Verhältnis zur Moderne beobachten. Konservative und Progressive neigen zu einer Verwechslung von Idee und Wirklichkeit. Die Konservativen wollen oft krampfhaft die gegenwärtig bestehenden Institutionen der Gesellschaft erhalten, weil sie diese mit ihren zugrunde liegenden Ideen gleichsetzen. Die neuen sozialen Bewegungen tendieren dazu, mit dem Protest gegen die bestehenden Institutionen auch die dahinter stehenden Ideen zu beseitigen. Beide Seiten hätten jedoch die Möglichkeit, in größerem Ausmaß Idee und Wirklichkeit zu trennen. Je mehr ihnen das gelänge, um so mehr könnte sich die konservative Haltung auf die *Erhaltung des Bewährten im Lichte der Ideen* konzentrieren und um so mehr könnte sich die progressive Haltung der weiteren *Ausschöpfung des Bedeutungsgehalts der Idee der Moderne* zuwenden. Der Gegensatz zwischen Konservativen und Progressiven könnte so auf das vernünftige Maß an Spannung gebracht werden, von dem die Entwicklung der modernen Gesellschaft lebt. Zwischen beiden Haltungen bestünde in diesem Fall keine unüberbrückbare Kluft, vielmehr erfüllten sie in bezug auf die gemeinsamen Ideen komplementäre Funktionen. Die Progressiven übernähmen die Rolle der Kritik an den bestehenden Institutionen im Lichte der Ideen und die Rolle der Formulierung und des Ausprobierens von Alternativen. Die Konservativen spielten die Rolle, im Lichte der Ideen das herauszustellen, das sich bislang als Konkretisierung der Ideen bewährt hat. Dazu gehört die Bereitschaft, das weniger Bewährte aufzugeben. Umgekehrt gilt aber auch für die Progressiven, das Kriterium der Bewährung von institutionellen Konkretisierungen und Neuformulierungen am Maßstab der Ideen anzuerkennen. Gewiß machen sich diese Haltungen auch in der öffentlichen Diskussion der Bundesrepublik bemerkbar, aber sie werden immer wieder von dem geschilderten gebrochenen Verhältnis zur Moderne verdeckt oder zumindest in ihrer Wirksamkeit begrenzt. Es ist deshalb von wesentlicher Bedeutung für die Entwicklung unserer Kultur, wenn wir uns um ein richtiges Verständnis des Sinnes der Moderne bemühen, bevor wir vorschnell ihr Ende verkünden.

Literaturverzeichnis

Abel, R., *Freud Cinema. The First Wave, 1915-1928*, Princeton, N. J.: Princeton University Press, 1984.

Adorno, T. W., *Ästhetische Theorie*, in: *Gesammelte Schriften*, Bd. 17, Frankfurt: Suhrkamp, 1970.

– »Der Essay als Form«, in: *Gesammelte Schriften*, Bd. II: *Noten zur Literatur*, Frankfurt: Suhrkamp, 1974, S. 9-23.

– *Kulturkritik und Gesellschaft*, in: *Gesammelte Schriften*, Bd. 10, Frankfurt: Suhrkamp, 1977.

– *Gesellschaftstheorie und Kulturkritik*, Frankfurt: Suhrkamp, 1975.

– *Negative Dialektik*, in: *Gesammelte Schriften*, Bd. 6, Frankfurt: Suhrkamp, 1973.

– »Theorie der Halbbildung«, in: *Gesellschaftstheorie und Kulturkritik*, Frankfurt: Suhrkamp, 1975, S. 60-99.

Adorno, T. W. et al., *Der Positivsmusstreit in der deutschen Soziologie*, Neuwied: Luchterhand, 1969.

Aland, K. (Hg.), *Luther Deutsch*, 10 Bde., Stuttgart: Ehrenfried Klotz, 2. Auflg., 1981.

Albert, H., *Traktat über Kritische Vernunft*, Tübingen: Mohr Siebeck, 2. Auflg., 1969.

– (Hg.), *Sozialtheorie und soziale Praxis. Eduard Baumgarten zum 70. Geburtstag*, Meisenheim am Glan: Hain, 1971.

– (Hg.), *Theorie und Realität*, Tübingen: Mohr Siebeck, 2. unveränderte Auflg., 1972.

Albert, P., »La presse française«, in: *La Documentation Française*, April 1979.

Albrecht, K., *Planifikateure beim Werk*, Düsseldorf: Econ, 1964.

Allesch, J., Fiedler, H. und H.-J. Martin, *Förderung der Auftragsforschung. Zwischenbilanz der Förderungsmaßnahme »Externe Vertragsplanung«*, hg. vom Bundesminister für Forschung und Technologie, Köln: Verlag TÜV Rheinland, 1983.

Althusser, L., *Lire la capital*, 2 Bde., Paris: Maspero, 1965.

Amestoy, G., *Les Universités Françaises*, Paris: Education et Gestion, 1968.

Antoine, G. und J.-C. Passeron, *La réforme de l'université*, Paris: Callmann-Lévy, 1966.

Apel, K.-O., *Transformation der Philosophie*, 2 Bde., Frankfurt: Suhrkamp, 1973.

Aron, R., *The Opium of the Intellectuals*, New York: Norton, 1962.

– *Quelques problèmes de l'université française*, in: *Preuves* Nr. 159, Mai 1964, S. 10-22.

Auersperg, J. C. Graf von, *Über Freundschaft*, Prag: Calve, 1789.

Bachof, O., *Grundgesetz und Richtermacht*, Tübingen: Mohr Siebeck, 1959.
Baecque, F. de., *L'administration centrale de la France*, Paris: Armand Colin, 1973.
Baecque, F. de und J. L. Quermonne (Hg.), *Administration et politique sous la cinquième république*, Paris: Presses de la Fondation Nationale des Sciences Politiques, 1982.
Baier, H., Kepplinger, H. M. und K. Reumann (Hg.), *Öffentliche Meinung und sozialer Wandel*, Opladen: Westdeutscher Verlag, 1981.
Ballerstedt, E. und W. Glatzer (Hg.), *Soziologischer Almanach*, Frankfurt: Campus, 1979.
Ballestrem, K. Graf., »Vertragstheoretische Ansätze in der politischen Philosophie«, in: *Zeitschrift für Politik* 30, 1983, S. 1-12.
Balzac, H. de, *Le père Goriot*, Paris: Garnier, 1974.
Balzer, H. C., *Grundbegriffe und Grundsätze des französischen Steuerrechts*, Diss., Bonn, 1964.
Barber, E. G., *The Bourgeoisie in 18th Century France*, Princeton, N. J.: Princeton University Press, 1969.
Barsig, F., *Die öffentlich-rechtliche Illusion*, Köln: Deutscher Institutsverlag, 1981.
Barthes, R., *L'empire des signes*, Paris: A. Skira, 1970.
– *Mythologies*, Paris: du Seuil, 1957.
Bataillon, M., »Le Collège de France«, in: *Revue de l'enseignement supérieur* 2, 1962, S. 5-50.
Baudelot, C., Benonid, R., Cukrowicz, H. und R. Establet, *Les étudiants, l'emploi, la crise*, Paris: Maspero, 1981.
Baudelot, C., Establet, R. und J. Malemort, *La petite bourgeoisie en France*, Paris: Maspero, 1974.
Baum, R. C., *Holocaust and the German Elite: Genocide and National Suicide in Germany, 1871-1945*, Totowa: Rowman & Littlefield, 1981.
Baur, W., *Das deutsche evangelische Pfarrhaus*, Bremen: Müllers Verlagsbuchhandlung, 1877.
Bausch, H. (Hg.), *Rundfunk in Deutschland*, 3 Bde., München: Deutscher Taschenbuchverlag, 1980.
Beauvoir, S. de, *Les Mandarins*, Paris: Gallimard, 1954.
Beck, A., *»Der Bund ist ewig.« Zur Physiognomie einer Lebensform im 18. Jahrhundert*, Erlangen: Palm & Emke, 1982.
Beer, J. J., »Die Teerfarbenindustrie und die Anfänge des industriellen Forschungslaboratoriums«, in: K. Hausen und R. Rürup (Hg.), *Moderne Technikgeschichte*, Köln: Kiepenheuer und Witsch, 1975, S. 106-18.
Bejanovsky, J. J., *Psychische Probleme bei Geschiedenen*, Stuttgart: Enke, 1983.
Bellanger, C. (Hg.), *Histoire générale de la presse française*, 5 Bde., Paris: Presses Universitaires de France, 1969-76.

Ben-David, J., *The Scientist's Role in Society. A Comparative Study*, Englewood Cliffs, N. J.: Prentice Hall, 1971.
Bendix, R., *Könige oder Volk* 2 Bde., Frankfurt: Suhrkamp, 1980.
Benoist, J. M., *Tyrannie du logos*, Paris: Minuit, 1975.
Bergsdorf, W., *Die 4. Gewalt*, Mainz: Hase & Köhler, 1980.
Bergson, H., *Les deux sources de la morale et de la religion*, in: *Œuvres*, Bde. 2, Paris: Presses Universitaires de France, (1932) 1959, S. 980-1247.
– *Essai sur les données immédiates de la conscience*, (1889), in: *Œuvres*, Paris: Presses Universitaires de France, 1959.
Bering, D., *Die Intellektuellen. Geschichte eines Schimpfwortes*, Stuttgart: Klett-Cotta, 1978.
Bernard, C., *Oeuvres*, 19 Bde., Paris: Baillière, 1855-81.
Bernot, L. und R. Blancard, *Nouville, un village français*, Paris: Institut d'Ethnologie, 1953.
Bernstein, E., *Die Arbeiterbewegung*, Frankfurt: Rütten und Loening, 1910.
Beyme, K. v., *Das politische System der Bundesrepublik Deutschland*, München: Piper, 1979.
Biard, R., *Dictionnaire de l'extrême-gauche de 1945 à nos jours*, Paris: Belford, 1978.
Biermann, B., »Die selbständigen Unternehmer: Kollektivportrait und Einzeltypen«, in: *Soziale Welt* 18, 1967, S. 216-40.
– *Die soziale Struktur der Unternehmerschaft. Demographischer Aufbau, soziale Herkunft und Ausbildung der Unternehmer in NRW*, Stuttgart: Enke, 1971.
Binder, J., *Der deutsche Volksstaat*, Tübingen: Mohr Siebeck, 1934.
Birnbaum, P., Barucq, C., Bellaiche, M. und A. Marié, *La classe dirigeante française*, Paris: Presses Universitaires de France, 1978.
Birtsch, G. (Hg.), *Grund- und Freiheitsrechte im Wandel von Gesellschaft und Geschichte*, Göttingen: Vandenhoek & Ruprecht, 1981.
Bleuel, H. P., *Die verkabelte Gesellschaft. Der Bürger im Netz neuer Technologien*, München: Kindler, 1984.
Böhme, H., *Deutschlands Weg zur Großmacht. Studien zum Verhältnis von Wirtschaft und Staat während der Reichsgründungszeit 1848-1881*, Köln: Kiepenheuer & Witsch, 1974.
– (Hg.), *Probleme der Reichsgründungszeit 1848-1879*, Köln: Kiepenheuer & Witsch, 1972.
– *Prolegomena zu einer Sozial- und Wirtschaftsgeschichte Deutschlands im 19. und 20. Jahrhundert*, Frankfurt: Suhrkamp, 1968.
Boime, A., *The Academy and French Painting in the 19th Century*, London: Phaidon, 1971.
Boldt, H., *Deutsche Staatslehre im Vormärz*, Düsseldorf: Droste, 1975.
Bombardier, D., *La voix de la France. Les Français et leur télévision*, Paris: Luffont, 1975.

Bonald, L. G. A. de, *Œuvres complètes*, 16 Bde., Paris: Adrien Le Clerc, 1817-43.
Boorstein, D. J., *The Americans. The Colonial Experience*, New York: Random House, 1958.
Boudon, R., »The French University Since 1968«, in: *Comparative Politics* 10, 1977, S. 89-119.
– *Die Logik des gesellschaftlichen Handelns. Eine Einführung in die soziologische Denk- und Arbeitsweise*, Neuwied: Luchterhand, 1980.
– *Strukturalismus – Methode und Kritik. Zur Theorie und Semantik eines aktuellen Themas*, Düsseldorf: Bertelsmann Universitätsverlag, 1973.
Bourdet, Y., *Qu'est-ce qui fait courir les militants?*, Paris: Stock, 1976.
Bourdieu, P., *Die feinen Unterschiede*, Frankfurt: Suhrkamp, 1982.
– *La Reproduction*, Paris: Minuit, 1971.
Bourdieu, P. und J. C. Passeron, *Les héritiers: les étudiants et la culture*, Paris: Minuit, 1964.
– *Die Illusion der Chancengleichheit*, Stuttgart: Klett, 1971.
Bourdieu, P. und M. de Saint-Martin, »Le patronat«, in: *Actes de la recherche en sciences sociales* 20/21, 1978, S. 3-82.
Bourricaud, F., »France«, in: A. Rose (Hg.), *The Institutions of Advanced Societies*, Minneapolis: University of Minnesota Press, 1958, S. 444-524.
– »Penury and Deficit, or the Problem of Political Underutilization«, in: J. J. Loubser, R. C. Baum, A. Effrat und V. M. Lidz (Hg.), *Explorations in the General Theory in Social Science*, New York: Free Press, 1976, S. 557-78.
Brand, K.-W., Busser, O. und D. Rucht, *Aufbruch in eine andere Gesellschaft. Neue soziale Bewegungen in der Bundesrepublik*, Frankfurt: Campus, 1983.
Braun, S. und J. Fuhrmann, *Angestelltenmentalität: berufliche Position und gesellschaftliches Denken der Industrieangestellten*, Neuwied: Luchterhand, 1970.
Breitling, R., *Die Verbände in der Bundesrepublik, ihre Arten und ihre politische Wirkungsweise*, Meisenheim am Glan: Hain, 1955.
Brizay, B., *Le patronat. Histoire, structure, stratégie du CNPF*, Paris: du Seuil, 1975.
Bruhat, J. und M. Piolot, *Esquisse d'une histoire de la C. G. T. (1895-1965)*, Paris: Confédération générale du travail, 1966.
Brunet, J. P., *Saint Denis la Rouge*, Paris: Hachette, 1980.
Brunschwig, H., *Gesellschaft und Romantik in Preußen im 18. Jahrhundert. Die Krise des preußischen Staates am Ende des 18. Jahrhunderts und die Entstehung der romantischen Mentalität*, Frankfurt: Ullstein, 1975.
Brunton, C. C., *The Jacobin*, New York: Russel & Russel, 1961.
Buchholz, E. H., »Gemeinschaftshilfe. Zur Kooperation von Staat und Wirtschaftsverbänden«, in: *Zwang zur Freiheit. Verbände, Staat, Individuum*, Tübingen: Mohr Siebeck, 1977, S. 42-86.
– *Zwang zur Freiheit. Verbände, Staat, Individuum*, Tübingen: Mohr Siebeck, 1977.

Bürger, C., *Der Ursprung der bürgerlichen Institution Kunst im höfischen Weimar*, Frankfurt: Suhrkamp, 1977.
Büsch, O., *Militärsystem und Sozialleben im alten Preußen*, Berlin: de Gruyter, 1962.
Buhl, D., »Die Hürden müssen fallen«, in: *Die Zeit*, 4. 1.1985, S. 47.
Bund, *Die Bevölkerung der Bundesrepublik Deutschland*, Wiesbaden: Bundesinstitut für Bevölkerungsforschung, 1974.
Bunel, J. und J. Saglio, *L'Action patronale du C. N. F. P. au petit patron*, Paris: Presses Universitaires de France, 1979.
Busch, A., *Die Geschichte des Privatdozenten. Eine soziologische Studie zur großbetrieblichen Entwicklung der deutschen Universitäten*, Stuttgart: Enke, 1959.
Bußmann, W., »Zur Geschichte des deutschen Liberalismus im 19. Jahrhundert«, in: H. Böhme (Hg.), *Probleme der Reichsgründungszeit 1848-1879*, Köln: Kiepenheuer & Witsch, 1968, S. 85-103.
Callot, E., *Von Montaigne zu Sartre. Die Entwicklung der französischen Philosophie vom 16. Jahrhundert bis zur Gegenwart*, Meisenheim: Anton Hain, 1952.
Calvet, L.-J., *Chanson et société*, Paris: Payot, 1981.
Campenhausen, A. Freiherr v., *Staat und Kirche in Frankreich*, Göttingen: Schwarz, 1962.
Camus, A., *La chute*, Paris: Gallimard, 1956.
– *L'étranger*, Paris: Gallimard, 1969.
– *L'homme révolté*, Paris: Gallimard, 1952.
– *Le mythe de Sisyphe*, Paris: Gallimard, 1959.
– *La peste*, Paris: Gallimard, 1947.
Carbonnier, J., *Droit civil*, 4 Bde., Paris: Presses Universitaires de France, 1969.
Cardahi, C., *Regards sous la coupole. Histoire et petite histoire de l'Académie française*, Paris: Mame, 1966.
Carré, H., *La noblesse de France et l'opinion publique au VXIIIe siècle*, Genf: Slatkine, 1977.
Casanova, A., Prevost, C. und J. Metzger, *Les intellectuels et les luttes des classes*, Paris: Edition sociales, 1970.
Cathelat, B., *Les styles de vie des Francais 1978-1998*, Paris: Alain Stanké, 1977.
Catherine, R., *Le style administratif*, Paris: Albin Michel, 1979.
Centre d'études des civilisations de la faculté des lettres et sciences humaines de Paris-Nonterre (Hg.), *La mentalité française*, Paris: Klicknick, 1967.
Chartier, M., Compère, M. M. und D. Julia, *L'éducation en France du XVIe au XVIIIe siècle*, Paris: Société d'édition d'enseignement supérieur, 1976.
Chavin, R., *La justice en France*, Paris: Edition sociales, 1976.
Christopher, J. B., »The Dessication of the Bourgeois Spirit«, in: E. M. Earle (Hg.), *Modern France. Problems of the Third and Fourth Republics*, New York: Russel & Russel, 1951, S. 44-57.

Claessens, D. Klönne, A. und A. Tschoepe, *Sozialkunde der Bundesrepublik*, Köln: Diederichs, (1965) 1978.
Clark, T. N., *Prophets and Patrons. The French University and the Emergence of the Social Sciences*, Cambridge, Mass.: Harvard University Press, 1973.
Claussinand-Nogaret, G., *La nobless au XVIIIe siècle*, Paris: Hachette, 1976.
Clavel, M., *Dieu est Dieu, nom de Dieu*, Paris: Grasset, 1975.
Clavel, B., *La lumière du lac*, Paris: G. P. Rouge et Or, 1981.
Clouzot, C., *Le cinéma francais depuis la nouvelle vague*, Paris: Nathan-Alliance Française, 1972.
Cochin, A., *L'esprit du jacobinisme*, Paris: Presses Universitaires de France, 1979.
Cohen, H. S., *Elusive Reform: The French Universities, 1968-1978*, Boulder, Cal.: Westview Press, 1978.
Comte, A., *Catéchisme positiviste ou sommaire exposition de la religion universelle, en onze entretiens systématiques, entre une femme et un prêtre de l'humanité*, Paris: L'Auteur, (1852), in: *Œuvres d'Auguste Comte*, Bd. 11, Paris: Anthropos, 1970.
– *Cours de philosophie positive*, 6 Bde., Paris: Baillière, (1830-42), in: *Œuvres d'Auguste Comte*, Bd. 1-6, Paris: Anthropos, 1968 ff.
Conrad, H., *Staatsgedanke und Staatspraxis des aufgeklärten Absolutismus*, Opladen: Westdeutscher Verlag, 1971.
Conze, W. und J. Kocka (Hg.), *Bildungsbürgertum im 19. Jahrhundert*, Stuttgart: Klett-Cotta, 1985.
Coser, L., *Men of Ideas*, New York: Free Press, 1970.
Courtade, F., *Les malédictions du cinéma français. Une histoire du cinéma français parlant (1928-1978)*, Paris: Moreau, 1978.
Coutrot, A. und F. Dreyfus, *Les forces religieuse dans la société française*, Paris: Armand Colin, 1965.
Craig, G. A., *Die preußisch-deutsche Armee 1640-1949*, Königstein: Athenäum, 1980.
Crozier, M., *The Bureaucratic Phenomenon*, Chicago: University of Chicago Press, 1964.
– *La société bloquée*, Paris: du Seuil, 1970.
– *Strategies for Change*, Cambridge, Mass.: MIT Press, 1982.
Cunow, H., *Politische Kaffeehäuser. Pariser Silhouetten aus der großen französischen Revolution*, Berlin: Dietz, 1925.
Curtius, E. R., *Marcel Proust*, Frankfurt: Suhrkamp, 1961.
Czichan, E., *Wer verhalf Hitler zur Macht? Zum Anteil der deutschen Industrie an der Zerstörung der Weimarer Republik*, Köln: Pahl-Rugenstein, 1967.
Dahrendorf, R., *Gesellschaft und Demokratie in Deutschland*, München: Piper, 1965.
– *Homo Sociologicus*, Köln und Opladen: Westdeutscher Verlag, 4. Auflg., 1965.

– »Der Intellektuelle und die Politik«, in: *Die Zeit*, Nr. 44, 28. 10. 1983, S. 13.

Daire, E. (Hg.), *Collection des principaux économiste*, Osnabrück: Zeller, 1966.

Dann, O., »Die Anfänge politischer Vereinsbildung in Deutschland«, in: U. Engelhart et al. (Hg.), *Soziale Bewegung und politische Verfassung*, Stuttgart: Klett, 1976, S. 197-232.

– (Hg.), *Lesegesellschaften und bürgerliche Emanzipation*, München: Beck, 1981.

– »Die Lesegesellschaften des 18. Jahrhunderts und der gesellschaftliche Aufbruch des deutschen Bürgertums«, in: H. G. Göpfert (Hg.), *Buch und Leser*, Hamburg: Hauswedell, 1977, S. 160-93.

Dansette, A., *Histoire religieuse de la France contemporaire*, Paris: Flammarion, 1965.

Darnton, R., »Neue Aspekte zur Geschichte der Encyclopädie«, in: H. V. Gumbrecht, R. Reichardt und T. Schleich (Hg.), *Sozialgeschichte der Aufklärung in Frankreich*, Teil II, München: Oldenburg, 1981, S. 35-67.

Dauphin-Meunier, A., *Kirche und Kapitalismus*, Aschaffenburg: Paul Pattlock Verlag, 1958.

David, R., *Le droit français*, 2 Bde., Paris: Librairie générale de droit et de jurisprudence, 1960.

Davidson, H. M., *Audience, Words and Art: Studies in the 17th Century French Rhetoric*, Columbus: Ohio State University Press, 1965.

Debray, R., *»Voltaire verhaftet man nicht.« Die Intellektuellen und die Macht in Frankreich*, Köln-Lövenich: Hohenheim, 1981.

Dens, J. P., »L'art de la conversation au dixseptième siècle«, in: *Les lettres romanes* 27, 1973, S. 215-24.

– *Les lettres romanes* 27, 1973.

Derrouch, A., *L'Institut de France. Son statut jurisdique*, Paris: Recueil Sirey, 1938.

Descartes, R., *Discours de la méthode*, (1637), in: *Œuvres philosophiques*, Bd. 1, hg. von F. Alquié, Paris: Garnier, 1963, S. 567-650.

– *Meditationen*, Hamburg: Meiner, 1960.

– *Méditations*, in: *Œuvres philosophiques*, Bd. 2, hg. von F. Alquié, Paris: Garnier, 1965, S. 404-505.

– *Von der Methode*, Hamburg: Meiner, 1960.

– *Regeln zur Ausrichtung der Erkenntniskraft*, Hamburg: Meiner, 1972.

– *Règles pour la direction de l'esprit*, in: *Œuvres philosophiques*, Bd. 1, hg. von F. Alquié, Paris: Garnier, 1963, S. 67-204.

Detton, H., *L'administration régionale et locale de la France*, Paris: Presses Universitaires de France, 4. Auflg., 1964.

Deutscher Beamtenbund. Ursprung – Weg – Ziel. Zur 40. Wiederkehr des Gründungstages am 4. Dezember 1918, hg. von der Bundesleitung des DBB, o. J.

Diderot, D. und J. L. d'Alembert (Hg.), *L'encyclopédie, ou dictionnaire raisonné des sciences, des arts et de métiers, par une société de gens de lettres*, (1. Auflg., Paris: Briasson, 1751-80), Lausanne und Bern: Sociétés Typographiques, 1781 ff.

Diderot, D., *Le neveu de Rameau* (1821), Paris: Plon, 1891.

– *Pensées philosophiques*, Genf: Dioz, 1965.

Dilthey, W., *Abhandlungen zur Grundlegung der Geisteswissenschaften*, in: *Wilhelm Diltheys Gesammelte Schriften*, Bd. V, Berlin: Teubner, 1924.

– *Der Aufbau der geschichtlichen Welt in den Geisteswissenschaften*, (1883), In: *Wilhelm Diltheys Gesammelte Schriften*, Bd. VII, Berlin: Teubner, 1927.

Dittmar, R. (Hg.), *Die deutsche Angestellten Gewerkschaft*, Düsseldorf: Droste, 1978.

Dombois, H. und E. Wilkens (Hg.), *Macht und Recht. Beiträge zur lutherischen Staatslehre der Gegenwart*, Berlin: Luthersches Verlagshaus, 1956.

Domenach, J.-M., »Le monde des intellectuels«, in: G. Santoui (Hg.), *Société et culture de la France contemporaire*, Albany: State University of New York Press, 1981, S. 321-73.

Dorival, B., *Die französischen Maler des 20. Jahrhunderts*, 2 Bde., München: Bruckmann, 1959.

Dotzauer, W., *Freimaurergesellschaften am Rhein. Aufgeklärte Sozietäten des Ancien Regime bis zum Ende der Napoleonischen Herrschaft*, Wiesbaden: Steiner, 1977.

Drews, J., »Ein Bündnis für die Forschung«, in: *FAZ* 22.02.1986.

Dreyfus, F.-G., *Histoire des gauches en France, 1940-1974*, Paris: Grasset, 1975.

Drucos, L., *Les encyclopédistes*, Genf: Slatkine Reprints, 1967.

Druesne, G., *Le centre national de la recherche scientifique*, Paris: Masson, 1975.

Düllmen, R., *Der Geheimbund der Illuminaristen. Darstellung, Analyse, Dokumentation*, Stuttgart-Bad Camustadt: FromannHolzboog, 1977.

Duffour, M., Montreux, D. und Y. Schwartz, *L'université. De la crise au changement*, Paris: Es, 1978.

Dumas, R., *Les avocats*, Paris: Grasset, 1977.

Dupreyroux, J.-J., *Sécurité sociale*, Paris: Dallor, 1973.

Dupront, N., *De l'origine et du progrès d'une science nouvelle*, in: E. Daire (Hg.), *Collection des principaux économistes*, Teil 2: *Physiocrates*, Osnabrück: Zeller, 1966.

Dupuis, G., Georgel, J. und J. Moreau, *Le Conseil constitutionel*, Paris: Armand Colin, 1975.

Durkheim, E., *De la division du travail social*, Paris: Presses Universitaires de France, (1893) 1973.

– *L'éducation morale*, Paris: Presses Universitaires de France (1925) 1974.

– *L'évolution pédagogique en France*, Paris: Presses Universitaires de France, (1939) 1969.
– *Les formes élémentaires de la vie religieuse*, Paris: Presses Universitaires de France, (1912) 1968.
– *Leçons de sociologie. Physique des mœurs et du droit*, Paris: Presses Universitaires de France, (1950) 1969.
– *Les règles de la méthode sociologique*, Paris: Presses Universitaires de France, (1895) 1973.
– *Sociologie et philosophie*, Paris: Presses Universitaires de France, (1924) 1974.
– *Le suicide*, Paris: Presses Universitaires de France, (1897) 1973.
Duverger, M., *La cinquième république*, Paris: Presses Universitaires de France, 1974.
– *Droit public*, Paris: Presses Universitaires de France, 1968.
Dussand, R., *La nouvelle Académie des inscriptions et belleslettres*, 2 Bde., Paris: Genthner, 1946.
Earle, E. M. (Hg.), *Modern France. Problems of the Third and Fourth Republics*, New York: Russel & Russel, 1951.
Eckert, R., *Kultur, Zivilisation und Gesellschaft*, Tübingen: Mohr Siebeck, 1970.
Eckhardt, W. D., *Die verfassungskonforme Gesetzesauslegung. Ihre dogmatische Berechtigung und ihre Grenzen im deutschen Recht*, Berlin: Duncker & Humblot, 1964.
Eder, K., *Geschichte als Lernprozeß? Zur Pathogenese politischer Modernität in Deutschland*, Frankfurt: Suhrkamp, 1985.
Eger, K., *Die Anschauungen Luthers vom Beruf*, Giessen: Ricker, 1900.
Ehrmann, H. W., *Organized Business in France*, Princeton, N. J.: Princeton University Press, 1957.
Eiben, J., *Der Säkularisierungsprozeß kultureller Sinnstiftung in Deutschland am Beispiel von Luther und Kant in soziologischer Perspektive*, M. A.-Arbeit Düsseldorf, 1985.
Einsiedel, W. v., »Der Literaturbegriff«, in. J. P. Sartre, *Was ist Literatur?*, Reinbek bei Hamburg: Rowohlt, 1958, S. 176-81.
Eisfeld, G., *Die Entstehung der liberalen Parteien in Deutschland 1858-1870*, Hannover: Literatur und Zeitgeschehen, 1969.
Elert, W., *Morphologie des Luthertums*, 2 Bde., München: Beck, 3. Auflg., 1965.
Elias, N., *Die höfische Gesellschaft*, Neuwied und Berlin: Luchterhand, 1969.
– *Über den Prozeß der Zivilisation*, Frankfurt: Suhrkamp, 1976.
Ellul, J., *The Technological Society*, New York: Vintage, 1964.
Elster, J., »Drei Kritiken am Klassenbegriff«, in: N. Luhmann (Hg.), *Soziale Differenzierung*, Opladen: Westdeutscher Verlag, 1985, S. 96-118.
Engelhart, U. et al. (Hg.), *Soziale Bewegung und politische Verfassung*, Stuttgart: Klett, 1976.

Erdmann, M., *Die verfassungspolitische Funktion der Wirtschaftsverbände in Deutschland 1815-1871*, Berlin: Duncker & Humblot, 1968.
Erle, M., *Die Ehe im Naturrecht des 17. Jahrhunderts*, Göttingen: (Selbstverlag), 1952.
Eschenburg, T., *Die improvisierte Demokratie*, München: Piper, 1963.
– »Die improvisierte Demokratie«, in: *Die improvisierte Demokratie*, München: Piper, 1963, S. 11-60.
Escoube, P., *Les grand corps de l'état*, Paris: Presses Universitaires de France, 1971.
Eynern, G. V. und C. Böhret, *Wörterbuch der politischen Ökonomie*, Opladen: Westdeutscher Verlag, 1977.
Fahrenbach, H. (Hg.), *Wirklichkeit und Reflexion. Walter Schulz zum 60. Geburtstag*, Pfullingen: Neske, 1973.
Falke, J. v., *Der französische Salon*, Bonn: Keil, 1977.
Favoreu, L. und L. Philip, *Les grandes décisions du conseil constitutionnel*, Paris: Sirey, 1979.
Fehlbaum, R. P., *Saint-Simon und die Saint-Simonisten. Vom Laissez-Faire zur Wirtschaftsplanung*, Tübingen: Mohr Siebeck, 1979.
Ferber, C. v., »Der Werturteilsstreit 1909/1959. Versuch einer wissenschaftsgeschichtlichen Interpretation«, in: E. Topitsch (Hg.), *Logik der Sozialwissenschaften*, Köln: Kiepenheuer & Witsch, 1965, S. 165-80.
Ferid, M., *Das französische Zivilrecht*, 2 Bde., Frankfurt: Metzner, 1971.
– (Hg.), *Festschrift für Hans G. Ficker*, Frankfurt und Berlin: Metzner, 1967.
Fichte, J. G. »Deduzierter Plan einer zu Berlin zu errichtenden Höhern Lehranstalt«, (1807), in: *Fichtes Werke*, Bd. 8, hg. von J. H. Fichte, Berlin: de Gruyter, (1845/46) 1971, S. 93-204.
– »Einige Vorlesungen über die Bestimmung des Gelehrten«, (1794), in: *Fichtes Werke*, Bd. 6, hg. von J. H. Fichte, Berlin: de Gruyter, (1845/46) 1971, S. 291-346.
– »Fünf Vorlesungen über die Bestimmung des Gelehrten«, (1811), in: *Fichtes Werke*, Bd. 11, hg. von J. H. Fichte, Berlin: de Gruyter, (1834/35) 1977, S. 145-208.
– »Über das Wesen des Gelehrten und seine Erscheinungen im Gebiet der Freiheit«, (1805), in: *Fichtes Werke*, Bd. 6, hg. von J. H. Fichte, Berlin: de Gruyter, (1846/46) 1971, S. 349-447.
Flaubert, G., *Madame Bovary*, Paris: Carpentier, 1884.
Ford, C., *Historie du cinéma français contemporain (1945-1977)*, Paris: France-Empire, 1977.
Foucault, M., *Mikrophysik der Macht. Über Strafjustiz, Psychiatrie und Medizin*, Berlin: Merve, 1976.
– *Naissance de la clinique: une archéologie du regard médical*, Paris: Presses Universitaires de France, 1971.
– *Die Ordnung des Diskurses*, München: Hanser, 1974.

– *L'ordre du discours*, Paris: Gallimard, 1972.
– *Von der Subversion des Wissens*, München: Hanser, 1974.
– *Wahnsinn und Gesellschaft*, Frankfurt: Suhrkamp, 1969.
Fourier, C., *Œuvres complètes*, Paris: Anthropos, 1960-68.
– *Ökonomisch-philosophische Schriften*, eingel. und hg. von L. Zahn, Berlin: Akademie-Verlag, 1980.
Fox-Genovese, E., *The Origins of Physiocracy*, Ithaca und London: Cornell University Press, 1976.
France, P., *Rhetorik and Truth in France. Descartes to Diderot*, London, Oxford: Oxford University Press, 1972.
Freiberg, J. W., *The French Press*, New York: Praeger, 1981.
Frenkel, J., »Einseignement de culture et enseignement technique«, in: *Esprit* Nr. 328, Mai-Juni 1964, S. 987-993.
Friedrich, H., *Drei Klassiker des französischen Romans, Stendhal, Balzac, Flaubert*, Frankfurt: Klostermann, 1961.
Fritsch, A., *Planifikation und Regionalpolitik in Frankreich*, Stuttgart: Kohlhammer, 1973.
Fritsche, B. (Hg.), *Symposium »Gruppenuniversität«: Dokumentation einer Tagung des Hochschulverbandes am 1. und 2. Mai 1981*, Bonn: Hochschulverband, 1981.
Fröhner, R., Stackelberg, M. V. und W. Esser, *Familie und Ehe*, Bielefeld: Stackelberg, 1956.
Fuller, L., *The Morality of Law*, New Haven: Yale University Press, 2. Auflg., 1969.
Gadamer, H. G., *Vernunft im Zeitalter der Wissenschaft*, Frankfurt: Suhrkamp, 1976.
– *Wahrheit und Methode*, Tübingen: Mohr Siebeck, 2. Auflg., 1965.
Gall, L., »Liberalismus und «bürgerliche Gesellschaft». Zu Charakter und Entwicklung der liberalen Bewegungen in Deutschland«, in: L. Gall (Hg.), *Liberalismus*, Meisenheim am Glan: Hain, 1976, S. 162-86.
– (Hg.), *Liberalismus*, Meisenheim am Glan: Hain, 1976.
Garfinkel, H., *Studies in Ethnomethodology*, Englewood Cliffs, N. J.: Prentice Hall, 1967.
Gaxotte, P., *L'académie française*, Paris: Hachette, 1965.
Gebhardt, H., *Revolution und liberale Bewegung. Die nationale Organisation der konstitutionellen Partei in Deutschland 1848/49*, Bremen: Schünemann, 1974.
Gehlen, A. und H. Schelsky (Hg.), *Soziologie*, Köln: Diederichs, 5. Auflg., 1964.
Geiger, T., *Die soziale Schichtung des deutschen Volkes*, Stuttgart: Enke, (1932) 1967.
Gellately, R., *The Politics of Economic Despair: Shopkeepers and German Politics 1890-1914*, London: Sage, 1974.
Gerteis, K., »Bildung und Revolution. Die deutschen Lesegesellschaften am

Ende des 18. Jahrhunderts«, in. F. Kopitzsch (Hg.), *Aufklärung, Absolutismus und Bürgertum in Deutschland*, München: Nymphenburger Verlagsbuchhandlung, 1976, S. 403-11.
Gillipsie, C. C., *Science and Polity in France at the End of the Old Regime*, Princeton, N. J.: Princeton University Press, 1980.
Gilpin, R., *France in the Age of the Scientific State*, Princeton, N. J.: Princeton University Press, 1968.
Glucksmann, A., *Les maîtres penseurs*, Paris: Grasset, 1977.
Goblot, E., *La barrière et le niveau. Etude sociologique de la bourgeoisie française moderne*, Paris: Alcon, 1925.
Göpfert, H. G. (Hg.), *Buch und Leser*, Hamburg: Hauswedell, 1977.
Goethe, J. W. v., *Faust* I, in: *Goethes Werke*, Bd. 14, hg. im Auftrag der Großherzogin Sophie von Sachsen, Weimar: Böhlaus Nachfolger, 1898.
Goethe, J. W. v., *Iphigenie auf Tauris*, in: *Goethes Werke*, Bd. 10, hg. im Auftrag der Großherzogin Sophie von Sachsen, Weimar: Böhlaus Nachfolger, 1858, S. 1-96.
– *Wilhelm Meisters Lehrjahre*, in: *Goethes Werke*, Bde. 21-3, hg. im Auftrag der Großherzogin Sophie von Sachsen, Weimar: Böhlaus Nachfolger, 1898.
– *Wilhelm Meisters Wanderjahre*, in: *Goethes Werke*, Bde. 24-5, hg. im Auftrag der Großherzogin Sophie von Sachsen, Weimar: Böhlaus Nachfolger, 1898.
Gogarten, F., *Luthers Theologie*, Tübingen: Mohr Siebeck, 1967.
Goubier, H., *Etudes d'histoire de la philosophie française*, Hildesheim: Olms, 1976.
Goureaux, G. und J. Ricot, *Autopsie de l'école catholique*, Paris: Orf, 1975.
Grana, C., *Bohemian versus Bourgeois. French Society and the French Man of Letters in the Nineteenth Century*, New York: Basic Books, 1964.
Granick D., *Managerial Comparisons of Four Developed Countries: France, Britain, United States, and Russia*, Cambridge, Mass.: MIT Press, 1972.
Greiffenhagen, M., *Die Aktualität Preußens*, Frankfurt: Fischer, 1981.
– (Hg.), *Das evangelische Pfarrhaus*, Stuttgart: Kreuz, 1984.
Groethuysen, B., *Die Entstehung der bürgerlichen Welt- und Lebensanschauung in Frankreich*, 2 Bde., Frankfurt: Suhrkamp, (1927) 1978.
– *Philosophie der französischen Revolution*, Frankfurt: Ullstein, 1975.
Grosland, M., *The Society of Araniel: A View of French Science at the Time of Napoleon*, London: Heinemann, 1967.
Grosser, A. und E. Goguel, *Politik in Frankreich*, Paderborn: Schöningh, 1980.
Gruson, C., *Origine et espoirs de la planification française*, Paris: Dunod, 1968.
Günther, H., *Staatsanwaltschaft. Kind der Revolution*, Berlin: Ullstein, 1973.
Guérin, M., *Nietzsche. Socrate héroique*, Paris: Grasset, 1975.
Gumbrecht, H. U., »Das französische Theater des 18. Jahrhunderts als

Medium der Aufklärung«, in: H. U. Gumbrecht, R. Reichardt und T. Schleich (Hg.), *Sozialgeschichte der Aufklärung in Frankreich*, 2 Bde., München: Oldenbourg, 1981, S. 67-89.
Gumbrecht, H. U. u. a., »Für eine Sozialgeschichte der französischen Aufklärung«, in: H. U. Gumbrecht, R. Reichardt und T. Schleich (Hg.), *Sozialgeschichte der Aufklärung in Frankreich. Teil I*, München: Oldenbourg, 1981, S. 3-48.
Gumbrecht, H. U., Reichardt, R. und T. Schleich (Hg.), *Sozialgeschichte der Aufklärung in Frankreich. Teil II: Medien, Wirkungen*, München: Oldenbourg, 1981.
Gusdorf, G., *Pourquoi des professeurs?*, Paris: Payot, 1963.
– *L'université en question*, Paris: Peujot, 1964.
Habermas, J., »Vorbereitende Bemerkungen zu einer Theorie der kommunikativen Kompetenz«, in: Habermas, J. und N. Luhmann, *Theorie der Gesellschaft oder Sozialtechnologie – Was leistet die Systemforschung?*, Frankfurt: Suhrkamp, 1971, S. 101-41, S. 136-41.
– *Erkenntnis und Interesse*, Frankfurt: Suhrkamp, 2. Auflg., 1976.
– »Gegen einen positivistisch halbierten Rationalismus«, in: T. W. Adorno et al., *Der Positivismusstreit in der deutschen Soziologie*, Neuwied: Luchterhand, 1969, S. 235-66.
– *Legitimationsprobleme im Spätkapitalismus*, Frankfurt: Suhrkamp, 1973.
– »Naturrecht und Revolution«, in: *Theorie und Praxis*, Frankfurt: Suhrkamp, 1971, S. 89-127.
– *Theorie des kommunikativen Handelns*, 2 Bde., Frankfurt: Suhrkamp, 1981.
– *Theorie und Praxis*, Frankfurt: Suhrkamp, 1971.
– »Wahrheitstheorien«, in: H. Fahrenbach (Hg.), *Wirklichkeit und Reflexion. Walter Schulz zum 60. Geburtstag*, Pfullingen: Neske, 1973, S. 211-69.
– *Theorie des kommunikativen Handelns*, 2 Bde., Frankfurt: Suhrkamp, 1981.
Haensch, G. und A. Lory, *Frankreich*, Bd. 1, *Staat und Verwaltung*, München: Beckmann, 1976.
Hagemann, W., *Grundzüge der Publizistik*, neu hg. von H. Prakke, Münster: Regensberg, 2. Auflg., 1966.
Hagstrom, W. O., *The Scientific Community*, New York: Southern Ill. University Press, 1965.
Hahn, K., *Föderalismus. Die demokratische Alternative*, München: Vögel, 1975.
Hahn, R., *The Anatomy of a Scientific Institution: The Paris Academy of Sciences, 1666-1803*, Berkeley: University of California Press, 1971.
Hallgarten, G. W. F., »Von Bismarck bis zum Ende der Weimarer Republik«, in: G. W. F. Hallgarten und J. Radkau (Hg.), *Deutsche Industrie und Politik*, Reinbek bei Hamburg: Rowohlt, 1981, S. 19-224.
Hallgarten, G. W. F. und J. Radkau (Hg.), *Deutsche Industrie und Politik*, Reinbek bei Hamburg: Rowohlt, 1981.

Hamann, J. G., *Sämtliche Werke*, 6 Bde., hg. von J. Nadler, Wien: Herder, (1758-88) 1949-57.
Hamilton, A., Madison, J. und J. Jay, *The Federalist Papers*, hg. von C. Rossiter, New York: Mentor, (1787/88) 1961.
Handl, J., »Mehr Chancengleichheit im Bildungssystem. Erfolg der Bildungsreform oder statistischen Abfahrt?«, in: *Kölner Zeitschrift für Soziologie und Sozialpsychologie* 37, 1985, S. 698-722.
Hantrais, L., *Contemporary French Society*, London: Macmillan, 1982.
Hardtwig, W., »Politische Gesellschaft und Verein zwischen aufgeklärtem Absolutismus und der Grundrechtserklärung der Frankfurter Paulskirche«, in: G. Birtsch (Hg.), *Grund- und Freiheitsrechte im Wandel von Gesellschaft und Geschichte*, Göttingen: Vandenhoek & Ruprecht, 1981, S. 336-58.
Harris, A. und A. de Sédony, *Les patrons*, Paris: du Seuil, 1977.
Hartmann, H., *Der deutsche Unternehmer: Autorität und Organisation*, Frankfurt: Europäische Verlagsanstalt, 1968.
Hatzfeld, H., *Du paupérisme à la securité sociale, 1850-1940*, Paris: Armand Colin, 1971.
Hausen, K. und R. Rürup (Hg.), *Moderne Technikgeschichte*, Köln: Kiepenheuer & Witsch, 1975.
Hazard, R., *Die Herrschaft der Vernunft*, Hamburg: Hoffmann und Campe, 1949.
Hedtkamp, G., *Planification in Frankreich*, Köln: Heymanns, 1966.
Hegel, G. W. F., *Grundlinien der Philosophie des Rechts*, (1821), in: *Werke*, Bd. 7, hg. von E. Moldenhauer und K. M. Michel, Frankfurt: Suhrkamp, 1970.
– *Phänomenologie des Geistes*, (1807), in: *Sämtliche Werke*, Bd. 2, hg. von H. Glockner, Stuttgart: Fromann, 1964-71.
– *System der Philosophie*, in: *Sämtliche Werke*, Bde. 8-10, hg. von H. Glockner, Stuttgart: Fromann, 1964-71.
– *Vorlesungen über die Geschichte der Philosophie III*, (1833), in: *Werke*, Bde. 20, hg. von E. Moldenhauer und K. M. Michel, Frankfurt: Suhrkamp, 1970.
Heller, H., *Sozialismus und Nation*, Berlin: Rowohlt, 1931.
Henning, F. W., *Die Industrialisierung in Deutschland 1800-1914*, Paderborn: Schöningh, 4. Auflg., 1978.
Henning, H., *Das westdeutsche Bürgertum in der Epoche der Hochindustrialisierung 1860-1914*. Teil I. *Das Bildungsbürgertum in den preußischen Westprovinzen*, Wiesbaden: Steiner, 1972, S. 116-414.
Hentschel, V., *Geschichte der deutschen Sozialpolitik (1880-1980)*, Frankfurt: Suhrkamp, 1983.
Herder, J. G., *Sämtliche Werke*, 33 Bde., hg. von B. Suphan, Berlin: Weidmann, 1877-1913.
Hermand, J., »Unterhaltsame Entfremdung. Zur massenhaft verbreiteten

Literatur der Adenauer-Ära«, in: *Erfahrung und Ideologie. Studien zur massenhaft verbreiteten Literatur*, hg. von J. Schütte, *Argument Sonderband* 101, Berlin: Argument Verlag, 1983, S. 126-44.

Herrmann, U., »Die Kodifizierung bürgerlichen Bewußtseins in der deutschen Spätaufklärung – C. F. Bahrdts ›Handbuch der Moral für den Bürgerstand‹ aus dem Jahre 1789«, in: R. Vierhaus (Hg.), *Bürger und Bürgerlichkeit im Zeitalter der Aufklärung*, Heidelberg: Schneider, 1981, S. 321-33.

– (Hg.), *Die Bildung des Bürgers. Die Formierung der bürgerlichen Gesellschaft und die Gebildeten im 18. Jahrhundert*, Weinheim: Beltz, 1982.

Hess, M., *Philosophie der Tat*, in: *Ausgewählte Schriften*, ausgew. und eingeleitet von H. Lademacher, Köln: Metzner, 1962, S. 131-47.

Heusgen, C., *Ludwig Erhards Lehre von der sozialen Marktwirtschaft*, Stuttgart: Haupt, 1981.

Heusmann, F., *Staat und Absolutismus im Denken der Physiokraten*, Frankfurt: Haag und Herden, 1976.

Hobbes, T., *Leviathan*, (1651), Stuttgart: Reclam, 1970.

Höffe, O., *Ethik und Politik. Grundmodelle und -probleme der praktischen Philosophie*, Frankfurt: Suhrkamp, 1979.

– »Zur vertragstheoretischen Begründung politischer Gerechtigkeit: Hobbes, Kant und Rawls im Vergleich«, in: *Ethik und Politik. Grundmodelle und -probleme der praktischen Philosophie*, Frankfurt: Suhrkamp, 1979, S. 195-226.

Hoffmann, S. (Hg.), *In Search of France*, New York: Harper & Row, 1963.

Hohorst, G., Kocka, J. und G. A. Ritter (Hg.), *Sozialgeschichtliches Arbeitsbuch*, Bd. II, *Materialien zur Statistik des Kaiserreichs 1870-1914*, München: Beck, 2. Auflg., 1978.

Holbach, P. H. T. de, *La moral universelle: ou les devoirs de l'homme fondés sur sa nature*, (1776), Stuttgart-Bad Cannstadt: Frommen, 1979.

– *System der Natur*, Frankfurt: Suhrkamp, (1770) 1978.

Holborn, H., »Der deutsche Idealismus in sozialgeschichtlicher Beleuchtung«, (1952), in: H.-U. Wehler (Hg.), *Moderne deutsche Sozialgeschichte*, Köln: Kiepenheuer & Witsch, 4. Auflg., 1973, S. 85-108.

Honigsheim, P., *Die Staats- und Soziallehren der französischen Jansenisten im 17. Jahrhundert*, Darmstadt: Wissenschaftliche Buchgesellschaft, 1969.

Horkheimer, M., *Zur Kritik der instrumentellen Vernunft*, Frankfurt: Fischer, 1974.

Horkheimer, M. und T. W. Adorno, *Dialektik der Aufklärung*, Frankfurt: Fischer, (1947) 1969.

Houssel, J. P., *Histoire des paysans français du XVIIIe siècle à nos jours*, Roanne: Horroth, 1973.

Huber, E. R., *Zur Problematik des Kulturstaates*, Tübingen: Mohr Siebeck, 1958.

Humboldt, W. v., »Über die innere und äußere Organisation der höheren wissenschaftlichen Anstalten in Berlin«, in: E. Anrich (Hg.), *Die Idee der*

deutschen Universität, Darmstadt: Wissenschaftliche Buchgesellschaft, 1956, S. 375-86.
– »Theorie der Bildung des Menschen«, (1793), in: *Wilhelm von Humboldts Werke*, Bd. 1, hg. von A. Leitzmann, Berlin: Behr, 1903, S. 282-7.
– »Über das Studium des Altertums, und des Griechischen insbesondere«, (1793), in: *Wilhelm von Humboldts Werke*, Bd. 1, hg. von A. Leitzmann, Berlin: Behr, 1903, S. 255-81.
Immerwahr, R., *Romantisch. Genese und Tradition einer Denkform*, Frankfurt: Athenäum, 1972.
Inglehart, R., *The Silent Revolution. Changing Values and Political Styles Among Western Publics*, Princeton, N. J.: Princeton University Press, 1977.
Institut de France, Académie des sciences morales et politiques (Hg.), *Notices biographiques et bibliographiques, membres titulaires, associés étranger à la date du 1erY janvier 1970*, Paris: Librairie d'Argencies, 1972.
Institut für Mittelstandsforschung (Hg.), *Beiträge zur Mittelstandsforschung*, Heft 9: *Mittelständische Betriebe in der Wirtschaft der Bundesrepublik Deutschland*, Göttingen: Otto Schwartz, 1975.
Jan, E. v., *Französische Literaturgeschichte in Grundzügen*, Heidelberg: Quelle & Meyer, 6. Auflg., 1967.
Jardin, A. und A. J. Tudesq, *La France des notables*, 2 Bde., Paris: du Seuil, 1973.
Jeancolas, J.-P., *Le cinéma des français. La Vᵉ République 1958-1978*, Paris: Stock, 1979.
Jellinek, G., »Die Erklärung der Menschen- und Bürgerrechte«, (1919), in: R. Schnur (Hg.), *Zur Geschichte der Erklärung der Menschenrechte*, Darmstadt: Wissenschaftliche Buchgesellschaft, 1964, S. 1-77.
Jordan, P., *Das Fernsehen und seine Zuschauer*, München: Diesterweg, 1982.
Jung, D., *Vom Kleinbürgertum zur deutschen Mittelschicht. Analyse einer Sozialmentalität*, Saarbrücken: Verlag »Die Mitte«, 1982.
Jung, O., *Zum Kulturstaatsbegriff*, Meisenheim am Glan: Hain, 1976.
Kadritzke, U., *Angestellte – Die geduldigen Arbeiter. Zur Soziologie und sozialen Bewegung der Angestellten*, Frankfurt: Europäische Verlagsanstalt, 1975.
Kant, I., »Beantwortung der Frage: Was ist Aufklärung?«, (1783), in: *Werke in sechs Bänden*, Bd. VI, hg. von W. Weischedel, Frankfurt: Insel-Verlag, 1956, S. 53-61.
– *Grundlegung zur Metaphysik der Sitten*, (1785), in: *Werke in sechs Bänden*, hg. von W. Weischedel, Bd. IV, Frankfurt: Insel-Verlag, 1956, S. 7-102.
– »Idee zu einer allgemeinen Geschichte in weltbürgerlicher Absicht«, (1784), in: *Werke in sechs Bänden*, hg. von W. Weischedel, Frankfurt: Insel-Verlag, 1956, Bd. VI, S. 33-61.
– *Kritik der praktischen Vernunft*, (1788), in: *Werke in sechs Bänden*, Bd. IV, hg. von W. Weischedel, Frankfurt: Insel Verlag, 1956, S. 103-302.

– *Kritik der reinen Vernunft*, (1781), in: *Werke in sechs Bänden*, Bd. II, hg. von W. Weischedel, Frankfurt: Insel Verlag, 1956.
– *Kritik der Urteilskraft*, (1790), in: *Werke in sechs Bänden*, hg. von W. Weischedel, Bd. V, Frankfurt: Insel Verlag, 1957, S. 233-620
– *Die Metaphysik der Sitten*, (1797), in: *Werke in sechs Bänden*, hg. von W. Weischedel, Bd. IV, Frankfurt: Insel Verlag, 1956, S. 303-634.
– »Über den Gemeinspruch: Das mag in der Theorie richtig sein, taugt aber nicht für die Praxis«, in: *Werke in sechs Bänden*, Bd. VI, hg. von W. Weischedel, Frankfurt: Insel Verlag, 1964, S. 125-72.
– *Werke in sechs Bänden*, hg. von W. Weischedel, Frankfurt: Insel Verlag, 1956.
Kaupen, W. und T. Raseborn, *Die Justiz zwischen Obrigkeitsstaat und Demokratie*, Neuwied: Luchterhand, 1971.
– »Die Bedingungen richterlicher Karriere«, in: E. Blankenburg, *Empirische Rechtssoziologie*, München: Piper, 1975.
Kautsky, K., *Texte zu den Programmen der deutschen Sozialdemokratie 1891-1925*, eing. und hg. von A. Langner, Köln: Hegner, 1968.
Kehr, E., »Zur Genesis der preußischen Bürokratie und des Rechtsstaats«, (1932), in: H.-U. Wehler (Hg.), *Moderne deutsche Sozialgeschichte*, Köln: Kiepenheuer & Witsch, 4. Auflg., 1973, S. 37-54.
Kelley, P. und J. Leinen (Hg.), *Prinzip Leben. Ökopax die neue Kraft*, Berlin: Olle & Wolter, 1982.
Kelsen, H., *Reine Rechtslehre*, Wien: Franz Deuticke, (1934) 1960.
Kempf, U., *Das politische System Frankreichs*, Opladen: Westdeutscher Verlag, 2. Auflg., 1980.
Keohane, N. O., *Philosophy and the State in France*, Princeton, N. J.: Princeton University Press, 1980.
Kessler, M.-C. und J.-L. Bodiguel, *L'école nationale d'administration*, 2 Bde., Paris: Presses de la Fondation Nationale des Sciences Politiques, 1978.
Kiesewetter, H., *Von Hegel zu Hitler. Eine Analyse der Hegelschen Machtstaatsideologie und der politischen Wirkungsgeschichte des Rechtshegelianismus*, Hamburg: Hoffman und Campe, 1974.
Köfler, L., *Beherrscht uns die Technik?*, Hamburg: VSA-Verlag, 1983.
König, R., »Soziologie der Familie«, in: A. Gehlen und H. Schelsky (Hg.), *Soziologie*, Köln: Diederichs, 5. Auflg., 1964, S. 121-58.
– *Vom Wesen der deutschen Universität*, Darmstadt: Wissenschaftliche Buchgesellschaft, (1935) 1970.
Kohn, H., *The Mind of Germany. The Education of a Nation*, New York: Scribner, 1960.
Kopitzsch, F. (Hg.), *Aufklärung, Absolutismus und Bürgertum in Deutschland*, München: Nymphenburger Verlagsbuchhandlung, 1976.
Kosciusko-Morizet, J. A., *La »Mafia« polytechnicienne*, Paris: du Seuil, 1973.
Kosseleck, R., »Staat und Gesellschaft in Preußen 1815-1848«, in: H.-U.

Wehler (Hg.), *Moderne deutsche Sozialgeschichte*, Kiepenheuer & Witsch, 4. Auflg., 1973, S. 55-84.
Krauss, W., *Die Literatur der französischen Frühaufklärung*, Frankfurt: Athenäum, 1971.
Kreuzer, H., *Die Bohème. Analyse und Dokumentation der intellektuellen Subkultur vom 19. Jahrhundert bis zur Gegenwart*, Stuttgart: J. B. Metzgersche Verlagsbuchhandlung, 1971.
Krieger, L., *The German Idea of Freedom. History of a Political Tradition*, Boston: Beacon Press, 1957.
Kriele, M., *Theorie der Rechtsgewinnung entwickelt am Problem der Verfassungsinterpretation*, Berlin: Duncker & Humblot, 1967.
Kurzweil, E., *The Age of Structuralism. Lévi-Strauss to Foucault*, New York: Columbia University Press, 1980.
Laaser, A., »Die Verrechtlichung des Schulwesens«, in: Projektgruppe Bildungsbericht (Hg.), *Bildung in der Bundesrepublik Deutschland*, Stuttgart: Klett-Cotta, 1980, S. 1343-75.
Lacan, J., *Ecrits*, Paris: du Seuil, 1966.
Lacroix, P., *XVIIIe siècle. Lettres sciences et arts. France 1700-1789*, Paris: Librairie de Firmin-Didot et Cie., 1878.
Landes, D. S., »French Business and the Businessman: A Social and Cultural Analysis«, in: E. M. Earle (Hg.), *Modern France. Problems of the Third and Fourth Republics*, New York: Russel & Russel, 1951, S. 334-53.
Lange, D. (Hg.), *Kritische Kirche*, Berlin: Burckhardthaus Verlag, 1969.
Langewiesche, D., *Liberalismus und Demokratie in Württemberg zwischen Revolution und Reichsgründung*, Düsseldorf: Droste, 1974.
Lardreau, G. und C. Jambet, *L'ange*, Paris: Grasset, 1976.
Larenz, K., *Methodenlehre der Rechtswissenschaft*, Berlin: Springer, 1960.
– *Rechts- und Staatsphilosophie der Gegenwart*, Berlin: Junker und Dünnhaupt, 2. Auflg., 1935.
Lassalle, F., *Arbeiterprogramm. Über den besonderen Zusammenhang der gegenwärtigen Geschichtsperiode mit der Idee des Arbeiterstandes*, Zürich: Quelle & Meyer, 1863.
Laswell, M. und T. E., *Marriage and the Family*, Lessington, Mass.: Heath, 1982.
Lefèbvre, H., *Position: contre les technocrates*, Paris: Gonthier, 1967.
Lefranc, G., *Les organisations patronales en France, du passé au présent*, Paris: Payot, 1976.
Leibholz, G., *Die Gleichheit vor dem Gesetz*, München: Beck, 1959.
Leminsky, G. und B. Otto, *Politik und Programmatik des deutschen Gewerkschaftsbundes*, Köln: Bund-Verlag, 1974.
Léon, A., *Histoire de l'enseignement en France*, Paris: Presses Universitaires de France, 1967.
Lequin, Y., *Les Ouvriers de la région lyonnaise (1848-1914)*, 2 Bde., Paris: Presses Universitaires de Lyon, 1977.

Lessing, G. E., *Nathan der Weise*, (1789), in: *Lessings Werke*, Bd. 2, Berlin: Deutsches Verlagshaus Bong & Co., 1925, S. 165-291.

Lévi-Strauss, C., *Anthropologie structurale*, Paris: Plon, 1977.

Lévy, B.-H., *La barbarie à visage humain*, Paris: Grasset, 1977.

Lichtheim, G., *Marxism in Modern France*, New York: Columbia University Press, 1966.

Little, D., *Religion, Order, and Law. A Study in Pre-Revolutionary England*, Oxford: Basil Blackwell, 1969.

Locke, J., *Zwei Abhandlungen über die Regierung*, hg. und eingel. von W. Euchner, Frankfurt: Europäische Verlagsanstalt, (1690) 1967.

Lohmar, U. und G. E. Ortner (Hg.), *Der doppelte Flaschenhals. Die deutsche Hochschule zwischen Numerus-clausus und Akademikerarbeitslosigkeit*, Darmstadt: Schroedel, 1975.

– *Zahlen zur wissenschaftlichen Entwicklung der Bundesrepublik Deutschland*, Köln: Verlag des Instituts der deutschen Wirtschaft, 1985.

Löwenthal, L., *Literatur und Gesellschaft. Das Buch in der Massenkultur*, Neuwied: Luchterhand, 1964.

Longolius, C. (Hg.), *Fernsehen in Deutschland. Gesellschaftspolitische Aufgaben und Wirkungen eines Mediums*, Mainz: v. Hase & Köhler, 1967.

Loubser, J. J., Baum, R. C., Effrat, A. und V. M. Lidz (Hg.), *Explorations in General Theory in Social Science*, New York: Free Press, 1976.

Ludz, P. C. (Hg.), *Geheime Gesellschaften*, Heidelberg: Schneider, 1979.

Lübbe, H., »Gruppenuniversität. Revision eines Demokratisierungsprogramms«, in: H. Baier, H. M. Kepplinger und K. Reumann (Hg.), *Öffentliche Meinung und sozialer Wandel*, Opladen: Westdeutscher Verlag, 1981, S. 245-55.

Lüder, K. (Hg.), *Rundfunk im Umbruch: Stand und Entwickung der finanziellen und wirtschaftlichen Situation der öffentlich-rechtlichen Rundfunkanstalten*, Berlin: Duncker & Humblot, 1985.

Luhmann, N., *Gesellschaftsstruktur und Semantik*, 2 Bde., Frankfurt: Suhrkamp, 1980.

– *Liebe als Passion. Zur Codierung von Intimität*, Frankfurt: Suhrkamp, 1982.

– (Hg.), *Soziale Differenzierung. Zur Geschichte einer Idee*, Opladen: Westdeutscher Verlag, 1985.

Lundgren, P., »Zur Konstituierung des ›Bildungsbürgertums‹: Berufs- und Bildungsauslese der Akademiker in Preußen«, in: W. Conze und J. Kocka (Hg.), *Bildungsbürgertum im 19. Jahrhundert*, Teil I: *Bildungssystem und Professionalisierung im internationalen Vergleich*, Stuttgart: Klett-Cotta, 1985, S. 79-108.

Luther, M., »Bibel- und Bucheinzeichnungen Luthers«, in: *Weimarer Luther Gesamtausgabe*, Bd. 48, Weimar: Böhlau, 1883 ff., S. 1-297.

– »Vom ehelichen Leben«, (1522), in: *Weimarer Luther Gesamtausgabe*, Bd. 10 II, op. cit., S. 275-304.

– »Ermahnung zum Frieden auf die zwölf Artikel der Bauernschaft in Schwaben«, (1525), in: *Weimarer Luther Gesamtausgabe*, Bd. 18, Weimar: Böhlau, 1883 ff., S. 291-334.
– »Von der Freiheit eines Christenmenschen«, (1520), in: *Weimarer Luther Gesamtausgabe*, Bd. 7, Weimar: Böhlau, 1883 ff., S. 20-38.
– »Predigten«, in: *Weimarer Luther Gesamtausgabe*, Bd. 37, Weimar: Böhlau, 1883 ff., S. 245-8.
– »Predigten über das 2. Buch Mose«, in: *Weimarer Luther Gesamtausgabe*, Bd. 16, Weimar: Böhlau, 1883 ff., S. 1-646.
– *Tischreden*, in: *Weimarer Luther Gesamtausgabe*, Weimar: Böhlau, 1883 ff.
– »Vorlesungen über das 1. Buch Mose«, in: *Weimarer Luther Gesamtausgabe*, Bd. 44, Weimar: Böhlau, 1883 ff., S. 1-825.
– »Vorrede zu Band 1 der lateinischen Schriften der Wittenberger Luther-Ausgabe«, (1545), in: *Weimarer Luther Gesamtausgabe*, Bd. 54, Weimar: Böhlau, 1883 ff., S. 179-87.
– »Von weltlicher Obrigkeit, wie weit man ihr Gehorsam schuldig sei«, (1523), in: *Weimarer Luther Gesamtausgabe*, Bd. 11, Weimar: Böhlau, 1883 ff., S. 246-80.
Magniadas, J., Mouriaux, R. und M. Piolot, *Les militants de la C. G. T. en formation syndicale*, Paris: Confédération générale du travail, 1974.
Maine de Biran, P. F., *Œuvres philosophiques de Maine de Biran*, 4 Bde., hg. von V. Cousin, Paris: Ladrange, 1841.
Maistre, J. M. de, *Œuvres complètes*, 14 Bde., Lyon: Vitte & Persussel, 1884-93.
Malchau, J., *Technologie und Emanzipation*, München: Minerva, 1983.
Marc, E., *La chanson française*, Paris: Hatier, 1972.
Marceau, J., *Class and Status in France. Economic Change and Social Immobility 1945-1975*, Oxford: Clarendon Press, 1977.
Marcuse, H., *Der eindimensionale Mensch*, Neuwied: Luchterhand, 1967.
Marmontel, J. F., *Memoires* I, Paris: Firmin-Didot, 1891.
Martin, K., *French Liberal Thought in the Eighteenth Century. A Study of Political Idea from Boyle to Condorcet*, New York: New York University Press, 1954.
Martin, W., *Verzeichnis der Nobelpreisträger 1901-1984*, München: Saur, 1985.
Marx, K., *Das Kapital*, Bd. 1, in: *Marx-Engels Werke*, Bd. 23, Berlin: Dietz, 1970.
– »Kritik des Gothaer Programms«, in: *Marx-Engels Werke*, Bd. 19, Berlin: Dietz, 1962.
– »Zur Kritik der Hegelschen Rechtsphilosophie. Kritik des Hegelschen Staatsrechts«, in: *Marx-Engels Werke*, Bd. 1, Berlin: Dietz, 1956, S. 201-33.
– »Ökonomisch-philosophische Manuskripte«, in: *Marx-Engels Werke*, Ergänzungsband, Teil I, Berlin: Dietz, 1969.

Marx, K. und F. Engels, *Die deutsche Ideologie*, in: *Marx-Engels Werke*, Bd. 3, Berlin: Dietz, 1969.
– »Manifest der Kommunistischen Partei«, in: *Marx-Engels Werke*, Bd. 4, Berlin: Dietz, 1959, S. 459-93.
Mauss, M., *Die Gabe. Form und Funktion des Austausches in archaischen Gesellschaften*, Frankfurt: Suhrkamp, (1925) 1968.
Mayo, E., *The Human Problems of an Industrial Civilization*, New York: Viking, (1937) 1960.
McClelland, C. E., *State, Society, and University in Germany 1700-1914*, Cambridge: Cambridge University Press, 1980.
McManners, J., *The French Revolution and the Church*, London: S. P. C. K. for the Church Historical Society, 1969.
Mehl, R., *Le Catholicisme français dans la société actuelle*, Paris: Le Centurion, 1977.
Messerschmidt, M., *Militär und Politik in der Bismarckzeit und im wilhelminischen Deutschland*, Darmstadt: Wissenschaftliche Buchgesellschaft, 1975.
Meyer-Kreutler, E., *Der Bürger als Freund*, München: Fink, 1984.
Meyn, H., *Massenmedien in der Bundesrepublik Deutschland*, Berlin: Colloqium Verlag, 2. erw. Auflg., 1979.
Minder, R., *Dichter in der Gesellschaft. Erfahrungen mit deutscher und französischer Literatur*, Frankfurt: Insel-Verlag, 1960.
Minot, I., *L'entreprise éducation nationale*, Paris: A. Colin, 1970.
Mirabeau, V. R. de, *Philosophie rurale ou économie générale et politique de l'agriculture, reduite à l'ordre immuable des lois physiques et morales qui assurent la prospérité des empires*, (1764), Aalen: Scientia, 1972.
Möser, J., *Den Patriotischen Phantasien verwandte Handschriften. Sachgruppe Staat*, Bd. 9 der *Sämtlichen Werke*, hg. von L. Schirmeyer, Oldenburg: Stalling, 1958, S. 257-380.
– »Der Staat mit einer Pyramide verglichen. Eine erbauliche Betrachtung«, in: *Sämtliche Werke*, 14 Bde., Bd. 5, hg. von L. Schirmeyer, Oldenburg: Stalling, 1945.
Mohl, R. v., *Staatsrecht, Völkerrecht und Politik*, 3 Bde., Graz: Akademische Druck- und Verlagsanstalt, (1860-9) 1962.
Montaigne, M. de, *Les essais*, (1580-8), 2 Bde., Paris: Garnier, 1962.
Montesquieu, C. de, *De l'esprit des lois*, (1748), 2 Bde., Paris: Garnier, o. J.
– *Vom Geist der Gesetze*, Stuttgart: Reclam, 1965.
Moody, J. N., *French Education Since Napoleon*, Syracuse, N. Y.: Syracuse University Press, 1978.
Moore, B., *Soziale Ursprünge von Diktatur und Demokratie*, Frankfurt: Suhrkamp, 1969.
Mornet, D., *Les origines intellectuelles de la révolution française*, Paris: Armand Colin, 1938.
Mosse, G. L., *The Crisis of German Ideology. Intellectual Origins of the Third Reich*, London: Weidenfeld und Nicholson, 1966.

Mousnier, R., *Les institutions de la France sous la monarchie absolute, 1598-1789*, Paris: Presses Universitaires de France, 1974.
Mühlfeld, C., *Ehe und Familie*, Opladen: Westdeutscher Verlag, 1982.
Müller, F., *Korporation und Assoziation. Eine Problemgeschichte der Vereinigungsfreiheit im deutschen Vormärz*, Berlin: Duncker & Humblot, 1965.
Müller, G., Rhinow, R. A., Schmid, G. und L. Wildhaber (Hg.), *Staatsorganisation und Staatsfunktionen im Wandel. Festschrift für Kurt Eidelberger*, Frankfurt: Helbing & Lichtenhahn, 1982.
Müller-Ohlsen, L., *Wirtschaftsplanung und Wirtschaftswachstum in Frankreich*, Tübingen: Mohr Siebeck, 1967.
Nau, E., »Gruppendynamik in Deutschland – ein Überblick«, in: Neidhardt, F. (Hg.), *Gruppensoziologie*, Sonderheft 25 der *Kölner Zeitschrift für Soziologie und Sozialpsychologie*, 1983, S. 126-43.
Naudin, M., *Evolution parallèle de la poésie et de la musique en France: rôle unificateur de la chanson*, Paris: Nizet, 1968.
Naumann, F., »Der Niedergang des Liberalismus«, in: T. Schieder (Hg.), *Schriften zum Parteiwesen und zum Mitteleuropaproblem*, Opladen: Westdeutscher Verlag, (1901) 1964, S. 215-36.
Nef, H., »Die Flut der Gesetze«, in: G. Müller, R. A. Rhinow, G. Schmid und L. Wildhaber (Hg.), *Staatsorganisation und Staatsfunktionen im Wandel. Festschrift für Kurt Eidelberger*, Frankfurt: Helbing & Lichtenhahn, 1982, S. 559-69.
Neumann, G. (Hg.), *Der Aphorismus. Zur Geschichte, zu den Formen und Möglichkeiten einer literarischen Gattung*, Darmstadt: Wissenschaftliche Buchgesellschaft, 1976.
Nicole, P., »De la faiblesse de l'homme«, in: *Œuvres philosophiques et morales*, Hildesheim: Olms, 1970, S. 70-101.
Nietzsche, F., *Zur Genealogie der Moral*, in: K. Schlechta (Hg.), *Friedrich Nietzsche. Werke in drei Bänden*, Bd. 2, München, S. 761-900.
Noelle-Neumann, E. und E. Piel (Hg.), *Eine Generation später 1953-1979*, München: Saur, 1983.
Nöth, W., *Pro und Kontra Gesamtschule*, Stuttgart: J. B. Metzlersche Verlagsbuchhandlung, 1979.
Nordmann, J.-F., *La France radicale*, Paris: Gallimard, 1977.
Ocage, M. de, *Les Grandes écoles de France*, Paris: J. Hetzel, 1887.
Opp, K. D., *Soziologie im Recht*, Reinbek bei Hamburg: Rowohlt, 1973.
Ornstein, M., *The Role of Scientific Societies in the Seventeenth Century*, Hamdon, London: Arzhon Books, (1913) 1963.
Pascal, B., *Gedanken*, Stuttgart: Reclam, 1956.
– *Pensées*, Paris: Luxembourg, (1670/1842) 1951.
Pasteur, L., *Œuvres de Pasteur réuniées par Vallery-Radot*, 7 Bde., Bd. 7, Mélanges scientifiques et littéraires, Paris: Masson, 1939.
Paulsen, F., *Geschichte des gelehrten Unterrichts auf den deutschen Schulen und Universitäten vom Ausgang des Mittelalters bis zur Gegenwart. Mit*

besonderer Rücksicht auf den klassischen Unterricht, 2 Bde., Leipzig: Veit, 3. Auflg., (1897) 1919.
Pernoud, R., *Histoire de la bourgeoisie en France*, Paris: du Seuil, 1962.
Petitfils, J.-C., *Les socialismes utopiques*, Paris: Presses Universitaires de France, 1977.
Peyrefitte, A. (Hg.), *La rue d'Ulm: chroniques de la vie normalienne*, Paris: Flammarion, 2. Auflg., 1964.
Picard, R., *Les salons littéraires et la société française 1610-1789*, New York: Brentano's, 1943.
Pikulik, L., *Leistungsethik contra Gefühlskult. Über das Verhältnis von Bürgerlichkeit und Empfindsamkeit in Deutschland*, Göttingen: Vandenhoek & Ruprecht, 1984.
Pitts, J. R., »Continuity and Change in Bourgeois France«, in. S. Hoffmann (Hg.), *In Search of France*, New York: Harper & Row, 1963, S. 235-304.
Planchais, J., *Les provinciaux ou la France sans Paris*, Paris: du Seuil, 1970.
Plessner, H., *Die verspätete Nation*, Stuttgart: Kohlhammer, 1959.
– (Hg.), *Untersuchungen zur Lage der deutschen Hochschullehrer*, 3 Bde., Göttingen: Vandenhoek & Ruprecht, 1956.
Popitz, H., Bahrdt, H. P., Jöres, E. A. und H. Kesting, *Das Gesellschaftsbild des Arbeiters*, Tübingen: Mohr Siebeck, 1961.
Popper, K. R., *Conjectures and Refutations*, London: Routledge, 1963.
– *Logik der Forschung*, Tübingen: Mohr Siebeck, (1934) 1966.
– *Objektive Erkenntnis*, Hamburg: Hoffmann & Campe, 1973.
Pottinger, D. T., *The French Book Trade in the Ancient Regime, 1500-1791*, Cambridge, Mass.: Harvard University Press, 1958.
Priouret, R., *Origines du patronat français*, Paris: Grasset, 1963.
Projektgruppe Bildungsbericht (Hg.), *Bildung in der Bundesrepublik Deutschland*, Stuttgart: Klett-Cotta, 1980.
Prost, A., *Histoire de l'enseignement en France 1800-1967*, Paris: Armand Colin, 1968.
Proudhon, P. J., *Ausgewählte Texte*, hg. von T. Ramm, Stuttgart: Köhler, 1963.
– »Über das föderative Prinzip und die Notwendigkeit, die Partei der Revolution wiederherzustellen«, in: *Ausgewählte Texte*, hg. von T. Ramm, Stuttgart: Köhler, 1963, S. 193-264.
Proust, M., *A la recherche du temps perdu*, Paris: Gallimard, 1972.
Prüsner, M., »Lesegesellschaften im 18. Jahrhundert. Ein Beitrag zur Lesegeschichte«, in: *Börsenblatt für den deutschen Buchhandel* 28, 1972, S. 189-301.
Pufendorf, S. v., *Über die Verfassung des deutschen Reiches*, hg. von H. Breßlau, Berlin: Reimar Hobbing, (1667) 1922.
Quéniart, J., *Les hommes, l'église et Dieu dans la France du XVIIIe siècle*, Paris: Hachette, 1978.

Quesnay, F., *Œuvres économiques et philosophiques*, hg. von A. Oucken, Aalen: Scientia, 1965.
Ränsch-Trill, B., »Freundschaft und Liebe in der Philosophie der Romantik«, in: *Philosophie* 12, 1984, S. 28-47.
Rapport de la commission d'études des problèmes de l'école nationale d'administration, Paris: La Documentation Française, 1968.
Rasch, W., *Freundschaftskult und Freundschaftsdichtung im deutschen Schrifttum des 18. Jahrhunderts vom Ausgang des Barocks bis zu Klopstock*, Halle: Niemeyer, 1936.
Rasehorn, T., *Recht und Klassen. Zur Klassenjustiz in der Bundesrepublik*, Neuwied: Luchterhand, 1974.
Rauhut, F. »Die Herkunft der Worte und Begriffe ›Kultur‹, ›Zivilisation‹ und ›Bildung‹«, in: *Germanisch-Romanische Monatsschrift* 3, 1953, S. 81-91.
Rawls, J., *Eine Theorie der Gerechtigkeit*, Frankfurt: Suhrkamp, 1975.
Recht, R., *Deutschland, Frankreich, Europa*, München: Piper, 1978.
Regent, R., *Cinéma de France. De »la fille du Puisatier« aux »Enfants du paradis«*, Paris: Edition d'Aujourd'hui, (1948) 1975.
Reichel, P., *Politische Kultur der Bundesrepublik*, Opladen: Leske, 1981.
Reichelt, H., *Zur logischen Struktur des Kapitalbegriffs bei Karl Marx*, Frankfurt: Europäische Verlagsanstalt, 1970.
Reinalter, H. (Hg.), *Freimaurer und Geheimbünde im 18. Jahrhundert in Mitteleuropa*, Frankfurt: Suhrkamp, 1983.
Rémond, R., *L'Anticléricalisme en France de 1815 à nos jours*, Paris: Fayard, 1976.
Reynolds, L. T. und J. M. Henslin (Hg.), *American Society. A Critical Analysis*, New York: McKay, 1973.
Richard, G., *Les institutions politiques de la France*, Paris: Flammarian, 1979.
Richter, H. E., *Lernziel Solidarität*, Reinbek bei Hamburg: Rowohlt, 1974.
– *Engagierte Analysen: Über den Umgang des Menschen mit dem Menschen*, Reinbek bei Hamburg: Rowohlt, 1976.
– *Die Gruppe*, Reinbek bei Hamburg: Rowohlt, 1972.
Richter, S., *Kleiner Leitfaden zur Forschungsförderung*, Technische Hochschule Darmstadt, 1981.
Riehl, W. H., *Die Familie*, Stuttgart: Cotta, 1855.
Ringer, F. K., *The Decline of the German Mandarins. The German Academic Community, 1890-1933*, Cambridge, Mass.: Harvard University Press, 1969.
– *Education and Society in Modern Europe*, Bloomington und London: Indiana University Press, 1979.
Ritter, G., *Staatskunst und Kriegshandwerk. Das Problem des »Militarismus« in Deutschland*, Bd. 1: *Die altpreußische Tradition (1740-1890)*, München: Oldenbourg, 3. Auflg., 1965.
Rocafort, J., *Les doctrines littéraires de l'encyclopédie ou le romantisme des encyclopédistes*, (1890), Genf: Slatkine Reprints, 1970.

Roche, D., »Die Sociétés de pensée und die aufgeklärten Eliten des 18. Jahrhunderts in Frankreich«, in: H. V. Gumbrecht, R. Reichard und T. Schleich (Hg.), *Sozialgeschichte der Aufklärung in Frankreich*, Teil 1, München: Oldenbourg, 1981, S. 77-115.

Roethlisberger, F. J. und W. J. Dickson, *Management and the Worker*, Cambridge, Mass.: Harvard University Press, (1939) 1975.

Romberg, H., *Staat und höhere Schule. Ein Beitrag zur deutschen Bildungsverfassung vom Anfang des 19. Jahrhunderts bis zum Ersten Weltkrieg*, Weinheim: Beltz, 1979.

Rose, A. (Hg.), *The Institutions of Advanced Societies*, Minneapolis: University of Minnesota Press, 1958.

Rosenbaum, H., *Formen der Familie. Untersuchungen zum Zusammenhang von Familienverhältnissen, Sozialstruktur und sozialem Wandel in der deutschen Gesellschaft*, Frankfurt: Suhrkamp, 1982.

Rosenberg, H., *Bureaucracy, Aristocracy and Autocracy: The Prussian Experience, 1660-1815*, Cambridge, Mass.: Harvard University Press, 1959.

Rothfels, H., *Bismarck*, Stuttgart: Kohlhammer, (1929) 1970.

– »Prinzipienfragen der Bismarckschen Sozialpolitik«, in: *Bismarck*, Stuttgart: Kohlhammer, (1929) 1970, S. 166-82.

Rotteck, K. v., *Lehrbuch des Vernunftsrechts und der Staatswissenschaft*, 2. Bde., Stuttgart, 1829/30 (ohne Verlag).

Rousseau, J. J., *Du contrat social ou principes du droit politique*, (1762), in: *Œuvres complètes*, hg. von B. Gagnebin und M. Raymond, Paris: Gallimard, 1964, S. 347-470.

– *Discours sur l'origine et les fondements de l'inégalité*, (1755), in: *Œuvres complètes*, Bd. III, hg. von B. Gagnebin und M. Raymond, Paris: Gallimard, 1964, S. 109-237.

– *Discours sur les sciences et les arts*, (1749), in: *Œuvres complètes*, Bd. III, hg. von B. Gagnebin und M. Raymond, Paris: Gallimard, 1964, S. 1-107.

– *Diskurs über die Ungleichheit*, Paderborn: Schöningh, 1984.

– *Emile ou de l'éducation*, (1762), in: *Œuvres complètes*, hg. von B. Gagnebin und M. Raymond, Paris: Gallimard, 1969, Bd. IV, S. 239-877.

– *Emile oder über die Erziehung*, Paderborn: Schöningh, 1971.

– *Der Gesellschaftsvertrag oder die Grundsätze des Staatsrechtes*, Stuttgart: Reclam, 1971.

– *Julie ou la nouvelle Héloise*, in: *Oeuvres complètes*, hg. von B. Gagnebin und M. Raymond, Paris: Gallimard, 1969, Bd. II, S. 1-793.

Rüegg, W. und O. Neuloh (Hg.), *Zur soziologischen Theorie und Analyse des 19. Jahrhunderts*, Göttingen: Vandenhoek & Ruprecht, 1971.

Rürup, R., »Deutschland im 19. Jahrhundert 1815-1871«, in: *Deutsche Geschichte*, Bd. 3, hg. von R. Rürup, H. W. Weber und G. Schulz, Göttingen: Vandenhoek & Ruprecht, 1985, S. 3-200.

– (Hg.), *Wissenschaft und Gesellschaft*, 2 Bde., Berlin: Springer Verlag, 1979.

Sadoul, G., *Chroniques du cinéma français*, Paris: Union Générale d'éditions, 1979.
Sagarra, E., *A Social History of Germany 1648-1914*, London: Methuen, 1977.
– *An Introduction to Nineteenth Century Germany*, Barnt Mill, Harlow, Essex: Longman, 1980.
Saint-Simon, C.-H. de, *Doctrine de Saint-Simon. Deuxième année*, in: *Œuvres de Saint-Simon et d'Enfantin*, 47 Bde., Paris: E. Dentu, 1865-78, Bd. 42.
– *Doctrine de Saint-Simon. Exposition. Première anée*, hg. von C. Bouglé, E. Halévy, Paris: Mr. Rivière, 1924.
– *Nouveau christianisme*, (1825), in: *Œuvres de Claude-Henry de Saint-Simon*, Paris: Anthropos, 1966, S. 99-192.
Saldern, A. v., *Mittelstand im »Dritten Reich«. Handwerker Einzelhändler – Bauern*, Frankfurt: Campus, 1979.
Santoni, R. (Hg.), *Société et culture de la France contemporaine*, Albany: State University of New York Press, 1981.
Sartre, J. P., *Dramen*, Reinbek bei Hamburg: Rowohlt, 1961.
– *Drei Essays*, Frankfurt: Ullstein, 1960.
– »Ist der Existentialismus ein Humanismus?«, in: *Drei Essays*, Frankfurt: Ullstein, 1977, S. 7-51.
– *L'être et le néant*, Paris: Gallimard, 1943.
– *Huis clos*, Paris: Gallimard, 1947.
– *Was ist Literatur?*, Reinbek bei Hamburg: Rowohlt, 1958.
– *Mai 68 und die Folgen. Reden, Interviews, Aufsätze*, Reinbek bei Hamburg: Rowohlt, 1974.
– *Marxismus und Existentialismus. Versuch einer Methodik*, Reinbek bei Hamburg: Rowohlt, 1964.
– *Morts sans sépulture*, Paris: Gallimard, 1947.
– *Les mouches*, Paris: Gallimard, 1947.
– *La nausée*, Paris: Gallimard, 1938.
– *Das Sein und das Nichts*, Reinbek bei Hamburg: Rowohlt, 1962.
Sartre, J. P., Gavi, P. und R. Victor, *Der Intellektuelle als Revolutionär*, Reinbek bei Hamburg: Rowohlt, 1976.
Savreux, M., *Le Préfet, homme à tout faire de la République*, Paris: Alain Lefeuvre, 1977.
Schalk, F., *Einleitung in die Encyclopädie der französischen Aufklärung*, München: Hueber, 1936.
– *Studien zur französischen Aufklärung*, Frankfurt: Klostermann, 2. Auflg., 1977.
– »Das Wesen des französischen Aphorismus«, in: G. Neumann (Hg.), *Der Aphorismus. Zur Geschichte, zu den Formen und Möglichkeiten einer literarischen Gattung*, Darmstadt: Wissenschaftliche Buchgesellschaft, 1976, S. 75-111.

Scharmann, T., *Der Industriebürger. Gesellschaftliche Orientierung und berufliche Einstellung junger Arbeiter und Angestellter*, Bern: Huber, 1976.
Scharpf, F., *Die politischen Kosten des Rechtsstaats*, Tübingen: Mohr Siebeck, 1970.
Schelling, F. W., »Vorlesungen über die Methode des akademischen Studiums«, (1803), in: E. Anrich (Hg.), *Die Idee der deutschen Universität*, Darmstadt: Wissenschaftliche Buchgesellschaft, 1956, S. 1-124.
Schelsky, H., *Einsamkeit und Freiheit*, Düsseldorf: Bertelsmann Universitätsverlag, 2. erw. Auflg., 1971.
Scheuner, U., »Begriff und Entwicklung des Rechtsstaats«, in: H. Dombois und E. Wilkens (Hg.), *Macht und Recht. Beiträge zur Lutherischen Staatslehre der Gegenwart*, Berlin: Luthersches Verlagshaus, 1956, S. 76-88.
Schieder, T. (Hg.), *Schriften zum Parteiwesen und zum Mitteleuropaproblem*, Opladen: Westdeutscher Verlag, (1901) 1964.
Schieder, W. (Hg.), *Faschismus als soziale Bewegung. Deutschland und Italien im Vergleich*, Hamburg: Hoffmann & Campe, 1976.
Schiller, F., »Was heißt und zu welchem Ende studiert man Universalgeschichte?«, in: *Schillers Werke*, Bd. 17, hg. von K.-H. Hahn, Weimar: Böhlaus Nachfolger, 1970, S. 359-76.
Schilling, O., *Christliche Staatslehre und Staatspflichtlehre*, Donauwörth: Auer, 1951.
Schiwy, G., *Der französische Strukturalismus*, Reinbek bei Hamburg: Rowohlt, 1969.
– *Kulturrevolution und »Neue Philosophen«*, Reinbek bei Hamburg: Rowohlt, 1978.
Schleiermacher, F., »Gelegentliche Gedanken über Universitäten im deutschen Sinn«, in: E. Anrich (Hg.), *Die Idee der deutschen Universität*, Darmstadt: Wissenschaftliche Buchgesellschaft, 1956, S. 219-308.
Schluchter, W., »Auf der Suche nach der verlorenen Einheit. Anmerkungen zum Strukturwandel der deutschen Universität«, in: H. Albert (Hg.), *Sozialtheorie und soziale Praxis. Eduard Baumgarten zum 70. Geburtstag*, Meisenheim am Glan: Hain, 1971, S. 257-80.
Schlüter, I., *Der Gleichheitsbegriff im Naturrecht der französischen Aufklärung*, Phil. Diss., Frankfurt, 1974.
Schmidt, F., *Das Chanson. Herkunft, Entwickung, Interpretation*, Ahrensburg: Damokles, 1968.
Schmidt, K. D., »Die katholische Staatslehre«, in: *Quellen zur Konfessionskunde*, Heft 4, 1955, Lüneburg: Heliand-Verlag, 1954-7, S. 185-264.
Schmidt, W., »Gesellschaftliche Machtbildung durch Verbände«, in: *Der Staat* 17, 1978, S. 244-71.
Schmitt, C., *Staat, Bewegung, Volk*, Hamburg: Hanseatische Verlagsanstalt, 1933.
Schneider, H. P., *Richterrecht, Gesetzesrecht und Verfassungsrecht*, Frankfurt: Klostermann, 1969.

Schnur, R. (Hg.), *Zur Geschichte der Erklärung der Menschenrechte*, Darmstadt: Wissenschaftliche Buchgesellschaft, 1964.
Schonfield, W. R., *Obedience and Revolt: French Behavior Toward Authority*, Beverly Hills: Sage, 1976.
Schriewer, J., *Die französischen Universitäten, 1945-1968*, Bad Heilbrunn: Klinkhardt, 1972.
– (Hg.), *Schulreform und Bildungspolitik in Frankreich*, Bad Heilbrunn 1974.
Schütze, F., *Sprache soziologisch gesehen*, 2 Bde., München: Fink, 1975.
Schütze, P. F., *Zur Kritik des literarischen Gebrauchswerts. Eine literaturphilosophische Untersuchung*, Neuwied: Luchterhand, 1975.
Schulte-Sasse, J., *Kritik an der Trivialliteraturzeit der Aufklärung*, München: Fink, 1971.
Schulz-Schaeffer, H., *Die Staatsform der Bundesrepublik Deutschland. Versuch einer Theorie des materiellen Rechtsstaats* Berlin: Duncker & Humblot, 1966.
Schuster, D., *Der deutsche Gewerkschaftsbund*, Düsseldorf: Droste, 1977.
Schwartz, L. (Hg.), *La France en mai 1981. L'enseignement et le développement scientifique*, Paris: La DF, 1981.
Schweitzer, A., *Big Business in the Third Reich*, Bloomington, In.: Indiana University Press, 1964.
– *Die Nazifizierung des Mittelstandes*, Stuttgart: Enke, 1970.
Sellstrom, D. A., »Rhetoric and Poetics of French Classicisme«, in: *The French Review* 34, 1961, S. 425-31.
Seydel, M. v., *Grundsätze einer allgemeinen Staatslehre*, Würzburg: Stuber, 1873 (Neudruck: Berlin: Metzner, 1967).
Sgard, J., »Journale und Journalisten im Zeitalter der Aufklärung«, in: H. U. Gumbrecht, R. Reichhardt und T. Schleich (Hg.), *Sozialgeschichte der Aufklärung in Frankreich. Teil II: Medien, Wirkungen*, München: Oldenbourg, 1981, S. 3-35.
Sharp, W. R., *The French Civil Service. Bureaucracy in Transition*, New York: AMS Press, (1931) 1971.
Sheelham, J. J., *German Liberalism in the Nineteenth Century*, Chicago: University Press, 1978.
– »Liberalism and Society in Germany, 1815-48«, in: *Journal of Modern History* 45, 1973, S. 583-604.
– »Partei, Volk und Staat. Some Reflections on the Relationship Between Liberal Thought and Action in Vormärz«, in: H.-U. Wehler (Hg.), *Sozialgeschichte heute. Festschrift für Hans Rosenberg zum 70. Geburtstag*, Göttingen: Vandenhoek & Ruprecht, 1974, S. 16274.
Shin, T., *Savior scientifique et pouvoir sociale: L'école politechnique et les polytechniciens*, Paris: Presse de la Fondation Nationale des Sciences Politiques, 1978.
Simmel, G., *Soziologie. Untersuchungen über die Formen der Vergemeinschaftung*, Berlin: Duncker & Humblot, 1983.

– »Exkurs über Treue und Dankbarkeit«, in: *Soziologie. Untersuchungen über die Formen der Vergemeinschaftung*, Berlin: Duncker & Humblot, 1983.
Skala, F. (Hg.), *Herausforderung Gesamtschule. Presseberichte im Spiegelbild der Schulreform*, Frankfurt: R. G. Fischer Verlag, 1981.
Snyders, G., »Rhetorique et culture«, in: *XVIIe siècle*, 80/81, 1968, S. 79-87.
Sontheimer, K., *Antidemokratisches Denken in der Weimarer Republik: Die politischen Ideen des deutschen Nationalismus zwischen 1918-1933*, München: Nymphenburger Verlagsanstalt, 1962.
Sorel, G., *Réflexions sur la violence*, Paris: M. Rivière, (1908) 1925.
Spann, O., *Der wahre Staat*, Jena: Fischer, (1921) 1931.
Stackelberg, J. v. (Hg.), *Das französische Theater. Vom Barock bis zur Gegenwart*, 2 Bde., Düsseldorf: Bagel, 1968.
– *Themen der Aufklärung*, München: Fink, 1979.
Stahl, F. J., *Die Philosophie des Rechts*, Bd. 2, Darmstadt: Wissenschaftliche Buchgesellschaft, 1963, (Nachdruck der 5. Auflage von 1878), erste Auflg., 1833-7.
Stein, L. v., *System der Staatswissenschaft*, 2 Bde., Osnabrück: Zeller, (1852-6) 1964.
Steinberg, R., *Staat und Verbände. Zur Theorie der Interessenverbände in der Industriegesellschaft*, Darmstadt: Wissenschaftliche Buchgesellschaft, 1985.
Stendhal, H. B. de, *La chartreuse de Parme*, Paris: Garnier, 1973.
– *Le rouge et le noir, chronique du XIXe siècle*, in: *Romans*, Paris: Gallimard, 1952.
Stern, F., *The Politics of Cultural Despair. A Study in the Rise of the Germanic Ideology*, Berkeley and Los Angeles: University of California Press, 1961.
Stolper, G., Häuser, K. und K. Borchardt, *Deutsche Wirtschaft seit 1870*, Tübingen: Mohr Siebeck, 1964.
Streek, W., *Gewerkschaftliche Organisationsprobleme in der sozialstaatlichen Demokratie*, Frankfurt: Athenäum, 1981.
Strosetzki, C., *Konversation. Ein Kapitel gesellschaftlicher und literarischer Pragmatik im Frankreich des 17. Jahrhundert*, Frankfurt: Peter Lang, 1978.
Stubenrauch, H., *Die Gesamtschule im Widerspruch des Systems*, München: Juventa, 1971.
Suffert, G., *Les intellectuels en chaise longue*, Paris: Plon, 1974.
Suleiman, E. N., *Elites in French Society: The Politics of Survival*, Princeton: Princeton University Press, 1978.
– *Politics, Power and Bureaucracy in France*, Princeton: Princeton University Press, 1974.
Tanguy, L., »L'état et l'école – l'école privée en France«, in: *Revue française de sociologie XIII*, 1972, S. 325-75.

Tausch, A. und R., *Wege zu uns: Menschen suchen sich selbst zu verstehen und anderen offener zu begegnen*, Reinbek bei Hamburg: Rowohlt, 1983.
– *Gesprächspsychotherapie*, Göttingen: Hogrefe, 1968.
Thadden, R. v., *Restauration und napoleonisches Erbe. Der Verwaltungszentralismus als politisches Problem in Frankreich (1814-1830)*, Wiesbaden: Steiner, 1972.
Thalheimer, S., *Die Affaire Dreyfus*, München: Deutscher Taschenbuchverlag, 1963.
– *Macht und Gerechtigkeit. Ein Beitrag zur Geschichte des Falls Dreyfus*, München: Beck, 1958.
Theisen, J., *Geschichte der französischen Literatur*, Stuttgart: Kohlhammer, 4. Auflg., 1974.
Thoemig, J.-C., *L'ère des technocrates: le cas de ponts et chausées*, Paris: Editions d'Organisation, 1973.
Thomas, J., »Der Unterschied: Intellektuelle in Deutschland und Frankreich«, in: W. Bergsdorf (Hg.), *Die Intellektuellen*, Pfullingen: Neske, 1982, S. 151-72.
Thomasius, C., *Kurzer Entwurf der politischen Klugheit, sich selbst und andern in allen menschlichen Gesellschaften wohl zu raten und zu einer gescheiten Conduite zu gelangen*, Frankfurt: Athenäum, (1710) 1971.
Tocqueville, A. de, *Der alte Staat und die Revolution*, Reinbek bei Hamburg: Rowohlt, (1856) 1969.
Tönnies, F., *Gemeinschaft und Gesellschaft*, Darmstadt: Wissenschaftliche Buchgesellschaft, (1887) 1963.
– *Kritik der öffentlichen Meinung*, Aalen: Scientia, (1922) 1981.
Topitsch, E., »Mythische Modelle in der Erkenntnislehre«, in: *Mythos, Philosophie, Politik*, Freiburg: Rombach, 1969, S. 79-120.
– *Mythos, Philosophie, Politik*, Freiburg: Rombach, 1969.
– *Die Sozialphilosophie Hegels als Heilslehre und Herrschaftsideologie*, Neuwied: Luchterhand, 1967.
– (Hg.), *Logik der Sozialwissenschaften*, Köln: Kiepenheuer & Witsch, 1965.
Touraine, A., *The May Movement: Revolt and Reform*, New York: Random House, 1971.
Treitschke, H. v., »Die Freiheit«, in: *Historische und politische Aufsätze*, Bd. 3: *Freiheit und Königtum*, Leipzig: Hirsel, 4. Auflg., 1871, S. 3-42.
– *Politik*, 2 Bde., Leipzig: Hirsel, (1897) 1922.
Trillhaas, W., »Die lutherische Lehre von der weltlichen Gewalt und der moderne Staat«, in: H. Dombois und E. Wilkens (Hg.), *Macht und Recht. Beiträge zur Lutherischen Staatslehre der Gegenwart*, Berlin: Luthersches Verlagshaus, 1956, S. 22-33.
Troeltsch, E., *Aufsätze zur Geistesgeschichte und Religionssoziologie*, Tübingen: Mohr Siebeck, 1925.
– »Calvinismus und Luthertum«, in: *Aufsätze zur Geistesgeschichte und Religionssoziologie*, Tübingen: Mohr Siebeck, 1925, S. 254-61.

- »Epochen und Typen der Sozialphilosophie des Christentums«, in: *Aufsätze zur Geistesgeschichte und Religionssoziologie*, Tübingen: Mohr Siebeck, 1925, S. 122-56.

Turgot, A. R. J., *Œuvres de Turgot et documente le concernant*, 5 Bde., hg. von G. Schelle, (Paris 1913-23), Glashütten/Taunus: Auvermann, 1972.

Turner, H. A., *Die Großunternehmer und der Aufstieg Hitlers*, Berlin: Siedler, 1986.

Vermillat, F., und J. Charpentreau, *La chanson française*, Paris: Presses Univesitaires de France, 1977.

Vierhaus, R. (Hg.), *Bürger und Bürgerlichkeit im Zeitalter der Aufklärung*, Heidelberg: Schneider, 1981.

Vincent, G., »Groupes et categories socio-professionelles: les dirigeants de petits et moyennes entreprises«, in: G. Santoni, *Société et culture de la France contemporaire*, Albany: State University of New York Press, 1981.

Voltaire, F.-M. A. de, »Athée, athéisme«, »Dieu«, »Théiste«, alle in: *Dictionnaire philosophique*, Paris: Garnier, (1764) 1967, S. 36-44, 167-71, 399-400.

– *Candide ou l'optimisme*, Paris: Didier, (1759) 1957.

– »Histoire de l'empire de Russie sous Pierre le Grand«, in: *Œuvres historiques*, hg. von R. Pomeau, Paris: Gallimard, (1763) 1957, S. 339-605.

– *Lettres à Damilaville, 19-III-1766, I-IV-1766, 13-IV-1766*, in: *Œuvres complètes*, hg. von L. Moland, Paris: Garnier, 1881, S. 247-8, 256-7, 264-6.

– *Lettres philosophiques*, (1734), 2 Bde., Paris: Nizet, 1964.

Vondung, K. (Hg.), *Das wilheminische Bildungsbürgertum. Zur Sozialgeschichte seiner Ideen*, Göttingen: Vandenhoek & Ruprecht, 1976.

Wagner, R., »Die deutsche Oper«, in: *Zeitschrift für die elegante Welt*, 10. 6.1834.

Waldrich, H.-P., *Der Staat. Das deutsche Staatsdenken seit dem 18. Jahrhundert*, München: Olzog, 1973.

Wallmann, J., *Kirchengeschichte Deutschlands*, Bd. II, Frankfurt: Ullstein, 1973.

Weber, C. E., *Wirtschaft und Gesellschaft in den Vereinigten Staaten von Amerika*, Berlin: Duncker & Humblot, 1961.

Weber, Marianne, *Ehefrau und Mutter in der Rechtsentwicklung*, Tübingen: Mohr, 1907.

Weber, M., *Gesammelte Aufsätze zur Religionssoziologie*, Bd. I, Tübingen: Mohr Siebeck, (1920) 1972 (*Religionssoziologie*).

– »Der Nationalstaat und die Volkswirtschaftspolitik«, in: *Gesammelte politische Schriften*, Tübingen: Mohr Siebeck, 3. Auflg., 1971, S. 1-25.

– *Gesammelte politische Schriften*, Tübingen: Mohr Siebeck, 3. Auflg., 1971.

– *Wirtschaft und Gesellschaft*, Tübingen: Mohr Siebeck, (1922) 1980.

– *Gesammelte Aufsätze zur Wissenschaftslehre*, Tübingen: Mohr Siebeck, 4. Auflg., 1973.

Weber-Kellermann, J., *Die deutsche Familie. Versuch einer Sozialgeschichte*, Frankfurt: Suhrkamp, 1974.

Wehler, H.-U., *Das Deutsche Kaiserreich 1871-1918*, Göttingen: Vandenhoek & Ruprecht, 1973.

– (Hg.), *Moderne deutsche Sozialgeschichte*, Köln: Kiepenheuer & Witsch, 4. Auflg., 1973.

– (Hg.), *Sozialgeschichte heute. Festschrift für Hans Rosenberg zum 70. Geburtstag*, Göttingen: Vandenhoek & Ruprecht, 1974.

Weisz, G., *The Emergence of Modern Universities in France, 1863-1914*, Princeton, N. J.: Princeton University Press, 1983.

Welcker, K. T. v., *Die letzten Gründe von Recht, Staat und Strafe, philosophisch und nach den Gesetzen der merkwürdigen Völker rechtshistorisch entwickelt*, Gießen: Heyer, 1813.

Wilenski, R. H., *Moderne französische Maler. Vom Impressionismus bis zur Neuzeit*, Berlin: Safari-Verlag, 1964.

Wilke, M., *Die Funktionäre. Apparat und Demokratie im Deutschen Gewerkschaftsbund*, München: Piper, 1979.

Willard, C., *Geschichte der französischen Arbeiterbewegung*, Frankfurt: Campus, 1981.

Williams, R. M., *Die Amerikanische Gesellschaft*, Stuttgart: Hatje Verlag, 1953.

Winkler, H. A., *Mittelstand, Demokratie und Nationalsozialismus. Die politische Entwicklung von Handwerk und Kleinhandel in der Weimarer Republik*, Köln: Kiepenheuer & Witsch, 1972.

– »Mittelstandsbewegung oder Volkspartei? Zur sozialen Basis der NSDAP«, in: W. Schieder (Hg.), *Faschismus als soziale Bewegung. Deutschland und Italien im Vergleich*, Hamburg: Hoffman & Campe, 1976.

– »From Social Protectionism to National Socialism: The German Small-Business Movement in Comparative Perspective«, in: *Journal of Modern History* 48, 1976, S. 1-18.

– »Der rückversicherte Mittelstand. Die Interessenverbände von Handwerk und Kleinhandel im deutschen Kaiserreich«, in: W. Rüegg und O. Neuloh (Hg.), *Zur soziologischen Theorie und Analyse des 19. Jahrhunderts*, Göttingen: Vandenhoek & Ruprecht, 1971, S. 16379.

Wolf, D., *Hegel und Marx. Zur Bewegungsstruktur des absoluten Geistes und des Kapitals*, Hamburg: VSA-Verlag, 1979.

Wolf, G. (Hg.), *Luther und die Obrigkeit*, Darmstadt: Wissenschaftliche Buchgesellschaft, 1972.

Wolf, W., *Der Wahlkampf. Theorie und Praxis*, Köln: Verlag für Wissenschaft und Politik, 1980.

Wolff, C., *Vernünftige Gedanken von dem gesellschaftlichem Leben der Menschen und Insonderheit dem gemeinen Wesen*, in: *Gesammelte Werke, Abt.*

1, Deutsche Schriften, Bd. 3, hg. von J. Ecole, Hildesheim: Olms, (1736) 1975.

Worms, J. P., »Le Préfet et ses notables«, in: *Sociologie du travail* 8, 3, 1966, S. 249-75.

Wunder, B., »Die Entstehung des modernen Staates und des Berufsbeamtentums in Deutschland im frühen 19. Jahrhundert«, in:*Leviathan* 1, 1974, S. 459-77.

Wurzbacher, G., Bolte, K. M., Klaus-Roeder, R. und T. Rendtorff, *Der Pfarrer in der modernen Gesellschaft. Soziologische Studien zur Berufssituation des evangelischen Pfarrers*, Hamburg: Furde, 1960.

Wylie, L., *Village in the Vancluse*, Cambridge, Mass.: Harvard University Press, 1958.

Zierold, K., *Forschungsförderung in drei Epochen. Deutsche Forschungsgemeinschaft*, Wiesbaden: Steiner, 1968.

Zieschang, K., *Vom Schützenfest zum Turnfest*, Ahrensberg bei Hamburg: Czwalina, 1977.

Zweigert, K., »Der Jurist in Frankreich und Deutschland. Versuch einer vergleichenden Typologie«, in: M. Ferid (Hg.), *Festschrift für Hans G. Ficker*, Frankfurt und Berlin: Metzner, 1967, S. 498-507.

Namenregister

Sachregister

suhrkamp taschenbücher wissenschaft
Soziologie, Theorie der Gesellschaft

Eder: Die Entstehung staatlich organisierter Gesellschaften. stw 332
– Geschichte als Lernprozeß ? stw 941
– Die Vergesellschaftung der Natur. stw 714
Eder (Hg.): Klassenlage, Lebensstil und kulturelle Praxis. stw 767
Eisenstadt: Die Transformation der israelischen Gesellschaft. stw 1009
Eisenstadt (Hg.): Kulturen der Achsenzeit. 2 Bde. stw 653
– Kulturen der Achsenzeit II. stw 930
Elias: Engagement und Distanzierung. stw 651
– Die Gesellschaft der Individuen. stw 974
– Die höfische Gesellschaft. stw 423
– Studien über die Deutschen. stw 1008
– Über den Prozeß der Zivilisation. 2 Bde. stw 158/159
– Über die Zeit. stw 756
Korte (Hg.): Gesellschaftliche Prozesse und individuelle Praxis. Bochumer Vorlesungen zu Norbert Elias' Zivilisationstheorie. stw 894
Evers/Nowotny: Über den Umgang mit Unsicherheit. stw 672
Fend: Sozialgeschichte des Aufwachsens. stw 693
v. Friedeburg: Bildungsreform in Deutschland. stw 1015
Frisby: Georg Simmel. stw 926
Fromm: Die Gesellschaft als Gegenstand der Psychoanalyse. stw 1054
Garz (Hg.): Die Welt als Text. stw 1031
Gebauer/Wulf (Hg.): Praxis und Ästhetik. Neue Perspektiven im Denken Pierre Bourdieus. stw 1059
Gerhardt: Gesellschaft und Gesundheit. stw 970
Gerhardt/Schütze (Hg.): Frauensituation. stw 726
Geulen: Das vergesellschaftete Subjekt. stw 586
Geulen (Hg.): Perspektivenübernahme und soziales Handeln. stw 348
Giddens: Die Klassenstruktur fortgeschrittener Gesellschaften. stw 452
Giegel (Hg.): Kommunikation und Konsens in modernen Gesellschaften. stw 1019
Giesen: Die Entdinglichung des Sozialen. stw 908
Giesen (Hg.): Nationale und kulturelle Identität. stw 940
Goffman: Das Individuum im öffentlichen Austausch. stw 396
– Interaktionsrituale. stw 594
– Rahmen-Analyse. stw 329
– Stigma. stw 140
Goldmann: Soziologie des Romans. stw 470
– Der verborgene Gott. stw 491
Goudsblom: Soziologie auf der Waagschale. stw 223

205/2/8.92

205/3/8.92

205/4/8.92

suhrkamp taschenbücher wissenschaft
Soziologie, Theorie der Gesellschaft

205/5/8.92

205/6/8.92

211/1/8.92

suhrkamp taschenbücher wissenschaft
Evolutionstheorie, Ethnologie,
Kulturgeschichte, Religionswissenschaft

Granet: Das chinesische Denken. stw 519
– Die chinesische Zivilisation. stw 518
Groh, D.: Anthropologische Dimensionen der Geschichte. stw 992
Groh, R./Groh, D.: Weltbild und Naturaneignung. stw 939
Kippenberg: Die vorderasiatischen Erlösungsreligionen. stw 917
Kippenberg/Luchesi (Hg.): Magie. Die sozialwissenschaftliche Kontroverse über das Verstehen fremden Denkens. stw 674
Klibansky/Panofsky/Saxl: Saturn und Melancholie. stw 1010
Leiris: Ethnologische Schriften. 4 Bde. stw 574-577
– Bd. 1: Die eigene und die fremde Kultur. stw 574
– Bd. 2: Das Auge des Ethnographen. stw 575
– Bd. 3: Phantom Afrika 1. stw 576
– Bd. 4: Phantom Afrika 2. stw 577
Leroi-Gourhan: Hand und Wort. stw 700
Lévi-Strauss: Die elementaren Strukturen der Verwandschaft. stw 1044
– Mythologica I. Das Rohe und das Gekochte. stw 167
– Mythologica II. Vom Honig zur Asche. stw 168
– Mythologica III. Der Ursprung der Tischsitten. stw 169
– Mythologica IV. Der nackte Mensch. 2 Bde. stw 770
– Strukturale Anthropologie I. stw 226
– Strukturale Anthropologie II. stw 1006
– Traurige Tropen. stw 240
– Das wilde Denken. stw 14
Luckmann: Die unsichtbare Religion. stw 947
Luhmann: Funktion der Religion. stw 407
– *siehe auch Welker*
Malinowski: Eine wissenschaftliche Theorie der Kultur. stw 104
Mauss: Die Gabe. stw 743
Meillassoux: »Die wilden Früchte der Frau«. stw 447
Niemitz (Hg.): Erbe und Umwelt. stw 646
Oppitz: Frau für Fron. stw 731
– Notwendige Beziehungen. stw 101
Pannenberg: Wissenschaftstheorie und Theologie. stw 676
Parin/Morgenthaler/Parin-Matthèy: Fürchte deinen Nächsten wie dich selbst. stw 235
Peukert: Wissenschaftstheorie – Handlungstheorie – Fundamentale Theologie. stw 231
Rodinson: Islam und Kapitalismus. stw 584

211/2/8.92

211/3/8.92